Desarrollando software como servicio (SaaS): un enfoque ágil utilizando computación en la nube
Primera edición, 1.1.1-es

Armando Fox y David Patterson

Editado por Samuel Joseph

Traducido por Raquel M. Crespo García, Alicia Rodríguez Carrión,

Damaris Fuentes-Lorenzo y Juan Pedro Somolinos Pérez

20 Febrero 2015

Versión: 1.1.1-es

La imagen de la portada es una foto del ***Acueducto de Segovia***, España. Lo escogimos como ejemplo de diseño hermoso y duradero. El acueducto completo tiene una longitud de unos 32 km y fue construido por los romanos en el siglo I o II d. C. Esta foto corresponde al fragmento de 0,8 km de largo y 28 m de altura, construido con bloques de granito sin mortero. Los diseñadores romanos siguieron los principios arquitectónicos del tratado de diez volúmenes ***De architectura*** ("Sobre la arquitectura"), escrito en el año 15 a. C. por Marcus Vitruvius Pollio. Permaneció intacto hasta los años 1500, cuando los reyes Isabel y Fernando acometieron la primera reconstrucción de estos arcos. El acueducto se ha mantenido en uso y distribuyendo agua hasta recientemente.

Tanto el libro impreso como la versión electrónica se han preparado con LaTeX, `tex4ht` y *scripts* Ruby que usan Nokogiri (basada en **libxml2**) para procesar la salida XHTML y HTTParty para mantener los URI de Pastebin y los *screencasts* actualizados automáticamente en el texto. Los ficheros Makefile, de estilo y la mayoría de *scripts* necesarios están disponibles bajo licencia BSD en `http://github.com/armandofox/latex2ebook`.

Las portadas y gráficos de todas las versiones fueron diseñados por Arthur Klepchukov.

Publisher's Cataloging-in-Publication

Fox, Armando, author.
[Engineering software as a service. Spanish]
Desarrollando software como servicio : un enfoque ágil utilizando computación en la nube / Armando Fox y David Patterson; traducido por Raquel M. Crespo García, Alicia Rodríguez Carrión, Damaris Fuentes-Lorenzo, y Juan Pedro Somolinos Pérez.
-- Primera edición.
pages cm
Includes bibliographical references and index.
ISBN 978-0-9848812-6-0
ISBN 978-0-9848812-5-3

1. Software engineering. 2. Cloud computing.
I. Patterson, David A., author. II. Crespo García, Raquel M., translator. III. Translation of: Fox, Armando. Engineering software as a service. IV. Title.
QA76.758.F68418 2015 005.1
QBI15-201

Acerca de los autores

Armando Fox es catedrático de Ciencias de la Computación en la Universidad de California en Berkeley (UC Berkeley) y responsable del MOOCLab de dicha universidad. Durante su etapa anterior en Stanford, fue distinguido con premios docentes y de tutoría por parte de la Asociación de Estudiantes de la Universidad de Stanford, la Sociedad de Mujeres Ingenieras y la Tau Beta Pi Engineering Honor Society. Fue nombrado uno de los "50 Científicos Americanos" en 2003 y ha recibido un Premio CARRERA NSF y Gilbreth Lectureship de la Academia Nacional de Ingeniería. En vidas previas, ayudó a diseñar el microprocesador Intel Pentium Pro y fundó una exitosa *startup* para comercializar su investigación doctoral en computación móvil en UC Berkeley, que incluía el primer navegador web gráfico en ejecutarse en un dispositivo móvil (Top Gun Wingman en la Palm Pilot). Obtuvo sus otros títulos en Ingeniería Eléctrica y Ciencias de la Computación en el MIT y la Universidad de Illinois y es Científico Distinguido de la ACM. También es un músico de formación clásica y director musical independiente, y un neoyorquino bilingüe/bicultural (cubano-americano) residente en San Francisco.

David Patterson ocupa la Cátedra Pardee de Ciencias de la Computación en UC Berkeley. En el pasado, desempeñó el cargo de presidente de la Computer Science Division de Berkeley, presidente de la Computing Research Association y presidente de la Association for Computing Machinery. Sus proyectos de investigación más conocidos son *Reduced Instruction Set Computers* (RISC), *Redundant Arrays of Inexpensive Disks* (RAID) y *Networks of Workstations* (NOW). Dicha investigación ha generado numerosos artículos, 6 libros y más de 35 distinciones, incluyendo su elección para la Academia Nacional de Ingeniería, la Academia Nacional de Ciencias y el Salón de la Fama de Ingeniería de Silicon Valley, así como su nombramiento como miembro del Computer History Museum, ACM, IEEE y ambas organizaciones AAAS. Sus premios docentes incluyen *Distinguished Teaching Award* (UC Berkeley), *Karlstrom Outstanding Educator Award* (ACM), *Mulligan Education Medal* (IEEE) y *Undergraduate Teaching Award* (IEEE). Obtuvo todos sus títulos en la UCLA, que le concedió el premio *Outstanding Engineering Academic Alumni Award*. Creció en California y, como diversión, participa en eventos deportivos con sus dos hijos adultos, incluyendo partidos de fútbol semanales, carreras anuales de bici y triatlones solidarios y, ocasionalmente, algún concurso de levantamiento de peso.

Acerca del editor

Samuel Joseph es profesor titular en la Universidad Hawaii Pacific (HPU) y, anteriormente, fue investigador asociado en la Universidad de Hawaii en Manoa (UHM). Ha recibido el premio Raymond Hide para astrofísicos y una Beca Toshiba. Imparte cursos totalmente en línea sobre programación y diseño de juegos y móviles, ingeniería software y métodos de investigación científica desde Londres, Reino Unido. Organiza la competición *"funniest computer ever"* como parte de su investigación sobre la creación de *chatbots* humorísticos, que encaja muy bien con sus otros intereses de investigación en software para soporte de aprendizaje colaborativo *online*, especialmente programación en pareja a distancia. Dirige el grupo Agile Ventures, que coordina desarrolladores en formación que contribuyen en proyectos de código abierto para organizaciones sin ánimo de lucro. Está titulado en Astrofísica, Ciencias Cognitivas y Ciencias de la Computación por la Universidad de Leicester, la Universidad de Edimburgo y UHM. Creció en el Reino Unido y vivió en Japón y Hawai antes de regresar al Reino Unido con su esposa japonesa y sus tres hijos nacidos en Hawai. Dedica su tiempo libre a montar en bici, correr e intentar seguir el ritmo de sus hijos, que tocan la guitarra y la batería y juegan al futbol.

Elogios a *Desarrollando Software como Servicio*

Es un placer ver un libro de texto que hace énfasis en la producción de software real y útil. También aplaudo el énfasis en obtener resultados desde las etapas iniciales del proceso. Nada estimula más la moral y la actividad de los estudiantes.

Frederick P. Brooks, Jr., Premio Turing y autor de *The Mythical Man-Month*

Muy probablemente, preferiría los graduados de este programa a los de cualquier otro que haya visto.

Brad Green, director de Ingeniería, Google Inc.

Muchos ingenieros software de C3 Energy informan sistemáticamente de que este libro y su correspondiente curso online les han capacitado para alcanzar rápidamente la competencia en desarrollo SaaS. Recomiendo este libro y curso únicos a cualquiera que quiera desarrollar o mejorar sus habilidades de programación SaaS.

Thomas M. Siebel, director ejecutivo, C3 Energy, y fundador y ex-director ejecutivo, Siebel Systems (compañía líder de software de gestión de las relaciones con los clientes)

Cubre ampliamente y en profundidad todo lo que usted necesita para empezar en SaaS.

Vicente Cuellar, Director ejecutivo, Wave Crafters, Inc.

El libro llenó una laguna en mis conocimientos sobre computación en la nube y las clases fueron fáciles de seguir. Quizás lo más emocionante fue escribir una aplicación en la nube, subirla y desplegarla en Heroku.

Peter Englmaier, Universidad de Zürich, Suiza

Una excelente iniciación a Ruby, Rails y los enfoques orientados a pruebas. Cubre los fundamentos con gran profundidad y experiencia, es la introducción perfecta al desarrollo web moderno. Debería ser un requisito para los nuevos ingenieros.

Stuart Corbishley, Clue Technologies/CloudSeed, Sudáfrica.

Un libro excelente que le hará estar preparado para desarrollar aplicaciones SaaS progresivamente en pocos días. Los screencasts *y las secciones* Pastebin *tienen un valor inestimable. Un enfoque muy práctico al desarrollo ágil de software. ¡Aprenderá técnicas de ingeniería software sin ni siquiera darse cuenta!*

Rakhi Saxena, profesor titular, Universidad de Delhi, India

Los autores han conseguido una muy bienvenida yuxtaposición de teoría y práctica para cualquier curso de Ingeniería Software de nivel inicial a avanzado. Por una parte, cubren fundamentos clave de Ingeniería Software, incluyendo procesos de desarrollo, ingeniería de requisitos, pruebas, arquitectura software, gestión de la configuración, implementación y despliegue. Por otra, transmiten todo esto fundamentado en un enfoque "del mundo real", centrado en Ruby/Rails y su rico ecosistema de herramientas y técnicas de desarrollo ágiles y orientadas a pruebas y comportamientos, con vía directa al despliegue en la nube de software de calidad y que funciona. He utilizado la edición beta del libro con mucho éxito en mi curso universitario avanzado de ingeniería software, siendo un complemento maravilloso para mis clases y el proyecto en equipo.

Ingolf Krueger, catedrático, Universidad de California en San Diego

Un libro realmente bueno de introducción al desarrollo ágil práctico. Todo lo que usted necesita recogido en un único libro con multitud de ejemplos prácticos.

Dmitrij Savicev, Sungard Front Arena, Suecia

Acerca de los traductores

Raquel M. Crespo García es profesora titular interina en el Departamento de Ingeniería Telemática de la Universidad Carlos III de Madrid, donde lleva desempeñando su actividad docente e investigadora desde 2011. Previamente, trabajó como consultora en Daedalus - Data, Decisions, and Language, S.A. Es doctora en Tecnologías de las Comunicaciones por la Universidad Carlos III de Madrid, ingeniera de Telecomunicación por la Universidad Politécnica de Madrid y tiene el Certificado de Aptitud Pedagógica por la Universidad Complutense de Madrid. Ha participado en 16 proyectos de investigación internacionales, nacionales y regionales y publicado más de 30 artículos en revistas, congresos y *workshops* internacionales, así como 2 capítulos de libros. Sus intereses de investigación son variados, desde sistemas inteligentes y analítica del aprendizaje a revisión entre iguales o aprendizaje basado en juegos, pero siempre girando en torno a la tecnología educativa y persiguiendo la mejora del proceso de aprendizaje.

Alicia Rodriguez Carrión es profesora ayudante y estudiante de doctorado en el Departamento de Ingeniería Telemática de la Universidad Carlos III de Madrid, donde recibió el título de Máster en Ingeniería Telemática en 2010 y el de Ingeniería de Telecomunicación en 2009. Su investigación actual se centra en cómo utilizar datos recolectados por terminales móviles para estimar acciones futuras del usuario, concretamente aprovechando la información relacionada con sus patrones de movilidad para predecir su siguiente localización. Con este objetivo en mente, ha ahondado en temas como el análisis de la movilidad humana, algoritmos de predicción, tecnologías de localización y el estudio de cómo aplicar los resultados teóricos a su uso en aplicaciones para dispositivos limitados como los teléfonos móviles.

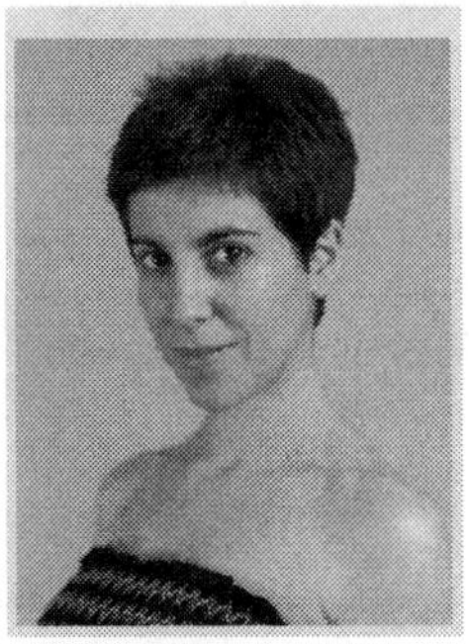

Damaris Fuentes-Lorenzo es ingeniera técnica en Informática de Gestión e ingeniera superior en Informática, especializada en esta última en Desarrollo de Sistemas de la Información en la Empresa, ambas titulaciones por la Universidad Carlos III de Madrid, España. Actualmente es profesora ayudante en el departamento de Telemática de esta misma universidad, donde cursa sus estudios de doctorado. Sus intereses son la web semántica, la integración de datos y la recuperación de la información. Ha publicado alrededor de 20 artículos en conferencias internacionales, revistas y capítulos de libro.

Juan Pedro Somolinos Pérez atesora más de 15 años de experiencia en el mundo del desarrollo de software. Es ingeniero de Telecomunicación por la Universidad Politécnica de Madrid y certificado MCSD de Microsoft. Ha trabajado como jefe de proyecto, consultor asociado de Microsoft y consultor de desarrollo con distintas tecnologías, desarrollando software empresarial y aplicaciones web para muy diversos sectores como banca, industria, administraciones públicas e IT. Desde hace 10 años viene desarrollando su labor profesional en la investigación y desarrollo de sistemas de seguridad en Internet y filtrado de contenidos, tanto SaaS (software como servicio) como *suites* de seguridad y aplicaciones de control parental para PC y móviles.

Dedicatoria

Armando Fox dedica este libro a su esposa y mejor amiga Tonia, cuyo apoyo durante la escritura marcó la diferencia, y a Pogo, bajo cuya atenta supervisión se escribió la mayor parte y cuyo espíritu festivo siempre permanecerá en nuestro hogar y en nuestros corazones.

David Patterson dedica este libro a sus padres y todos sus descendientes:

—A mi padre David, de quien heredé la inventiva, el deporte y el coraje para luchar por lo que es correcto;

—A mi madre Lucie, de quien heredé la inteligencia, el optimismo y mi carácter;

—A nuestros hijos David y Michael, que son amigos, compañeros de deporte y mi inspiración para ser un buen hombre;

—A nuestras nueras Heather and Zackary, que son inteligentes, divertidas y madres dedicadas de nuestros nietos;

—A nuestros nietos Andrew, Grace y Owyn, que nos dan nuestra oportunidad de inmortalidad (y que ayudaron con el marketing de este libro);

—A mis hermanos pequeños Linda, Don y Sue, que me proporcionaron mi primera oportunidad de enseñar;

—A sus descendientes, que hacen que el clan Patterson sea grande y divertido;

—Y a mi bella y comprensiva esposa Linda, que es mi mejor amiga y el amor de mi vida.

Resumen de contenidos

Contenidos

Prólogo a la edición en español

Para mi es un placer redactar el prólogo a este libro de Armando Fox y David Patterson, porque lo considero extraordinario. Y esto es así inicialmente por dos principales razones: por el contenido y el envoltorio, por el fondo y la forma, por el mensaje y el medio.

En relación con el contenido: El libro presenta de una forma revisada y moderna todo el proceso de desarrollo software conjuntamente con las metodologías ágiles, que de forma natural encajan con la filosofía de software como servicio y computación en la nube. Como instrumentos para ello se presentan y usan una variedad de herramientas de desarrollo y se utiliza *Ruby on Rails* como entorno. El libro lo podríamos calificar de muy completo, por abarcar todo lo que se necesita: desde los aspectos tecnológicos a los metodológicos, y todo ello con sus correspondientes herramientas de soporte (lenguajes y entornos de desarrollo, fundamentos de arquitectura, patrones de diseño, pruebas, gestión de versiones y colaboración, etcétera). Pero también lo podemos calificar de muy útil y práctico, pues relaciona lo que se necesita a la hora de desarrollar una aplicación *SaaS* o aplicar metodologías de desarrollo, tanto para el desarrollo de nuevas aplicaciones como de aquellas que tienen que trabajar con software heredado. Por tanto, toda persona que desee conocer el estado del arte en desarrollo software encontrará en esta obra una referencia autorizada y actualizada.

Por el envoltorio: No se trata éste de un libro aislado, sino que se enmarca en el contexto de todo un rico ecosistema educativo que han creado los autores. En primera instancia, el libro es más que un libro propiamente dicho, pues hay una máquina virtual asociada a él y además hay múltiples referencias a vídeos accesibles en internet que complementan las explicaciones. Pero si fuera sólo por estos detalles, no estaría justificado hablar de ecosistema. En segundo lugar hay que mencionar los MOOCs (*Massive Open Online Courses*, Cursos *online* masivos y abiertos) que se ofrecen a través de la plataforma edX. El libro sirve de apoyo al MOOC y el MOOC sirve de apoyo al libro. Pero ahí no queda la cosa: los materiales de estos MOOCs se ofrecen también para ser desplegados como SPOCs (*Small Private Online Courses*, Cursos *online* privados a pequeña escala) tanto para el uso interno por los propios profesores en la Universidad de California en Berkeley, como para que terceros los utilicen en sus cursos, posiblemente adaptándolos a sus temarios. Todo este ecosistema se realimenta positivamente en el sentido que incrementar su calidad. Lo masivo de los MOOCs no solamente sirve para difundir la formación al mundo, sino que sirve en sentido contrario para obtener todo tipo de comentarios y sugerencias que en última instancia mejoran la calidad del curso y por extensión la del libro. En todo este ecosistema, los autores no se olvidan de nadie, ni de las necesidades de los alumnos, ni las de los profesores que quieran impartir estos contenidos.

En esencia, ambos aspectos, los del desarrollo software y los del ecosistema educativo, tienen en común la eliminación de rigideces (al programar, al educar), rompiendo barreras, pasando de lo superestructurado y rígido a lo flexible y adaptable, de lo cartesiano a lo permeable, de lo lento a lo rápido. Quizás sea ésta la característica más importante que diferencia la sociedad de la información de la sociedad industrial. Este libro y todo su ecosistema, representa para mi un magnífico ejemplo de cómo se están redefiniendo las estructuras educativas en el nuevo contexto de internet.

Pero ahí no termina esta reflexión sobre la flexibilidad y el uso de metodologías ágiles. Para cerrar el ciclo, hay que resaltar que para la escritura del libro también se utilizaron metodologías ágiles y el apoyo de las mejores herramientas para la edición colaborativa y la gestión de versiones. Incluso para la magnífica traducción que han hecho Raquel, Alicia, Damaris y Juan Pedro se han utilizado estas mismas tecnologías ágiles. Huyendo del proceso de publicación con una editorial tradicional, los autores prefirieron la aproximación "hágalo Vd. mismo" estableciendo un flujo de trabajo que empieza en LaTeX para la escritura y git para la gestión de versiones y acaba en versiones en papel a través de una editorial alternativa y en forma digital para los dispositivos móviles. ¡Qué fácil es producir una nueva edición revisada sin tener que esperar a que se venda el stock de ejemplares impresos!

Todos los aspectos encajan: agilidad y uso de las mejores herramientas disponibles para el desarrollo software, para la producción del libro, para el ecosistema de modalidades educativas e incluso para el modelo de negocio alrededor de este ecosistema, que se corresponde con una metodología *lean*, que comienza con un mínimo producto viable y crea un resultado de calidad.

No quiero dejar de mencionar la oportuna elección del acueducto de Segovia para la portada del libro, una maravilla de la arquitectura que tenemos en España y que ha sobrevivido casi 2 milenios. Y eso, a pesar de que las piedras que conforman los arcos no están unidas con ningún tipo de cemento. ¿Cómo es posible que a pesar de ello, el acueducto haya sobrevivido tantos años? Dicen que uno de los secretos que ha mantenido el acueducto de Segovia en pie durante tanto tiempo es el peso del bloque de mampostería que se encuentra en la parte superior, en donde se aloja el canal que lleva el agua. Ese bloque ejerce sobre los arcos del acueducto una presión vertical tal que estabiliza los arcos y permite que las piedras que lo forman permanezcan perfectamente unidas. Podemos establecer un paralelismo entre el peso del bloque en el acueducto y el "peso" del cliente en el caso del desarrollo software y el del lector/alumno en el caso del libro/curso (especialmente por lo masivo del MOOC), que influyen en todas las partes del ciclo de vida. Son esos "pesos" los que dan consistencia al producto (software, libro o curso), liman todas las posibles asperezas y lo hacen más sólido, estable y duradero.

Para concluir, Armando Fox y Dave Patterson han construido una magnífica *obra* útil para la *enseñanza* de ingeniería *software*. Y lo han hecho utilizando las últimas tendencias ágiles en desarrollo de *software*, *bookware* y *teachware*, ¡a la vez! Esto es reflejo de la consistencia en planteamientos a través de diversos ámbitos y de la mente ágil de los autores.

No podía ser de otra forma. ¡Enhorabuena!

Carlos Delgado Kloos
Universidad Carlos III de Madrid
Febrero 2015

Prólogo de los autores

¿Por qué tantas citas? Creemos que las citas hacen el libro más ameno, pero además son un mecanismo efectivo para transmitir la sabiduría de los mayores a los principiantes y ayudar a establecer una cultura de buena ingeniería software. También queremos que los lectores aprendan un poco de historia de este campo, por eso citamos a ganadores del Premio Turing al inicio de cada capítulo y a lo largo del texto.

Si quieres construir un barco, no empieces por enviar a los hombres a buscar madera, distribuir el trabajo y dar órdenes. Enséñales en cambio a anhelar el vasto e inmenso mar.

Antoine de Saint-Exupéry, *Ciudadela*, 1948

¡Bienvenido!

En la última década, se han producido dos avances espectaculares en el software que un libro de texto debe incluir. Dichos avances constituyen las dos partes de este libro.

La primera parte explica el concepto de ***software como servicio*** (*Software as a Service*, ***SaaS***), que está revolucionando la industria del software. Tener una única copia del programa en la nube, con millones de potenciales clientes, plantea requisitos diferentes y ofrece nuevas oportunidades frente al software empaquetado convencional, en el que los clientes instalan millones de copias del programa en sus propios ordenadores.

El entusiasmo por SaaS de desarrolladores y clientes ha dado lugar a nuevos entornos para el desarrollo SaaS altamente productivos. En este libro usamos ***Ruby on Rails*** porque, según la opinión general, tiene las mejores herramientas para SaaS. Pero hay muchos otros buenos ejemplos de lenguajes y entornos para SaaS: por ejemplo, Python/Django, JavaScript/Sails y Java/Enterprise Java Beans.

La cuestión entonces es qué metodología software es la mejor para SaaS. Puesto que sólo hay una copia del programa y se despliega en un entorno controlado, es fácil desplegar nuevas funcionalidades de forma rápida e incremental. Por eso, SaaS evoluciona mucho más rápidamente que el software empaquetado. En consecuencia, necesitamos una metodología software en la cual el cambio sea la norma más que la excepción.

Como la industria se queja a menudo de deficiencias en la formación software, también hablamos con representantes de muchas empresas líderes de software, entre ellas Amazon, eBay, Facebook, Google y Microsoft. Nos impresionó la unanimidad en la petición principal de cada empresa: que los alumnos aprendan cómo mejorar código heredado mal documentado. Otras peticiones fueron, por orden de prioridad, convertir las pruebas en "ciudadanos de primera categoría", trabajar con clientes no técnicos y trabajar en equipo. Las habilidades sociales necesarias para trabajar de forma efectiva con clientes no técnicos y trabajar bien en equipo seguramente serán de mucha ayuda durante toda la carrera de un desarrollador; la pregunta es cómo plasmarlas en un libro. De igual modo, nadie cuestiona la importancia de las pruebas; la cuestión es cómo conseguir que los principiantes lo asuman. Por tanto, necesitábamos una metodología software que trabaje bien con código heredado, que haga hincapié en las pruebas, que integre clientes no técnicos y que fomente trabajar en equipo en vez de como lobos solitarios.

Casualmente, más o menos al mismo tiempo que SaaS aparecía en escena, un grupo de desarrolladores propuso ***el Manifiesto Ágil***, que supuso un cambio radical respecto a las metodologías anteriores. Uno de los principios básicos de la *agilidad* es "reaccionar a los cambios sobre seguir un plan" de modo que se adapta mucho mejor a la naturaleza cambiante de SaaS que las metodologías clásicas de "planificación y documentación", como cascada, espiral o RUP. Otro principio ágil es "colaboración con el cliente sobre la negociación del contrato", que lleva a mantener reuniones semanales con clientes no técnicos. Dos principios fundamentales de las metodologías ágiles son ***desarrollo guiado por comportamiento*** y ***desarrollo orientado a pruebas***, que significa que las pruebas se escriben *antes* que el código, de modo que se convierten realmente en ciudadanos de primera clase en las metodologías ágiles. Conceptos ágiles como ***programación en pareja*** y ***scrum*** hacen hincapié en el trabajo en equipo. Las técnicas ágiles son apropiadas incluso para evolucionar código heredado, como veremos.

Por tanto, la segunda mitad del libro explica la metodología ágil en el contexto del desarrollo y despliegue de una aplicación SaaS implementada con Ruby on Rails. Además, cada capítulo repasa la perspectiva de las metodologías clásicas, orientadas a planificar y documentar, sobre temas como los requisitos, pruebas, gestión y mantenimiento. Este contraste permite al lector decidir por sí mismo cuándo es más conveniente usar cada metodología, tanto para aplicaciones SaaS como no SaaS.

Conforme al estándar de *curriculum* más reciente

El manual del profesor, que puede descargarse de `http://esa.as`, trata los temas de este capítulo en profundidad.

Desde la perspectiva del profesor, esta visión dual del desarrollo software permite usar el libro en cursos de Ingeniería Software. Por ejemplo, nos hemos asegurado de que el material cumple todos los requisitos del currículum estándar para Ingeniería Software de 2013 de ACM/IEEE. De hecho, aproximadamente 45 de los ejercicios finales de los capítulos provienen directamente de los resultados de aprendizaje definidos en el estándar. (Están etiquetados con un icono especial en el margen derecho). Dicho de otra forma, aproximadamente el 40% de los resultados de aprendizaje del estándar son ejercicios específicos y otro 40% se corresponde directamente con capítulos o secciones de este libro, en conjunto superando ampliamente el mínimo de 45% exigido para que un curso cumpla el estándar.

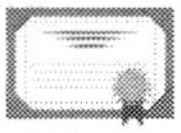

MOOC para apoyar el aprendizaje

Ya habíamos decidido escribir un libro de texto cuando nos reclutaron, en octubre de 2011, para impartir la primera parte del curso de la UC Berkeley como un curso online masivo y abierto (*Massive Open Online Course*, MOOC) gratuito. Finalmente, desarrollamos dos MOOC en BerkeleyX (asociación de UC Berkeley con la organización sin ánimo de lucro edX), que cubren el material introductorio y avanzado: CS169.1x y CS169.2x, disponibles en saas-class.org[1]. Como resultado del desarrollo conjunto del libro y los MOOC, ambos son complementarios: los vídeos de los MOOC se corresponden casi uno a uno con secciones del libro; y, al igual que los vídeos del MOOC, cada sección del libro termina con una o dos preguntas de autoevaluación. La matriculación es gratuita. Hasta el momento, los MOOC han tenido más de 100.000 alumnos, de los cuales más de 10.000 han conseguido el certificado por completar el curso. ¡Una prueba beta de los libros y materiales mucho mayor de lo que nunca habíamos imaginado!

Los MOOC también son una valiosa ayuda para los profesores. Algunos profesores han hecho matricularse a sus alumnos en el MOOC para aprovechar las actividades de programación de corrección automática. Otros han cambiado su metodología docente, haciendo que los alumnos vean los vídeos y dedicando el tiempo de clase a resolver problemas y otras actividades; lo que se conoce como "flip the classroom". Y otros han usado los vídeos para preparar su propio material. Continuamente, se crean nuevas actividades y se mejoran los sistemas de corrección automática.

De hecho, los profesores interesados pueden incluso conseguir una versión privada del MOOC —un SPOC (*Small Private Online Course*)— que pueden particularizar de acuerdo a sus necesidades, manteniendo las ventajas de la corrección automática de actividades de programación y otras funcionalidades del MOOC. La página de recursos del profesor[2], en el sitio web del libro, proporciona información sobre cómo solicitar un SPOC, así como un informe describiendo la experiencia de otros profesores con SPOC en sus clases. Los instructores de SPOC pueden participar en una audio-conferencia bisemanal para comentar problemas e ideas con colegas que usan el mismo material.

Organización

Este libro está organizado en dos partes principales: la primera cubre las principales ideas y las tecnologías esenciales de la metodología ágil y SaaS, mientras la segunda se centra en las herramientas y técnicas para aplicar el ciclo de vida ágil y gestionar de forma efectiva el diseño, desarrollo y despliegue SaaS.

Estas partes se corresponden con dos unidades principales de material, más un proyecto opcional pero recomendado, que consituye una tercera. La unidad 1, que se corresponde a grandes rasgos con los contenidos del MOOC CS169.1x, cubre los fundamentos del desarrollo de una aplicacion SaaS sencilla usando Rails y el ciclo de vida ágil. La unidad 2 introduce conceptos más avanzados de ingeniería software como patrones de diseño, trabajar con código heredado y fundamentos de rendimiento y seguridad de SaaS ("DevOps"), correspondiendo aproximadamente al contenido de BerkeleyX CS169.2x. Cada una de estas unidades incluye actividades auto-evaluables, materiales complementarios online para los profesores (como bancos de preguntas y exámenes), etc. En la unidad 3, los alumnos aplican las habilidades adquiridas en la primera y/o segunda parte para desarrollar en equipo un proyecto abierto. Actualmente no tiene un MOOC asociado (aunque estamos explorando ideas), pero el Manual del profesor sintetiza las lecciones que hemos aprendido facilitando proyectos de alumnos, exitosos (y menos exitosos).

En Berkeley, cubrimos los tres componentes en un único curso intensivo de 14 semanas (3 horas de clase magistral, 1 hora de seminario/lectura, y 8 horas de trabajo por semana), en el cual se solapan parcialmente 4 iteraciones ágiles del proyecto en grupo con la unidad 2. El Manual del profesor describe nuestro programa, así como otras posibles opciones, por ejemplo:

- Una secuencia de dos cursos, cubriendo las unidades 1 y 2 en el primer curso y dedicando el segundo curso a un proyecto semestral o cuatrimestral.

- Un único curso que cubra sólo las unidades 1 y 3, limitando la complejidad del proyecto a las habilidades aprendidas en la unidad 1.
- Un único curso que cubra todas las unidades pero omitiendo elementos específicos para respetar las restricciones de tiempo, como por ejemplo, excluir Javascript (capítulo 6) o DevOps (capítulo 12).

Independientemente de cómo se tenga en cuenta el curso, la correspondencia casi total entre las secciones del libro y los videos explicativos del MOOC/SPOC facilitan la combinación de módulos como mejor funcione en su clase.

Proyectos y aprendizaje con la práctica

Las directrices de ACM/IEEE para el currículum de ingeniería software hacen hincapié en el valor del enfoque iterativo, en el que los alumnos evalúan y revisan su trabajo continuamente. Hemos visto que es más probable que los alumnos sigan la metodología ágil porque es fácil con las herramientas Ruby on Rails, que introducimos en este libro, y porque supone una ayuda genuinamente útil para sus proyectos. Creemos que la filosofía ágil ofrece habilidades de aprendizaje que pueden trasladarse a proyectos no ágiles si fuera necesario. Incluso mostramos cómo usar técnicas ágiles con código heredado que no se desarrolló inicialmente con dichas técnicas; es decir, la *agilidad* no sólo es buena para empezar código desde cero. Para facilitar este enfoque de "aprender haciendo", el sitio web del libro incluye el enlace a una imagen de una máquina virtual (*Virtual Machine*, VM) preconfigurada y gratuita, que puede desplegarse en los ordenadores de los alumnos o en la nube. Los screencasts[3] gratuitos pueden resultar útiles para profesores y alumnos, como demostraciones de cómo usar dichas herramientas.

Las directrices de ACM/IEEE para el currículum también destacan los proyectos en equipo como un mecanismo crítico de aprendizaje para los estudiantes de ingeniería software. Según la experiencia de muchos profesores (incluidos nosotros mismos), los alumnos disfrutan aprendiendo y utilizando la metodología ágil en proyectos. Su enfoque basado en iteraciones y con ciclos de planificación cortos encaja muy bien en los apretados programas y acelerados cursos universitarios. Los alumnos, ocupados, tienden a *"procrastinar"* y luego dedicar varias noches sin dormir a montar a toda prisa una demo que funcione a tiempo. La metodología ágil no sólo frustra esta táctica (puesto que se evalúa el progreso de los alumnos en cada iteración) sino que, según nuestra experiencia, realmente conduce a progresos reales, aplicando prácticas responsables con más frecuencia.

Para ayudarle a gestionar proyectos exitosos, el Manual del profesor incluye propuestas detalladas de organización y planificación de hitos de proyecto durante el curso, y proporciona ejemplos de rúbricas para evaluar los proyectos tanto en función de los resultados obtenidos como del proceso de desarrollo en sí, aprovechando la posibilidad de realizar varias iteraciones durante el curso. También encuestamos a cada promoción de estudiantes para determinar qué han aprendido de los proyectos y dónde han encontrado dificultades; el Manual del profesor sintetiza estos "siete hábitos de los proyectos altamente efectivos", basados en varias ediciones del curso en la Universidad de California en Berkeley (UC Berkeley) y otros sitios.

¿Por qué escribir un nuevo libro?

Los autores en potencia no escribirían un nuevo libro si pensaran que los ya existentes están actualizados y resultan fáciles de enseñar. Las causas de nuestra insatisfacción varían dependiendo de la parte del libro.

Para la primera parte, el problema no es que haya pocos libros buenos sobre SaaS, sino que ¡hay demasiados! Lo primero que hicimos para escribir fue leerlos. Las figuras 1 y 2 muestran sólo 24 de los más de 50 libros que consultamos. ¡Y sólo esos 24 suman más de 10.000 páginas! Esta abrumadora cantidad de libros puede intimidar a los noveles. En consecuencia, una razón por la que hemos escrito este nuevo libro es sencillamente para ofrecer una introducción coherente y un resumen actualizado de SaaS en un único volumen, relativamente compacto y económico. Como se quejaba uno de los revisores de la edición alfa, no hay nada nuevo en la parte 1, si tienes el tiempo y dinero necesarios para comprar y leer docenas de libros. ¡Podemos vivir con esa crítica!

Respecto a la segunda parte, hay unos cuantos libros de texto sobre ingeniería software, pero ninguno que pueda calificarse como actualizado, corto o económico. Mientras que las revisiones de los libros sobre SaaS que hemos consultado suelen ser excelentes —4 estrellas o más sobre 5 en Amazon.com—, no ocurre igual con estos textos de ingeniería software. Los dos libros de texto más utilizados tienen calificaciones entre 2 y 3 estrellas y los comentarios son poco amables.

Un posible motivo es que estos libros son fundamentalmente estudios largos y cualitativos de la bibliografía —enumerando muchas alternativas sobre cada tema basadas en artículos de investigación y libros— pero ofrecen pocas instrucciones o métodos concretos para escoger entre ellos. Otra posible razón es que las primeras ediciones se escribieron mucho antes de que aparecieran en escena SaaS y el manifiesto ágil y es difícil integrar con elegancia las perspectivas actualizadas en materiales antiguos.

Esto es un déjà vu, porque uno de los autores tenía la misma impresión sobre los libros de texto de arquitectura de ordenadores hace 25 años; eran estudios largos y cualitativos de productos relacionados y artículos de investigación, sin un marco para que los lectores pudieran escoger entre las opciones de implementación. Además, había habido un cambio radical y (en ese momento) controvertido en arquitectura de ordenadores que no aparecía en dichos libros. Todo ello llevó a uno de los autores a escribir un libro con un amigo que era muy diferente de los libros de texto convencionales sobre arquitectura de ordenadores.

Repitiendo la historia, pues, la parte 2 es muy distinta de los libros de texto convencionales de ingeniería software. Trata los métodos ágiles como ciudadanos de primera categoría y ofrece ejemplos concretos y prácticos de código y herramientas para seguir el proceso ágil que pueden realmente conducir a productos que satisfacen las necesidades de los clientes. Como se menciona previamente, cada capítulo de la parte 2 presenta también la perspectiva de las metodologías clásicas para ayudar a los lectores a apreciar el enfoque ágil y a determinar cuándo debería y cuándo no debería utilizarse.

Nuestro objetivo en cada parte es integrar un conjunto variado de temas en una *narrativa unificada*, para ayudarle a entender las ideas más importantes mediante ejemplos concretos. Podemos imaginar a alguien ya familiar con la filosofía ágil de la parte 2 leyendo el libro sólo para aprender sobre SaaS en la parte 1, o viceversa. Si el tema es nuevo para usted —o si su formación es anterior al desarrollo de SaaS y la metodología ágil— encontrará una introducción dual y sinérgica a esta nueva y apasionante era del software. Este enfoque ha tenido como resultado un libro que cubre ambos avances recientes, SaaS y desarrollo ágil de

Figura 1. Estos 12 libros suman más de 5000 páginas. Los autores de este libro han leído más de 50 libros para preparar este texto. La mayoría aparecen en los listados de las secciones "Para saber más" al final de los correspondientes capítulos.

Figura 2. Otros 12 libros que hemos leído que también suman más de 5000 páginas. La mayoría aparecen en los listados de las secciones "Para saber más" al final de los correspondientes capítulos.

software, en aproximadamente la mitad de los capítulos y la mitad de páginas, y a una cuarta parte del precio de los libros de texto convencionales sobre ingeniería software.

Erratas y contenido adicional

Desde el punto de vista del autor, una característica fascinante de los libros electrónicos es que podemos actualizar todas las copias de una edición cuando los lectores encuentran errores en el libro. Hemos ido recopilando las erratas y publicado actualizaciones varias veces al año. El sitio web del libro muestra la última versión y una breve descripción de los cambios respecto a la anterior. Pueden revisarse erratas previas, e informar de otras nuevas, en el sitio web del libro. Nos disculpamos de antemano por los problemas que pueda encontrar en esta edición y esperamos sus comentarios sobre cómo mejorarla.

Historia de este libro

El material de este libro comenzó como un producto derivado de un proyecto de investigación de Berkeley[4] que desarrollaba tecnología para facilitar la construcción del próximo gran servicio de Internet. Decidimos que era más probable que dicho servicio lo idearan los jóvenes, así que en 2007 empezamos a enseñar software como servicio con tecnologías ágiles a estudiantes universitarios de Berkeley. Cada año el curso mejoraba en alcance, metas y popularidad, adoptando sobre la marcha las rápidas mejoras de las herramientas Rails. Entre 2007 y 2013, las matrículas siguieron la ley de Moore: 35, 50, 75, 115, 165 y 240.

Un colega sugirió que sería un material excelente para el curso de ingeniería software que llevaba tiempo impartiéndose en Berkeley, de modo que uno de nosotros (Fox) impartió dicho curso con este nuevo contenido. Los resultados fueron tan impresionantes que el otro (Patterson) sugirió que escribir un libro de texto permitiría a otros beneficiarse de este potente plan de estudios.

Estas ideas cristalizaron con la incipiente viabilidad de los libros electrónicos y la posibilidad de evitar los costes y retrasos de una editorial tradicional. En marzo de 2011 hicimos el pacto de escribir el libro juntos. Ambos estábamos igualmente entusiasmados por ampliar la difusión del material y repensar qué debería ser un libro electrónico, puesto que hasta entonces se limitaban al PDF de la versión impresa.

Hablamos con otros sobre el contenido. Asistimos a conferencias como SIGCSE (Special Interest Group in Computer Science Education), Conference on Software Engineering Education and Training y Federated Computing Research Conference, tanto para hablar con colegas como para pasarles encuestas y recabar comentarios.

Con la perspectiva de educadores y profesionales de la industria, esbozamos un esquema que pensamos que abordaba todas estas cuestiones y empezamos a escribir en 2011. Dada la mayor experiencia de Fox en la materia, el plan era que él escribiera aproximadamente dos tercios de los capítulos y Patterson el resto. Ambos colaboramos en la organización y fuimos los primeros revisores cada uno de los capítulos del otro, así que está un poco más mezclado de que lo previmos. Fox escribió los capítulos 2, 3, 4, 5, 6, 8, 9, 11, 12, apéndice A y secciones 10.4 a 10.6, mientras que Patterson escribió los capítulos 1,7, 10, el prólogo, el epílogo, el Manual del profesor y las perspectivas de las metodologías clásicas en las secciones 7.10, 8.9, 9.7, 10.7, 11.8 y 12.10. Fox también creó el pipeline LaTeX[5] que nos permite generar los múltiples formatos del libro para los distintos objetivos electrónicos e impresos.

Ofrecimos una edición alfa del libro a 115 alumnos de UC Berkeley y a miles de estudiantes del MOOC en el semestre de primavera de 2012. Basándonos en sus comentarios, la edición beta estaba lista para otoño de 2012, fecha en que se usó en Berkeley y otras escuelas. En mayo de 2013 se lanzó una segunda edición beta, con material nuevo basado en un cuidadoso estudio del estándar curricular de ACM/IEEE Computer Society, se probó de nuevo con alumnos de Berkeley y del MOOC en otoño de 2013, llegando finalmente a esta (¡muy bien probada!) primera edición.

Empresas y productos SaaS

En la medida de lo posible, hemos seleccionado software y servicios libres y/o de código abierto, de modo que los alumnos puedan poner en práctica los ejemplos sin incurrir en costes adicionales de su bolsillo. Unas cuantas compañías del ecosistema SaaS han accedido a proporcionar ofertas especiales de prueba de servicios y herramientas; el sitio web del libro incluye un listado, en constante evolución, de las ofertas especiales disponibles para los instructores y estudiantes que usan este libro. Nada de esto afecta al contenido del libro, que se congeló mucho antes de dichos acuerdos.

Por tanto, cuando utilizamos sitios web, herramientas, productos o nombres comerciales para dar una base real a los ejemplos del libro, no tenemos ninguna conexión formal con ninguno de esos sitios, herramientas o productos, a menos que se especifique lo contrario, y los ejemplos se incluyen con propósitos exclusivamente informativos y no deben interpretarse como una promoción comercial. Todos los nombres y marcas comerciales mencionados pertenecen a sus respectivos propietarios y sólo se mencionan con fines informativos.

Las opiniones expresadas por los autores son exclusivamente suyas y no necesariamente reflejan la opinión de sus empleadores.

Agradecimientos

Queremos agradecer a todos nuestros colegas del sector privado la realimentación recibida acerca de nuestras ideas sobre el curso y el libro, muy especialmente a estas fabulosas personas, listadas por orden alfabético de su empresa: Peter Vosshall, Amazon Web Services; Tony Ng, eBay; Tracy Bialik, Brad Green y Russ Rufer, Google Inc.; Peter Van Hardenberg, Heroku; Jim Larus, Microsoft Research; Brian Cunnie, Edward Hieatt, Matthew Kocher, Jacob Maine, Ken Mayer y Rob Mee, Pivotal Labs; Jason Huggins, SauceLabs; y Raffi Krikorian, Twitter.

Agradecemos también a nuestros compañeros del mundo académico sus comentarios sobre nuestro enfoque e ideas, especialmente a Fred Brooks, Universidad de Carolina del Norte en Chapel Hill; Marti Hearst y Paul Hilfinger, UC Berkeley; Timothy Lethbridge, Universidad de Ottawa; John Ousterhout, Universidad de Stanford; y Mary Shaw, Universidad Carnegie-Mellon.

Nuestro más sincero agradecimiento a los expertos que han revisado capítulos concretos: Danny Burkes, Pivotal Labs; Timothy Chou, Stanford; Daniel Jackson, MIT; Jacob Maine, Pivotal Labs; John Ousterhout, Universidad de Stanford; y Ellen Spertus, Mills College.

Gracias a Alan Fekete, de la Universidad de Sydney, por dirigirnos al Currículum de Ingeniería Software de 2013 de la ACM/IEEE Computer Society a tiempo para poder considerarlo.

Estamos especialmente agradecidos a los *beta testers* que utilizaron las versiones iniciales del libro en sus clases, comenzando por Samuel Joseph de la Universidad Hawaii Pacific, que también fue facilitador principal de los MOOC CS169.1x y CS169.2x[6], y cuyas amplias contribuciones al desarrollo y mejora tanto de los materiales del curso como del libro nos convencieron de que debíamos haberle pedido que se pusiera el gorro oficial de editor. Otras de las primeras personas que comenzaron a utilizar nuestro libro y que que continúan proporcionándonos valiosa realimentación y contribuyendo a los materiales del curso incluyen a Daniel Jackson, del MIT; Richard Ilson, de la Universidad de Carolina del Norte en Charlotte; Ingolf Krueger, de la Universidad de California, San Diego; Kristen Walcott-Justice, de la Universidad de Colorado, Colorado Springs; Rose Williams, de la Universidad de Binghamton; y Wei Xu, de la Universidad de Tsinghua, que fue el primero en probar este material en una clase fuera de los Estados Unidos y que propició nuestra relación con la editorial de la Universidad de Tsinghua para publicar la edición china de este libro.

La biblioteca de recursos de este libro incluye una colección de sitios externos sobre desarrollo SaaS excelentes. Por su ayuda poniéndonos en contacto con los productos y servicios correctos que podrían ofrecerse libres de coste a los alumnos, y las valiosas discusiones sobre cómo utilizarlos en un entorno educativo, agradecemos a Ann Merrihew, Kurt Messersmith, Marvin Theimer, Jinesh Varia y Matt Wood, Amazon Web Services; Kami Lott y Chris Wanstrath, GitHub; Maggie Johnson y Arjun Satyapal, Google Inc.; James Lindenbaum, Heroku; Juan Vargas y Jennifer Perret, Microsoft; Rob Mee, Pivotal Labs; Dana Le, Salesforce; y John Dunham, SauceLabs.

Agradecemos a los profesores Kristal Curtis y Shoaib Kamil su ayuda para reinventar la clase presencial, que ha conducido a este esfuerzo, y a los profesores Michael Driscoll y Richard Xia por ayudarnos a convertir la corrección automática a gran escala en una realidad para los miles de estudiantes que se matricularon en el curso en línea. Por último, pero no por ello menos importante, gracias a nuestro dedicado equipo de laboratorio por su colaboración en varias ediciones de la clase desde 2008: Alex Bain, Aaron Beitch, Allen Chen, James Eady, David Eliahu, Max Feldman, Amber Feng, Karl He, Arthur Klepchukov, Jonathan Ko, Brandon Liu, Robert Marks, Jimmy Nguyen, Sunil Pedapudi, Omer Spillinger, Hubert Wong, Tim Yung y Richard Zhao.

También queremos expresar nuestra gratitud a Andrew Patterson, Grace Patterson y Owyn Patterson por su ayuda con la promoción del libro, así como a sus jefes Heather Patterson, Michael Patterson, David Patterson y Zackary Patterson.

Finalmente, ¡muchas gracias a los cientos de estudiantes de UC Berkeley y las decenas de miles de alumnos del MOOC por su ayuda depurando errores y su interés por el material!

Armando Fox y David Patterson
Marzo, 2014
Berkeley, California

Notas

[1]`http://www.saas-class.org`
[2]`http://www.saasbook.info/instructors`
[3]`http://screencast.saasbook.info`
[4]`http://radlab.cs.berkeley.edu`
[5]`http://github.com/armandofox/latex2ebook`
[6]`http://saas-class.org`

1 Introducción al software como servicio y desarrollo ágil de software

Sir Maurice Wilkes (1913–2010) recibió el Premio Turing de 1967 por diseñar y construir EDSAC en 1949, uno de los primeros ordenadores de programa almacenado. El Premio Turing[1] es el premio de mayor reconocimiento en Ciencias de la Computación, otorgado anualmente por la ACM (Association for Computing Machinery) desde 1966. Recibe el nombre del pionero en computación Alan Turing, e informalmente se considera el "Premio Nobel de las Ciencias de la Computación". *(Este libro usa recuadros laterales para incluir aquello que los autores consideran apartes interesantes o breves biografías de pioneros de la computación que complementan el texto principal. Esperamos que los lectores los disfruten).*

Fue en una de mis idas y venidas entre la sala del EDSAC y el equipo de perforación [de cintas] cuando "vacilando en los ángulos de las escaleras" la revelación de que pasaría una buena parte del resto de mi vida buscando errores en mis propios programas se apoderó de mí con toda su fuerza.

Maurice Wilkes, Memoirs of a Computer Pioneer, 1985

Conceptos

Al comienzo de cada capítulo se presenta un resumen de los conceptos más importantes. Para este capítulo de introducción son los siguientes:

- Los procesos para el desarrollo de software o *ciclos de vida* ***clásicos*** (conocidos también como ciclos de vida de ***planificación y documentación***) se basan en una cuidadosa planificación anticipada, que se documenta extensivamente y gestiona de forma meticulosa para que el desarrollo del software sea más predecible. Algunos ejemplos famosos son los ciclos de vida en *cascada*, *espiral*, y el *proceso unificado de Rational* (*Rational Unified Process, RUP*).
- Por el contrario, el ciclo de vida *ágil* se basa en desarrollar prototipos de forma incremental, lo que implica recibir comentarios continuos por parte del cliente en cada *iteración*, cada una de las cuales conlleva desde una a cuatro semanas.
- La *arquitectura orientada a servicios* (*Service Oriented Architecture, SOA*) crea aplicaciones a partir de componentes que actúan como servicios *interoperables*, lo que permite construir nuevos sistemas a partir de estos componentes con mucho menos esfuerzo. Y lo que es más importante, desde el punto de vista de la ingeniería del software, SOA hace posible la construcción de grandes servicios a partir de otros más pequeños, proceso que, según nos enseña la historia, tiene mayor probabilidad de ser un éxito que desarrollar un único proyecto extenso. Una de las razones es que, al tener un tamaño menor, permite el uso del desarrollo ágil, que cuenta con mejores antecedentes.
- El *software como servicio* (*Software as a Service, SaaS*) es un caso especial de SOA que despliega software en un único sitio haciéndolo disponible para millones de usuarios a través de Internet y sus dispositivos móviles personales, lo que proporciona beneficios tanto para los usuarios como para los desarrolladores. La existencia de una única copia del software y el entorno competitivo en el que se encuentran los productos SaaS conduce a una *evolución del software* más rápida para SaaS que para el software distribuido en forma de paquete.
- La evolución del *código heredado* es vital en el mundo real, a pesar de ser un aspecto ignorado a menudo en los libros y cursos de ingeniería del software. Las metodologías ágiles mejoran el código en cada iteración, de forma que las habilidades ganadas en el proceso también se aplican al código heredado.
- La *computación en la nube* proporciona el procesamiento y almacenamiento fiables y escalables para SaaS mediante el uso de ***Warehouse Scale Computers***, que contienen hasta 100.000 servidores. Las economías de escala permiten ofrecer la computación en la nube como un servicio, donde el cliente sólo paga por el uso real.
- La *calidad del software* se define como la provisión de valor de negocio tanto a clientes como a desarrolladores. El *aseguramiento de la calidad* del software (*Quality Assurance, QA*) proviene de la realización de pruebas a muchos niveles: *unitarias*, ***modulares***, *de integración*, *de sistema* y *de validación*.
- La ***claridad mediante la concisión***, *síntesis*, *reutilización* y la ***automatización mediante herramientas*** son cuatro vías para mejorar la *productividad software*. El entorno de desarrollo *Ruby on Rails* sigue estas directrices para que los desarrolladores de SaaS sean más productivos. *No se repita* (**Don't Repeat Yourself**, *DRY*) aconseja no repetir código cuando se persigue su reutilización, ya que sólo debería haber una única representación de cada pieza de conocimiento.

Dado que el cambio es la norma en la metodología ágil, ésta supone un excelente ciclo de vida para SaaS, y es en la que se centra este libro.

Tema	Amazon.com	ACA Oct	ACA Nov	ACA Dic
Clientes/Día (Objetivo)	–	50,000	50,000	30,000
Clientes/Día (Real)	>10,000,000	800	3,700	34,300
Tiempo medio respuesta (segundos)	0.2	8	1	1
Inactivo/Mes (horas)	0.07	446	107	36
Disponibilidad (% activo)	99.99%	40%	85%	95%
Tasa errores	–	10%	10%	–
Seguro	Si	No	No	No

Figura 1.1. Comparativa entre Amazon.com y Healthcare.gov durante sus tres primeros meses. (Thorp 2013) Tras un comienzo lleno de obstáculos, la fecha límite se extendió desde el 15 de diciembre de 2013 hasta el 31 de marzo de 2014, lo que explica un objetivo de cliente por día más bajo en diciembre. Nótese que la disponibilidad de ACA *no* incluye los períodos de "mantenimiento programado", los cuáles sí están incluidos en el caso de Amazon (Zients 2013). La tasa de errores se contabilizó sobre errores significativos en los formularios que se enviaron a las empresas de seguros (Horsley 2013). El sitio web fue ampliamente etiquetado como inseguro por expertos en seguridad, ya que los desarrolladores trabajaron bajo una enorme presión para conseguir la funcionalidad, y no se prestó mucha atención a los aspectos de seguridad (Harrington 2013).

1.1 Introducción

Ahora, esto es sencillo. Es un sitio web donde podéis comparar y comprar seguros médicos asequibles, de la misma forma que compráis un billete de avión en Kayak, o un televisor en Amazon... Desde el martes, cualquier americano podrá visitar HealthCare.gov para descubrir lo que se conoce como el mercado de los seguros... Así que contádselo a vuestros amigos, a vuestra familia... Aseguraos de que se inscriben. Vamos a ayudar a nuestros compañeros americanos para que estén asegurados. (Aplausos)

Presidente Barack Obama, Comentarios sobre la Ley del Cuidado de Salud a Bajo Precio, Prince George's Community College, Maryland, 26 de Septiembre de 2013

... ya han pasado seis semanas desde que se abrieron los mercados de la Ley del Cuidado de Salud a Bajo Precio. Creo que es justo decir que hasta ahora el lanzamiento ha sido difícil, y creo que todo el mundo entiende que no estoy contento con el hecho de que el lanzamiento haya sido, ya sabéis, forjado por toda una serie de problemas por los que estoy profundamente preocupado.

Presidente Barack Obama, Declaración sobre la Ley del Cuidado de Salud a Bajo Precio, The White House Press Briefing Room, 14 de noviembre de 2013

Cuando se aprobó la ***Ley del Cuidado de Salud a Bajo Precio*** (***Affordable Care Act, ACA***) en 2010, se percibió como el programa social estadounidense más ambicioso en décadas, y fue tal vez el logro cumbre de la administración Obama. Equivalente a las millones de personas que compran productos en Amazon.com, HealthCare.gov —también conocido como el sitio web de la Ley del Cuidado de Salud a Bajo Precio— iba a permitir a millones de americanos sin asegurar que contrataran pólizas de seguros. Además de tardar tres años en construirse, fracasó en su estreno el 1 de octubre de 2013. La figura 1.1 compara Amazon.com con Healthcare.gov en su primeros tres meses de funcionamiento, demostrando que no sólo era lento, propenso a errores e inseguro, sino que además no era accesible durante una gran parte del tiempo.

¿Por qué compañías como Amazon.com pueden desarrollar software para una base de clientes mucho más amplia y que funciona mucho mejor? Mientras que los medios de comunicación descubrieron muchas decisiones cuestionables, una sorprendente cantidad de la culpa recayó en la *metodología* usada para desarrollar el software (Johnson and Reed 2013).

Dado su enfoque, como dijo un comentarista, "La verdadera noticia habría sido que hubiera funcionado". (Johnson 2013a)

Es un honor para nosotros tener la oportunidad de explicar cómo las compañías de Internet y otros desarrollan servicios software con éxito. Tal y como ilustra esta introducción, este campo no es una disciplina académica aburrida en la que a pocos les importa lo que ocurre; los proyectos software fallidos pueden convertirse en infames, y pueden incluso derrocar presidentes. Por otro lado, los proyectos software exitosos pueden crear servicios que usen millones de personas cada día, lo que nos lleva a empresas como Amazon, Facebook y Google que se han convertido en nombres familiares. Todo aquel involucrado en dichos servicios está orgulloso de que se le asocie con ellos, a diferencia de lo que ocurre con ACA.

Además, este libro *no* es el típico estudio bienintencionado de lo que hacer y no hacer en cada fase del desarrollo de software. Concreta conceptos recientes con demostraciones prácticas de cómo diseñar, implementar y desplegar una aplicación en la nube. La imagen de la máquina virtual asociada a este libro contiene todo el software que pueda necesitar para hacerlo (ver Apéndice A). Además de leer lo que hemos escrito, puede ver nuestras demostraciones y escuchar nuestras voces como parte de los 27 *screencasts* en los siguientes capítulos. Incluso puede *vernos* impartir este material, puesto que este libro está asociado con un ***curso en línea masivo y abierto*** (***Massive Online Open Course, MOOC***) al que puede acceder desde EdX.org[2]. CS169.1x y CS169.2x ofrecen fragmentos de vídeo de 6 a 10 minutos de duración que generalmente corresponden uno a uno con todas las secciones del libro, incluyendo ésta. Estos MOOC ofrecen autoevaluación rápida de las tareas de programación y cuestionarios para proporcionarle una realimentación sobre cómo ha asimilado el material, además de un foro en línea para preguntar y responder dudas.

El resto de este capítulo explica por qué pueden suceder desastres como ACA y cómo evitar que se repita esta desafortunada historia. Empezaremos nuestro viaje con los orígenes de la propia ingeniería del software, que empezó con metodologías de desarrollo de software que enfatizaban la planificación y documentación. Después, revisaremos estadísticas sobre cuán bien funcionaban las metodologías ***clásicas*** o de ***planificación y documentación***, lo que reflejará, desgraciadamente, que los resultados de proyectos como ACA son demasiado comunes, si bien no tan conocidos. Los frecuentes resultados decepcionantes de seguir la sabiduría de la ingeniería del software inspiró a algunos desarrolladores de software a organizar una revuelta en palacio. Aunque el ***Manifiesto por el desarrollo ágil de software*** fue muy controvertido cuando se anunció, el desarrollo ágil de software ha acallado las críticas con el paso del tiempo. El desarrollo ágil permite que equipos pequeños superen a gigantes empresariales, especialmente en proyectos pequeños. Nuestro siguiente paso en este viaje demostrará cómo las ***arquitecturas orientadas a servicios*** permiten una combinación exitosa de grandes servicios software, como Amazon.com, a partir de muchos servicios software más pequeños desarrollados por equipos pequeños de desarrollo ágil.

Como apunte final, pero no menos importante, suele ser poco habitual que los desarrolladores de software empiecen sus desarrollos desde cero. Es mucho más común que se centren en mejorar extensas colecciones de código ya existente. El próximo destino en nuestro viaje revelará que, al contrario de lo que ocurre con las metodologías clásicas, que abogan por realizar primero un diseño perfecto y luego implementarlo, el proceso ágil dedica la mayor parte del tiempo a mejorar código que funciona. Por tanto, mejorando en la práctica de la metodología ágil, también practica las habilidades necesarias para hacer evolucionar colecciones de código existentes.

Para empezar nuestro viaje, presentamos la metodología software usada para desarrollar

HealthCare.gov.

1.2 Procesos para el desarrollo de software: ciclos de vida clásicos

Si los constructores hicieran edificios de la misma forma que los programadores escriben sus programas, el primer pájaro carpintero que apareciera destruiría la civilización.

Gerald Weinberg, *Weinberg's Second Law*

La imprevisibilidad general del desarrollo de software a finales de los años 60, junto con desastres software similares a ACA, condujeron al estudio de cómo desarrollar software de alta calidad siguiendo una agenda y presupuesto predecibles. Estableciendo la analogía con otras ramas de la ingeniería, se acuñó el término ***ingeniería del software*** (Naur and Randell 1969). El objetivo era descubrir métodos para construir software que fueran tan predecibles en calidad, coste y tiempo como aquellos usados para construir puentes en ingeniería civil.

Un objetivo estratégico de la ingeniería del software fue introducir la disciplina de la ingeniería en lo que a menudo era desarrollo de software sin planificar. Antes de empezar a escribir código, pensar en un plan para el proyecto, incluyendo documentación extensa y detallada para todas las fases del plan. El progreso, por tanto, se medía conforme al plan. Los cambios en el proyecto se debían reflejar en la documentación y, posiblemente, en el plan.

El objetivo de todos estos procesos de "planificación y documentación" del desarrollo de software es mejorar la previsibilidad mediante una documentación exhaustiva, que debe ser modificada siempre que los objetivos cambien. Los autores del libro lo expresaron así (Lethbridge and Laganiere 2002; Braude 2001):

El Grupo CGI consiguió el contrato para desarrollar el *back-end* (motor) del sitio web de ACA. El presupuesto inicial estimado ascendió desde 94 hasta 292 millones de dólares (Begley 2013). Esta misma compañía estaba involucrada en un registro canadiense de armas de fuego cuyos costes se dispararon, desde una estimación inicial de 2 millones hasta los 2.000 millones de dólares. Cuando MITRE investigó los problemas con la web de ACA Massachusetts, determinó que el Grupo CGI no tenía experiencia suficiente para desarrollar el sistema, perdieron información, no probaron las funciones adecuadamente y realizaron una gestión pésima del proyecto (Bidgood 2014).

Se debe documentar durante todas las etapas del desarrollo, abarcando los requisitos, diseño, manuales de usuario, instrucciones para el personal que realiza las pruebas y los planes del proyecto.

Timothy Lethbridge and Robert Laganiere, 2002

La documentación es el alma de la ingeniería del software.

Eric Braude, 2001

Este proceso está recogido incluso en un estándar oficial de documentación: el estándar IEEE/ANSI 830/1993.

Algunos gobiernos como el de Estados Unidos han elaborado regulaciones para prevenir la corrupción cuando se adquiere equipamiento nuevo, lo que conduce a contratos y especificaciones extensos. Puesto que el objetivo de la ingeniería del software era hacer del desarrollo de software algo tan predecible como la construcción de un puente, incluyendo especificaciones elaboradas, los contratos gubernamentales eran la correspondencia natural al desarrollo de software con metodologías clásicas. Por ello en Estados Unidos, como en muchos otros países, estas regulaciones no dejaron otra opción a los desarrolladores de ACA más que seguir un ciclo de vida clásico.

Tal y ocurre en otras ramas de la ingeniería, los gobiernos tienen cláusulas de escape en los contratos que les permiten adquirir productos aunque se entreguen tarde. Irónicamente, el empresa contratada gana más dinero cuanto más tiempo le lleve desarrollar el software. Por lo tanto, el arte está en negociar el contrato y las cláusulas de sanción. Como puntualizó un comentarista sobre ACA (Howard 2013), "Las empresas que típicamente obtienen contratos son aquellas que son buenas consiguiendo contratos, generalmente no tan buenas ejecutándolos". Otro comentó que las metodologías clásicas no son apropiadas para las prácticas modernas, sobre todo cuando los contratistas gubernamentales se centran en maximizar las ganancias (Chung 2013).

Una de las primeras versiones de estos procesos de desarrollo de software clásicos se desarrolló en 1970 (Royce 1970). Dicha versión sigue esta secuencia de fases:

1. Análisis y especificación de requisitos

2. Diseño arquitectural

3. Implementación e integración

4. Verificación

5. Operación y mantenimiento

Dado que cuanto antes se encuentre un error, más barato es arreglarlo, la filosofía de este proceso es completar una fase antes de pasar a la siguiente, eliminando así el máximo número de errores lo antes posible. Completar las primeras fases satisfactoriamente puede evitar trabajo innecesario en fases posteriores. Dado que este proceso puede llevar años, la documentación exhaustiva ayuda a asegurar que no se pierde información importante si una persona deja el proyecto y que personal nuevo pueda ponerse al día rápidamente cuando se une al proyecto.

Puesto que el flujo discurre desde arriba hacia abajo hasta completarse, este proceso se denomina desarrollo de software en ***cascada*** o ***ciclo de vida*** del desarrollo de software en cascada. Como es de esperar, dada la complejidad de cada etapa del ciclo de vida en cascada, los lanzamientos del producto son grandes eventos acompañados de mucho espectáculo, para los cuales los ingenieros trabajaban febrilmente.

Windows 95 fue presentado durante una fiesta al aire libre que costó 300 millones de dólares[3] para la cual Microsoft contrató al cómico Jay Leno, iluminaron el Empire State Building de Nueva York con los colores del logotipo de Microsoft Windows, y acreditaron la canción "Start Me Up" de los Rolling Stones como el himno de la celebración.

En el ciclo de vida en cascada, la larga duración del software se reconoce mediante una fase de mantenimiento que repara los errores según se detectan. Las versiones nuevas del software desarrolladas en un modelo en cascada pasan por las mismas fases, y llevan generalmente entre 6 y 18 meses.

El modelo en cascada puede funcionar bien para tareas bien especificadas, como los vuelos espaciales de la NASA, pero presenta problemas cuando los clientes cambian de idea acerca de lo que quieren. Uno de los ganadores del Premio Turing expresa esta observación así:

> *Cuenta con descartar una [implementación]; lo harás de cualquier forma.*
>
> Fred Brooks, Jr.

Es decir, es más fácil para los clientes entender qué quieren cuando han visto un prototipo, y para los ingenieros entender cómo desarrollar un prototipo mejor cuando ya lo han hecho una primera vez.

Esta observación conduce a un ciclo de vida del software, desarrollado en la década de los 80, que combina la construcción prototipos con el modelo en cascada (Boehm 1986). La idea es iterar a través de una secuencia de cuatro fases, donde cada iteración da como resultado un prototipo mejorado partiendo de la versión anterior. La figura 1.2 muestra este modelo de desarrollo a través de las cuatro fases, lo que da nombre a este ciclo de vida: el ***modelo en espiral***. Las fases del modelo son:

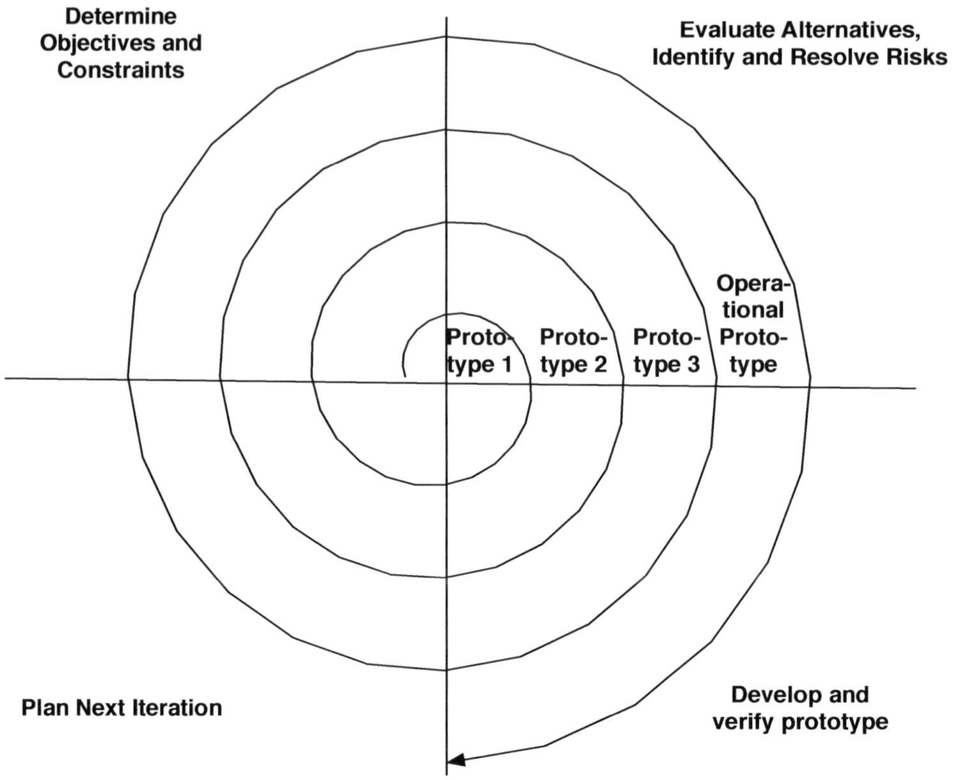

Figura 1.2. El ciclo de vida en espiral combina el ciclo en cascada con la creación de prototipos. Comienza en el centro, recorriendo la espiral con cada iteración a través de las cuatro fases y resultando en un prototipo revisado hasta que el producto está listo para su lanzamiento.

1. Determinar los objetivos y restricciones de esta iteración
2. Evaluar las alternativas e identificar y resolver riesgos
3. Desarrollar y verificar el prototipo que resultará de esta iteración
4. Planificar la siguiente iteración

Big Design Up Front, abreviado ***BDUF***, se usa para designar los procesos de software como cascada, espiral y RUP que dependen de una planificación y documentación exhaustivas. También se conocen habitualmente como procesos ***pesados***, ***dirigidos por planificación***, ***disciplinados*** o ***estructurados***.

En lugar de documentar todos los requisitos al principio, como en el modelo en cascada, los documentos de requisitos se van desarrollando a lo largo de cada iteración según se necesita, y evolucionan con el proyecto. Las iteraciones involucran al cliente antes de que el producto esté acabado, lo que reduce las posibilidades de malentendidos. Sin embargo, como se preveía originalmente, estas iteraciones duraban entre 6 y 24 meses, por lo que ¡los clientes tienen tiempo de sobra para cambiar de idea durante una iteración! Por lo tanto, el modelo en espiral todavía se apoya en planificación y documentación exhaustivas, aunque se espera que el plan evolucione con cada iteración.

Dada la importancia del desarrollo de software, se han propuesto numerosas variaciones de las metodologías clásicas más allá de estas dos. Una propuesta reciente se conoce como ***proceso unificado de Rational*** (***Rational Unified Process, RUP***) (Kruchten 2003), que combina características tanto del ciclo en cascada como del ciclo en espiral así como estándares para los diagramas y la documentación. Usaremos RUP como representante de la corriente de pensamiento más actual en ciclos de vida de clásicos. Al contrario de lo que ocurre con los modelos en cascada y en espiral, RUP está más relacionado con cuestiones comerciales que técnicas.

Al igual que los modelos en cascada y en espiral, RUP consta de una serie de fases:

1. Inicio o concepción (*inception*): define el caso de negocio del software y el alcance del proyecto para establecer los plazos y el presupuesto, usados para juzgar el proceso y justificar gastos, y la evaluación inicial de los riesgos para los plazos y el presupuesto.

2. Elaboración (*elaboration*): trabaja con las partes interesadas para identificar casos de uso, diseñar la arquitectura del software, establecer el plan de desarrollo y construir el prototipo inicial.

3. Construcción (*construction*): codifica y prueba el producto, resultando en el primer lanzamiento del mismo.

4. Transición (*transition*): traslada el producto de desarrollo a producción en un entorno real, incluyendo las pruebas de validación del cliente y la formación del usuario.

A diferencia del modelo en cascada, cada fase involucra una iteración. Por ejemplo, un proyecto puede tener una iteración de la fase de inicio, dos iteraciones de la fase de elaboración, cuatro iteraciones de la fase de construcción, y dos iteraciones de la fase de transición. Tal y como ocurría con el modelo en espiral, un proyecto puede asimismo iterar repetidamente a través de las cuatro fases.

Además de las fases del proyecto que cambian dinámicamente, RUP identifica seis "disciplinas de la ingeniería" (conocidas como flujos de trabajo) que el personal involucrado en el proyecto debe cubrir colectivamente:

1. Modelado de negocio (*Business Modeling*)

2. Requisitos (*Requirements*)

3. Análisis y diseño (*Analysis and Design*)

4. Implementación (*Implementation*)

5. Pruebas (*Test*)

6. Despliegue (*Deployment*)

Estas disciplinas son más estáticas que las fases, ya que existen nominalmente a lo largo de todo el tiempo de vida del proyecto. Sin embargo, algunas disciplinas aparecen más en fases tempranas (como el modelado de negocio), otras lo hacen periódicamente a lo largo del proceso (como las pruebas), y algunas aparecen más hacia el final (despliegue). La figura 1.3 muestra la relación entre las fases y las disciplinas, representando mediante áreas la cantidad de esfuerzo necesario en cada disciplina a lo largo del tiempo.

Un inconveniente poco afortunado de enseñar los ciclos de vida clásicos a los estudiantes es que el desarrollo de software les puede parecer tedioso (Nawrocki et al. 2002; Estler et al. 2012). Esto no supone una razón lo suficientemente importante como para no enseñarlos,

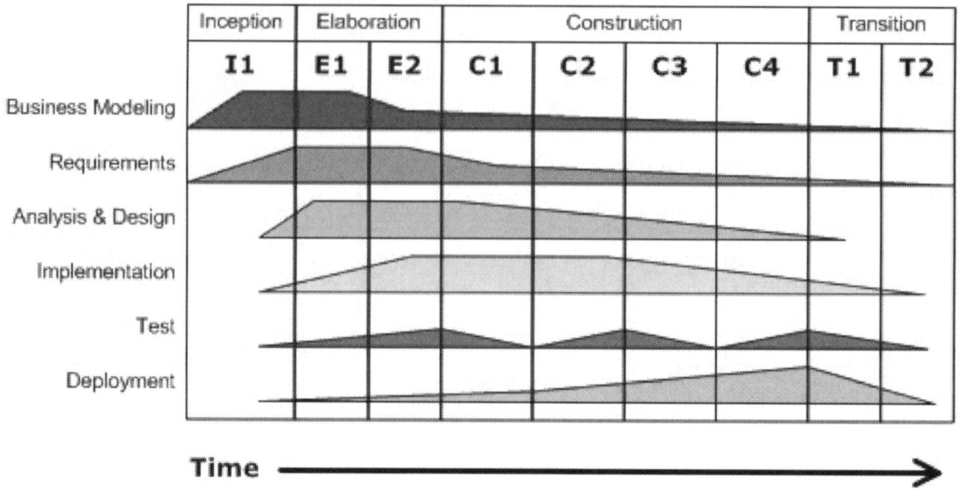

Figura 1.3. El ciclo de vida conocido como proceso unificado de Rational permite que el proyecto tenga múltiples iteraciones en cada fase e identifica habilidades que debe tener el equipo de trabajo, que varían en esfuerzo a lo largo del tiempo. RUP tiene también tres "disciplinas de apoyo" que no se muestran en esta figura: gestión de configuración y del cambio, gestión de proyecto y entorno. (Imagen tomada de Wikipedia Commons por Dutchgilder).

dada la importancia de que el desarrollo de software sea un proceso previsible; las buenas noticias son que hay alternativas que funcionan igual de bien para muchos proyectos, por lo que encajan mejor para enseñarlos en clase, tal y como describiremos en la siguiente sección.

Resumen. Las *actividades* básicas de la ingeniería del software son las mismas en todos los procesos de desarrollo de software o ***ciclos de vida***, pero su interacción a lo largo del tiempo respecto a los lanzamientos del producto difiere según los modelos. El ciclo de vida en espiral se caracteriza por realizar gran parte del diseño antes de escribir código, completando cada fase antes de pasar a la siguiente. El ciclo de vida en espiral itera a lo largo de todas las fases de desarrollo para producir prototipos, pero como en el ciclo en cascada, los clientes sólo se ven involucrados en ciertos momentos del desarrollo espaciados entre 6 y 24 meses. El ciclo de vida denominado proceso unificado de Rational, más reciente, incluye fases, iteraciones y prototipos, identificando además las habilidades que necesita el personal involucrado en el proyecto. Todos los procesos de desarrollo se apoyan en una planificación cuidadosa y una documentación exhaustiva, y todos miden el progreso con respecto a un plan.

Autoevaluación 1.2.1. *¿Cuáles son las principales similitudes y diferencias entre los procesos como el de espiral o RUP frente al proceso en cascada?*
◇ Todos se apoyan en la planificación y documentación, pero el proceso en espiral y el proceso RUP usan iteraciones y prototipos para mejorar según avanza el tiempo, frente a un único camino largo hasta el producto final. ■

Autoevaluación 1.2.2. *¿Cuáles son las diferencias entre las fases de estos procesos clásicos?*
◇ Las fases del modelo en cascada separan la planificación (requisitos y diseño de la ar-

quitectura) de la implementación. Después se realizan las pruebas del producto previas a su lanzamiento, seguidas de una fase de mantenimiento. Las fases del modelo en espiral se centran en la iteración: establecer objetivos de la misma; explorar alternativas; desarrollar y verificar el prototipo resultante de la presente iteración; y planificar la siguiente. Las fases de RUP están más relacionadas con objetivos comerciales: la concepción o inicio definen el caso de negocio así como la planificación temporal y el presupuesto; en la fase de elaboración se trabaja con los clientes para construir un prototipo inicial; la fase de construcción desarrolla y prueba una primera versión; y la fase de transición despliega el producto. ■

■ ***Explicación. Modelo de capacidad y madurez (CMM) del SEI***

El Instituto de Ingeniería del Software (Software Engineering Institute, SEI) de la Universidad Carnegie Mellon propuso el ***modelo de capacidad y madurez*** (***Capability Maturity Model, CMM***) (Paulk et al. 1995) para evaluar los procesos para el desarrollo de software de las organizaciones basados en metodologías clásicas. La idea es que modelando el proceso para el desarrollo de software, una organización pueda mejorarlo. Los estudios del SEI observaron cinco niveles en la práctica del software:

1. Inicial o caótico. Desarrollo de software sin documentar/*ad hoc*/inestable.
2. Repetible. Sin seguir una rigurosa disciplina, pero con algunos procesos repetibles con resultados consistentes.
3. Definido. Procesos estándar definidos y documentados que mejoran con el tiempo.
4. Gestionado. La gestión puede controlar el desarrollo del software usando métricas del proceso, adaptándolo a diferentes proyectos satisfactoriamente.
5. Optimizado. Mejoras de optimización deliberadas del proceso de desarrollo como parte del proceso de gestión.

El CMM fomenta implícitamente que toda organización vaya ascendiendo en estos niveles. Aunque no se propone como metodología para el desarrollo de software, muchos lo consideran como tal. Por ejemplo, el trabajo de (Nawrocki et al. 2002) compara el nivel 2 CMM con la metodología ágil de software (ver la siguiente sección).

1.3 Procesos de desarrollo de software: el manifiesto por el desarrollo ágil de software

Si un problema no tiene solución, puede que no sea un problema sino un hecho —no para ser resuelto, sino al que enfrentarse con el paso del tiempo—.

Shimon Peres

Aunque los procesos clásicos trajeron disciplina al desarrollo de software, todavía hubo proyectos de software que fracasaron tan estrepitosamente que viven en la infamia. Los programadores han oído las tristes historias de la ***explosión del cohete Ariane 5***, la sobredosis de radiación letal ***Therac-25***, la desintegración de la sonda ***Mars Climate*** y el abandono del proyecto ***Virtual Case File*** del FBI tan frecuentemente, que se han convertido en clichés. Ningún ingeniero de software querría tener estos proyectos en su currículum.

Un artículo incluso confeccionó un "muro de la vergüenza del software" con docenas de proyectos de gran visibilidad que, en conjunto, fueron responsables de unas pérdidas de 17.000 millones de dólares, la mayoría de los cuales fueron abandonados (Charettte 2005).

Ariane 5 vuelo 501. El 4 de junio de 1996, 37 segundos antes del lanzamiento de un sistema de seguimiento, ocurrió un error de desbordamiento con consecuencias espectaculares[4] cuando un número de coma flotante fue convertido a un entero más pequeño. Esta excepción no podía suceder en el Ariane 4, un cohete más lento, por lo que volver a utilizar componentes que fueron exitosos con este sistema sin probar exhaustivamente el problema resultó caro: se perdieron varios satélites por un valor de 370 millones de dólares.

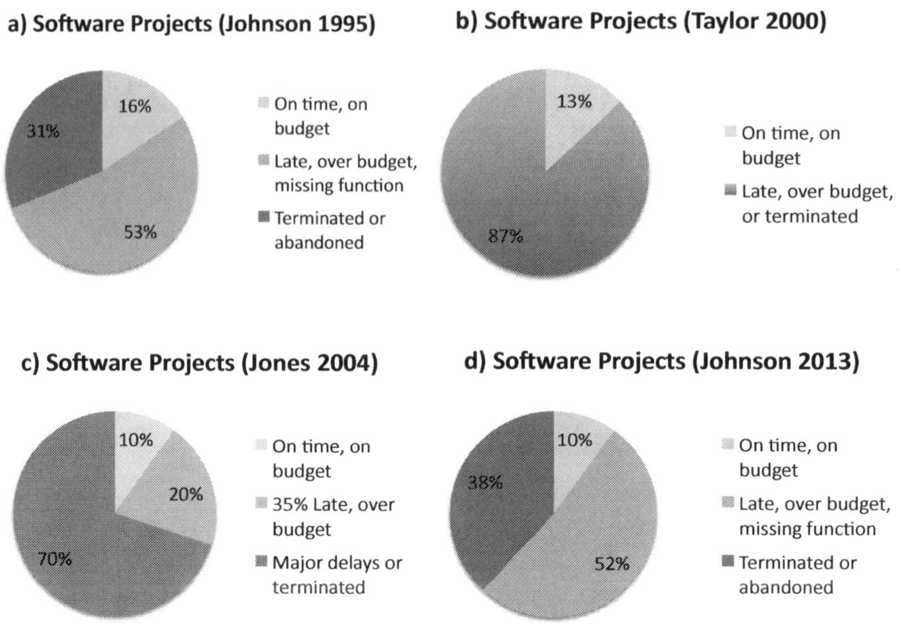

Figura 1.4. a) Un estudio sobre proyectos software desveló que el 53% de los proyectos excedían su presupuesto en un factor de 2.9 y su planificación temporal en un factor de 3.2, mientras que otro 31% de los proyectos software se cancelaron antes de terminarse (Johnson 1995). El coste anual estimado en Estados Unidos para dichos proyectos fue de 100.000 millones de dólares. b) Una encuesta de los miembros de la British Computer Society (BCS) reveló que sólo 130 de 1027 proyectos cumplieron con su planificación y presupuesto. La mitad de los proyectos eran de mantenimiento o conversión de datos y la otra mitad eran nuevos desarrollos, pero los proyectos exitosos se repartieron entre 127 de los primeros y sólo 3 de los últimos (Taylor 2000). c) Un estudio de 250 proyectos grandes, cada uno contando con el equivalente a más de un millón de líneas de código en C, encontró resultados igual de decepcionantes (Jones 2004). d) Una encuesta que incluía sólo los ejemplos más grandes de entre 50.000 proyectos, es decir, aquellos que han costado al menos 10 millones de dólares en desarrollo (Johnson 2013b), obtiene los resultados más nefastos, lo que sugiere que HealthCare.gov sólo tenía un 10% de probabilidades de éxito.

La figura 1.4 resume cuatro estudios sobre proyectos de software. Habiendo tan sólo entre un 10 y un 16% finalizados a tiempo y ajustándose a su presupuesto, había más proyectos cancelados o abandonados que los que se ajustaron a sus objetivos. Un vistazo más detallado al 13% de proyectos exitosos en el estudio b) resulta aún más revelador, ya que menos del 1% de los desarrollos nuevos cumplieron con sus planificaciones y presupuestos. Aunque los tres primeros estudios tienen entre 10 y 25 años de antigüedad, el estudio d) data de 2013. Cerca del 40% de estos grandes proyectos fueron cancelados o abandonados, y el 50% finalizaron más tarde de lo previsto, sobrepasando el presupuesto y con funcionalidad incompleta. Usando la historia como guía, el pobre presidente Obama sólo tenía una probabilidad de uno entre diez de que HealthCare.gov tuviera un estreno exitoso.

El desarrollo ágil se conoce en algunos casos como proceso ***ligero*** o ***indisciplinado***.

Tal vez el "momento de la reforma" de la ingeniería del software fue el ***Manifiesto por el desarrollo ágil de software*** en febrero de 2001. Un grupo de desarrolladores de software se reunieron para idear un ciclo de vida de software más ligero. He aquí exactamente lo que la ***Alianza del desarrollo ágil*** apuntaló en la puerta de la "Iglesia de los Procesos Clásicos":

"Estamos descubriendo mejores formas de desarrollar software mediante la práctica y

ayudando a otros a aplicar dicha práctica. A través de este trabajo hemos podido valorar:

- **Individuos e interacciones** *por encima de procesos y herramientas*
- **Software que funciona** *por encima de documentación exhaustiva*
- **Colaboración del cliente** *por encima de negociaciones del contrato*
- **Responder al cambio** *por encima de seguir un plan*

"Esto es, aunque los elementos de la derecha tienen valor, valoramos más los elementos de la izquierda."

Este modelo alternativo de desarrollo está basado en acoger el cambio como un hecho de la vida: los desarrolladores deben refinar continuamente un prototipo que funciona pero está incompleto hasta que el cliente esté contento con el resultado, donde dicho cliente proporciona realimentación en cada iteración. La metodología ágil hace hincapié en el ***desarrollo orientado a pruebas*** (***Test-Driven Development, TDD***) para reducir el número de errores escribiendo las pruebas *antes* de escribir el código, en las ***historias de usuario*** para alcanzar un acuerdo con el usuario y validar sus requisitos, y la ***velocidad*** para medir el progreso del proyecto. Iremos tratando estos temas en mayor detalle en próximos capítulos.

Variantes del desarrollo ágil Existen muchas variantes del desarrollo ágil de software (Fowler 2005). La que usaremos en este libro es la ***programación extrema***, abreviado ***XP, del inglés eXtreme Programming***, atribuida a Kent Beck.

Respecto al tiempo de vida del software, el ciclo de vida del software desarrollado mediante la metodología ágil es tan rápido que hay nuevas versiones cada una o dos semanas —a veces incluso con entregas a diario— de forma que no representan ni siquiera eventos especiales como ocurría con los ciclos de vida clásicos. Se asume que básicamente se mejora continuamente a lo largo de su vida útil.

En la sección anterior mencionamos que los procesos de desarrollo clásicos pueden parecer tediosos a los recién llegados, pero no es el caso de la metodología ágil. Esta perspectiva se refleja en una de las primeras críticas de la metodología ágil por parte de un instructor de ingeniería del software:

> *¿Os acordáis de cuando programar era divertido? ¿Es así como os interesasteis en los ordenadores primero y en la informática después? ¿Es por lo que muchos de nuestros estudiantes eligen esta disciplina, porque les gusta programar ordenadores? Bueno, puede haber metodologías para el desarrollo de software prometedoras y respetables que encajan perfectamente con este tipo de personas. ...[La metodología ágil] es divertida y eficaz, porque no sólo no dificultamos el proceso con montañas de documentación, sino también porque los desarrolladores trabajan cara a cara con los clientes a lo largo de todo el proceso de desarrollo y producen software que funciona desde etapas tempranas.*
>
> Renee McCauley, "Agile Development Methods Poised to Upset Status Quo," *SIGCSE Bulletin*, 2001

Restándole importancia a la planificación, documentación y vinculación contractual de las especificaciones, el manifiesto por el desarrollo ágil de software va a contracorriente de la sabiduría convencional de los intelectuales de la ingeniería del software, por lo que no fue recibido por todos con los brazos abiertos (Cormick 2001):

> *[El Manifiesto por el desarrollo ágil de software] es otro intento de minar la disciplina de la ingeniería del software... En la profesión de ingeniero de software, hay ingenieros y hay* hackers*... Me parece que esto no es más que un intento por legitimar el comportamiento del* hacker*... La profesión de la ingeniería del software sólo cambiará a*

	Pregunta: un no por respuesta sugiere metodología ágil; un sí sugiere metodología clásica
1	¿Se necesita especificación?
2	¿Los clientes no están disponibles?
3	¿El sistema a construir es grande?
4	¿El sistema a construir es complejo (por ejemplo, de tiempo real)?
5	¿Tendrá una vida útil larga?
6	¿Está usando herramientas de software precarias?
7	¿El equipo del proyecto está distribuido geográficamente?
8	¿El equipo forma parte de una cultura orientada a la documentación?
9	¿El equipo tiene habilidades de programación mediocres?
10	¿El sistema a construir está sujeto a alguna regulación?

Figura 1.5. Diez preguntas que ayudan a decidir si usar un ciclo de vida ágil (la respuesta es no) o un ciclo de vida clásico (la respuesta es sí) (Sommerville 2010). Nos parece llamativo que cuando se plantean estas preguntas a grupos de estudiantes durante una clase, todas las respuestas apuntan virtualmente a la metodología ágil. Tal y como atestigua este libro, las herramientas software de código abierto son excelentes, y están disponibles para los estudiantes (pregunta 6). Nuestro estudio en empresas (ver Prólogo) descubrió que los estudiantes a punto de graduarse tenían buenas habilidades de programación (pregunta 9). Las otras ocho respuestas son un "no" rotundo para el caso de proyectos de estudiantes.

> *mejor cuando los clientes se nieguen a pagar por software que no hace lo que contrataron... Cambiar la cultura que fomenta la mentalidad* hacker *por otra basada en prácticas predecibles de ingeniería del software sólo ayudará a transformar la ingeniería del software en una disciplina respetada de la ingeniería.*
>
> Steven Ratkin, "Manifesto Elicits Cynicism," *IEEE Computer*, 2001

¡Un par de críticos incluso llegaron a publicar el caso contra la metodología ágil como un libro de 432 páginas! (Stephens and Rosenberg 2003)

La comunidad investigadora de ingeniería del software continuó comparando los ciclos de vida clásicos con los de la metodología ágil y concluyó —para sorpresa de algunos cínicos— que la metodología ágil podía, de hecho, funcionar bien dependiendo de las circunstancias. La figura 1.5 muestra 10 preguntas de un popular libro de texto sobre ingeniería del software (Sommerville 2010) cuyas respuestas sugieren cuándo usar la metodología ágil y cuándo usar los métodos clásicos.

Hay que recordar que el último y más reciente estudio en la figura 1.4 muestra los resultados decepcionantes de grandes proyectos software, que no usan la metodología ágil. La figura 1.6 muestra el éxito de pequeños proyectos software —definidos como aquellos cuyo coste es menor de un millón de dólares— que generalmente usan la metodología ágil. Con tres de cada cuatro de estos proyectos finalizados a tiempo, de acuerdo con el presupuesto establecido y con toda la funcionalidad implementada, los resultados contrastan fuertemente con los de la figura 1.4. El éxito ha avivado la popularidad de la metodología ágil, y estudios recientes la identifican como el método de desarrollo primario del 60% al 80% de todos los equipos de programación en 2013 (ET Bureau 2012, Project Management Institute 2012). Un artículo incluso señaló que la metodología ágil se usaba en la mayoría de los equipos de programación distribuidos geográficamente, lo que es mucho más difícil de conseguir (Estler et al. 2012).

Por lo tanto, nos centraremos en la metodología ágil en los seis capítulos de la parte II del libro, aunque cada capítulo también ofrece una perspectiva de las metodologías clásicas

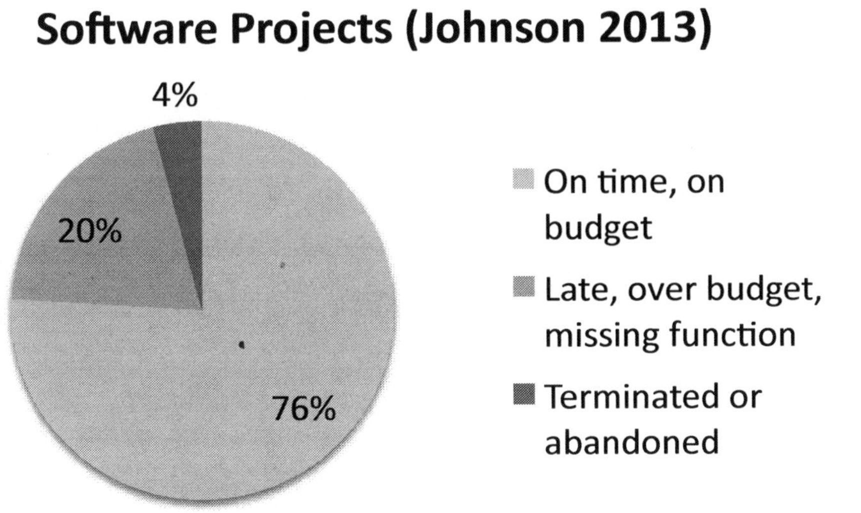

Figura 1.6. Estudio de los ejemplos pequeños del total de 50.000 proyectos, definidos como aquellos que costaron menos de 1 millón de dólares en desarrollo (Johnson 2013b). Estos proyectos funcionan mucho mejor que los de la figura 1.4.

en temas como requisitos, pruebas, gestión del proyecto y mantenimiento. Este contraste permite a los lectores decidir por sí mismos cuándo es apropiada cada metodología.

Aunque ahora vemos cómo construir cierto software con éxito, no todos los proyectos son pequeños. A continuación mostramos cómo diseñar software de forma que sea posible la combinación de servicios como en el caso de Amazon.com.

Resumen. En contraste con los ciclos de vida clásicos, el ciclo de vida ágil trabaja con los clientes para añadir funcionalidad continuamente a los prototipos funcionales hasta que el cliente queda satisfecho, permitiéndole cambiar lo que quiera mientras el proyecto se desarrolla. La documentación se realiza fundamentalmente en base a historias de usuario y casos de prueba, y no se mide el progreso respecto a un plan predefinido. En su lugar, el progreso se mide anotando la ***velocidad***, que esencialmente es la tasa a la que el proyecto va completando sus características.

Autoevaluación 1.3.1. *Verdadero o falso: una gran diferencia entre el desarrollo en espiral y el ágil es la construcción de prototipos y la interacción con clientes durante el proceso.*
◇ Falso. Ambos construyen prototipos funcionales pero incompletos que el cliente ayuda a evaluar. La diferencia es que los clientes están involucrados cada dos semanas en la metodología ágil, frente a períodos de hasta dos años en la metodología en espiral. ■

■ ***Explicación. Versiones de la metodología ágil***

No hay un único ciclo de vida ágil. En nuestro caso seguimos la ***programación extrema*** (***eXtreme Programming, XP***), que incluye iteraciones de una a dos semanas de duración, diseño guiado por comportamiento (ver capítulo 7), desarrollo orientado a pruebas (ver capítulo 8) y programación en pareja (ver sección 10.2). Otra versión popular es ***Scrum*** (ver sección 10.1), donde equipos auto-organizados utilizan iteraciones de dos a cuatro semanas de duración llamadas ***sprints***, y luego se reúnen para planificar el siguiente *sprint*. Una de las principales características son las reuniones, de pie, diarias para identificar y superar obstáculos. Aunque existen múltiples roles en el equipo *scrum*, lo normal es ir rotando los roles conforme pasa el tiempo. El enfoque ***Kanban*** proviene del proceso de fabricación "justo a tiempo" de Toyota, que en este caso trata el desarrollo de software como una tubería. En esta variante, los miembros del equipo tienen roles fijos, y el objetivo es equilibrar el número de miembros del equipo de tal forma que no haya cuellos de botella con tareas acumuladas esperando su procesamiento. Una característica común es una pared de tarjetas que ilustran el estado de todas las tareas en la tubería. También hay ciclos de vida híbridos que tratan de combinar lo mejor de ambos mundos. Por ejemplo, ***ScrumBan*** usa las reuniones diarias y los *sprints* de Scrum, pero reemplaza la fase de planificación por el control más dinámico basado en tubería y la pared de tarjetas de Kanban.

■ ***Explicación. Reforma las regulaciones sobre adquisición de software***

Mucho antes de que apareciera el sitio web de ACA, hubo peticiones para reformar la adquisición de software, como en este estudio de las Academias Nacionales de Estados Unidos realizado por el Departamento de Defensa (Department Of Defense, DOD):

"El DOD se ve obstaculizado por una cultura y prácticas relacionadas con la adquisición que favorecen grandes programas, supervisión a alto nivel, y un enfoque en serie muy deliberado de desarrollo y pruebas (el modelo en cascada). Programas de los que se esperan soluciones completas casi perfectas y que lleva años desarrollar son comunes en el DOD... Estos enfoques funcionan al contrario que las prácticas de adquisición de la metodología ágil en las que el producto es el foco principal, los usuarios finales se involucran pronto y a menudo, la supervisión del desarrollo incremental del producto se delega al nivel práctico más bajo, y el equipo de gestión del programa tiene la flexibilidad de ajustar el contenido de los incrementos para cumplir la planificación de entregas... Las estrategias ágiles han permitido que aquellos que las han adoptado superen a gigantes empresariales establecidos que se vieron acorralados por estructuras de gestión pesadas y atadas a procesos propias de la era industrial. Las estrategias ágiles han triunfado porque los que las adoptaron reconocieron los aspectos que contribuyen a crear riesgos en un programa y cambiaron sus estructuras y procesos de gestión para mitigar dichos riesgos."

(National Research Council 2010)

Incluso el presidente Obama reconoció, con retraso, las dificultades que suponía la adquisición de software. El 14 de noviembre de 2013, dijo en un discurso: "... cuando reviso mis decisiones a posteriori, una de las cosas que no dudo en reconocer es que desde que sé que la forma de comprar tecnología en el gobierno federal es torpe, complicada y obsoleta ... es parte de la razón por la que, crónicamente, los programas de IT federales no cumplen su presupuesto establecido, se retrasan en su planificación... ya que [ahora] sé que el gobierno federal no ha manejado bien estos temas en el pasado, hace dos años mientras estábamos pensando en esto... podríamos haber hecho más para asegurarnos de que estábamos saliéndonos del molde en cómo íbamos a manejar esto."

1.4 Arquitectura orientada a servicios

> *Hace mucho tiempo que SOA sufría de falta de claridad y dirección.... SOA podía incluso morir —no por falta de sustancia o potencial, sino sencillamente por una aparente proliferación de información errónea y confusión—.*
>
> Thomas Erl, *About the SOA Manifesto*, 2010

El éxito de los pequeños proyectos de la figura 1.6 se puede replicar en proyectos más grandes usando una arquitectura software diseñada para crear servicios combinables: la ***arquitectura orientada a servicios*** (***Service Oriented Architecture, SOA***).

Por desgracia, SOA fue uno de esos términos mal definidos, usado en exceso, y tan sobrevalorado que algunos pensaron que sólo era un término publicitario vacío, como el de ***programación modular***. SOA significa que los componentes de una aplicación actúan como servicios que interactúan entre ellos, y se pueden usar independientemente y combinarlos de diversas formas en otras aplicaciones. La opción contraria se considera un "silo de software", que raramente tiene ***interfaces de programación de aplicaciones*** (***Application Programming Interfaces, API***) externas de los componentes internos.

Si no se estima correctamente lo que el cliente quiere realmente, el coste asociado a enmendar ese error y probar algo distinto o producir una variante similar pero no idéntica que agrade a un subconjunto de usuarios es mucho más bajo usando SOA que con "silos" de software.

Por ejemplo, Amazon comenzó en 1995 con un silo de software para su sitio de venta online. De acuerdo con el blog del inicialmente Amazoniano Steve Yegge[5], en 2002 el CEO y fundador de Amazon ordenó un cambio hacia lo que llamaríamos SOA hoy. Yegge afirma que Jeff Bezos difundió un correo electrónico a todos los empleados redactado en las siguientes líneas:

1. *Todos los equipos expondrán de ahora en adelante sus datos y funcionalidad a través de interfaces de servicio.*

2. *Los equipos deben comunicarse entre ellos a través de estas interfaces.*

3. *No se permitirá el uso de ninguna otra forma de comunicación interproceso: ni vinculación (linkado) directo, ni lectura directa de fuentes de datos de otro equipo, ni modelos de memoria compartida, ni puerta trasera alguna. La única forma de comunicación permitida es a través de llamadas a interfaces de servicio a través de la red.*

4. *No importa qué tecnología se use. HTTP, CORBA, Pub/Sub, protocolos propios —no importa—. A Bezos le da igual.*

5. *Todos las interfaces de servicio, sin excepción, se deben diseñar desde el inicio para ser externos. Esto quiere decir que el equipo debe planificar y diseñar para ser capaz de exponer la interfaz a desarrolladores del mundo exterior. Sin excepción.*

6. *Cualquiera que no haga esto será despedido.*

7. *Gracias. ¡Que tengan un buen día!*

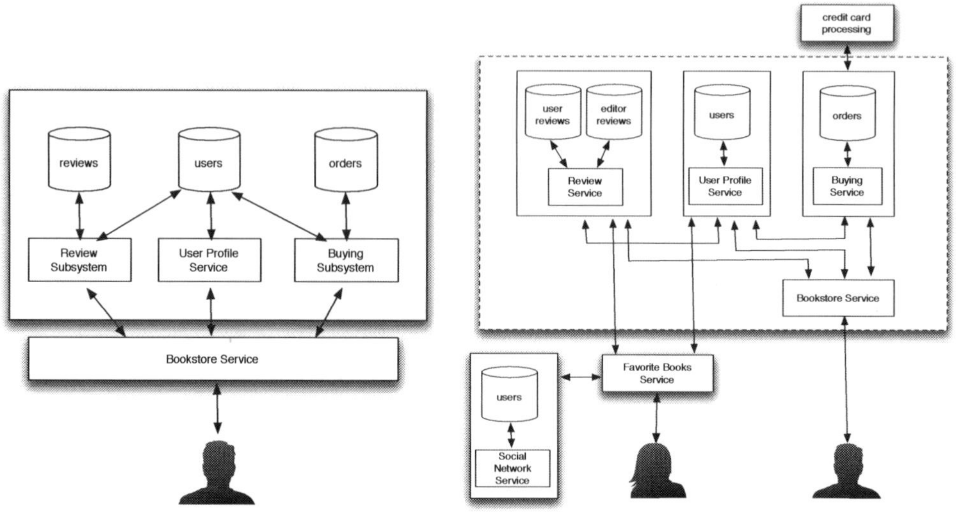

Figura 1.7. Izquierda: versión silo de un servicio ficticio de venta de libros, con todos los subsistemas detrás de una única API. Derecha: versión SOA de un servicio ficticio de venta de libros, donde los tres subsistemas son independientes y están disponibles a través de las API.

Una revolución software similar tuvo lugar en Facebook en 2007 —tres años después del lanzamiento de la compañía— cuando se lanzó la ***Plataforma Facebook***. Apoyándose en SOA, la Plataforma Facebook permitió a desarrolladores de terceras partes crear aplicaciones que interaccionaran con la funcionalidad del núcleo de Facebook tales como qué le gusta a los usuarios, quiénes son sus amigos, quiénes están etiquetados en sus fotos, etc. Por ejemplo, el New York Times fue uno de los primeros desarrolladores en utilizar la Plataforma Facebook. Los usuarios de Facebook que se encontraban leyendo el New York Times online el 24 de mayo de 2007 de repente se percataron de que podían ver qué artículos estaban leyendo sus amigos y cuáles les gustaban. Como contrapunto de una red social que usaba un silo de software, Google+ no tenía API cuando se lanzó el 28 de junio de 2011, y sólo contaba con una API muy pesada tres meses después: seguir el flujo completo de todo lo que un usuario de Google+ veía.

Para concretar estas nociones, supongamos que queríamos crear un servicio de venta de libros en primer lugar como silo y después como SOA. Ambos contarán con los mismos tres subsistemas: críticas, perfiles de usuarios y compras.

En la parte izquierda de la figura 1.7 se muestra la versión silo. El silo significa que los subsistemas pueden, internamente, compartir directamente el acceso a datos en diferentes subsistemas. Por ejemplo, el subsistema de críticas puede obtener la información del perfil de un usuario del subsistema de usuarios. Sin embargo, todos los subsistemas están dentro de una gran API externa ("la tienda de libros").

En la parte derecha de la figura 1.7 se puede ver la versión SOA del servicio de venta de libros, donde todos los subsistemas están separados y son independientes. Aunque todo está dentro del "límite" del centro de datos de la tienda de libros, representado mediante un rectángulo punteado, los subsistemas interactúan entre ellos como si estuvieran en diferentes centros de datos. Por ejemplo, si el subsistema de críticas quiere información sobre un usuario, no puede acceder directamente a la base de datos de usuarios. En lugar de eso, tiene que preguntar al ***servicio*** de usuarios, a través de la API que se proporcione para tal fin. Una restricción similar se aplica a la compra de libros.

La "aplicación de venta de libros" es tan sólo una combinación particular de estos servicios. Por lo tanto, se pueden volver a combinar estos servicios con otros para crear nuevas aplicaciones. Por ejemplo, una aplicación de "mis libros favoritos" podría combinar el servicio de usuarios y críticas con una red social, de forma que un usuario pueda ver lo que sus amigos de su red social piensan sobre los libros de los que ha escrito una crítica (ver figura 1.7).

La distinción crítica de SOA es que ningún servicio puede nombrar o acceder a los datos de otro servicio; sólo puede hacer peticiones de esos datos a través de una API externa. Si los datos que quiere no están disponibles a través de la API, mala suerte. Hay que mencionar que SOA no encaja con el modelo software tradicional de capas, en el que cada capa superior se construye directamente a partir de las primitivas de la capa inmediatamente inferior en un silo de software. SOA implica porciones verticales que abarcan varias capas, y estas porciones se conectan entre ellas para formar un servicio. Mientras que SOA generalmente conlleva un poco más de trabajo comparado con construir un servicio con un silo de software, la recompensa es un gran potencial de reutilización. Otra ventaja de SOA es que las API específicas hacen que las pruebas sean más sencillas.

SOA posee dos inconvenientes ampliamente aceptados. En primer lugar, cada invocación del servicio involucra un mayor coste al tener que bucear a través de la profunda pila de software de una interfaz de red, por lo que hay un impacto en el rendimiento en SOA. En segundo lugar, mientras que un sistema silo es muy probable que esté totalmente inaccesible durante un fallo, los ingenieros de software que usan SOA tienen que lidiar con el molesto caso de fallos parciales, por lo que SOA provoca que la planificación de dependencias suponga un reto mayor.

La enorme ventaja de SOA es que utilizamos pequeños servicios construidos con éxito, en parte porque podemos usar metodologías ágiles para construirlos, para después combinarlos para crear servicios más grandes.

Por desgracia, si el presidente Obama hubiera leído este capítulo a tiempo como para enviar un correo electrónico al estilo Bezos a los responsables de ACA antes de su lanzamiento, la historia lo hubiera considerado un presidente con más éxito. Para los futuros presidentes que se encuentren entre nuestros lectores: ¡persona precavida vale por dos!

Resumen. Aunque el término está casi perdido en un mar de confusión, una ***arquitectura orientada a servicios*** (***SOA***) sólo es una estrategia para el desarrollo de software en la que todos los subsistemas están únicamente disponibles como servicios externos, lo que significa que se pueden combinar de diferentes formas. Utilizar las herramientas y pautas de este libro hará que sus aplicaciones encajen en la estrategia SOA.

Autoevaluación 1.4.1. *Otra perspectiva de SOA es que tan sólo es una estrategia de sentido común para mejorar la productividad del programador. ¿Qué mecanismos de productividad ejemplifican mejor SOA: claridad a través de concisión, síntesis, reutilización o automatización mediante herramientas?*

◇ ¡Reutilización! El objetivo es hacer que las API internas sean visibles de forma que los programadores puedan apoyarse en el hombro de otros. ■

1.5 Software como servicio

La potencia de SOA combinada con la de Internet condujeron a un caso especial de SOA con nombre propio: el ***software como servicio*** (***Software as a Service, SaaS***). Esta estrategia distribuye el software y los datos como servicios a través de Internet, generalmente mediante el uso de un programa ligero, como un navegador, que se ejecuta en los dispositivos cliente locales en lugar de como una aplicación binaria que se debe instalar y ejecutar íntegramente en el dispositivo. Ejemplos usados a diario incluyen búsquedas, redes sociales y visualización de vídeos. Las ventajas para el cliente y para el programador se han promocionado ampliamente:

1. Puesto que los clientes no tienen que instalar la aplicación, no se tienen que preocupar de si el hardware de su dispositivo es de la marca correcta o suficientemente rápido, así como tampoco de si tienen la versión correcta del sistema operativo.

2. Los datos asociados al servicio se mantienen generalmente en el propio servicio, de forma que los clientes no tienen que preocuparse de guardar copias de seguridad, de perderlos por un fallo en el hardware local, o de incluso perder el dispositivo en sí, como ocurre a veces con teléfonos o tablets.

3. Cuando un grupo de usuarios quieren interactuar de forma colectiva con el mismo conjunto de datos, SaaS es una opción natural.

4. Cuando el conjunto de datos es grande y/o se tiene que actualizar frecuentemente, puede ser más sensato centralizar dichos datos y ofrecer acceso remoto a través de SaaS.

5. Una única copia del software del servidor se ejecuta en un entorno hardware y en un sistema operativo estrictamente controlado y elegido por el programador, lo que evita problemas de compatibilidad en la distribución de los archivos binarios que deben poder ejecutarse en una gama amplia de ordenadores y sistemas operativos. Además, los desarrolladores pueden probar nuevas versiones de la aplicación con una pequeña fracción de clientes reales temporalmente sin alterar al resto (si el cliente SaaS se ejecuta en un navegador, siguen existiendo retos de compatibilidad, que se describirán en el capítulo 2). Las empresas dedicadas a SaaS compiten regularmente para lanzar nuevas funcionalidades que ayuden a asegurar que sus clientes no les abandonan en favor de otro competidor que ofrezca un servicio mejor.

6. Puesto que sólo los desarrolladores tienen copia del software, pueden actualizar dicho software y el hardware subyacente siempre y cuando las interfaces de programación externas (API) de la aplicación no se vean afectadas. Además, no tienen que molestar a los usuarios con las peticiones —que parecen no acabar nunca— de permiso de actualización de sus aplicaciones.

SaaS: ¿innovar o morir? Si cree que la percepción de que es necesario mejorar un servicio exitoso es una paranoia de la ingeniería del software, piense que el motor de búsqueda más famoso era AltaVista y la red social más popular era MySpace.

La combinación de las ventajas para el cliente y para el programador explica por qué SaaS está creciendo rápidamente y por qué cada vez más productos software tradicionales se están transformando para ofrecer versiones SaaS. Un ejemplo de este último caso es Microsoft Office 365, que le permite usar las famosas aplicaciones ofimáticas Word, Excel y PowerPoint como servicios remotos pagando por uso en lugar de comprar el software e instalarlo en

Entorno de desarrollo SaaS	*Lenguaje de programación*
Active Server Pages (ASP.NET)	C#, VB.NET
Django	Python
Enterprise Java Beans (EJB)	Java
JavaServer Pages (JSP)	Java
Rails	Ruby
Sinatra	Ruby
Spring	Java
Zend	PHP

Figura 1.8. Ejemplos de entornos de programación SaaS y los lenguajes de programación en los que están escritos.

su ordenador. Otro ejemplo es TurboTax Online, que ofrece el mismo envoltorio para otro producto clásico.

No resulta sorprendente, dada la popularidad de SaaS, la gran variedad de entornos de desarrollo que pretenden ayudar. La figura 1.8 lista varios de ellos. En este libro usaremos Ruby on Rails ("Rails"), aunque las ideas que cubriremos también aplicarán a otros entornos de desarrollo. Hemos elegido Rails porque proviene de una comunidad que ya adoptó el ciclo de vida ágil, por lo que sus herramientas funcionan especialmente bien para dicha metodología.

Ruby es un ejemplo típico de lenguaje moderno de *scripting* que incluye gestión de memoria automática y *tipado* dinámico. Con la inclusión de avances importantes de los lenguajes de programación, Ruby va más allá de lenguajes como Perl al soportar múltiples paradigmas de programación tales como la orientación a objetos y la programación funcional.

Entre las características útiles adicionales que ayudan a mejorar la productividad a través de la reutilización se incluyen los **mix-ins**, que congregan comportamientos relacionados y facilitan su inclusión en muchas clases distintas, y la ***metaprogramación***, que permite que programas escritos en Ruby sinteticen código en tiempo de ejecución. La reutilización se mejora también con el soporte de Ruby para ***clausuras*** a través de ***bloques*** y para ***yield***. El capítulo 3 contiene una pequeña descripción de Ruby para aquellos que ya conocen Java, y el capítulo 4 es una introducción a Rails.

Además de nuestra opinión sobre la superioridad de Rails para la metodología ágil y SaaS, Ruby y Rails son de uso común. Por ejemplo, Ruby aparece habitualmente entre los 10 lenguajes de programación más populares. Una aplicación SaaS bien conocida y asociada a Rails es Twitter, que comenzó siendo una aplicación Rails en 2006 y creció desde los 20.000 *tweets* por día en 2007 hasta los 200.000.000 en 2011, tiempo durante el cual varias partes de la aplicación han sido reemplazadas por otros entornos.

Para aquellos que no estén familiarizados aún con Ruby on Rails, esto les dará la oportunidad de practicar una importante habilidad de la ingeniería del software: utilizar la herramienta apropiada para cada trabajo, ¡incluso si eso significa aprender a utilizar una nueva herramienta o lenguaje! De hecho, una característica atractiva de la comunidad de Rails es que sus colaboradores mejoran constantemente la productividad inventando nuevas herramientas que automatizan tareas realizadas manualmente en un principio.

Hay que mencionar que las habituales actualizaciones de una aplicación SaaS —debido a que existe una única copia del software— se alinean perfectamente con el ciclo de vida ágil. Por tanto, Amazon, eBay, Facebook, Google y otros proveedores SaaS confían en el ciclo de vida ágil, y compañías de software tradicionales como Microsoft usan cada vez más la metodología ágil en su desarrollo de productos. El proceso ágil encaja perfectamente con la naturaleza cambiante de las aplicaciones SaaS.

Resumen. El ***software como servicio (SaaS)*** es una opción atractiva tanto para clientes como para proveedores ya que el cliente universal (el navegador web) facilita que los usuarios utilicen el servicio y la única versión del software en un sitio centralizado hace más sencillo que el proveedor distribuya y mejore el servicio. Dada la habilidad y deseo de actualizar frecuentemente las aplicaciones SaaS, el proceso de desarrollo ágil de software es muy habitual, y por ello existen numerosos entornos de desarrollo que soportan metodología ágil y SaaS. Este libro usará en concreto Ruby on Rails.

Autoevaluación 1.5.1. *¿Cuál de los ejemplos de aplicaciones SaaS de Google —Búsqueda, Mapas, Noticias, Gmail, Calendario, YouTube, y Drive— se corresponde* mejor *con cada uno de los seis argumentos explicados en esta sección sobre SaaS, nombrados a continuación?*
◇ Aunque puede existir margen en las correspondencias, a continuación puede verse nuestra solución. (Cabe mencionar que hemos hecho trampas y hemos puesto algunas aplicaciones en varias categorías)

1. No necesita instalación por parte del usuario: Drive.
2. No se pueden perder datos: Gmail, Calendario.
3. Cooperación entre usuarios: Drive.
4. Conjuntos de datos grandes/cambiantes: Búsqueda, Mapas, Noticias y YouTube.
5. Software centralizado en un único entorno: Búsqueda.
6. No se necesitan actualizaciones al mejorar la aplicación: Drive.

■

Autoevaluación 1.5.2. *Verdadero o falso: si usa el proceso de desarrollo ágil para desarrollar aplicaciones SaaS, puede usar Python y Django o lenguajes basados en el entorno .NET de Microsoft y ASP.NET en lugar de Ruby on Rails.*
◇ Verdadero. Entre los entornos de trabajo para la metodología ágil y SaaS se incluyen Django y ASP.NET. ■

John McCarthy (1927–2011) recibió el Premio Turing en 1971 y fue el creador de Lisp y pionero de los grandes ordenadores de tiempo compartido. Los *clusters* de hardware de consumo y el despliegue de interconexiones rápidas han ayudado a a hacer de esta visión de los "servicios de computación" de tiempo compartido una realidad.

Ahora que ya hemos hablado de SaaS haciendo hincapié en su apoyo en arquitecturas orientadas a servicios, podemos pasar a ver el hardware subyacente que hace posible SaaS.

1.6 Computación en la nube

> *Si los ordenadores del tipo por el que he apostado se convierten en los ordenadores del futuro, tal vez la computación se organizará algún día como un servicio público tal y como el sistema telefónico es un servicio público ... El servicio de computación puede convertirse en la base de una nueva e importante industria.*
>
> John McCarthy, en la celebración del centenario del MIT en 1961

SaaS demanda tres requisitos en nuestra infraestructura de tecnología de información (Information Technology, IT):

1. Comunicación, para permitir que cualquier cliente interaccione con el servicio.

2. Escalabilidad, en el sentido de que la instalación central en la que se ejecuta el servicio tiene que afrontar las fluctuaciones de la demanda a lo largo del día y durante momentos álgidos del año para dicho servicio, así como para soportar que nuevos servicios puedan añadir usuarios rápidamente.

3. Disponibilidad, de tal forma que tanto el servicio como la vía de comunicación estén disponibles continuamente: todos los días, 24 horas al día ("24×7").

El estándar de oro definido por el servicio público telefónico en EEUU es de un 99,999% de disponibilidad ("cinco nueves"), o alrededor de 5 minutos de servicio no disponible al año. Amazon.com pretende alcanzar cuatro nueves.

Internet y la banda ancha en casa resuelven de forma sencilla el requisito de comunicación de SaaS. Aunque algunos de los primeros servicios web se desplegaron en ordenadores caros de gran escala —debido en parte a que dichos ordenadores eran más fiables y por otra parte porque era más fácil trabajar en unos pocos ordenadores de gran capacidad—, una estrategia inconformista pronto tomó el relevo a esta estrategia. Colecciones de ordenadores básicos de pequeña escala conectados por conmutadores Ethernet también básicos, que pasaron a ser conocidos como **clusters**, ofrecían varias ventajas con respecto al enfoque de grandes equipos hardware:

- Debido a que confían en los conmutadores Ethernet (*switches*) para la interconexión, los *clusters* son mucho más escalables que los servidores convencionales. Los primeros *clusters* ofrecían 1.000 ordenadores, y los centros de datos (*datacenters*) actuales contienen 100.000 o más.

- La cuidadosa selección del tipo de hardware a instalar en el centro de datos y el también cuidadoso control del estado del software hicieron posible que un pequeño número de operadores pudieran manejar miles de servidores. En concreto, algunos centros de datos utilizan ***máquinas virtuales*** para simplificar el funcionamiento. Un monitor de máquina virtual es un software que imita a un ordenador tan fielmente que se puede ejecutar correctamente un sistema operativo sobre la abstracción de máquina virtual que proporciona (Popek and Goldberg 1974). El objetivo es imitar con un bajo coste adicional, y un uso habitual es el de simplificar la distribución de software en un *cluster*.

- Dos arquitectos sénior de Google demostraron que el coste de la cantidad equivalente de procesadores, memoria y almacenamiento es mucho menos para los *clusters* que para un gran equipo hardware, tal vez por un factor de 20 (Barroso and Hoelzle 2009).

- Aunque el *cluster* de componentes es menos fiable que los servidores y sistemas de almacenamiento convencionales, la infraestructura de software del *cluster* hace todo el sistema fiable a través de un extenso uso de redundancia tanto en hardware como en software. El bajo coste del hardware permite que la redundancia a nivel software sea asequible. Los proveedores modernos de servicios usan también centros de datos que están distribuidos geográficamente de forma que un desastre natural no impida que el servicio siga funcionando.

Según crecían los centros de datos de Internet, algunos proveedores de servicios se dieron cuenta de que sus costes per capita eran sustancialmente menores de lo que les costaba a otros tener sus propios centros de datos más pequeños funcionando, en gran parte debido a las economías de escala al comprar y controlar 100.000 ordenadores al mismo tiempo. Asimismo se benefician de un uso mayor dado que muchas compañías podían compartir estos enormes centros de datos, lo que (Barroso and Hoelzle 2009) llamó ***ordenadores de escala de almacén (Warehouse Scale Computers)***, mientras que centros de datos más pequeños a veces funcionaban sólo a entre un 10% a un 20% de la capacidad total. Así, estas compañías se dieron cuenta de que podían obtener beneficios haciendo disponible su hardware de centro de datos en un régimen de pago por uso.

El resultado se conoce como ***servicios públicos en la nube*** o ***computación como servicio*** (**utility computing**), que ofrecen computación, almacenamiento, y comunicación a céntimos por hora (Armbrust et al. 2010). Además, no existe coste adicional por escala: usar 1.000 ordenadores durante una hora no tiene un coste mayor que usar 1 ordenador durante 1.000 horas. Los principales ejemplos de computación con "capacidad de escala infinita" con pago por uso son Amazon Web Services, Google AppEngine y Microsoft Azure. La nube pública significa que a día de hoy cualquiera con una tarjeta de crédito y una buena idea puede arrancar una compañía SaaS que pueda crecer hasta millones de usuarios sin tener primero que construir y hacer funcionar un centro de datos.

El rápido crecimiento de FarmVille El récord inicial en número de usuarios de un juego social era de 5 millones. FarmVille tuvo un millón de jugadores en los primeros 4 días tras su anuncio, 10 millones tras dos meses y 28 millones de jugadores diarios y 75 millones de jugadores mensuales tras 9 meses. Afortunadamente, FarmVille usó el servicio Elastic Compute Cloud (EC2) ofrecido por Amazon Web Services, y mantuvo esta popularidad sencillamente pagando por el uso de *clusters* más grandes.

Hoy llamamos a este viejo sueño de considerar la computación como un servicio público ***computación en la nube*** (**Cloud Computing**). Creemos que la computación en la nube y SaaS están cambiando el sector de la informática, y determinar todas las consecuencias de esta revolución llevará el resto de la década . De hecho, esta revolución es una de las razones por las que decidimos escribir este libro, ya que creemos que la ingeniería de SaaS para computación en la nube es totalmente diferente a la ingeniería del software empaquetado para ordenadores y servidores.

Resumen

- Internet proporciona la comunicación para SaaS.
- La ***computación en la nube*** proporciona la escalabilidad y fiabilidad necesarias para el hardware de computación y almacenamiento que necesita SaaS.
- La computación en la nube consiste en **clusters** de servidores básicos que se conectan mediante conmutadores de redes de área local, con una capa software que proporciona la redundancia necesaria para hacer fiable este rentable hardware.
- Estos grandes *clusters* u ***ordenadores de escala de almacén (Warehouse Scale Computers)*** ofrecen economías de escala.
- Aprovechando las ventajas de las economías de escala, algunos proveedores de computación en la nube ofrecen esta infraestructura hardware como un ***servicio*** de bajo coste que cualquiera puede usar en un régimen de pago por uso, adquiriendo recursos de forma inmediata según crece la demanda de los clientes y liberándolos inmediatamente cuando la demanda cae.

Autoevaluación 1.6.1. *Verdadero o falso: los centros de datos internos pueden conseguir el mismo ahorro de costes que los ordenadores de escala de almacén (Warehouse Scale Computers, WSC) si usan SOA y adquieren el mismo tipo de hardware.*

◇ Falso. Aunque imitar las buenas prácticas de WSC podría reducir costes, la mejor ventaja competitiva de los WSC proviene de las economías de escala, lo que a día de hoy se traduce en 100.000 servidores, eclipsando a la mayoría de los centros de datos internos. ■

1.7 Código elegante vs. código heredado

Para mí la programación es más que un arte práctico importante. Es también una gigantesca tarea en los fundamentos del conocimiento.

Grace Murray Hopper

Grace Murray Hopper (1906–1992) fue una de las primeras programadoras, desarrolló el primer compilador y fue conocida como "Amazing Grace". Se convirtió en contraalmirante de la marina norteamericana, y en 1997, un barco de guerra recibió su nombre: el USS Hopper.

Al contrario de lo que ocurre con el hardware, se espera que el software crezca y evolucione con el tiempo. Mientras que los diseños hardware deben declararse terminados antes de ser manufacturados y enviados, los diseños iniciales de software se pueden enviar fácilmente para ser actualizados después con el paso del tiempo. Básicamente, el coste de actualización es astronómico para el hardware y asequible para el software.

Por tanto, el software puede alcanzar una versión tecnológica de la inmortalidad, pudiendo mejorar potencialmente con el paso del tiempo mientras varias generaciones de hardware decaen en la obsolescencia. Los factores que dirigen la ***evolución del software*** no son sólo los arreglos de fallos, sino también añadir nuevas funcionalidades que los clientes requieran, ajustándose a unos requisitos de negocio cambiantes, mejorando el rendimiento y adaptándose a un entorno cambiante. Los clientes de un software esperan recibir notificaciones e instalar versiones mejoradas del mismo según avanza el tiempo durante el que lo usan, tal vez incluso enviando informes de fallos para ayudar a los programadores a arreglar su código. ¡Pueden incluso tener que pagar una cuota de mantenimiento anual por este privilegio!

Al igual que los novelistas esperan orgullosos que su creación se lea durante el suficiente tiempo como para ser etiquetada de clásico —¡lo que para los libros son 100 años!— los ingenieros de software deben esperar que sus creaciones también sean duraderas. Por supuesto, el software tiene la ventaja con respecto a los libros de que se puede mejorar a lo largo del tiempo. De hecho, un larga vida software a veces significa que otros lo mantienen y mejoran, dejando libres de culpa a los creadores del código original.

El programa vivo más longevo puede ser MOCAS[6] ("Mecanización de los contratos de servicios de la administración", "Mechanization of Contract Administration Services"), adquirido originalmente por el departamento de defensa de los Estados Unidos en 1958 y que aún se usaba en 2005.

Esto nos da lugar a definir unos cuantos términos que usaremos a lo largo de este libro. El término ***código heredado*** se refiere a software que, a pesar de su avanzada edad, continúa usándose porque cumple con las necesidades de los usuarios. El sesenta por ciento del coste de mantenimiento del software se deriva de la inclusión de nueva funcionalidad en software heredado, mientras que sólo un 17% proviene del arreglo de errores, por lo que el software heredado es un software exitoso.

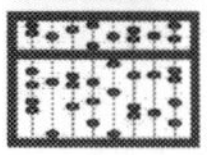

Sin embargo, el término "heredado" tiene una connotación negativa, en el sentido de que indica que es difícil hacer que el código evolucione por la poca elegancia de su diseño o el uso de tecnología anticuada. En contraste con el código heredado, usaremos el término ***código elegante*** para referirnos a código de larga duración que es fácil de cambiar para que evolucione. El peor caso no es el código heredado, sino el ***código de vida inesperadamente corta*** que se descarta pronto debido a que no cumple con las necesidades de los clientes. Remarcaremos ejemplos que conducen a código elegante con el icono de la Mona Lisa. De forma similar, indicaremos que el texto hace referencia a código heredado usando el icono de un ábaco, elemento que es ciertamente un dispositivo de cálculo muy antiguo pero con pocos cambios. En los siguientes capítulos, mostraremos ejemplos tanto de código elegante como heredado que esperamos que le inspiren para realizar sus diseños de forma que facilite su evolución.

Los ábacos aún se usan hoy en día en muchas partes del mundo a pesar de tener miles de años de vida.

Sorprendentemente, a pesar de la importancia ampliamente aceptada de mejorar código heredado, este tema se ignora tradicionalmente en las clases y libros de texto de las universidades. Trataremos este tipo de software en este libro por tres razones. Primero, porque se puede reducir el esfuerzo de construir un programa si se busca código existente que se pueda reutilizar. Un proveedor es el software de código abierto. Segundo, porque resulta ventajoso aprender cómo escribir código que facilite su mejora a sus sucesores, ya que incrementa las posibilidades de que sea un software de vida larga. Finalmente, porque al contrario de lo que ocurre con los ciclos de vida clásicos, en la metodología ágil se revisa el código continuamente para mejorar su diseño y para añadir funcionalidad desde la segunda iteración. Por lo tanto, las habilidades que se practican con la metodología ágil son exactamente aquellas que se necesitan para posibilitar la evolución del código heredado —sin importar cuándo fue creado— y el uso dual de las técnicas ágiles nos hace mucho más fácil cubrir el código heredado en un sólo libro.

Resumen. El software exitoso puede durar décadas y se espera que evolucione y mejore, al contrario de lo que ocurre con el hardware, que se finaliza en el momento de ser manufacturado y puede considerarse obsoleto a los pocos años. Uno de los objetivos de este libro es enseñar cómo incrementar las posibilidades de producir código elegante de forma que el software resultante tenga una vida larga y útil.

A continuación definiremos qué se entiende por calidad del software y veremos cómo comprobar dicha calidad para incrementar las probabilidades de escribir código elegante.

1.8 Aseguramiento de la calidad del software: las pruebas

Y los usuarios exclamaron con una sonrisa y una burla:
"Es justo lo que pedimos, pero no lo que queremos".

Anónimo

Comenzaremos esta sección con una definición de calidad. La definición estándar de ***calidad*** para cualquier producto es la "idoneidad para su uso", que debe proporcionar valor de negocio tanto para el cliente como para el fabricante (Juran and Gryna 1998). En el caso del software, calidad significa la satisfacción de las necesidades del cliente —facilidad de uso, obtención de respuestas correctas, ausencia de fallos, etcétera— *y* que su depuración y mejora sea fácil para el desarrollador. El ***aseguramiento de la calidad*** (***Quality Assurance, QA***) proviene también de la fabricación, y se refiere a procesos y estándares que conducen a una fabricación de productos de alta calidad y a la introducción de procesos de fabricación que mejoran la calidad. El aseguramiento de la calidad del software significa por tanto asegurar que los productos en desarrollo sean de alta calidad así como crear procesos y estándares en una organización que conduzcan a software de alta calidad. Como veremos, algunos procesos software clásicos usan incluso un equipo de QA independiente que prueba la calidad del software (sección 8.9).

Determinar la calidad del software involucra dos términos que se suelen intercambiar, aunque tienen algunas distinciones sutiles (Boehm 1979):

- ***Verificación***: ¿Se ha construido el producto *correctamente*? (¿Se cumplen las especificaciones?)

- ***Validación***: ¿Se ha construido el *producto* correcto? (¿Es esto lo que quiere el cliente? Es decir, ¿las especificaciones son correctas?)

Los prototipos software que constituyen el alma de la metodología ágil suelen ayudar con la validación más que con la verificación, ya que los clientes a veces cambian de idea sobre lo que quieren una vez que empiezan a ver el producto en funcionamiento.

La principal estrategia para la verificación y validación son las ***pruebas***; la motivación tras las pruebas es que cuanto antes se encuentren los errores, más barato resultará repararlos. Dado el gran número de diferentes combinaciones de entradas, las pruebas no pueden ser exhaustivas. Una forma de reducir el espacio de combinaciones es realizar diferentes pruebas en diferentes fases del desarrollo de software. Empezando desde abajo hacia arriba, las ***pruebas unitarias*** se aseguran de que un único procedimiento o método haga lo que se espera. El siguiente nivel hacia arriba son las ***pruebas modulares***, las cuales comprueban el funcionamiento entre unidades individuales. Por ejemplo, las pruebas unitarias funcionan dentro de una sola clase mientras que las pruebas modulares funcionan a través de varias clases. Encima de este nivel están las ***pruebas de integración***, que aseguran que las interfaces entre unidades tienen suposiciones consistentes y se comunican correctamente. Este nivel no prueba la funcionalidad de las unidades. En el nivel más alto están las ***pruebas de sistema*** o ***pruebas de validación***, que comprueban que el programa integrado cumple las especificaciones. En el capítulo 8, describiremos una alternativa a las pruebas, llamada ***métodos formales***.

Imposibilidad de las pruebas exhaustivas
Supongamos que probar un programa lleva tan sólo un nanosegundo y que únicamente tiene una entrada de 64 bits que queremos probar de forma exhaustiva. (Obviamente, la mayoría de programas tardan más en ejecutar, y tienen más entradas). Tan sólo este sencillo caso necesitaría 2^{64} nanosegundos, o ¡500 años!

Tal y como se mencionó brevemente en la sección 1.3, la estrategia de pruebas para la versión XP de la metodología ágil es escribir las pruebas *antes* de escribir el código. Después se escribe el código mínimo necesario para pasar la prueba, lo que asegura que el código se prueba siempre y reduce las probabilidades de escribir código que fuera descartado. XP divide esta filosofía de probar-primero en dos partes, dependiendo del nivel de las pruebas. Para pruebas de sistema, validación e integración, XP utiliza el ***diseño guiado por comportamiento*** (***Behavior-Driven Design, BDD***), que ocupará el capítulo 7. Para las pruebas unitarias y modulares, XP utiliza ***desarrollo orientado a pruebas*** (***Test-Driven Development, TDD***), que será el tema del capítulo 8.

Resumen. Las pruebas reducen los riesgos de errores en los diseños.

- En sus múltiples variantes, las pruebas ayudan a ***verificar*** que el software cumpla las especificaciones y ***valida*** que el diseño haga lo que el cliente quiere.
- Para atacar la imposibilidad de realizar pruebas exhaustivas, dividiremos para vencer centrándonos en ***pruebas unitarias***, ***pruebas modulares***, ***pruebas de integración***, y ***pruebas de sistema*** o ***pruebas de validación***. Cada prueba de nivel superior delega comprobaciones más detalladas en las pruebas de niveles inferiores.
- La metodología ágil ataca las pruebas escribiéndolas antes de escribir el código, usando un ***diseño guiado por comportamiento*** o bien ***diseño orientado a pruebas***, dependiendo del nivel de las pruebas.

Autoevaluación 1.8.1. *Aunque todas las pruebas siguientes ayudan en la verificación, ¿qué clase de pruebas son las que más ayudan con la validación: unitarias, modulares, de integración o de validación?*
◇ La validación se preocupa de que el software haga lo que el cliente realmente quiere, frente a que el código cumpla las especificaciones, por lo que las pruebas de validación son las que

con mayor probabilidad muestren la diferencia entre hacer algo bien y hacer lo correcto. ■

■ ***Explicación. Pruebas: metodologías clásicas vs. metodología ágil***

Para los procesos de desarrollo en cascada, las pruebas se realizan al finalizar cada fase y en una fase final que incluye las pruebas de validación. Para los procesos en espiral, las pruebas se realizan en cada iteración, que puede durar uno o dos años. Garantizar la calidad en la versión XP de la metodología ágil proviene del desarrollo orientado a pruebas, en el que las pruebas se escriben *antes* que el código cuando se programa desde cero. Cuando se mejora código existente, el diseño orientado a pruebas significa escribir las pruebas antes que programar las mejoras. La cantidad de pruebas a realizar depende de si el código a mejorar es código elegante o código heredado, en cuyo caso se necesitarán muchas más pruebas.

Tras esta revisión del aseguramiento de la calidad, veamos cómo hacer que los desarrolladores sean productivos.

1.9 Productividad: concisión, síntesis, reutilización y herramientas

La mayor parte del software actual se parece mucho a una pirámide egipcia, con millones de ladrillos apilados unos encima de otros, sin integridad estructural, hechos a base de fuerza bruta y millones de esclavos.

Alan Kay, *ACM Queue*, 2005

La Ley de Moore significaba que los recursos hardware se duplicaban cada 18 meses durante cerca de 50 años. Estos ordenadores mucho más rápidos y con memorias mucho más extensas podían ejecutar programas mucho más grandes. Para construir aplicaciones más grandes que pudieran aprovechar la potencia de estos ordenadores, los ingenieros de software tuvieron que mejorar su productividad.

Los ingenieros desarrollaron cuatro mecanismos fundamentales para mejorar su productividad:

1. Claridad mediante concisión
2. Síntesis
3. Reutilización
4. Automatización a través de herramientas

Una de las conjeturas que han impulsado la mejora de la productividad de los programadores es que si los programas son más fáciles de entender, tendrán menos errores y será más sencillo que evolucionen. Un corolario estrechamente relacionado es que si el programa es más pequeño, generalmente es más fácil de entender. Capturamos esta noción con nuestro lema de "claridad mediante concisión".

Los lenguajes de programación consiguen esto de dos formas. La primera es simplemente ofreciendo una sintaxis que permita a los programadores expresar ideas de forma natural y en un menor número de caracteres. Por ejemplo, a continuación se muestran dos formas de expresar una aserción simple:

```
assert_greater_than_or_equal_to(a, 7)
a.should be >= 7
```

John Backus (1924–2007) recibió el Premio Turing en 1977 en parte por sus "profundas, influyentes y duraderas contribuciones al diseño de sistemas de programación prácticos de alto nivel, en particular a través de su trabajo en Fortran", primer lenguaje de programación de alto nivel usado extensamente.

La segunda versión (que en Ruby es legal) es, sin lugar a dudas, más corta y fácil de leer y entender, y probablemente será más fácil de mantener. Es sencillo imaginar una confusión momentánea sobre el orden de los argumentos en la primera versión, además de una mayor carga cognitiva de leer el doble de caracteres (ver capítulo 3).

La otra forma de mejorar la claridad es elevar el nivel de abstracción. Esto significó inicialmente la invención de lenguajes de programación de más alto nivel como Fortran y COBOL. Este paso elevó la ingeniería del software desde el lenguaje ensamblador para un ordenador concreto a lenguajes de más alto nivel que podían funcionar en múltiples ordenadores cambiando sencillamente el compilador.

Con el continuo progreso de la eficiencia del hardware, cada vez más programadores estaban dispuestos a delegar tareas al compilador y el sistema en tiempo de ejecución de las que hacían inicialmente de forma manual. Por ejemplo, Java y otros lenguajes similares se hicieron cargo de la gestión de memoria, diferenciándose de lenguajes anteriores como C y C++. Los lenguajes de *scripting* como Python y Ruby han aumentado aún más el nivel de abstracción. Algunos ejemplos son la ***reflexión***, que permite que los programas se observen a sí mismos, y la ***metaprogramación***, que permite a los programas modificar su propia estructura y comportamiento en tiempo de ejecución. Para resaltar algunos ejemplos que mejoran la productividad a través de la concisión, usaremos este icono "Conciso".

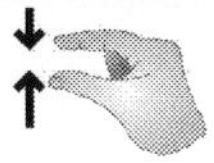

El segundo mecanismo de productividad es la síntesis; es decir, la implementación es generada automáticamente en lugar de creada manualmente. La síntesis lógica para los ingenieros de hardware significaba que podían describir el hardware como funciones de lógica y obtener transistores muy optimizados que implementaran dichas funciones. El ejemplo clásico de síntesis de software es ***Bit blit***. Esta primitiva gráfica combina dos mapas de bits bajo el control de una máscara. La estrategia más inmediata incluiría una expresión condicional en el bucle más interno para elegir el tipo de máscara, pero este procedimiento era lento. La solución consistió en escribir un programa que pudiera sintetizar el código apropiado de propósito específico *sin* la expresión condicional en el bucle. Haremos hincapié en ejemplos que mejoren la productividad generando código con este icono "CodeGen" de un engranaje.

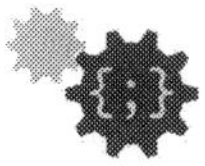

El tercer mecanismo de productividad es reutilizar fragmentos de diseños anteriores en lugar de escribir todo desde cero. Dado que es más fácil hacer pequeños cambios en software que en hardware, el software se presta más que el hardware a reutilizar componentes que no encajan del todo. Marcaremos los ejemplos que mejoran la productividad a través de la reutilización con este icono "Reutilización", que apunta al reciclado.

Los métodos y funciones se inventaron en los primeros días del software para que diferentes partes del programa pudieran reutilizar el mismo código con distintos valores de los parámetros. Liberarías estándar para las funciones de entrada/salida y para las funciones matemáticas fueron el siguiente paso, de forma que los programadores pudieran reutilizar el código escrito por otros.

Los métodos de las librerías permiten reutilizar implementaciones de tareas individuales. Sin embargo, lo más común es que los programadores quieran reutilizar y gestionar ***colecciones*** de tareas. El siguiente paso en la reutilización de software fue por tanto la ***programación orientada a objetos***, donde se puede reutilizar la misma tarea con distintos objetos a través del uso de herencia en lenguajes como C++ y Java.

Mientras que la herencia apoyaba la reutilización de las implementaciones, otra oportunidad de reutilización es una estrategia general para hacer algo incluso aunque la implementación cambie. Los ***patrones de diseño***, inspirados por trabajos en ingeniería civil

(Alexander et al. 1977), emergieron para cubrir esta necesidad. El soporte de lenguajes de programación para reutilizar patrones de diseño incluye el ***tipado dinámico***, lo que facilita composiciones y abstracciones, y los ***mix-ins***, los cuales ofrecen la posibilidad de obtener la funcionalidad de múltiples métodos sin ninguna de las patologías derivadas del uso de la herencia múltiple, que sufren algunos lenguajes de programación orientados a objetos. Python y Ruby son ejemplos de lenguajes con características que ayudan a reutilizar patrones de diseño.

Hay que resaltar que reutilizar *no* significa copiar y pegar código de forma que se tenga código muy similar en muchos sitios. El problema derivado de copiar y pegar código es que puede que no se cambien todas las copias del código cuando se trata de arreglar un error o de añadir una nueva funcionalidad. He aquí una directriz de la ingeniería del software que protege de la repetición:

> *Cada fragmento de conocimiento debe estar contenido en una representación única, inequívoca y acreditada dentro de un sistema.*
>
> Andy Hunt and Dave Thomas, 1999

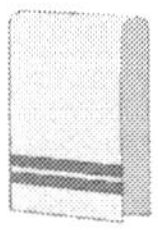

Esta directriz está capturada en el lema y acrónimo: ***no se repita*** (**Don't Repeat Yourself, *DRY***). Utilizaremos el icono de una toalla para mostrar ejemplos de DRY en los próximos capítulos (*dry* significa secar en inglés, por ello elegimos la toalla para representar este lema).

Uno de los valores fundamentales de la ingeniería del software es encontrar formas de reemplazar tareas manuales tediosas por herramientas para ahorrar tiempo, mejorar la precisión o ambas. Herramientas obvias de diseño asistido por ordenador (Computer Aided Design, CAD) para el desarrollo de software son los compiladores e intérpretes que elevan el nivel de abstracción y generan código tal y como se comentó anteriormente, pero existen también más herramientas de productividad como Makefiles y sistemas de control de versiones (ver sección 10.4) que automatizan tareas tediosas. Marcaremos ejemplos de herramientas con el icono de un martillo.

Aprendiendo a utilizar nuevas herramientas En la Biblia del Rey Jacobo, en Proverbios 14,4 se habla de la mejora de la productividad a través de invertir el tiempo necesario para aprender y usar nuevas herramientas: *Cuando no hay bueyes, el pesebre está limpio; pero los cultivos abundantes provienen de la fortaleza de los bueyes.*

El compromiso siempre está entre el tiempo que lleva aprender a usar una nueva herramienta frente al tiempo que permite ahorrar al usarla. Otras preocupaciones son la fiabilidad de la herramienta, la calidad de la experiencia de usuario y cómo decidir qué herramienta usar si existen varias opciones. Sin embargo, uno de los dogmas de fe en ingeniería del software es que una nueva herramienta puede mejorar nuestras vidas.

Los autores aceptamos el valor de la automatización y las herramientas. Es por ello que mostraremos varias herramientas en este libro para aumentar la productividad. Las buenas noticias son que cualquier herramienta de las que mostremos habrá sido probada para asegurar su fiabilidad y el tiempo de aprendizaje merecerá mucho la pena para reducir el tiempo de desarrollo y mejorar la calidad del resultado final. Por ejemplo, el capítulo 7 mostrará cómo ***Cucumber*** automatiza la conversión de historias de usuario en pruebas de integración y demostrará cómo ***Pivotal Tracker*** mide automáticamente la ***velocidad***, la cual supone una medida de la tasa de adición de características a una aplicación. El capítulo 8 introduce ***RSpec*** que automatiza el proceso de pruebas unitarias. La mala noticia es que usted tendrá que aprender a usar varias herramientas nuevas. Sin embargo, creemos que la habilidad para aprender rápidamente y aplicar nuevas herramientas es un requisito para triunfar en la ingeniería del software, por lo que es una buena habilidad que cultivar.

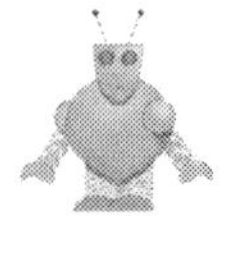

Por tanto, nuestro cuarto aspecto para mejorar la productividad será la automatización a través de herramientas. Marcaremos ejemplos que usan la automatización con el icono del robot, aunque estarán asociadas habitualmente con herramientas.

Resumen. La Ley de Moore inspiró a los ingenieros de software para mejorar su productividad mediante:

- Concisión, usando sintaxis compactas y aumentando el nivel de diseño con el uso de lenguajes de programación de más alto nivel. Recientes avances incluyen la ***reflexión*** que permite que los programas se puedan observar a sí mismos, y la ***metaprogramación*** que permite a los programas que modifiquen su propia estructura y comportamiento en tiempo de ejecución.
- La síntesis o generación automática de implementaciones.
- La reutilización de diseños, siguiendo el principio ***no se repita*** (**Don't Repeat Yourself, *DRY***) y apoyándose en innovaciones que ayudan a reutilizar, tales como métodos, librerías, programación orientada a objetos y patrones de diseño.
- El uso (e invención) de herramientas CAD para automatizar tareas tediosas.

Autoevaluación 1.9.1. *¿Qué mecanismo supone el argumento más débil en lo que se refiere a beneficios relativos a la productividad en compiladores y lenguajes de programación de alto nivel: claridad a través de concisión, síntesis, reutilización o automatización mediante herramientas?*
◇ Los compiladores hacen que los lenguajes de programación de alto nivel sean prácticos, permitiendo a los programadores mejorar la productividad mediante la programación de código más conciso en un lenguaje de alto nivel. Además, sintetizan el código a bajo nivel basándose en lo que reciben como entrada en el lenguaje de alto nivel. Los compiladores son definitivamente herramientas. Aunque se puede discutir si los lenguajes de alto nivel facilitan la reutilización, en este caso éste sería el beneficio más débil de los cuatro mencionados anteriormente para el caso de los compiladores. ■

■ ***Explicación. Productividad: ciclos de vida clásicos vs. metodología ágil***

La productividad se mide en el número de ingenieros-hora necesarios para implementar una nueva función. La diferencia es que los ciclos son mucho más largos en los modelos en cascada y espiral frente a la metodología ágil —en el orden de 6 a 24 meses frente a 1/2 mes— por lo que se realiza mucho más trabajo entre los lanzamientos que ve el cliente, y por tanto hay más posibilidades de que una mayor cantidad de trabajo sea finalmente rechazada.

1.10 Recorrido guiado por el libro

Escucho y olvido. Veo y recuerdo. Hago y comprendo.

Confucio

Con esta introducción a nuestras espaldas, podemos explicar lo que sigue y los caminos que se pueden tomar a partir de aquí. Para hacer y entender, tal y como aconseja Confucio,

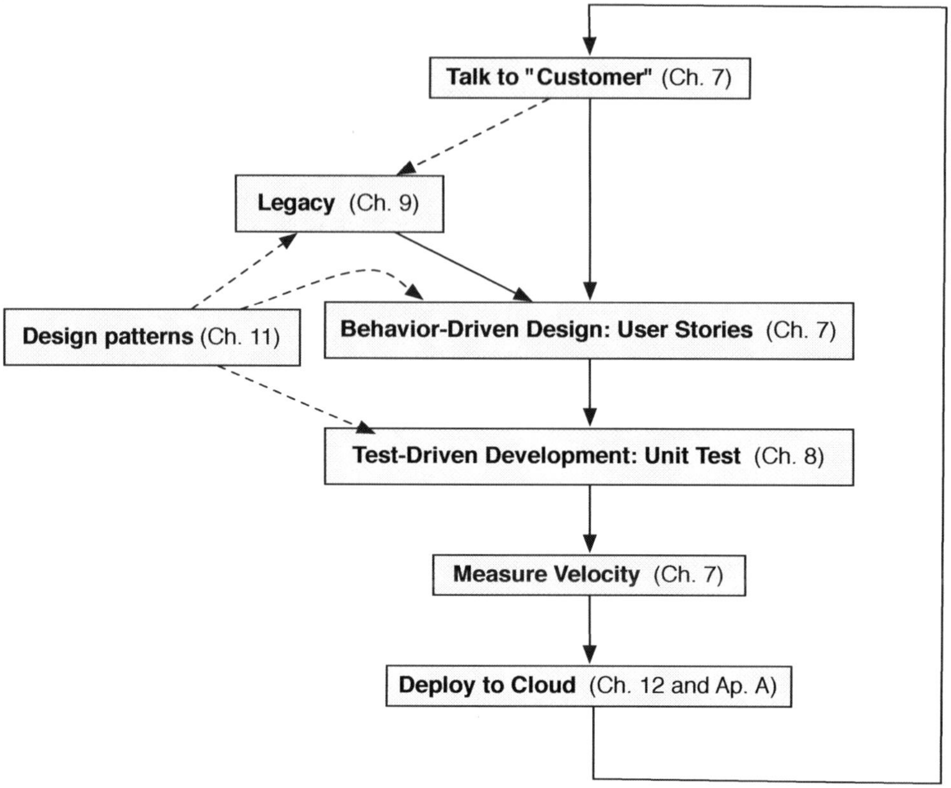

Figura 1.9. Una iteración del ciclo de vida ágil del software y su relación con los capítulos de este libro. Las flechas de líneas discontinuas indican una relación más tangencial entre los pasos de una iteración, mientras que las flechas de líneas continuas indican el flujo habitual. Como se ha mencionado previamente, el proceso ágil se da tanto en aplicaciones existentes heredadas como en nuevas aplicaciones, aunque el cliente pueda desempeñar un papel menor en las aplicaciones heredadas.

hay que empezar leyendo el Apéndice A. En él se explica cómo obtener y usar la biblioteca de recursos del libro.

El resto del libro está dividido en dos partes. La primera parte cubre el tema de software como servicio, mientras que la segunda trata sobre desarrollo de software moderno, con un marcado énfasis en la metodología ágil.

El capítulo 2 inicia la parte I con una explicación de la arquitectura de una aplicación SaaS, utilizando una analogía basada en altitudes, partiendo desde una vista a 100.000 pies de altura hasta los 500 pies de altura. Durante el descenso aprenderemos la definición de numerosos acrónimos que le pueden resultar ya familiares —API, CSS, IP, REST, TCP, URL, URI y XML— así como algunas palabras de moda: *cookies*, lenguajes de marcado, números de puerto y arquitecturas de tres capas. Aún más importante, este capítulo demuestra la importancia de los patrones de diseño, y en particular del patrón modelo-vista-controlador que constituye el corazón de Rails.

En lugar de contarle únicamente cómo construir software duradero y ver cómo lo olvida, creemos que usted debe practicar para entender. Es mucho más fácil practicar buenas directrices si las herramientas animan a ello, y creemos que las mejores herramientas para SaaS a día de hoy soportan el entorno de desarrollo de Rails, escrito en Ruby. Por lo tanto, en el capítulo 3 se presenta una introducción a Ruby. Dicha introducción es breve, ya que asume que el lector ya conoce otro lenguaje de programación orientado a objetos, en este caso Java. Tal y como se mencionó anteriormente, creemos que los ingenieros de software exitosos necesitarán aprender nuevos lenguajes y herramientas habitualmente durante sus carreras, por lo que aprender Ruby y Rails constituye una buena práctica.

A continuación, el capítulo 4 introduce aspectos básicos de Rails, mientras que los aspectos más avanzados de Rails se comentarán en el capítulo 5. Hemos dividido el material en dos capítulos para que aquellos lectores que lo deseen puedan empezar a escribir aplicaciones tan pronto como les sea posible, lo cual sólo requiere la lectura del capítulo 4. Aunque aprender y comprender el material presentado en el capítulo 5 constituye un reto mayor, las aplicaciones que desarrolle pueden repetir menos fragmentos de código (DRY) y ser más concisas si usa conceptos como vistas parciales, validaciones, métodos de *callback* del ciclo de vida, filtros, asociaciones y claves foráneas. Aquellos lectores ya familiarizados con Ruby y Rails deberían omitir estos capítulos.

Una vez familiarizados con Ruby y Rails, el capítulo 6 introduce el lenguaje de programación JavaScript, su productivo entorno jQuery y la herramienta de pruebas Jasmine. Al igual que el entorno de desarrollo de Rails amplifica la potencia y productividad de Ruby para crear el lado servidor de las aplicaciones SaaS, el entorno jQuery amplifica la potencia y productividad de JavaScript para mejorar el lado cliente. Y tal y como RSpec hace posible escribir potentes pruebas automatizadas para aumentar nuestra confianza en nuestro código de Ruby y Rails, Jasmine hace posible escribir pruebas similares para incrementar nuestra confianza en nuestro código JavaScript.

Con estos antecedentes, los siguientes seis capítulos de la parte II ilustran importantes principios de la ingeniería del software usando herramientas de Rails para construir y desplegar una aplicación SaaS. La figura 1.9 muestra una iteración del ciclo de vida ágil, la cual usaremos como entorno en el que colocar los próximos capítulos del libro.

El capítulo 7 trata sobre cómo hablar con el cliente. El ***diseño guiado por comportamiento (Behavior-Driven Design, BDD)*** apuesta por escribir pruebas de validación que clientes sin nociones de programación puedan entender, denominadas ***historias de usuario***, y el capítulo 7 muestra cómo escribirlas de forma que se puedan convertir además en pruebas de integración. Para ayudar a automatizar esta tarea se introduce también la herramienta ***Cucumber***. Esta herramienta, que facilita la escritura de las pruebas, se puede usar con cualquier lenguaje y entorno de desarrollo, no sólo con Rails. Dado que las aplicaciones SaaS suelen estar de cara al usuario, el capítulo también cubre cómo realizar un prototipo de una interfaz gráfica útil usando el prototipo "Lo-Fi". También hace referencia al concepto de ***velocidad*** y cómo usarlo para medir el progreso como la tasa en la que se entregan nuevas características, introduciendo una herramienta basada en SaaS, ***Pivotal Tracker*** para seguir y calcular dichas medidas.

El capítulo 8 cubre el tema del ***desarrollo orientado a pruebas (*Test-Driven Development, TDD*)***. El capítulo demuestra cómo escribir código elegante, que se pueda probar, e introduce la herramienta de pruebas ***RSpec*** para escribir pruebas unitarias, la herramienta ***Autotest*** para automatizar la ejecución de pruebas y la herramienta ***SimpleCov*** para medir la cobertura de pruebas.

El capítulo 9 describe cómo trabajar con código existente, incluyendo cómo mejorar código heredado. Además, muestra cómo usar BDD y TDD para entender y refactorizar código, y cómo usar las herramientas Cucumber y RSpec para facilitar esta tarea.

En el capítulo 10 se proporcionan algunos consejos sobre cómo organizar y trabajar como parte de un equipo efectivo utilizando los principios de ***Scrum*** mencionados anteriormente. Además, también se describe cómo los sistemas de control de versiones ***Git*** y el servicio correspondiente ***GitHub*** pueden permitir que distintos miembros del equipo trabajen en diferentes funciones sin interferir entre ellos o causar el caos en el proceso de publicación del producto.

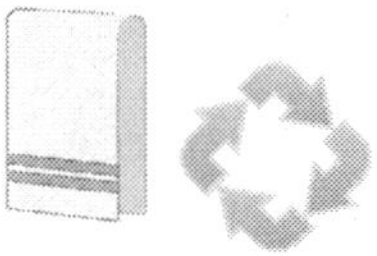

Para ayudar a practicar DRY, el capítulo 11 introduce los patrones de diseño, que han demostrado ser soluciones estructurales a problemas comunes cuando se diseña cómo interactúan distintas clases, y muestra cómo aprovechar las propiedades de Ruby para adoptar y reutilizar patrones. Este capítulo ofrece también directrices sobre cómo escribir clases elegantes. Introduce suficiente notación ***UML*** (***lenguaje de modelado unificado, o Unified Modeling Language***) para ayudar a anotar los patrones de diseño y hacer diagramas que muestren cómo deberían funcionar las clases.

Cabe destacar que el capítulo 11 trata sobre la arquitectura software mientras que los capítulos previos en la parte II versan sobre el proceso de desarrollo ágil. Creemos que para una asignatura universitaria este orden permitirá al lector comenzar una iteración ágil antes, y estamos seguros de que cuantas más iteraciones complete el lector, mejor entenderá el ciclo de vida ágil. Sin embargo, tal y como sugiere la figura 1.9, conocer los patrones de diseño será muy práctico a la hora de escribir o refactorizar código, dado que es fundamental para el proceso BDD/TDD.

El capítulo 12 ofrece consejos prácticos sobre cómo desplegar primero y mejorar la eficiencia y la capacidad de escalado en la nube después, e introduce brevemente algunas técnicas de fiabilidad y seguridad que sólo son relevantes a la hora de desplegar aplicaciones SaaS.

Concluiremos el libro con un epílogo que se reflejará en la biblioteca de recursos del libro y en los proyectos que pueden realizar a partir de aquí.

1.11 Cómo *NO* leer este libro

No omita los *screencasts*. Sabemos que es una tentación obviar la información en los márgenes, las explicaciones a final de sección y los *screencasts*, y echar un vistazo rápido al texto hasta encontrar la respuesta a su pregunta.

Aunque las explicaciones adicionales están destinadas típicamente a lectores cualificados que quieran saber más sobre lo que ocurre “tras la cortina”, y la información en los márgenes son sencillamente breves apartes que creemos que disfrutará, los *screencasts* son *críticos* para aprender el material expuesto en el libro. Aunque no podríamos decir que se pueda obviar el texto y ver sólo los *screencasts*, diríamos que son la parte más importante de este libro. Permiten expresar numerosos conceptos, mostrar cómo interactúan y demostrarle cómo puede hacer esas tareas por sí mismo. Lo que llevaría muchas páginas y sería difícil de describir se convierte en algo vivo en un video de dos a cinco minutos. Los *screencasts* nos permiten seguir el consejo de Confucio: "Veo y recuerdo." Así que, por favor, ¡vea los *screencasts*!

Aprender practicando. Aconsejamos que prepare su ordenador de forma que se abra con el intérprete de Ruby preparado para poder probar los ejemplos que se encuentran en los *screencasts* y el texto. Incluso hemos facilitado que pueda copiar y pegar el código usando el servicio Pastebin[7], (si está leyendo su ebook, el enlace que acompaña cada ejemplo de código le llevará a ese ejemplo de código en Pastebin). Esta práctica sigue la observación

 Buen código	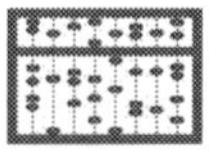 Código heredado
 Convención sobre configuración	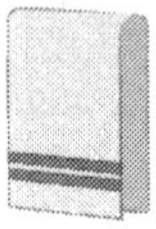 No se repita (*Don't Repeat Yourself*, DRY)
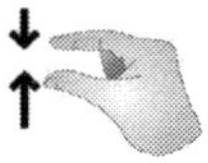 Claridad mediante concisión	 Aprender haciendo
 Productividad mediante automatización	 Productividad mediante generación de código
 Productividad mediante reutilización	 Productividad mediante herramientas
 Falacia	 Error común
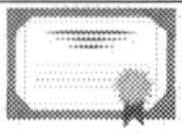 Ejercicio basado en los resultados de aprendizaje en el currículum estándar de ingeniería del software de ACM/IEEE (ACM IEEE-Computer Society Joint Task Force 2013)	

Figura 1.10. Resumen de iconos usados en el libro.

"Hago y comprendo" de Confucio. Oportunidades concretas de aprender mediante la práctica se marcarán con el icono de una bicicleta.

Para aprender algunos de los temas tendrá que estudiar, especialmente en nuestro ecosistema intensivo de palabras de moda "metodología ágil" + Ruby + Rails + SaaS + "computación en la nube". De hecho, la figura 13.2, en el epílogo, lista alrededor de 120 términos nuevos que introducimos en los tres primeros capítulos. Para ayudar a identificar términos importantes, el texto con un formato ***como este*** se referirá a términos que se corresponden con entradas de la Wikipedia. (En la versión para ebook, dichos términos conducirán a la propia Wikipedia). Utilizaremos asimismo iconos para recordar los diferentes temas a lo largo del libro, los cuales se resumen en la figura 1.10 para tenerlos a mano en un único sitio que facilite su consulta.

Dependiendo de la experiencia que tenga, sospechamos que necesitará leer algunos capítulos más de una vez antes de entenderlos. Para ayudarle a centrarse en los aspectos principales, cada capítulo comienza con una página que contiene un resumen de ***Conceptos***, el cual lista los conceptos principales de cada capítulo, y finaliza con una sección de ***Falacias y errores comunes***, la cual explica conceptos erróneos o problemas que se suelen experimentar si no se está atento. Cada sección concluye con un ***resumen*** de los conceptos clave de dicha sección y con ***preguntas de autoevaluación*** con sus respuestas. Los ***ejercicios*** al final de cada capítulo son más abiertos que las preguntas de autoevaluación. Para que los lectores tengan una perspectiva de a quién se le ocurrieron las grandes ideas que están aprendiendo y en las que se apoyan las tecnologías de la información, utilizaremos recuadros en los márgenes para presentar a 20 ganadores del Premio Turing. (Dado que no hay Premio Nobel en IT, nuestro mayor honor es conocido como el "Premio Nobel de la Computación". O aún mejor, deberíamos llamar al Premio Nobel el "Premio Turing de Física").

Hemos decidido de forma deliberada que el libro sea conciso, dado que los distintos lectores querrán ampliar algunos detalles en diferentes áreas. Proporcionamos enlaces a la documentación en línea sobre las clases y métodos de Ruby y Rails, a definiciones de conceptos importantes con los que puede no estar familiarizado, y en general a la Web para ampliar la información relacionada con el material. Para la versión Kindle del libro, los enlaces deberían funcionar estando conectado a Internet; en la versión impresa, las direcciones de los enlaces aparecen al final de cada capítulo.

1.12 Falacias y errores comunes

Señor, danos la sabiduría para pronunciar palabras amables y dulces, porque mañana puede que tengamos que tragárnoslas.

Sen. Morris Udall

Como se mencionó previamente, esta sección cercana al final de un capítulo comenta ideas del capítulo desde otra perspectiva, y proporciona a los lectores una oportunidad para aprender de los errores de otros. Las ***falacias*** son declaraciones que parecen plausibles (o son en realidad puntos de vista muy extendidos) basados en ideas del capítulo, pero que no son ciertas. Los ***errores comunes***, por otro lado, son peligros habituales asociados con los temas expuestos en el capítulo que son difíciles de evitar incluso estando sobre aviso.

***Falacia.* El ciclo de vida ágil es el mejor para cualquier desarrollo software.**

La metodología ágil encaja bien con muchos tipos de software, concretamente con SaaS, lo que explica por qué lo usamos en este libro. Sin embargo, la metodología ágil *no* es la mejor para todo. Puede ser ineficaz para aplicaciones críticas de seguridad, por ejemplo.

Nuestra experiencia es que una vez se aprenden los pasos clásicos del desarrollo de software y se tiene una experiencia positiva usándolos a través de la metodología ágil, usted usará estos importantes principios de la ingeniería del software en otros proyectos sin importar la metodología aplicada. Cada capítulo de la parte II concluye con una comparativa frente a la perspectiva de las metodologías clásicas para ayudar a comprender estos principios y para ayudar a utilizar otros ciclos de vida cuando sean necesarios.

El ciclo de vida ágil del software no será el último que conocerá. Creemos que aparecerán nuevas metodologías de desarrollo que se harán populares en respuesta a nuevas oportunidades, así que cuente con aprender nuevas metodologías y entornos de desarrollo en el futuro.

***Error.* Ignorar el coste del diseño del software.**

Puesto que no hay coste asociado a la fabricación de software, es una tentación creer que cambiarlo apenas supone un coste y que puede ser fabricado de nuevo de la forma en que quiere el cliente. Sin embargo, esta perspectiva ignora el coste asociado al diseño y las pruebas, que puede constituir una parte substancial del coste total de los proyectos software. El coste cero de producción es también un pensamiento utilizado para justificar las copias ilegales de software y otros datos electrónicos, dado que aquellos que se dedican a la piratería aparentemente creen que nadie debería pagar por los costes del desarrollo, sólo por los de producción.

1.13 Observaciones finales: la ingeniería del software es algo más que programar

Pero si la programación extrema es sólo una nueva combinación de viejas prácticas, ¿qué hay de nuevo en ello? La respuesta de Kent es que recoge prácticas y principios obvios, de sentido común, y los lleva a niveles extremos. Por ejemplo.
— Si las iteraciones cortas son buenas, hay que hacerlas tan cortas como sea posible —horas o minutos o segundos en lugar de días o semanas o años—.
— Si la simplicidad es buena, hay que optar siempre por lo más simple que pueda funcionar.
— Si probar el código es bueno, hay que probar durante todo el tiempo. Escribir el código de las pruebas antes que el propio código a probar.
— Si las revisiones de código son buenas, hay que revisar el código continuamente, mediante la programación en pareja, dos programadores por ordenador, haciendo turnos para vigilar al otro.

Michael Swaine, entrevista con Kent Beck, (Swaine 2001)

Esta cita da una buena idea de los fundamentos que hay detrás de la versión de la metodología ágil llamada programación extrema (eXtreme Programming, XP), que tratamos en este libro. Mantenemos las iteraciones cortas, de forma que el cliente vea la siguiente versión del prototipo incompleta pero funcionando cada una o dos semanas. Las pruebas se escriben *antes* que el código, para pasar después a escribir la mínima cantidad de código posible que permita pasar las pruebas. La programación en pareja significa que el código está bajo constante revisión, en lugar de sólo en ocasiones especiales. La metodología ágil ha pasado de ser una herejía de las metodologías software a la manera predominante de programar en tan sólo una docena de años, y cuando se combina con una arquitectura orientada a servicios, hace posible la implementación fiable de servicios complejos.

Si bien no hay una dependencia intrínseca entre SaaS, metodología ágil y entornos de desarrollo altamente productivos como Rails, la figura 1.11 sugiere que existe una sinergia entre ellas. El desarrollo ágil significa un progreso continuo mientras se trabaja de cerca con el cliente, y SaaS apoyado sobre computación en la nube hacen posible que el cliente utilice la última versión de forma inmediata, cerrando de esta forma el bucle de realimentación (ver capítulos 7 y 12). SaaS y la computación en la nube encajan con el patrón de diseño modelo–vista–controlador (ver capítulo 11), y que es expuesto por los entornos de desarrollo altamente productivos para SaaS (ver capítulos 2, 4 y 5). Estos entornos y herramientas eficientes diseñados para soportar el desarrollo ágil eliminan los obstáculos para practicar dicha metodología (ver capítulos 7, 8 y 10). Creemos que estas tres "joyas de la corona" forman un "triángulo virtuoso" que conducen hacia el desarrollo de buen software como servicio a tiempo y dentro de presupuesto, y constituyen las bases de este libro.

Este triángulo virtuoso ayuda también a explicar el carácter innovador de la comunidad de Rails, donde nuevas e importantes herramientas se desarrollan habitualmente para mejorar

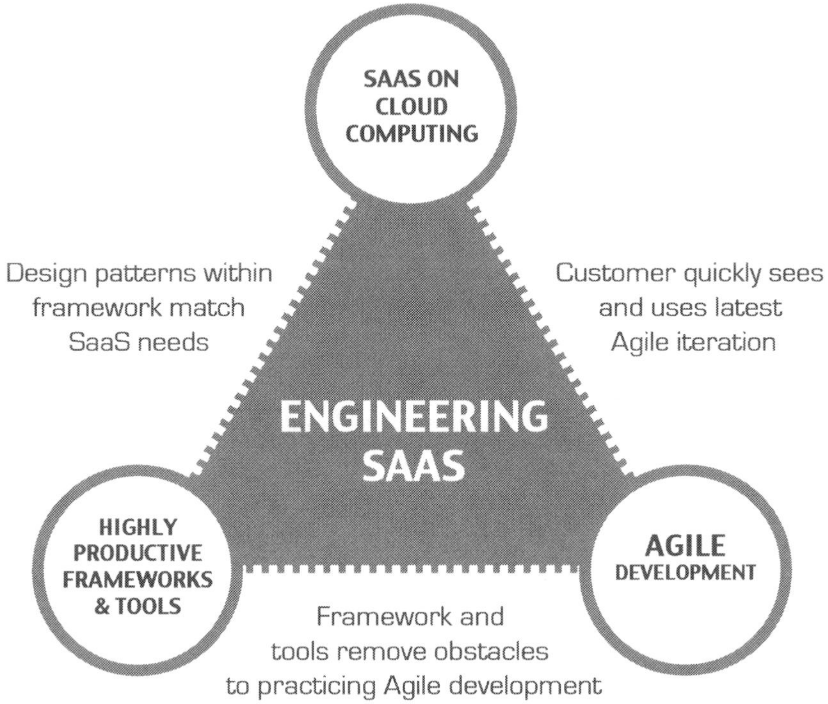

Figura 1.11. El triángulo virtuoso del desarrollo SaaS está formado por las tres joyas de la corona de la ingeniería del software (1) Saas en computación en la nube, (2) desarrollo ágil y (3) entornos de desarrollo y herramientas altamente productivos.

la productividad, sencillamente por lo fácil que resulta hacerlo. Esperamos que futuras ediciones de este libro incluyan herramientas que no existen a día de hoy y que serán tan útiles que, ¡no podremos ni imaginar cómo habremos podido trabajar sin ellas!

Como profesores, dado que las metodologías clásicas les parecen tediosas a muchos estudiantes, estamos encantados al ver que las respuestas a las 10 preguntas planteadas en la figura 1.5 recomiendan encarecidamente el uso de la metodología ágil para los proyectos estudiantiles. Sin embargo, creemos que merece la pena que las metodologías clásicas les resulten familiares a los lectores, ya que encajan mejor en algunas tareas, algunos clientes las requieren y ayudan a explicar algunas partes del enfoque ágil. Por tanto, incluimos algunas secciones cerca del final de todos los capítulos de la parte II para ofrecer la perspectiva de las metodologías clásicas.

Como investigadores, estamos convencidos de que el software del futuro se desarrollará y apoyará cada vez más en servicios en la nube, por lo que la metodología ágil continuará creciendo en popularidad en parte gracias a la gran sinergia existente entre ambas. Es por ello que estamos en un punto álgido de la tecnología donde el futuro del desarrollo de software es más ameno tanto de aprender como de enseñar. Entornos de desarrollo altamente productivos como Rails permiten entender esta valiosa tecnología permitiendo *desarrollar* en tiempos increíblemente cortos. La razón principal por la que hemos escrito este libro es para ayudar a más gente a tener conciencia de ello y aprovechar esta extraordinaria oportunidad.

Creemos que si usted aprende los contenidos de este libro y utiliza la biblioteca de recursos que viene con él, podrá construir su propia versión (simplificada) de un servicio software popular como FarmVille o Twitter mientras aprende y sigue robustas prácticas de desarrollo software. Aunque ser capaz de imitar servicios que disfrutan de gran éxito hoy en día y desplegarlos en la nube en unos pocos meses es impactante, estamos aún más expectantes por ver lo que *usted* creará con este conjunto de nuevas habilidades. ¡Esperamos ver su código elegante convirtiéndose en algo duradero y convertirnos en unos de sus más fervientes seguidores!

1.14 Para saber más

ACM IEEE-Computer Society Joint Task Force. Computer science curricula 2013, Ironman Draft (version 1.0). Technical report, February 2013. URL `http://ai.stanford.edu/users/sahami/CS2013/`.

C. Alexander, S. Ishikawa, and M. Silverstein. *A Pattern Language: Towns, Buildings, Construction (Cess Center for Environmental)*. Oxford University Press, 1977. ISBN 0195019199.

M. Armbrust, A. Fox, R. Griffith, A. D. Joseph, R. Katz, A. Konwinski, G. Lee, D. Patterson, A. Rabkin, I. Stoica, and M. Zaharia. A view of cloud computing. *Communications of the ACM (CACM)*, 53(4):50–58, Apr. 2010.

L. A. Barroso and U. Hoelzle. *The Datacenter as a Computer: An Introduction to the Design of Warehouse-Scale Machines (Synthesis Lectures on Computer Architecture)*. Morgan and Claypool Publishers, 2009. ISBN 159829556X. URL `http://www.morganclaypool.com/doi/pdf/10.2200/S00193ED1V01Y200905CAC006`.

S. Begley. As Obamacare tech woes mounted, contractor payments soared. *Reuters*, October 17, 2013. URL `http://www.nbcnews.com/politics/politics-news/stress-tests-show-healthcare-gov-was-overloaded-v21337298`.

J. Bidgood. Massachusetts appoints official and hires firm to fix exchange problems. *New York Times*, February 7, 2014. URL `http://www.nytimes.com/news/affordable-care-act/`.

B. W. Boehm. Software engineering: R & D trends and defense needs. In P. Wegner, editor, *Research Directions in Software Technology*, Cambridge, MA, 1979. MIT Press.

B. W. Boehm. A spiral model of software development and enhancement. In *ACM SIGSOFT Software Engineering Notes*, 1986.

E. Braude. *Software Engineering: An Object-Oriented Perspective*. John Wiley and Sons, 2001. ISBN 0471692085.

R. Charettte. Why software fails. *IEEE Spectrum*, 42(9):42–49, September 2005.

L. Chung. Too big to fire: How government contractors on HealthCare.gov maximize profits. *FMS Software Development Team Blog*, December 7, 2013. URL `http://blog.fmsinc.com/too-big-to-fire-healthcare-gov-government-contractors`.

M. Cormick. Programming extremism. *Communications of the ACM*, 44(6):109–110, June 2001.

H.-C. Estler, M. Nordio, C. A. Furia, B. Meyer, and J. Schneider. Agile vs. structured distributed software development: A case study. In *Proceedings of the 7th International Conference on Global Software Engineering (ICGSE'12))*, pages 11–20, 2012.

ET Bureau. Need for speed: More it companies switch to agile code development. *The Economic Times*, August 6, 2012. URL `http://articles.economictimes.indiatimes.com/2012-08-06/news/33065621_1_thoughtworks-software-development-iterative`.

M. Fowler. The New Methodology. *martinfowler.com*, 2005. URL `http://www.martinfowler.com/articles/newMethodology.html`.

E. Harrington. Hearing: Security flaws in Obamacare website endanger AmericansHealthCare.gov. *Washington Free Beacon*, 2013. URL `http://freebeacon.com/hearing-security-flaws-in-obamacare-website-endanger-americans/`.

S. Horsley. Enrollment jumps at HealthCare.gov, though totals still lag. *NPR.org*, December 12, 2013. URL `http://www.npr.org/blogs/health/2013/12/11/250023704/enrollment-jumps-at-healthcare-gov-though-totals-still-lag`.

A. Howard. Why Obama's HealthCare.gov launch was doomed to fail. *The Verge*, October 8, 2013. URL `http://www.theverge.com/2013/10/8/4814098/why-did-the-tech-savvy-obama-administration-launch-a-busted-healthcare-website`.

C. Johnson and H. Reed. Why the government never gets tech right. *New York Times*, October 24, 2013. URL `http://www.pmi.org/en/Professional-Development/Career-Central/Must_Have_Skill_Agile.aspx`.

J. Johnson. The CHAOS report. Technical report, The Standish Group, Boston, Massachusetts, 1995. URL `http://blog.standishgroup.com/`.

J. Johnson. HealthCare.gov chaos. Technical report, The Standish Group, Boston, Massachusetts, October 22, 2013a. URL `http://blog.standishgroup.com/images/audio/HealthcareGov_Chaos_Tuesday.mp3`.

J. Johnson. The CHAOS manifesto 2013: Think big, act small. Technical report, The Standish Group, Boston, Massachusetts, 2013b. URL `http://www.standishgroup.com`.

C. Jones. Software project management practices: Failure versus success. *CrossTalk: The Journal of Defense Software Engineering*, pages 5–9, Oct. 2004. URL `http://cross5talk2.squarespace.com/storage/issue-archives/2004/200410/200410-Jones.pdf`.

J. M. Juran and F. M. Gryna. *Juran's quality control handbook*. New York: McGraw-Hill, 1998.

P. Kruchten. *The Rational Unified Process: An Introduction, Third Edition*. Addison-Wesley Professional, 2003. ISBN 0321197704.

T. Lethbridge and R. Laganiere. *Object-Oriented Software Engineering: Practical Software Development using UML and Java*. McGraw-Hill, 2002. ISBN 0072834951.

National Research Council. *Achieving Effective Acquisition of Information Technology in the Department of Defense*. The National Academies Press, 2010. ISBN 9780309148283. URL `http://www.nap.edu/openbook.php?record_id=12823`.

P. Naur and B. Randell. *Software engineering*. Scientific Affairs Div., NATO, 1969.

J. R. Nawrocki, B. Walter, and A. Wojciechowski. Comparison of CMM level 2 and extreme programming. In *7th European Conference on Software Quality*, Helsinki, Finland, 2002.

M. Paulk, C. Weber, B. Curtis, and M. B. Chrissis. *The Capability Maturity Model: Guidelines for Improving the Software Process*. Addison-Wesley, 1995. ISBN 0201546647.

G. J. Popek and R. P. Goldberg. Formal requirements for virtualizable third generation architectures. *Communications of the ACM*, 17(7):412–421, 1974.

Project Management Institute. Must-have skill: Agile. *Professional Development*, February 28, 2012. URL `http://www.pmi.org/en/Professional-Development/Career-Central/Must_Have_Skill_Agile.aspx`.

W. W. Royce. Managing the development of large software systems: concepts and techniques. In *Proceedings of WESCON*, pages 1–9, Los Angeles, California, August 1970.

I. Sommerville. *Software Engineering, Ninth Edition*. Addison-Wesley, 2010. ISBN 0137035152.

M. Stephens and D. Rosenberg. *Extreme Programming Refactored: The Case Against XP*. Apress, 2003.

M. Swaine. Back to the future: Was Bill Gates a good programmer? What does Prolog have to do with the semantic web? And what did Kent Beck have for lunch? *Dr. Dobb's The World of Software Development*, 2001. URL `http://www.drdobbs.com/back-to-the-future/184404733`.

A. Taylor. IT projects sink or swim. *BCS Review*, Jan. 2000. URL `http://archive.bcs.org/bulletin/jan00/article1.htm`.

F. Thorp. 'Stress tests' show HealthCare.gov was overloaded. *NBC News*, November 18, 2013. URL `http://www.nbcnews.com/politics/politics-news/stress-tests-show-healthcare-gov-was-overloaded-v21337298`.

J. Zients. HealthCare.gov progress and performance report. Technical report, Health and Human Services, December 1, 2013. URL `http://www.hhs.gov/digitalstrategy/sites/digitalstrategy/files/pdf/healthcare.gov-progress-report.pdf`.

Notas

[1]http://es.wikipedia.org/wiki/Premio_Turing
[2]https://www.edx.org/
[3]http://www.youtube.com/watch?v=DeBi2ZxUZiM
[4]http://www.youtube.com/watch?v=kYUrqdUyEpI
[5]https://plus.google.com/112678702228711889851/posts/eVeouesvaVX
[6]http://developers.slashdot.org/story/08/05/11/1759213/
[7]http://www.pastebin.com/u/saasbook

1.15 Ejercicios propuestos

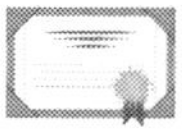

Ejercicio 1.1. *(Debate) Identifique los principales problemas asociados a la evolución del software y explique su impacto en el ciclo de vida del software. Nota: utilizamos este icono en el margen para identificar los ejercicios del estándar de Ingeniería del software ACM/IEEE 2013 (ACM IEEE-Computer Society Joint Task Force 2013).*

Ejercicio 1.2. *(Debate) Debata sobre los retos de los sistemas en evolución en entornos cambiantes.*

Ejercicio 1.3. *(Debate) Explique el concepto de ciclo de vida software y proponga un ejemplo, ilustrando sus fases e incluyendo los entregables que se generan.*

Ejercicio 1.4. *(Debate) Refiriéndose a la figura 1.5, compare los modelos de proceso de este capítulo con respecto a su valor para el desarrollo de determinadas clases de sistemas software: gestión de la información, sistemas embebidos, control de procesos, comunicaciones y aplicaciones web.*

Ejercicio 1.5. *(Debate) En su opinión, ¿cómo ordenaría los desastres software descritos en este capítulo desde el más al menos terrible? ¿Por qué los ordenaría así?*

Ejercicio 1.6. *(Debate) El fallo hardware más parecido a los desastres software mencionados en la primera sección es probablemente el error de división en coma flotante de Intel*[1]*. ¿Dónde colocaría este problema hardware en la lista ordenada de los ejemplos software que confeccionó en el ejercicio anterior?*

Ejercicio 1.7. *(Debate) Medido en líneas de código, ¿cuál es el programa más largo del mundo? A efectos de este ejercicio, asuma que puede ser un conjunto de software empaquetado como un producto.*

Ejercicio 1.8. *(Debate) ¿Qué lenguaje de programación cuenta con el mayor número de programadores activos?*

Ejercicio 1.9. *(Debate) ¿En qué lenguaje de programación se escribe el mayor número de líneas de código al año? ¿Cuál tiene el mayor número de líneas de código activo acumulativamente?*

Ejercicio 1.10. *(Debate) Haga una lista de las 10 aplicaciones más importantes, en su opinión. ¿Cuál se desarrollaría y mantendría mejor utilizando cada uno de los cuatro ciclos de vida expuestos en este capítulo? Describa las razones para cada elección.*

Ejercicio 1.11. *(Debate) Teniendo en cuenta la lista de las 10 aplicaciones más importantes del ejercicio anterior, ¿cómo de importantes son cada una de las cuatro técnicas de productividad descritas en este capítulo?*

Ejercicio 1.12. *(Debate) Dada la lista de las 10 aplicaciones más importantes del ejercicio anterior, ¿qué aspectos serían difíciles de probar y tendrían que confiar en métodos formales? ¿Podrían ser más importantes algunas técnicas de pruebas que otras, para alguna de las aplicaciones? Exponga sus motivos.*

Ejercicio 1.13. *Diferencie la validación de la verificación de un programa.*

Ejercicio 1.14. *(Debate) ¿Cuáles son las 5 razones principales por las que SaaS y la computación en la nube crecerán en popularidad, y cuáles los 5 obstáculos principales para su crecimiento?*

Ejercicio 1.15. *(Debate) Debata sobre las ventajas e inconvenientes de la reutilización de software.*

Ejercicio 1.16. *(Debate) Describa y diferencie entre los distintos tipos y niveles de pruebas (unitarias, de integración, modulares, de sistema y de validación).*

Ejercicio 1.17. *Describa las diferencias entre los principios del modelo en cascada y los modelos clásicos que utilizan iteraciones.*

Ejercicio 1.18. *Describa las diferentes prácticas que constituyen los componentes principales de la metodología ágil y los distintos modelos clásicos.*

Ejercicio 1.19. *Diferencie las fases de desarrollo software de los modelos clásicos.*

Parte I

Software como servicio

2 La arquitectura de las aplicaciones SaaS

Dennis Ritchie (izquierda, 1941–2011) y Ken Thompson (derecha, 1943–) compartieron el Premio Turing en 1983 por sus contribuciones fundamentales al diseño de sistemas operativos en general y a la invención de Unix en particular.

Creo que la gran idea de Unix fue su interfaz simple y limpia: abrir, cerrar, leer y escribir.

Unix and Beyond: An Interview With Ken Thompson, IEEE Computer 32(5), Mayo 1999

Conceptos

La ***arquitectura de software*** describe cómo se conectan entre sí los subsistemas que conforman un programa informático para cumplir los requisitos funcionales y no funcionales de la aplicación. Un ***patrón de diseño*** describe una solución arquitectónica genérica para una familia de problemas similares, obtenida generalizando a partir de la experiencia de desarrolladores que han solucionado previamente dichos problemas. Si se examinan las aplicaciones SaaS, los patrones de diseño resultan evidentes en todos los niveles de detalle:

- Las aplicaciones SaaS siguen el patrón ***cliente-servidor***, en el cual un cliente realiza peticiones y un servidor responde a las peticiones de muchos clientes.
- Un servidor SaaS sigue el patrón de ***arquitectura de tres capas***, que separa las responsabilidades de distintos componentes del servidor SaaS y posibilita el ***escalado horizontal*** para acomodar a millones de usuarios.
- El código de la aplicación SaaS reside en la ***capa de aplicación***. Muchas aplicaciones SaaS, incluyendo las basadas en Rails, siguen el patrón de diseño ***modelo-vista-controlador***, en el cual el modelo se encarga de los ***recursos*** de la aplicación, tales como usuarios o entradas de un blog, las vistas presentan la información al usuario mediante el navegador, y los controladores mapean las acciones del navegador del usuario con el código de la aplicación.
- Para el modelo, Rails utiliza el ***patrón* Active Record** puesto que encaja con el uso de ***bases de datos relacionales***, la forma más común de almacenamiento de datos en SaaS. Para las vistas, Rails utiliza el ***patrón Template View*** (vista de plantilla) para crear páginas web que enviar al navegador. Para el controlador, Rails sigue el principio de ***transferencia de estado representacional*** o REST (***Representational State Transfer***), según el cual cada acción del controlador describe una operación única y autocontenida sobre uno de los ***recursos*** de la aplicación.

Los entornos SaaS actuales, como Rails, reúnen una década de valiosa experiencia de desarrollo encapsulando estos patrones de diseño de forma que los creadores de aplicaciones SaaS los puedan aplicar fácilmente.

1. A Web client (Firefox) requests the Rotten Potatoes home page from a Web server (WEBrick).
2. WEBrick obtains content from the Rotten Potatoes app and sends this content back to Firefox
3. Firefox displays the content and closes the HTTP connection.

Figura 2.1. Perspectiva de un sistema cliente-servidor SaaS a 100.000 pies de altura.

2.1 100.000 pies de altura: la arquitectura cliente-servidor

Puesto que la mejor forma de aprender software es practicando, vamos a meternos de lleno en seguida.

Si no lo ha hecho todavía, le sugerimos que revise el apéndice A y tenga lista la biblioteca de recursos de este libro en su ordenador o en la nube. Una vez preparado, el *screencast* 2.1.1 muestra cómo desplegar e iniciar sesión en su máquina virtual, y cómo probar una interacción con la sencilla aplicación didáctica RottenPotatoes, que aspira a ser una versión simplificada del popular sitio web de calificación de películas RottenTomatoes[2].

Screencast 2.1.1. Primeros pasos.
`http://vimeo.com/34754478`
Una vez iniciada la sesión en su máquina virtual, el *screencast* muestra cómo abrir una ventana de terminal, `cd` (cambiar) al directorio `Documents/rottenpotatoes`, e iniciar la aplicación RottenPotatoes tecleando `rails server`. Después, abriremos el navegador Firefox, escribiremos `http://localhost:3000/movies` en la barra de direcciones y pulsaremos Intro, lo que nos llevará a la página principal de RottenPotatoes.

¿Qué está ocurriendo? Acabamos de ver la perspectiva más sencilla de una aplicación web: es un ejemplo de la ***arquitectura cliente-servidor***. Firefox es un ejemplo de cliente: un programa cuya especialidad es pedir información al servidor y (generalmente) permitir al usuario interactuar con dicha información. WEBrick, que se activó al teclear `rails server`, es un ejemplo de servidor: un programa cuya especialidad es esperar a que los clientes realicen una *petición* para proporcionarles una *respuesta*. WEBrick espera a que algún navegador como Firefox contacte con él y dirige las peticiones del navegador a la aplicación RottenPotatoes. La figura 2.1 resume cómo funciona una aplicación SaaS, vista a 100.000 pies de altura.

Diferenciar clientes y servidores permite que cada tipo de programa esté altamente especializado en su tarea: el cliente puede tener una interfaz atractiva y de rápida respuesta, mientras que el servidor se concentra en atender de forma eficiente a muchos clientes simultáneamente. Firefox y otros navegadores (Chrome, Safari, Internet Explorer) son clientes utilizados por millones de personas (a los que llamaremos *clientes de producción*). WEBrick, por otra parte, no es un servidor de producción, sino un "miniservidor" con la funcionalidad justa para permitir que un usuario por vez (usted, el programador) interaccione con la aplicación web. Un sitio web real utilizaría un servidor de producción como el servidor web Apache[3] o Microsoft Internet Information Server[4], cualquiera de los cuales puede desplegarse en cientos de ordenadores sirviendo eficientemente a millones de usuarios con numerosas copias del mismo sitio.

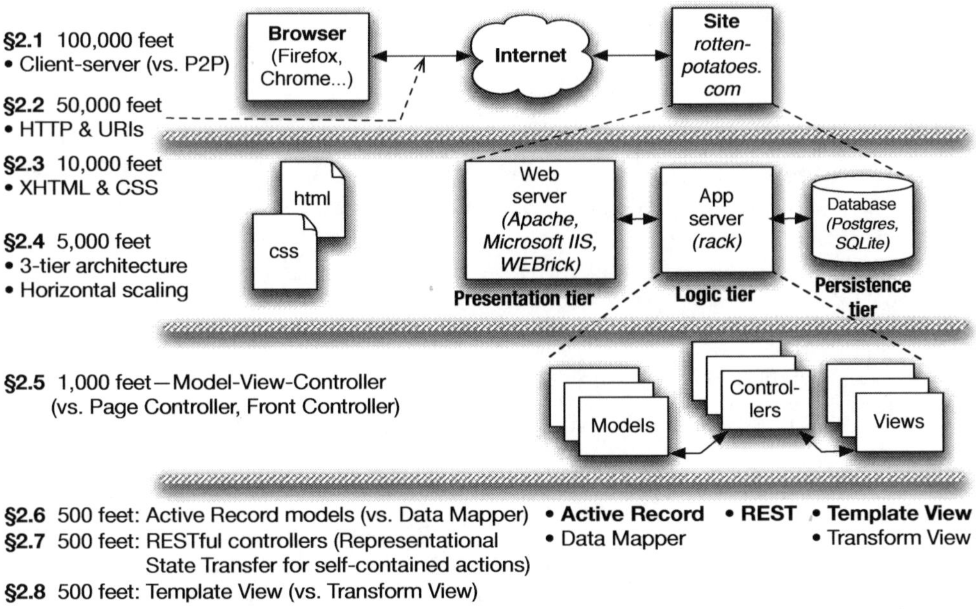

Figura 2.2. Utilizando la altitud como analogía, esta figura ilustra estructuras SaaS importantes a varios niveles de detalle, y sirve como hoja de ruta global de la exposición que se hará en este capítulo. Cada nivel se tratará en las secciones indicadas.

Antes de que se propusieran estándares abiertos para la web en 1990, los usuarios tenían que instalar clientes propietarios diferentes y mutuamente incompatibles para cada servicio de Internet que utilizaban: Eudora (el predecesor de Thunderbird) para leer el correo electrónico, AOL o CompuServe para acceder a portales de contenido propietario (papel desempeñado a día de hoy por portales como MSN y Yahoo), etc. Hoy en día el navegador web ha suplantado en gran parte a los clientes propietarios y se puede llamar de forma justificada el "cliente universal". No obstante, los clientes y servidores propietarios siguen constituyendo ejemplos de la arquitectura cliente-servidor, con clientes especializados en realizar preguntas en nombre de los usuarios, y servidores especializados en responder a preguntas recibidas de numerosos clientes. La arquitectura cliente-servidor es, por tanto, nuestro primer ejemplo de ***patrón de diseño*** —una estructura, comportamiento, estrategia o técnica reutilizable que captura una solución probada a una colección de problemas similares mediante la *separación de aspectos que cambian de aquellos que permanecen iguales*—. En el caso de las arquitecturas cliente-servidor, lo que permanece inmutable es la separación de responsabilidades entre el cliente y el servidor, a pesar de los cambios entre implementaciones de clientes y servidores. Debido a la ubicuidad de la web, utilizaremos el término SaaS para referirnos a "sistemas cliente-servidor construidos para trabajar utilizando estándares abiertos de la World Wide Web".

En el pasado, la arquitectura cliente-servidor implicaba que el servidor era un programa mucho más complejo que el cliente. Hoy en día, con potentes ordenadores y navegadores web que soportan animaciones y efectos 3D, una caracterización más fiel sería que los clientes y servidores comparten una complejidad comparable aunque se han especializado en sus diferentes roles. En este libro nos concentraremos en aplicaciones centradas en el servidor; aunque cubriremos algunos aspectos de programación JavaScript en el lado cliente en el capítulo 6, lo hacemos en el contexto de dar soporte de una aplicación centrada en el servidor, más que para construir aplicaciones complejas de navegador como Google Drive[5].

Por supuesto, la arquitectura cliente-servidor no es el único patrón que se puede encontrar en los servicios basados en Internet. En la ***arquitectura* peer-to-peer**, usada en BitTorrent, cada participante es a la vez cliente y servidor —cualquiera puede pedir información a cualquiera—. En un sistema como ése, en el que un único programa debe funcionar simultáneamente como cliente y servidor, resulta más difícil que se especialice en hacer cualquiera de las dos funciones realmente bien.

Resumen

- Las aplicaciones web SaaS son ejemplos del ***patrón de arquitectura cliente-servidor***, en el cual el software cliente generalmente está especializado en interactuar con el usuario y enviar peticiones al servidor en su nombre, mientras que el software servidor está especializado en el manejo de grandes volúmenes de dichas peticiones.
- Puesto que las aplicaciones web utilizan estándares abiertos que cualquiera puede implementar libre de cargos, a diferencia de los estándares propietarios usados en las antiguas aplicaciones cliente-servidor, el navegador web se ha convertido en el "cliente universal".
- Una alternativa a la arquitectura cliente-servidor es la arquitectura *peer-to-peer*, en la que todas las entidades actúan como clientes y como servidores. Aunque podría discutirse si esta arquitectura es más flexible, también dificulta la especialización del software para realizar realmente bien cualquiera de los dos trabajos.

Autoevaluación 2.1.1. *¿Cuál es la diferencia principal entre un cliente y un servidor en SaaS?*
◇ Un cliente SaaS está optimizado para permitir que el usuario interaccione con la información, mientras que un servidor SaaS está optimizado para atender a numerosos clientes simultáneamente. ■

Autoevaluación 2.1.2. *¿Qué elemento(s) de la figura 2.2 se refiere(n) a un cliente SaaS y cuál(es) a un servidor SaaS?*
◇ El bloque **navegador** (*Browser* en la figura) en la esquina superior izquierda se refiere al cliente. Los iconos de documentos **html** y **css** se refieren al contenido entregado al cliente. El resto de elementos forman parte del servidor. ■

2.2 50.000 pies de altura: comunicación —HTTP y los URI—

Un ***protocolo de red*** es un conjunto de reglas de comunicación acordadas por los agentes que participan en una red. En este caso, los agentes son clientes web (como Firefox) y servidores web (como WEBrick o Apache). Los navegadores y servidores web se comunican utilizando el ***protocolo de transferencia de hipertexto*** o ***HTTP*** (siglas de ***HyperText Transfer Protocol***). Como tantos otros protocolos de aplicación de Internet, HTTP se sustenta en ***TCP/IP***, el venerable ***protocolo de control de transmisión/protocolo***

de Internet (***Transmission Control Protocol/Internet Protocol***), el cual permite a una pareja de agentes comunicarse mediante secuencias ordenadas de bytes. Esencialmente, TCP/IP permite la comunicación de cadenas de caracteres arbitrarias entre un par de agentes de red.

En una red TCP/IP, cada ordenador posee una ***dirección IP*** formada por cuatro bytes separados por puntos, como por ejemplo 128.32.244.172. En la mayoría de los casos no usamos direcciones IP directamente, sino que otro servicio de Internet denominado ***sistema de nombres de dominio*** (***Domain Name System, DNS***), que dispone de su propio protocolo basado en TCP/IP, se invoca automáticamente para obtener una correspondencia entre ***nombres de equipo*** (***hostnames***) fáciles de recordar, como `www.eecs.berkeley.edu`, y direcciones IP. Los navegadores contactan automáticamente con un servidor DNS para buscar el nombre del sitio que el usuario escribe en la barra de direcciones, como por ejemplo `www.eecs.berkeley.edu`, y obtienen la dirección IP correspondiente, en este caso 128.32.244.172. Una convención usada por los ordenadores compatibles con TCP/IP es que si un programa se refiere al nombre de equipo `localhost`, entonces se estará refiriendo al mismo ordenador donde se está ejecutando. Es por ello que teclear `localhost` en la barra de direcciones de Firefox, como hizo al comienzo de la sección 2.1, provocó que Firefox se comunicara con el proceso WEBrick que se ejecutaba en el mismo equipo que el propio Firefox.

Vinton E. "Vint" Cerf (izquierda, 1943–) y Bob Kahn (derecha, 1938–) compartieron el Premio Turing en 2004 por su trabajo pionero en arquitectura y protocolos de red, incluyendo TCP/IP.

■ ***Explicación. Redes: multi-homing, IPv6 y HTTPS.***

Hemos simplificado algunos aspectos de TCP/IP: técnicamente, cada ***dispositivo de interfaz de red*** tiene una dirección IP; pero algunos ordenadores, denominados ***multi-homed***, pueden disponer de múltiples interfaces de red. Además, por diversas razones, entre ellas el agotamiento del espacio de direcciones IP, la versión actual de IP (versión 4) está siendo reemplazada poco a poco por la versión 6 (IPv6), que utiliza un formato de direcciones distinto. Sin embargo, puesto que la mayoría de los ordenadores tiene únicamente una interfaz de red activa a la vez y los creadoress de aplicaciones SaaS raramente trabajan directamente con direcciones IP, estas simplificaciones no afectan significativamente a nuestras explicaciones. También postergaremos el debate sobre el protocolo HTTP seguro (HTTPS) hasta el capítulo 12. HTTPS utiliza ***criptografía de clave pública*** para cifrar (codificar) las comunicaciones entre un cliente y un servidor HTTP, de forma que si una tercera persona trata de espiar la comunicación vea sólo un galimatías. Desde el punto de vista del programador, HTTPS se comporta igual que HTTP, pero funciona sólo si el servidor web está configurado para soportar el acceso HTTPS a ciertas páginas. "Miniservidores" como WEBrick no suelen soportar dicha funcionalidad.

¿Qué hay del `:3000` que añadimos al final de `localhost` en el ejemplo? Múltiples agentes de una red pueden estar ejecutándose en la misma dirección IP. De hecho, en el ejemplo anterior, tanto el cliente como el servidor se estaban ejecutando en el mismo ordenador (el suyo). Por lo tanto, TCP/IP utiliza ***números de puerto***, entre 1 y 65535, para distinguir entre diferentes agentes de red bajo la misma dirección IP. Todos los protocolos basados en TCP/IP, incluyendo HTTP, deben especificar tanto la máquina (*host*) como el puerto (*port*) cuando inician una conexión. Cuando el usuario le pide a Firefox que vaya a `localhost:3000/movies`, le está indicando que en la máquina `localhost` (es decir, "este ordenador"), un programa servidor está escuchando en el puerto 3000 esperando a que los navegadores le contacten. Si no se especifica el puerto (3000) de forma explícita, se usará por defecto el puerto 80 para conexiones `http` o el 443 para conexiones `https` (seguras).

IANA. Internet Assigned Numbers Authority[6] es la entidad encargada de asignar números de puerto por defecto oficiales para numerosos protocolos, y gestiona el nivel más alto o zona raíz (*"root"*) de DNS.

Resumiendo, la comunicación HTTP se inicia cuando un agente *abre una conexión* hacia

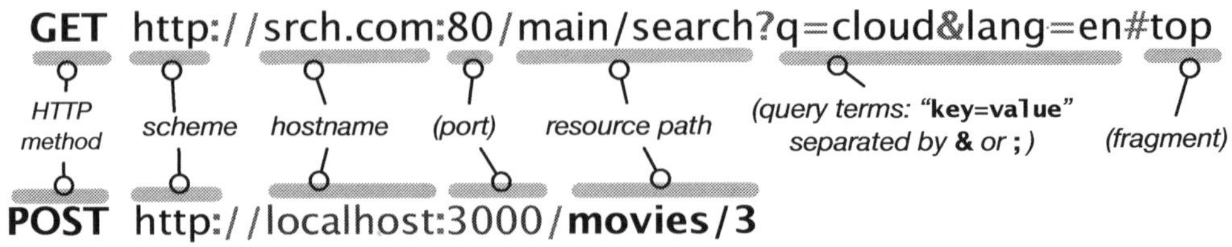

Figura 2.3. **Una petición HTTP está compuesta por un *método HTTP* y un *URI*. Un *URI completo* comienza con un esquema, como por ejemplo `http` o `https`, e incluye los componentes descritos previamente. Los componentes opcionales se muestran entre paréntesis. Un *URI parcial* omite alguno o todos los componentes más a la izquierda, rellenándolos o *resolviéndolos* en tal caso respecto al *URI base*, determinado por cada aplicación. Una buena práctica es utilizar los URI completos.**

otro agente especificando un nombre de máquina (*hostname*) y un número de puerto (*port*); un proceso servidor HTTP debe *escuchar conexiones entrantes* en dicha máquina y puerto.

¿URI o URL? A veces nos referimos a un URI como URL, o localizador uniforme de recursos (*Uniform Resource Locator*). A pesar de la sutil distinción técnica, para nuestros propósitos ambos términos se pueden utilizar indistintamente. Utilizaremos el término URI porque es más general y encaja en la terminología utilizada por la mayoría de las bibliotecas.

La cadena de caracteres `http://localhost:3000/movies` que escribimos en la barra de direcciones de Firefox es un ***URI***, o ***identificador de recursos uniforme*** (***Uniform Resource Identifier***). Un URI empieza con el nombre del *esquema* de comunicación mediante el cual se hará el intercambio de información, seguido por un nombre de equipo, un número de puerto opcional y un *recurso* alojado en dicha máquina al que quiere acceder el usuario; tal y como se muestra en la figura 2.3. Un recurso suele referirse a "cualquier cosa que se pueda entregar al navegador": una imagen, la lista de todas las películas en formato HTML o un formulario que permite crear una nueva película son todos ejemplos de recursos. Cada aplicación SaaS tiene sus propias reglas para interpretar el nombre del recurso, aunque pronto veremos una propuesta denominada REST que apuesta por la simplicidad y la consistencia en la asignación de los nombres de recurso entre diferentes aplicaciones SaaS.

HTTP es un ***protocolo sin estado***, porque cada petición HTTP es independiente y no tiene relación con ninguna de las peticiones previas. Las aplicaciones web que mantienen el registro de "dónde está el usuario" (¿Ha iniciado sesión el usuario? ¿En qué paso del proceso de compra en una tienda electrónica está?) necesitan sus propios mecanismos para mantener el estado, dado que no existe nada en una petición HTTP que recuerde dicha información. Las ***cookies*** HTTP asocian un navegador de usuario en particular con la información que mantiene el servidor correspondiente a la ***sesión*** de dicho usuario, pero es responsabilidad del navegador, no de HTTP ni de la aplicación SaaS, asegurarse de incluir las *cookies* necesarias en cada petición HTTP. Los protocolos sin estado simplifican por tanto el diseño del servidor a costa del diseño de la aplicación, pero por suerte, entornos exitosos como Rails protegen al desarrollador en gran parte de esta complejidad.

Figura 2.4. A 50.000 pies de altura, podemos ampliar el paso 1 de la figura 2.1.

Screencast 2.2.1. Cookies.
`http://vimeo.com/33918630`
Los entornos SaaS simplifican el trabajo con *cookies*, que se usan para indicar que dos peticiones independientes provienen en realidad del mismo navegador de usuario y, por ello, pueden considerarse parte de una sesión. En la primera visita a un sitio web, el servidor incluye una larga cadena de caracteres (de hasta 4 KBytes) en la cabecera de respuesta HTTP `Set-Cookie:`. Es responsabilidad del navegador incluir esta cadena en la cabecera de petición HTTP `Cookie:` en las siguientes peticiones que se envíen a dicho sitio web. La cadena de caracteres que conforma la *cookie*, que no suele cifrarse pero se protege mediante una "huella" (*fingerprint*) o ***código de autenticación de mensaje***, contiene información suficiente para que el servidor asocie la petición con la sesión de usuario correspondiente.

Ahora ya podemos explicar qué ocurre cuando se carga la página principal de RottenPotatoes en unos términos algo más precisos, tal y como muestra la figura 2.4.

Para profundizar, exploraremos a continuación cómo se representa el contenido en sí.

■ ***Explicación. Pull del cliente vs. push del servidor.***

La Web es fundamentalmente una arquitectura cliente-servidor basada en las *peticiones (pull) del cliente* ya que es el cliente quien inicia todas las interacciones —los servidores HTTP sólo pueden esperar a que los clientes contacten con ellos—. Esto se debe a que HTTP fue diseñado como un ***protocolo de petición-respuesta***: sólo los clientes pueden comenzar una interacción. Estándares en evolución, como WebSockets y HTML5, contemplan algo de soporte para permitir que el servidor *envíe (push)* contenido actualizado al cliente. Por el contrario, las arquitecturas basadas íntegramente en *push del servidor*, tales como los mensajes de texto de los teléfonos móviles, permiten que el servidor inicie una conexión con el cliente para "despertarle" cuando hay información nueva disponible; sin embargo, estos servidores no pueden usar HTTP. Una de las críticas iniciales de la arquitectura de la Web fue que un protocolo de petición-respuesta puro descartaría estas aplicaciones *basadas en mecanismos push*. En la práctica, sin embargo, la gran eficiencia del software especializado de los servidores soporta la creación de páginas web que realizan un *poll* (una comprobación explícita) del servidor para recibir actualizaciones, creando la ilusión de una aplicación basada en mecanismos *push* aun cuando las características que permiten dichos mecanismos, incluidas en WebSockets y HTML5, no estén disponibles.

Resumen

- Los navegadores y servidores web se comunican usando el ***protocolo de transferencia de hipertexto*** (***HyperText Transfer Protocol***, ***HTTP***). HTTP se apoya en el ***protocolo de control de transmisión/protocolo de Internet*** (***Transmission Control Protocol/Internet Protocol***, ***TCP/IP***) para intercambiar secuencias ordenadas de bytes de forma fiable.
- Cada ordenador conectado a la red TCP/IP tiene una ***dirección IP***, como por ejemplo 128.32.244.172, aunque el ***sistema de nombres de dominio*** (***Domain Name System***, ***DNS***) permite el uso de nombres más fáciles de usar y recordar. El nombre `localhost` está reservado para referirse al ordenador local y se corresponde con la dirección IP reservada 127.0.0.1.
- Cada aplicación que se ejecuta en un determinado ordenador debe "escuchar" en un ***puerto TCP*** distinto, numerados desde el 1 hasta el 65535 ($2^{16}-1$). Los servidores HTTP (web) utilizan el puerto 80.
- Para ejecutar localmente una aplicación SaaS, se debe configurar el servidor HTTP para que escuche en un puerto de `localhost`. WEBrick, el servidor ligero de Rails, utiliza el puerto 3000.
- Un ***identificador de recursos uniforme*** (***Uniform Resource Identifier***, ***URI***) identifica un recurso disponible en Internet. La interpretación de dicho nombre de recurso varía según la aplicación.
- HTTP es un protocolo sin estado en el sentido de que cada petición es independiente de cualquier otra petición, incluso aunque provengan del mismo usuario. Las ***cookies HTTP*** permiten asociar peticiones HTTP del mismo usuario. Es responsabilidad del navegador aceptar una *cookie* de un servidor HTTP y de asegurarse de incluir dicha *cookie* en futuras peticiones enviadas a dicho servidor.

Autoevaluación 2.2.1. *¿Qué ocurre si accedemos al URI `http://google.com:3000` y por qué?*

◇ Pasado cierto tiempo, se agotará el tiempo disponible para realizar la conexión al no poder contactar con el servidor, ya que Google (como la mayoría de sitios web) escucha en el puerto TCP 80 (el puerto por defecto) en lugar del 3000. ■

Autoevaluación 2.2.2. *¿Qué ocurre si tratamos de acceder a RottenPotatoes usando, por ejemplo, `http://localhost:3300` (en lugar de `:3000`) y por qué?*

◇ Obtendremos un mensaje *"connection refused"* (conexión rechazada) dado que no hay ningún servidor escuchando en el puerto 3300. ■

2.3 10.000 pies de altura: representación —HTML y CSS—

Si el navegador web es el cliente universal, el ***lenguaje de marcado de hipertexto*** (***HyperText Markup Language, HTML***) es el lenguaje universal. Un ***lenguaje de marcado*** combina texto con marcas (anotaciones sobre el texto) de una forma que facilita diferenciar sintácticamente cada parte. Vea el *screencast* 2.3.1 en el que se comentan algunos aspectos destacados de HTML 5, la versión actual del lenguaje, y luego continúe leyendo.

Screencast 2.3.1. Introducción a HTML.
`http://vimeo.com/34754506`
HTML está compuesto por una jerarquía de elementos anidados, cada uno de los cuales está formado por una etiqueta de apertura, como `<p>`, una parte de contenido (en algunos casos) y una etiqueta de cierre, como `</p>`. La mayoría de las etiquetas de apertura pueden contener también atributos, como en el caso de `<a href="http://...">`. Algunas etiquetas que no tienen parte de contenido se autocierran, como en el caso del salto de línea, `<br clear="both" />`, que deja vacíos los márgenes derecho e izquierdo.

El uso de corchetes angulares para marcar las etiquetas proviene de ***SGML*** **(*Standard Generalized Markup Language*** o ***lenguaje de marcado generalizado estándar*)**, una estandarización codificada del *Generalized Markup Language* de IBM, desarrollado en los años 60 para codificar documentos de proyecto que pudiera leer un ordenador.

Existe una desafortunada confusión en la terminología alrededor de la genealogía de HTML[7]. HTML 5 incluye características tanto de sus predecesores (versiones 1 a 4 de HTML) como de XHTML (eXtended HyperText Markup Language, lenguaje de marcado de hipertexto extendido), el cual representa un subconjunto de ***XML*** (*eXtensible Markup Language*, lenguaje de marcado extensible), un lenguaje de marcado extensible que se puede usar tanto para representar datos como para describir otros lenguajes de marcado. De hecho, XML es una forma común de representación de datos para intercambio de información *entre* dos servicios en arquitecturas orientadas a servicios, como veremos en el capítulo 8, cuando extendamos RottenPotatoes para obtener la información de la película de un servicio de base de datos de películas independiente. Es difícil recordar las diferencias entre las variantes de XHTML y HTML y no todos los navegadores soportan todas las versiones. Excepto que se indique lo contrario, de ahora en adelante cuando aparezca HTML nos estaremos refiriendo a HTML 5 y trataremos de evitar el uso de características que no estén ampliamente soportadas.

Los atributos `id` y `class` de las etiquetas HTML resultan de especial interés puesto que desempeñan un papel esencial en la conexión de la estructura HTML de una página con su apariencia visual. El siguiente *screencast* ilustra el uso de la barra de herramientas del desarrollador web (Web Developer) de Firefox para identificar rápidamente los identificadores (`id`) y clases (`class`) de los elementos HTML de una página.

Screencast 2.3.2. Inspeccionando los atributos `id` y `class`.
`http://vimeo.com/34754568`
CSS utiliza ***notaciones de selectores*** como `div#`*nombre* para identificar un elemento `div` cuyo `id` es *nombre*, y `div.`*nombre* para especificar un elemento `div` cuya clase es *nombre*. En un documento HTML, sólo un elemento puede tener un identificador (`id`) dado, mientras que varios elementos (incluso de distintos tipos de etiquetas) pueden compartir la misma clase (`class`). Las tres características de un elemento —su tipo de etiqueta, y sus atributos `id` (si lo tiene) y `class` (si lo tiene)— se pueden usar para identificar un elemento como candidato para aplicar un formato de visualización.

Para ver un ejemplo extremo de lo que se puede hacer con CSS, visite CSS Zen Garden[8].

Tal y como muestra el siguiente *screencast*, el estándar ***CSS*** **(*Cascading Style Sheets*, *hojas de estilo en cascada*)** permite asociar instrucciones de "estilos" para aplicar un formato visual con elementos HTML usando las clases e identificadores de dichos elementos. El *screencast* cubre sólo algunas construcciones CSS básicas, resumidas en la figura 2.5. La sección "Para saber más" al final del capítulo recoge varios sitios web y libros que describen CSS en detalle, incluyendo cómo usar CSS para alinear contenido en una página, algo que los diseñadores solían hacer manualmente usando tablas HTML.

Selector	Qué se selecciona
`h1`	Cualquier elemento `h1`
`div#message`	El elemento `div` cuyo `id` es `message`
`.red`	Cualquier elemento cuyo `class` sea `red`
`div.red, h1`	El elemento `div` cuyo `class` sea `red`, o cualquier `h1`
`div#message h1`	Un elemento `h1` que sea hijo de (esté dentro de) `div#message`
`a.lnk`	Elemento a cuyo `class` sea `lnk`
`a.lnk:hover`	Elemento a cuyo `class` sea `lnk`, al pasar el ratón por encima

Propiedad	Ejemplos de valores	Propiedad	Ejemplos de valores
font-family	`"Times, serif"`	background-color	`red`, `#c2eed6` (valores RGB)
font-weight	`bold`	border	`1px solid blue`
font-size	`14pt`, `125%`, `12px`	text-align	`right`
font-style	`italic`	text-decoration	`underline`
color	`black`	vertical-align	`middle`
margin	`4px`	padding	`1cm`

Figura 2.5. Algunas construcciones CSS, incluyendo las descritas en el *screencast* 2.3.3. La tabla superior muestra algunos *selectores* CSS, que identifican los elementos a los que aplicar el estilo; la tabla inferior muestra algunas propiedades, cuyos nombres suelen ser autoexplicativos, y ejemplos de valores que se les pueden asignar. No todas las propiedades son válidas en todos los elementos.

Screencast 2.3.3. Introducción a CSS.
`http://vimeo.com/34754607`
Existen cuatro mecanismos básicos por los que un selector en un fichero CSS puede coincidir con un elemento HTML: por nombre de etiqueta, por clase, por ID o por jerarquía. Si múltiples selectores coinciden con un elemento dado, las reglas para saber qué propiedades aplicar son complejas, por lo que la mayoría de los diseñadores tratan de evitar tales ambigüedades manteniendo su CSS simple. Una forma útil de ver los "huesos" de una página es seleccionar *CSS>Desactivar estilos>Todos los estilos* (*CSS>Disable Styles>All Styles*) de la barra de herramientas del desarrollador web (Web Developer) de Firefox. Esta opción mostrará la página con todo el formato CSS de la página desactivado, mostrando hasta qué punto se puede usar CSS para separar la apariencia visual de la estructura lógica.

Utilizando esta nueva información, la figura 2.6 amplía los pasos 2 y 3 de los resúmenes de secciones previas sobre cómo funciona SaaS.

1. A Web client (Firefox) requests the Rotten Potatoes home page from a Web server (WEBrick).
   a) Firefox constructs an HTTP request using the URI ***http://localhost:3000*** to contact an HTTP server (WEBrick) listening on port 3000 on the same computer as Firefox itself (***localhost***).
   b) WEBrick, listening on port 3000, receives the HTTP request for the resource '/movies' (the list of all movies in Rotten Potatoes).

2. WEBrick obtains content from the Rotten Potatoes app and sends this content back to Firefox
   a) WEBrick returns content encoded in HTML, again using HTTP. The HTML may contain references to other kinds of media such as images to embed in the displayed page. The HTML may also contain a reference to a CSS stylesheet containing formatting information describing the desired visual attributes of the page (font sizes, colors, layout, and so on).

3. Firefox displays the content and closes the HTTP connection.
   a) Firefox fetches any referenced assets (CSS, images, and so on) by repeating the previous four steps as needed but providing the URIs of the desired assets as referenced in the HTML page.
   b) Firefox displays the page according to the CSS formatting directives and including any referenced assets such as embedded images.

Figura 2.6. SaaS visto a 10.000 pies de altura. Comparado con la figura 2.4, se ha ampliado el paso 2 para describir el contenido devuelto por el servidor web, mientras que el paso 3 se ha extendido para describir el papel de CSS en la forma en que el navegador web renderiza el contenido.

Resumen

- Un documento ***HTML*** (***HyperText Markup Language***, lenguaje de marcado de hipertexto) se compone de una colección de elementos anidados jerárquicamente. Cada elemento comienza con una ***etiqueta*** entre <corchetes angulares> que puede tener ***atributos*** opcionales. Algunos elementos encierran contenido.

- Un ***selector CSS*** es una expresión que identifica uno o más elementos HTML en un documento mediante el uso de una combinación del nombre de elemento (como `body`), identificador (`id`) del elemento (un atributo del elemento que debe ser único en una página) y la clase (`class`) del elemento (un atributo que no tiene por qué ser único en la página).

- ***CSS*** (***Cascading Style Sheets***, hojas de estilo en cascada) es un lenguaje de hojas de estilo que describe las características visuales de los elementos de una página web. Una hoja de estilo asocia un conjunto de propiedades visuales con selectores. Un enlace (elemento `link`) dentro de la cabecera (elemento `head`) de un documento HTML asocia una hoja de estilo a dicho documento.

- La barra de herramientas Web Developer de Firefox tiene un valor incalculable a la hora de examinar a fondo tanto la estructura de la página web como sus hojas de estilo.

Autoevaluación 2.3.1. *Verdadero o falso: todo elemento HTML debe tener un ID.*
◇ Falso. El identificador (`id`) es opcional, aunque debe ser único si se incluye. ■

Autoevaluación 2.3.2. *Dado el siguiente marcado HTML:*

Pastebin es un servicio que usaremos para facilitar la tarea de copiar y pegar código. El lector deberá introducir el URI en el navegador si está leyendo la versión impresa del libro.

http://pastebin.com/4ATW3CJd

```
<p class="x" id="i">I hate <span>Mondays</span></p>
<p>but <span class="y">Tuesdays</span> are OK.</p>
```

Escriba un selector CSS que seleccione sólo *la palabra* Mondays *para aplicarle estilo.*
◇ Existen tres opciones, de más a menos específica: **#i span**, **p.x span** y **.x span**. Se pueden utilizar otros selectores, pero son redundantes o con más restricciones de las necesarias; por ejemplo, **p#i span** y **p#i.x span** son redundantes respecto al fragmento HTML mostrado, ya que sólo un elemento como máximo puede tener el `id` **i**. ■

Autoevaluación 2.3.3. *En el ejercicio de autoevaluación 2.3.2, ¿por qué* **span** *y* **p span** *no son respuestas válidas?*
◇ Ambos selectores hacen referencia también a *Tuesdays*, que es un elemento **span** dentro de un elemento **p**. ■

Autoevaluación 2.3.4. *¿Cuál es la forma más común de asociar una hoja de estilo CSS a un documento HTML? (**Pista:** Consulte el ejemplo del* screencast *anterior.)*
◇ Incluir en el elemento `head` del documento HTML un elemento `link` con al menos uno de los siguientes tres atributos: `rel="stylesheet"`, `type="text/css"` y `href="`*`uri`*`"`, donde *`uri`* es el URI completo o parcial de la hoja de estilo. Es decir, la hoja de estilo debe ser accesible como un recurso identificado mediante un URI. ■

2.4 5.000 pies de altura: arquitectura de 3 capas y escalado horizontal

Hasta ahora hemos visto cómo se comunica el cliente con el servidor y cómo se representa la información intercambiada entre ambos, pero no hemos mencionado nada sobre el propio servidor. Volviendo al lado servidor de la figura 2.2 y ampliando el detalle sobre el segundo nivel, las aplicaciones web se estructuran en tres *capas* lógicas. La ***capa de presentación*** generalmente consta de un ***servidor HTTP*** (o sencillamente, ***servidor web***), que acepta peticiones del mundo exterior (es decir, de los usuarios) y suele servir recursos estáticos. Hemos estado utilizando WEBrick para cubrir este papel.

El servidor web reenvía las peticiones de contenido dinámico a la ***capa de lógica***, donde se ejecuta realmente la aplicación que genera el contenido dinámico. Generalmente, la aplicación está soportada por un ***servidor de aplicación***, cuyo cometido es ocultar al programador los mecanismos HTTP de bajo nivel. Por ejemplo, un servidor de aplicación puede dirigir las peticiones HTTP entrantes directamente hacia los fragmentos apropiados de código de la aplicación, ahorrando el proceso de escucha y análisis sintáctico de dichas peticiones entrantes. Los servidores de aplicación actuales soportan uno o más ***entornos de aplicaciones web***, que simplifican la creación de un tipo concreto de aplicaciones web en un lenguaje en particular. Utilizaremos el entorno Rails y el servidor de aplicaciones Rack, que viene incluido en Rails. WEBrick puede "hablar" directamente con Rack; otros servidores web como Apache requieren módulos software adicionales. Si utilizáramos PHP, Python o Java, usaríamos un servidor de aplicaciones que manejara código escrito en dichos lenguajes. Por ejemplo, Google AppEngine, que ejecuta aplicaciones Python y Java, tiene un *middleware* propietario que conecta el código Python o Java de la aplicación con la infraestructura operada por Google que se muestra al mundo exterior.

Dado que los servidores de aplicación se sitúan entre el servidor web (capa de presentación) y el código de la aplicación en sí, a veces se conocen como **middleware**.

Por último, dado que HTTP es un protocolo sin estado, los datos de las aplicaciones que necesitan mantenerse almacenados entre peticiones HTTP, tales como los datos de la sesión o el nombre e información del perfil del usuario, se guardan en la ***capa de persistencia***. Algunas opciones comunes para la capa de persistencia suelen ser bases de datos de código abierto como MySQL o PostgreSQL, aunque previamente a su proliferación, otras bases de datos comerciales, como Oracle o IBM D2, solían ser opciones habituales.

LAMP. Los primeros sitios SaaS fueron creados utilizando los lenguajes de *scripting* Perl y PHP, cuya disponibilidad coincidió con el éxito inicial de Linux, un sistema operativo de código abierto, y MySQL, una base de datos de código abierto. Miles de sitios están aún basados en la *pila LAMP* —Linux, Apache, MySQL y PHP o Perl—.

Las "capas" en el modelo de tres capas se refieren a capas *lógicas*. En un sitio con poco contenido y bajo volumen de tráfico, el software de las tres capas puede ejecutarse en un único ordenador físico. De hecho, RottenPotatoes ha estado haciendo precisamente eso: su capa de presentación está representada por WEBrick, y su capa de persistencia es una sencilla base de datos de código abierto llamada SQLite, que almacena su información directamente en archivos del ordenador local. En producción, es más común que cada capa abarque uno o más ordenadores físicos. Tal y como muestra la figura 2.7, en un sitio web típico, las peticiones HTTP entrantes se dirigen a uno o varios servidores web, los cuales van seleccionando uno o varios de los servidores de aplicación disponibles para manejar la generación de contenido dinámico, permitiendo añadir o eliminar ordenadores de cada capa según sea necesario para atender la demanda.

Sin embargo, tal y como se comenta en la sección de "Falacias y errores comunes", hacer la capa de persistencia "sin compartición" (*shared-nothing*) es mucho más complicado. La figura 2.7 muestra la estrategia ***maestro-esclavo***, que se utiliza cuando las lecturas de la base de datos son mucho más frecuentas que las escrituras: cualquier esclavo puede realizar lecturas, sólo el maestro puede realizar escrituras y el maestro actualiza los esclavos con los resultados de las escrituras tan pronto como sea posible. Sin embargo, en el fondo, esta técnica sólo pospone el problema del escalado en lugar de resolverlo. Tal y como escribió uno de los fundadores de Heroku[9]:

> *Una pregunta que me suelen hacer sobre Heroku es: "¿cómo escaláis la base de datos SQL?". Podría contar muchas cosas sobre utilización de* cachés, sharding *y otras técnicas para disminuir la carga de la base de datos. Pero la respuesta real es: no lo hacemos. Las bases de datos SQL son fundamentalmente no escalables y no tenemos, ni nosotros, ni nadie, ninguna varita mágica para hacerlas de repente escalables.*
>
> Adam Wiggins, Heroku[10]

Ahora ya podemos añadir un nivel más de detalle a nuestra explicación; en la figura 2.8 aparece un nuevo paso 2a.

Resumen

- La arquitectura de tres capas incluye una capa de presentación, que renderiza las vistas e interactúa con el usuario; una capa de lógica, que ejecuta el código de la aplicación SaaS; y una capa de persistencia, que almacena los datos de la aplicación.

- El hecho de que HTTP sea un protocolo sin estado permite que las capas de presentación y de lógica sean ***sin compartición*** (***shared-nothing***), de forma que puede utilizarse la computación en la nube para añadir más ordenadores a cada capa en función de la demanda. No obstante, la capa de persistencia es más difícil de escalar.

- Dependiendo de la escala (tamaño) del despliegue, se puede alojar en un único ordenador más de una capa, o una única capa puede requerir muchos ordenadores.

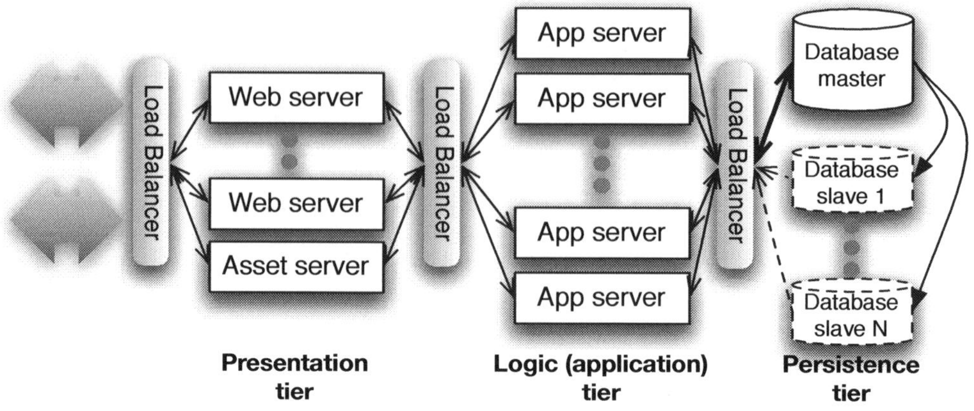

Figura 2.7. **La arquitectura de tres capas sin compartición (*shared-nothing*), llamada así porque las entidades pertenecientes a una capa generalmente no se comunican entre ellas, permiten añadir ordenadores a cada capa de forma independiente para atender la demanda. Los *balanceadores de carga*, que distribuyen la carga de trabajo de forma equitativa, pueden ser tanto dispositivos hardware como servidores web especialmente configurados para tal fin. El hecho de que HTTP sea un protocolo sin estado hace posible la no compartición: dado que todas las peticiones son independientes, puede asignarse cualquier servidor en la capa de presentación o capa lógica a cualquier petición. Sin embargo, escalar la capa de persistencia constituye un reto mucho mayor, como se explica en el texto.**

1. A Web client (Firefox) requests the Rotten Potatoes home page from a Web server (WEBrick).
   a) Firefox constructs an HTTP request using the URI ***http://localhost:3000*** to contact an HTTP server (WEBrick) listening on port 3000 on the same computer as Firefox itself (***localhost***).
   b) WEBrick, listening on port 3000, receives the HTTP request for the resource '/movies' (the list of all movies in Rotten Potatoes).

2. WEBrick obtains content from the Rotten Potatoes app and sends this content back to Firefox
   a) Via the Rack middleware (written in Ruby), WEBrick calls Rotten Potatoes code in the application tier. This code generates the page content using movie information stored in the persistence tier implemented by a SQLite database using local files.
   b) WEBrick returns content encoded in HTML, again using HTTP. The HTML may contain references to other kinds of media such as images to embed in the displayed page. The HTML may also contain a reference to a CSS stylesheet containing formatting information describing the desired visual attributes of the page (font sizes, colors, layout, and so on).

3. Firefox displays the content and closes the HTTP connection.
   a) Firefox fetches any referenced assets (CSS, images, and so on) by repeating the previous four steps as needed but providing the URIs of the desired assets as referenced in the HTML page.
   b) Firefox displays the page according to the CSS formatting directives and including any referenced assets such as embedded images.

Figura 2.8. **SaaS visto a 5.000 pies de altura. Comparado con respecto a la figura 2.6, se ha añadido el paso 2a, que describe las acciones del servidor SaaS en términos de la arquitectura de tres capas.**

■ ***Explicación. ¿Por qué usar bases de datos?***

Aunque las primeras aplicaciones web a veces manipulaban ficheros directamente para almacenar información, las bases de datos tomaron el relevo desde muy temprano por dos razones. En primer lugar, las bases de datos han proporcionado históricamente una alta *durabilidad* de la información almacenada —la garantía de que, una vez se almacena algo, eventos inesperados como caídas del sistema o corrupción de datos transitorios, no conlleven una pérdida de datos—. Para una aplicación web que almacena datos de millones de usuarios, esta garantía resulta crítica. En segundo lugar, las bases de datos almacenan la información con un formato estructurado —en el caso de ***bases de datos relacionales***, el tipo más habitual con diferencia, cada tipo de objeto se almacena en una tabla cuyas filas representan instancias de objetos y cuyas columnas representan las propiedades de los objetos—. Esta organización encaja bien con los datos estructurados que manejan muchas aplicaciones web. Resulta interesante que las aplicaciones web actuales más grandes, como Facebook, han sobrepasado tanto la escala para la que las bases de datos relacionales estaban diseñadas, que se han visto obligadas a buscar alternativas al largo reinado de las bases de datos relacionales.

Autoevaluación 2.4.1. *Explique por qué la computación en la nube podría tener un impacto menor en SaaS si la mayoría de las aplicaciones SaaS no siguieran la arquitectura de no compartición (*shared-nothing*).*
◇ La computación en la nube permite añadir y eliminar ordenadores fácilmente pagando únicamente por lo que se usa, pero es la arquitectura de no compartición (*shared-nothing*) la que permite "absorber" directamente los nuevos ordenadores en una aplicación en ejecución y "liberarlos" cuando ya no son necesarios. ■

Autoevaluación 2.4.2. *En la capa de ____ de las aplicaciones SaaS de tres capas, la escalabilidad es mucho más compleja de conseguir que añadiendo sencillamente más ordenadores.*
◇ Persistencia. ■

2.5 1.000 pies de altura: arquitectura modelo-vista-controlador

Hasta ahora no hemos mencionado nada respecto a la estructura del código de la aplicación RottenPotatoes. Igual que utilizamos el patrón de arquitectura cliente-servidor para caracterizar la "vista de SaaS a 100.000 pies de altura", podemos utilizar un patrón arquitectónico llamado ***modelo-vista-controlador*** (generalmente abreviado a ***MVC***) para caracterizar la "vista a 1.000 pies".

Una aplicación estructurada conforme a MVC está compuesta por tres tipos principales de código. Los ***modelos*** se ocupan de la manipulación de datos por parte de la aplicación: cómo almacenarlos, utilizarlos y modificarlos. Una aplicación MVC suele tener un modelo por cada tipo de entidad. En nuestro caso simplificado de RottenPotatoes, sólo existe el modelo *Movie* correspondiente a las películas, pero añadiremos otros más adelante. Puesto que los modelos se ocupan de los datos de la aplicación, contienen el código que se comunica con la capa de almacenamiento.

Las ***vistas*** se presentan al usuario y contienen información sobre los modelos con la que interactúa el usuario. Las vistas hacen de interfaz entre los usuarios y los datos del sistema; por ejemplo, en RottenPotatoes se puede mostrar una lista de películas y añadir nuevas películas haciendo clic en los enlaces o botones de las vistas. Sólo hay un tipo de modelo en RottenPotatoes, pero está asociado con varias vistas: una de ellas muestra la lista de todas las películas, otra presenta información detallada de una película en particular, y otra más aparece cuando se crea una nueva película o se edita una ya existente.

Por último, los ***controladores*** median en ambos sentidos de la interacción: cuando un usuario interactúa con una vista (por ejemplo, haciendo clic en algún elemento de la página web), se invoca una ***acción*** específica del controlador correspondiente a la acción realizada por el usuario. Cada controlador se corresponde con un modelo y en Rails cada acción de controlador se maneja mediante un método Ruby concreto dentro de dicho controlador. El controlador puede pedir al modelo que recupere o modifique información; dependiendo del resultado de estas acciones, el controlador decide qué vista se presentará a continuación al usuario, y proporciona dicha vista con la información necesaria. Dado que RottenPotatoes sólo tiene un modelo (el correspondiente a las películas), también tiene un único controlador, el controlador de películas. Las acciones definidas en dicho controlador pueden manejar cada tipo de interacción del usuario con cualquier vista de las películas (haciendo clic en enlaces o botones, por ejemplo) y contienen la lógica necesaria para obtener los datos del modelo para *renderizar* cualquiera de las vistas de las películas.

Puesto que las aplicaciones SaaS siempre han estado centradas en las vistas y siempre se han apoyado en una capa de persistencia, elegir MVC en Rails como arquitectura subyacente puede parecer la opción más obvia. Sin embargo, otras opciones son posibles, como las mostradas en la figura 2.9, extraídas del *catálogo de patrones para arquitecturas de aplicación de empresas* de Martin Fowler[11]. Las aplicaciones constituidas en su mayor parte por contenido estático con sólo una pequeña porción de contenido dinámico, tales como sitos web del tiempo atmosférico, podrían elegir el patrón *Template View* (*Vista de Plantilla*). Por su parte, el patrón *Page Controller* (*Controlador de Página*) es adecuado para una aplicación que se pueda estructurar fácilmente como un pequeño número de páginas distintas, concediendo a cada una su propio controlador sencillo que sólo sabe cómo generar dicha página. Para una aplicación que guía al usuario a través de una secuencia de páginas (como, por ejemplo, darse de alta en una lista de correo) pero sólo tiene un pequeño conjunto de modelos, podría ser suficiente el patrón *Front Controller* (*Controlador Frontal*), en el que un único controlador maneja todas las peticiones entrantes en lugar de tener controladores separados que manejan las peticiones para cada modelo.

La figura 2.10 resume nuestra interpretación más reciente de la estructura de una aplicación SaaS.

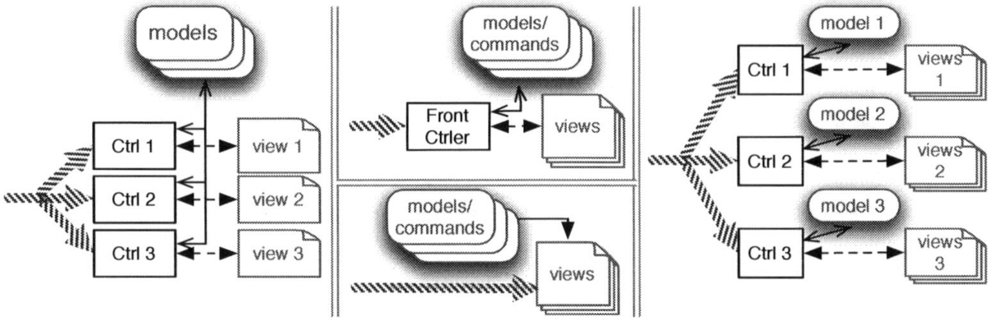

Figura 2.9. Comparación de patrones de arquitectura de aplicaciones web. Los modelos se corresponden con rectángulos redondeados, los controladores con rectángulos y las vistas con los iconos de documentos. El patrón Page Controller (izquierda), usado por Sinatra, tiene un controlador para cada página lógica de la aplicación. El patrón Front Controller (arriba, centro), utilizado por los servlets de Java 2 Enterprise Edition (J2EE), tiene un único controlador que depende de métodos de diversos modelos para generar una vista de entre una colección. El patrón Template View (abajo, centro), utilizado por PHP, enfatiza la construcción de la aplicación alrededor de las vistas, utilizando lógica en los modelos para generar contenido dinámico dentro de las vistas en parte de ellas; el controlador está implícito en el entorno. El patrón modelo-vista-controlador o MVC (derecha), utilizado por Rails y Java Sprint, asocia un controlador y un conjunto de vistas con cada tipo de modelo.

1. A Web client (Firefox) requests the Rotten Potatoes home page from a Web server (WEBrick).
   a) Firefox constructs an HTTP request using the URI ***http://localhost:3000*** to contact an HTTP server (WEBrick) listening on port 3000 on the same computer as Firefox itself (***localhost***).
   b) WEBrick, listening on port 3000, receives the HTTP request for the resource '/movies' (the list of all movies in Rotten Potatoes).

2. WEBrick obtains content from the Rotten Potatoes app and sends this content back to Firefox
   a) Via the Rack middleware (written in Ruby), WEBrick calls Rotten Potatoes code in the application tier. This code generates the page content using movie information stored in the persistence tier implemented by a SQLite database using local files.
      i) Rack routes the request to the ***index*** action of the Movies controller; the resource named by this route is the list of all movies
      ii) The Ruby function implementing the ***index*** action in the Movies controller asks the ***Movie*** model for a list of movies and associated attributes.
      iii) If successful, the controller identifies a View that contains the HTML markup for presenting the list of movies, and passes it the movie information so that an HTML page can be constructed. If it fails, the controller identifies a View that displays an error message.
      iv) Rack passes the constructed view to WEBrick, which sends it back to Firefox as the HTTP reply.
   b) WEBrick returns content encoded in HTML, again using HTTP. The HTML may contain references to other kinds of media such as images to embed in the displayed page. The HTML may also contain a reference to a CSS stylesheet containing formatting information describing the desired visual attributes of the page (font sizes, colors, layout, and so on).

3. Firefox displays the content and closes the HTTP connection.
   a) Firefox fetches any referenced assets (CSS, images, and so on) by repeating the previous four steps as needed but providing the URIs of the desired assets as referenced in the HTML page.
   b) Firefox displays the page according to the CSS formatting directives and including any referenced assets such as embedded images.

Figura 2.10. Se ha ampliado el paso 2a para mostrar el papel que desempeña la arquitectura MVC para satisfacer una petición en una aplicación SaaS.

Resumen

- El patrón de diseño ***modelo-vista-controlador*** o ***MVC*** distingue entre *modelos* que implementan la lógica de negocio, *vistas* que muestran información al usuario y le permiten interactuar con la aplicación, y *controladores* que median en la interacción entre vistas y modelos.
- En las aplicaciones SaaS que siguen MVC, cada acción de usuario que puede realizarse en una página web —hacer clic en un botón, enviar un formulario relleno o arrastrar y soltar algún elemento— se gestiona mediante alguna acción del controlador, que consulta el(los) modelo(s) necesario(s) para obtener la información requerida y generar la vista en respuesta a la acción.
- MVC es un patrón apropiado para aplicaciones SaaS interactivas con varios tipos de modelos, en las que tiene sentido asociar controladores y vistas a cada tipo de modelo. Otros patrones de arquitectura pueden resultar más apropiados para aplicaciones más pequeñas con un número menor de modelos o un repertorio de operaciones más limitado.

Autoevaluación 2.5.1. *¿Qué capa(s) en la arquitectura de tres capas está involucrada en el manejo de los siguientes elementos: (a) modelos, (b) controladores, y (c) vistas?*
◇ (a) Modelos: capa de lógica y capa de persistencia; (b) controladores: capa de lógica y capa de presentación; (c) vistas: capa de lógica y capa de presentación. ■

2.6 500 pies de altura: Active Record para los modelos

¿Cómo hacen realmente su trabajo los modelos, vistas y controladores? De nuevo, podemos llegar lejos describiéndolos en términos de patrones.

Toda aplicación no trivial necesita almacenar y manipular información persistente. Ya sea utilizando una base de datos, un archivo plano o cualquier otro almacenamiento persistente, necesitamos una forma de realizar la conversión entre las estructuras de datos u objetos manipulados por el código de la aplicación y la forma en que dichos datos se almacenan. En la versión de RottenPotatoes usada en este capítulo, la única información persistente son los datos de las películas. Los *atributos* de cada película incluyen su título, año de estreno, clasificación por edades de la MPAA (Asociación Cinematográfica de Estados Unidos) y una breve sinopsis. Una estrategia ingenua podría ser almacenar la información de las películas en un fichero de texto plano, con una película por línea y los atributos separados por comas:
http://pastebin.com/FYLxpiAT

```
Gone with the Wind,G,1939-12-15,An American classic ...
Casablanca,PG,1942-11-26,Casablanca is a classic and...
```

Para recuperar la información sobre una película, necesitaríamos leer cada línea del fichero y dividirla en *campos* según la separación en comas. Por supuesto, encontraríamos problemas con la película *Food, Inc.*, que contiene una coma en su título:
http://pastebin.com/LFSX4LSH

```
Food, Inc.,PG,2008-09-07,The current method of raw...
```

Podríamos tratar de arreglar este problema entrecomillando cada campo:

id	title	rating	release_date	description
1	Gone with the Wind	G	1939-12-15	An American classic ...
2	Casablanca	PG	1942-11-26	Casablanca is a...

Figura 2.11. Una posible tabla RDBMS para almacenar información de películas. La columna `id` proporciona a cada fila una *clave primaria* o identificador único y persistente. La mayoría de las bases de datos se pueden configurar para asignar las claves primarias de forma automática de diferentes formas; Rails utiliza una convención muy habitual, asignar números enteros en orden creciente.

http://pastebin.com/KubsyZHq

```
"Food, Inc.","PG","2008-09-07","The current method of raw..."
```

. . . lo que funcionaría correctamente hasta que intentáramos introducir la película *Waiting for "Superman"*. Tal y como muestra este ejemplo, diseñar hasta el formato de almacenamiento más sencillo implica problemas espinosos, y requeriría escribir código para convertir un objeto almacenado en memoria en un formato de representación para el almacenamiento —proceso conocido como ***serialización*** (en inglés ***marshalling*** o ***serialization***) del objeto— y viceversa —*deserialización* (en inglés *unmarshalling* o *deserialization*)—.

Edgar F. "Ted" Codd (1923–2003) recibió el Premio Turing en 1981 por la invención del formalismo del ***álgebra relacional***, en el que se basan las bases de datos relacionales.

Afortunadamente, la necesidad de la persistencia de objetos es tan común que varios patrones de diseño han evolucionado para satisfacerla. Un subconjunto de dichos patrones hacen uso de ***almacenamiento estructurado*** —sistemas de almacenamiento que permiten especificar simplemente la estructura de los objetos almacenados deseada en lugar de tener que escribir código explícito para crear dicha estructura y, en algunos casos, especificar las relaciones entre objetos de diferentes tipos—. Los *sistemas de gestión de bases de datos relacionales* (Relational Database Management Systems, RDBMS) evolucionaron a principios de los años 70 como sistemas de almacenamiento estructurado elegantes cuyo diseño se basaba en un formalismo para representar la estructura y las relaciones. Hablaremos de los RDBMS en detalle más adelante, pero en resumen un RDBMS almacena una colección de *tablas*, cada una de las cuales almacena entidades con un conjunto común de *atributos*. Cada fila de la tabla se corresponde con una entidad, y las columnas de dicha fila con los valores de los atributos que caracterizan a dicha entidad. La tabla de películas (`movies`) de RottenPotatoes incluye columnas que representan el título (`title`), clasificación (`rating`), fecha de estreno (`release_date`) y descripción (`description`), con lo que una fila de la tabla sería como se muestra en la figura 2.11.

Dado que es responsabilidad de los modelos gestionar los datos de la aplicación, se debe establecer alguna correspondencia entre las operaciones sobre los objetos del modelo en memoria (por ejemplo, un objeto que representa una película) y cómo se representa y manipula dicho objeto en la capa de persistencia. El objeto en memoria se representa a menudo mediante una clase que, entre otras cosas, proporciona una forma de representar los atributos del objeto, tales como el título y la clasificación en el caso de una película. Rails se inclina por el uso del ***patrón arquitectónico Active Record*** (***registro activo***). En dicho patrón, una única instancia de una clase de modelo (en nuestro caso, la entrada correspondiente a una única película) se corresponde con una única fila en una tabla específica del RDBMS. El objeto del modelo posee comportamientos integrados que operan directamente sobre la representación del objeto en la base datos:

- Crear (***Create***) una nueva fila en la tabla (que representa un nuevo objeto).
- Leer (***Read***) una fila existente para trasladarla a una instancia única del objeto.

- Actualizar (*Update*) una fila existente con nuevos valores de los atributos a partir de una instancia modificada del objeto.
- Eliminar (*Delete*) una fila (destruyendo los datos del objeto definitivamente).

Esta colección de comandos suele abreviarse como ***CRUD***. Más adelante añadiremos la funcionalidad necesaria para que los espectadores puedan opinar sobre sus películas favoritas, de forma que existirá una relación o *asociación* uno-a-muchos entre un espectador y sus opiniones; *Active Record* aprovecha los mecanismos existentes en el RDBMS basados en claves foráneas (de las que hablaremos más adelante) para facilitar la implementación de estas asociaciones en los objetos en memoria.

Resumen

- Una tarea importante del modelo en una aplicación SaaS basada en MVC es la persistencia de los datos, que requiere una conversión entre la representación en memoria de un objeto y su representación en el sistema de almacenamiento permanente.
- Diversos patrones de diseño han evolucionado para satisfacer este requisito, en muchos casos haciendo uso de almacenamiento estructurado como los sistemas de gestión de bases de datos relacionales (*Relational Database Management Systems*, RDBMSs) para simplificar no sólo el almacenamiento de los datos del modelo, sino también el mantenimiento de las relaciones entre modelos.
- Las cuatro operaciones básicas soportadas por los RBDMS son crear, leer, modificar y eliminar (o de forma abreviada, CRUD, por sus siglas en inglés: *Create*, *Read*, *Update*, *Delete*).
- En el patrón de diseño Active Record (registro activo), cada modelo sabe cómo realizar las operaciones CRUD para su tipo de objeto. La biblioteca ActiveRecord de Rails proporciona una amplia funcionalidad para que las aplicaciones SaaS utilicen este patrón.

Autoevaluación 2.6.1. *De las siguientes opciones, ¿cuáles son ejemplos de almacenamiento estructurado?: (a) una hoja de cálculo de Excel, (b) un fichero de texto plano que contiene el texto de un mensaje de correo electrónico, (c) un fichero de texto que contiene nombres, siguiendo el formato de un único nombre por línea.*
◇ (a) y (c) están estructurados, dado que una aplicación que lea dichos ficheros puede hacer suposiciones sobre cómo interpretar el contenido, basándose sólo en la estructura. (b) no está estructurado. ■

2.7 500 pies de altura: rutas, controladores y REST

El patrón Active Record (registro activo) proporciona a cada modelo la información de cómo crear, leer, actualizar y eliminar instancias de sí mismo en la base de datos (CRUD). Recordemos de la sección 2.5 que en el patrón MVC las acciones del controlador median en las interacciones del navegador web del usuario que causan las peticiones CRUD, y que en Rails cada acción del controlador es gestionada por un método Ruby concreto de un fichero controlador.

Por tanto, cada petición HTTP entrante debe tener una correspondencia con el controlador y método apropiados. Esta correspondencia se denomina ***ruta (route)***.

Tal y como mostraba la figura 2.3, una petición HTTP se caracteriza por la combinación de su URI y el ***método HTTP***, a veces también llamado ***verbo HTTP***. De la casi media docena de métodos definidos por el estándar HTTP, los que se utilizan más habitualmente en las aplicaciones web y arquitecturas orientadas a servicios son `GET`, `POST`, `PUT` y `DELETE`. Dado que el término ***método*** puede referirse tanto a una función como al método HTTP de una petición, cuando hablemos de rutas utilizaremos *método* para referirnos al verbo HTTP asociado a la petición y *acción del controlador* o sencillamente *acción* para aludir al código de aplicación (método o función) que maneja la petición.

Una ruta, pues, asocia un URI y método HTTP con un controlador y acción específicos. En el año 2000, Roy Fielding propuso, en su tesis doctoral, una forma coherente de asociar peticiones a acciones que se adapta particularmente bien a la arquitectura orientada a servicios. Su idea era identificar las distintas entidades manipuladas por una aplicación web como ***recursos***, y diseñar las rutas de forma que cualquier petición HTTP contuviera toda la información necesaria para identificar tanto un recurso en particular como la acción a realizar sobre el recurso. Denominó a esta idea ***transferencia de estado representacional*** (***Representational State Transfer***), o REST de forma abreviada.

Aunque es sencillo de explicar, REST es un principio de organización sorprendentemente potente para las aplicaciones SaaS, ya que obliga al diseñador de la aplicación a pensar cuidadosamente de qué condiciones o suposiciones depende exactamente cada petición para que sean autocontenidas, y en cómo se puede representar cada tipo de entidad manipulada por la aplicación como un "recurso" sobre el que se puedan realizar diversas operaciones. Las aplicaciones diseñadas de acuerdo con estas directrices se dice que proporcionan API REST, y los URI que se corresponden con acciones particulares se conocen como URI REST.

En Rails, las correspondencias de las rutas se generan mediante código en el fichero `config/routes.rb`, del que aprenderemos más en el capítulo 4. Aunque Rails no fuerza que las rutas sean REST, su soporte de rutas integrado asume por defecto que lo serán. La figura 2.12 explica la información mostrada cuando se teclea `rake routes` en una ventana de terminal estando dentro del directorio `rottenpotatoes`. En un URI como por ejemplo `/movies/:id`, los *tokens* (símbolos) que empiezan por ':' son parámetros de la ruta; en este caso, `:id` representa el atributo `id` (clave primaria) de una instancia del modelo. Por ejemplo, la ruta `GET /movies/8` se corresponderá con la segunda fila de la figura 2.12, la cual tiene un valor de 8 para `:id`; por lo tanto es una petición que devolverá y mostrará los detalles de la película cuyo identificador (`id`) en la tabla de películas es 8, en caso de que dicha película exista. Análogamente, la ruta `GET /movies` se corresponderá con la primera fila, pidiendo un listado de todas las películas (la acción *Index*), y la ruta `POST /movies` se corresponde con la cuarta fila y crea una entrada en la base de datos para una nueva película (la ruta `POST /movies` no especifica ningún `id` porque la nueva película no tendrá identificador hasta después de haber sido creada). Hay que hacer hincapié en que las acciones de listado (*Index*) y creación tienen la misma URI pero distintos métodos HTTP, lo que hace que sean rutas diferentes.

`rake` ejecuta tareas de mantenimiento definidas en el archivo `Rakefile` de RottenPotatoes. `rake --help` muestra otras opciones.

Las interfaces REST simplifican de forma crítica la participación en una arquitectura orientada a servicios ya que, si todas las peticiones son autocontenidas, las interacciones entre servicios no necesitan establecer o depender del concepto de sesión en curso, como ocurre en muchas aplicaciones SaaS al interactuar con usuarios a través del navegador web . Es por esto que la orden de Jeff Bezos (sección 1.4) de que todos los servicios internos de

Operación sobre recurso	Método y URI	Acción del controlador
Index (listar) películas	GET /movies	index
Leer (mostrar) película existente	GET /movies/:id	show
Mostrar formulario a rellenar para nueva película	GET /movies/new	new
Crear nueva película a partir de formulario relleno	POST /movies	create
Mostrar formulario para editar película existente	GET /movies/:id/edit	edit
Actualizar película a partir de formulario relleno	PUT /movies/:id	update
Eliminar película existente	DELETE /movies/:id	destroy

Figura 2.12. Resumen de la salida de `rake routes` mostrando las rutas reconocidas por RottenPotatoes y la acción CRUD representada por cada ruta. La columna más a la derecha muestra las acciones Rails del controlador de películas que serían invocadas cuando una petición coincida con el URI y método HTTP dados. La correspondencia entre rutas y métodos se basa, en gran medida, más en convenciones que en la configuración, tal como veremos en el capítulo 4.

Amazon tuvieran API "externalizables" fue una apuesta con gran visión de futuro.

De hecho, las prácticas actuales sugieren que incluso cuando se crea una aplicación SaaS de cara al usuario, diseñada para ser usada a través de un navegador web, deberíamos pensar en la aplicación principalmente como una colección de recursos accesibles a través de unas API REST que resultan ser accesibles a través de un navegador web. Por desgracia, esto presenta un problema menor, del que tal vez ya se haya dado cuenta si tiene experiencia previa en programación web. Las rutas mostradas en la figura 2.12 hacen uso de cuatro métodos HTTP diferentes —`GET`, `POST`, `PUT` y `DELETE`— e incluso utilizan diferentes métodos para distinguir rutas con el mismo URI. Sin embargo, por razones históricas, los navegadores web sólo implementan `GET` (para seguir un enlace) y `POST` (para enviar formularios). Para compensar, el mecanismo de *enrutado* de Rails permite a los navegadores utilizar `POST` para peticiones que generalmente requerirían `PUT` o `DELETE`. Rails marca los formularios web asociados con dichas peticiones de forma que, cuando se envía la petición, Rails puede reconocerla como un caso especial y cambiar internamente el método HTTP "visto" por el controlador por `PUT` o `DELETE` según convenga. El resultado es que el programador de Rails puede trabajar bajo el supuesto de que `PUT` y `DELETE` están realmente soportados, incluso cuando los navegadores no los implementen. La ventaja, como veremos, es que se puede usar el mismo conjunto de rutas y métodos de controlador para manejar tanto peticiones que provienen de un navegador (es decir, de un ser humano) como peticiones enviadas por otro servicio en una arquitectura orientada a servicios.

En realidad, la mayoría de los navegadores implementan también `HEAD`, que solicita los *metadatos* de un recurso, pero no tenemos por qué preocuparnos aquí de esto.

Estudiando esta importante dualidad más en detalle, observe en la figura 2.12 que las rutas `new` y `create` (filas tercera y cuarta de la tabla) parecen estar ambas involucradas en la creación de una nueva película. ¿Por qué se necesitan dos rutas para esta acción? La razón es que en una aplicación web de cara al usuario, se requieren dos interacciones para crear una nueva película, tal y como muestra el *screencast* 2.7.1; por el contrario, en SOA el servicio remoto puede crear una única petición que contenga toda la información necesaria para crear la nueva película, por lo que no se necesitaría nunca utilizar la ruta `new`.

	URI de sitio no REST	URI de sitio REST
Iniciar sesión en sitio	`POST /login/dave`	`POST /login/dave`
Página de bienvenida	`GET /welcome`	`GET /user/301/welcome`
Añadir elemento ID 427 al carrito	`POST /add/427`	`POST /user/301/add/427`
Ver carrito	`GET / cart`	`GET /user/301/cart`
Pagar	`POST /checkout`	`POST /user/301/checkout`

Figura 2.13. Las peticiones y rutas no REST son aquellas que dependen del resultado de peticiones previas. En una arquitectura orientada a servicios, un cliente de un sitio REST podría realizar una petición inmediatamente para revisar su carro de la compra (línea 6), mientras que un cliente de un sitio no REST tendría que realizar las acciones de las líneas 3–5 para preparar primero la información implícita de la que depende la línea 6.

Screencast 2.7.1. Create y update requieren dos interacciones cada una.
`http://vimeo.com/34754622`
Crear una nueva película requiere dos interacciones con RottenPotatoes, ya que antes de que el usuario pueda enviar información sobre la película, debe presentársele un formulario donde introducir dicha información. El formulario vacío es, por tanto, el recurso indicado en la ruta de la tercera fila de la figura 2.12, y el envío del formulario relleno es el recurso indicado en la ruta de la cuarta fila. Análogamente, actualizar una película existente requiere un recurso que consiste en un formulario editable que muestre la información existente sobre la película (quinta fila) y un segundo recurso correspondiente al envío del formulario editado (sexta fila).

REST puede parecer una elección de diseño obvia, pero hasta que Fielding caracterizó nítidamente la filosofía REST y comenzó a promulgarla, muchas aplicaciones web se diseñaban sin utilizar dicha filosofía. La figura 2.13 muestra cómo un hipotético sitio de comercio electrónico que no sigue la filosofía REST podría implementar la funcionalidad de permitir que los usuarios inicien sesión, añadir un artículo específico a su carrito de la compra, y tramitar la compra en sí. Para este hipotético sitio no REST, cada petición tras el inicio de sesión (línea 3) depende de información implícita: la línea 4 asume que el sitio "recuerda" de quién es el usuario cuya sesión está activa en ese momento para mostrarle su página de inicio, y la línea 7 asume que el sitio "recuerda" quién ha estado añadiendo artículos a su carrito de la compra para proceder a realizar la transacción. Por el contrario, cada URI de un sitio que sigue la filosofía REST contiene la información necesaria para satisfacer la petición sin depender de dicha información implícita: después de que Dave inicie su sesión, el hecho es que su identificador de usuario es 301 está presente en cada petición, y su carrito de la compra está identificado explícitamente mediante su identificador de usuario en lugar de estar basado implícitamente en la noción de un usuario con una sesión activa en ese momento.

Resumen: rutas y REST

- Una ruta se compone de un método HTTP (`GET`, `POST`, `PUT` o `DELETE`) y un URI, el cual puede incluir algunos parámetros. Los entornos de aplicaciones como Rails establecen correspondencias entre las rutas y las acciones del controlador.
- Una aplicación diseñada de acuerdo a REST (*Representational State Transfer*, transferencia de estado representacional) puede verse desde fuera como una colección de entidades sobre las que se pueden realizar operaciones específicas, correspondiendo cada operación a una petición REST que incluye toda la información necesaria para completar la acción.
- Cuando las rutas y recursos siguen la filosofía REST, la misma lógica del controlador puede, generalmente, dar servicio tanto a páginas de cara al usuario a través de un navegador web, como a peticiones procedentes de otros servicios en una SOA. Aunque los navegadores web sólo soportan los métodos HTTP `GET` y `POST`, la lógica del entorno puede compensar este hecho de forma que el programador pueda trabajar bajo la suposición de que todos los métodos están disponibles.

■ *Explicación. REST vs. SOAP vs. WS-**

A finales de los años 90, al aumentar el interés en SOA, vendedores y cuerpos de estandarización crearon comités para desarrollar estándares para interoperabilidad SOA. Una estrategia resultó en una colección de complejos protocolos para servicios web (***W****eb* ***S****ervices*), incluyendo WS-Discovery y WS-Description, entre otros, conocidos en conjunto en algunos casos como ***WS-**** y a los que se refería David Heinemeier, creador de Rails, con el apelativo humorístico de "WS-Deathstar". El estándar competidor, ***SOAP*** (***Simple Object Access Protocol***) era un poco más sencillo pero mucho más complejo que REST. Por lo general, los desarrolladores experimentados percibían SOAP y WS-* como estándares "sobrediseñados" orientados a comités, obstaculizados por la arcaica postura en el diseño de estándares de interoperabilidad dirigidos a empresa, tales como CORBA y DCOM, predecesores de SOAP y WS-*. Por el contrario, aunque REST es notablemente más sencillo y se considera más como una filosofía que como un estándar, inmediatamente llamó la atención de los desarrolladores, por lo que la mayoría de aplicaciones SOA a día de hoy se construyen siguiendo dicha filosofía.

Autoevaluación 2.7.1. *Verdadero o falso: si una aplicación tiene una API REST, debe estar realizando operaciones CRUD.*
◇ Falso. El principio REST se puede aplicar a cualquier tipo de operación, siempre y cuando la aplicación represente sus entidades como recursos y especifique qué operaciones están permitidas sobre cada tipo de recurso. ■

Autoevaluación 2.7.2. *Verdadero o falso: dar soporte a operaciones REST simplifica la integración de una aplicación SaaS con otros servicios en una arquitectura orientada a servicios.*
◇ Verdadero. ■

Haml	HTML
`%br{:clear => 'left'}`	`<br clear="left"/>`
`%p.foo Hello`	`<p class="foo">Hello</p>`
`%p#foo Hello`	`<p id="foo">Hello</p>`
`.foo`	`<div class="foo">...</div>`
`#foo.bar`	`<div id="foo" class="bar">...</div>`

Figura 2.14. Algunas construcciones Haml usadas habitualmente y su resultado HTML. Una etiqueta Haml que empiece con % debe contener una etiqueta y todo su contenido en una única línea, como se muestra en las líneas 1–3 de la tabla, o bien debe aparece por sí misma en la línea como ocurre en las líneas 4–5, en cuyo caso todo el contenido de la etiqueta debe tener una sangría de dos espacios en las líneas subsiguientes. Observe que Haml especifica los atributos `class` e `id` utilizando una notación deliberadamente similar a los selectores CSS.

2.8 500 pies de altura: Template View

Concluiremos nuestro pequeño recorrido analizando las vistas. Puesto que las aplicaciones SaaS de cara al usuario sirven principalmente páginas HTML, la mayoría de entornos proporcionan una forma de crear páginas de marcado estático (HTML u otros) intercalado con variables o fragmentos muy breves de código. En tiempo de ejecución, los valores de las variables o los resultados de la ejecución del código se sustituyen o ***interpolan*** en la página. Esta arquitectura se conoce como Template View (vista de plantilla), y supone la base de muchos entornos SaaS, incluyendo Rails, Django y PHP.

Usaremos un sistema de plantillas llamado Haml (abreviatura de *HTML Abstraction Markup Language*, pronunciado "HAM-ell") para racionalizar la creación de vistas basadas en plantillas HTML. Aprenderemos más y crearemos nuestras propias vistas en el capítulo 4, pero para revisar todas las "piezas" de una aplicación Rails, abra `app/views/movies/index.html.haml` en el directorio RottenPotatoes. Esta es la vista usada por la acción *Index* del controlador de películas; por convención sobre configuración, los sufijos `.html.haml` indican que la vista debería procesarse con Haml para crear `index.html`, y la localización y nombre del fichero lo identifican como la vista para la acción **index** en el controlador **movies**. El *screencast* 2.8.1 presenta los conceptos básicos de Haml, resumidos en la figura 2.14.

Preferimos la concisión de Haml al sistema de plantillas *erb* integrado en Rails, por lo que se incluye Haml en la biblioteca de recursos del libro.

Screencast 2.8.1. Interpolación en vistas usando Haml.
`http://vimeo.com/34754654`
En una plantilla Haml, las líneas que comienzan por `%` se transforman en la etiqueta HTML de apertura correspondiente, sin necesidad de etiqueta de cierre ya que Haml utiliza la sangría para determinar la estructura. Las almohadillas estilo Ruby a continuación de una etiqueta se traducen en atributos HTML. Las líneas que **–comienzan con un guión** se ejecutan como código Ruby descartando el resultado, mientras que las líneas que **=empiezan con un signo igual** se ejecutan como código Ruby interpolando su resultado en la salida HTML.

De acuerdo con el modelo MVC, las vistas deben contener el mínimo código posible. Aunque técnicamente Haml permite incluir código Ruby arbitrariamente complejo en una plantilla, la sintaxis para incluir un fragmento de código multilínea es deliberadamente complicada, para disuadir a los programadores de incluirlo. De hecho, la única "computación" en la vista Index de RottenPotatoes se limita a iterar sobre una colección (proporcionada por el modelo a través del controlador) y generar una fila de tabla HTML para mostrar cada elemento.

Por el contrario, las aplicaciones PHP mezclan a menudo grandes fragmentos de código en las plantillas de la vista,y aunque un programador PHP disciplinado podría separar las vistas del código, el entorno PHP en sí no proporciona ningún soporte concreto para ello, ni premia el esfuerzo. Los defensores de MVC argumentan que distinguir el controlador de la vista facilita pensar primero en estructurar la aplicación como un conjunto de acciones REST, y después en renderizar los resultados de dichas acciones en vistas en una etapa diferente. La sección 1.4 exponía los argumentos a favor de la arquitectura orientada a servicios; en este punto ya debería estar claro cómo la separación de modelos, vistas y controladores, y la adhesión a un estilo de controlador que sigue la filosofía REST, conduce de forma natural a aplicaciones cuyas acciones son fáciles de "externalizar" como acciones autónomas de una API.

■ ***Explicación. Alternativas a Template View***

Puesto que todas las aplicaciones web, en última instancia, deben proporcionar contenidos HTML a un navegador, construir la salida (vista) en torno a una "plantilla" HTML estática siempre ha tenido sentido para las aplicaciones web, de ahí la popularidad del patrón Template View para renderizar vistas. Es decir, la entrada de la fase de renderizado de vistas incluye tanto la plantilla HTML como un conjunto de variables Ruby que Haml utilizará para "rellenar" el contenido dinámico. Una alternativa es el patrón Transform View (vista de transformación) (Fowler 2002), en el que la entrada de la fase de presentación de vistas es *sólo* el conjunto de objetos. El código de la vista incluye entonces toda la lógica para convertir los objetos en la representación de la vista deseada. Este patrón tiene más sentido si existen numerosas representaciones posibles, dado que la capa de presentación ya no se "construye alrededor' de ninguna representación en particular. Un ejemplo de Transform View en Rails es un conjunto de métodos Rails que aceptan recursos ActiveRecord y generan representaciones XML puras de los recursos —no se instancia ninguna "plantilla" para ello, sino que crea el código XML a partir sólo de los objetos ActiveRecord—. Estos métodos se utilizan para convertir rápidamente una aplicación Rails que sirve HTML en una que pueda formar parte de una arquitectura orientada a servicios.

Autoevaluación 2.8.1. *¿Qué papel desempeña el sangrado en la vista* Index *de las películas descrita en el* screencast *2.8.1?*
◇ Cuando un elemento HTML contiene otros elementos, el sangrado indica a Haml la estructura de anidamiento, de forma que pueda generar las etiquetas de cierre, como `</tr>`, en los lugares adecuados. ■

Autoevaluación 2.8.2. *En la vista Index de las películas, ¿por qué las marcas de Haml en la línea 11 comienzan con −, mientras que las marcas en las líneas 13–16 empiezan por =?*
◇ En la línea 10 sólo necesitamos ejecutar el código, para iniciar el bucle for. En las líneas 13–16 queremos incluir el resultado de la ejecución del código en la vista. ■

2.9 Falacias y errores comunes

***Falacia.* Rails no escala (o Django, o PHP u otros entornos de desarrollo).**

Con la arquitectura de 3 capas sin compartición (*shared-nothing)* descrita en la figura 2.7, las capas del servidor web y del servidor de aplicaciones (donde se ejecutan las aplicaciones

Rails) se pueden escalar casi arbitrariamente añadiendo ordenadores en cada capa utilizando computación en la nube. El reto consiste en escalar la base de datos, tal y como explica el siguiente error común.

***Error.* Almacenar todos los datos del modelo en un RDBMS en un único servidor, limitando por tanto la escalabilidad.**

El potencial de los RDBMS es una espada de doble filo. Resulta sencillo crear estructuras de bases de datos propensas a problemas de escalabilidad que pueden no aparecer hasta que el servicio crece hasta los cientos de miles de usuarios. Algunos desarrolladores afirman que Rails agrava este problema dado que sus abstracciones del modelo son tan productivas que resulta tentador usarlas sin pensar en las consecuencias en términos de escalabilidad. Por desgracia, al contrario de lo que sucede con las capas de servidor web y de aplicación, no podemos solventar este problema desplegando sencillamente muchas copias de la base de datos, ya que esto resultaría en distintos valores para diferentes copias del mismo elemento (el problema de la ***consistencia de los datos***). Aunque técnicas como la réplica maestro-esclavo y el ***sharding*** de la base de datos ayudan a que la capa de base de datos sea más parecida a las capas de presentación y lógica sin compartición, la escalabilidad extrema de las bases de datos es todavía un área de investigación y trabajo de ingeniería.

***Error.* Centrarse prematuramente en la eficiencia por ordenador de la aplicación SaaS.**

Aunque la arquitectura sin compartición (*shared-nothing*) facilita el escalado horizontal, todavía se necesitan ordenadores para conseguirlo. Añadir un ordenador era caro (compra del ordenador), consumía tiempo (configuración e instalación del ordenador) y era permanente (si la demanda decrecía después, se estaría pagando por un ordenador inactivo). Con la aparición de la computación en la nube, se resolvieron los tres problemas, ya que se pueden añadir ordenadores de forma instantánea por unos cuantos céntimos a la hora y liberarlos cuando dejan de ser necesarios. Por tanto, hasta que una aplicación SaaS crece lo suficiente como para necesitar cientos de ordenadores, los desarrolladores SaaS deberían centrarse en el *escalado horizontal* en lugar de la eficiencia por ordenador.

2.10 Observaciones finales: patrones, arquitectura y las API de larga duración

Una API que no es comprensible no se puede usar.

James Gosling

Entender la arquitectura de un sistema software es entender sus principios de organización. Hicimos esto identificando patrones a distintos niveles: cliente-servidor, arquitectura de tres capas, modelo-vista-controlador, Active Record y REST.

Los patrones son una forma potente de gestionar la complejidad de grandes sistemas software. Inspirados por el libro de Christopher Alexander publicado en 1977, *A Pattern Language: Towns, Buildings, Construction*, que describe los patrones de diseño de arquitectura civil, Erich Gamma, Richard Helm, Ralph Johnson y John Vlissides (la "Banda de los cuatro", "Gang Of Four" o GOF) publicaron en 1995 el influyente libro *Design Patterns: Elements of Reusable Object-Oriented Software* (Gamma et al. 1994). El libro describía lo que se conoce hoy en día como los 23 patrones de diseño GOF, centrándose en estructuras y comportamientos a nivel de clase. A pesar de la popularidad de los patrones de diseño como herramienta, han sido objeto de algunas críticas; por ejemplo, Peter Norvig, actual director de investigación de Google, ha argumentado que algunos patrones de diseño sólo compensan deficiencias de lenguajes de programación de *tipado* estático como C++ y Java, y que la necesidad de dichos patrones desaparece en lenguajes dinámicos como Lisp o Ruby. A pesar de cierta controversia, patrones de todo tipo siguen siendo una herramienta valiosa para ingenieros de software para identificar estructuras en su trabajo y aplicar soluciones probadas a problemas recurrentes.

De hecho, observamos que al decidir construir una aplicación SaaS, hemos predeterminado el uso de algunos patrones y excluido otros. La elección de estándares web determina el uso de un sistema cliente-servidor; elegir computación en la nube determina la arquitectura de 3 capas para permitir el escalado horizontal. Modelo–vista–controlador no está predeterminado, pero lo elegimos porque encaja correctamente para las aplicaciones web centradas en vistas y que se han apoyado históricamente en una capa de persistencia, sin descartar otros patrones posibles como aquellos mostrados en la figura 2.9. REST tampoco está predeterminado, pero lo hemos elegido porque simplifica la integración en una arquitectura orientada a servicios y porque puede se puede aplicar inmediatamente a las operaciones CRUD, tan comunes en las aplicaciones MVC. El uso de Active Record es tal vez una elección más controvertida —como veremos en los capítulos 4 y 5, sus potentes características simplifican las aplicaciones considerablemente, pero un mal uso de las mismas puede conllevar problemas de escalabilidad y rendimiento que son menos probables en modelos de persistencia más sencillos.

Si estuviéramos construyendo una aplicación SaaS en 1995, nada de lo anterior habría resultado obvio ya que no se habían acumulado suficientes ejemplos de aplicaciones SaaS de éxito como para "extraer" patrones exitosos e incorporarlos a entornos como Rails, componentes software como Apache, y *middleware* como Rack. Siguiendo los competentes pasos de los arquitectos software que nos han precedido, podemos aprovechar su habilidad para *separar las cosas que cambian de las que permanecen igual* a través de muchos ejemplos de SaaS, y proporcionar herramientas, entornos y principios de diseño que soporten este estilo de desarrollo. Como mencionamos anteriormente, esta separación es clave para posibilitar la reutilización.

De hecho, el propio Rails fue extraído originalmente de una aplicación autónoma escrita por el grupo consultor 37signals.

Por último, merece la pena recordar que un factor clave en el éxito de la Web ha sido la adopción de protocolos y formatos bien definidos cuyo diseño permite la separación de cosas que cambian de aquellas que permanecen inalteradas. TCP/IP, HTTP y HTML han experimentado varias revisiones importantes, pero todas incluyen formas de detectar qué versión se está usando, de forma que un cliente pueda saber si está hablando con un servidor más antiguo (o viceversa) y ajustar su comportamiento en concordancia. Aunque trabajar con múltiples versiones de protocolos y lenguajes supone un obstáculo adicional para los navegadores, ha conducido a un resultado extraordinario: una página web creada en 2011, usando un lenguaje de marcado basado en tecnología de los años 60, puede recuperarse utilizando protocolos de red desarrollados en 1969 y visualizarse en un navegador creado en 1992. Separar las cosas que cambian de las que no es parte del camino para crear software duradero.

Tim Berners-Lee, un científico informático del CERN[12], lideró el desarrollo de HTTP y HTML en 1990. Ambos son a día de hoy administrados por una entidad sin ánimo de lucro y neutral respecto a los proveedores, el World Wide Web Consortium (W3C)[13].

2.11 Para saber más

- W3Schools[14] es un sitio gratuito (financiado mediante publicidad) con tutoriales sobre casi todas las tecnologías relacionadas con la Web.
- Nicole Sullivan[15], quien se autodescribe como un "ninja CSS", tiene un magnífico blog con consejos indispensables sobre CSS/HMTL para construir sitios más sofisticados.
- The World Wide Web Consortium (W3C)[16] administra los documentos oficiales que describen los estándares abiertos de la Web, incluidos HTTP, HTML y CSS.
- El validador XML/XHTML[17] es uno de los muchos que se pueden utilizar para asegurarse de que las páginas proporcionadas por la aplicación SaaS cumplen los estándares.
- El sitio web Object Oriented Design[18] dispone de numerosos recursos útiles para programadores que utilizan lenguajes orientados a objetos, incluyendo un buen catálogo de patrones de diseño GoF con descripciones gráficas de cada patrón, algunos de los cuales se describen en mayor detalle en el capítulo 11.

M. Fowler. *Patterns of Enterprise Application Architecture.* Addison-Wesley Professional, 2002. ISBN 0321127420. URL `http://martinfowler.com/eaaCatalog/`.

E. Gamma, R. Helm, R. Johnson, and J. M. Vlissides. *Design Patterns: Elements of Reusable Object-Oriented Software.* Addison-Wesley Professional, 1994. ISBN 0201633612.

Notas

[1] `http://es.wikipedia.org/wiki/ErrordedivisiondelIntelPentium`
[2] `http://rottentomatoes.com`
[3] `http://projects.apache.org/projects/http_server.html`
[4] `http://www.iis.net`
[5] `http://drive.google.com`
[6] `http://iana.org`
[7] `http://www.w3.org/TR/html5/introduction.html#history-1`
[8] `http://csszengarden.com`
[9] `http://heroku.com`
[10] `http://adam.heroku.com/past/2009/7/6/sql_databases_dont_scale/`
[11] `http://martinfowler.com/eaaCatalog`
[12] `http://info.cern.ch`
[13] `http://w3.org`
[14] `http://w3schools.com`
[15] `http://www.stubbornella.org/content`
[16] `http://w3.org`
[17] `http://validator.w3.org`
[18] `http://oodesign.com`

2.12 Ejercicios propuestos

Ejercicio 2.1. *Si el servicio DNS dejara de funcionar, ¿se podría seguir navegando por la web? Explique por qué o por qué no.*

Ejercicio 2.2. *Suponga que las* cookies *HTTP no existieran. ¿Podría pensar otra forma de seguir a un usuario a través de diferentes vistas de páginas? (Pista: Involucra modificar el URI y fue un método muy usado antes de la invención de las* cookies*).*

Ejercicio 2.3. *Busque una página web donde el validador de XHTML del W3C[1] encuentre, al menos, un error. Por desgracia, debería resultarle fácil. Revise los mensajes de error de validación y trate de entender qué significa cada uno.*

Ejercicio 2.4. *Indique qué números de puerto están involucrados en los siguientes URI y por qué:*

1. `https://paypal.com`
2. `http://mysite.com:8000/index`
3. `ssh://root@cs.berkeley.edu/tmp/file` *(PISTA: recuerde que IANA establece números de puerto por defecto para algunos servicios de red)*

String#ord devuelve el primer ***codepoint*** de la cadena de caracteres (valor numérico correspondiente a un carácter dentro de un conjunto de caracteres). Si la cadena está codificada en ***ASCII*** , **ord** devuelve el código ASCII del primer carácter. De esta forma, **"%".ord** muestra el código ASCII de **%**, mientras que **"%".ord.to_s(16)** muestra su equivalente en hexadecimal.

Ejercicio 2.5. *Tal y como se describe en la documentación de la API de búsqueda de DuckDuckGo[2], puede buscar un término con el motor de búsqueda DuckDuckGo construyendo un URI que incluya el término buscado como un parámetro llamado* `q`*, como por ejemplo* `http://api.duckduckgo.com/?q=saas` *para buscar el término "saas". Sin embargo, como muestra la figura 2.3, algunos caracteres no pueden formar parte del URI por ser "caracteres especiales", como por ejemplo espacios, '?' y '&'. Dada esta restricción, construya un URI válido para realizar una búsqueda con DuckDuckGo de los términos "M&M" y "100%?".*

Ejercicio 2.6. *¿Por qué las rutas de Rails se corresponden con acciones del controlador y no con acciones del modelo o las vistas?*

Ejercicio 2.7. *Dado un diseño de alto nivel, identifique la arquitectura software diferenciando entre arquitecturas software comunes como tres capas,* pipe-and-filter *(tuberías y filtros) o cliente-servidor.*

Ejercicio 2.8. *Investigue el impacto de la elección de las arquitecturas software en el diseño de un sistema sencillo. Busque alternativas a las arquitecturas cliente-servidor, petición-respuesta, etc.*

3 Entorno SaaS: introducción a Ruby para programadores Java

Jim Gray
(1944–Desaparecido en el mar en 2007) fue un simpático gigante de la informática. Fue el primer doctorado en Informática en la Universidad de California, Berkeley, y fue tutor de cientos de docentes y estudiantes de doctorado de todo el mundo. Recibió el Premio Turing en 1998 por sus contribuciones a la investigación del procesamiento de transacciones y bases de datos y al liderazgo técnico en la implementación de sistemas.

Bueno, el artículo <omitido> está en buena compañía (y por la misma razón).
El artículo sobre árboles B se rechazó al principio.
El artículo sobre transacciones se rechazó al principio.
El artículo sobre matrices de datos se rechazó al principio.
El artículo sobre la regla de los 5 minutos se rechazó al principio.
Pero las extensiones lineales del trabajo anterior se han aceptado.
Así que, ¡vuélvelo a enviar!, ¡¡¡POR FAVOR!!!

Jim Gray, email enviado a Jim Larus sobre un artículo rechazado, 2000

Conceptos

Este capítulo introduce las equivalencias en Ruby de técnicas orientadas a objetos de otros lenguajes como Java y otros mecanismos de Ruby que no tienen equivalencia en Java y que ayudan con la reutilización y con el desarrollo DRY.

- *Todo* es un objeto en Ruby, incluso un humilde entero, y todas las operaciones en Ruby se realizan mediante llamadas a métodos de objetos.

- La ***reflexión*** le permite que su código se inspeccione a sí mismo en tiempo de ejecución, y la ***metaprogramación*** permite generar código nuevo y ejecutarlo también en tiempo de ejecución.

- Ruby toma prestadas grandes ideas de la ***programación funcional***, especialmente el uso de ***bloques*** —trozos de código parametrizados llamados ***expresiones lambda***, que llevan consigo su entorno o ámbito, y que los convierte en ***clausuras***—.

- La sentencia **yield** de Ruby, que no tiene equivalencia en Java, permite la reutilización separando el flujo de las estructuras de datos de las operaciones de sus elementos, usando un mecanismo parecido a las ***co-rutinas***.

- Debido al ***tipado dinámico***, usted no necesita considerar el tipo del objeto para determinar si puede llamar a un método particular sobre él —sólo lo sabe si el objeto puede responder al método—. Algunos llaman a esta característica ***duck typing***: "Si parece un *array*, camina como un *array*, y suena como un *array*, entonces trátalo como un *array*".

La metaprogramación, la reflexión, el tipado dinámico y los bloques usando **yield** se pueden combinar con gusto para escribir código más DRY, más conciso y más elegante.

3.1 Visión general y los tres pilares de Ruby

A programar sólo se aprende programando, así que hemos colocado esta imagen en el margen en los lugares donde le animamos enérgicamente a que pruebe los ejemplos por usted mismo. Como Ruby es interpretado, no existe paso de compilación —obtiene gratificación instantánea al intentar probar los ejemplos, y es fácil ponerse a explorar y experimentar—. Cada ejemplo tiene un enlace a Pastebin[3], desde donde puede copiar el código de un ejemplo determinado con un sólo clic y pegarlo en el intérprete de Ruby o en la ventana del editor. (Si está leyendo el libro electrónico, los enlaces están activos). También le animamos a que compruebe la documentación oficial de la sección 3.11 para obtener más detalle de los muchos temas que introducimos.

Ruby es un lenguaje minimalista: mientras que sus librerías son ricas, hay pocos mecanismos *en el propio lenguaje*. Los tres principios en los que se basan estos mecanismos le ayudarán a leer y entender código idiomático de Ruby:

1. Todo es un objeto. En Java, algunos tipos primitivos como los enteros se tienen que "encapsular" para hacer que se comporten como objetos.

2. Toda operación es una llamada a un método de algún objeto, y devuelve un valor. En Java, la sobrecarga de operadores es diferente a la sobreescritura de un método, y es posible tener funciones de tipo **void** que no devuelven ningún valor.

3. Toda codificación es metaprogramación: se pueden añadir o cambiar clases y métodos en cualquier momento, incluso cuando el programa se está ejecutando. En Java, todas las clases se deben declarar en tiempo de compilación, e incluso ahí, su aplicación no puede modificar las clases que vienen de base en Java.

Estos tres principios se cubrirán cada uno en su propia sección. Los principios #1 y #2 son sencillos. El principio #3 confiere a Ruby la mayor parte de su poder para aumentar la productividad, pero se encuadra dentro del dicho de que un gran poder conlleva una gran responsabilidad. Usar con gusto las características de metaprogramación de Ruby hará que su código sea más elegante y DRY, pero abusar de ellas lo hará quebradizo e impenetrable.

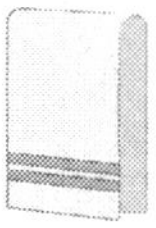

La sintaxis básica de Ruby no debería sorprenderle si está familiarizado con otros lenguajes actuales de *scripting*. La figura 3.1 muestra la sintaxis de los elementos básicos de Ruby. Las sentencias están separadas por líneas nuevas (lo más común) o por punto y coma (raramente). La indentación es insignificante. Aunque Ruby es lo suficientemente conciso para que una sóla línea de código pueda exceder una línea de pantalla, se puede romper una sola sentencia con una nueva línea si esto no causa ninguna ambiguedad para su procesamiento por el analizador sintáctico (*parser*). Puede ser útil un editor con un buen resaltado de sintaxis si no está seguro de que la ruptura de una línea sea legal.

Un ***símbolo***, como **:octocat**, es una cadena inmutable cuyo valor es ella misma; se suele usar en Ruby para las enumeraciones, como un tipo **enum** en C o Java, aunque también tiene otras finalidades. Sin embargo, un símbolo no es lo mismo que una cadena de caracteres —tiene su propio tipo primitivo, y no se pueden realizar sobre él operaciones que sí se harían con una cadena de caracteres, aunque el símbolo se puede convertir a una cadena de caracteres llamando al método **to_s**—. Por ejemplo, **:octocat.to_s** da como resultado **"octocat"**, y **"octocat".to_sym** da como resultado **:octocat**.

Las ***expresiones regulares*** o *regexps* (a menudo *regex* y *regexes* para que se puedan pronunciar) son parte de la caja de herramientas de todo programador. Una expresión regular

Variables	**variable_local**, **@@variable_clase**, **@variable_instancia**
Constantes	**NombreClase**, **CONSTANTE**, **$GLOBAL**, **$global**
Booleanos	**false, nil** son falso; **true** y *cualquier otra cosa* (cero, cadena vacía, etc.) es cierto.
Cadenas de caracteres y símbolos	**"cadena de caracteres"**, **'también una cadena de caracteres'**, **%q{igual que las comillas simples}**, **%Q{igual que las comillas dobles}**, **:símbolo** caracteres especiales (**\n**) expandidos en cadenas de caracteres entre doble comillas pero no entre comillas simples
Expresiones de cadenas de caracteres *entrecomilladas*	**@foo = 3 ; "El valor es #{@foo}";** **%Q{El valor es #{@foo+1}}**
Coincidencia con expresiones regulares	**"hola" =~ /la/** o **"hola".match(Regexp.new 'la')**
Arrays	**a = [1, :dos, 'tres'] ; a[1] == :dos**
Hashes	**h = {:a =>1, 'b' =>"dos"} ; h['b'] == "dos" ; h.has_key?(:a) == true**
Hashes (notación alternativa, Ruby 1.9+)	**h = {a: 1, 'b': "dos"}**
Método de instancia	**def metodo(*arg, arg*)... end** *(usa* ***args** *para un número de argumentos variable)*
Método de clase (estático)	**def NombreClase.metodo(*arg, arg*)... end**, **def self.metodo(*arg, arg*)... end**
Nombres especiales de métodos *Terminar estos nombres de método en* **?** y **!** *es opcional pero idiomático*	**def modificador=(*arg, arg*)... end** **def metodo_booleano?(*arg, arg*)... end** **def metodo_peligroso!(*arg, arg*)... end**

Condicionales	**Iteración** (ver sección 3.6)	**Excepciones**
if *cond* (o **unless** *cond*) *sentencias* [**elsif** *cond* *sentencias*] [**else** *sentencias*] **end**	**while** *cond* (o **until** *cond*) *sentencias* **end** **1.upto(10) do |i|... end** **10.times do... end** *colección*.**each do |elt|... end**	**begin** *sentencias* **rescue UnError => e** **e** *es excepción de clase* **UnError**; *se admite más de 1 cláusula* **rescue** [**ensure** *este código siempre se ejecuta*] **end**

Figura 3.1. Elementos básicos de Ruby y estructuras de control, con elementos opcionales entre [corchetes].

	Symbol	*Meaning*	*Example*	*Matches Example*		*Mismatch*
Count	*	0 or more	a*		aaaa	b
	+	1 or more	a+	a	aaaa	
	?	0 or 1	a?		a	aaaa
Anchors, Sets, Range, Append	^	start of line, also NOT in set	^a	a	ab	ba
	$	end of line	a$	a	dcba	ab
	()	group, also captures that group in Ruby	(ab)+	ababab	ab	b
	[]	set	[ab]	a	b	ab
	[x-y]	character range	[0-9]	3	9	a
	|	OR	(It's|It is)	It's	It is	Its
	[^	NOT (opposite) in set	[^"]	b	9	"
	.	any character (except newline)	.{3}	abc	1+2	aa
	\	used to match meta-characters, also for classes	\.$	The End.	.	a
	i	append to pattern to specify case insensitive match	\ab\i	Ab	ab	a
Classes	\d	decimal digit ([0-9])	\d	3	9	a
	\D	not decimal digit ([^0-9])	\D	a	=	3
	\s	whitespace character	\s			a
	\S	not whitespace character	\S	a	=	
	\w	"word" character ([a-zA-Z0-9_])	\w	a	9	=
	\W	"nonword" character ([^a-zA-Z0-9_])	\W	=	$	a
	\n	newline	\n	--	--	a

Figura 3.2. Resumen de expresiones regulares en Ruby.

permite comparar una cadena de caracteres con un patrón con posibles "comodines". El soporte de las expresiones regulares de Ruby se parece al de otros lenguajes modernos de programación: las expresiones aparecen entre barras inclinadas y pueden estar seguidas de una o más letras que modifican su comportamiento, por ejemplo, **/***regex***/i**, para indicar que la expresión regular debería ignorar a la hora de comparar si los caracteres están en mayúsculas. Como muestra la figura 3.2, hay constructores especiales dentro de las expresiones regulares que se pueden usar para compararse con muchos tipos de caracteres, y pueden especificar el número de veces que debe aparecer una coincidencia y si esa coincidencia debe estar "anclada" al principio o al final de la cadena de caracteres. Por ejemplo, a continuación vemos una expresión regular en una línea que coincide con una hora del día, como por ejemplo "8:25pm":

http://pastebin.com/S61dtePp

```
time_regex = /^\d\d?:\d\d\s*[ap]m$/i
```

Esta expresión regular coincide con un dígito al principio de una cadena (**^\d**), que opcionalmente puede estar seguido por otro dígito (**\d?**), seguido de dos puntos, otros dos dígitos, cero o más espacios (**\s***), una **a** o una **p**, y una **m** al final de la cadena (**m$**), y que ignora si está en mayúsculas o no (la **i** tras la barra inclinada). Otra manera de coincidir con uno o más dígitos sería **[0-9][0-9]?** y otra manera de hacer coincidir *exactamente* dos dígitos sería **[0-9][0-9]**.

Ruby permite el uso de paréntesis dentro de las expresiones regulares para *capturar* la coincidencia de una determinada cadena o subcadenas de caracteres Por ejemplo, ésta es la

misma expresión regular pero con tres grupos capturados:
http://pastebin.com/zFfnSRCG

```
x = "8:25 PM"
x =~  /(\d\d?):(\d\d)\s*([ap])m$/i
```

La segunda línea intenta ver si la cadena **x** coincide con la expresión regular. Si coincide, el operador =~ devuelve la posición en la cadena (siendo 0 el primer carácter) en la que se encuentra la coincidencia, la variable global **$1** tendrá el valor **"8"**, **$2** tendrá **"25"**, y **$3** tendrá **"P"**. Estas variables se resetean la próxima vez que compruebe la coincidencia con otra expresión regular. Si no hay coincidencia, =~ devolverá **nil**. Dese cuenta de que **nil** y **false** no son iguales, pero las dos devuelven **false** cuando se usan en expresiones condicionales (de hecho, son los *únicos* dos valores en Ruby que hacen eso). En su modo idiomático, los métodos que son verdaderamente booleanos (es decir, que sólo pueden devolver **true** o **false**) devuelven **false**, mientras que los métodos que devuelven un objeto cuando todo va bien, devuelven **nil** cuando fallan.

Finalmente, dese cuenta de que =~ funciona tanto en cadenas como en objetos de tipo **Regexp**, así que las siguientes líneas son legales y equivalentes, y tendrá que elegir cuál es más fácil de entender según el contexto del código donde se encuentren.
http://pastebin.com/8kKJZKpb

```
"Catch 22" =~ /\w+\s+\d+/
/\w+\s+\d+/ =~ "Catch 22"
```

Resumen

- El símbolo es un tipo primitivo distinguido en Ruby, una cadena inmutable cuyo valor es ella misma. Los símbolos se suelen usar en Ruby para denotar “algo especial”, como ser una opción de un conjunto de opciones fijas como en una enumeración. Los símbolos no son lo mismo que una cadena de caracteres, pero se pueden convertir fácilmente de uno a otro con los métodos **to_s** y **to_sym**.

- Las sentencias en Ruby se separan con nuevas líneas o, menos común, con puntos y comas.

- Las características de las expresiones regulares en Ruby son equiparables a las de otros lenguajes modernos, e incluye soporte para capturar grupos usando paréntesis y modificadores de comparación como la **i** que se pone al final para “ignorar mayúsculas o minúsculas en la comparación”.

Autoevaluación 3.1.1. *¿Cuáles de las siguientes expresiones en Ruby son iguales entre sí?: (a)* **:foo** *(b)* **%q{foo}** *(c)* **%Q{foo}** *(d)* **'foo'.to_sym** *(e)* **:foo.to_s**
◇ (a) y (d) son iguales entre sí; (b), (c), y (e) son iguales entre sí ■

Autoevaluación 3.1.2. *¿Qué se almacena en* **$1** *cuando la cadena* **25 to 1** *se compara con las siguientes expresiones regulares?:*
(a) **/(\d+)$/**
(b) **/^\d+([^0-9]+)/**
◇ (a) la cadena “**1**” (b) la cadena “ **to** ” (incluyendo el espacio previo y el espacio posterior) ■

Autoevaluación 3.1.3. *¿Cuándo es correcto escribir*
Fixnum num=3
para inicializar la variable **num***?: (a) la primera vez que aparece; (b) en cualquier momento, mientras que sea la misma clase* **Fixnum** *cada vez; (c) nunca*
◇ Nunca; en Ruby no se usan las declaraciones de variables. ■

3.2 Todo es un objeto

Ruby soporta los tipos básicos comunes —enteros de punto fijo (clase **Fixnum**), números de coma flotante (clase **Float**), cadenas de caracteres (clase **String**), *arrays* lineales (clase **Array**), y *arrays* asociativos o *hashes* (clase **Hash**)—. Pero al contrario que Java, Ruby tiene ***tipado dinámico***: generalmente no se puede inferir el tipo de una variable hasta el tiempo de ejecución. Es decir, mientras los objetos tienen tipos, las variables que les referencian no. Así que a la sentencia **s = 5** le puede seguir la sentencia **s = "foo"** en el mismo bloque de código. Debido a que las variables no tienen tipos, un *array* o una *hash* pueden estar formados por elementos de tipos diferentes, como sugiere la figura 3.1. Hablamos simplemente de "un *array*" en vez de "un *array* de enteros" y de "una *hash*" en vez de "una *hash* con claves de tipo *Foo* y valores de tipo *Bar*".

El modelo de objetos en Ruby viene de Smalltalk, cuyo diseño se inspiró en ideas de Simula. Todo en Ruby, incluso un simple entero, es un objeto, que es una instancia de alguna clase. Todas las operaciones, sin excepción, se ejecutan llamando a un método de algún objeto, y cada una de esas llamadas (de hecho, cada sentencia Ruby) devuelve un valor. La notación **obj.meth()** llama al método **meth** en el objeto **obj**, al que suele llamarse ***receptor***, y es capaz, como es de esperar, de *responder a* **meth**. Como veremos en breve, los paréntesis de los métodos suelen ser opcionales. Por ejemplo:

http://pastebin.com/Pu0uULN8

```
5.class      # => Fixnum
```

(Le recomendamos encarecidamente que arranque un intérprete de Ruby tecleando `irb` en un terminal en su VM para que pruebe los ejemplos a medida que aparecen). La llamada de arriba *envía* la llamada al método **class** al objeto **5**. El método **class** devuelve la clase a la que pertenece un objeto, en este caso **Fixnum**. (Usaremos la notación # => en los ejemplos de código para indicar lo que debería sacar por pantalla el intérprete como resultado de evaluar una expresión dada)

> Incluso una clase en Ruby es así mismo un objeto —es una instancia de **Class**, que es una clase cuyas instancias son clases (una ***metaclase***)—.

Cada objeto es una instancia de alguna clase. Las clases pueden heredar de superclases como sucedía en Java, y todas las clases al final heredan de **BasicObject**, conocida también como la ***clase raíz***. Ruby no soporta herencia múltiple, así que cada clase tiene exactamente una superclase, excepto **BasicObject**, que no tiene superclase. Como sucede con muchos lenguajes que soportan herencia, si un objeto recibe una llamada a un método que no está definido en su clase, la llamada se pasa a la superclase, y así hasta llegar a la clase raíz. Si ninguna clase, incluida la superclase, es capaz de gestionar el método, se lanza la excepción de método indefinido, *undefined method*.

Pruebe **5.class.superclass** para averiguar cuál es la superclase de **Fixnum**; esto ilustra los ***métodos en cadena***, una expresión muy común en Ruby. Los métodos en cadena se asocian hacia la izquierda, así que este ejemplo se podría haber escrito como **(5.class).superclass**, queriendo decir: "Llama al método **class** del receptor **5**, y sea cual sea el resultado, llama al método **superclass** en ese nuevo receptor".

La orientación a objetos (*Object Orientation*, OO) y la herencia de clases son *propiedades distintas*. Como muchos lenguajes populares como Java las combina, mucha gente las confunde. Ruby también posee ambas, pero no necesariamente interactúan de la misma forma que lo harían en Java. En concreto, comparado con Java, la reutilización a través de la herencia es mucho menos importante, pero las implicaciones que conlleva la orientación a objetos es mucho más importante. Por ejemplo, Ruby soporta ***reflexión*** completa —la habilidad para preguntar a los objetos sobre sí mismos—. **5.respond_to?('class')** le dice si el objeto **5** sería capaz de responder al método **class** si le preguntara. **5.methods** lista todos los métodos a los que el objeto **5** responde, incluyendo aquellos definidos en sus clases antecesoras. Dado que un objeto responde a un método, ¿cómo puede saber si el método está definido en la clase de un objeto o en una de sus clases antecesoras? **5.method(:+)** revela que el método + está definido en la clase **Fixnum**, mientras que **5.method(:ceil)** revela que el método **ceil** está definido en **Integer**, una superclase de **Fixnum**. Determinar qué métodos de clase van a gestionar la llamada a un método se conoce como ***buscar un método*** en un receptor, y es análogo a la resolución virtual de método en Java.

Resumen

- La notación **a.b** significa "llama al método **b** sobre el objeto **a**". Al objeto **a** se le conoce como *receptor*, y si no puede gestionar la llamada, se la pasará a su superclase. A este proceso se le llama *buscar un método* en un receptor.
- Ruby soporta ***reflexión*** completa, con la que puede preguntar a los objetos sobre ellos mismos.

■ ***Explicación. Buscar un método***

Hemos dicho anteriormente que si la búsqueda de un método en la clase del receptor falla, la llamada se pasa a su padre (superclase). La verdad es un poco más sutil: los *mix-ins*, que describiremos en breve, pueden manejar la llamada de un método *antes* de probar suerte con la superclase.

Autoevaluación 3.2.1. *¿Por qué* **5.superclass** *resulta en un error de "método indefinido"?* ***Pista:*** *Considere la diferencia entre llamar* **superclass** *sobre el 5 en sí mismo frente a llamarlo sobre el objeto devuelto por* **5.class**.

◇ **superclass** es un método definido en clases. El objeto **5** no es una clase, así que no puede llamar a **superclass** sobre él. ■

3.3 Toda operación es una llamada a un método

Para consolidar el concepto de que toda operación es una llamada a un método, tenga en cuenta que incluso operaciones matemáticas básicas como **+**, *****, **==** (comparación de igualdad) son ***simplificaciones sintácticas*** de llamadas a métodos: los operadores son en realidad llamadas a métodos en sus receptores. Lo mismo se aplica para operaciones de dereferencia en *arrays*, como **x[0]**, y la asignación, como en **x[0]="foo"**.

La tabla de la figura 3.3 muestra las versiones originales de estas expresiones y de la sintaxis de las expresiones regulares introducidas en la sección 3.1, además de mostrar cómo el método interno **send** de Ruby se puede utilizar para invocar a cualquier método de cualquier

Llamada simplificada	Llamada no simplificada	Invocación con send
10 % 3	10.modulo(3)	10.send(:modulo, 3)
5+3	5.+(3)	5.send(:+, 3)
x == y	x.==(y)	x.send(:==, y)
a * x + y	a.*(x).+(y)	a.send(:*, x).send(:+, y)
a + x * y	a.+(x.*(y))	a.send(:+, x.send(:*, y)) *(se preserva la precedencia del operador)*
x[3]	x.[](3)	x.send(:[], 3)
x[3] = 'a'	x.[]=(3,'a')	x.send(:[]=, 3, 'a')
/abc/, %r{abc}	Regexp.new("abc")	Regexp.send(:new, 'abc')
str =~ regex regex =~ str	str.match(regex) regex.match(str)	str.send(:match, regex) regex.send(:match, str)
$1...$*n* (captura de la coincidencia)	Regexp.last_match(*n*)	Regexp.send(:last_match,*n*)

Figura 3.3. La primera columna muestra la sintaxis simplificada en Ruby para operaciones comunes, la segunda muestra la llamada explícita al método, y la tercera columna muestra cómo realizar esa misma llamada usando send, que acepta tanto una cadena como un símbolo (más idiomático) para designar el nombre del método.

objeto. Muchos métodos de Ruby, incluyendo **send**, aceptan tanto un símbolo como una cadena de caracteres como argumento, así que el primer ejemplo de la tabla se puede escribir también como **10.send('modulo',3)**.

Una implicación crítica de que "toda operación es una llamada a un método" es que conceptos como el de la ***conversión de tipos*** apenas se aplican en Ruby. En Java, si escribimos **f+i**, siendo **f** un número real e **i** un entero, las reglas de conversión dicen que **i** se transformará internamente en número real para que pueda ser añadido a **f**. Si escribiéramos **i+s**, siendo **s** un **String**, obtendríamos un error en tiempo de compilación.

Por el contrario, en Ruby, + es simplemente un método que puede estar definido de manera diferente por cada clase, de manera que su comportamiento depende por completo de la implementación de este método en el receptor. Como **f+i** es una simplificación de **f.+(i)**, el comportamiento del método + (definido presuntamente en la clase de **f** o en alguna de sus clases antecesoras) depende de cómo este método maneje los diferentes tipos de valores de **i**. De este modo, tanto **3+2** como **"foo"+"bar"** son expresiones legales en Ruby, que dan como resultado **5** y **"foobar"** respectivamente, pero la primera está llamando a + definido en **Numeric** (clase antecesora de **Fixnum**) y la segunda está llamando a + definido en **String**. Como hemos visto antes, puede comprobar que **"foobar".method(:+)** y **5.method(:+)** se refieren a métodos distintos. Aunque esto podría considerarse como sobrecarga de operadores en otros lenguajes, es algo más general: como sólo importa el nombre del método para el envío, veremos en la sección 3.7 cómo esta característica da pie a un mecanismo muy poderoso de reutilización llamado *mix-in*.

En Ruby, la notación **NombreClase#metodo** se usa para indicar el método de instancia **metodo** en la clase **NombreClase**, mientras que **NombreClase.metodo** se refiere al método de clase (estático) **metodo** en la clase **NombreClase**. Usando esta notación, podemos decir que la expresión **3+2** llama a **Fixnum#+** sobre el receptor **3**, mientras que la expresión **"foo"+"bar"** llama a **String#+** sobre el receptor **"foo"**.

De manera similar, en Java es muy común ver conversiones explícitas de una variable a una subclase, como por ejemplo **Foo x = (Foo)y**, donde **y** es una instancia de una subclase de **Foo**. En Ruby esto no tiene sentido porque las variables no tienen tipos, y no importa si el método que responde está en la clase del receptor o en alguno de sus antecesores.

Un método se define con **def nombre_metodo(arg1,arg2)** y termina con **end**; todas las sentencias entre medias corresponden a la definición del método. En Ruby, toda expresión tiene un valor —por ejemplo, el valor de una asignación es el valor de su lado derecho, así que el valor de **x=5** es 5— y si un método no incluye un **return(algo)** explícitamente, lo que se devuelve es el valor de la última expresión del método. El siguiente método trivial devuelve 5:

http://pastebin.com/xGYTktUK

```
def trivial_method     # no arguments; can also use trivial_method()
  x = 5
end
```

La variable **x** en el ejemplo es una variable local; su ámbito se limita al bloque donde está definida, en este caso al método, y se considera indefinida fuera de ese método. En otras palabras, Ruby usa ***ámbito léxico*** para variables locales. Cuando hablemos de clases en Ruby, veremos cómo las variables de clase y de instancia son alternativas a las variables locales.

En Ruby, una expresión idiomática importante es la conocida como ***modo poético***: la habilidad de omitir paréntesis y llaves cuando el análisis sintáctico no va a ser ambiguo. La mayoría de las veces los programadores en Ruby pueden omitir los paréntesis que rodean a los argumentos en la llamada a un método, y omitir llaves cuando el *último* argumento en la llamada a un método es una *hash*. Dada esta característica, las siguientes dos llamadas a método son equivalentes, dado el método **link_to** (que veremos en la sección 4.4), que toma un argumento de tipo cadena de caracteres y un argumento de tipo *hash*:

http://pastebin.com/XCOwHvsW

```
link_to('Edit', {:controller => 'students', :action => 'edit'})
link_to 'Edit',  :controller => 'students', :action => 'edit'
```

El modo poético es extremadamente común entre expertos en Ruby, se usa notablemente en Rails y permite eliminar la aglomeración de código de manera cómoda, una vez que se acostumbre a usarlo.

Resumen

- En Ruby, todo es un objeto, incluso tipos primitivos como los enteros.
- Los objetos en Ruby tienen tipos, pero las variables que les referencian no.
- Ruby usa ámbito léxico para variables locales: una variable está definida en el ámbito en el que fue asignada por primera vez, y en todos los ámbitos anidados dentro de ése, pero reutilizar el mismo nombre de la variable local en un ámbito más interno "oculta" de manera temporal el nombre en ese ámbito.
- El modo poético reduce la aglomeración de código porque le permite omitir paréntesis alrededor de los argumentos de los métodos y las llaves que rodean una *hash*, siempre y cuando el código resultante no sea sintácticamente ambiguo.

■ ***Explicación. Número de argumentos***

Aunque los paréntesis alrededor de los argumentos de un método son opcionales, tanto en la definición del método como cuando es invocado, el *número* de argumentos sí importa, y se lanza una excepción si se llama a un método con un número incorrecto de argumentos. El siguiente extracto de código muestra expresiones idiomáticas que puede usar cuando necesite mayor flexibilidad. El primero es hacer que el último argumento sea una *hash* y darle el valor **{}** por defecto (*hash* vacía). El segundo es usar un asterisco (*****), que recoge cualquier argumento adicional en un *array*. Como con muchas expresiones idiomáticas en Ruby, la elección correcta es aquella que ofrece el código más legible.

http://pastebin.com/K6ev3S7g

```
# using 'keyword style' arguments
def mymethod(required_arg, args={})
  do_fancy_stuff if args[:fancy]
end

mymethod "foo",:fancy => true # => args={:fancy => true}
mymethod "foo"                # => args={}

# using * (splat) arguments
def mymethod(required_arg, *args)
  # args is an array of extra args, maybe empty
end

mymethod "foo","bar",:fancy => true # => args=["bar",{:fancy=>true}]
mymethod "foo"                      # => args=[]
```

Autoevaluación 3.3.1. *¿Cuál es el método* **send** *equivalente de las siguientes expresiones?:* **a<b**, **a==b**, **x[0]**, **x[0]='foo'**.

◇ **a.send(:<,b)**, **a.send(:==,b)**, **x.send(:[],0)**, **x.send(:[]=,0,'foo')** ■

Autoevaluación 3.3.2. *Suponga que el método* **foo** *toma 2* hashes *como argumentos. Explique por qué no podemos usar el modo poético para escribir*

foo :a => 1, :b => 2

◇ Sin las llaves, no hay manera de saber si esta llamada está intentando pasar una *hash* con dos claves o dos *hashes* con una clave cada una. Por tanto, el modo poético sólo se puede usar cuando hay una sola *hash* y va al final de la lista de argumentos. ■

3.4 Clases, métodos y herencia

El código de la definición de la clase **Movie** de la figura 3.4 muestra algunos conceptos básicos para definir clases en Ruby. Vayamos línea por línea.

La **línea 1** abre la clase **Movie**. Como veremos, al contrario que Java, **class Movie** *no* es una declaración sino una llamada a un método que crea un objeto representando una nueva clase, asignándole a este objeto la constante **Movie**. Las definiciones de métodos posteriores tendrán lugar dentro del contexto de esta nueva clase creada.

La **línea 2** define el constructor por defecto de la clase (al que se le llama cuando se invoca a **Movie.new**), que *debe* denominarse **initialize**. La inconsistencia de nombrar a un método **initialize** pero llamarle como **new** es una idiosincracia desafortunada a la que se tendrá que acostumbrar. (Al igual que en Java, también puede definir constructores adicionales con otros nombres). Este constructor espera dos argumentos, y en las **líneas 3–4** establece las ***variables de instancia*** del nuevo objeto **Movie** a esos valores. Las variables de instancia como **@title**, http://pastebin.com/Y9RC9KgM

```
1 class Movie
2   def initialize(title, year)
3     @title = title
4     @year = year
5   end
6   def title
7     @title
8   end
9   def title=(new_title)
10    @title = new_title
11  end
12  def year ; @year ; end
13  def year=(new_year) ; @year = new_year ; end
14  # How to display movie info
15  @@include_year = false
16  def Movie.include_year=(new_value)
17    @@include_year = new_value
18  end
19  def full_title
20    if @@include_year
21      "#{self.title} (#{self.year})"
22    else
23      self.title
24    end
25  end
26 end
27
28 # Example use of the Movie class
29
30 beautiful = Movie.new('Life is Beautiful', '1997')
31
32 # What's the movie's name?
33 puts "I'm seeing #{beautiful.full_title}"
34
35 # And with the year
36 Movie.include_year = true
37 puts "I'm seeing #{beautiful.full_title}"
38
39 # Change the title
40 beautiful.title = 'La vita e bella'
41 puts "Ecco, ora si chiama '#{beautiful.title}!'"
```

Figura 3.4. Una definición de clase simple en Ruby. Las líneas 12 y 13 nos recuerda que es idiomático combinar frases cortas en una sola línea usando puntos y comas; algunos programadores se aprovechan de lo conciso que es Ruby para introducir espacios entre los puntos y coma, para mayor legibilidad.

se asocian a cada instancia de un objeto. Las variables locales **title** y **year** que se pasan como argumentos están fuera del ámbito (indefinidas) una vez estemos fuera del constructor, por eso tenemos que capturar esos valores en las variables de instancia, si es que nos importan.

Las **líneas 6–8** definen un ***método getter*** o ***método de acceso*** para la variable de instancia **@title**. Se preguntará por qué no se puede escribir directamente **beautiful.@title** si **beautiful** fuera una instancia de **Movie**. Se debe a que en Ruby, **a.b** siempre significa "Llama al método **b** del receptor **a**", y **@title** no es el nombre de ningún método en la clase **Movie**. De hecho, ni siquiera es un nombre legal para un método, porque sólo los nombres de variables de instancia y de clase pueden empezar con el símbolo **@**. En este caso, el método de acceso **title** es un método de instancia de la clase **Movie**. Esto significa que cualquier objeto que sea instancia de **Movie** (o de cualquiera de sus subclases, si tuviera) podría responder a este método.

Las **líneas 9–11** definen el método de instancia **title=**, que es distinto del método de instancia **title**. Los métodos cuyos nombres finalizan con un =, son métodos ***setter*** o métodos ***modificadores***, y, al igual que pasaba con los métodos de acceso, se necesita este tipo de métodos porque no se puede escribir **beautiful.@title = 'La vita e bella'**. Sin embargo, como se muestra en la línea 40, *podemos* escribir **beautiful.title = 'La vita e bella'**. ¡Cuidado! Si está acostumbrado a Java o Python, es muy común confundir esta sintaxis con *la asignación a un atributo*, pero realmente es una llamada a método, y de hecho se puede escribir como **beautiful.send(:title=, 'La vita e bella')**. Y como es una llamada a método, éste devuelve un valor: en ausencia de una sentencia **return** explícita, el valor que devuelve un método es justo el valor de la última expresión evaluada en dicho método. Como en este caso la última expresión en el método es la asignación **@title=new_title** y el valor de cualquier asignación es su lado derecho, el método devuelve el valor de **new_title** que se le pasó por parámetro.

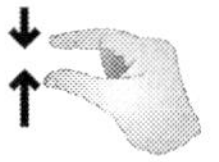

Al contrario que Java, que permite atributos además de métodos de acceso y modificadores, el ocultamiento de datos en Ruby o ***encapsulamiento*** es total: el *único* acceso a variables de instancia o de clase desde fuera de la clase es mediante llamadas a métodos. Esta restricción es una razón por la que Ruby es considerado un lenguaje más "puro' para la OO que Java. Pero como el modo poético nos permite omitir paréntesis y escribir **movie.title** en vez de **movie.title()**, no se necesita sacrificar la concisión para conseguir este encapsulamiento tan fuerte.

Las **líneas 12–13** definen los métodos de acceso y modificación para **year**, mostrando que se pueden usar puntos y comas además de nuevas líneas para separar sentencias en Ruby, si así el código queda menos denso. De todas maneras, como veremos más adelante, Ruby ofrece una forma mucho más concisa de definir métodos de acceso y métodos modificadores usando metaprogramación.

La **línea 14** es un comentario, que en Ruby empieza por # y se extiende hasta el final de la línea.

La **línea 15** define una ***variable de clase***, o lo que se conoce en Java como una ***variable estática***, que define si el año de lanzamiento de una película se incluye cuando se imprime su nombre. Al igual que el método modificador de **title**, necesitamos uno para **include_year=** (**líneas 16–18**), pero la presencia de **Movie** en el nombre del método (**Movie.include_year=**) indica que es un método de clase. Nótese que no hemos definido un método de acceso para la variable de clase; esto significa que no se puede inspeccionar el valor de esta variable de clase fuera de esta clase.

Las **líneas 19–25** definen el método de instancia **full_title**, que usa el valor de **@@in-**

Java	Ruby
class MiString extends String	**class MiString < String**
class MiColeccion extends Array implements Enumerable	**class MiColeccion < Array include Enumerable**
Variable estática: **static int unEntero= 3**	Variable de clase: **@@un_entero = 3**
Variable de instancia: **this.foo = 1**	Variable de instancia: **@foo = 1**
Método estático: **public static int foo(...)**	Método de clase: **def self.foo ... end**
Método de instancia: **public int foo(...)**	Método de instancia: **def foo ... end**

Figura 3.5. Resumen de algunas características que tienen traducción directa entre Ruby y Java.

clude_year para decidir cómo mostrar el título completo de una película. La línea 21 muestra que la sintaxis **#{}** se puede usar para interpolar (sustituir) el valor de una expresión en una cadena de dobles comillas, como con **#{self.title}** y **#{self.year}**. Para ser más exactos, **#{}** evalúa la expresión encerrada entre llaves y llama al método **to_s** en el valor resultante, pidiéndole que se convierta a una cadena de caracteres que se pueda insertar en la cadena exterior. La clase **Object** (que es el antecesor de todas las clases excepto de **BasicObject**) define un método **to_s** por defecto, pero la mayoría de clases lo sobreescribe para producir una representación suya más bonita.

Resumen: La figura 3.5 compara construcciones básicas de OO en Ruby y Java:

- **class Foo** abre una clase (nueva o ya existente) para añadir o cambiar métodos en ella. Al contrario que en Java, no es una declaración, sino código real que se ejecuta inmediatamente, creando un nuevo objeto **Class** y asignándolo a la constante **Foo**.
- **@x** especifica una variable de instancia y **@@x** especifica una variable de clase (estática). El espacio de nombres es distinto, así que **@x** y **@@x** son variables diferentes.
- Sólo se puede acceder a las variables de clase y a las variables de instancia de una clase desde esa misma clase. Cualquier acceso desde el "mundo exterior" requiere una llamada a un método de acceso o un método modificador.
- Se puede definir un método de clase en la clase **Foo** usando tanto **def Foo.some_method** o **def self.some_method**.

■ ***Explicación. Uso de* self *para definir un método de clase.***

Como veremos pronto, la definición del método de clase **def Movie.include_year** puede aparecer en *cualquier* parte, incluso fuera de la definición de la clase **Movie**, porque Ruby permite añadir y modificar métodos en clases después de que hayan sido definidas. Sin embargo, otra manera de definir el método de clase **include_year** dentro de la definición de la clase sería **def self.include_year=(...)**. Esto es así porque, como mencionamos antes, la sentencia **class Movie** en la línea 1 no es una declaración, sino código real que se ejecuta cuando se carga este fichero, y dentro del bloque de código encerrado entre **class Movie...end** (líneas 2–25), el valor de **self** es el nuevo objeto de clase creado por la palabra clave **class**. (De hecho, **Movie** en sí misma es sólo una constante que se refiere a este objeto de clase, como puede comprobar si hace **c = Movie** y luego **c.new('Inception',2010)**).

■ ***Explicación. ¿ Por qué*** **self.title** ***en*** **Movie#full_title***?*

¿Por qué llamamos a **self.title** y **self.year** en las líneas 19–25, en vez de dirigirnos directamente a **@title** y **@year**, que sería perfectamente legal dentro de un método de instancia? La razón es que, en el futuro, podríamos querer cambiar la manera en la que funcionan los métodos de acceso. Por ejemplo, cuando introduzcamos Rails y ActiveRecord, en la sección 4.3, veremos que los métodos de acceso para modelos básicos en Rails funcionan recuperando información de una base de datos, en vez de obtenerla usando variables de instancia. Al encapsular variables de instancia y de clase usando métodos de acceso y métodos modificadores ocultamos la implementación de esos atributos del código que los usa, y no se obtiene ninguna ventaja violando ese encapsulamiento dentro de un método de instancia, por muy legal que sea su uso.

Autoevaluación 3.4.1. *¿Por qué* **movie.year=1998** *no se puede sustituir por* **movie.@year=1998***?*
◇ La notación **a.b** siempre significa"llama al método **b** sobre el receptor **a**", pero **@year** es el nombre de una variable de instancia, mientras que **year=** es el nombre de un método de instancia. ■

Autoevaluación 3.4.2. *Suponga que borramos la línea 12 de la figura 3.4. ¿Cuál sería el resultado de ejecutar* **Movie.new('Inception',2011).year***?*
◇ Ruby se quejaría de que el método **year** no está definido. ■

3.5 Toda programación es metaprogramación

Como es tan común definir métodos de acceso y métodos de modificación simples para variables de instancia, podemos codificar el ejemplo de una manera más propia de Ruby sustituyendo las líneas 6–11 por la línea **attr_accessor :title** y las líneas 12–13 por **attr_accessor :year**. **attr_accessor** no es parte del lenguaje Ruby —es una llamada regular a método que define al vuelo los métodos de accesso y los métodos modificadores—. Es decir, **attr_accessor :foo** define los métodos de instancia **foo** y **foo=**, que obtienen y modifican el valor de la variable de instancia **@foo**. El método relacionado **attr_reader** define sólo un método de acceso, no modificador, y lo contrario para **attr_writer**.

Esto es un ejemplo de ***metaprogramación*** —creación de código en tiempo de ejecución que define nuevos métodos—. De hecho, de alguna manera *toda* programación en Ruby es metaprogramación, porque incluso la definición de una clase no es una declaración como en Java, sino que es código real que se ejecuta en tiempo de ejecución. Dando esto por cierto, se preguntará si puede *modificar* una clase en tiempo de ejecución. Sí, puede, añadiendo o cambiando métodos de instancia o de clase, incluso para las clases propias de Ruby. Por ejemplo, la figura 3.6 muestra una manera de utilizar el tiempo aritmético haciendo uso del método **now** en la clase **Time** de la librería estándar de Ruby, que devuelve el número de segundos desde el 1 de enero de 1970.

En este ejemplo, *reabrimos* la clase **Fixnum**, una clase básica que ya hemos visto antes, y le añadimos seis nuevos métodos de instancia. Como cada uno de estos métodos nuevos devuelve también un objeto **Fixnum**, se pueden "encadenar" de manera bonita para escribir expresiones como **5.minutes.ago**. De hecho, Rails incluye una versión más completa de esta característica que hace cálculos de tiempo más completos.

http://pastebin.com/zxsur5MX

```
# Note: Time.now returns current time as seconds since epoch
class Fixnum
  def seconds  ; self ; end
  def minutes  ; self * 60 ; end
  def hours    ; self * 60 * 60 ; end
  def ago      ; Time.now - self ; end
  def from_now ; Time.now + self ; end
end
Time.now
# => Mon Nov 07 10:18:10 -0800 2011
5.minutes.ago
# => Mon Nov 07 10:13:15 -0800 2011
5.minutes - 4.minutes
# => 60
3.hours.from_now
# => Mon Nov 07 13:18:15 -0800 2011
```

Figura 3.6. Haciendo aritmética simple con fechas mediante la redefinición de la clase Fixnum. Unix se inventó en el año 1970, así que sus diseñadores eligieron representar el tiempo como el número de segundos que hay desde la media noche (GMT) del 1 de enero de 1970, fecha a la que a veces se le llama como el principio de la *época*. Por conveniencia, un objeto Time en Ruby responde a los métodos de operaciones aritméticas operando sobre esta representación si es posible, aunque internamente Ruby puede representar cualquier tiempo anterior o posterior.

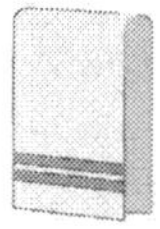

Por supuesto, no podemos escribir **1.minute.ago**, porque sólo definimos un método llamado **minutes**, no **minute**. Podríamos definir métodos adicionales con nombres singulares que duplicasen la funcionalidad de los métodos que ya tenemos, pero esto vulnera la filosofía DRY. Para ello, podemos aprovecharnos de la potente construcción para metaprogramación **method_missing** de Ruby. Si la llamada a un método no se puede encontrar en la clase receptora o en cualquiera de sus clases antecesoras, Ruby intentará llamar a **method_missing** en el receptor, pasándole el nombre y los argumentos del método inexistente. La implementación por defecto de **method_missing** simplemente apunta a la implementación de la superclase, pero podemos sobreescribir esto para implementar versiones "singulares" de los métodos de cálculo del tiempo que hemos visto antes:

http://pastebin.com/G0ztHTTP

```
class Fixnum
  def method_missing(method_id, *args)
    name = method_id.to_s
    if name =~ /^(second|minute|hour)$/
      self.send(name + 's')
    else
      super # pass the buck to superclass
    end
  end
end
```

Convertimos el ID del método (que se ha pasado como símbolo) a una cadena de caracteres, y usamos una expresión regular para ver si la cadena coincide con cualquiera de las palabras *hour, minute, second.* Si coincide, pluralizamos el nombre, y enviamos el nombre del método pluralizado a **self**, es decir, al objeto que recibió la llamada original. Si no coincide, ¿qué deberíamos hacer? Pensará que deberíamos avisar de un error, pero como Ruby tiene herencia, debemos dar la posibilidad de que una de nuestras clases antecesoras sea capaz de manejar la llamada del método. Llamar a **super** sin ningún argumento, pasa intacta la llamada del método original con sus argumentos originales a la serie de herencia.

Intente extender este ejemplo con un método llamado **days**, para que se pueda escribir **2.days.ago** y **1.day.ago**. El uso con gusto de **method_missing** para lograr mayor concisión es parte del lenguaje Ruby. La explicación que hay al final de la sección 3.6 muestra cómo se usa para construir documentos XML, y la sección 4.3 muestra cómo mejora la legibilidad del método **find** en la parte de ActiveRecord del entorno Rails.

Resumen

- **attr_accessor** es un ejemplo de metaprogramación: crea nuevo código en tiempo de ejecución, en este caso métodos de acceso (*getters*) y modificadores (*setters*) para una variable de instancia. Este estilo de metaprogramación es extremadamente común en Ruby.
- Cuando ni el receptor ni ninguna de sus clases antecesoras pueden manejar la llamada de un método, se llama al método **method_missing** en el receptor. **method_missing** puede inspeccionar el nombre y los argumentos del método inexistente, y puede o bien tomar las acciones necesarias para manejar la llamada o pasarla hacia arriba, hacia la clase padre, al igual que hace la implementación de **method_missing** por defecto.

■ ***Explicación. Dificultades de las características del lenguaje dinámico***

Si su clase **Bar** ha estado usando una variable de instancia **@fox** pero escribe accidentalmente **attr_accessor :foo** (en vez de **attr_accessor :fox**), obtendrá un error cuando escriba **mybar.fox**. Como Ruby no necesita que declare variables de instancia, **attr_accessor** no puede comprobar si existe la variable de instancia nombrada. Por tanto, como todas las características de un lenguaje dinámico, tenemos que tener cuidado en usarlas, y no podemos "confiar en el compilador" como hacíamos en Java. Como veremos en el capítulo 8, el desarrollo orientado a pruebas (*Test-Driven Development*, TDD) ayuda a evitar estos errores. Además, en la medida en que su aplicación es parte de un ecosistema más grande de arquitectura orientada a servicios, *siempre* tiene que preocuparse de errores en tiempo de ejecución de otros servicios de los que dependa su aplicación, como veremos en los capítulos 5 y 12.

■ ***Explicación. Listas de argumentos de longitud variable***

Una llamada del tipo **1.minute** no tiene ningún argumento —lo único que importa es el receptor, **1**—. Así que cuando la llamada es redirigida en la línea 5 del método **method_missing**, no necesitamos pasar ninguno de los argumentos que se hubieran recogido en ***args**. El asterisco es la manera en la que Ruby gestiona las listas de argumentos de longitud variable: ***args** será un *array* de cualquier número de argumentos pasados al método original, y si no se pasa ningún argumento, será un *array* vacío. En cualquier caso, para la línea 5 sería correcto leer **self.send(name+'s', *args)** si no estuviéramos seguros de cuál es la longitud de la lista de argumentos.

Autoevaluación 3.5.1. *En el ejemplo del método* **method_missing** *de arriba, ¿por qué son necesarios* **$** *y* **^** *en la expresión regular de la línea 4?* ***Pista:*** *Considere qué pasaría si omites uno de ellos y llamas a* **5.milliseconds** *o* **5.secondary**.

◇ Sin ^ para restringir la coincidencia al principio de la cadena de caracteres, una llamada como **5.millisecond** sí coincidiría, lo que daría error cuando **method_missing** tratase de redirigir la llamada como **5.milliseconds**. Sin **$** para restringir la coincidencia al final de la cadena de caracteres, una llamada como **5.secondary** también coincidiría, lo que causaría un error cuando **method_missing** tratase de redirigir la llamada como **5.secondarys**. ■

Autoevaluación 3.5.2. *¿Por qué* **method_missing** *siempre debería llamar a* **super** *si no puede manejar la llamada al método inexistente por sí misma?*

◇ Es posible que alguna de sus clases antecesoras intente manejar la llamada, pero debe "pasar la llamada a la cadena hereditaria" explícitamente con **super** para darle la posibilidad de intentarlo a sus clases antecesoras. ■

Autoevaluación 3.5.3. *En la figura 3.6, ¿***Time.now** *es un método de clase o un método de instancia?*

◇ El hecho de que el receptor sea el nombre de una clase (**Time**) nos dice que es un método de clase. ■

3.6 Bloques: iteradores, expresiones funcionales y clausuras

Ruby usa el término ***bloque*** de manera diferente a como lo hacen otros lenguajes. En Ruby, un bloque es simplemente un método sin nombre, o una ***expresión lambda anónima*** en la terminología de lenguajes de programación. Tiene argumentos y puede usar variables locales, como un método normal con nombre. Aquí hay un ejemplo sencillo asumiendo que **movies** es un *array* de objetos de tipo **Movie** como definimos en ejemplos anteriores:

http://pastebin.com/715z16f2

```
movies.each do |m|
  puts "#{m.title} was released in #{m.year}"
end
```

El método **each** es un ***iterador*** disponible en todas las clases de Ruby que son de tipo colección. **each** toma un argumento —un bloque— y pasa cada elemento de la colección al bloque en cada iteración. Como puede ver, un bloque se rodea de las palabras **do** y **end**; si el bloque toma argumentos, la lista de argumentos se encierra tras el **do** entre |símbolos tubería|. El bloque en este ejemplo toma un argumento: cada vez en el bloque, **m** toma el valor del próximo elemento en **movies**.

Al contrario que en los métodos con nombre, un bloque puede acceder también a cualquier variable que esté accesible en el ámbito donde aparece el bloque. Por ejemplo:

http://pastebin.com/vy3sZHEQ

```
separator = '=>'
movies.each do |m|
  puts "#{m.title} #{separator} #{m.year}"
end
```

En el código anterior, el valor de **separator** es visible dentro del bloque, independientemente de que la variable se crease y se inicializase *fuera* del bloque. Por el contrario, lo siguiente *no* funcionaría, porque **separator** no es visible dentro de **print_movies**, y por tanto tampoco es visible en el bloque **each**:

http://pastebin.com/bdXAcbPc

```
def print_movies(movie_list)
  movie_list.each do |m|
    puts "#{m.title} #{separator} #{m.rating}"   # === FAILS!! ===
  end
end
separator = '=>'
print_movies(movies) # FAILS!
```

En términos de lenguaje de programación, un bloque de Ruby es una ***clausura***: cuando el bloque se ejecuta, puede "ver" todo el ámbito léxico disponible del lugar donde aparece en el código del programa Dicho de otro modo, es como si la presencia del bloque crease una instantánea del ámbito, que puede ser reconstruida después cuando el bloque se ejecuta. Este hecho se explota en muchas de las características de Rails que mejoran el estilo DRY, incluyendo la generación de vistas (que veremos en la sección 4.4) y validaciones de modelos y filtros de controladores (sección 5.1), porque permiten separar la definición de *qué* va a ocurrir del *cuándo* va a ocurrir en el tiempo y *dónde* va a ocurrir en la estructura de la aplicación.

El hecho de que los bloques sean clausuras ayudaría a explicar la aparente anomalía que que se explica a continuación. Si la *primera* referencia a una variable local se realiza dentro de un bloque, esa variable se "captura" por el ámbito del bloque y queda *indefinida* cuando finaliza el bloque. Así que, por ejemplo, el siguiente código *no* funcionaría, asumiendo que la línea 2 es la *primera* referencia a **separator** dentro del ámbito:

http://pastebin.com/t8KaAa1y

```
1 movies.each do |m|
2   separator = '=>'  # first assignment is inside a block!
3   puts "#{m.title} #{separator} #{m.rating}"   #  OK
4 end
5 puts "Separator is #{separator}"      # === FAILS!! ===
```

En un lenguaje con ámbitos léxicos como Ruby, las variables son visibles al ámbito donde son creadas y a todos los ámbitos encerrados en éste. Como en el código de arriba **separator** está *creada* dentro del ámbito del bloque, sólo será visible dentro de ese bloque.

Resumiendo, **each** es sólo un método de instancia sobre una colección que toma un solo argumento (un bloque) y ofrece elementos a ese bloque uno por uno. El uso de las operaciones sobre colecciones está asociado a los bloques, una expresión idiomática común que Ruby toma prestado de la ***programación funcional***. Por ejemplo, para duplicar cada elemento dentro de una colección, podríamos escribir:

http://pastebin.com/M6pqwJMy

```
new_collection = collection.map do |elt|
  2 * elt
end
```

Si la interpretación sintáctica no resulta ambigua, es más propio usar llaves para delimitar un bloque corto (de una línea) en vez de usar **do...end**:

http://pastebin.com/nPQHG2yE

```
new_collection = collection.map { |elt| 2 * elt }
```

Así que, ¿no hay bucles for? Aunque Ruby permite **for i in collection**, el método **each** nos permite aprovecharnos del ***tipado dinámico***, que veremos en breve, para mejorar la reutilización de código.

Ruby tiene una gran variedad de operadores sobre colecciones; la figura 3.7 lista algunos de los más útiles. Con algo de práctica, empezará a expresar operaciones sobre colecciones en términos de estas expresiones funcionales automáticamente, en vez de con bucles imperativos. Por ejemplo, para devolver una lista de todas las palabras en algún fichero (es decir, componentes léxicos que consisten en términos y que están separados por componentes que no son términos) que empiezan por vocal, ordenados y sin duplicados:

http://pastebin.com/dFJjugTf

```
# downcase and split are defined in String class
words = IO.read("file").
  split(/\W+/).
  select { |s| s =~ /^[aeiou]/i }.
  map { |s| s.downcase }.
  uniq.
  sort
```

(Recuerde que Ruby permite dividir una sentencia en diferentes líneas para mayor legibilidad siempre y cuando quede claro dónde termina la sentencia. Los puntos al final de cada línea dejan claro que la sentencia continúa, porque un punto debe estar seguido necesaria-

Método	#Args	Devuelve una colección *nueva* con...
c.map	1	elementos obtenidos tras aplicar el bloque a cada elemento de **c**
c.select	1	Subconjunto de **c** para el cual el bloque devuelve cierto
c.reject	1	Subconjunto de **c** obtenido tras eliminar elementos para los cuales el bloque devuelve cierto
c.uniq		todos los elementos de **c** tras haber eliminado los duplicados
c.reverse		elementos de **c** en orden inverso
c.compact		todos los elementos de **c** que no son **nil**
c.flatten		elementos de **c** y cualquiera de sus sub-arrays, a los cuales se les ha quitado la dimensión de array recursivamente para contener sólo elementos sueltos (no de tipo array)
c.partition	1	dos colecciones, la primera conteniendo elementos de **c** para los cuales el bloque devuelve cierto, y la segunda conteniendo aquellos para los cuales devuelve falso
c.sort	2	elementos de **c** ordenados de acuerdo al bloque, que toma 2 argumentos y devuelve -1 si el primer elemento debería estar antes, +1 si el segundo elemento debería estar antes, y 0 si los dos elementos pueden ir en cualquier orden.
Los siguientes métodos necesitan que los *elementos de la colección* respondan a <=>; ver Sección 3.7.		
c.sort		Si se llama a **sort** *sin* un bloque, los elementos se ordenan de acuerdo a cómo respondan a <=>.
c.sort_by	1	Aplica el bloque a cada elemento de **c** y ordena el resultado. Por ejemplo, **movies.sort_by { |m| m.title }** ordena los objetos de **Movie** de acuerdo a cómo responden sus títulos a <=>.
c.max, c.min		El elemento más grande o más pequeño de la colección

Figura 3.7. Algunos métodos comunes en Ruby para colecciones. Para aquellos que esperan un bloque, mostramos el número de argumentos que espera el bloque; en blanco para aquellos métodos que no esperan un bloque. Por ejemplo, una llamada a sort, cuyo bloque espera 2 argumentos, debería ser como: c.sort { |a,b| a <=> b }. Todos estos métodos devuelven un objeto nuevo en vez de modificar el receptor. Algunos métodos también tienen la variante *destructiva*, que termina con !, por ejemplo sort!, que modifican los argumentos que se pasan como parámetro (y también devuelve el valor nuevo). Use los métodos destructivos con mucho cuidado.

mente de la llamada a un método). En general, si se encuentra escribiendo bucles explícitos en Ruby, debería reexaminar su código para ver si estas expresiones idiomáticas para colecciones no harían su código más conciso y legible.

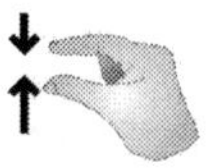

Resumen

- Ruby incluye aspectos de ***programación funcional*** tales como la posibilidad de operar en colecciones enteras con métodos como **map** y **sort**. Es bastante idiomático usar estos métodos para manipular colecciones en vez de iterar sobre ellos usando bucles **for**.
- El método de colección **each** devuelve un elemento de la colección uno a uno y lo pasa a un ***bloque***. Los bloques en Ruby sólo pueden aparecer como argumentos a métodos que esperan un bloque, como **each**.
- Los bloques son clausuras: todas las variables visibles al código del bloque donde se define éste, también serán visibles cuando se ejecute el bloque.
- Muchos métodos que parecen modificar una colección, como **reject**, en realidad devuelven una copia nueva con las modificaciones hechas. Algunos tienen versiones destructivas cuyos nombres terminan con **!**, como en **reject!**.

■ ***Explicación. Bloques y metaprogramación en XML Builder***

Un ejemplo elegante de combinación de bloques y metaprogramación es la clase XML Builder[4]. (Como mencionamos brevemente en la sección 2.3, HTML está muy relacionado con XML). En el siguiente ejemplo, el fragmento XML de las líneas 1–8 se generó con el código de Ruby de las líneas 9–18. Las llamadas a los métodos **name**, **phone**, **address**, y demás, usan **method_missing** para convertir cada llamada en una etiqueta XML, y los bloques se usan para indicar etiquetas anidadas.

http://pastebin.com/bC02KjiR

```
1  <person type="faculty">
2    <name>Barbara Liskov</name>
3    <contact>
4      <phone location="office">617-253-2008</phone>
5      <email>liskov@csail.mit.edu</email>
6    </contact>
7  </person>
8
9  # Code that generates the above markup:
10 require 'builder'
11 b = Builder::XmlMarkup.new(:indent => 2)
12 b.person :type => 'faculty' do
13   b.name "Barbara Liskov"
14   b.contact do
15     b.phone "617-253-2008", :location => 'office'
16     b.email "liskov@csail.mit.edu"
17   end
18 end
```

Autoevaluación 3.6.1. *Escriba una línea de Ruby que compruebe si una cadena de caracteres* **s** *es un palíndromo; es decir, si se lee igual de atrás a delante que de delante a atrás.* ***Pista:*** *Use los métodos de la figura 3.7, y no olvide que no debería importar si son mayúsculas o minúsculas:* `Reconocer` *es un palíndromo.*

◇ **s.downcase == s.downcase.reverse**

Podrías pensar que valdría con **s.reverse=~Regexp.new(s)**, pero no funcionaría si **s** contuviera metacaracteres de expresiones regulares, como **$**. ■

3.7 *Mix-ins* y tipado dinámico

Le sorprenderá saber que los métodos de colección listados en la figura 3.7 (y algunos otros que no están en esa figura) no son parte de la clase **Array** de Ruby. De hecho, ni siquiera son parte de alguna superclase de la que herede **Array** u otros tipos de colecciones. Estos métodos, por el contrario, se aprovechan de un mecanismo de reutilización más poderoso, denominado ***mix-in***.

Un *mix-in* es un conjunto de comportamientos relacionados que se pueden añadir a cualquier clase, aunque en algunos casos la clase tiene que cumplir un "contrato" para poder usar el *mix-in*. Esto puede sonar parecido a las interfaces (**Interface**) de Java, pero hay dos diferencias. Primera, un *mix-in* es más fácil de reutilizar: el "contrato", si existe alguno, se especifica en la documentación del *mix-in*, en vez de estar declarado formalmente como estaría en una interfaz en Java. Segunda, a diferencia de una interfaz de Java, que no dice nada con respecto a *cómo* implementa una clase dicha interfaz, un *mix-in* trata de hacer más fácil la reutilización de una implementación.

Si usa el editor Emacs, puede imaginar que los tipos minoritarios (completado automático, soporte para abreviación, etc.) son como un mecanismo *mix-in* que se apoya en contratos ofrecidos por los tipos mayoritarios; usan el *tipado* dinámico de Lisp para poder mezclarse en cualquier tipo mayoritario.

Un *módulo* es la manera que tiene Ruby de empaquetar un grupo de métodos en un *mix-in*. (Los módulos tienen también otros usos, pero el mecanismo *mix-in* es el más importante). Cuando se incluye un módulo en una clase con **include NombreModulo**, los métodos de instancia, de clase, y las variables del módulo quedan disponibles para la clase.

Los métodos de colección en la figura 3.7 son parte de un módulo llamado **Enumerable**, que es parte de la librería estándar de Ruby; para mezclar **Enumerable** con su propia clase, sólo tiene que poner **include Enumerable** dentro de la definición de la clase.

¡Cuidado! Como Ruby permite añadir y definir métodos en tiempo de ejecución, **include** no puede comprobar si la clase está cumpliendo con el contrato del módulo.

Como explica en su documentación[5], **Enumerable** requiere que la clase donde está mezclado ofrezca un método **each**, porque los métodos de la colección **Enumerable** se implementan en función de **each**. A diferencia de una interfaz en Java, este simple contrato es el *único* requisito para mezclar el módulo en una clase; no importa la clase que sea mientras tenga definido el método de instancia **each**, y ni la clase ni el *mix-in* tienen que declarar sus intenciones por adelantado. Por ejemplo, el método **each** de la clase **Array** en Ruby itera sobre los elementos del *array*, mientras que el método **each** de la clase **IO** itera sobre las líneas de un fichero u otro flujo de entrada/salida. Por tanto, un *mix-in* permite reutilizar conjuntos enteros de comportamientos entre clases que de otra manera no estarían relacionadas.

El término "*tipado* dinámico" o "*tipado* de pato" (*duck typing*) es una descripción popular relativa a esta capacidad, porque "si algo parece un pato y suena como un pato, debe de ser también un pato". Es decir, desde el punto de vista de **Enumerable**, si una clase tiene un método **each**, debe de ser también una colección, y eso permite que **Enumerable** pueda ofrecer otros métodos implementados en función de **each**. A diferencia de **Interface** en Java, no se requiere ninguna declaración formal para un *mix-in*; si inventásemos un nuevo *mix-in* que dependiera (digamos) de una clase que implementara el operador de derreferencia **[]**, podríamos mezclarlo en cualquier otra clase de este tipo sin tener que modificar esa clase. Cuando los programadores de Ruby dicen que una clase "suena como un **Array**", suelen querer decir que no tiene por qué ser un **Array** necesariamente, ni uno de sus descendientes, pero responde a la mayoría de los métodos de un **Array** y, por tanto, se puede usar en cualquier parte donde se usaría un **Array**.

Como **Enumerable** puede ofrecer todos los métodos que hay en la figura 3.7 (y algunos más) a cualquier clase que implemente **each**, todas las clases Ruby que "suenen como una colección" mezclan **Enumerable** por comodidad. Los métodos **sort** (sin bloque), **max**, y **min** también necesitan que los *elementos* de la colección (no la colección en sí misma) res-

<=> se le denomina a veces el *operador nave espacial*, porque algunas personas piensan que se parece a un platillo volante.

pondan al método <=>, que devuelve -1, 0, o 1 dependiendo de si su primer argumento es menor, igual, o mayor que el segundo respectivamente. Puede mezclar **Enumerable** incluso si los elementos de la colección no responden a <=>; simplemente no podrá usar **sort**, **max**, o **min**. En cambio, en Java, cada clase de tipo colección que implementase la interfaz **Enumerable** tendría que asegurarse de que sus elementos se pudieran comparar, independientemente de si se necesitase esa funcionalidad o no.

En el capítulo 8 veremos cómo la combinación del mecanismo *mix-in*, apertura de clases y **method_missing** le permiten escribir pruebas unitarias sumamente legibles usando la herramienta RSpec.

Resumen

- Un ***mix-in*** es un conjunto de comportamientos relacionados entre sí que se pueden añadir a cualquier clase que satisfaga el contrato del *mix-in*. Por ejemplo, **Enumerable** es un conjunto de comportamientos en colecciones enumerables que requieren que la clase que lo incluye defina el iterador **each**.
- Ruby usa módulos para agrupar varios *mix-in*. Un módulo se mezcla en una clase poniendo **include NombreModulo** después de la sentencia **class NombreClase**.
- La clase que implementa algún conjunto de comportamientos característico de otra clase, posiblemente usando algún *mix-in*, se suele decir que "suena como" la clase a la que se parece. El esquema de Ruby para permitir un *mix-in* sin comprobación estática de tipos se le suele denominar ***tipado dinámico***.
- Al contrario que en las interfaces de Java, un *mix-in* no necesita una declaración formal. Pero como Ruby no tiene tipos estáticos, es su responsabilidad asegurarse de que la clase que incluye el *mix-in* satisfaga las condiciones establecidas en la documentación del *mix-in*, o tendrá un error en tiempo de ejecución.

■ ***Explicación. Tipado dinámico y la clase Time***

Ruby puede representar tiempo arbitrariamente lejano del pasado o del futuro, puede usar zonas horarias, y pueden manejar sistemas de calendario distintos del gregoriano. Sin embargo, como vimos en la sección 3.5, cuando un objeto **Time** recibe una llamada de un método como +, que espera un argumento aritmético, intenta devolver una representación de sí mismo que sea compatible con la representación Unix (segundos desde la época). En otras palabras, un objeto **Time** no es un entero, pero cuando es necesario, suena como un entero.

Autoevaluación 3.7.1. *Suponga que mezcla* **Enumerable** *en una clase* **Foo** *que no ofrece el método* **each**. *¿Qué error ocurrirá cuando llame a* **Foo.new.map { |elt| puts elt }**?

◇ El método **map** de **Enumerable** intentará llamar a **each** de su receptor, pero como el nuevo objeto **Foo** no define **each**, Ruby lanzará un error de tipo *Undefined Method.* ■

Autoevaluación 3.7.2. *Qué sentencia es correcta y por qué: (a)* **include 'enumerable'** *(b)* **include Enumerable**

◇ (b) es la correcta, porque **include** espera el nombre de un módulo que (como el nombre de las clases) es una constante y no una cadena de caracteres. ■

http://pastebin.com/yAYDz8nS

```ruby
# return every n'th element in an enumerable
module Enumerable
  def every_nth(count)
    index = 0
    self.each do |elt|
      yield elt if index % count == 0
      index += 1
    end
  end
end

list = (1..10).to_a # make an array from a range
list.every_nth(3) { |s| print "#{s}, " }
# => 1, 4, 7, 10,
list.every_nth(2) { |s| print "#{s}, " }
# => 1, 3, 5, 7, 9,
```

Figura 3.8. Un ejemplo de uso de yield en Ruby, que se basa en un constructor introducido en el lenguaje CLU. Tenga en cuenta que definimos every_nth en el módulo Enumerable que muchas colecciones mezclan, como se describe en la sección 3.7.

3.8 Cree sus propios iteradores con *yield*

Aunque Ruby define **each** para clases ya construidas como **Array**, puede definir sus propios iteradores usando **each** también. La idea de hacer de la iteración una característica de lenguajes de primera clase apareció por primera vez en el lenguaje ***CLU***, inventado por Barbara Liskov. En Ruby, **yield** le permite definir sus propios métodos **each** que toman un bloque, ofreciendo a las colecciones una manera elegante de manejar sus propios recorridos.

La figura 3.8 muestra cómo funciona este constructor tan inusual. Cuando se llama a un método que contiene **yield**, se ejecuta hasta que se alcanza ese **yield**; en ese punto, el control de la ejecución se transfiera al bloque que fue pasado al método. Si **yield** tiene argumentos, estos argumentos se convierten en los argumentos del bloque.

Un uso común de **yield** es el de implementar iteradores como **each** y **every_nth**. Al contrario que Java, en donde tiene que crear un iterador pasándole una colección de algún tipo y luego invocar repetidamente **while (iter.hasNext())** y **iter.getNext()**, los iteradores en Ruby permiten volver la estructura de control "de dentro a afuera" y dejan que las estructuras de datos gestionen *su propia* iteración.

yield también permite la reutilización en situaciones donde necesite meter alguna funcionalidad personalizada dentro de alguna otra funcionalidad común. Por ejemplo, considere una aplicación que crea páginas HTML y use una plantilla HTML estándar para la mayoría de las páginas que se parezca a ésta, donde la única diferencia entre las páginas se encuentra en la línea 8:

No confunda este uso del término *yield* con el uso distinto que hacen los sistemas operativos, en los que se dice que un hilo o proceso *cede* el control a otro abandonando la CPU.

http://pastebin.com/tZ5j3G7J

```html
1  <!DOCTYPE html>
2  <html>
3    <head>
4    <title>Report</title>
5    </head>
6    <body>
7      <div id="main">
8        ...user-generated content here...
9      </div>
10   </body>
11 </html>
```

En muchos lenguajes, podemos encapsular el código que se repite de las líneas 1–7 y 9–

11 en los métodos llamados **make_header** y **make_footer**, y luego hacer que los métodos que generan cada página hagan esto:
http://pastebin.com/0sTEMcdN

```
def one_page
  page = ''
  page << make_header()
  page << "Hello"
  page << make_footer()
end
def another_page
  page = ''
  page << make_header()
  page << "World"
  page << make_footer()
end
```

Como este código parece repetitivo, podemos envolver las dos llamadas en un sólo método:
http://pastebin.com/TsvTN5ZT

```
def make_page(contents)
  page = ''
  page << make_header()
  page << contents
  page << make_footer()
end
#
def one_page
  make_page("Hello")
end
def another_page
  make_page("World")
end
```

Pero en el capítulo 2 aprendimos que los patrones de diseño útiles nacen del deseo de *separar las cosas que cambian de las que permanecen igual.* **yield** ofrece una manera mejor de encapsular la parte común —la que se repite "alrededor" del contenido del usuario— en su propio método:
http://pastebin.com/7TbZ12p4

```
1  def make_page
2    page = ''
3    page << make_header()
4    page << yield
5    page << make_footer()
6  end
7  def one_page
8    make_page do
9      "Hello"
10   end
11 end
12 def another_page
13   make_page do
14     "World"
15   end
16 end
```

En este ejemplo, cuando **one_page** llama a **make_page**, el **yield** de la línea 4 devuelve el control al bloque en la línea 9. El bloque se ejecuta, y el resultado (en este caso, **"Hello"**) se devuelve a la línea 4 como resultado de **yield**, y se añade a **page** (usando el operador **<<**), tras lo cual **make_page** continúa.

Podemos explotar las expresiones de Ruby para bloques de una sóla línea y reducir esto a:

http://pastebin.com/Nqe8MwA5

```
def make_page
  make_header << yield << make_footer
end

def one_page
  make_page { "Hello" }
end
def another_page
  make_page { "World" }
end
```

Como veremos, **yield** es realmente la manera en la que Rails implementa la generación de plantillas HTML para las vistas: se genera el código HTML común que va al principio y final de cada página, y luego se usa **yield** para generar el contenido específico de cada página que hay entre medias. En el capítulo 11, veremos cómo la combinación de bloques y el patrón de diseño Factoría ofrece un grado excepcional de concisión y belleza de código a la hora de separar las cosas que cambian de las que permanecen igual.

Con esta breve introducción a las distintas características de Ruby, estamos ya preparados para conocer el entorno Rails.

Resumen

- En el cuerpo de un método que toma un bloque como parámetro, **yield** transfiere el control al bloque y opcionalmente le pasa un argumento.
- Como el bloque es una clausura, su ámbito es el mismo que tenía efecto cuando se definió el bloque, incluso aunque el método que cede el control al bloque se esté ejecutando en un ámbito completamente diferente.
- **yield** es el mecanismo general que hay detrás de los iteradores: un iterador es simplemente un método que recorre una estructura de datos y usa **yield** para pasar un elemento cada vez al receptor del iterador.

Autoevaluación 3.8.1. *Fijándonos en la figura 3.8, observe que* **every_nth** *usa* **elt** *como el nombre de una variable de instancia en las líneas 5 y 6. Suponga que en la línea 13 usamos* **elt** *en vez de* **s** *para nombrar a la variable local del bloque. ‘?Qué efecto tendría este cambio, si tiene alguno, y por qué?*

◇ No tendría ningún efecto. **every_nth** y el bloque que le pasamos se ejecutan en ámbitos distintos, así que no hay “colisión” con la variable local nombrada como **elt**. ■

3.9 Falacias y errores comunes

⚠ ***Error.*** **Escribiendo Java en Ruby.**

Lleva algo de tiempo aprender las expresiones idiomáticas de un nuevo lenguaje y cómo difiere de otros lenguajes. Algunos ejemplos comunes para programadores en Java que sean nuevos en Ruby incluyen:

- Pensar en términos de conversión (*casting*) en vez de en llamadas a métodos: **100.0 * 3** no realiza una conversión del entero 3 a un Float, sino que llama a **Float#***.

- Leer **a.b** como "atributo **b** del objeto **a**" en vez de "llamada al método **b** sobre el objeto **a**".

- Pensar en términos de clases y tipos estáticos tradicionales, en vez de en *tipado* dinámico. Cuando se llama a un método sobre un objeto, o se hace un *mix-in*, lo único que importa es si el objeto responde a ese método. El tipo o la clase de ese objeto es irrelevante.

- Escribir bucles **for** explícitos en vez de usar un iterador como **each** y los métodos de colección que lo explotan a través de un mecanismo *mix-in* como **Enumerable**. Use expresiones idiomáticas funcionales como **select**, **map**, **any?**, **all?**, etc.

- Pensar en **attr_accessor** como una declaración de atributos. Esta y otras abreviaciones relacionadas le ahorran trabajo *si* quiere hacer que un atributo se pueda leer o escribir de manera pública. Pero no necesita "declarar" un atributo de ninguna manera (con la existencia de variable de instancia es suficiente) y, con toda probabilidad, algunos atributos no *deberían* ser visibles de manera pública. Evite la tentación de usar **attr_accessor** como si estuviera escribiendo declaraciones de atributos en Java.

⚠ ***Error.* Pensar en símbolos y cadenas de caracteres como intercambiables.**

Mientras que muchos métodos de Rails se construyen explícitamente para aceptar tanto una cadena de caracteres como un símbolo, estos dos tipos, por lo general, no son intercambiables. Un método que espera una cadena de caracteres lanzará un error si se le pasa un símbolo o, dependiendo del método, sencillamente fallará. Por ejemplo, **['foo','bar'].include?('foo')** es cierto, mientras que **['foo','bar'].include?(:foo)** es legal pero falso.

⚠ ***Error.* Nombrar una variable local cuando en realidad se quería nombrar a un método local.**

Suponga que la clase **C** define un método **x=**. En un método de instancia de **C**, escribir **x=3** no tendrá el efecto deseado de llamar al método **x=** con el argumento 3; lo que hará será poner la variable local **x** a 3, que probablemente no es lo que usted quería. Para conseguir el efecto deseado, escriba **self.x=3**, que explícitamente realizará la llamada al método.

⚠ ***Error.* Confundir require con include.**

require carga un fichero arbitrario en Ruby (por lo general, el fichero principal para alguna gema), mientras que **include** mezcla un módulo. En ambos casos, Ruby dispone de sus propias reglas para localizar los ficheros que contienen el código; la documentación de Ruby describe el uso de **$LOAD_PATH**, pero necesitará manipularlo muy pocas veces, o nunca, si usa Rails como entorno de trabajo y Bundler para gestionar sus gemas.

3.10 Observaciones finales: uso de expresiones idiomáticas del lenguaje

> *Los programas feos son como los puentes de suspensión feos: son más propensos al colapso que los bonitos, porque la forma en que los seres humanos (especialmente los ingenieros) perciben la belleza está íntimamente relacionada con nuestra habilidad para*

procesar y comprender la complejidad. Un lenguaje que dificulta escribir un código elegante, dificulta escribir un código bueno.

Eric S. Raymond

Si viene a Ruby sin conocer lenguajes como Lisp o Schema, las expresiones idiomáticas de programación funcionales pueden serle nuevas. A menos que esté familiarizado con JavaScript, probablemente no ha usado clausuras antes. Y a menos que conozca ***CLU***, acostumbrarse al concepto **yield** de Ruby le puede llevar tiempo.

Hay un pequeño chiste entre programadores que dice que "puede escribir Fortran en cualquier lenguaje". Este comentario quizás es injusto para Fortran —usted puede escribir código bueno o malo en cualquier lenguaje—, pero la intención de usar esa expresión es la de desaconsejarle trasladar hábitos de programación de un lenguaje a otro donde no son apropiados, perdiendo así la oportunidad de usar un mecanismo del lenguaje nuevo que puede ofrecer una solución más elegante.

Por tanto, nuestro consejo es que persevere en el lenguaje nuevo hasta que esté cómodo con sus expresiones idiomáticas. Evite la tentación de traducir literalmente su código desde otro lenguaje sin considerar primero si hay una manera más propia de Ruby para codificar lo que necesita. Repetiremos este consejo cuando atajemos JavaScript en el capítulo 6.

Aprender a usar un lenguaje nuevo y aprovechar al máximo sus expresiones idiomáticas es una habilidad vital para profesionales de software. No son tareas fáciles, pero esperamos que centrar nuestra exposición en las características únicas y elegantes de Ruby y JavaScript evoque su curiosidad intelectual en vez de gruñidos de resignación, y que finalmente aprecie el valor de manejar una variedad de herramientas especializadas para elegir la más productiva en cada nueva tarea.

3.11 Para saber más

- Programming Ruby[6] y *The Ruby Programming Language* (Flanagan and Matsumoto 2008), coescrito por el inventor de Ruby "Matz" Matsumoto, son las referencias para Ruby.

- La documentación en línea para Ruby[7] ofrece detalles del lenguaje, sus clases, y sus librerías estándar. Algunas de las clases más útiles son **IO** (operaciones de E/S en ficheros y redes, incluyendo ficheros CSV), **Set** (operaciones de colección como diferencia de conjuntos, intersección de conjuntos, etc.), y **Time** (la clase estándar para representar fechas y horas, que le recomendamos por encima de **Date** aunque sólo esté representando fechas sin horas). Estos son materiales de referencia, no tutoriales.

- *Learning Ruby* Fitzgerald 2007 tiene un enfoque más cercano a lo que es un tutorial para aprender el lenguaje. La guía gratuita con licencia Creative Commons y algo peculiar llamada Why's (Poignant) Guide to Ruby[8] es una alteranativa interesante, aunque parte del material puede estar desactualizado porque se escribió para Ruby 1.8.

- *The Ruby Way, Second Edition* es una referencia enciclopédica, tanto para Ruby como para el uso de sus expresiones idiomáticas, para resolver problemas prácticos de programación.

- Muchos principiantes en Ruby tienen problemas con **yield**, que no tiene un equivalente en Java, C or C++ (aunque versiones recientes de Python y JavaScript sí tienen mecanismos similares). El artículo de ***corrutinas*** de Wikipedia ofrece buenos ejemplos de los mecanismos generales de corrutina que soporta **yield**. *Ruby Best Practices* Brown 2009 se centra en cómo aprovechar lo mejor posible las "poderosas herramientas" de Ruby, como bloques, módulos/*tipado* dinámico, metaprogramación, etc. Ésta es una buena lectura si quiere escribir Ruby como un verdadero programador de Ruby, en vez de escribir código Java en Ruby.

G. T. Brown. *Ruby Best Practices.* O'Reilly Media, 2009. ISBN 0596523009.

M. J. Fitzgerald. *Learning Ruby.* O'Reilly Media, 2007. ISBN 0596529864.

D. Flanagan and Y. Matsumoto. *The Ruby Programming Language.* O'Reilly Media, 2008. ISBN 0596516177.

Notas

[1]`http://validator.w3.org`
[2]`https://api.duckduckgo.com/api`
[3]`http://pastebin.com`
[4]`http://builder.rubyforge.org/`
[5]`http://ruby-doc.org/core-1.9.3/Enumerable.html`
[6]`http://ruby-doc.org/docs/ProgrammingRuby`
[7]`http://ruby-doc.org/`
[8]`http://www.scribd.com/doc/2236084/Whys-Poignant-Guide-to-Ruby`

3.12 Ejercicios propuestos

Orientación a objetos (OO) y clases

Ejercicio 3.1. *¿Cuántas clases antecesoras tiene el objeto* **5**? ***Pista:*** *Use el encadenamiento de métodos para seguir la serie de superclases hacia arriba hasta* **BasicObject**.

Ejercicio 3.2. *Teniendo en cuenta que* **superclass** *devuelve* **nil** *cuando se le llama sobre* **BasicObject** *pero devuelve un valor no* **nil** *en el resto de ocasiones, escribe un método Ruby que, cuando se le pase un objeto, escriba la clase del objeto y sus clases ancestras hasta* **BasicObject**.

Ejercicio 3.3. *Ben Bitdiddle pregunta: "Si* **i** *es un entero y* **f** *es un número en coma flotante en Ruby, y escribo* **i+f**, *al hacer la suma, ¿* **i** *se convierte en float o* **f** *se convierte en un entero?" Explique por qué la pregunta de Ben está mal formulada si se aplica a Ruby.*

Ejercicio 3.4. *Iluminado por la respuesta del Ejercicio 3.3 , ahora Ben observa que escribir* **i+=f** *es legal en Ruby. Su pregunta es: "¿* **+=** *es un operador de separación en Ruby, o es sólo una forma simplificada de escribir* **i=i+f**?" *Diseñe y ponga a prueba un experimento para determinar la respuesta.*

Metaprogramación

Ejercicio 3.5. *Siguiendo el ejemplo de la sección 3.5, aproveche el tipado dinámico de* **Time** *para definir el método* **at_beginning_of_year** *que le deje escribir:*
http://pastebin.com/NxicVYaP

```
Time.now.at_beginning_of_year + 1.day
# => 2011-01-02 00:00:00 -0800
```

Pista 1: *La documentación de* **Time**[1] *le explica que el método de clase* **local** *se puede usar para crear un nuevo objeto* **Time** *con un año, mes y día específicos.*

Pista 2: *El receptor de* **at_beginning_of_year** *en el código de antes es* **now***, tal y como sucedía en el ejemplo de la sección 3.5. Pero a diferencia de ese ejemplo, piense detenidamente cómo le gustaría que "sonase"* **now***.*

Ejercicio 3.6. *Defina un método llamado* **attr_accessor_with_history***, que ofrezca la misma funcionalidad que* **attr_accessor** *pero que también registre cada uno de los valores que ha ido teniendo:*
http://pastebin.com/4ffrvFgC

```
class Foo
  attr_accessor_with_history :bar
end
f = Foo.new       # => #<Foo:0x127e678>
f.bar = 3         # => 3
f.bar = :wowzo    # => :wowzo
f.bar = 'boo!'    # => 'boo!'
f.history(:bar) # => [3, :wowzo, 'boo!']
```

Mecanismo mix-in e iteradores

Ejercicio 3.7. *El módulo* **Enumerable** *incluye el iterador* **each_with_index** *que devuelve cada elemento enumerable junto con su índice, comenzando por cero (recuerde que* **Enumerable** *está mezclado por defecto en las clases de colección que vienen con Ruby):*
http://pastebin.com/75zEmrAX

```
%w(alice bob carol).each_with_index do |person,index|
  puts ">> #{person} is number #{index}"
end
>> alice is number 0
>> bob is number 1
>> carol is number 2
```

Cree el iterador **each_with_custom_index** *en el módulo* **Enumerable** *que le permita determinar el valor de comienzo de los índices además de cuánto van a ir aumentando:*
http://pastebin.com/wpYexvCW

```
%w(alice bob carol).each_with_custom_index(3,2) do |person,index|
  puts ">> #{person} is number #{index}"
end
>> alice is number 3
>> bob is number 5
>> carol is number 7
```

Ejercicio 3.8. *Recuerde que los dos primeros enteros en la serie de Fibonacci son 1 y 1, y que cada uno de los siguientes números en la serie son la suma de los dos anteriores. Construya una clase que devuelva un iterador para los primeros* n *números de la serie de Fibonacci. Debería ser capaz de usar la clase como sigue:*

http://pastebin.com/W5nm61P9

```
# Fibonacci iterator should be callable like this:
f = FibSequence.new(6) # just the first 6 Fibonacci numbers
f.each { |s| print(s,':') }  # => 1:1:2:3:5:8:
f.reject { |s| s.odd? }      # => [2, 8]
f.reject(&:odd?)             # => [2, 8] (a shortcut!)
f.map { |x| 2*x }            # => [2, 2, 4, 6, 10, 16]
```

Pista: *Mientras que los objetos de su clase implementen* **each***, puede mezclar* **Enumerable** *para tener* **reject**, **map**, *y demás.*

Ejercicio 3.9. *Implemente un iterador llamado* **each_with_flattening** *que se comporte como sigue:*
http://pastebin.com/t79i1ZNu

```
[1, [2, 3], 4, [[5, 6], 7]].each_with_flattening { |s| print "#{s}," }
>> 1, 2, 3, 4, 5, 6, 7
```

¿Qué supuesto(s) debe hacer su iterador sobre su receptor? ¿Qué supuesto(s) debe hacer sobre los elementos de su receptor?

Ejercicio 3.10. *Extienda el módulo* **Enumerable** *con un iterador nuevo,* **each_permuted**, *que devuelva los elementos de una colección en un orden aleatorio. El iterador debe asumir que la colección responde a* **each** *pero no debería suponer nada más sobre los elementos.* ***Pista:*** *Igual puedes usar el método* **rand** *de la librería estándar de Ruby.*

Ejercicio 3.11. *Un árbol binario ordenado es aquel en el que cada nodo tiene un valor y hasta 2 hijos, cada uno de los cuales es también un árbol binario ordenado, y el valor de cualquier elemento del subárbol izquierdo de un nodo es menor que el valor de cualquier elemento en el subárbol derecho del nodo.*

Defina una clase colección llamada **BinaryTree** *que ofrezca los métodos de instancia << (insertar elemento),* **empty?** *(devuelve cierto si el árbol no tiene elementos), y* **each** *(el iterador estándar que devuelve un elemento cada vez, en el orden que usted desee).*

Ejercicio 3.12. *Extienda la clase de su árbol binario ordenado para que ofrezca los siguientes métodos, cada uno de los cuales toma un bloque:* **include?(elt)** *(devuelve cierto si el árbol incluye a* **elt***),* **all?** *(cierto si un bloque dado es cierto para todos los elementos),* **any?** *(cierto si un bloque dado es cierto para alguno de sus elementos),* **sort** *(ordena los elementos).* ***Pista:*** *Una sóla línea de código es suficiente para hacer todo esto.*

Ejercicio 3.13. *Similar al ejemplo de* **days.ago** *de la sección 3.5, defina las conversiones apropiadas entre euros, dólares americanos y yenes para poder realizar las siguientes conversiones:*
http://pastebin.com/JhsBT11Z

```
# assumes 1 Euro=1.3 US dollars, 1 Yen=0.012 US dollars
5.dollars.in(:euros)  # => 6.5
(1.euro - 50.yen).in(:dollars)  # => 0.700
```

Ejercicio 3.14. *¿Cuál de estos métodos realiza modificaciones para que realmente sucedan tal y como esperaba?*

http://pastebin.com/M7dfp9gZ

```
def my_swap(a,b)
  b,a = a,b
end

class Foo
attr_accessor :a, :b
  def my_swap_2()
    @b,@a = @a,@b
  end
end

def my_string_replace_1(s)
  s.gsub( /Hi/, 'Hello')
end

def my_string_replace_2(s)
  s.gsub!( /Hi/, 'Hello')
end
```

Ejercicio 3.15. *Extienda la clase* **Time** *con el método* **humanize** *que devuelva una frase informativa describiendo la hora del día más cerca al cuarto de hora, en modo 12 horas, y haciendo mención especial a medianoche:*

http://pastebin.com/4znyp5BZ

```
>>  Time.parse("10:47 pm").humanize
# => "About a quarter til eleven"
>>  Time.parse("10:31 pm").humanize
# => "About half past ten"
>>  Time.parse("10:07 pm").humanize
# => "About ten"
>>  Time.parse("23:58").humanize
# => "About midnight"
>>  Time.parse("00:29").humanize
# => "About 12:30"
```

4 Entorno SaaS: introducción a Rails

Charles Antony Richard Hoare (1934–, conocido como "Tony" por casi todo el mundo) recibió el Premio Turing en 1980 por sus "contribuciones fundamentales a la definición y diseño de lenguajes de programación".

Hay dos maneras de construir un diseño software: Una es hacerlo tan simple que obviamente no tenga deficiencias, *y la otra es hacerlo tan complicado que* no tenga deficiencias obvias. *La primera es la más difícil... La persecución de la simplicidad extrema es el precio a pagar por la fiabilidad.*

Tony Hoare

Conceptos

Las ideas generales de este capítulo tratan sobre cómo Rails permite simplificar la creación de aplicaciones SaaS.

- Rails expone la arquitectura de cliente-servidor, la de tres capas, y los patrones de diseño modelo-vista-controlador, aspectos comunes en las aplicaciones SaaS.
- El paquete ActiveRecord de Rails usa la metaprogramación de Ruby y ***convención sobre configuración*** para liberarle a usted de escribir cualquier código relativo a las operaciones básicas de crear, leer, modificar y borrar, también llamadas CRUD (*Create, Read, Update and Delete*), en sus modelos, siempre y cuando siga una serie de convenciones sobre el nombrado de clases y variables.
- Los paquetes ActionView y ActionController de Rails ofrecen ayuda para crear páginas web, gestionando formularios y configurando las ***rutas*** que mapean URIs a acciones del controlador (el código de su aplicación).
- Una aplicación Rails que se construya adecuadamente se puede adaptar fácilmente para que trabaje en una arquitectura orientada a servicios, comunicándose con servicios externos en vez de con una persona a través de un navegador.
- La depuración en SaaS requiere comprender los diferentes lugares en los que algo puede ir mal durante el proceso de una petición SaaS, y hacer esa información visible al desarrollador.

Todas estas facilidades de Rails se han diseñado para agilizar la creación de aplicaciones que van a funcionar en una Arquitectura Orientada a Servicios y para explotar patrones de diseño probados para SaaS.

4.1 Fundamentos de Rails: de cero a CRUD

Como vimos en el capítulo 2, Rails es un entorno para el desarrollo de aplicaciones SaaS que define una estructura particular para organizar el código de su aplicación, y ofrece la interfaz de un servidor de aplicaciones Rails como puede ser Rack.

El servidor de aplicaciones espera que un navegador web contacte con su aplicación y mapea cada petición de entrada (URI y método HTTP) a una acción particular en alguno de los controladores de su aplicación. Rails consiste tanto en el entorno propiamente dicho como en el comando `rails`, que se usa para configurar y manejar las aplicaciones Rails. Los tres módulos principales para MVC que forman el corazón del soporte de Rails son: ActiveRecord para la creación de modelos, ActionView para la creación de vistas, y ActionController para la creación de controladores.

Tomando la explicación del Modelo–Vista–Controlador del capítulo 2 como el entorno de referencia, comenzaremos desde cero y crearemos la aplicación *Rotten Potatoes* descrita en el capítulo 2, que gestiona una base de datos sencilla con información de películas. Veremos brevemente cada uno de los bloques que componen una aplicación básica en Rails con un sólo modelo, por este orden:

1. Creación del esqueleto de una nueva aplicación
2. Encaminamiento
3. La base de datos y las migraciones
4. Modelos y ActiveRecord
5. Controladores, vistas, formularios y CRUD

-T omite los directorios que usa el entorno de pruebas `Test::Unit` de Ruby, porque en el capítulo 8 usaremos mejor el entorno de pruebas RSpec. `rails --help` muestra más opciones para crear una aplicación nueva.

Comience entrando en la VM de la biblioteca de recursos, cambiando a un directorio apropiado, como Documents (`cd Documents`), y creando una aplicación Rails nueva y vacía con `rails new myrottenpotatoes -T`. Si todo va bien, verá varios mensajes sobre ficheros que se crean, finalizando con "Your bundle is complete". Ahora puede hacer `cd` al directorio que se acaba de crear, `myrottenpotatoes`, al que se conoce como la ***raíz de la aplicación***. A partir de ahora, a menos que digamos otra cosa, todos los nombres de ficheros serán relativos a la raíz de la aplicación. Antes de seguir avanzando, vamos a pararnos unos minutos a examinar el contenido del directorio de la nueva aplicación `myrottenpotatoes`, desglosado en la figura 4.1, para que se familiarice con la estructura de directorios común a todas las aplicaciones Rails.

El mensaje "Your bundle is complete" se refiere al fichero `Gemfile` que se creó automáticamente para su aplicación. Mientras que la librería estándar de Ruby incluye un conjunto amplio de clases útiles[2], Rubygems es un sistema para gestionar librerías externas de Ruby, también llamadas ***gemas***. Bundler, una gema que viene preinstalada en la biblioteca de recursos, busca un fichero `Gemfile` en el directorio raíz de la aplicación que especifica no sólo de qué gemas depende su aplicación, sino de qué versiones. Le puede sorprender que ya existan nombres de gemas en este fichero, incluso aunque todavía no se haya puesto a escribir nada de código, pero eso es porque el mismo Rails es una gema y también depende de otro conjunto de gemas. Por ejemplo, si abre el fichero `Gemfile` con un editor, verá que aparece `sqlite3` porque, por defecto, el entorno de desarrollo Rails espera usar la base de datos SQLite3.

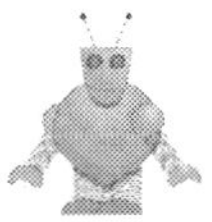

Edite el fichero `Gemfile` para añadir lo siguiente (en cualquier parte del fichero, mientras no sea dentro de un bloque que comience con **group**).

Gemfile	lista de gemas (librerías) de Ruby que usa la aplicación (capítulo 3)
Rakefile	comandos para automatizar el mantenimiento y el despliegue (capítulo 12)
app	la aplicación
app/models	código del modelo
app/controllers	código del controlador
app/views	plantillas de la vista
app/views/layouts	plantillas de página usadas por todas las vistas de la aplicación (ver texto)
app/helpers	métodos *helper* para optimizar las plantillas de la vista
app/assets	recursos estáticos (JavaScript, imágenes, hojas de estilo)
config	información básica de configuración
config/environments	configuración para la ejecución en desarrollo vs. producción
config/database.yml	configuración de la base de datos en desarrollo vs. producción
config/routes.rb	correspondencias de URIs con las acciones del controlador
db	ficheros que describen el esquema de la base de datos
db/development.sqlite3	información de almacenamiento en SQLite para la base de datos de desarrollo
db/test.sqlite3	base de datos usada para ejecutar pruebas
db/migrate/	migraciones (descripciones de cambios al esquema de la base de datos)
doc	documentación generada
lib	código adicional compartido entre M, V, C
log	ficheros de registro
public	páginas de error ofrecidas por el servidor web
script	herramientas de desarrollo que no son parte de la aplicación
tmp	información temporal mantenida en tiempo de ejecución

Figura 4.1. La estructura estándar de directorios de un proyecto Rails incluye un directorio app **para la lógica real de la aplicación, con subdirectorios para los modelos, las vistas, y los controladores, mostrando la elección de Rails por la arquitectura MVC ya incluso en la distribución de los ficheros del proyecto.**

Pastebin es un servicio para copiar y pegar el código de un libro (si estás leyendo el libro impreso, tendrás que teclear el URI; en los libros electrónicos es un enlace).

http://pastebin.com/UQTR5UQh

```
# use Haml for templates
gem 'haml'
# use Ruby debugger
group :development, :test do
  gem 'debugger'
end
```

Hemos realizado dos cambios. El primero, especifica que usaremos el sistema de plantillas Haml en vez de `erb`, que viene por defecto. El segundo, especifica que queremos usar el depurador interactivo **debugger** durante el desarrollo y las pruebas, pero no en producción.

Una vez que haya hecho estos cambios al fichero `Gemfile`, ejecute `bundle install --without production`, que comprueba si alguna de las gemas especificadas en el fichero `Gemfile` no están y, por tanto, necesitan instalarse. En este caso no se necesita instalación alguna, porque hemos precargado la mayoría de las gemas que va a necesitar usted en la VM de la biblioteca de recursos, así que debería ver "Your bundle is complete" como antes. Bundler crea el fichero `Gemfile.lock`, listando qué versiones de qué gemas se *están usando realmente* en su entorno de desarrollo; plataformas de despliegue como Heroku usan esta información para hacer coincidir exactamente las gemas y sus versiones en su entorno de producción.

¡Asegúrese de colocar tanto `Gemfile` como `Gemfile.lock` bajo el control de versiones! Si no lo ha hecho ya, el apéndice A.6 explica los conceptos básicos.

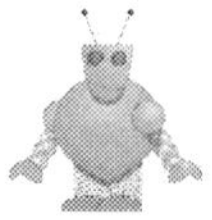

Tal y como sugiere el icono del margen, Bundler es el primero de los muchos ejemplos que nos encontraremos acerca de la *automatización para la repetibilidad:* en vez de instalar manualmente las gemas que necesita su aplicación, listarlas en el fichero `Gemfile` y dejar que Bundler las instale automáticamente asegura que la tarea se va a poder repetir de manera consistente en múltiples entornos, eliminando posibles errores que se puedan producir al realizar estas tareas. Esto es importante porque, cuando despliegue su aplicación, la información se usa para hacer coincidir el entorno de despliegue con su entorno de desarrollo.

Arranque la aplicación con `rails server` y haga que su navegador apunte a `http://localhost:3000`. Recuerde del capítulo 2 que un URI que especifica sólo el nombre de la máquina y el puerto traerá la página de bienvenida. Muchos servidores web implementan la regla de convención en la que, a menos que la aplicación especifique lo contrario, la página de bienvenida es `index.html`, y efectivamente la página de bienvenida que usted debe estar viendo ahora se encuentra almacenada en `public/index.html`—la página inicial genérica para las nuevas aplicaciones de Rails.

Address already in use? Si ve este error, es que ya tiene un servidor de aplicaciones escuchando en el puerto 3000 por defecto, así que busque la ventana del terminal donde arrancó la aplicación y teclee Control-C para pararla si es necesario.

Si ahora visita `http://localhost:3000/movies`, debería obtener un error de encaminamiento de Rails. De hecho, debería verificar que *cualquier cosa* que añada a esta URI devuelve el mismo error, y esto es así porque no hemos especificado ninguna ***ruta*** que mapee URIs a métodos de la aplicación. Pruebe a ejecutar `rake routes` y verifique que, al contrario que el resultado del capítulo 2, no se imprime nada porque no hay rutas en nuestra recién estrenada aplicación (quizá quiera abrir múltiples ventanas de terminal para que la aplicación pueda seguir corriendo mientras usted ejecuta otros comandos). Es más, use un editor para abrir el fichero `log/development.log` y observe que el mensaje de error ha quedado registrado ahí; aquí es donde encontrará información detallada de errores cuando algo vaya mal. Le mostraremos otras técnicas de depuración y de solución de problemas en la sección 4.5.

Para arreglar este error necesitamos añadir algunas rutas. Como nuestro objetivo inicial es almacenar información en una base de datos, podemos aprovecharnos de un atajo en Rails para crear rutas REST para las cuatro operaciones CRUD básicas de un modelo: crear (*Create*), leer (*Read*), modificar (*Update*) y borrar (*Delete*). (Recuerde que las rutas REST especifican peticiones autocontenidas de qué operación realizar y sobre qué entidad o recurso). Edite el fichero `config/routes.rb`, que se autogeneró con el comando `rails new`. Sustituya el contenido del fichero con lo siguiente (el fichero está formado básicamente por comentarios, así que en realidad no va a borrar mucho):

http://pastebin.com/JpnwuT56

```
Myrottenpotatoes::Application.routes.draw do
  resources :movies
  root :to => redirect('/movies')
end
```

Muy importante: Además de esto, **borre** el fichero `public/index.html`, si existe. Guarde el fichero `routes.rb` y ejecute otra vez `rake routes`. Observe que, debido al cambio en `routes.rb`, la primera línea de la salida indica que el URI `GET /movies` intentará llamar a la acción `index` del controlador `movies`; ésta y la mayoría del resto de rutas en la tabla son el resultado de la línea **resources :movies**, como veremos pronto. La ruta raíz `'/'`, la "página de bienvenida" de RottenPotatoes, nos conducirá a la página del listado de películas mediante un mecanismo que veremos pronto llamado ***redirección HTTP***.

¿Símbolo o cadena de caracteres? Como pasa con muchos métodos Rails, **resources 'movies'** también funcionaría pero, idiomáticamente, un símbolo indica que el valor se obtiene de un conjunto fijo de posibles valores, no es una cadena de caracteres arbitraria.

Usando convención sobre configuración, Rails espera que las acciones de este controlador estén definidas en la clase **MoviesController**, y si esta clase no está definida cuando se ha arrancado la aplicación, Rails intentará cargarla del fichero `app/controllers/movies_controller.rb`. Efectivamente, si usted recarga la página `http://localhost:3000/movies` en su navegador, debería ver un error diferente: `uninitialized constant MoviesController`. Esto es una buena noticia: el nombre de una clase Ruby es simplemente una constante que se refiere al objeto de esa clase, así que Rails se está quejando básicamente de que no puede encontrar la clase **MoviesController**, ¡y eso indica que nuestra ruta funciona perfectamente! Como antes, este mensaje de error junto con otra información quedan registrados en el fichero `log/development.log`.

Una vez cubiertos los dos primeros pasos de la lista—configurar el esqueleto de la aplicación y crear algunas rutas iniciales—podemos seguir configurando la base de datos que almacenará los modelos, la "M" de MVC.

Resumen. Usted ha usado los siguientes comandos para iniciar su nueva aplicación Rails:

- `rails new` establece la nueva aplicación; el comando `rails` también tiene subcomandos para arrancar la aplicación de manera local con WEBrick (`rails server`) y para otras tareas de gestión.
- Rails y las demás gemas de las que depende su aplicación (añadimos el sistema de plantillas Haml y el depurador de Ruby) se listan en el fichero `Gemfile` de la aplicación, el que usa Bundler para automatizar el proceso de crear un entorno consistente para su aplicación, tanto en modo desarrollo como en modo producción.
- Para añadir rutas en `config/routes.rb`, el método `resources` de una línea ofrecido por el sistema de encaminamiento de Rails, nos ha permitido establecer un grupo de rutas para acciones CRUD en un recurso REST.
- Los ficheros de registro que se encuentran en el directorio `log` recogen información de los errores cuando algo falla.

Ruta	URI de ejemplo y comportamientos
get ':controlador/:accion/:id' o get 'photos/preview/:id'	`/photos/preview/3` método: **PhotosController#preview** **params[]**: {:id=>3}
get 'photos/preview/:id'	`/photos/look/3?color=true` Error: ninguna ruta coincide(`look` no coincide con **preview**)
get 'photos/:accion/:id'	`/photos/look/3?color=true` método: **PhotosController#look** (`look` coincide con **:accion**) **params[]**: {:id=>3, :color=>'true'}
get ':controlador/:accion/:vol/:num'	`/magazines/buy/3/5?newuser=true&discount=2` método: **MagazinesController#buy** **params[]**: {:vol=>3, :num=>5, :newuser=>'true', :discount=>'2'}

Figura 4.2. Como indica la explicación, las rutas pueden incluir términos "comodín" como :controlador y :accion, que determinan el controlador y la acción que se va a invocar. Cualquier otro término que empiece con :, más cualquier parámetro adicional codificado en el URI, estará disponible en la *hash* params.

■ ***Explicación. Recarga de la aplicación de manera automática***

Despues de cambiar `routes.rb`, habrá visto que no ha necesitado parar y arrancar la aplicación para que los cambios surtieran efecto. En modo desarrollo, Rails recarga todas las clases de la aplicación en cada petición nueva, para que sus cambios hagan efecto inmediatamente. En producción esto podría causar graves problemas de rendimiento, por eso Rails ofrece formas de cambiar algunos comportamientos de la aplicación entre el modo desarrollo y el modo producción, como veremos en la sección 4.2.

■ ***Explicación. Rutas no basadas en recursos***

La abreviación **resources :movies** crea rutas REST para CRUD, pero cualquier aplicación no trivial tendrá muchas otras acciones en los controladores que vayan más allá de acciones CRUD. La guía Rails Routing from the Outside In[3] ofrece más detalle sobre esto, pero una manera de configurar rutas es mapear componentes del URI directamente a los nombres del controlador y de la acción, usando comodines, como muestra la figura 4.2.

Autoevaluación 4.1.1. *Recuerde la página genérica de bienvenida de Rails que vio cuando creó la aplicación. En el fichero `development.log`, ¿qué está pasando cuando se imprime la línea `Started GET "assets/rails.png"`? (Pista: recuerde los pasos necesarios para traer una página que contiene activos embebidos, como se describe en la sección 2.3).*
◇ El navegador está pidiendo la imagen embebida del logo de Rails para mostrar en la página de bienvenida. ■

Autoevaluación 4.1.2. *¿Cuáles son los dos pasos que debe realizar para que su aplicación use una gema Ruby concreta?*
◇ Tiene que añadir una línea en su fichero `Gemfile` para añadir la gema y volver a ejecutar `bundle install`. ■

4.2 Bases de datos y migraciones

La capa de persistencia de una aplicación Rails (ver figura 2.7) usa una base de datos relacional (*Relational DataBase Management System*, RDBMS) por defecto, por las razones que se discutieron en el capítulo 2. Sorprendentemente, usted no necesita conocer mucho acerca de sistemas RDBMS para usar Rails, aunque ayuda si sus aplicaciones se vuelven más sofisticadas. De la misma manera que usamos el servidor web "ligero" WEBrick para el desarrollo, las aplicaciones Rails están configuradas por defecto para usar SQLite3, un RDBMS "ligero" para desarrollo. En producción debería usar una base de datos preparada para entornos de producción, como MySQL, PostgreSQL u Oracle.

Pero más importante que el aspecto "ligero" es el hecho de que no va a querer desarrollar o probar su aplicación en la base de datos de producción, porque si hay fallos en su código, pueden dañar accidentalmente datos valiosos de clientes. Por eso Rails define tres *entornos*—`producción`, `desarrollo`, y `pruebas`—cada uno de los cuales gestiona su propia copia de la base de datos por separado, como se especifica en `config/database.yml`. La base de datos de pruebas, `test`, es gestionada enteramente por las herramientas del entorno de pruebas, y no se debería modificar nunca de manera manual: se limpia y se vuelve a rellenar al principio de cada ejecución de pruebas, como veremos en el capítulo 8.

El comando `rails new` nos ha creado una base de datos vacía en el fichero `db/development.sqlite3`, como queda especificado en **config/database.yml**. Necesitamos crear una tabla para información de películas. Podríamos usar la herramienta de línea de comandos[4] `sqlite3` o alguna herramienta para SQLite con GUI para realizar esto manualmente pero, ¿cómo crearíamos después la tabla en nuestra base de datos en producción cuando desplegásemos? Teclear de nuevo los mismos comandos no casa con la filosofía DRY, y recordar los comandos exactos puede ser complicado. Además, si la base de datos en producción es otra distinta a SQLite3 (como seguramente sea el caso), los comandos específicos pueden ser diferentes. Y en el futuro, si añadimos más tablas o realizamos otros cambios a la base de datos, nos vamos a encontrar con el mismo problema.

Una alternativa mejor es realizar una ***migración*** —un *script* portable para cambiar el esquema de la base de datos (la disposición de las tablas y las columnas) de una manera consistente y repetible, justo igual que como usa Bundler el fichero Gemfile para identificar e instalar las gemas (bibliotecas) necesarias de una manera consistente y repetible. Cambiar el esquema usando las migraciones es un proceso de cuatro pasos:

1. Crear una migración describiendo los cambios a realizar. Como con `rails new`, Rails ofrece un ***generador*** de migraciones que le ayuda con el código repetitivo, además de ofrecer varios métodos *helper* (asistentes) para describir la migración.

2. Aplicar la migración a la base de datos de desarrollo. Rails define una tarea `rake` para esto.

3. Asumiendo que la migración se ha realizado satisfactoriamente, actualizar el esquema de la base de datos de pruebas ejecutando `rake db:test:prepare`.

4. Ejecutar las pruebas y, si todo va bien, aplicar la migración a la base de datos de producción y desplegar el código nuevo a producción. El proceso para aplicar las migraciones en producción depende del entorno de despliegue; el apéndice A.8 cubre cómo hacer esto usando Heroku, el entorno de despliegue en la nube que se usa para los ejemplos de este libro.

http://pastebin.com/rVw3riS9

```
class CreateMovies < ActiveRecord::Migration
  def up
    create_table 'movies' do |t|
      t.string 'title'
      t.string 'rating'
      t.text 'description'
      t.datetime 'release_date'
      # Add fields that let Rails automatically keep track
      # of when movies are added or modified:
      t.timestamps
    end
  end

  def down
    drop_table 'movies' # deletes the whole table and all its data!
  end
end
```

Figura 4.3. Una migración que crea una nueva tabla movies, especificando los campos deseados junto con sus tipos. La documentación para la clase ActiveRecord::Migration (de la cual heredan todas las migraciones) forma parte de la documentación de Rails[6], y describe más detalles y otras opciones de migración.

Usaremos los tres primeros pasos de este proceso para añadir una tabla nueva que almacene el título de cada película, la clasificación, la descripción y la fecha de lanzamiento, para coincidir con el capítulo 2. Cada migración necesita un nombre, y como esta migración creará la tabla de películas, elegimos llamarla CreateMovies. Ejecute el comando `rails generate migration create_movies` y, si todo va bien, encontrará un nuevo fichero bajo `db/migrate` cuyo nombre empieza por el día y la hora de creación y termina con el nombre que le ha dado, por ejemplo, `20111201180638_create_movies.rb`. (Este sistema de nombrado permite a Rails aplicar las migraciones en el orden en que se crearon, porque los nombres de los ficheros se ordenarán por orden de fecha). Edite este fichero para que se parezca al de la figura 4.3. Como puede ver, las migraciones ilustran el uso idiomático de los bloques: el método **ActiveRecord::Migration#create_table** toma un bloque de 1 argumento y cede a ese bloque un objeto representando la tabla que se está creando. Este objeto tabla ofrece los métodos **string**, **datetime** y demás, e invocarles hace que se generen las columnas en la tabla de la base de datos recién creada; por ejemplo, **t.string 'title'** crea una columna llamada `title` que puede guardar una cadena de caracteres, que para la mayoría de las bases de datos significa una cadena de hasta 255 caracteres.

Guarde el fichero y teclee `rake db:migrate` para aplicar realmente la migración y crear esta tabla. Note que esta tarea doméstica también almacena el número mismo de la migración en la base de de datos y, por defecto, sólo se ejecutan las migraciones que todavía no se han aplicado. (Teclee `rake db:migrate` de nuevo y verifique que no hace nada esta segunda vez). `rake db:rollback` "deshará" la última migración ejecutando el método **down**. (Compruébelo. Y luego vuelva a ejecutar `rake db:migrate` para volver a a aplicar la migración). Sin embargo, algunas migraciones, como aquellas que borran datos, no se pueden "deshacer"; en estos casos, el método **down** lanzará una excepción de tipo **ActiveRecord::IrreversibleMigration**.

Resumen

- Rails define tres entornos —desarrollo, producción y pruebas— cada uno con su propia copia de la base de datos.
- Una migración es un *script* que describe un conjunto específico de cambios en una base de datos. Como las aplicaciones evolucionan y añaden características, se añaden migraciones para expresar los cambios requeridos en una base de datos y que soportan esas nuevas características.
- Cambiar una base de datos usando una migración requiere tres pasos: crear la migración, aplicar la migración a su base de datos de desarrollo y (si aplica), después de probar su código, aplicar la migración a su base de datos de producción.
- El generador `rails generate migration` añade el código repetitivo de una migración nueva, y la clase **ActiveRecord::Migration** contiene métodos de ayuda para definirla.
- `rake db:migrate` aplica sólo las migraciones que todavía no se han aplicado en la base de datos de desarrollo. El método para aplicar las migraciones a una base de datos de producción depende del entorno de despliegue.

■ ***Explicación. Entornos***

Los distintos entornos también pueden sobreescribir comportamientos específicos de la aplicación. Por ejemplo, el modo en producción puede especificar optimizaciones que ofrezcan un mejor rendimiento, pero compliquen la depuración si se usan en el modo desarrollo. El modo de pruebas puede "simular" interacciones externas, por ejemplo, guardando a un fichero correos salientes, en vez de enviarlos de verdad. El fichero `config/environment.rb` especifica las instrucciones generales de arranque de la aplicación, pero `config/environments/production.rb` permite establecer opciones específicas usadas sólo en modo producción, y lo mismo con los ficheros `development.rb` y `test.rb` del mismo directorio.

Autoevaluación 4.2.1. *En la línea 3 de la figura 4.3, ¿cuántos argumentos estamos pasando a* **create_table**, *y de qué tipos?*

◇ Dos argumentos: el primero es una cadena de caracteres y el segundo es un bloque. Usamos el modo poético, que nos permite omitir los paréntesis. ■

Autoevaluación 4.2.2. *En la figura 4.3, el método ____ cede al bloque ____.*

◇ **create_table**; la variable **t** ■

4.3 Modelos: fundamentos de Active Record

Con nuestra tabla **Movies** preparada, hemos completado los primeros tres pasos —creación de la aplicación, encaminamiento, y migración inicial—, así que es hora de escribir algo de código. La base de datos almacena los objetos del modelo pero, como dijimos en el capítulo 2, Rails usa el patrón de diseño Active Record para "conectar" modelos a la base de datos, y *http://pastebin.com/sGHfp79H*

```
1  ####  Create
2  starwars = Movie.create!(:title => 'Star Wars',
3    :release_date => '25/4/1977', :rating => 'PG')
4  # note that numerical dates follow European format: dd/mm/yyyy
5  requiem =  Movie.create!(:title => 'Requiem for a Dream',
6    :release_date => 'Oct 27, 2000', :rating => 'R')
7  #  Creation using separate 'save' method, used when updating existing records
8  field = Movie.new(:title => 'Field of Dreams',
9    :release_date => '21-Apr-89', :rating => 'PG')
10 field.save!
11 field.title = 'New Field of Dreams'
12 ####  Read
13 pg_movies = Movie.where("rating = 'PG'")
14 ancient_movies = Movie.where('release_date < :cutoff and rating = :rating',
15   :cutoff => 'Jan 1, 2000', :rating => 'PG')
16 ####  Another way to read
17 Movie.find(3)  # exception if key not found; find_by_id returns nil instead
18 ####  Update
19 starwars.update_attributes(:description => 'The best space western EVER',
20   :release_date => '25/5/1977')
21 requiem.rating = 'NC-17'
22 requiem.save!
23 ####  Delete
24 requiem.destroy
25 Movie.where('title = "Requiem for a Dream"')
26 ####  Find returns an enumerable
27 Movie.where('rating = "PG"').each do |mov|
28   mov.destroy
29 end
```

Figura 4.4. Aunque las funcionalidades del Modelo en el patrón MVC suelen ser llamadas por el controlador, estos pequeños ejemplos le ayudarán a familiarizarse con las características básicas de ActiveRecord antes de escribir el controlador.

esto es lo que exploraremos ahora. Cree el fichero `app/models/movie.rb`, e inserte estas tres líneas:

http://pastebin.com/1zatve2r

```
class Movie < ActiveRecord::Base
  attr_accessible :title, :rating, :description, :release_date
end
```

Gracias a la convención sobre configuración, esas tres líneas en `movie.rb` permiten mucha funcionalidad. Para explorar parte de ella, pare la aplicacion con Control-C y ejecute `rails console`, que le da un *prompt* de Ruby interactivo del tipo `irb(main):001.0>`, con el entorno Rails y todas las clases de la aplicación ya cargadas. La figura 4.4 ilustra algunas características básicas de ActiveRecord, donde se crean algunas películas en nuestra base de datos, buscándolas, modificándolas y borrándolas (CRUD). Mientras describimos el papel que juega cada conjunto de líneas, debería copiarlas y pegarlas en la consola y ejecutar el código. El URI que acompaña al ejemplo de código le llevará a una versión copiable del código en Pastebin.

Las líneas 1–6 (Create) crean películas nuevas en la base de datos. **create!** es un método de **ActiveRecord::Base**, desde el cual hereda **Movie**, como casi todos los modelos en las aplicaciones Rails. ActiveRecord usa convenciones sobre la configuración de tres maneras. Primero, usa el nombre de la clase (**Movie**) para determinar el nombre de la tabla de la base de datos a la que corresponde la clase (`movies`). Segundo, consulta a la base de datos para averiguar qué columnas existen en la tabla (las que creamos en nuestra migración), para que métodos como **create!** sepan qué atributos se pueden especificar legalmente y de qué tipos deberían ser. Tercero, da a cada atributo del objeto **Movie** los métodos de acceso y modificación (*getters* y *setters*) parecido como hacía **attr_accessor**, excepto que estos atributos hacen más que modificar una variable de instancia. Antes de continuar, teclee **Movie.all**, que devuelve una colección de todos los objetos de la tabla asociada a la clase **Movie**.

Con fines demostrativos, especificamos la fecha de lanzamiento en la línea 6 usando un formato diferente al de la línea 3. Como Active Record sabe por el esquema de la base de datos que la fecha de lanzamiento, **release_date**, es una columna de tipo fecha, `datetime` (recuerde el fichero de migración de la figura 4.3), tratará de convertir cualquier valor que le pasemos a ese atributo en un valor de tipo fecha.

Recuerde por la figura 3.1 que los métodos cuyos nombres terminan en **!** son "peligrosos". **create!** es peligroso porque si algo va mal al crear el objeto y almacenarlo en la base de datos, se lanza una excepción. La versión no peligrosa, **create**, devuelve el objeto recién creado si todo va bien o **nil** si algo falla. Para un uso interactivo, preferimos **create!** para no tener que comprobar el valor devuelto cada vez que lo invocamos, pero en una aplicación es más común usar **create** y comprobar el valor devuelto.

Las **líneas 7–11 (Save)** muestran que los objetos de los modelos Active Record en memoria son independientes de las copias en la base de datos, que deben ser actualizadas explícitamente. Por ejemplo, las líneas 8–9 crean un nuevo objeto **Movie** *en memoria*, sin almacenarlo en la base de datos. (Puede confirmarlo ejecutando **Movie.all** después de las líneas 8–9. No verá *Field of Dreams* entre las películas listadas). La línea 10 sí hace que el objeto persista en la base de datos. La distinción es crítica: la línea 11 cambia el valor del campo **title** de la película, pero *sólo de la copia en memoria* —haga **Movie.all** de nuevo y verá que la copia de la base de datos no se ha visto modificada—. Tanto **save** como **create** hacen que el objeto se escriba en la base de datos, pero no ocurre éso si sólo se cambian los valores del atributo.

Las **líneas 12–15 (Read)** muestran una forma de consultar objetos en la base de datos. El método **where** se llama así por la palabra clave `WHERE` en SQL (*Structured Query Language*, lenguaje estructurado de consultas) usado por la mayoría de sistemas RDBMS, incluyendo SQLite3. Puede especificar una restricción directamente por medio de una cadena de caracteres, como en la línea 13, o usando sustitución de palabras clave como en las líneas 14–15. Siempre se prefiere la sustitución de palabras clave porque, como veremos en el capítulo 12, permite que Rails impida los ataques de ***inyección SQL*** (*SQL inyection*) a su propia aplicación. Al igual que con **create!**, la fecha se convierte correctamente de una cadena de caracteres a un objeto **Time**, y desde ahí a la representación interna de tiempo que tenga la base de datos. Como las condiciones especificadas pueden corresponder con múltiples objetos, **where** siempre devuelve un **Enumerable** sobre el cual usted puede llamar a cualquiera de los métodos de **Enumerable**, como los que vimos en la figura 3.7.

La **línea 17 (Read)** muestra una de las primeras formas de consultar objetos, que es la de devolver un sólo objeto correspondiente a la clave primaria dada. Recuerde por la figura 2.11 que a todo objeto almacenado en un RDBMS se le asigna una clave primaria desprovista de semántica pero que garantiza que es única en esa tabla. Cuando creamos nuestra tabla con la migración, Rails incluyó una clave primaria numérica por defecto. Como la clave primaria de un objeto es única y permanente, a menudo se usa para identificar el objeto en un URI REST, como vimos en la sección 2.7.

Las **líneas 18–22 (Update)** muestran cómo modificar un objeto. Al igual que ocurría con **create** vs. **save**, tenemos dos opciones: usar **update_attributes** para actualizar la base de datos inmediatamente, o cambiar los valores de un atributo en el objeto en memoria y luego *http://pastebin.com/3bjg6YYx*

```
# Seed the RottenPotatoes DB with some movies.
more_movies = [
  {:title => 'Aladdin', :rating => 'G',
    :release_date => '25-Nov-1992'},
  {:title => 'When Harry Met Sally', :rating => 'R',
    :release_date => '21-Jul-1989'},
  {:title => 'The Help', :rating => 'PG-13',
    :release_date => '10-Aug-2011'},
  {:title => 'Raiders of the Lost Ark', :rating => 'PG',
    :release_date => '12-Jun-1981'}
]

more_movies.each do |movie|
  Movie.create!(movie)
end
```

Figura 4.5. Se conoce como *inicializar* el añadir datos iniciales a la base de datos, y es distinto de las migraciones, que se usan para gestionar cambios en el esquema de la base de datos. Copie este código en `db/seeds.rb` y ejecute `rake db:seed` para hacerlo correr.

hacerlo persistente con **save!** (que, como **create!**, tiene el equivalente "seguro" **save**, que devuelve **nil** en vez de lanzar una excepción si algo va mal).

Las **líneas 23–25 (Delete)** muestran cómo borrar un objeto. El método **destroy** (línea 24) borra el objeto de la base de datos de manera permanente. Todavía se puede inspeccionar la copia en memoria del objeto, pero si usted intenta modificarlo o llamar a cualquier método sobre él para el que se necesite acceder a la base de datos, se lanzará una excepción (después de hacer **destroy**, intente hacer **requiem.update_attributes(...)**, o incluso **requiem.rating='R'** para comprobar esto).

Las **líneas 26–29** muestran que el resultado de una lectura sobre la base de datos suena como una colección: podemos usar **each** para iterar sobre ella y borrar cada película una a una.

Esta visión general tan rápida de Active Record apenas rasca la superficie, pero debería clarificar la manera en la que los métodos que ofrece **ActiveRecord::Base** soportan las acciones CRUD básicas.

Como último paso antes de continuar, debería ***inicializar*** (*seed*, sembrar) la base de datos con algunas películas, para hacer el resto del capítulo más interesante, usando el código de la figura 4.5. Copie el código en `db/seeds.rb` y ejecute `rake db:seed` para hacerlo correr.

Resumen

- Active Record usa una convención sobre configuración para inferir los nombres de la base de datos a partir de los nombres de las clases de los modelos, y para inferir los nombres y tipos de las columnas (atributos) asociadas con un tipo de modelo dado.
- El soporte básico de Active Record se centra en las acciones CRUD: crear (*Create*), leer (*Read*), modificar (*Update*), borrar (*Delete*).
- Las instancias de los modelos se pueden crear (**C**reate) llamando a **new** y después a **save**, o llamando a **create**, que combina los dos.
- Cada instancia de modelo que se almacena en la base de datos recibe un número único dentro de esa tabla, ID, llamado clave primaria, cuyo nombre de atributo (y por tanto nombre de columna en la tabla) es **id**, y que nunca se "recicla" (ni siquiera aunque se borre la correspondiente fila). La combinación del nombre de la tabla y el **id** identifica unívocamente un modelo almacenado en la base de datos, y por tanto es así cómo se suelen referenciar los objetos en las rutas REST.
- Las instancias de los modelos se pueden leer o consultar (**R**ead) usando **where** para expresar las condiciones de coincidencia o **find** para buscar la clave primaria (ID) directamente, como ocurre si se procesa un URI REST que lleve embebido un ID de objeto.
- Las instancias de los modelos se pueden modificar (**U**pdate) con **update_attributes**.
- Las instancias de los modelos se pueden borrar (**D**elete) con **destroy**, después de lo cual la copia en memoria se puede leer pero no modificar ni acceder a ella a través de la base de datos.

■ ***Explicación. Métodos de búsqueda dinámicos basados en atributos***

Hasta Rails 3, otra forma de lectura de la base de datos era con **find_by_***attribute*, por ejemplo, **find_by_title('Inception')**, o **find_all_by_rating('PG')**. Estos metodos devolvían un **Enumerable** de todos los elementos que coincidieran si se usaba con **all**, o un sólo objeto si no, o `nil` si no se encontraban coincidencias. Incluso se puede decir **find_all_by_release_date_and_rating** y pasar dos argumentos para hacer coincidir los dos atributos. ActiveRecord implementa estos métodos sobreescribiendo el método **method_missing** (justo como hicimos en la sección 3.5) y, debido en parte a la penalización asociada en el rendimiento, estos métodos se han marcado como obsoletos (*deprecated*) en Rails 4. Por ello, los omitimos del desarrollo principal, pero los presentamos aquí como uso interesante de **method_missing**.

■ ***Explicación. Suena como una colección, pero no lo es***

El objeto devuelto por los métodos **all**, **where** y los buscadores dinámicos de ActiveRecord realmente suenan como una colección, pero como veremos en el capítulo 11, realmente es un *objeto proxy* que ni siquiera hace la consulta hasta que se le fuerza al preguntar por alguno de los elementos de la colección, permitiéndole crear consultas complejas con muchas sentencias **where** sin tener que pagar el coste de hacer la consulta cada vez.

■ ***Explicación. Anular la convención sobre configuración***

La convención sobre configuración está muy bien, pero habrá veces en las que necesite modificarla. Por ejemplo, si está intentando integrar su aplicación Rails con una aplicación antigua que no sea Rails, las tablas de la base de datos pueden tener nombres que no coincidan con sus modelos, o quizá quiera nombres de atributos más amigables que los dados por los nombres de las columnas de las tablas. Todos estos aspectos por defecto se pueden modificar a cambio de más código, como se explica en la documentación de ActiveRecord. En este libro hemos elegido recoger los beneficios de ser concisos ciñiéndonos a las convenciones.

Autoevaluación 4.3.1. *¿Por qué* **where** *y* **find** *son métodos de clase y no de instancia?*
◇ Los métodos de instancia operan sobre una instancia de una clase, pero hasta que no encontremos uno o más objetos, no tenemos instancia sobre la cual operar. ■

Autoevaluación 4.3.2. *¿Los modelos de Rails adquieren los métodos* **where** *y* **find** *a través de (a) herencia o (b) el mecanismo* mix-in*? **Pista:** comprueba el fichero `movie.rb`.*
◇ (a) Los heredan de **ActiveRecord::Base**. ■

4.4 Controladores y vistas

Vamos a completar nuestro tour creando algunas vistas para apoyar las acciones CRUD que acabamos de aprender. Las rutas REST que definimos previamente (`rake routes` si quiere recordar cuáles son) esperan que el controlador ofrezca acciones para **index**, **show**, **new/create** (recuerde del capítulo 2 que crear un objeto requiere dos interacciones con el usuario), **edit/update** (lo mismo), y **destroy**. Empezando con las acciones más fáciles, **index** debería mostrar una lista de todas las películas, permitiéndonos hacer clic en cada una, y mostrar (**show**) debería dar detalles de la película seleccionada.

Para la acción **index** sabemos, por los ejemplos detallados de la sección 4.3, que **Movie.all** devuelve una colección de todas las películas de la tabla de películas. Por esto, necesitamos un método controlador que configure esta colección y una vista HTML que la muestre. Según la convención sobre configuración, para un recurso de tipo **Movie**, Rails realiza las siguientes suposiciones para el método que implementa la acción REST de mostrar (fíjese en los usos del singular vs. plural y de los nombres con estilo ***CamelCase*** —elementos capitalizados— vs. nombres con estilo ***snake_case*** —elementos unidos por guión bajo—):

- El código del modelo está en la clase **Movie**, que hereda de **ActiveRecord::Base** y se define en `app/models/movie.rb`
- El código del controlador está en la clase **MoviesController**, definida en `app/controllers/movies_controller.rb` (fíjese que el nombre de la clase del modelo

http://pastebin.com/ZLBvm1iN

```
# This file is app/controllers/movies_controller.rb
class MoviesController < ApplicationController
  def index
    @movies = Movie.all
  end
end
```

http://pastebin.com/dLwJ4ZvH

```
-#  This file is app/views/movies/index.html.haml
%h1 All Movies

%table#movies
  %thead
    %tr
      %th Movie Title
      %th Rating
      %th Release Date
      %th More Info
  %tbody
    - @movies.each do |movie|
      %tr
        %td= movie.title
        %td= movie.rating
        %td= movie.release_date
        %td= link_to "More about #{movie.title}", movie_path(movie)
```

Figura 4.6. El código del controlador y la plantilla con el lenguaje de marcado para soportar la acción REST *index*.

se pluraliza para formar el nombre del fichero del controlador). Todos los controladores de su aplicación heredan del controlador raíz de la aplicación llamado **ApplicationController** (en `app/controllers/application_controller.rb`), que a su vez hereda de **ActionController::Base**.

- Cada método de instancia del controlador se nombra usando **snake_lower_case** (elementos en minúsculas, unidos por guión bajo) de acuerdo a la acción que maneja, así que el método **show** manejaría la acción Show.
- La plantilla de la vista para Show está en `app/views/movies/show.html.haml`, con la extensión `.haml` indicando el uso del intérprete de Haml. Se incluyen otras extensiones como `.xml` para un fichero con código XML Builder (como vimos en la sección 3.6), `.erb` (que veremos en breve) para el intérprete de código Ruby embebido en Rails, y muchos más.

El módulo de Rails que programa cómo se van a manejar las vistas es **ActionView::Base**. Como hemos estado usando el lenguaje de marcado Haml para nuestras vistas (recuerde que añadimos la gema Haml a las dependencias de `Gemfile`), nuestros ficheros de la vista tendrán los nombres terminados en `.html.haml`. Por tanto, para implementar la acción REST del índice, *index*, debemos definir una acción **index** en `app/controllers/movies_controller.rb` y una plantilla de vista en `app/views/movies/index.html.haml`. Crea estos dos ficheros usando la figura 4.6 (necesitará crear el directorio intermedio `app/views/movies/`).

El método controlador simplemente recupera todas las películas de la tabla `Movies` usando el método **all** introducido en la sección anterior, y se lo asigna a la variable de instancia **@movies**. Recuerde del tour sobre una aplicación Rails visto en el capítulo 2, que las variables de instancia definidas en las acciones del controlador están disponibles en las vistas;

la línea 12 de `index.html.haml` itera sobre la colección **@movies** usando **each**. Hay tres cosas que observar en esta pequeña plantilla.

Primero, las columnas en la cabecera de la tabla (`th`) sólo tienen texto estático describiendo las columnas de la tabla, pero las columnas en el cuerpo de la tabla, (`td`), usan la sintaxis Haml = para indicar que el contenido de las etiquetas debe ser evaluado como código Ruby, sustituyendo en el documento HTML el resultado . En este caso, estamos usando los atributos accesores (*getters*)de los objetos **Movie** aportados por **ActiveRecord**.

Inmunización (Sanitization) La sintaxis = de Haml inmuniza[7] el resultado de evaluar el código Ruby antes de insertarlo en la salida HTML, para ayudar a impedir la inyección de código con lenguaje *script* (*cross-site scripting*) y ataques similares descritos en el capítulo 12.

Segundo, le hemos dado a la tabla de películas el ID `movies` en HTML. Usaremos esto más tarde para dar cierto estilo visual a la página usando CSS, como aprendimos en el capítulo 2.

Lo tercero es la llamada en la línea 17 a **link_to**, uno de los muchos métodos *helper* que ofrece **ActionView** para crear las vistas. Como dice su documentación[8], el primer argumento es una cadena de caracteres que aparecerá como un enlace (texto sobre el cual se puede hacer clic) en la página y el segundo argumento se usa para crear el URI que se convertirá en la dirección de destino. Este argumento puede tomar varias formas; la forma que hemos usado se aprovecha del asistente para URI **movie_path()** (como se muestra en `rake routes` para la acción **show**), que toma como su argumento una instancia de un recurso REST (en este caso una instancia de **Movie**) y genera el URI REST para la ruta REST de *Show* para ese objeto. Este comportamiento es un bonito ejemplo de la reflexión y la metaprogramación al servicio de la concisión. Como le recuerda `rake routes`, la acción *Show* para una película se expresa con el URI `/movies/:id`, donde `:id` es la clave primaria de la película en la tabla Movies, así que esa apariencia tendrá el enlace de destino creado por **link_to**. Para verificar esto, reinicie la aplicación (`rails server` en el directorio raíz de la aplicación) y visite `http://localhost:3000/movies/`, el URI correspondiente a la acción `index`. Si todo está bien, debería ver una lista de cualquier película de la base de datos. Si usa la opción *Ver código fuente* (*View Source*) de su navegador para ver el código generado, podrá ver que los enlaces generados por **link_to** tienen los URI correspondientes a la acción **show** de cada una de las películas (proceda y seleccione uno, pero espere un error, porque todavía no hemos creado el método **show** del controlador).

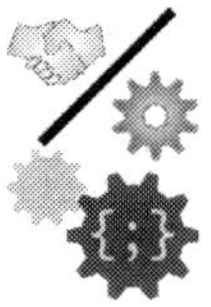

La línea `resources :movies` que añadimos en la sección 4.1 crea realmente una amplia variedad de métodos *helper* para los URI de tipo REST, resumidos en la figura 4.7. Como habrá podido adivinar, la convención sobre configuración determina los nombres de los métodos *helper*, y la metaprogramación se usa para definirlos al vuelo como resultado de usar `resources :movies`. La creación y uso de esos métodos *helper* puede parecer gratuita hasta que se de cuenta de que es posible definir rutas mucho más complejas e irregulares, más allá de las rutas REST estándar que hemos usado hasta ahora, o si decide durante el desarrollo de su aplicación que tiene más sentido usar un esquema de encaminamiento diferente. Los métodos *helper* aíslan a las vistas de estos cambios y permite que se centren en *qué* mostrar, en vez de tener que incluir código dedicado a *cómo* mostrarlo. De hecho, si el segundo argumento de **link_to** es un recurso para el cual se han establecido rutas en `routes.rb`, **link_to** generará automáticamente la ruta REST para mostrar (`show`) ese recurso, así que la línea 17 de la figura 4.6 podría haberse escrito como **link_to "More about #{movie.title}",movie**.

Hay una última cosa a tener en cuenta sobre estas vistas. Si mira el código fuente en su navegador, verá que incluye lenguaje HTML que no aparece en nuestra plantilla Haml, como el elemento `head` con enlaces a la hoja de estilo `assets/application.css` y la etiqueta `<title>`. Este marcado proviene de la plantilla `application`, que "envuelve" a todas las

Método asistente	URI resultante	Ruta y acción REST	
movies_path	/movies	GET /movies	index
movies_path	/movies	POST /movies	create
new_movie_path	/movies/new	GET /movies/new	new
edit_movie_path(m)	/movies/1/edit	GET /movies/:id/edit	edit
movie_path(m)	/movies/1	GET /movies/:id	show
movie_path(m)	/movies/1	PUT /movies/:id	update
movie_path(m)	/movies/1	DELETE /movies/:id	destroy

Figura 4.7. Como se describe en la documentación para la clase ActionView::Helpers, Rails usa metaprogramación para crear métodos *helper* de encaminamiento basados en el nombre de su clase ActiveRecord. Se asume que m es un objeto ActiveRecord de tipo Movie. Las rutas REST son como las muestra la salida de `rake routes`; recuerde que rutas diferentes pueden tener el mismo URI pero diferentes métodos HTTP, por ejemplo, `create` vs. `index`.

http://pastebin.com/a9TbxRmU

```
1  !!! 5
2  %html
3    %head
4      %title RottenPotatoes!
5      = stylesheet_link_tag 'application'
6      = javascript_include_tag 'application'
7      = csrf_meta_tags
8
9    %body
10     #main
11       = yield
```

Figura 4.8. Almacene este fichero como `app/views/layouts/application.html.haml` y borre el fichero `application.html.erb` que existe en ese directorio; este fichero es su equivalente en Haml. La línea 6 añade soporte básico para JavaScript; aunque no hablaremos de programación en JavaScript hasta el capítulo 6, algunos de los métodos *helper* que vienen con Rails lo usan de manera transparente. La línea 7 introduce la protección contra ataques de falsificación de petición en sitios cruzados (*cross site request forgery*) descritos en el capítulo 12. También hemos hecho el elemento `title` un poco más amigable y humano.

vistas por defecto. El fichero por defecto `app/views/layouts/application.html.erb`, creado por el comando `rails new`, usa el sistema de plantillas `erb` de Rails, pero como nos gusta la concisión de Haml, recomendamos borrar este fichero y sustituirlo por el de la figura 4.8. Después vea el *screencast* 4.4.1 para entender cómo funciona este proceso de "envoltura".

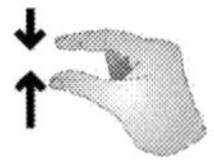

Screencast 4.4.1. El esquema visual de la aplicación.
`http://vimeo.com/34754667`
El *screencast* muestra cómo la plantilla `app/views/layouts/application.html.haml` se usa para "envolver" las vistas de las acciones por defecto, usando **yield** como en el ejemplo de la sección 3.8.

Por su cuenta, intente crear la acción y la vista del controlador para **show** usando un proceso similar:

1. Use `rake routes` para recordar qué nombre debería darle al método controlador y qué parámetros se pasarán en el URI

2. En el método del controlador, use el método ActiveRecord más adecuado de la sección 4.3 para recuperar el objeto **Movie** apropiado de la base de datos, para después asignarlo a una variable de instancia

http://pastebin.com/5hfPskzM

```
# in app/controllers/movies_controller.rb

def show
  id = params[:id] # retrieve movie ID from URI route
  @movie = Movie.find(id) # look up movie by unique ID
  # will render app/views/movies/show.html.haml by default
end
```

Figura 4.9. Un ejemplo de implementación del método controlador para la acción Show. Una implementación más robusta capturaría y trataría la excepción ActiveRecord::RecordNotFound, como advertimos en la sección 4.3. Le mostraremos cómo manejar estos casos en el capítulo 5.

http://pastebin.com/TbbGtpHn

```
-# in app/views/movies/show.html.haml

%h2 Details about #{@movie.title}

%ul#details
  %li
    Rating:
    = @movie.rating
  %li
    Released on:
    = @movie.release_date.strftime("%B %d, %Y")

%h3 Description:

%p#description= @movie.description

= link_to 'Back to movie list', movies_path
```

Figura 4.10. Un ejemplo de vista relacionada con la figura 4.9. Para el estilo CSS posterior, dimos identificadores únicos a la lista de elementos de detalles, (`ul`), y a la descripción de un solo párrafo, (`p`). Usamos la función de biblioteca strftime[10] para formatear la fecha de una manera más atractiva, y el método link_to con el método *helper* REST movies_path (figura 4.7) para ofrecer enlaces apropiados de vuelta a la página del listado. En general, puede añadir _path a cualquier método asistente de recursos REST de la columna de la izquierda que aparece en la salida de `rake routes` para llamar a un método que generará el correspondiente URI REST.

3. Cree una plantilla de la vista en el lugar correcto bajo la jerarquía de `app/views`, y use el lenguaje de marcado Haml para mostrar los diferentes atributos del objeto **Movie** que estableció en el método controlador

4. Compruebe su método y la vista haciendo clic en uno de los enlaces de películas de la vista de `index`

Cuando haya acabado, puede cotejar lo que ha hecho por usted mismo con el ejemplo del método del controlador de la figura 4.9 y el ejemplo de vista de la figura 4.10. Experimente con otros valores para los argumentos de **link_to** y **strftime** para entender cómo funcionan.

Como las vistas actuales son muy básicas y toscas, mientras sigamos trabajando con la aplicación, estaría bien que fuera algo atractivo para la vista. Copie la hoja de estilo CSS que hay debajo en `app/assets/stylesheets/application.css`, que ya está incluida en la línea 5 de la plantilla `application.html.haml`.

http://pastebin.com/28CD45Cm

```css
/* Simple CSS styling for RottenPotatoes app */
/* Add these lines to app/assets/stylesheets/application.css */

html, body {
  margin: 0;
  padding: 0;
  background: White;
  color: DarkSlateGrey;
  font-family: Tahoma, Verdana, sans-serif;
  font-size: 10pt;
}
div#main {
  margin: 0;
  padding: 0 20px 20px;
}
a {
  background: transparent;
  color: maroon;
  text-decoration: underline;
  font-weight: bold;
}
h1 {
  color: maroon;
  font-size: 150%;
  font-style: italic;
  display: block;
  width: 100%;
  border-bottom: 1px solid DarkSlateGrey;
}
h1.title {
  margin: 0 0 1em;
  padding: 10px;
  background-color: orange;
  color: white;
  border-bottom: 4px solid gold;
  font-size: 2em;
  font-style: normal;
}
table#movies {
  margin: 10px;
  border-collapse: collapse;
  width: 100%;
  border-bottom: 2px solid black;
}
table#movies th {
  border: 2px solid white;
  font-weight: bold;
  background-color: wheat;
}
table#movies th, table#movies td {
  padding: 4px;
  text-align: left;
}
#notice, #warning {
  background: rosybrown;
  margin: 1em 0;
  padding: 4px;
}
form label {
  display: block;
  line-height: 25px;
  font-weight: bold;
  color: maroon;
}
```

Resumen

- El lenguaje Haml de plantillas le permite mezclar en sus vistas etiquetas HTML con código Ruby. El resultado al evaluar ese código Ruby se puede o bien descartar o bien añadirse a la página HTML.
- Por concisión, Haml se apoya en la indentación para realizar el anidado de elementos HTML.
- La convención sobre configuración se usa para determinar los nombres de los ficheros de los controladores y las vistas correspondientes a un modelo dado. Si se usan los métodos *helper* para las rutas REST, como en **resources :movies**, la convención sobre configuración también mapea los nombres de las acciones REST a los nombres de las acciones (métodos) del controlador.
- Rails ofrece varios métodos *helper* que se aprovechan de los URI de las rutas REST, incluyendo **link_to** para generar enlaces HTML cuyos URI se refieren a acciones REST.

■ ***Explicación. Símbolo* `:format` *opcional en las rutas***

La salida en bruto de `rake routes` incluye el símbolo `(.:format)` en muchas rutas, que hemos omitido por claridad en la figura 2.12. Si está presente, el especificador de formato permite que una ruta haga una petición de recursos en un formato de salida distinto al de HTML (el formato por defecto)—por ejemplo, `GET /movies.xml` haría una petición de la lista de todas las películas en un documento XML, en vez de en una página HTML. Aunque en esta pequeña aplicación no hemos incluido el código para generar formatos distintos al de HTML, este mecanismo permite que una aplicación existente que esté bien diseñada se pueda integrar fácilmente en una Arquitectura Orientada a Servicios —cambiar sólo unas pocas líneas de código permite que todas las acciones que existen en el controlador formen parte de una API REST externa.

Autoevaluación 4.4.1. *En la figura 4.7, ¿por qué los métodos* helper *de las acciones* New *(***new_movie_path***) y* Create *(***movies_path***) no cogen ningún argumento, como en el caso de los métodos* helper *de Show y Update?*

◇ *Show* y *Update* operan sobre películas existentes, así que toman un argumento para identificar sobre qué película operan. *New* y *Create*, por definición, operan sobre películas que aún no existen. ■

Autoevaluación 4.4.2. *En la figura 4.7, ¿por qué el método asistente de la acción Index no toma ningún argumento? (Pista: La razón es distinta a la de la respuesta a 4.4.1).*

◇ La acción *Index* simplemente muestra una lista de todas las películas, así que no se necesita ningún argumento que distinga sobre qué película se opera. ■

Autoevaluación 4.4.3. *En la figura 4.6, ¿porqué no hay un* **end** *asociado al* **do** *de la línea 12?*

◇ Al contrario que Ruby, Haml se apoya en la indentación para indicar anidamiento, así que Haml ofrece el **end** cuando ejecuta el código Ruby del **do**. ■

4.5 Depuración: cuando las cosas van mal

En la actualidad, la sorprendente sofisticación de las infraestructuras software (*software stacks*) posibilita una alta productividad, pero con tantas "partes en movimiento", esto también significa que las cosas irremediablemente pueden fallar, sobre todo cuando se está aprendiendo lenguajes y herramientas nuevas. Los errores pueden ocurrir por teclear algo mal, por realizar algún cambio en el entorno o en la configuración, o por cualquier otra razón. Aunque en este libro damos una serie de pasos para minimizar el daño, como usar desarrollo orientado a pruebas (capítulo 8) para evitar muchos problemas y ofrecer una imagen de VM con un entorno consistente, los errores *van a* ocurrir. Puede reaccionar de una manera más productiva recordando el acrónimo **RASP**: leer (*Read*), preguntar (*Ask*), buscar (*Search*) y *postear* (*Post*).

Lea (*Read*) el mensaje de error. Los mensajes de error en Ruby pueden parecer desconcertantemente largos, pero un mensaje de error extenso le ayudará la mayoría de las veces, porque le proporciona la ***traza*** (*backtrace*), que le muestra no sólo el método dónde ocurrió el error, sino el método que invocó a éste, el método que llamó a este otro, y así sucesivamente. No se lleve las manos a la cabeza cuando vea un mensaje de error extenso; use la información para entender tanto la causa aproximada del error (el problema que ha "parado el espectáculo") y los posibles caminos hacia la causa raíz del error. Esto va a requirir algo de comprensión de la sintaxis del código erróneo, algo que le faltará si ha copiado y pegado a ciegas código de alguna otra persona sin entender cómo funcionaba o qué supuestos tenía en cuenta. Por supuesto, un error de sintaxis por copiar y pegar también puede ocurrir cuando reutiliza su propio código, pero al menos entiende su propio código (¿verdad?).

Una visión asombrosa sobre los peligros de la "resolución de problemas a tiros' es el *koan* del glosario de argot de hackers llamado "Tom Knight and the Lisp Machine"[11].

Una causa particular muy común de errores en Ruby es el "Undefined method **metodo** for **nil:NilClass**", que significa "Usted ha intentado llamar al método **metodo** sobre un objeto cuyo valor es **nil** y cuya clase es **NilClass**, la cual no define el método **metodo**" (**NilClass** es una clase especial cuya única instancia es la constante **nil**).

Esto ocurre a menudo cuando falla alguna operación y devuelve **nil** en vez del objeto que usted esperaba, pero olvidó comprobar este error y acto seguido intentó llamar a un método sobre lo que pensó que era un objeto válido. Pero si la operación ocurrió en otro método "más arriba", la traza le ayudará a averiguar dónde.

En las aplicaciones SaaS que usan Rails, esta confusión se puede agravar si la operación que falló ocurre en una acción del controlador, pero el objeto inválido se pasó como una variable de instancia y luego fue dereferenciada en la vista, como se muestra en los siguientes extractos de un controlador y una vista:

http://pastebin.com/vPnA7s4K

```
# in controller action:
def show
  @movie = Movie.find_by_id(params[:id]) # what if this movie not in DB?
  # BUG: we should check @movie for validity here!
end

-# ...later, in the Haml view:

%h1= @movie.title
-# will give "undefined method 'title' for nil:NilClass" if @movie is nil
```

Pregunte (*Ask*) a un compañero de trabajo. Si está programando en pareja, dos cerebros son mejor que uno. Si está en un entorno de trabajo de "puestos no asignados", o tiene activada la mensajería instantánea, distribuya el mensaje ahí fuera.

Busque (*Search*) el mensaje de error. Le sorprendería las veces que los desarrolladores con experiencia se enfrentan a un error buscando en un motor de búsqueda como Google palabras clave o frases clave del mensaje de error. También puede buscar en sitios como StackOverflow[12], que se especializan en ayudar a los desarrolladores y le permiten votar las respuestas más útiles a una pregunta particular, para que eventualmente vayan pasando a la parte más alta de la lista de respuestas.

Postee (*Post*) una pregunta a uno de esos sitios si todo lo demás falla. Sea lo más específico posible acerca de lo que fue mal, cuál es su entorno, y cómo reproducir el problema:

- **Vago:** "La gema `sinatra` no funciona en mi sistema". No hay suficiente información aquí para que alguien pueda ayudarle.
- **Mejor, pero irritante:** "La gema `sinatra` no funciona en mi sistema. Adjunto el mensaje de error de 85 líneas". Los otros desarrolladores están tan ocupados como usted y probablemente no van a perder tiempo extrayendo la información relevante de esa traza tan larga.
- **Lo mejor:** Mire la transcripción real[13] de esta pregunta en StackOverflow. A las 6:02pm, el desarrollador ofreció información específica, como el nombre y la versión de su sistema operativo, los comandos específicos que ejecutó satisfactoriamente, y el error inesperado que obtuvo. Otras voces serviciales le preguntaron información adicional específica, y sobre las 7:10pm, dos de las respuestas habían identificado el problema.

Aunque es impresionante que obtuviera su respuesta en poco más de una hora, esto significa que también perdió una hora de tiempo para codificar, razón por la cual usted debería escribir y enviar una pregunta sólo después de haber agotado las otras alternativas. ¿Cómo puede avanzar a la hora de depurar problemas por su cuenta? Hay dos tipos de problemas. En el primer tipo, un error o una excepción de alguna clase aborta la aplicación. Como Ruby es un lenguaje interpretado, los errores de sintaxis pueden causar esto (al contrario que Java, que no compilará si hay errores de sintaxis). Aquí hay algunas cosas que se pueden intentar si la aplicación se para:

- Aprovechar la indentación automática y el marcado de sintaxis. Si su editor de texto insiste en indentar una línea más allá de como la quiere indentar usted, es probable que haya olvidado cerrar algún paréntesis, alguna llave o algún bloque **do. . . end** en algún sitio más arriba, o puede haber olvidado "escapar" algún carácter especial (por ejemplo, una comilla simple dentro de una cadena de caracteres entre comillas simples). Si su editor no está tan equipado, puede seguir escribiendo en tablillas de piedra o cambiarse a un editor moderno más productivo de los sugeridos en el apéndice A.3.
- Mire el fichero de registro (*log file*), por lo general `log/development.log`, para obtener una información más completa del error, incluyendo la traza. En las aplicaciones en producción, ésta suele ser la unica alternativa, porque las aplicaciones Rails en modo producción están configuradas para mostrar una página de error más amigable de cara al usuario, en vez de mostrar la traza del error que vería si éste ocurriese en modo desarrollo.

En el segundo tipo de problema, la aplicación se ejecuta pero tiene un resultado o comportamiento incorrecto. Muchos desarrolladores usan la combinación de dos enfoques para depurar este tipo de problemas. El primero es insertar sentencias extra de ***instrumentación*** —para registrar valores de variables importantes en varios puntos durante la ejecución del programa. Hay varios lugares donde podemos instrumentar una aplicación SaaS en Rails —pruebe cada uno de los siguientes para experimentar cómo funcionan—:

La depuración con printf es un viejo nombre que se le da a esta técnica, por la función de la biblioteca de C que imprime una cadena de caracteres en el terminal.

- Muestre la descripción detallada de un objeto en una vista. Por ejemplo, pruebe a insertar = **debug(@movie)** o = **@movie.inspect** en cualquier vista (donde el signo = le dice a Haml que ejecute el código e inserte el resultado en la vista).
- Detenga la ejecución dentro de un método de un controlador lanzando una excepción cuyo mensaje sea una representación del valor que quiere inspeccionar, por ejemplo, **raise params.inspect** para ver el valor detallado de la *hash* **params** dentro del método de un controlador. Rails desplegará el mensaje de la excepción como la página web resultante de la petición.
- Use **logger.debug(** *mensaje***)** para imprimir el *mensaje* al fichero de registro. **logger** está disponible en los modelos y en los controladores y puede registrar mensajes con distintos niveles de importancia; compare `config/environments/production.rb` con `development.rb` para ver cómo difieren los niveles de registro por defecto entre los entornos de producción y desarrollo.

La segunda forma de depurar los problemas es con un depurador interactivo. Ya hemos instalado la gema `debugger` a través de Gemfile; para usar el depurador en una aplicación Rails, arranque el servidor de la aplicación usando `rails server --debugger`, e inserte la sentencia **debugger** en el punto del código donde desee que se pare el programa. Cuando llega a esa sentencia, la ventana del terminal donde arrancó el servidor le dará el *prompt* del depurador. En la sección 4.7 le mostraremos cómo usar el depurador para arrojar más luz en las profundidades de Rails.

Resumen

- Use un editor que tenga en cuenta el lenguaje de programación, con resaltado de sintaxis e indentación automática, para que le ayude a encontrar errores de sintaxis.
- Instrumente su aplicación insertando la salida de **debug** o **inspect** dentro de las vistas, o convirtiéndolas en el argumento de **raise**, lo que provocará una excepción en tiempo de ejecución que mostrará el *mensaje* como una página web.
- Para depurar usando el depurador interactivo, asegúrese de que el fichero Gemfile de su aplicación incluye `debugger`, arranque el servidor de su aplicación con `rails server --debugger`, y coloque la sentencia **debugger** en el punto del código donde desee que se pare su aplicación.

Para depurar aplicaciones que no sean con Rails, inserte **require 'debugger'** al principio de su aplicación.

Autoevaluación 4.5.1. *¿Porqué no puede usar* **print** *o* **puts** *para desplegar mensajes que le ayuden a depurar sus aplicaciónes SaaS?*
◇ Al contrario que las aplicaciones por línea de comandos, las aplicaciones SaaS no están unidas a una ventana de terminal, por eso no hay un lugar claro por dónde pueda salir el resultado de una sentencia **print** o **puts**. ■

Autoevaluación 4.5.2. *De los tres métodos de depuración descritos en esta sección, ¿cuales son los apropiados para recoger un diagnóstico o información de instrumentación una vez que su aplicación se haya desplegado en producción?*
◇ Sólo es apropiado el método **logger**, porque los otros dos métodos (detener la ejecución en un controlador o insertar información diagnóstica en las vistas) interferiría con el uso de los clientes reales en la aplicación en producción. ■

4.6 Envío de formularios: new y create

Nuestro último vistazo a las vistas tratará con una situación un poco más compleja: la de enviar un formulario para crear una película nueva o para modificar alguna ya existente. Hay tres problemas de los que necesitamos encargarnos:

1. ¿Cómo mostrar al usuario un formulario para completar?
2. ¿Cómo se pone a disposición del controlador la información introducida por el usuario, para que pueda usarse en una llamada ActiveRecord de tipo **create** o **update**?
3. ¿Qué recurso se debería devolver y mostrar como resultado de una petición REST para crear o modificar un elemento? A diferencia de cuando pedimos una lista de películas o detalles sobre una en particular, no es tan obvio qué mostrar como resultado de una creación o una modificación.

Por supuesto, antes de ir más lejos, necesitamos ofrecer al usuario una manera de llegar al formulario que vamos a crear. Como el formulario será para crear una nueva película, le corresponderá a la acción REST **new**, y seguiremos la convención colocando el formulario en `app/views/movies/new.html.haml`. Podemos así aprovecharnos del método asistente para los URI REST **new_movie_path**, del que diponemos automáticamente, para crear un enlace al formulario. Haga esto añadiendo una sola línea al final de `index.html.haml`:

http://pastebin.com/XUGTnere

```
-# add to end of index.html.haml

= link_to 'Add new movie', new_movie_path
```

¿Qué acción del controlador se disparará si el usuario hace clic en este enlace? Como hemos usado el método *helper* para URI **new_movie_path**, se disparará la acción **new** del controlador. No hemos definido esta acción aún pero, de momento, como el usuario está creando una nueva película, la única cosa que necesita realizar la acción es hacer que se muestre la vista correspondiente a la acción `new`. Recuerde que, por defecto y automáticamente, cada método del controlador intenta mostrar una plantilla con el nombre correspondiente (en este caso `new.html.haml`), así que simplemente añada este sencillo método **new** a `movies_controller.rb`:

http://pastebin.com/FeYh04c6

```
def new
  # default: render 'new' template
end
```

Rails facilita describir un formulario de envío usando los métodos helper de etiquetas de formularios[14], disponibles en todas las vistas. Copie el código de la figura 4.11 en `app/views/movies/new.html.haml` y vea el *screencast* 4.6.1 para obtener una descripción de lo que está pasando.

http://pastebin.com/RPPNrMfK

```
1  %h2 Create New Movie
2
3  = form_tag movies_path, :method => :post do
4
5    = label :movie, :title, 'Title'
6    = text_field :movie, :title
7
8    = label :movie, :rating, 'Rating'
9    = select :movie, :rating, ['G','PG','PG-13','R','NC-17']
10
11   = label :movie, :release_date, 'Released On'
12   = date_select :movie, :release_date
13
14   = submit_tag 'Save Changes'
```

Figura 4.11. El formulario que ve el usuario para crear y añadir una película nueva en RottenPotatoes.

Screencast 4.6.1. Vistas con formularios de envío.
`http://vimeo.com/34754683`
El método **form_tag** para generar un formulario necesita una ruta a la que debería enviarse ese formulario —es decir, un URI con un verbo HTTP—. Usamos el método asistente para URI REST y el método HTTP `POST` para generar una ruta hacia la acción **create**, como nos recuerda `rake routes`.

Como menciona el *screencast*, no todos los tipos de campos de entrada están soportados por los métodos *helper* de etiquetas de formulario (en este caso, los campos de fecha no están soportados), y en algunos casos necesitará generar formularios cuyos campos no se van a corresponder necesariamente con los atributos de un objeto ActiveRecord.

Para resumir dónde nos encontramos, hemos creado el método **new** del controlador, que desplegará una vista ofreciendo al usuario un formulario a rellenar, hemos colocado esa vista en `new.html.haml`, y hemos hecho que el formulario se envíe al método **create** del controlador. Todo lo que queda es usar la información contenida en **params** (los valores de los campos del formulario) para crear esa nueva película en la base de datos.

Resumen

- Rails ofrece *helpers* para generar un formulario cuyos campos se corresponden con los atributos de un tipo particular de objeto ActiveRecord.
- Cuando creamos un formulario, hay que especificar la acción del controlador que va a recibir ese formulario, pasando a **form_tag** el URI REST y método HTTP apropiados (tal y como aparece con `rake routes`).
- Cuando se envía el formulario, la acción del controlador puede inspeccionar **params[]**, que contendrá una clave para cada campo del formulario y cuyo valor será el contenido que ha dado el usuario a ese campo.

Autoevaluación 4.6.1. *En la línea 3 de la figura 4.11, ¿cuál será el efecto de cambiar* **:method=>:post** *a* **:method=>:get** *y por qué?*
◇ El envío del formulario dará como resultado el listado de todas las películas, en vez de crear

una nueva película. La razón es que la ruta requiere tanto un URI como un método. Como muestra la figura 4.7, el método asistente **movies_path** con el método GET dirigiría a la acción **index**, mientras que **movies_path** con el método POST dirigiría a la acción **create**. ■

Autoevaluación 4.6.2. *Teniendo en cuenta que el envío del formulario mostrado en la figura 4.11 creará una película nueva, ¿por qué a la vista se le llama `new.html.haml` en vez de `create.html.haml`?*
◇ Una ruta REST y su vista deberían llamarse como el recurso que se está pidiendo. En este caso, el recurso pedido cuando el usuario *carga* este formulario es el formulario mismo, es decir, la capacidad de crear una película nueva; por eso `new` es un nombre apropiado para este recurso. El recurso pedido cuando el usuario *envía* el formulario, nombrado por la ruta que se especifica en la entrega del formulario y que está en la línea 3 de la figura, es la creación de la película. ■

4.7 La redirección y la *hash* flash

Recuerde de los ejemplos en la sección 4.3 que la llamada **Movie.create!** toma una *hash* de nombres de atributos y sus valores para crear un objeto nuevo. Como muestra el *screencast* 4.7.1, los nombres de los campos del formulario creados por los métodos *helper* de etiquetas de formulario tienen nombres del tipo **params['movie']['title']**, **params['movie']['rating']**, etc. Como resultado, el valor de **params[:movie]** es exactamente una *hash* de nombres de atributos de películas y sus valores, que podemos pasar directamente usando **Movie.create!(params[:movie])**.

No obstante, debemos tener en cuenta un detalle importante antes de que esto funcione. La "asignación en masa" de todo un conjunto de atributos es un mecanismo que puede usar un atacante malicioso para establecer atributos arbitrarios en el modelo[15] que no deberían poderse cambiar por los usuarios normales. La sección 5.2 describe cómo puede Rails protegerse de este ataque, pero en las versiones anteriores a la 3.2, el comportamiento por defecto en Rails era *no* hacer eso. En el año 2012, el consultor de seguridad Egor Homakov mostró[16] que GitHub tenía la vulnerabilidad de asignación en masa porque los desarrolladores de allí no habían cambiado el comportamiento por defecto. El equipo de Rails lo solucionó a partir de la versión 3.2., cambiando el comportamiento por defecto para permitir la protección frente a la asignación en masa. Por simplicidad, en nuestro ejemplo actual hemos desactivado esta protección, pero en las aplicaciones de verdad debería usar los mecanismos que se describen en la sección 5.2 para activar o desactivar de manera selectiva la asignación de atributos. Para desactivar de manera temporal esta característica sólo en el modo desarrollo, encuentra y comenta (coloca un # al principio de) la siguiente línea en `config/environments/development.rb`:

http://pastebin.com/AU0kFpdq

```
config.active_record.mass_assignment_sanitizer = :strict
```

El *screencast* muestra cómo funciona la asignación en masa en la práctica y también muestra la técnica tan útil de usar puntos de ruptura de depuración para ofrecer una visión más detallada y técnica durante la ejecución de una acción del controlador.

n	ejecuta la siguiente línea
s	ejecuta la siguiente sentencia
f	finaliza la llamada al método actual
p *expr*	imprime *expr*, que puede ser cualquier cosa que esté en el alcance del marco actual en la pila
eval *expr*	evalúa *expr*; se puede usar para asignar valores a variables que estén dentro del alcance, como en **eval x=5**
up	sube por la pila de llamadas, al marco de pila del emisor
down	baja por la pila de llamadas, al marco de pila del receptor
where	muestra dónde está en la pila de llamadas
b *fichero:num*	establece un punto de ruptura en *num* en *fichero* (fichero actual si se omite *fichero:*)
b *metodo*	establece un punto de ruptura cuando se llama a *metodo*
c	continúa la ejecución hasta el siguiente punto de ruptura
q	sale del programa

Figura 4.12. Resumen de comandos del depurador interactivo de Ruby.

Screencast 4.7.1. La acción Create.
`http://vimeo.com/34754699`
Dentro de la acción **create** del controlador, hemos colocado un punto de ruptura de depuración para inspeccionar qué está pasando, y hemos usado un subconjunto de comandos del depurador de la figura 4.12 para inspeccionar la *hash* **params**. En concreto, debido a que todos los nombres de los campos de nuestro formulario son del tipo **movie[...]**, **params['movie']** es en sí misma una *hash* con los distintos campos de la película, preparada para ser asignada a un nuevo objeto **Movie**.
Como muchos métodos Rails, **params[]** puede tomar tanto un símbolo como una cadena de caracteres —de hecho, **params** no es una *hash* común en absoluto, sino una **HashWithIndifferentAccess**, que es una clase Rails que actúa como una *hash* pero se puede acceder a sus claves tanto con símbolos como con cadenas de caracteres.

Esto nos lleva a la tercera pregunta que nos hicimos al principio de la sección 4.6: ¿qué vista deberíamos mostrar cuando se completa la acción **create**? Para ser consistentes con otras acciones como **show**, podríamos crear una vista llamada `app/views/movies/create.html.haml`, que contenga un bonito mensaje informando al usuario de que la acción se ha completado con éxito, pero parece gratuito tener una vista aparte para hacer esto. Lo que se hace en muchas aplicaciones web es devolver al usuario una página más útil— como la página de bienvenida, o la lista de todas las películas— pero con un mensaje de éxito añadido en esa página para hacer saber al usuario que sus cambios se han almacenado correctamente.

Rails facilita la implementación de este comportamiento. Para enviar al usuario a una página diferente, **redirect_to** provoca que una acción del controlador no muestre una vista, sino que realiza una nueva petición a otra acción diferente. De este modo, **redirect_to movies_path** es justo como si el usuario de repente solicitara la acción REST **index** `GET movies` (es decir, la acción correspondiente al método asistente **movies_path**): la acción **index** se ejecutará por completo y desplegará su vista como siempre. En otras palabras, la acción de un controlador debe terminar o bien desplegando una vista, o bien redirigiendo a otra acción. Elimine el punto de ruptura de depuración de la acción de controlador (la que insertó si modificó su código de acuerdo al *screencast* 4.7.1) y modifíquelo para que se parezca al código de abajo; después, compruebe este comportamiento actualizando la página del listado de películas, haciendo clic en Add New Movie, y enviando el formulario.

http://pastebin.com/g5nq88eJ

```
# in movies_controller.rb
def create
  @movie = Movie.create!(params[:movie])
  redirect_to movies_path
end
```

Por supuesto, para ser amigable, nos gustaría mostrar un mensaje para hacer saber que la creación de la película se ha realizado satisfactoriamente. (Pronto veremos qué hacer cuando la acción ha fallado). El problema es que cuando llamamos a **redirect_to**, comienza una nueva petición HTTP; y como HTTP es un protocolo sin estado, todas las variables asociadas a la petición de **create** se pierden.

Para abordar este escenario tan habitual, **flash[]** es un mecanismo especial que actúa como una *hash*, pero persiste desde la petición actual hasta la siguiente (dentro de un momento veremos cómo ataja esto Rails). En otras palabras, si ponemos algo en **flash[]** durante la acción del controlador, podemos acceder a ello durante la acción *posterior* también. Toda la *hash* persiste, pero, por convención, **flash[:notice]** se usa para mensajes informativos y **flash[:warning]** se usa para mensajes sobre cosas que han ido mal. Modifique la acción del controlador para almacenar un mensaje útil en **flash**, y compruébelo:

http://pastebin.com/6DuHAwbN

```
# in movies_controller.rb
def create
  @movie = Movie.create!(params[:movie])
  flash[:notice] = "#{@movie.title} was successfully created."
  redirect_to movies_path
end
```

¿Qué ha pasado? Incluso aunque aparentemente la creación de una película nueva ha funcionado (la película nueva se muestra en la lista de todas las películas), no hay rastro del mensaje informativo que acabamos de crear. Como habrá podido adivinar, ¡esto ha ocurrido porque no hemos llegado a modificar ninguna de las vistas para mostrar el mensaje!

¿Pero qué vista tenemos que modificar? En este ejemplo, hemos elegido redireccionar al usuario al listado de películas, así que quizás deberíamos añadir el código para mostrar el mensaje en la vista *Index*. Pero en el futuro podríamos decidir redirigir al usuario a algún otro lugar distinto y, en cualquier caso, la idea de mostrar un mensaje de confirmación o de aviso es tan común que tiene sentido sacarlo fuera en vez de ponerlo en una vista específica.

Recuerde que `app/views/layouts/application.html.haml` es la plantilla que se usa por defecto para "envolver" todas las vistas. Ésta es una buena candidata para mostrar los mensajes de **flash**, porque cualquier mensaje pendiente se va a mostrar ahí independientemente de la vista que se esté presentando. Haga que `application.html.haml` se parezca a la figura 4.13—tendrá que añadir cuatro líneas de código entre **%body** y **=yield** para mostrar cualquier mensaje de **flash** pendiente al principio del cuerpo de la página—.

Si trabaja en alguna CSS que no sea trivial, querrá usar algún editor específico de CSS, como el editor gratuito y multiplataforma Amaya[17], o algún producto comercial de los muchos que hay.

Intente dar estilo a todos los mensajes **flash** para que aparezcan en rojo y centrados. Necesitará añadir el(los) selector(es) CSS apropiado(s) en `app/assets/stylesheets/application.css` para referenciar a los elementos HTML que muestran el contenido de **flash** en la plantilla de la página de la aplicación. Las propiedades CSS `color: red` y `text-align: center` conseguirán estos efectos, pero siéntase libre para experimentar con otro tipo de estilos, colores, bordes y demás.

http://pastebin.com/4rsZ5qyx

```
1 -# this goes just inside %body:
2 - if flash[:notice]
3   #notice.message= flash[:notice]
4 - elsif flash[:warning]
5   #warning.message= flash[:warning]
```

Figura 4.13. Fíjese en el uso de CSS para dar estilo a los mensajes flash: cada tipo de mensaje se muestra en un `div` cuyo ID único es o `notice` o `warning`, dependiendo del tipo de mensaje, pero comparten una clase común, `message`. Esto nos da la libertad en nuestro fichero CSS de poner el mismo estilo para los dos tipos de mensajes haciendo referencia a su clase, o bien poner estilos diferentes haciendo referencia a sus IDs. La concisión de Haml permite de manera notable expresar en una sola línea los atributos de ID y de clase de cada `div`, *además* del mensaje de texto.

Resumen

- Aunque la acción de un controlador suele finalizar mostrando la vista correspondiente a dicha acción, para algunas acciones como **create** es más útil enviar al usuario de vuelta a alguna otra vista. Con **redirect_to** puede sustituir ese comportamiento por defecto de la acción (mostrar su vista) con una redirección a una acción distinta.
- Aunque la redirección hace que el navegador comience una petición HTTP nueva, la *hash* **flash** puede usarse para almacenar una pequeña cantidad de información que estará disponible para esa nueva petición, por ejemplo, para mostrar información útil al usuario relacionada con la redirección.
- Puede hacer sus vistas más DRY haciendo que los mensajes de **flash** aparezcan en una de las plantillas de la aplicación, en vez de tener que estar replicándolos en cada vista que necesite mostrar esos mensajes.

■ ***Explicación. La hash session***

Realmente, **flash** es sólo un caso especial de una función más general, **session[]**. Al igual que **flash**, **session** suena como una *hash* cuyos contenidos persisten a través de peticiones de un mismo navegador pero, al contrario que **flash**, que se borra automáticamente en la siguiente petición, cualquier cosa que usted ponga en **session** permanece ahí de forma permanente hasta que la borre. Puede usar o bien **session.delete(:key)** para borrar elementos aislados, como en una *hash* normal, o usar el método **reset_session** para destruir todo. Tenga en cuenta que **session** se basa en *cookies*, así que las *hashes* **session** de usuarios distintos son independientes. También, como apuntamos en Falacias y errores, tenga cuidado con cuántas cosas almacena en **session**.

Autoevaluación 4.7.1. *¿Por qué cada acción de un controlador tiene que o bien mostrar una vista o bien realizar una redirección?*
◇ HTTP es un protocolo de petición-respuesta, así que cada acción debe generar una respuesta. Una forma de responder es con una vista (página web), pero otra forma de responder es con una redirección, que ordena al navegador a realizar una nueva petición a un URI diferente. ■

Autoevaluación 4.7.2. *En la figura 4.13, y dado que vamos a sacar una etiqueta HTML, ¿por qué la línea 2 comienza con - en vez de con =?*
◇ = hace que Haml ejecute la expresión de Ruby y la sustituye por su resultado en la vista,

	Create	**Update**
Parámetros pasados a la vista	ninguno	instancia existente de **Movie**
Valores por defecto en los campos del formulario	vacío	atributos de la película existente
Etiqueta del botón de envío	"Create Movie" (o "Save Changes")	"Update Movie" (o "Save Changes")
Acciones del controlador	**new** muestra el formulario, **create** recibe el formulario y modifica la base de datos	**edit** muestra el formulario, **update** recibe el formulario y modifica la base de datos
params[]	valores del atributo para la nueva película	valores modificados del atributo para la película ya existente

Figura 4.14. La pareja de acciones edit/update es muy similar a la pareja new/create que acabamos de implementar.

pero no queremos que coloque el valor de la expresión **if** en la vista —lo que queremos realmente es la etiqueta HTML, que va a generar Haml con **#notice.message**, además del resultado de evaluar **flash[:notice]**, que sí está precedido correctamente por =—. ■

4.8 Terminando las acciones CRUD: editar/actualizar y destruir

Podemos seguir un proceso similar para añadir código en la funcionalidad de actualizar, **update**. Como en la acción **create**, actualizar requiere dos acciones —una para desplegar el formulario con la información que se va a editar (**edit**) y una segunda para aceptar el envío del formulario y guardar la información actualizada (**update**). Por supuesto, antes de nada tenemos que dar al usuario una forma de especficar la acción de editar, y para ello modificaremos la vista `show.html.haml` para que sus dos últimas líneas coincidan con el código de abajo, donde la línea 2 usa el método *helper* **edit_movie_path** para generar un URI REST que disparará la acción **edit** para **@movie**.

http://pastebin.com/AKqf6jx2

```
1  -# modify last 2 lines of app/views/movies/show.html.haml to:
2  = link_to 'Edit info', edit_movie_path(@movie)
3  = link_to 'Back to movie list', movies_path
```

¿No deberíamos hacer más DRY las cosas que son similares? En el capítulo 5 le mostraremos una forma de aprovecharnos de esta similitud para hacer las vistas más DRY, pero por ahora vamos a tolerar una pequeña duplicación del código para terminar el ejemplo).

De hecho, como muestra la figura 4.14, las parejas de acciones *new/create* y *edit/update* son muy similares en muchos aspectos.

Use la figura 4.15 para crear la vista `edit.html.haml`, que es casi igual a la vista `new` (figura 4.11)—la única diferencia está en la línea 3, que especifica la ruta REST para el envío del formulario—. Como indica `rake routes`, la acción **create** necesita un `POST` HTTP al URI `/movies`, por eso la figura 4.11 usa **:method=>:post** y el método asistente **movies_path** para la acción del formulario. Sin embargo, la acción **update** requiere un `PUT` HTTP a `/movies/:id`, donde `:id` es la clave primaria del recurso que se va actualizar, así que la línea 3 de la figura 4.15 especifica **:method=>:put** y usa el método asistente **movie_path(@movie)** que construye el URI para editar esta película específica. Podíamos haber construido los URI de manera manual, usando **form_tag "/movies"** en *http://pastebin.com/HpVcAmTw*

```
1  %h2 Edit Movie
2
3  = form_tag movie_path(@movie), :method => :put do
4
5    = label :movie, :title, 'Title'
6    = text_field :movie, 'title'
7
8    = label :movie, :rating, 'Rating'
9    = select :movie, :rating, ['G','PG','PG-13','R','NC-17']
10
11   = label :movie, :release_date, 'Released On'
12   = date_select :movie, :release_date
13
14   = submit_tag 'Save Changes'
```

Figura 4.15. **El marcado Haml de la vista edit difiere de la de new sólo en la línea 3.**

`new.html.haml` any **form_tag "/movies/#{@movie.id}"** en `edit.html.haml`, pero los métodos *helper* para los URI son más concisos, transmiten el propósito de una manera más clara, y son independientes de las cadenas de caracteres del URI real, por si cambiasen en el futuro. Como veremos, cuando su aplicación tiene relaciones entre diferentes tipos de recursos, como la de un espectador y sus películas favoritas, los URI REST se vuelven más complicadas y los métodos *helper* se vuelven a su vez más concisos y más fáciles de leer.

Debajo están los métodos del controlador que necesita añadir a `movies_controller.rb` para comprobar esta característica, así que continúe e insértelos.

http://pastebin.com/UYj53gwM

```
# in movies_controller.rb

def edit
  @movie = Movie.find params[:id]
end

def update
  @movie = Movie.find params[:id]
  @movie.update_attributes!(params[:movie])
  flash[:notice] = "#{@movie.title} was successfully updated."
  redirect_to movie_path(@movie)
end
```

Pruebe a hacer clic en el enlace `Edit` que ha añadido para editar una película. Observe que cuando se actualiza una película existente, los valores por defecto que aparecen en los campos del formulario se corresponden a los valores que tienen actualmente los atributos. Esto es así porque los métodos *helper* como **text_field** en la línea 6 de las plantillas `new` o `edit` buscan por defecto una variable de instancia cuyo nombre coincida con su primer argumento—en este caso, el primer argumento es **:movie**, así que el método asistente **text_field** buscará la variable **@movie**—. Si existe y corresponde a un modelo ActiveRecord, el método asistente asume que este formulario es para editar un objeto existente, y los valores actuales de los atributos de **@movie** se usan para poblar los campos del formulario. Si no existe o no responde al método de atributo del segundo argumento (**'title'**), esos campos del formulario se quedarán en blanco. Este comportamiento es una buena razón para llamar **@movie** a su variable de instancia, en vez de (pongamos) **@my_movie**: con esto todavía podría conseguir la funcionalidad extra que le ofrece los métodos *helper*, pero tendría que pasarle argumentos adicionales.

La última acción CRUD es borrar (*Delete*) y, como muestra la figura 4.4, se puede realizar llamando al método **destroy** sobre un modelo ActiveRecord. Como pasaba con la acción de actualizar, es muy común responder a la acción de borrar destruyendo el objeto y después llevar al usuario a alguna otra página útil (como a la vista del índice), y desplegar además un mensaje de confirmación explicando que se ha borrado el elemento, así que ya sabemos cómo escribir el método del controlador—añada las siguientes líneas a `movies_controller.rb`:

http://pastebin.com/djpFThe2

```
def destroy
  @movie = Movie.find(params[:id])
  @movie.destroy
  flash[:notice] = "Movie '#{@movie.title}' deleted."
  redirect_to movies_path
end
```

(Recuerde, de la explicación que acompañaba a la figura 4.4 que, aunque destruyamos el objeto en la base de datos, se puede acceder a los atributos de la copia en memoria, siempre y cuando no intentemos modificarlo o pedir que se almacene de nuevo).

Tal y como hicimos con la acción de editar, daremos acceso a la acción de borrado desde la página *show* de cada película. ¿Qué tipo de elemento HTML deberíamos usar? `rake routes` nos dice que la acción *Delete* necesita el URI `/movies/:id` con el verbo HTTP `DELETE`. Esto parece semejante a *Edit*, cuyo URI es similar pero usa el método `GET`. Como estamos usando los métodos *helper* de URI para generar las rutas, podriamos usar **link_to** en este caso, pero su comportamiento difiere un poco de lo que cabría esperarse.

http://pastebin.com/e0CzFW1D

```
-# Our Edit link from previous example:
= link_to 'Edit info', edit_movie_path(@movie)
-# This Delete link will not really be a link, but a form:
= link_to 'Delete', movie_path(@movie), :method => :delete
```

Si examina el HTML generado por este código, verá que Rails genera un enlace que incluye el atributo poco usual `data-method="delete"`. Mucho antes de que los principos REST fueran un concepto fundamental en SaaS, había ya una regla general por la que las peticiones de aplicaciones SaaS que usaban GET debían ser "seguras" —no debían causar efectos colaterales como el borrado de un elemento o la compra de algún producto, y se debían poder repetir de manera segura—. De hecho, si intenta actualizar una página que viene de una operación POST, la mayoría de navegadores mostrarán un aviso preguntándole si quiere realmente volver a mandar el formulario. Como borrar algo *no* es una operación "segura", Rails maneja el borrado usando `POST`. Como indica la explicación al final de la sección 6.5, el HTML poco común que se genera con **link_to**, combinado con JavaScript, da como resultado un formulario que se `POST`ea cuando se hace clic en el enlace —permitiendo a los navegadores con JavaScript manejar de forma segura la operación destructiva `delete`—.

Los motores de búsqueda utilizan rastreadores (crawlers) que siguen enlaces `GET` para explorar la web. ¡Imagínese a Google realizando millones de compras falsas cada vez que rastrea un portal de comercio electrónico!

Intente modificar la vista `index` (lista de todas las películas) para que cada fila de la tabla muestre el título de una película incluyendo también un enlace *Edit* que traiga el formulario de edición de esa película, además de un botón *Destroy* que borre la película con un diálogo de confirmación.

Autoevaluación 4.8.1. *¿Por qué el formulario de* `new.html.haml` *se envía con el método* **create** *en vez de con el método* **new**?

◇ Como vimos en el capítulo 2, crear un registro nuevo implica dos interacciones. La primera, **new**, carga el formulario. La segunda, **create**, envía el formulario y provoca la creación real del nuevo registro. ■

Autoevaluación 4.8.2. *¿Porqué no tiene sentido tener un método* render *y un método* redirect *(o dos métodos* render, *o dos métodos* redirect*) al final de una misma acción de un controlador?*

◇ Mostrar (*render*) y redireccionar (*redirect*) son dos formas diferentes de responder a una petición. Cada petición necesita sólo una respuesta. ■

Resumen

- Rails ofrece varios métodos *helper* para crear formularios HTML que se refieren a modelos ActiveRecord. En el método del controlador que recibe el envío de un formulario, las claves en la *hash* **params** se refieren a los atributos de `name` de los campos del formulario, y los valores correspondientes son las elecciones que ha escogido el usuario para esos campos.

- La creación y actualización de un objeto son acciones cuyo efecto visible es simplemente el éxito o fracaso de la petición. Para hacerlo más amigable, en vez de mostrar una página web con sólo un mensaje de éxito o fracaso y pedirle al usuario que haga clic para continuar, podemos directamente redirigirle (**redirect_to**) a una página más útil, como **index**. La redirección es otra forma que tiene la acción de un controlador de acabar, en vez de mostrando una vista.

- También para hacerlo más amigable, es muy típico modificar la vista general de la aplicación para mostrar mensajes almacenados en **flash[:notice]** o **flash[:warning]**, que persisten hasta la próxima petición, por lo que pueden usarse con **redirect_to**.

- Para especificar los URI que se necesitan tanto en los envíos de formularios como en las redirecciones, podemos usar los métodos *helper* de los URI REST, como **movies_path** y **edit_movie_path**, en vez de crear los URI de forma manual.

4.9 Falacias y errores comunes

⚠ ***Error.* Modificar la base de datos de forma manual en vez de usando migraciones, o gestionar gemas de manera manual en vez de usar Bundler.**

Sobre todo si viene de otros entornos SaaS, le va a resultar tentador usar la línea de comandos de SQLite3 o la interfaz gráfica de una base de datos para añadirle o cambiarle las tablas o para instalar bibliotecas. Pero si hace esto, no tendrá una forma consistente de reproducir estos pasos en el futuro (por ejemplo, en el despliegue), ni una forma de deshacer los cambios de una manera ordenada. Además, como las migraciones y los ficheros Gemfile son simplemente ficheros que forman parte de su proyecto, puede mantenerlos bajo control de versiones y ver el historial completo de sus cambios.

⚠ ***Error.* Controladores y vistas extensos.**

Como las acciones del controlador son el primer lugar del código de su aplicación al que se llama cuando llega la petición de un usuario, es bastante fácil que los métodos de estas acciones se hagan extensos—poniendo todo tipo de lógica ahí cuando realmente pertenece al modelo—. De igual forma, es fácil que haya código que salte a las vistas —algo muy común es que una vista se encuentre llamando al método de un modelo como **Movie.all**, en vez de hacer que el método del controlador configure una variable para ello mediante **@movies=Movie.all**, para que la vista use **@movies**. Hacer que las vistas dependan del modelo, además de violar el principio MVC, puede interferir con el proceso de caché, que veremos en el capítulo 5. La vista debería centrarse en mostrar contenido y facilitar las entradas del usuario, y el controlador debería centrarse en mediar entre la vista y el modelo, y configurar cualquier variable necesaria para evitar que cierto código salga a las vistas.

***Error.* Sobrecargar la *hash* session[].**

Debería minimizar lo que almacena en **session[]** por dos razones. La primera es que con la configuración por defecto en Rails, la sesión se empaqueta en una *cookie* (sección 2.2.1 y *screencast* 2.2.1) al final de cada petición, y se desempaqueta cuando la *cookie* se recibe en la siguiente petición, y la especificación de HTTP limita el tamaño de las *cookies* a 4 KBytes. La segunda razón es que, aunque pueda cambiar la configuración de Rails para permitir objetos *session* más grandes, almacenándolos en su propia tabla de la base de datos en vez de en una *cookie*, tener objetos *session* muy abultados son un aviso de que las acciones de su aplicación no están siendo muy autocontenidas. Esto significaría que su aplicación "no es muy REST" y puede ser difícil de usar como parte de una Arquitectura Orientada a Servicios. Aunque nada le impida asignar objetos arbitrarios a una *session*, sólo debería mantener en *session* los ID de objetos necesarios y mantener los objetos propiamente dichos en las tablas de la base de datos correspondientes a esos modelos.

4.10 Observaciones finales: diseño para SOA

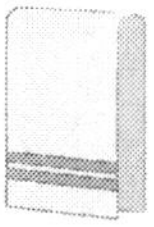

La introducción a Rails que se ha hecho en este capítulo puede parecer que introduce un montón de maquinaria general para manejar una tarea sencilla y específica: implementar una IU web para acciones CRUD. Sin embargo, veremos en el capítulo 5 que tener esta base sólida nos va a permitir apreciar los mecanismos más avanzados que le permitirán hacer sus aplicaciones Rails elegantes y realmente fieles a la filosofía DRY.

Un ejemplo sencillo que podemos mostrar inmediatamente está relacionado con la Arquitectura Orientada a Servicios (SOA), un concepto importante que introdujimos en el capítulo 1 y al que nos referiremos a menudo. Si pretendemos que RottenPotatoes se use en una SOA, sus acciones REST se podrían ejecutar tanto por un humano que espera ver una página web como resultado de una acción, como por otro servicio que espera (por ejemplo) una respuesta XML. Para simplificar la tarea de hacer que su aplicación funcione con SOA, puede devolver formatos diferentes para el mismo recurso usando el método **respond_to**[18] de **ActionController** (no confundirlo con el método **respond_to?** de Ruby que vimos en la sección 3.2). **ActionController::MimeResponds#respond_to** devuelve un objeto que se puede usar para seleccionar el formato en el que se va a mostrar la respuesta. Aquí se ve cómo la acción **update** se puede convertir inmediatamente en una API REST para SOA que actualiza los atributos de una película y devuelve una representación en XML del objeto actualizado, preservando la interfaz de usuario que había para los humanos:

http://pastebin.com/9ZvvznvJ

```
def update
  @movie = Movie.find params[:id]
  @movie.update_attributes!(params[:movie])
  respond_to do |client_wants|
    client_wants.html {  redirect_to movie_path(@movie)  } # as before
    client_wants.xml  {  render :xml => @movie.to_xml     }
  end
end
```

Igualmente, la única razón por la que **new** necesita su propia acción del controlador es porque el usuario humano requiere una forma de rellenar los valores que se usarán para la acción **create** . Otro *servicio* nunca llamaría a la acción **new** en absoluto. Y tampoco tendría sentido redirigir de vuelta a la lista de películas tras la acción **create**: el método **create** podría simplemente devolver una representación XML del objeto creado, o incluso el ID del objeto creado.

De este modo, como con muchas herramientas que veremos en este libro, la curva inicial de aprendizaje para realizar una tarea sencilla puede parecer bastante empinada, pero usted recibirá rápidamente la recompensa de usar esta base tan sólida cuando añada de manera rápida y concisa nuevas funcionalidades y características.

4.11 Para saber más

- La documentación en línea para Rails[19] ofrece detalles del lenguaje, sus clases, y el entorno Rails.
- *The Ruby Way* (Fulton 2006) y *The Rails 3 Way* (Fernandez 2010) entran en bastante detalle al describir las características avanzadas y la magia de Ruby y Rails.
- *Agile Web Development With Rails, 4th edition* Ruby et al. 2011 está escrito por David Heinemeier Hansson, el creador de Rails, y es una introducción a modo de tutorial que combina Ruby y Rails, aunque pone menos énfasis en pruebas y BDD del que nos gustaría. Puede obtenerlo de grandes distribuidores o directamente de la editorial[20], donde puedes conseguir descuentos si compra el libro impreso junto con el libro electrónico (multi-formato).
- PluralSight[21] publica *screencasts* de alta calidad que cubren casi todas las herramientas y técnicas del ecosistema Rails a un precio muy razonable (en opinión del autor). El *screencast* de cinco partes llamado Introduction to Rails 3[22] representa en particular un buen complemento a la información que se ha visto en este capítulo.
- Antes de escribir código nuevo para cualquier funcionalidad que no sea específica de su aplicación, compruebe en `rubygems`[23] y `rubyforge`[24] (al menos) para ver si alguien ha creado una gema que hace más o menos lo que necesita. Como hemos visto en este capítulo, usar una gema es algo tan sencillo como añadir una línea a su fichero `Gemfile` y volver a ejecutar `bundle install`.

O. Fernandez. *Rails 3 Way, The (2nd Edition) (Addison-Wesley Professional Ruby Series)*. Addison-Wesley Professional, 2010. ISBN 0321601661.

H. Fulton. *The Ruby Way, Second Edition: Solutions and Techniques in Ruby Programming (2nd Edition)*. Addison-Wesley Professional, 2006. ISBN 0672328844.

S. Ruby, D. Thomas, and D. H. Hansson. *Agile Web Development with Rails 3.2 (Pragmatic Programmers)*. Pragmatic Bookshelf, 2011. ISBN 1934356549.

Notas

[1]`http://ruby-doc.org/core-1.9.3/Time.html`
[2]`http://ruby-doc.org/core-1.9.3/`
[3]`http://guides.rubyonrails.org/v3.2.19/routing.html`
[4]`http://www.sqlite.org/cli.html`
[5]`http://api.rubyonrails.org/v3.2.19/`
[6]`http://api.rubyonrails.org/v3.2.19/`
[7]`http://en.wikipedia.org/wiki/HTML_sanitization`
[8]`http://api.rubyonrails.org/v3.2.19/classes/ActionView/Helpers/UrlHelper.html#method-i-link_to`
[9]`http://ruby-doc.org/core-1.9.3/Time.html#method-i-strftime`
[10]`http://ruby-doc.org/core-1.9.3/Time.html#method-i-strftime`
[11]`http://catb.org/jargon/html/koans.html`
[12]`http://stackoverflow.com`
[13]`http://stackoverflow.com/questions/2945228/i-see-gem-in-gem-list-but-have-no-such-file-to-load`
[14]`http://api.rubyonrails.org/v3.2.19/classes/ActionView/Helpers/FormTagHelper.html`
[15]`http://guides.rubyonrails.org/v3.2.19/security.html#mass-assignment`
[16]`http://homakov.blogspot.com/2012/03/how-to.html`
[17]`http://www.w3.org/Amaya`
[18]`http://api.rubyonrails.org/v3.2.19/classes/ActionController/MimeResponds.html#method-i-respond_to`
[19]`http://api.rubyonrails.org/v3.2.19/`
[20]`http://pragprog.com/book/rails32/agile-web-development-with-rails-3-2`
[21]`http://pluralsight.com/`
[22]`http://pluralsight.com/training/courses/TableOfContents/introduction-to-ruby-on-rails-3`
[23]`http://rubygems.org`
[24]`http://rubyforge.org`

4.12 Ejercicios propuestos

A menos que se indique lo contrario, estos ejercicios propuestos se basan en la aplicación `myrottenpotatoes` que ha creado en este capítulo.

Ejercicio 4.1. *Añada un* banner *por defecto al esquema principal de la aplicación para que aparezca en cada página de RottenPotatoes. Debería poner "RottenPotatoes" en letras rojas grandes , pero no debe haber información de estilo dentro de la plantilla. (Pista: Escoja un tipo de elemento que refleje el rol del* banner*, asígnele un ID único, y modifique la hoja de estilos CSS para darle estilo al elemento). Impleméntelo de tal manera que cuando se haga clic sobre el título, la aplicación le lleve a la página de bienvenida.*

Ejercicio 4.2. *En vez de redirigir a la acción Index tras un* **create** *exitoso, redirija a la acción* **show** *de la película recién creada. Pista: Puede usar el método* helper *para URI* **movie_path***, pero necesitará darle un argumento para identificar la película. Para obtener este argumento, recuerde que si* **Movie.create** *se completa correctamente, devuelve el objeto recién creado, además de crearlo.*

Ejercicio 4.3. *Modifique la lista de películas de la siguiente manera. Cada modificación va a necesitar que realice un cambio en una capa de abstracción diferente:*

1. *Modifique la vista Index para incluir el número de fila de cada fila en la tabla de películas. Pista: Busque la documentación de la función* `each_with_index` *usada en la línea 11 de la vista.*

2. *Modifique la vista Index para que cuando se sitúe el ratón sobre una fila de la tabla, dicha fila cambie temporalmente su color de fondo a amarillo. PISTA: busque información sobre la* pseudo-clase `hover` *que le ofrece CSS.*

3. *Modifique la acción Index del controlador para que devuelva las películas ordenadas alfabéticamente por título, en vez de por fecha de lanzamiento. Pista:* No *intente ordenar el resultado de la llamada que hace el controlador a la base de datos. Los gestores de bases de datos ofrecen formas para especificar el orden en que se quiere una lista de resultados y, gracias al fuerte acoplamiento entre ActiveRecord y el sistema gestor de bases de datos (RDBMS) que hay debajo, los métodos* `find` *y* `all` *de la biblioteca de* `ActiveRecord` *en Rails ofrece una manera de pedirle al RDBMS que haga esto.*

4. *Simule que no dispone de ese fuerte acoplamiento de ActiveRecord, y que no puede asumir que el sistema de almacenamiento que hay por debajo pueda devolver la colección de ítems en un orden determinado. Modifique la acción* Index *del controlador para que devuelva las películas ordenadas alfabéticamente por título. Pista: Utilice el método* `sort` *del módulo* `Enumerable` *de Ruby.*

Ejercicio 4.4. *¿Qué sucede si el usuario cambia de opinión antes de enviar un formulario para crear o actualizar y decide no enviarlo? Añada un enlace "Cancel" al formulario que lleve al usuario de vuelta a la lista de películas.*

Ejercicio 4.5. *Modifique el enlace "Cancel" para que, si se hace clic sobre él dentro del flujo de la acción Create, se devuelva al usuario a la lista de películas, pero, si se hace clic sobre él dentro del flujo de la acción Update, se devuelva al usuario a la vista Show de la película que estaba editando. Pista: El método de instancia* **ActiveRecord::Base#new_record?** *devuelve verdadero si el receptor en un nuevo objeto del modelo, es decir, un objeto que nunca se ha almacenado en la base de datos. Ese tipo de objetos no tendrán IDs.*

Ejercicio 4.6. *Los menús desplegables para el campo* Release Date *no permiten añadir películas que hayan aparecido antes del 2006. Modifíquelo para permitir películas lanzadas desde el 1930. (Pista: Compruebe la documentación*[1] *del método asistente* **date_select** *usado en el formulario).*

Ejercicio 4.7. *El campo* **description** *de una película se creó como parte de la migración original, pero no se muestra y tampoco se puede editar. Realice los cambios necesarios para que el campo de la descripción se vea y se pueda editar en las vistas de* New *y* Edit*. Pista: Debería cambiar sólo dos ficheros.*

Ejercicio 4.8. *Nuestros métodos actuales del controlador no son muy robustos: si el usuario introduce de manera manual un URI para ver (*Show*) una película que no existe (por ejemplo* `/movies/99999`*), verá un mensaje de excepción horrible. Modifique el método* **show** *del controlador para que, si se pide una película que no existe, el usuario sea redirigido a la vista Index con un mensaje más amigable explicando que no existe ninguna película con ese ID. (Pista: Use* **begin... rescue... end** *para recuperar el control en la excepción* **ActiveRecord::RecordNotFound***).*

Ejercicio 4.9. *Ejercicio que reúne todo: Escriba y despliegue una aplicación Rails que reúna información de una página Web usando las características de XPath de Nokogiri, y que devuelva esa información en un canal RSS usando Builder. Compruebe que puede suscribirse al canal con su navegador o con un lector de noticias RSS.*

5 Entorno SaaS: Rails avanzado

Kristen Nygaard (izquierda, 1926–2002) y Ole-Johan Dahl (derecha, 1931–2002) compartieron en 2001 el Premio Turing por inventar los conceptos fundamentales de la OO, incluyendo objetos, clases y herencia, y por demostrarlos en Simula, el antecesor de todo lenguaje OO.

Programar es comprender.

Kristen Nygaard

Conceptos

Este capítulo trata sobre las características avanzadas de Rails que usted puede usar para hacer su código más DRY y conciso, incluyendo cómo reutilizar servicios externos completos, como Twitter, para integrarlos en sus aplicaciones.

- Algunos mecanismos de Rails, como los filtros para controladores, los métodos de interrupción del ciclo de vida de un modelo y las validaciones de los modelos, ofrecen una forma limitada de ***programación orientada a aspectos***, que permite que se pueda colocar todo el código interrelacionado entre sí en un sólo lugar, y que le se pueda llamar automáticamente cuando se le necesite.
- Las ***asociaciones*** de ActiveRecord usan la metaprogramación y la reflexión para mapear las relaciones entre los recursos de su aplicación, como las relaciones de "pertenece a" (*belongs to*) o "tiene muchas" (*has_many*), a consultas que reflejan esas relaciones en la base de datos de la aplicación.
- Los ***ámbitos*** de ActiveRecord son "filtros" de composición que usted puede definir en los datos de su modelo, habilitando la reutilización DRY en la lógica del modelo.

http://pastebin.com/AY6TjGrp

```
1  -# in _movie_form.html.haml (the partial)
2
3  = label :movie, :title, 'Title'
4  = text_field :movie, 'title'
5
6  = label :movie, :rating, 'Rating'
7  = select :movie, :rating, Movie.all_ratings
8
9  = label :movie, :release_date, 'Released On'
10 = date_select :movie, :release_date
```

http://pastebin.com/F0NzXDqP

```
1  -# new.html.haml using partial
2
3  %h2 Create New Movie
4
5  = form_tag '/movies', :method => :post do
6    = render :partial => 'movie_form'
7    = submit_tag 'Save Changes'
```

http://pastebin.com/J3dz3FjR

```
1  -# edit.html.haml using partial
2
3  %h2 Edit Existing Movie
4
5  = form_tag movie_path(@movie), :method => :put do
6    = render :partial => 'movie_form'
7    = submit_tag 'Update Movie Info'
```

Figura 5.1. Una vista parcial (arriba) que recoge los elementos del formulario que son comunes tanto a la plantilla de new como a la de edit. Las plantillas modificadas de new y edit usan la vista parcial (en la línea 6 de ambos trozos de código), pero la línea 5 es diferente en ambas plantillas porque new y edit van a parar a diferentes acciones. (Use el servicio Pastebin para copiar y pegar este código).

5.1 Haciendo más DRY el MVC: vistas parciales, validaciones y filtros

Nos vamos a centrar en el aspecto DRY de los tres elementos del MVC, empezando con las Vistas.

> Como se explica en la sección 6.6, la vista parcial es también la unidad básica de modificación en páginas habilitadas para JavaScript.

Una ***vista parcial*** (*partial*) es el nombre que usa Rails para los trozos de código reutilizables de una vista. Si en vistas diferentes debe aparecer un contenido similar, poner ese contenido en una vista parcial e "incluirlo" en los ficheros por separado ayuda a evitar la repetición y así tener código DRY. Por ejemplo, en el Capítulo 4, la figura 4.14 advertía de las similitudes entre las acciones **new** y **edit**, cuyas vistas mostraban el mismo formulario para introducir la información de la película —algo no muy DRY—. La figura 5.1 recoge en una vista parcial el código común de estas vistas, y muestra cómo modificar las plantillas `new.html.haml` y `edit.html.haml` para usarla.

Las vistas parciales se apoyan fuertemente en la convención sobre configuración. Sus nombres tienen que empezar con un guión bajo (usamos `_movie_form.html.haml`) que *no aparece* a la hora de referenciarlo en el código. Si una vista parcial no está en el mismo directorio que la vista que la usa, escribir **'layouts/footer'** hará que Rails busque `app/views/layouts/_footer.html.haml`. Una vista parcial puede acceder a las mismas variables de instancia a las que puede acceder la vista que la incluye. Un uso particularmente bonito de una vista parcial es el de mostrar una tabla u otra colección en donde todos los elementos son los mismos, como demuestra la figura 5.2.

Las vistas parciales son sencillas y directas, pero los mecanismos que tiene Rails para *http://pastebin.com/tEALd9RT*

```
-# A single row of the All Movies table
%tr
  %td= movie.title
  %td= movie.rating
  %td= movie.release_date
  %td= link_to "More about #{movie.title}", movie_path(movie)
```

Figura 5.2. Si esta vista parcial se guarda como `views/movies/_movie.html.haml`, las líneas 12–17 de nuestra vista original `index.html.haml` (figura 4.6) se puede sustituir por la línea = render :partial=>'movie', :collection=>@movies. Por la convención sobre configuración, el nombre de la vista parcial sin el guión bajo está disponible como una variable local que identifica a cada elemento de @movies uno a uno.

hacer DRY los modelos y los controladores son más sofisticados y sutiles. En las aplicaciones SaaS es muy común querer forzar ciertas restricciones de validación en un objeto de modelo dado, o restricciones de cuándo se pueden realizar ciertas acciones. Por ejemplo, cuando se añade una nueva película en RottenPotatoes, querremos comprobar que el título no esté vacío, que la fecha de lanzamiento sea una fecha válida, y que la valoración sea uno de los valores permitidos. Otro ejemplo podría ser querer permiter que cualquier usuario pueda añadir películas, pero sólo un tipo especial de usuarios "administradores" puedan borrar películas. Los dos ejemplos implican restricciones específicas sobre entidades o sobre acciones, y aunque podría haber muchos sitios donde se deberían considerar dichas restricciones, la filosofía DRY nos insta a centralizarlas en *un solo* lugar. Rails dispone de dos medios análogos para hacer ésto: validaciones para modelos y filtros para controladores.

¿Pero el usuario no elegía la valoración desde un menú? Sí, pero un usuario malicioso o un ***bot*** podrían haber construido la petición. Con aplicaciones SaaS no puedes confiar en nadie. El servidor debe *siempre* comprobar sus entradas, en vez de simplemente confiar en ellas; si no, se arriesga a ser atacado por métodos como los que veremos en el capítulo 12.

Las validaciones del modelo, como las migraciones, se expresan con un mini DSL embebido en Ruby, como muestra la figura 5.3. Las validaciones se lanzan cuando usted llama al método de instancia **valid?** o cuando intenta guardar el modelo a la base de datos (lo que invoca igualmente a **valid?** antes).

Cualquier error de validación se guarda en el objeto **ActiveModel::Errors**[4] asociado a cada modelo; este objeto se devuelve a través del método de instancia **errors**. Como muestra la figura 5.3, puede preguntar por errores en atributos individuales (líneas 18–20) o usar **full_messages** para obtener todos los errores en un *array* de cadenas de caracteres. Cuando escriba sus propias validaciones personalizadas, como en las líneas 7–10, puede usar **errors.add** para añadir un mensaje de error asociado o bien a un atributo específico no válido del objeto, o al objeto en general (pasándole **:base** en vez de el nombre del atributo).

El ejemplo también demuestra que las validaciones pueden ser condicionales. Por ejemplo, la línea 6 de la figura 5.3 asegura que la valoración de la película es válida, *a menos que* la película se lanzase antes de que entrara en funcionamiento el sistema de valoraciones (en Estados Unidos entró el 1 de noviembre de 1968), en cuyo caso no necesitamos validar la valoración.

Podemos hacer uso de las validaciones para sustituir los peligrosos **save!** y **update_attributes!** en nuestras acciones del controlador por sus versiones más seguras, **save** y **update_attributes**, que fallan si la validación falla. La figura 5.4 muestra cómo modificar nuestros métodos de controlador para que sean más idiomáticos, aprovechándonos de esto. Modifique las acciones del controlador **create** y **update** para que coincidan con las de la figura, modifique `app/models/movie.rb` para incluir las validaciones de la figura 5.3, y luego intente añadir una película que viole una o más de las validaciones.

Por supuesto, sería deseable informar al usuario de lo que ha ido mal y qué debería hacer. Es fácil: dentro de una vista, *podemos* obtener el nombre de la acción del controlador que *http://pastebin.com/yctJ0riC*

```
1  class Movie < ActiveRecord::Base
2    def self.all_ratings ; %w[G PG PG-13 R NC-17] ; end #  shortcut: array of
       strings
3    validates :title, :presence => true
4    validates :release_date, :presence => true
5    validate :released_1930_or_later # uses custom validator below
6    validates :rating, :inclusion => {:in => Movie.all_ratings},
7      :unless => :grandfathered?
8    def released_1930_or_later
9      errors.add(:release_date, 'must be 1930 or later') if
10       release_date && release_date < Date.parse('1 Jan 1930')
11   end
12   @@grandfathered_date = Date.parse('1 Nov 1968')
13   def grandfathered?
14     release_date && release_date < @@grandfathered_date
15   end
16 end
17 # try in console:
18 m = Movie.new(:title => '', :rating => 'RG', :release_date => '1929-01-01')
19 # force validation checks to be performed:
20 m.valid?  # => false
21 m.errors[:title] # => ["can't be blank"]
22 m.errors[:rating] # => ["is not included in the list"]
23 m.errors[:release_date] # => ["must be 1930 or later"]
24 m.errors.full_messages # => ["Title can't be blank", "Rating is not
25   included in the list", "Release date must be 1930 or later"]
```

Figura 5.3. Las líneas 3–5 usan el funcionamiento de validaciones ya predefinidas en ActiveModel::Validations::ClassMethods[3]. Las líneas 6–15 le muestran cómo puede crear sus propios métodos de validación, que reciben como argumento el objeto que se va a validar y añaden mensajes de error describiendo cualquier problema. Fíjese que primero validamos la presencia de release_date; si no, las comparaciones de las líneas 10 y 14 podrían fallar si release_date es nil.

http://pastebin.com/fauUp1Xn

```
# replaces the 'create' method in controller:
def create
  @movie = Movie.new(params[:movie])
  if @movie.save
    flash[:notice] = "#{@movie.title} was successfully created."
    redirect_to movies_path
  else
    render 'new' # note, 'new' template can access @movie's field values!
  end
end
# replaces the 'update' method in controller:
def update
  @movie = Movie.find params[:id]
  if @movie.update_attributes(params[:movie])
    flash[:notice] = "#{@movie.title} was successfully updated."
    redirect_to movie_path(@movie)
  else
    render 'edit' # note, 'edit' template can access @movie's field values!
  end
end
# note, you will also have to update the 'new' method:
def new
  @movie = Movie.new
end
```

Figura 5.4. Si create o update fallan, usamos un render explícito para volver a mostrar el formulario, para que el usuario pueda rellenarlo de nuevo. Convenientemente, el objeto @movie estará disponible en la vista y tendrá los valores que el usuario ha introducido la primera vez, así que el formulario se rellenará con esos valores porque (por convención sobre configuración), los métodos *helper* de etiquetas de formulario que se han usado en `_movie_form.html.haml` usarán @movie para poblar los campos del formulario mientras sea un objeto Movie válido.

llamó a esa vista, de forma que podemos incluirlo en el mensaje de error, como muestra la línea 5 del siguiente código.

http://pastebin.com/fNRS4LB6

```
1 -# insert at top of _movie_form.html.haml
2
3 - unless @movie.errors.empty?
4   #warning
5     Errors prevented this movie from being #{controller.action_name}d:
6     %ul
7       - @movie.errors.full_messages.each do |error|
8         %li= error
```

El *screencast* 5.1.1 va más allá y explica cómo aprovechan las vistas de Rails el hecho de que puedan preguntar a los atributos de cada modelo por separado sobre su validez para dar al usuario una respuesta más específica sobre qué campos concretamente han causado el problema.

Screencast 5.1.1. Cómo interaccionan las validaciones de modelos con los controladores y las vistas.

`http://vimeo.com/34754932`

Los métodos *helper* de formulario de nuestras vistas usan el objeto **errors** para descubrir qué campos causaron errores de validación, y aplica una clase CSS especial, `field-with-errors`, a cada uno de esos campos. Si incluimos los selectores para esa clase en `app/assets/stylesheets/application.css`, podemos resaltar visualmente los campos afectados, en beneficio del usuario.

De hecho, las validaciones son sólo un caso especial de un mecanismo más general, las funciones *callback* del ciclo de vida de Active Record[7], que le permiten ofrecer métodos que "interceptan" un objeto del modelo en cualquier punto relevante de su ciclo de vida. La figura 5.5 muestra qué funciones *callback* están disponibles; la figura 5.6 ilustra cómo usar este mecanismo para "canonicalizar" (estandarizar el formato de) ciertos campos del modelo antes de que ese modelo se guarde. Veremos otro uso de las funciones *callback* en el ciclo de vida cuando discutamos el patrón de diseño *Observer* (Observador) en el capítulo 11 y la caché en el capítulo 12.

Análogo a una validación es el filtro de un controlador —un método que comprueba si son verdaderas ciertas condiciones antes de que se ejecute una acción, o que comprueba una serie de condiciones que son comunes a muchas acciones. Si las condiciones no se dan, el filtro puede decidir "parar el espectáculo", mostrando la plantilla de una vista o redirigiendo a otra acción. Si el filtro permite que se ejecute la acción, será responsabilidad de dicha acción ofrecer una respuesta, como siempre.

A modo de ejemplo, un uso bastante común de los filtros es forzar el requisito de que un usuario inicie sesión antes de realizar ciertas acciones. Asuma por el momento que hemos verificado la identidad de un usuario y hemos guardado su clave primaria (ID) en **session[:user_id]** para recordar el hecho de que ha iniciado sesión. La figura 5.7 muestra un filtro que fuerza que un usuario válido haya iniciado sesión. En la sección 5.2 mostraremos cómo combinar el filtro previo (*before-filter*) con los otros "bloques" implicados en tratar con usuarios dentro de la sesión.

Los filtros normalmente se aplican a todas las acciones del controlador, pero se puede usar **:only** para especificar que el filtro sólo se aplica a ciertas acciones, mientras que se puede usar **:except** para especificar que algunas acciones están exentas. Cada uno de éstos toma un *array* de nombres de acciones. Usted puede definir múltiples filtros: se ejecutan en el

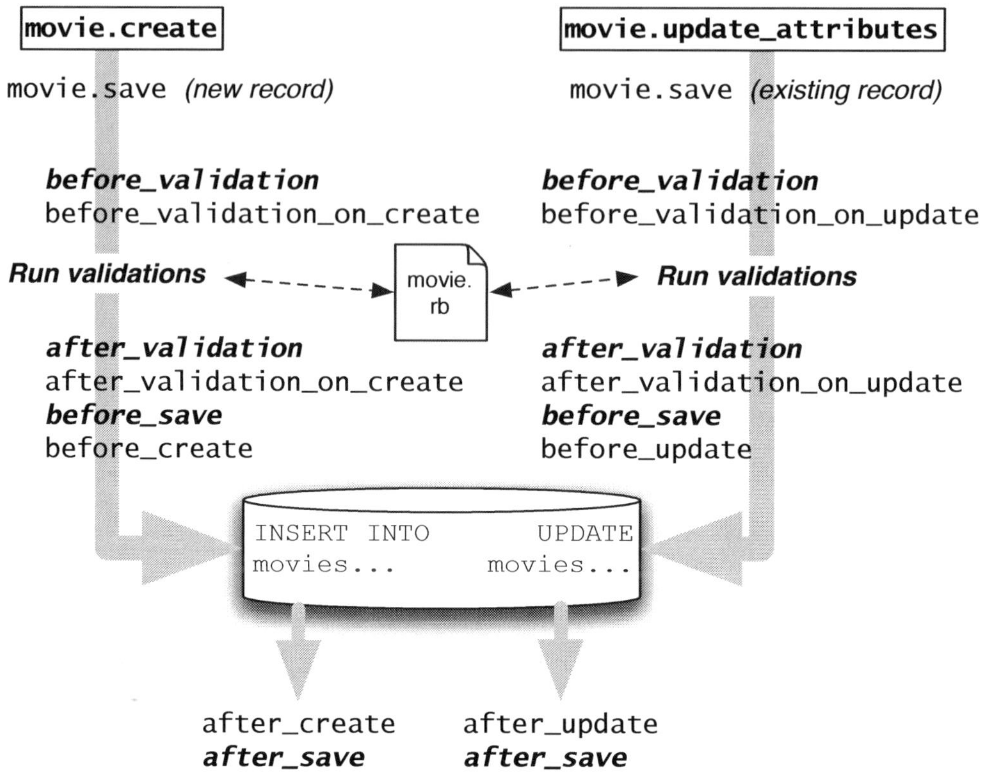

Figura 5.5. Los múltiples puntos en los que usted puede "intervenir" dentro del ciclo de vida de un objeto de modelos ActiveRecord. Todas las operaciones de ActiveRecord que modifican la base de datos (update, create, etc.) al final llaman a save, así que la función *callback* before_save puede interceptar cualquier cambio en la base de datos. Mire esta guía de Rails[6] para más detalles y ejemplos.

http://pastebin.com/2zQPLxAZ

```
class Movie < ActiveRecord::Base
  before_save :capitalize_title
  def capitalize_title
    self.title = self.title.split(/\s+/).map(&:downcase).
      map(&:capitalize).join(' ')
  end
end
# now try in console:
m = Movie.create!(:title => 'STAR  wars', :release_date => '27-5-1977', :
    rating => 'PG')
m.title  # => "Star Wars"
```

Figura 5.6. Esta función *callback* before_save capitaliza cada palabra del título de una película, poniendo en mayúscula la primera letra y dejando en minúscula el resto de la palabra, además de comprimir múltiples espacios entre palabras a uno sólo, convirtiendo `STAR    wars` en `Star Wars` (que no es necesariamente el comportamiento correcto que pudieran tener los títulos de películas, pero es útil desde el punto de vista didáctico).

http://pastebin.com/3fzBknNQ

```
class ApplicationController < ActionController::Base
  before_filter :set_current_user
  protected # prevents method from being invoked by a route
  def set_current_user
    # we exploit the fact that find_by_id(nil) returns nil
    @current_user ||= Moviegoer.find_by_id(session[:user_id])
    redirect_to login_path and return unless @current_user
  end
end
```

Figura 5.7. Si hay un usuario dentro de la sesión, *no* se llevará a cabo la redirección, y la variable de instancia `@current_user` del controlador estára disponible en la acción y en las vistas. En caso contrario, se lleva a cabo una redirección a `login_path`, que se asume que corresponde a una ruta que lleva al usuario a una página de inicio de sesión, de la que se hablará más en la sección 5.2. (and es como && pero con menor precedencia, de ahí ((redirect_to login_path) and (return)) unless. . .)

orden en los que los haya declarado. También puede definir filtros que se ejecuten después de que ciertas acciones se hayan completado (*after-filters*), y filtros que especifican acciones que se van a ejecutar antes y después (*around-filters*), comunes en acciones como inspeccionar o medir tiempos. Estos últimos filtros usan **yield** para realizar la acción del controlador:

http://pastebin.com/LLjiWBK7

```
# somewhat contrived example of an around-filter
around_filter :only => ['withdraw_money', 'transfer_money'] do
  # log who is trying to move money around
  start = Time.now
  yield   # do the action
  # note how long it took
  logger.info params
  logger.info (Time.now - start)
end
```

Resumen sobre hacer más DRY el MVC en Rails:

- Las vistas parciales (*partials*) le permiten reutilizar trozos de código de vistas entre diferentes plantillas, recogiendo los elementos comunes a todas las vistas en un sólo lugar.
- Las validaciones le dejan recoger restricciones de un modelo en un único lugar. Las validaciones se comprueban cada vez que se va a modificar la base de datos; que falle una validación es una de las maneras que tienen los métodos no peligrosos **save** y **update_attributes** de fallar.
- El campo **errors** de un modelo, un objeto **ActiveRecord::Errors**, almacena los errores que ocurren durante la validación. Los métodos *helper* de formulario pueden usar esta información para aplicar estilos CSS especiales en campos donde ha fallado la validación, separando de una manera limpia la responsabilidad de detectar un error de la responsabilidad de mostrar ese error al usuario.
- Los filtros de los controladores le dejan recoger en un solo lugar las condiciones que afectan a muchas acciones de un controlador, definiendo un método que siempre se ejecuta antes de que se ejecuten esas acciones. Un filtro declarado en un controlador afecta a todas las acciones de ese controlador, y un filtro declarado en **ApplicationController** afecta a todas las acciones de todos los controladores, a menos que se especifique **:only** o **:except**.

■ ***Explicación. Programación orientada a aspectos***

La ***programación orientada a aspectos*** (*Aspect-Oriented Programming*, AOP) es una metodología de programación para realizar código DRY, en la que ***funcionalidades transversales***, como las validaciones del modelo y los filtros para controladores, se separan del código principal de las acciones a las que aplican. En nuestro caso especificamos, de manera declarativa, validaciones del modelo en un único lugar, en vez de invocarlas explícitamente en cada ***punto de unión*** (*joint point*) del código donde queremos realizar la comprobación de una validación. A un conjunto de puntos de unión se le conoce como ***puntos de corte*** (*pointcut*), y al código que se inserta en cada punto de unión (como las validaciones de nuestro ejemplo) se le llama consejo (***advice***). Ruby no soporta AOP en su totalidad, algo que le permitiría especificar puntos de corte arbitrarios junto con el consejo que aplica a cada uno. Pero Rails usa las características del lenguaje dinámico Ruby para definir puntos de corte (como es el caso del ciclo de vida de un modelo AR, que soporta validaciones y otras funciones *callback* del ciclo de vida), y puntos de unión en torno a las acciones de los controladores, que soportan los filtros previos y posteriores (*before-* y *after-filters*).
Una crítica a la AOP es que el código fuente ya no se puede leer de manera secuencial. Por ejemplo, si un filtro previo a una acción evita que esa acción se ejecute, puede ser difícil seguir la traza de un posible problema, especialmente para alguien que no esté familiarizado con Rails y no se de cuenta de que el filtro no se ha llamado explícitamente, y es un método consejo (*advice*) el que se ha ejecutado en su lugar, disparado por un punto de unión determinado. La respuesta a esa crítica es que si la AOP se aplica de manera elegante y moderada, y todos los desarrolladores están de acuerdo y comprenden los puntos de corte definidos, podría mejorar el estilo DRY y la modularidad del código. Las validaciones y los filtros son precisamente el intento de los diseñadores de Rails de posicionarse en este terreno intermedio para que resulte beneficioso.

Autoevaluación 5.1.1. *¿Por qué los diseñadores de Rails no eligieron lanzar las validaciones cuando se instancia por primera vez con* **Movie#new**, *en vez de esperar a hacer el objeto persistente?*
◇ Mientras usted está rellenando los atributos de un objeto nuevo, éste puede estar en un estado temporal inválido, con lo que lanzar una validación en ese momento puede dificultar el manejo del objeto. Cuando se persiste el objeto se le dice a Rails "Creo que este objeto está ya preparado para ser almacenado". ■

Autoevaluación 5.1.2. *¿Por qué no podemos escribir* **validate released_1930_or_later**, *es decir, por qué el argumento de* **validate** *tiene que ser o un símbolo o una cadena de caracteres?*
◇ Si el argumento es sólo el nombre del método sin parámetros, Ruby intentará evaluarlo en el momento que se ejecuta **validate**, que no es lo que se desea —queremos que **released_1930_or_later** se invoque cada vez que tiene que realizarse una validación—. ■

5.2 SSO y autenticación a través de terceros

Una manera de ser más DRY y productivo es evitar implementar funcionalidad que se puede reutilizar a partir de otros servicios. Un ejemplo muy actual de esto es la ***autenticación*** —el proceso por el cual una ***entidad*** demuestra que es quien dice ser. En SaaS, los usuarios y servidores finales son dos tipos de entidades (*principals*) que pueden necesitar autenticarse. Lo normal es que un usuario demuestre su identidad aportando un nombre de usuario y una clave que (presumiblemente) nadie más sabe, y un servidor demuestra su identidad con un ***certificado digital de servidor*** (ver capítulo 12), cuya ***procedencia*** se puede verificar usando criptografía.

La autorización se refiere a si a una entidad se le permite hacer cierta acción. Aunque es un término independiente del de autenticación, los dos aparecen vinculados muy a menudo porque muchos estándares gestionan los dos.

En los orígenes de las aplicaciones SaaS, los usuarios tenían que establecer nombres de usuario y contraseñas separadas para cada sitio web. Hoy en día está en auge la ***autenticación centralizada*** (SSO, *Single Sign-On*), en donde las credenciales establecidas para un sitio web (el ***proveedor***) se pueden usar para autenticarse en otros sitios que administrativamente no están relacionados con ese sitio web. Claramente, SSO es fundamental para la utilidad de arquitecturas orientadas a servicios: sería difícil para los servicios poder trabajar conjuntamente en su nombre si cada uno de ellos tuviera su propio esquema de autenticación por separado. Dada la prevalencia y la importancia de SSO, nuestra visión es que las nuevas aplicaciones SaaS usen preferentemente SSO, en vez de "lanzar" su propio sistema de autenticación.

Facebook ha sido uno de los primeros ejemplos de SSO.

Sin embargo, SSO presenta el dilema de que, aunque usted podría estar conforme utilizando sus credenciales del sitio A para autenticarse en el sitio B, normalmente no va a querer revelar esas credenciales al sitio B. (Imagine que el sitio A es su institución financiera y que el sitio B es una compañía extranjera a la que quiere comprar algo.) La figura 5.8 muestra cómo la ***autenticación a través de terceros*** (*third-party authentication*) resuelve este problema, usando RottenPotatoes y Twitter como ejemplo. Primero, la aplicación que solicita la autenticación (RottenPotatoes) crea una petición a un proveedor de autenticación en la que el usuario ya tenga cuenta, en este caso Twitter. La petición suele incluir información sobre qué privilegios quiere la aplicación en el proveedor, por ejemplo, ser capaz de enviar *tweets* en nombre del usuario o de saber quiénes son los seguidores (*followers*) del usuario.

El proceso SSO suele comenzar con un enlace o un botón que el usuario debe pulsar. Ese enlace lleva al usuario a una página de inicio de sesión que es ofrecida de forma segura *por*

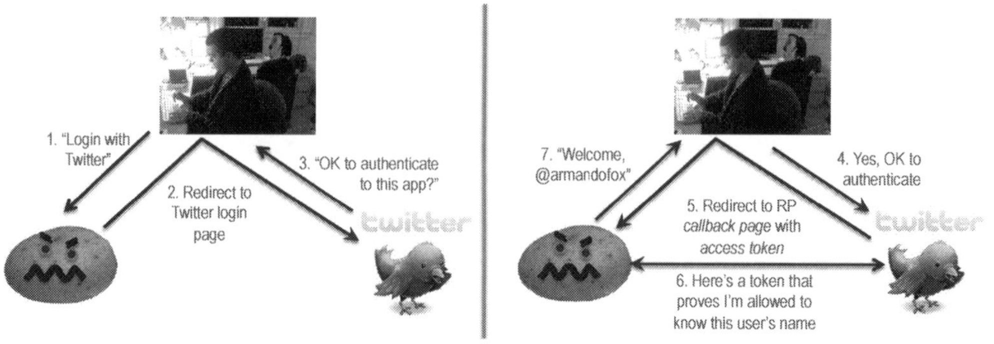

Figura 5.8. La autenticación a través de terceros habilita SSO dejando que una aplicación SaaS pida al usuario que se autentique a través de otro proveedor. Una vez que se ha autenticado, el proveedor envía un *token* a esa aplicación demostrando que el usuario se ha acreditado correctamente, y quizás le envié también privilegios codificados que el usuario le concede a dicha aplicación. Este flujo es una versión simplificada de *OAuth*, un protocolo abierto de autenticación y autorización (acompañado de alguna controversia) usado por Twitter, Facebook, Microsoft, Google, Netflix, y muchos otros. El logo de Twitter y su imagen son propiedad de Twitter Inc. (copyright 2012), y se muestran sólo con fines educativos.

el proveedor; dependiendo de la implementación, la página de inicio puede ser una ventana emergente, un *frame* o elemento *iframe* HTML[8], o una página normal servida por el sitio del proveedor. Al usuario se le da la posibilidad de iniciar sesión en el proveedor y decidir si le otorga a la aplicación los privilegios solicitados. Es fundamental que esta interacción tenga lugar entre el usuario y el proveedor en su totalidad: la aplicación solicitante no tiene acceso a ninguna parte de esta interacción. Una vez que se realiza la autenticación satisfactoriamente, el proveedor genera una ***llamada a una función callback*** de la aplicación solicitante para darle un ***token de acceso***, que no es más que una cadena de caracteres generada mediante técnicas criptográficas que se pueden pasar al proveedor más tarde, permitiendo así al proveedor verificar que el *token* sólo se ha podido crear como resultado de un proceso de inicio de sesión satisfactorio. En este punto, la aplicación solicitante puede hacer dos cosas:

1. Puede creer que el usuario ha demostrado su identidad al proveedor, y almacenar para ese usuario, opcionalmente, el identificador único global y persistente, también llamado ***guid*** (pronunciado, GOO-id) (*Globally-Unique ID*), que suele formar parte del *token* de acceso. Por ejemplo, el *guid* de Armando Fox en Twitter es 318094297, pero esta información no es útil a menos que esté acompañada de un *token* de acceso concediendo el derecho de obtener información sobre ese *guid*.

2. Puede usar el *token* para solicitar al proveedor más información acerca del usuario, dependiendo de qué privilegios exactamente le han sido concedidos tras la autenticación. Por ejemplo, un *token* de Facebook puede indicar que el usuario dio permiso a la aplicación para conocer quiénes son sus amigos, pero que no dio permiso para realizar publicaciones en su muro.

Afortunadamante, añadir autenticación en las aplicaciones Rails a través de terceros es algo directo. Por supuesto, antes de que permitamos iniciar sesión a un usuario, ¡necesitamos poder representar usuarios! Así que antes de continuar, vamos a crear un modelo y una migración básicos siguiendo las instrucciones de la figura 5.9.

Hay tres aspectos a tratar en la autenticación a través de terceros en Rails. El primero es cómo autenticar realmente al usuario a través de ese tercer sujeto. Usaremos la excelente *http://pastebin.com/V4tw3Ld9*

```
rails generate model Moviegoer name:string provider:string uid:string
```

http://pastebin.com/1JaAMKKD

```
# Edit app/models/moviegoer.rb to look like this:
class Moviegoer < ActiveRecord::Base
  attr_accessible :uid, :provider, :name # see text for explanation
  def self.create_with_omniauth(auth)
    Moviegoer.create!(
      :provider => auth["provider"],
      :uid => auth["uid"],
      :name => auth["info"]["name"])
  end
end
```

Figura 5.9. Arriba (a): Teclee este comando en un terminal para crear el modelo `moviegoers` y su migración, y ejecute `rake db:migrate` para aplicar la migración. Abajo (b): Luego edite el fichero `app/models/moviegoer.rb` generado para que coincida con este código, que se explica en el texto.

http://pastebin.com/GUz4rscD

```
get  'auth/:provider/callback' => 'sessions#create'
post 'logout' => 'sessions#destroy'
get  'auth/failure' => 'sessions#failure'
```

http://pastebin.com/eb50EvUx

```
1  class SessionsController < ApplicationController
2    # user shouldn't have to be logged in before logging in!
3    skip_before_filter :set_current_user
4    def create
5      auth=request.env["omniauth.auth"]
6      user=Moviegoer.find_by_provider_and_uid(auth["provider"],auth["uid"]) ||
7        Moviegoer.create_with_omniauth(auth)
8      session[:user_id] = user.id
9      redirect_to movies_path
10   end
11   def destroy
12     session.delete(:user_id)
13     flash[:notice] = 'Logged out successfully.'
14     redirect_to movies_path
15   end
16 end
```

http://pastebin.com/xbMdTJYJ

```
#login
  - if @current_user
    %p.welcome  Welcome, #{@current_user.name}!
    = link_to 'Log Out', logout_path
  - else
    %p.login= link_to 'Log in with your Twitter account', '/auth/twitter'
```

Figura 5.10. Los bloques del flujo de autenticación en una aplicación Rails típica. Arriba (a): Tres rutas que siguen la convención de la gema OmniAuth para mapear las acciones create y destroy en un controlador SessionsController separado, además de una ruta que se pueda usar en un futuro para manejar autenticaciones fallidas (por ejemplo, que el usuario introduzca una contraseña incorrecta en Twitter o que no permita el acceso a nuestra aplicación). Medio (b): La línea 3 se salta el filtro before_filter de la figura 5.7 que añadimos en ApplicationController. Fíjese que tenemos que borrar la línea 7 de la figura 5.7 porque en este ejemplo no tenemos una ruta de inicio de sesión a la cual redirigir. Si el inicio de sesión de un usuario dado es correcto, la acción create recuerda la clave primaria (ID) del usuario en la sesión hasta que se llame a la acción destroy para olvidarla. Abajo (c): La variable @current_user (que se estableció en la línea 6 de ApplicationController, figura 5.7) puede usarse por una vista parcial relacionada con el inicio de sesión para mostrar un mensaje apropiado. La vista parcial se podría incluir desde `application.html.haml` con render :partial=>'sessions/login'.

gema OmniAuth[9], que abstrae completamente el proceso global mostrado en la figura 5.8. Esta gema permite a los desarrolladores crear una *estrategia* para cada proveedor de autenticación. Una estrategia gestiona todas las interacciones con el proveedor de autenticación (pasos 2–4 de la figura 5.8) y finalmente ejecuta una acción `POST` HTTP al URI `/auth/`*proveedor*`/callback` de su aplicación (la de usted). Los datos incluidos en la acción `POST` indican el éxito o fracaso del proceso de autenticación y, si todo ha ido bien, el(los) *token(s)* que su aplicación puede usar para conseguir información adicional sobre el usuario autenticado. En el momento en el que se escribe este libro, existen estrategias para Facebook, Twitter, Google Apps y muchos otros, cada una disponible en forma de gema llamada `omniauth-`*proveedor*. Usaremos Twitter como ejemplo, así que añada tanto `gem 'omniauth'` como `gem 'omniauth-twitter'` a su fichero Gemfile y ejecute `bundle install --without production` como siempre. Después tendrá que crear una aplicación de desarrollo Twitter y configurar la gema OmniAuth con un proveedor de Twitter en **config/initializers/omniauth.rb**. Los detalles se encuentran en las instrucciones de configuración de OmniAuth para Twitter[10] en GitHub. Una vez se haya completado este paso, añada el código de la figura 5.10(a) a su fichero **config/routes.rb**, que especifica algunas de las rutas que usará la estrategia de OmniAuth cuando se complete la autenticación en Twitter.

El segundo aspecto a tratar es el de seguir la pista de si el usuario actual ha sido autenticado. Habrá podido adivinar que esta información se puede almacenar en el objeto **session[]**. Sin embargo, deberíamos mantener la gestión de la sesión separada de los demás aspectos de la aplicación, ya que la sesión puede no ser relevante si su aplicación está siendo usada en el marco de una arquitectura orientada a servicios. Para este caso, la figura 5.10(b) muestra cómo podemos "crear" una sesión donde un usuario se autentica correctamente (líneas 3–9) y "destruir" esa autenticación cuando abandona la sesión (líneas 11–15). Las comillas están ahí porque lo único que se está creando o destruyendo es el valor de **session[:user_id]**, que durante la sesión es la clave primaria del usuario que ha iniciado sesión, y que vale **nil** el resto del tiempo. La figura 5.10(c) muestra cómo se abstrae esta comprobación por medio de un filtro **before_filter** en **ApplicationController** (que será heredado por todos los controladores), que da valor a **@current_user** de acuerdo a lo anterior. Así, los métodos del controlador o las vistas sólo tienen que mirar a **@current_user** sin tener que estar al tanto de los detalles de cómo ha ocurrido la autenticación.

El tercer aspecto es enlazar nuestra representación de la identidad de un usuario —esto es, su clave primaria en la tabla `moviegoers`— con la representación del proveedor de autenticación, por ejemplo el `uid` de Twitter. Como igual queremos extender en un futuro qué proveedores de autenticación van a poder usar nuestros clientes, la migración de la figura 5.9(a) que crea el modelo **Moviegoer** especifica tanto un campo `uid` como un campo `provider`. ¿Qué ocurre la primera vez que Alice inicia sesión en RottenPotatoes con su ID de Twitter? La consulta `find_by_provider_and_uid` de la línea 6 del controlador de sesiones (figura 5.10(b)) devolverá **nil**, así que se llamará a **Moviegoer.create_with_omniauth** (figura 5.9(b), líneas 5–10) para crear un nuevo registro de este usuario. Fíjese que "Alicia autenticada a través de Twitter" será un usuario diferente, bajo nuestro punto de vista, que el usuario "Alicia autenticada a través de Facebook," porque no tenemos forma de saber que son la misma persona. Esa es la razón por la que algunos sitios que soportan muchos proveedores de autenticación a través de terceros dan al usuario la posibilidad de "enlazar" dos cuentas para indicar que identifican a la misma persona.

Todas estas cosas pueden parecer que son un montón de bloques, pero comparado con hacer lo mismo pero sin una abstracción como la que ofrece OmniAuth, esto es código limpio:

hemos añadido menos de dos docenas de líneas, e incorporando más estrategias OmniAuth podemos añadir más proveedores de autenticación a través de terceros sin apenas trabajo. El *screencast* 5.2.1 muestra la experiencia del usuario relacionada con este código.

Screencast 5.2.1. Inicio de sesión en RottenPotatoes con Twitter.
`http://vimeo.com/41300070`
Esta versión de RottenPotatoes, modificada para usar la gema OmniAuth como se describe en el texto, permite a los usuarios entrar en la aplicación usando sus ID de Twitter.

No obstante, acabamos de crear una vulnerabilidad de seguridad. Hasta ahora hemos explotado la conveniencia de la "asignación en masa" desde la *hash* **params[]** al objeto ActiveRecord, como cuando escribimos **@movie.update_attributes(params[:movie])** en **MoviesController#update**. ¿Pero qué sucede si un atacante malicioso manipula el envío de un formulario que intenta modificar **params[:moviegoer][:uid]** o **params[:moviegoer][:provider]** —campos que sólo deberían ser modificados por la lógica de la autenticación— enviando ***campos de formulario ocultos*** llamados `params[moviegoer][uid]` y demás? El comando **attr_accessible** de la línea 3 de la figura 5.9(b) es lo que nos permite realizar asignación en masa a atributos específicos. Si quisiésemos "proteger" atributos sensibles a ser asignados en masa con **params**, podríamos usar **attr_protected**[11]. Usar el tipo más restrictivo de **attr_accessible**[12] hace que *sólo* los atributos especificados puedan ser modificados con una asignación en masa de **params[]** (o de cualquier *hash*). Se recomienda este mecanismo más restrictivo porque sigue el ***principio de mínimo privilegio*** de seguridad informática, un tema al que volveremos en la sección 12.9 cuando discutamos cómo proteger los datos de los usuarios.

Resumen

- La autenticación centralizada (SSO, *Single Sign-On*) se refiere a la experiencia de un usuario final en la que un solo conjunto de credenciales (como pueden ser su usuario y contraseña de Google o Facebook) le va a permitir iniciar sesión en una variedad de servicios distintos.
- La autenticación a través de terceros (*third-party authentication*) , que utiliza estándares como ***OAuth***, es una manera de conseguir autenticación centralizada: la aplicación solicitante puede verificar la identidad de un usuario a través de un proveedor de autenticación, sin que el usuario tenga que revelar sus credenciales a la aplicación solicitante.
- La manera más limpia de implementar la autorización en las aplicaciones Rails es abstraer el concepto de sesión. Cuando un usuario se autentica correctamente (usando quizás un entorno como el de OmniAuth[13]), se crea una sesión almacenando el `id` del usuario autenticado (su clave primaria) en el objeto **session[]**. Cuando el usuario sale de la sesión, la sesión se destruye borrando esa información del objeto **session[]**.
- Debe usar **attr_protected** y **attr_accessible** para identificar atributos del modelo que son "sensibles" y deberían estar excluidos de posibles asignaciones en masa a través de una *hash*, como puede ser la información del ID de un usuario usada para la gestión de la sesión o la autenticación.

■ *Explicación. Efectos colaterales de SSO*

En algunos casos, usar SSO habilita también otras características; por ejemplo, Facebook Connect permite que los sitios se aprovechen de la red social Facebook para que, por ejemplo, Bob pueda ver qué articulos del New York Times han estado leyendo sus amigos una vez que se autentica en el New York Times usando Facebook. Mientras que estas características tan atractivas refuerzan la costumbre de usar SSO en vez de "desplegar" un sistema propio de autenticación, van aparte del concepto básico de SSO, que es en lo que nos centramos aquí.

Autoevaluación 5.2.1. *Describa brevemente cómo RottenPotatoes le puede dejar iniciar sesión con su ID de Twitter sin tener que revelar a RottenPotatoes su contraseña de Twitter.*

◇ RottenPotatoes le redirige a una página que alberga Twitter donde inicia sesión de manera habitual. La redirección incluye una URL a la que Twitter envía de vuelta un mensaje confirmando que usted se ha autenticado, e indica qué acciones va a poder hacer RottenPotatoes en su nombre, como usuario de Twitter. ■

Autoevaluación 5.2.2. *Verdadero o falso: si inicia sesión en RottenPotatoes usando su ID de Twitter, RottenPotatoes podrá enviar* tweets *usando su ID de Twitter.*

◇ Falso: la autenticación está separada de los permisos. Muchos proveedores de autenticación, incluyendo Twitter, permiten que la aplicación solicitante pida permiso para hacer determinadas cosas, y dejan que sea el usuario quien decida darlo o no. ■

Figura 5.11. Cada extremo de una asociación se etiqueta con su *cardinalidad*, o el número de entidades que participan en ese "lado" de la asociación, donde un asterisco significa "cero o más". En la figura, cada *Review* pertenece a un único *Moviegoer* y a una sola *Movie*, y no es posible tener una *Review* sin un *Moviegoer* o sin una *Movie*. (La notación de cardinalidad "0..1", en contraposición a "1", permitiría tener reseñas "huérfanas").

id	title	rating
13	Inception	PG-13
41	Star Wars	PG
43	It's Complicated	R

id	movie_id	moviegoer_id	potatoes
21	41	1	5
22	13	2	3
23	13	1	4

id	username
1	alice
2	bob
3	carol

Figura 5.12. En esta figura, Alice ha dado 5 patatas a Star Wars y 4 patatas a Inception, Bob ha dado 3 patatas a Inception, Carol no ha escrito ninguna crítica, y nadie ha dicho nada sobre It's Complicated. Por brevedad y claridad, no mostramos los otros campos de las tablas `movies` y `reviews`.

5.3 Asociaciones y claves foráneas

Una *asociación* es una relación lógica entre dos tipos de entidades de una arquitectura software. Por ejemplo, podemos añadir a RottenPotatoes las clases **Review** (crítica) y **Moviegoer** (espectador o usuario) para permitir que los usuarios escriban críticas sobre sus películas favoritas; podríamos hacer esto añadiendo una asociación de *uno a muchos* (*one-to-many*) entre las críticas y las películas (cada crítica es acerca de una película) y entre críticas y usuarios (cada crítica está escrita por exactamente un usuario). La figura 5.11 muestra estas asociaciones usando un tipo de diagrama con el ***Lenguaje Unificado de Modelado (UML, Unified Modeling Language)***. Veremos más ejemplos de UML en el capítulo 11.

En el lenguaje de Rails, la figura 5.11 muestra que:

- Un *Moviegoer* tiene muchas *Reviews*
- Una *Movie* tiene muchas *Reviews*
- Una *Review* pertenece a un *Moviegoer* y a una *Movie*

En Rails, el "hogar permanente" de los objetos de nuestro modelo es la base de datos, así que necesitamos una manera de representar asociaciones entre objetos almacenados ahí. Afortunadamente, las asociaciones son tan comunes que las bases de datos relacionales ofrecen un mecanismo especial para soportarlas: las ***claves foráneas***. Una clave foránea consiste en una columna en una tabla cuya finalidad es referenciar la clave primaria de otra tabla para establecer una asociación entre los objetos representados por estas tablas. Recuerde que, por defecto, las migraciones de Rails crean tablas donde la columna de la clave primaria se llama `id`. La figura 5.12 muestra la tabla `moviegoers`, para gestionar a los usuarios, y una tabla `reviews` con las columnas que representan claves foráneas `moviegoer_id` y `movie_id`, lo que permite que cada reseña se refiera a las claves primarias (`ids`) del usuario que la escribió y de la película de la que trata.

Por ejemplo, para buscar todas las reseñas de *Star Wars*, necesitaríamos primero realizar el ***producto cartesiano*** de todas las filas de las tablas `movies` y `reviews`, concatenando *http://pastebin.com/W0xJTuc4*

```
1  # it would be nice if we could do this:
2  inception = Movie.find_by_title('Inception')
3  alice,bob = Moviegoer.find(alice_id, bob_id)
4  # alice likes Inception, bob hates it
5  alice_review = Review.new(:potatoes => 5)
6  bob_review   = Review.new(:potatoes => 2)
7  # a movie has many reviews:
8  inception.reviews = [alice_review, bob_review]
9  inception.save!
10 # a moviegoer has many reviews:
11 alice.reviews << alice_review
12 bob.reviews << bob_review
13 # can we find out who wrote each review?
14 inception.reviews.map { |r| r.moviegoer.name } # => ['alice','bob']
```

Figura 5.13. Una implementación de asociaciones sencilla y directa nos permitiría referirnos directamente a los objetos asociados, incluso aunque estuvieran almacenados en tablas de bases de datos diferentes.

cada fila de la tabla `movies` con cada posible fila de la tabla `reviews`. Esto nos daría una nueva tabla con 9 filas (porque hay 3 películas y 3 críticas) y 7 columnas (3 de la tabla `movies` y 4 de la tabla `reviews`). De esta tabla enorme, seleccionaríamos sólo aquellas filas donde el `id` de la tabla `movies` fuera igual que el `movie_id` de la tabla `reviews`, es decir, sólo aquellos pares película-crítica en los que la crítica fuera sobre esa película. Por último, seleccionaríamos sólo aquellas filas para las cuales el `id` de la película (y por tanto el `movie_id` de las críticas) fuera igual a 41, el ID de la clave primaria de *Star Wars*. Este pequeño ejemplo (llamado ***unión natural*** ó *join* en el lenguaje de las bases de datos relacionales) muestra cómo se pueden representar y manipular relaciones complejas mediante un conjunto pequeño de operaciones (álgebra relacional) en una colección de tablas con un esquema de datos uniforme. En el lenguaje estructurado de consultas (*Structured Query Language*, SQL) usado por casi todas las bases de datos relacionales, la consulta sería algo así:

http://pastebin.com/qCTqmark

```
SELECT reviews.*
  FROM movies JOIN reviews ON movies.id=reviews.movie_id
  WHERE movies.id = 41;
```

De todas maneras, si no estuviéramos trabajando con una base de datos, probablemente acabaríamos con un diseño en el que cada objeto de una clase tuviera "referencias directas" a sus objetos asociados, en vez de construir la consulta de arriba. Un objeto *Moviegoer* mantendría un *array* de referencias a *Reviews*, editadas por ese usuario; un objeto *Review* mantendría una referencia al *Moviegoer* que la escribió; y así. Este diseño nos permitiría escribir código como el de la figura 5.13.

El módulo de Rails **ActiveRecord::Associations**[14] soporta exactamente este diseño, como veremos mientras lo vamos implementando. Aplique los cambios del código de la figura 5.14 como se explica en su pie, y debería poder ser capaz de arrancar `rails console` y ejecutar correctamente los ejemplos de la figura 5.13.

¿Cómo funciona ésto? Como todo en Ruby es una llamada a un método, sabemos que la línea 8 de la figura 5.13 es en realidad una llamada al método de instancia **reviews=** del objeto **Movie**. Este método asigna el valor (un *array* de las reseñas de Alice y Bob) en memoria. De todas maneras, recuerde que como *Review* está en el lado de "pertenece a " de la asociación (*Review belongs to a Movie*), para asociar una crítica a una película tenemos que asignar el campo `movie_id` de esa crítica. *No tenemos que modificar la tabla `movies`.*

http://pastebin.com/5bwBMzzM

```
# Run 'rails generate migration create_reviews' and then
#   edit db/migrate/*_create_reviews.rb to look like this:
class CreateReviews < ActiveRecord::Migration
  def up
    create_table 'reviews' do |t|
      t.integer    'potatoes'
      t.text       'comments'
      t.references 'moviegoer'
      t.references 'movie'
    end
  end
  def down ; drop_table 'reviews' ; end
end
```

http://pastebin.com/0qJQgUwi

```
class Review < ActiveRecord::Base
  belongs_to :movie
  belongs_to :moviegoer
  attr_protected :moviegoer_id # see text
end
```

http://pastebin.com/NG88vs0V

```
# place a copy of the following line anywhere inside the Movie class
#  AND inside the Moviegoer class (idiomatically, it should go right
#  after 'class Movie' or 'class Moviegoer'):
  has_many :reviews
```

Figura 5.14. Arriba (a): Cree y aplique esta migración para crear la tabla `reviews`. Las claves foráneas del nuevo modelo están relacionadas, por el principio de convención sobre configuración, con las tablas `movies` y `moviegoers` ya existentes. Medio (b): Ponga este nuevo modelo Review en `app/models/review.rb`. Abajo (c): Realice este cambio de una línea en cada uno de los ficheros `movie.rb` y `moviegoer.rb`.

Así que en este pequeño ejemplo, **inception.save!** no está modificando el registro de la película *Inception* en absoluto: está estableciendo el campo `movie_id` de las críticas de Alice y Bob de tal manera que "los enlaza" a *Inception*. Por supuesto, si hubiéramos modificado cualquiera de los atributos de *Inception*, **inception.save!** trataría de almacenarlos en la base de datos; pero como **save!** es transaccional —es decir, es o todo o nada— si el método **save!** falla, entonces *cualquier* aspecto de él falla también, así que no se guardarían ni los cambios en *Inception* ni los de sus críticas asociadas.

La figura 5.15 lista algunos de los métodos más útiles que se añaden al objeto **movie** al declarar que tiene muchas (**has_many**) críticas. Como el método **has_many** implica una *colección* de los objetos que se tienen (*Reviews*), es interesante ver que el método **reviews** suena como una colección. Es decir, puede usar todas las expresiones idiomáticas de la figura 3.7 sobre él —iterar sobre sus elementos con **each**, usar expresiones como **sort**, **search** y **map**, etc., como en las líneas 8, 11 y 14 de la figura 5.13.

¿Qué sucede con las llamadas al método **belongs_to** en `review.rb`? Como puede adivinar, **belongs_to :movie** ofrece a los objetos **Review** un método de instancia **movie** que busca y devuelve la película a la que pertenece esa crítica. Como una crítica pertenece como mucho a una película, el nombre del método es singular en vez de plural, y devuelve un sólo objeto en vez de un enumerable.

has_one es un pariente cercano de **has_many** que singulariza el nombre del método de la asociación y opera sobre el único objeto que se tiene, en vez de sobre una colección.

m.reviews	Devuelve un Enumerable de todas las críticas que posee **m**
m.reviews=[r1,r2]	Sustituye el conjunto de críticas que tiene por el conjunto **r1,r2**, añadiendo o borrando apropiadamente, estableciendo el campo `movie_id` de **r1** y **r2** a **m.id** (la clave primaria de **m**) en la base de datos de manera inmediata.
m.reviews<<r1	Añade **r1** al conjunto de críticas de **m** asignando el valor **m.id** al campo `movie_id` de **r1**. El cambio se guarda en la base de datos inmediatamente (no necesita hacer un **save**).
r = m.reviews.build(:potatoes=>5)	Crea un nuevo objeto **Review** denominado **r**, *aunque no lo guarda*, y modifica su campo `movie_id` para indicar que pertenece a **m**. Los argumentos son los mismos que para **Review.new**.
r = m.reviews.create(:potatoes=>5)	Como **build**, pero guarda el objeto inmediatamente (igual que la diferencia entre **new** y **save**).
Nota: si el objeto padre **m** no se ha guardado nunca, esto es, **m.new_record?** es cierto, entonces los objetos hijos no se guardan hasta que se guarde el padre.	
m = r.movie	Devuelve la instancia **Movie** asociada con esta crítica.
r.movie = m	Establece **m** como la película asociada con la crítica **r**.

Figura 5.15. Un subconjunto de los métodos de asociaciones creados por movie has_many :reviews y review belongs_to :movie, asumiendo que m es un objeto Movie que ya existe y que r1,r2 son objetos Review. Consulte la documentación[16] de ActiveRecord::Associations para ver una lista más completa. Los nombres de los métodos de las asociaciones siguen el principio de convención sobre configuración, basándose en el nombre del modelo asociado.

Resumen:

- Las asociaciones entre entidades de una aplicación pueden ser de una a una (*one-to-one*), de una a muchas (*one-to-many*), o de muchas a muchas (*many-to-many*).
- Las bases de datos relacionales (*Relational Databases Management Systems*, RDBMS) usan claves foráneas para representar estas asociaciones.
- El módulo de asociaciones de ActiveRecord usa la metaprogramación de Ruby para crear métodos nuevos con los que "recorrer" asociaciones, construyendo las consultas apropiadas a la base de datos. Aún así, tendrá que crear explícitamente con una migración los campos necesarios para representar esas claves foráneas.

■ ***Explicación. Asociaciones en ActiveRecord vs. Data Mapper***

El concepto de asociaciones es arquitectónico; el uso de claves foráneas para representarlas es una elección de implementación, y el patrón arquitectónico Active Record, que Rails implementa a través de la biblioteca ActiveRecord, hace de puente entre los dos aspectos ofreciendo métodos para recorrer de manera automática esas asociaciones cuando se utiliza una base de datos relacional. Sin embargo, las asociaciones basadas en claves foráneas pueden llegar a ser tan complejas que el coste de gestionarlas puede limitar la escalabilidad de las bases de datos, que ya son el primer cuello de botella de la arquitectura de 3 capas de la figura 2.7. Una manera de evitar este problema es usar el patrón arquitectónico Data Mapper (ver figura 5.16), en el que una clase Mapper define cómo se representan cada modelo y sus asociaciones en el sistema de almacenamiento, además de ofrecer su propio código para recorrerlas. Como DataMapper no se apoya en las claves foráneas del sistema de almacenamiento que haya por debajo, puede usar los sistemas de almacenamiento denominados "NoSQL", como Cassandra[17], MongoDB[18], y CouchDB[19], que omiten todo excepto el soporte más simple a las claves foráneas, consiguiendo así una escalabilidad horizontal superior muy por encima de muchos sistemas RDBMS. De hecho, puede desplegar en Google AppEngine[20] aplicaciones SaaS basadas en Ruby si usan la biblioteca DataMapper que ofrece Google en vez de ActiveRecord.

Autoevaluación 5.3.1. *En la figura 5.14(a), ¿por qué hemos añadido clave foránea (*`references`*) sólo a la tabla* `reviews`*, y no a las tablas* `moviegoers` *o* `movies`*?*
◇ Como necesitamos asociar muchas críticas a una sola película o usuario, las claves foráneas deben formar parte del modelo del lado que es "poseído" en la asociación, en este caso, *Reviews*. ■

Autoevaluación 5.3.2. *En la figura 5.15, ¿los métodos accesores y modificadores de la asociación (como* `m.reviews` *y* `r.movie`*) son métodos de instancia o de clase?*
◇ Métodos de instancia, porque una colección de críticas está asociada con una determinada película, no con películas en general. ■

5.4 Asociaciones *through*

Volviendo a la figura 5.11, vemos asociaciones directas entre *Moviegoers* y *Reviews*, así como entre *Movies* y *Reviews*. Pero como cualquier *Review* está asociada tanto con *Moviegoer* como con *Movie*, se puede decir que hay una asociación *indirecta* entre *Moviegoers* y *Movies*. Por ejemplo, podemos preguntar "¿Para qué películas ha escrito Alice una crítica?" o "¿Qué usuarios han escrito críticas de *Inception*?" De hecho, la línea 14 de la figura 5.13 responde básicamente a la segunda pregunta.

Este tipo de asociación indirecta es tan común que Rails y otros entornos ofrecen una abstracción para simplificar su uso. Se le suele llamar *asociación through* (a través), porque los *Moviegoers* están relacionados con las *Movies a través* de sus críticas y viceversa. La figura 5.17 muestra cómo se usa la opción **:through** en **has_many** para representar esta asociación indirecta. De la misma manera, puede añadir **has_many :moviegoers, :through=>:reviews** al modelo **Movie**, y escribir **movie.moviegoers** para preguntar qué usuarios están asociados con (escribieron críticas de) una película dada.

¿Cómo se "recorre" una asociación *through* en la base de datos? Volviendo de nuevo a la figura 5.12, encontrar todas las películas para las que Alice escribió una crítica requiere primero formar el producto cartesiano de las *tres* tablas (`movies`, `reviews` y `moviegoers`),

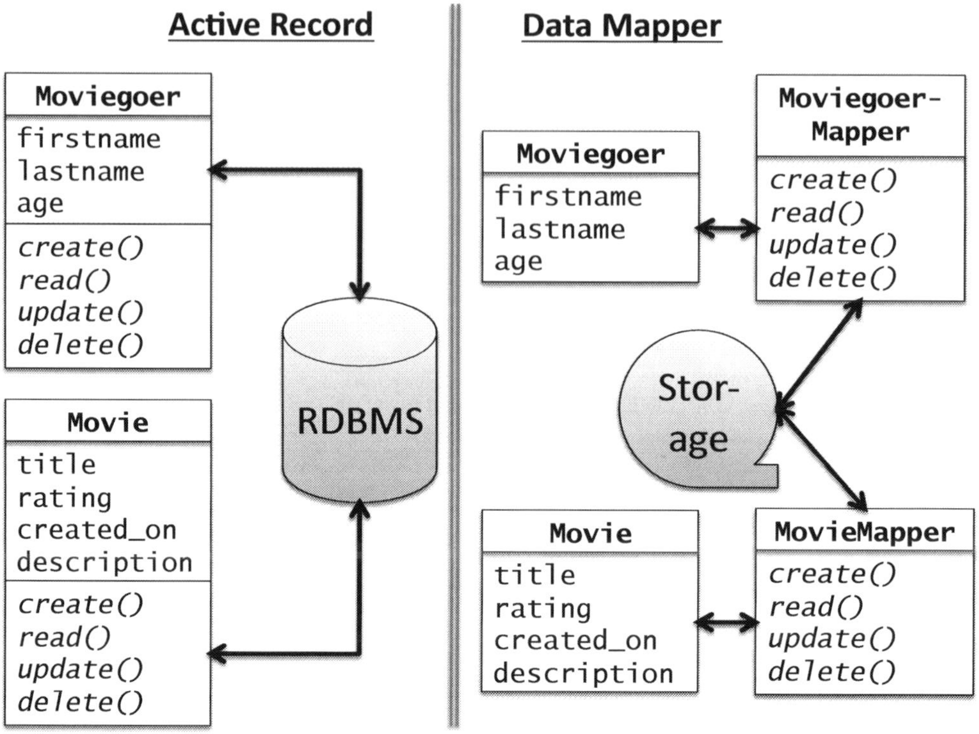

Figura 5.16. En el patrón de diseño Active Record (izquierda), usado por Rails, el objeto del modelo sabe cómo se guarda a sí mismo en la capa de persistencia, y cómo se representan sus relaciones con otros tipos de modelos allí guardados. El el patrón Data Mapper (derecha), usado por Google AppEngine, PHP y Sinatra, una clase aísla los objetos de los modelos de la capa de persistencia. Cada enfoque tiene sus pros y sus contras. Este *diagrama de clases* es una forma de diagrama de Lenguaje Unificado de Modelado(*Unified Modeling Language*, UML), que veremos en más detalle en el capítulo 11.

http://pastebin.com/3UMDrq1N

```
1  # in moviegoer.rb:
2  class Moviegoer
3    has_many :reviews
4    has_many :movies, :through => :reviews
5    # ...other moviegoer model code
6  end
7  alice = Moviegoer.find_by_name('Alice')
8  alice_movies = alice.movies
9  # MAY work, but a bad idea - see caption:
10 alice.movies << Movie.find_by_name('Inception') # Don't do this!
```

Figura 5.17. Uso de las asociaciones *through* en Rails. Como se ha visto antes, el objeto que devuelve alice.movies en la línea 8 suena como una colección. Sin embargo, fíjese que como la asociación entre una Movie y un Moviegoer ocurre *a través* (*through*) de una Review entre ambos, la sintaxis de las líneas 9 y 10 hará que se cree un objeto Review que "una" la asociación, y por defecto todos sus atributos valdrán nil. Esto no es lo que se desea, y si usted tiene validaciones en el objeto Review (por ejemplo, el número de patatas debe ser un entero), el objeto Review recien creado fallará la validación y se abortará toda la operación.

http://pastebin.com/BmTg4Fs2

```
class Review < ActiveRecord::Base
  # review is valid only if it's associated with a movie:
  validates :movie_id, :presence => true
  # can ALSO require that the referenced movie itself be valid
  #  in order for the review to be valid:
  validates_associated :movie
end
```

Figura 5.18. Este ejemplo muestra una validación en una asociación, que asegura que una crítica se almacene sólo si se ha asociado con alguna película.

dando como resultado una tabla que, conceptualmente en nuestro ejemplo, tiene 27 filas y 9 columnas. De esta tabla seleccionamos las filas para las cuales el ID de la película coincida con el `movie_id` de la crítica *y* que el ID del espectador coincida con el `moviegoer_id` de la crítica. Ampliando la explicación de la sección 5.3, la consulta SQL sería como ésta:

http://pastebin.com/uupUEC58

```
SELECT movies.*
  FROM movies JOIN reviews ON movies.id = reviews.movie_id
  JOIN moviegoers ON moviegoers.id = reviews.moviegoer_id
  WHERE moviegoers.id = 1;
```

Por razones de eficiencia, la tabla intermedia resultante del producto cartesiano no se suele materializar, es decir, la base de datos no la construye explícitamente. De hecho, Rails 3 tiene un sofisticado motor de álgebra relacional que construye y realiza consultas SQL *join* optimizadas para recorrer las asociaciones.

De todas maneras, lo importante de estas dos secciones no es explicar el uso de las asociaciones, sino ayudarle a apreciar el uso elegante del tipado dinámico y la metaprogramación que las hace posible. En la figura 5.14(c) añadió **has_many :reviews** a la clase **Movie**. El método **has_many** utiliza la metaprogramación para definir el nuevo método de instancia **reviews=** que usamos en la figura 5.13. Como habrá adivinado sin duda, la convención sobre configuración determina el nombre del método nuevo, la tabla que usará en la base de datos, etc. Al igual que **attr_accessor**, **has_many** no es una declaración, sino la llamada a un método que hace todo este trabajo en tiempo de ejecución, añadiendo una multitud de métodos de instancia para ayudar en el manejo de la asociación.

Las asociaciones representan uno de los aspectos de Rails con una funcionalidad más rica , así que eche una ojeada a su documentación[21] completa. En concreto:

- Al igual que los métodos de intervención en el ciclo de vida de ActiveRecord (*hooks*), las asociaciones ofrecen formas de intervención que se pueden lanzar cuando se añaden o se borran objetos de una asociación (como cuando se añaden nuevas *Reviews* a una *Movie*), y que son distintos a los métodos de intervención de *Movies* o *Reviews* por separado.

- Las validaciones se pueden declarar en modelos asociados, como se muestra en la figura 5.18.

- Como llamar a **save** o **save!** sobre un objeto que usa asociaciones también afecta a los objetos a los que esté asociado, se aplican algunas salvedades si alguno de estos métodos falla. Por ejemplo, si acaba de crear una nueva *Movie* y dos nuevas *Review* que asociar a esa *Movie*, e intenta guardar dicha película, cualquiera de los tres métodos *save* que se apliquen fallarán si los objetos no son válidos (entre otras razones).

- Existen opciones adicionales en los métodos de asociaciones que controlan lo que pasa a los objetos que son "tenidos" cuando el objeto "poseedor" se destruye. Por ejemplo, **has_many :reviews,:dependent=>:destroy** especifica que las críticas que pertenezcan a una determina película se deben borrar de la base de datos si se borra esa película.

Resumen de las asociaciones *through*:

- Cuando dos modelos A y B tienen cada uno de ellos una asociación *has-one* o *has-many* sobre un modelo común C, se puede establecer una asociación de muchos a muchos (*many-to-many*) entre A y B a través (*through*) de C.
- La opción **:through** de **has_many** le permite manipular cada lado de una asociación *through* como si fuera una asociación directa. Sin embargo, si modifica directamente una asociación *through*, el objeto del modelo intermedio se tiene que crear automáticamente, algo que posiblemente usted no desee.

■ ***Explicación. Has and belongs to many***

Debido a que `has_many :through` crea asociaciones de "muchas a muchas" entre las dos entidades principales (en nuestro ejemplo, *Movies* y *Reviews*), ¿podríamos crear esas relaciones de muchas a muchas directamente, sin tener que pasar por una tabla "intermedia"? ActiveRecord ofrece otro tipo de asociación que no vamos a debatir aquí, **has_and_belongs_to_many** (HABTM), para asociaciones puras de muchas a muchas en las que no necesita mantener cualquier otra información sobre la relación, aparte del hecho de que existe. Por ejemplo, en Facebook, a un usuario dado le podrían "gustar" (*like*) muchas entradas de muro, y una entrada podría "gustar a" muchos usuarios; ese "gustar" sería una relación de muchos a muchos entre usuarios y entradas de muro. Sin embargo, incluso con este ejemplo pequeño, para tener constancia de *cuándo* a alguien le ha gustado una entrada o le ha dejado de gustar, el concepto de un "gusto" tendría que estar representado por su propio modelo para poder almacenar estos atributos. Por tanto, en muchos casos, **has_many :through** es más apropiado porque permite que la relación misma (en nuestro ejemplo, la crítica) pueda representarse como un modelo aparte. En Rails, las asociaciones HABTM se representan con unas tablas ***join*** que, por convención, no tienen clave primaria y se crean con una migración con una sintaxis especial.

Autoevaluación 5.4.1. *Describa en lenguaje natural los pasos que se necesitan para determinar todos los espectadores que han realizado una crítica de una película con un* `id` *(clave primaria) dado.*

◇ Encontrar todas las reseñas cuyo campo `movie_id` contenga el `id` de la película dada. Por cada crítica, encontrar el usuario cuyo `id` coincida con el campo `moviegoer_id` de la crítica.
■

5.5 Rutas REST para asociaciones

¿Cómo debemos referirnos, *de manera REST*, a las acciones asociadas a las críticas de películas? En particular, al menos cuando creamos o modificamos una crítica, necesitamos una manera de enlazarla con un usuario y una película. Presumiblemente, el espectador será el **@current_user** que establecimos en la sección 5.2. Pero, ¿qué pasa con la película?

Pensemos en este problema desde el punto de vista de la base de datos. Como sólo tiene sentido crear una reseña cuando tienes una película en mente, la funcionalidad "Create Review" estará accesible a través de un botón o enlace en la página de detalles de una película dada, "Show Movie Details". Por tanto, en el momento en que mostramos este control, sabemos a qué película va a estar asociada la crítica. La cuestión es cómo hacer llegar esta información a los métodos **new** o **create** en el controlador **ReviewsController**.

Una forma es, cuando el usuario visita la página de detalles de una película, usar el objeto **session[]** (que persiste entre peticiones) para recordar el ID de la película cuyos detalles acabamos de ver, pasando a considerarla la película actual (*current movie*). Cuando se llama a **ReviewsController#new**, recuperaremos el ID del objeto **session[]** y lo asociaremos con la crítica poblando una campo de formulario escondido en esta reseña, que a su vez estará disponible en **ReviewsController#create**. Sin embargo, este enfoque no es de tipo REST, porque el ID de la película —una pieza crítica de información para crear una crítica— está "escondido" en la sesión.

Una altermativa más REST, que deja explícito el ID de la película, consiste en hacer que las rutas REST en sí mismas reflejen el "anidamiento" lógico de las *Reviews* en *Movies*:

http://pastebin.com/r0SdhkJa

```
# in routes.rb, change the line 'resources :movies' to:
resources :movies do
  resources :reviews
end
```

Como **Movie** está en el extremo "poseedor" dentro de la asociación, es el recurso exterior, de fuera. Al igual que **resources :movies**, que ofrecía un conjunto de métodos *helper* para los URI tipo REST que representasen acciones CRUD en las películas, la especificación de rutas ***anidadas de recursos*** ofrece un conjunto de métodos *helper* para URI tipo REST para acciones CRUD en *reseñas pertenecientes a una película.* Realice los cambios de arriba en `routes.rb` y ejecute `rake routes`, comparando la salida de las rutas básicas introducidas en el capítulo 4. La figura 5.19 resume las nuevas rutas, que son ofrecidas *junto a* las rutas básicas REST de *Movies* que ya hemos estado usando todo el tiempo. Note que a través de la convención sobre configuración, el comodín **:id** en el URI hará que coincida el ID del recurso propiamente dicho —es decir, el ID de una crítica— y Rails elige el nombre del recurso "externo" para hacer que **:movie_id** capture la ID del recurso "poseedor" . Así, los valores de los ID estarán disponibles en las acciones del controlador como **params[:id]** (la crítica) y **params[:movie_id]** (la película con la que se asociará la crítica).

La figura 5.20 muestra un pequeño ejemplo de estas rutas anidadas para la creación de vistas y acciones asociadas a una nueva crítica. Note el uso del filtro previo (*before-filter*) en **ReviewsController** para asegurar que antes de que se cree una crítica, está establecido el **@current_user** (es decir, que alguien ha iniciado sesión y "poseerá" la nueva crítica) y que la película extraída de la ruta (ver figura 5.19) en **params[:movie_id]** existe en la base de datos. Si no se cumple alguna de las condiciones, el usuario es redirigido a una página apropiada con un mensaje de error explicando qué ha sucedido. Si se cumplen ambas condiciones, las variables de instancia del controlador **@current_user** y **@movie** quedan accesibles a la acción del controlador y a la vista.

La vista usa la variable **@movie** para crear una ruta de envío del formulario usando el método *helper* **movie_review_path** (ver otra vez figura 5.19). Cuando se envía ese formulario, se analiza de nuevo el `movie_id` a partir de la ruta y se comprueba con el filtro previo

Helper	Ruta y acción REST	
movie_reviews_path(m)	`GET /movies/:movie_id/reviews`	index
movie_review_path(m)	`POST /movies/:movie_id/reviews`	create
new_movie_review_path(m)	`GET /movies/:movie_id/reviews/new`	new
edit_movie_review_path(m,r)	`GET /movies/:movie_id/reviews/:id/edit`	edit
movie_review_path(m,r)	`GET /movies/:movie_id/reviews/:id`	show
movie_review_path(m,r)	`PUT /movies/:movie_id/reviews/:id`	update
movie_review_path(m,r)	`DELETE /movies/:movie_id/reviews/:id`	destroy

Figura 5.19. Especificar rutas anidadas en `routes.rb` también ofrece métodos *helper* para URI anidados, similares a los básicos que se ofrecen para recursos normales. Compare esta tabla con la de la figura 4.7 en el capítulo 4.

http://pastebin.com/J5UR6ftj

```
class ReviewsController < ApplicationController
  before_filter :has_moviegoer_and_movie, :only => [:new, :create]
  protected
  def has_moviegoer_and_movie
    unless @current_user
      flash[:warning] = 'You must be logged in to create a review.'
      redirect_to '/auth/twitter'
    end
    unless (@movie = Movie.find_by_id(params[:movie_id]))
      flash[:warning] = 'Review must be for an existing movie.'
      redirect_to movies_path
    end
  end
  public
  def new
    @review = @movie.reviews.build
  end
  def create
    # since moviegoer_id is a protected attribute that won't get
    # assigned by the mass-assignment from params[:review], we set it
    # by using the << method on the association.  We could also
    # set it manually with review.moviegoer = @current_user.
    @current_user.reviews << @movie.reviews.build(params[:review])
    redirect_to movie_path(@movie)
  end
end
```

http://pastebin.com/5VuxXT4z

```
%h1 New Review for #{@movie.title}

= form_tag movie_reviews_path(@movie) do
  %label How many potatoes:
  = select_tag 'review[potatoes]', options_for_select(1..5)
  = submit_tag 'Create Review'
```

Figura 5.20. Arriba (a): un controlador que manipula *Reviews* que "pertenecen" tanto a una *Movie* como a un *Moviegoer*, usando filtros previos (*before-filters*) para asegurar que los recursos "poseedores" se identifican propiamente en el URI de la ruta. Abajo (b): Una posible plantilla Haml de la vista para crear una nueva crítica, es decir, `app/views/reviews/new.html.haml`.

antes de llamar a la acción **create**. Finalmente, como en la figura 5.14(b) declaramos **moviegoer_id** como un atributo protegido, no puede ser asignado en masa con **params** (línea 23 en la acción **create**) a la nueva crítica, así que le asignamos un valor construyendo la crítica desde su otro "poseedor" **@current_user**.

Podríamos enlazar a la página para crear una nueva crítica usando algo parecido a lo siguiente, en la página de detalles de la película:

http://pastebin.com/rpJ02W6A

```
= link_to 'Add Review', new_movie_review_path(@movie)
```

Resumen: soporte para asociaciones en el controlador y en la vista

- *La forma REST* para crear rutas para las asociaciones es capturar los ID tanto del recurso propiamente dicho como de su(s) recurso(s) asociados en un URI de ruta "anidada".
- Cuando se manipulan los recursos "poseídos" que tienen un padre, como las *Reviews* que "pertenecen" a una *Movie*, los filtros previos (*before-filters*) se pueden usar para interceptar y verificar la validez de los ID embebidos en la ruta REST anidada.

■ ***Explicación. SOA, rutas REST para asociaciones y la sesión***

Las guías de diseño REST para SOA sugieren que cada petición sea auto-contenida, de tal manera que no haya un concepto de sesión propiamente dicho (ni ninguna necesidad para ello). En nuestro ejemplo hemos usado las rutas REST de recursos para mantener los ID de película y crítica juntos y confiar en nuestro marco de autenticación para establecer a **@current_user** como el usuario que posee una crítica. Para una API SOA pura, necesitaríamos capturar el ID del usuario *y* el ID de la crítica, junto con el ID de la película. El subsistema de encaminamiento de Rails es lo bastante flexible como para permitir definir rutas con múltiples comodines para ésto. En general, este problema de diseño surge cuando se necesita crear un objeto con diferentes "poseedores", como es el caso de las críticas. Si no se necesitan todos los objetos poseedores para que el objeto poseído sea válido —por ejemplo, si fuera posible crear una reseña "anónima"— otra solución sería separar las acciones de crear la reseña y asignarla a un usuario en acciones REST diferentes.

Autoevaluación 5.5.1. *¿Por qué tenemos que dar valores a los campos* **movie_id** *y* **moviegoer_id** *de una crítica en las acciones* **new** *y* **create** *de* **ReviewsController**, *pero no en las acciones* **edit** *o* **update**?

◇ Una vez que se crea la crítica, los valores almacenados de sus campos **movie_id** y **moviegoer_id** nos dicen su película y su usuario asociados. ■

5.6 Composición de consultas con ámbitos reutilizables

Hemos dicho repetidas veces que para mantener los distintos aspectos separados en Modelo-Vista-Controlador, no se deberían exponer detalles de la implementación de los modelos de la aplicación a los controladores, como muestra la figura 5.21 (arriba). Una manera fácil de solventar esto es crear métodos de clase como **Movie.with_good_reviews** (quizás tomando un argumento para especificar el umbral medio para considerar una crítica como "buena") *http://pastebin.com/JyHTtgT5*

```
# BAD: details of computing review goodness is exposed to controller
class MoviesController < ApplicationController
  def movies_with_good_reviews
    @movies = Movie.joins(:reviews).group(:movie_id).
      having('AVG(reviews.potatoes) > 3')
  end
  def movies_for_kids
    @movies = Movie.where('rating in ?', %w(G PG))
  end
end
```

Figura 5.21. Determinar qué es lo que hace "buena" a una película o si una película es apropiada para niños debería ser tarea del modelo Movie, pero en este mal ejemplo, esos detalles aparecen codificados en dos métodos diferentes del controlador. (Usamos el método group de ActiveRecord para agrupar las críticas por ID de película, y luego aplicamos el agregador AVERAGE de SQL, para obtener sólo esos ID de películas cuyas críticas tienen de media más de 3 patatas.)

y **Movie.for_kids** pero, ¿qué ocurre si quiere que el usuario filtre por *ambos* atributos — películas para niños que tengan buenas reseñas?

Los ámbitos que permiten composición (*composable scopes*) son una característica muy potente de ActiveRelation (el "álgebra relacional" que hay detrás de ActiveRecord) que le ayuda a hacer esto. Como muestra la figura 5.22, un ámbito con nombre es una expresión *lambda* que se evalúa en tiempo de ejecución. Pero los ámbitos tienen dos características prácticas que les hacen mejores para definir métodos explícitos como **Movie.with_good_reviews**. Primero, *permiten composición*: como muestran las líneas 15–17 de la figura 5.22, el valor que se devuelve al llamar a un ámbito es a su vez un objeto **ActiveRelation** al que se le puede aplicar más ámbitos. Esto permite que se puedan reutilizar trozos de código en distintos sitios y de manera limpia, como estos filtros.

Segundo, los ámbitos se ***evalúan de forma perezosa*** (*lazy evaluation*): una cadena de ámbitos conforman una relación que puede crear y ejecutar la correspondiente consulta SQL, pero la ejecución no se realiza hasta que se solicita el primer resultado. Esto sucede en la vista de nuestro ejemplo, en el bucle **each** de las líneas 28–29 de la figura 5.22. La evaluación perezosa es una técnica muy potente de la programación funcional que veremos de nuevo en el capítulo 12.

Resumen de ámbitos:
Los ámbitos posibilitan especificar la lógica del modelo de manera declarativa y permiten composición, habilitando la reutilización limpia de trozos de código de la lógica del modelo. Como los ámbitos se evalúan de manera perezosa (*lazy evaluation*) — no tiene lugar ninguna consulta a la base de datos hasta que no se solicita el primer resultado— se pueden componer en cualquier orden sin incurrir a penalizaciones de rendimiento.

Autoevaluación 5.6.1. *Escribe una expresión con ámbitos para películas para las que se ha escrito una crítica en los últimos n días, donde n es un parámetro del ámbito.*

http://pastebin.com/EG3hcHXi

```
class Movie < ActiveRecord::Base
  scope :recently_reviewed, lambda { |n|
    Movie.joins(:reviews).where(['reviews.created_at >= ?', n.days.ago]).uniq
  }
end
```

■

http://pastebin.com/JCwE7cNx

```
1  # BETTER: move filter logic into Movie class using composable scopes
2  class Movie < ActiveRecord::Base
3    scope :with_good_reviews, lambda { |threshold|
4      Movie.joins(:reviews).group(:movie_id).
5        having(['AVG(reviews.potatoes) > ?', threshold.to_i])
6    }
7    scope :for_kids, lambda {
8      Movie.where('rating in (?)', %w(G PG))
9    }
10 end
11 # in the controller, a single method can now dispatch:
12 class MoviesController < ApplicationController
13   def movies_with_filters
14     @movies = Movie.with_good_reviews(params[:threshold])
15     @movies = @movies.for_kids          if params[:for_kids]
16     @movies = @movies.with_many_fans    if params[:with_many_fans]
17     @movies = @movies.recently_reviewed if params[:recently_reviewed]
18   end
19   # or even DRYer:
20   def movies_with_filters_2
21     @movies = Movie.with_good_reviews(params[:threshold])
22     %w(for_kids with_many_fans recently_reviewed).each do |filter|
23       @movies = @movies.send(filter) if params[filter]
24     end
25   end
26 end
27 # in the view:
28 - @movies.each do |movie|
29   -# ...code to display the movie here...
```

Figura 5.22. Encapsulamos los criterios de filtrado usando ámbitos, que pueden tomar uno o más argumentos opcionales. Los ámbitos se pueden componer de manera flexible en tiempo de ejecución (líneas 14–17), por ejemplo, en respuesta a la presencia de *checkboxes* de nombre for_kids, with_many_fans, etc. La implementación alternativa, movies_with_filters_2, realiza lo mismo pero con menos código, usando metaprogramación y pudiéndose extender a más ámbitos.

Autoevaluación 5.6.2. *¿Por qué la lógica del ámbito tiene que ser parte de un bloque o de una expresión* lambda*? Por ejemplo, por qué los diseñadores de Rails no han usado esta otra sintaxis:*
http://pastebin.com/ErKmDCYL

```
class Movie < ActiveRecord::Base
  scope :for_kids, Movie.where('rating in ?', %w(G PG))
end
```

◇ Con esta sintaxis, la cláusula **where** se evaluaría inmediatamente (cuando se cargase el fichero de este código), en vez de antes de cada consulta. En otras palabras, sólo las películas que existan *en el momento en que se carga el fichero* (es decir, cuando arranca la aplicación) se incluirían en la consulta. ■

5.7 Falacias y errores

***Error.* Demasiados filtros o funciones *callback* del ciclo de vida del modelo, o lógica muy compleja en los filtros y funciones *callback*.**

Los filtros y funciones *callback* ofrecen lugares convenientes y bien definidos para hacer más DRY código duplicado, pero si se utilizan demasiados puede ser difícil seguir el flujo de la lógica de la aplicación. Por ejemplo, cuando hay tantos filtros previos (*before-filters*) o posteriores (*after-filters*) a un conjunto de acciones de controladores, o ambos (*around-filters*), puede ser complicado adivinar por qué la acción de un controlador ha fallado en ejecutar como debía o cuál es el filtro que ha detenido la ejecución. Las cosas pueden empeorar aún más si algunos de los filtros no están declarados en el controlador sino en un controlador del que hereda, como **ApplicationController**. Los filtros y las funciones *callback* sólo se deberían usar cuando realmente quiere centralizar código que de otra manera estaría duplicado.

***Error.* No comprobar errores cuando se guardan asociaciones.**

Guardar un objeto con asociaciones implica, de manera potencial, modificar muchas tablas. Si cualquiera de estas modificaciones falla, quizá por alguna de las validaciones en el objeto o en sus objetos asociados, pueden fallar otras partes del salvado sin que se de cuenta. Asegúrese de comprobar el valor que devuelve **save**, o incluso use **save!** y recoja las posibles excepciones.

***Error.* Anidar recursos en más de 1 nivel.**

Aunque es técnicamente posible tener recursos anidados en muchos niveles de profundidad, las rutas y las acciones se pueden volver engorrosas fácilmente, signo de que quizás su diseño no es muy apropiado. Quizás se necesita modelar alguna otra relación más, usando un atajo como **has_many :through** para representar la asociación final.

5.8 Observaciones finales: lenguajes, productividad y elegancia

Este capítulo ha mostrado dos ejemplos de uso de las características del lenguaje para fomentar una creación productiva de código conciso y elegante. El primero es el uso de la metaprogramación, clausuras y funciones de más alto nivel para permitir validaciones del modelo y filtros de controlador declarados en un sólo lugar y de acuerdo a la filosofía DRY, aunque sea llamado desde diferentes sitios del código. Las validaciones y los filtros son un ejemplo de la ***programación orientada a aspectos*** (*Aspect-Oriented Programming*, AOP), una metodología que ha sido criticada porque ofusca el flujo de control pero cuyo buen uso puede mejorar el estilo DRY.

AOP se ha comparado con la estructura ficticia de control de flujo ***COME FROM***, que empezó como una broma en respuesta a la carta de Edsger Dijkstra, ***Instrucción GOTO considerada dañina*** (Dijkstra 1968) que promovía la programación estructurada.

El segundo ejemplo corresponde a las decisiones de diseño reflejadas en los métodos *helper* para asociaciones. Por ejemplo, habrá notado que aunque el campo de clave foránea de un objeto **Movie** asociado con una crítica se llama `movie_id`, los métodos *helper* de la asociación nos permiten hacer referencia a **review.movie**, haciendo que nuestro código se centre en la asociación *arquitectónica* entre *Movies* y *Reviews*, en vez de en los *detalles de implementación* de los nombres de las claves foráneas. Usted podría manipular los campos **movie_id** o **review_id** directamente en la base de datos, como le obligan a hacer en aplicaciones web basadas en entornos menos avanzados, o hacerlo en su aplicación Rails: **review.movie_id=some_movie.id**. Pero además de ser más difícil de leer, este código implementa la premisa de que el campo de la clave foránea se llama `movie_id`, que puede no ser cierto si sus modelos están usando características avanzadas de Rails como las asociaciones polimórficas, o si ActiveRecord se ha configurado para operar con una base de datos heredada que no sigue las convenciones de nombrado habituales. En estos casos, **review.movie** y **review.movie=** funcionarán, pero **review.movie_id** dará error. Como algún día *su* código también será código heredado, ayude a sus sucesores a ser productivos —mantenga la estructura lógica de sus entidades lo más separada posible de su representación en la base de datos.

También podríamos preguntarnos, ahora que sabemos cómo se almacenan las relaciones en el RDBMS, por qué **movie.save** también modifica la tabla `reviews` cuando guardamos una película después de añadirle una crítica. De hecho, llamar a **save** en el nuevo objeto de la crítica también funcionaría, pero como *Movie* tiene muchas *Reviews*, tiene más sentido pensar en guardar la película cuando actualizamos las críticas que tiene. En otras palabras, está diseñado de esta manera para que tenga más sentido de cara a los programadores y para que el código quede más elegante.

Resumiendo, merece la pena estudiar las validaciones, los filtros y los métodos *helper* para las asociaciones, porque son ejemplos exitosos de cómo se pueden explotar las características de un lenguaje de programación para hacer código más elegante y para mejorar la productividad.

5.9 Para saber más

- La parte de ActiveRelation en Rails, que gestiona las asociaciones ActiveRecord y genera las consultas SQL, se rediseñó completamente en Rails 3 y es muy potente. Esta guía[22] tiene más ejemplos aparte de los que se han comentado en este capítulo, y le ayudarán a usar la base de datos de manera efectiva, algo que, como veremos en el capítulo 12, es crítico para un funcionamiento correcto.

- La sección Guides[23] de la web de Rails incluye guías útiles de una gran variedad de aspectos de Rails, incluyendo depuración, gestión de la configuración de la aplicación, y más.

- En la sección Guides también se encuentra un repaso de los conceptos básicos de las asociaciones[24].

- *The Rails 3 Way* (Fernandez 2010) es una referencia enciclopédica para todos los aspectos de Rails 3, incluyendo los mecanismos tan potentes que dan soporte a las asociaciones.

E. Dijkstra. Go to statement considered harmful. *Communications of the ACM*, 11(3): 147–148, March 1968. URL `https://dl.acm.org/purchase.cfm?id=362947&CFID=100260848&CFTOKEN=27241581`.

O. Fernandez. *Rails 3 Way, The (2nd Edition) (Addison-Wesley Professional Ruby Series)*. Addison-Wesley Professional, 2010. ISBN 0321601661.

Notas

[1] http://api.rubyonrails.org
[2] http://api.rubyonrails.org/v3.2.19/classes/ActiveModel/Validations/ClassMethods.html#method-i-validates
[3] http://api.rubyonrails.org/v3.2.19/classes/ActiveModel/Validations/ClassMethods.html#method-i-validates
[4] http://api.rubyonrails.org/v3.2.19/classes/ActiveModel/Errors.html
[5] http://guides.rubyonrails.org/v3.2.19/active_record_validations_callbacks.html
[6] http://guides.rubyonrails.org/v3.2.19/active_record_validations_callbacks.html
[7] http://api.rubyonrails.org/v3.2.19/classes/ActiveRecord/Callbacks.html
[8] http://en.wikipedia.org/wiki/Iframe#Frames
[9] http://www.omniauth.org
[10] https://github.com/arunagw/omniauth-twitter
[11] http://api.rubyonrails.org/v3.2.19/classes/ActiveModel/MassAssignmentSecurity/ClassMethods.html#method-i-attr_protected
[12] http://api.rubyonrails.org/v3.2.19/classes/ActiveModel/MassAssignmentSecurity/ClassMethods.html#method-i-attr_accessible
[13] http://www.omniauth.org
[14] http://api.rubyonrails.org/v3.2.19/classes/ActiveRecord/Associations/ClassMethods.html
[15] http://api.rubyonrails.org/v3.2.19/classes/ActiveRecord/Associations/ClassMethods.html
[16] http://api.rubyonrails.org/v3.2.19/classes/ActiveRecord/Associations/ClassMethods.html
[17] http://cassandra.apache.org
[18] http://mongodb.org
[19] http://couchdb.org
[20] http://appspot.com
[21] http://api.rubyonrails.org/v3.2.19/classes/ActiveRecord/Associations/ClassMethods.html
[22] http://guides.rubyonrails.org/v3.2.19/active_record_querying.html
[23] http://guides.rubyonrails.org/v3.2.19/
[24] http://guides.rubyonrails.org/v3.2.19/association_basics.html

5.10 Ejercicios propuestos

Autenticación y filtros:

Ejercicio 5.1. *Extienda el ejemplo de la sección 5.2 para permitir la autenticación vía Facebook Connect.*

Ejercicio 5.2. *Extienda su solución al ejercicio 5.1 para permitir que un usuario autenticado pueda "enlazar" dos cuentas. Es decir, si Alice ha iniciado sesión previamente con Twitter, y acto seguido la inicia con Facebook, debería ser capaz de "enlazar" las dos cuentas para que, en un futuro, iniciar sesión con cualquiera de ellas la identifique como la misma usuaria.* ***Pista:*** *considere crear un modelo adicional,* **Identity**, *que tenga una relación de muchos a uno (*many-to-one*) a* **Moviegoer**.

Ejercicio 5.3. *En el fichero README del* plugin *OmniAuth, el autor da el siguiente ejemplo de código que muestra cómo se integra OmniAuth en una aplicación Rails:*
http://pastebin.com/3shQFuZm

```
1  class SessionsController < ApplicationController
2    def create
3      @user = User.find_or_create_from_auth_hash(auth_hash)
4      self.current_user = @user
5      redirect_to '/'
6    end
7    protected
8    def auth_hash
9      request.env['omniauth.auth']
10   end
11 end
```

El método **auth_hash** *(líneas 8–10) tiene la sencilla tarea de devolver lo que devuelva OmniAuth como resultado de intentar autenticar a un usuario. ¿Por qué piensa que el autor colocó esta funcionalidad en su propio método en vez de simplemente referenciar* **request.env['omniauth.auth']** *directamente en la línea 3?*

Asociaciones y arquitectura REST:

Ejercicio 5.4. *Extienda el código del controlador de la figura 5.20 con los métodos* **edit** *y* **update** *para las críticas. Use un filtro de controlador para asegurarse de que un usuario sólo puede editar o actualizar sus propias críticas.*

6 Entorno de cliente SaaS: introducción a JavaScript

Alan Perlis (1922–1990) fue el primer galardonado con el Premio Turing (1966), otorgado por su influencia en lenguajes de programación y compiladores avanzados. En 1958 ayudó en el diseño de ALGOL, el cual ha influido en virtualmente todos los lenguajes de programación imperativos, incluidos C y Java. Para evitar los problemas sintácticos y semánticos de FORTRAN, ALGOL fue el primer leguaje descrito en términos de una gramática formal, la ***notación Backus-Naur*** (llamada así por el ganador del premio Turing Jim Backus y su colega Peter Naur).

Un lenguaje que no afecta a la forma de pensar sobre la programación no merece la pena aprenderlo.

Alan Perlis

Conceptos

JavaScript es un lenguaje de *scripting* dinámico e interpretado, integrado en los navegadores actuales. En este capítulo se describen sus características principales, incluyendo algunas que recomendamos evitar ya que representan decisiones de diseño cuestionables, y cómo amplía los tipos de contenido y aplicaciones que se pueden ofrecer como SaaS.

- Un navegador representa una página web como una estructura de datos denominada ***DOM*** (***Document Object Model, modelo de objetos del documento***). El código JavaScript que se ejecuta en el navegador puede inspeccionar y modificar esta estructura de datos, obligando al navegador a volver a presentar los elementos modificados de la página.

- Cuando un usuario interactúa con el navegador (por ejemplo, tecleando, haciendo clic o moviendo el ratón), o cuando el navegador hace algún progreso en una interacción con un servidor, el navegador genera un ***evento*** indicando qué ha ocurrido. El código JavaScript puede realizar acciones específicas de la aplicación para modificar el DOM cuando sucede dicho evento.

- Usando ***AJAX*** (***Asynchronous JavaScript And XML, JavaScript asíncrono y XML***), el código JavaScript puede realizar peticiones HTTP a un servidor web *sin* que se necesite recargar la página. La información contenida en la respuesta se puede usar después para modificar los elementos de la página *in situ*, proporcionando una experiencia de usuario más rica y a menudo con una respuesta más ágil que las páginas web tradicionales. Las acciones de controlador y las vistas parciales (*partials*) de Rails se pueden utilizar para manejar interacciones AJAX.

- Al igual que usamos el entorno Rails y la herramienta TDD RSpec para el código SaaS de la parte servidor, aquí utilizaremos el entorno ***jQuery*** y la herramienta TDD Jasmine[1] para desarrollar el código del lado cliente.

- Seguiremos la práctica recomendada de "degradación elegante", también conocida como "mejora progresiva": los navegadores antiguos sin soporte para JavaScript aún podrán proporcionar una buena experiencia de usuario, mientras que los navegadores que soportan JavaScript proporcionarán una experiencia de usuario aún mejor.

Brendan Eich propuso embeber el lenguaje Scheme en el navegador (Seibel 2009). Aunque prevaleció la presión para crear una sintaxis estilo Java, muchas ideas de Scheme sobrevivieron en JavaScript.

JavaScript, Microsoft JScript y Adobe ActionScript son dialectos de ***ECMAScript***, el estándar de 1997 que codifica el lenguaje. Siguiendo la costumbre estándar, emplearemos "JavaScript" para referirnos al lenguaje de forma genérica.

6.1 JavaScript: visión general

JavaScript tenía que "parecerse a Java" pero no tanto —ser el hermanito tonto de Java o un secundario cómico—. Además, tenía que terminarlo en diez días o habría ocurrido algo peor que JavaScript.

Brendan Eich, creador de JavaScript

A pesar de su nombre, JavaScript no tiene relación con Java: LiveScript, el nombre original elegido por Netscape Communications Corp., se cambió a JavaScript para sacar partido de la popularidad de Java. De hecho, como lenguaje JavaScript apenas hereda nada de Java excepto cierta sintaxis superficial. Tiene funciones de mayor orden, lo que proviene del dialecto Scheme de Lisp y se manifiesta de forma prominente en la programación AJAX y en la herramienta TDD Jasmine. Su sistema de tipado dinámico es parecido al de Ruby y desempeña un papel de similar importancia en cómo se usa el lenguaje. Si tiene usted una base sólida de estos conceptos de los capítulos 3 y 8, y se siente cómodo utilizando selectores CSS tal y como hizo en los capítulos 2 y 7, aprender y utilizar JavaScript de forma productiva será sencillo.

Existen principalmente cuatro usos de JavaScript en el ecosistema SaaS actual, que se enumeran ordenados según el uso que hacen de JavaScript, de menos intensivo a más intensivo.

1. Usar JavaScript para mejorar la experiencia de usuario de aplicaciones SaaS centradas en servidor que siguen el patrón de arquitectura modelo-vista-controlador. En este caso, JavaScript se combina con HTML y CSS para formar el "taburete de tres patas" de la programación cliente SaaS. Este caso se conoce como ***JavaScript del lado cliente*** (*client-side JavaScript*) para aclarar que JavaScript está "embebido" en el navegador de tal forma que puede interactuar con las páginas web. En este escenario, el servidor generalmente envía HTML preprocesado en respuesta a peticiones JavaScript, y el navegador utiliza estos fragmentos HMTL para reemplazar los elementos existentes de la página.

2. Crear ***aplicaciones de página única*** (*Single-Page Applications*, SPA) que caben en una única página web, mejorada opcionalmente mediante la conectividad con el servidor. La experiencia de usuario es que una vez que se ha cargado la página principal, no hay más recargas ni se redibuja la página, aunque los elementos de la misma se actualizan continuamente en respuesta a la comunicación con el servidor. En este escenario, la aplicación percibe al servidor como uno o varios puntos finales de la arquitectura orientada a servicios que devuelven datos codificados en XML o ***JSON*** (***JavaScript Object Notation***) al código JavaScript del lado cliente, el cual interpreta los datos y actualiza diferentes elementos de la página de acuerdo con los datos recibidos.

3. Crear aplicaciones del lado cliente, como Google Drive, comparables en complejidad a aplicaciones de escritorio y capaces de funcionar aun sin conexión a Internet. Al igual que todo software complejo, tales aplicaciones deben estar construidas sobre cierta arquitectura subyacente; por ejemplo, el entorno JavaScript Angular[2] soporta la arquitectura modelo–vista–controlador.

4. Crear aplicaciones completas del lado servidor similares a las que hemos estado desarrollando utilizando Rails, pero usando entornos JavaScript como Node.js.

	Servidor	Cliente
Lenguaje	Ruby	JavaScript
Entorno	Rails	jQuery
Arquitectura cliente-servidor sobre HTTP	El controlador recibe una petición, interactúa con el modelo, muestra una nueva página (vista)	El controlador recibe una petición, interactúa con el modelo, y muestra una vista parcial o un objeto codificado en XML o JSON, que el código JavaScript ejecutándose en el navegador utilizará para modificar la página actual en el sitio adecuado
Depuración	Depurador Ruby, `consola rails`	Firebug, consola JavaScript del navegador
Pruebas	RSpec con `rspec-rails`; aislar las pruebas de la base de datos utilizando *fixtures* y factorías de modelo Active Record	Jasmine, `jasmine-jquery`; aislar las pruebas del servidor utilizando *fixtures* HTML y JSON

Figura 6.1. La correspondencia entre nuestra explicación de la programación del lado servidor con Ruby y Rails, y de la programación del lado cliente con JavaScript continúa con nuestro enfoque en crear, de forma productiva, código conciso y no repetitivo (DRY) con una buena cobertura de pruebas.

En este capítulo nos centraremos en los casos 1 y 2, teniendo en cuenta las buenas prácticas que se citan a continuación:

- **Degradación elegante.** En el caso 1, la experiencia de usuario de un sitio debe ser aceptable incluso sin JavaScript (mostrar el mensaje "Esta página requiere JavaScript" no cuenta). El término *mejora progresiva*, de connotaciones más positivas, acentúa las ventajas de añadir JavaScript más que las desventajas de omitirlo. ¿Por qué preocuparse por esto? Una razón es la compatibilidad: de acuerdo con Microsoft[3], el 24% de los internautas chinos en 2013 —más de 130 millones de personas— todavía utilizaban Internet Explorer 6, el cual padece serios problemas de compatibilidad con JavaScript. Otra razón es que se puede deshabilitar JavaScript por razones de seguridad, sobre todo en entornos empresariales donde los usuarios no pueden cambiar su propia configuración. Nos referimos a todos estos como navegadores antiguos, e insistimos en que nuestra aplicación debe seguir pudiendo ser utilizada incluso sin JavaScript. Obviamente, estas directrices no aplican al caso 2, ya que se necesita JavaScript para las SPA.

- **Código no intrusivo.** El código JavaScript debe mantenerse completamente separado del marcado de la página. En ambos casos, esto ayuda a separar problemas, tal y como se hizo con la arquitectura modelo–vista–controlador. En el caso 1, también simplifica el soporte de navegadores antiguos.

La figura 6.1 compara nuestras explicaciones sobre la programación de lado servidor y lado cliente. En el *screencast* 6.1.1 se realiza una demostración de las dos funcionalidades JavaScript que añadiremos a RottenPotatoes en este capítulo.

Screencast 6.1.1. Añadiendo funcionalidades JavaScript a RottenPotatoes.
http://vimeo.com/45331300
Añadiremos primero una casilla de verificación (*checkbox*) que permite filtrar la lista de películas de RottenPotatoes para excluir películas no recomendadas para menores. Este comportamiento se puede implementar por completo con JavaScript en el lado cliente utilizando las técnicas descritas en las secciones 6.4 and 6.5. A continuación, modificaremos el comportamiento del enlace "More info" para que cada película muestre la información adicional en una ventana "flotante" en lugar de cargar una nueva página. Esto requiere AJAX, puesto que traer la información de la película requiere comunicarse con el servidor. En la sección 6.6 se introduce la programación AJAX. Ambos comportamientos se implementarán aplicando degradación elegante, de forma que los navegadores antiguos puedan ofrecer también una buena experiencia de usuario.

JavaScript adolece de una mala reputación que no es enteramente merecida. Comenzó como un lenguaje que iba a permitir a los navegadores web ejecutar código sencillo en el lado cliente para validar entradas de formularios, animar elementos de la página o comunicarse con *applets* Java. Programadores con poca experiencia comenzaron a copiar y pegar ejemplos sencillos de JavaScript para conseguir efectos visuales atractivos, aunque con prácticas de programación horribles, concediendo mala reputación al lenguaje en sí. De hecho, JavaScript es un lenguaje potente y expresivo que incorpora buenas ideas que permiten la reutilización y la aplicación del principio DRY, tales como clausuras y funciones de orden superior, pero los programadores sin experiencia rara vez usan estas herramientas adecuadamente.

Dicho esto, debido al turbulento nacimiento de JavaScript, su sintaxis y semántica tienen ciertas peculiaridades, desde idiosincracias hasta aspectos desafortunados, con casi tantas excepciones y casos especiales como reglas. Además, existen incompatibilidades entre diferentes versiones del intérprete JavaScript y entre las interfaces de programación de aplicaciones JavaScript (JavaScript Application Programming Interface, JSAPI) de distintos navegadores, que representan la funcionalidad de los navegadores que permite al código JavaScript manipular el contenido de la página HTML actual. Evitaremos problemas de compatibilidad de dos formas:

quirksmode.org proporciona más detalles sobre las incompatibilidades de la JSAPI del navegador que le pueden ser de utilidad.

1. Restringiéndonos a características del lenguaje incluidas en el estándar ECMAScript 3, que están soportadas por todos los navegadores
2. Utilizando la potente librería jQuery, en lugar de las JSAPI de cada navegador individual, para interactuar con documentos HTML

La sección 6.2 presenta una introducción al lenguaje y a cómo se conecta el código con las páginas web, mientras que en la sección 6.3 se describen las funciones, cuya comprensión es la base para escribir código JavaScript limpio y no intrusivo. La sección 6.4 presenta jQuery[4], que recubre las JSAPI de los distintos navegadores, incompatibles entre sí, con una API única que funciona en todos los navegadores, y la sección 6.5 describe cómo las características de jQuery facilitan la programación de interacciones entre los elementos de la página y el código JavaScript.

jQuery se puede ver como un adaptador (*Adapter*) mejorado (sección 11.6) para las JSAPI de los distintos navegadores.

La sección 6.6 hace una introducción a la programación en AJAX. En 1998, Internet Explorer 5 introdujo un nuevo mecanismo que permitía que el código JavaScript se comunicara con un servidor SaaS *después* de que se hubiera cargado la página, así como utilizar información que provenía del servidor para actualizar la página "in situ" sin que el usuario tuviera que recargar la página. Otros navegadores copiaron rápidamente esta tecnología. El desarrollador Jesse James Garrett acuñó[5] el término ***AJAX***, de ***Asynchronous JavaScript And XML*** (JavaScript asíncrono y XML), para describir la combinación de estas tecnologías que impulsa aplicaciones "Web 2.0" impactantes como Google Maps.

Irónicamente, la programación AJAX actual involucra mucho menos XML del que utilizaba originalmente, tal y como veremos más adelante.

Probar JavaScript del lado cliente supone un reto ya que los navegadores fallan silenciosamente cuando ocurre un error en lugar de mostrar mensajes JavaScript de error a usuarios desprevenidos. Afortunadamente, el entorno TDD Jasmine le ayudará a probar el código, tal y como se describe en la sección 6.7.

Finalmente, la sección 6.8 describe los mecanismos utilizados tanto para desarrollar como para probar aplicaciones de página única (SPA) basadas en el navegador, que gozan de una creciente popularidad.

Resumen de los antecedentes de JavaScript

- JavaScript sólo se parece a Java en el nombre y sintaxis; a pesar de tener defectos no triviales, incorpora buenas ideas de Scheme y Ruby.
- Nos centraremos en JavaScript del lado cliente, es decir, en utilizar el lenguaje para mejorar la experiencia de usuario de las páginas proporcionadas por aplicaciones SaaS centradas en servidor. Nos esforzaremos en conseguir degradación elegante (la experiencia de usuario sin JavaScript debe ser usable, aunque empobrecida) y el principio de código no intrusivo (el código JavaScript debe estar completamente separado del marcado de la página).

Autoevaluación 6.1.1. *Verdadero o falso: una de las ventajas iniciales de JavaScript para la validación de formularios (prevenir que el usuario envíe un formulario con datos no válidos) fue la habilidad de eliminar código de validación del servidor y trasladarlo al cliente.*
◇ Falso; no hay garantía de que el envío provenga realmente de esa página (cualquiera con una herramienta de línea de comandos puede construir una petición HTTP), e incluso si proviene de la página, el usuario podría estar utilizando un navegador antiguo. Tal y como hemos indicado repetidamente en SaaS, el servidor no puede confiar en nadie y siempre debe validar sus entradas. ■

6.2 JavaScript en el lado cliente para programadores de Ruby

Paradme si creéis que habéis escuchado esto antes.

Atribuido a diversos autores

A pesar de su nombre y sintaxis, JavaScript tiene más puntos en común con Ruby que con Java:

- Casi todo es un objeto. El objeto JavaScript básico se parece a un *hash* de Ruby, excepto porque sus claves (nombres de propiedades) deben ser cadenas de caracteres.
- El *tipado* es dinámico: las variables no tienen tipos, pero los objetos que referencian sí.

- Las clases y tipos importan aún menos que en Ruby —de hecho, a pesar de la apariencia sintáctica de mucho código JavaScript en el mundo real, JavaScript no tiene clases, aunque existen convenciones que se usan para conseguir algunos de los efectos derivados de tener clases—.
- Las funciones son clausuras que llevan su entorno siempre consigo, permitiendo que se ejecuten correctamente en sitios y momentos diferentes de donde fueron definidas inicialmente. Al igual que los bloques anónimos (**do. . . end**) están en todas partes en Ruby, las funciones anónimas (**function() {. . . }**) son omnipresentes en JavaScript.
- JavaScript es un lenguaje interpretado e incluye características de metaprogramación e introspección.

La figura 6.2 muestra la sintaxis y construcciones básicas de JavaScript, que deberían resultarles familiares a los programadores de Java y Ruby. La sección de "Falacias y errores comunes" describe varios errores comunes que se cometen en JavaScript asociados a esta figura; léalas cuidadosamente una vez termine el capítulo para no tropezar con alguno de los desafortunados defectos de JavaScript o con algún mecanismo de JavaScript que se parece a su equivalente en Ruby y funciona de forma muy similar, pero no igual. Por ejemplo, mientras que Ruby utiliza **nil** para referirse tanto al concepto "indefinido" (una variable a la que nunca se le ha asignado un valor) y "vacío" (una variable que siempre se evalúa como falso), **null** en JavaScript es diferente a **undefined**, "valor" que se obtiene cuando una variable no se ha inicializado nunca.

Tal y como muestra la primera fila de la figura 6.2, el tipo fundamental en JavaScript es el objeto (**object**), una colección no ordenada de pares clave/valor o, como se conocen en JavaScript, ***propiedades*** (***properties***) o ***ranuras*** (***slots***). El nombre de una propiedad puede ser cualquier cadena de caracteres, incluyendo la cadena vacía. El valor de una propiedad puede ser cualquier expresión JavaScript, incluyendo otro objeto; no puede ser **undefined**.

JavaScript permite expresar ***objetos literales*** especificando sus propiedades y valores directamente, como se muestra en la figura 6.3. Esta sencilla sintaxis de objeto literal es la base de ***JSON*** (***JavaScript Object Notation***, notación de objetos JavaScript), el cual, a pesar de su nombre, es una forma independiente del lenguaje de representar los datos que se pueden intercambiar entre servicios SaaS o entre cliente y servidor SaaS. De hecho, las líneas 2–11 de la figura (excepto el punto y coma al final de la línea 11) son una representación JSON legal. Oficialmente, cada valor de propiedad en un objeto JSON puede ser de tipo `Number`, `String` Unicode, `Boolean` (`true` o `false` son los únicos valores posibles), `null` (valor vacío) o un `Object` anidado definido recursivamente. Sin embargo, a diferencia del lenguaje JavaScript, en la representación JSON de un objeto, todas las cadenas de texto *deben* entrecomillarse, por lo que el ejemplo en la fila superior de la figura 6.2 necesitaría comillas encerrando la palabra **title** para ajustarse a la sintaxis JSON. La figura 6.4 resume un conjunto de herramientas para comprobar la sintaxis y estilo tanto del código JavaScript como de las estructuras de datos y protocolos relacionados con JavaScript que veremos en el resto del capítulo.

JSON.org define la sintaxis precisa de JSON y muestra un listado de librerías de análisis sintáctico (*parseo*) disponibles para otros lenguajes.

El hecho de que un objeto JavaScript pueda tener propiedades cuyo valor sea una función se usa en librerías bien diseñadas para recopilar todas sus funciones y variables en un único ***espacio de nombres***. Por ejemplo, como veremos en la sección 6.4, jQuery define un única variable global **jQuery** a través de la cual se puede acceder a toda la funcionalidad de la librería jQuery, en lugar de contaminar el espacio de nombres global con los numerosos objetos de la librería. Seguiremos una práctica similar definiendo un pequeño número de variables globales para encapsular todo nuestro código JavaScript.

Objetos	**movie={title: 'The Godfather', 'releaseInfo': {'year': 1972, rating: 'PG'}}** Las comillas alrededor del nombre de la propiedad son opcionales si es un nombre de variable legal; los objetos pueden anidarse. Acceda a las propiedades de un objeto con **movie.title**, o **movie['title']** si el nombre de la propiedad no es un nombre de variable legal o no se conoce hasta el tiempo de ejecución. **for** (*var* **in** *obj*) **{. . . }** itera sobre los nombres de las propiedades de *obj* en orden arbitrario.
Tipos	**typeof** *x* devuelve una representación tipo (*string*) del tipo primitivo de *x*: **"object"**, **"string"**, **"array"**, **"number"**, **"boolean"**, **"function"** o **"undefined"**. *Todos los números son* **double**.
Strings y expresiones regulares	**"string"**, **'also a string'**, **'joining'+'strings'** **'mad, mad world'.split(/[,]+/) == ["mad","mad","world"]** **'mad, mad world'.slice(3,8)==", mad"** ; **'mad, mad world'.slice(-3)=="rld"** **'mad'.indexOf('d')==2**, **'mad'.charAt(2)=='d'**, **'mad'.charCodeAt(4)==100** **'mad'.replace(/(\w)$/,'$1$1er')=="madder"** /*regexp*/**.exec(***string***)** devuelve **null** si no existen coincidencias, y en caso contrario un array cuyo elemento en la posición cero es el string completo que ha coincidido y los elementos adicionales son grupos de captura entre paréntesis. *string*.**match(**/*regexp*/**)** hace lo mismo, *excepto si* el modificador de expresiones regulares **/g** está presente. /*regexp*/**.test(***string***)** (más rápido) devuelve **true** o **false** pero no captura grupos. Constructor alternativo: **new RegExp('[Hh]e(l+)o')**
Arrays	**var a = [1, {two: 2}, 'three'] ; a[1] == {two: 2}** Empiezan en cero, crecen dinámicamente; objetos cuyas claves son números (ver "Falacias y errores comunes") **arr.sort(function (a,b) {. . . })** La función devuelve -1, 0 or 1 para **a<b,a==b,a>b**
Números	**+ - / %**, también **+=**, etc., **++ --**, **Math.pow(***num,exp***)** **Math.round(n)**, **Math.ceil(n)**, **Math.floor(n)** redondean su argumento al entero más cercano, superior o inferior, respectivamente **Math.random()** devuelve un número aleatorio en el rango (0,1)
Conversiones	**'catch'+22=='catch22'**, **'4'+'11'=='411'** **parseInt('4oneone')==4**, **parseInt('four11')==NaN** **parseInt('0101',10)==101**, **parseInt('0101',2)==5**, **parseInt('0101')==65** (los números que empiezan por **0** se interpretan en octal por defecto, si no se especifica la base) **parseFloat('1.1b23')==1.1**, **parseFloat('1.1e3')==1100**
Booleanos	**false**, **null**, **undefined** (valor indefinido, distinto de **null**), 0, cadena vacía '' y **NaN** (*not-a-number*) son valores ***falsos*** (*Boolean false*); **true** y el resto de valores son ***verdaderos***.
Convenciones de nombres	**localVar**, **local_var**, **ConstructorFunction**, **GLOBAL** Todas son convenciones; JavaScript no tiene reglas de capitalización específicas. La palabra reservada **var** hace que el ámbito de la variable sea el de la función en que aparece, si no se convierte en global (técnicamente, una propiedad del objeto global, como se describe en la sección 6.3). Las variables no tienen tipos, pero los objetos a los que referencian sí.
Flujo de control	**while()**, **for(;;)**, **if. . . else if. . . else**, **?:** (operador ternario), **switch/case**, **try/catch/throw**, **return**, **break** Sentencias separadas por punto y coma; el intérprete trata de insertar automáticamente las que "faltan", pero esto puede ser peligroso (ver Falacias y errores comunes)

Figura 6.2. Análogamente a la figura 3.1, esta tabla resume las construcciones básicas de JavaScript. El texto comenta errores comunes importantes. Mientras que Ruby utiliza nil tanto como valor *null* explícito como para el valor devuelto por variables de instancia no existentes, JavaScript distingue undefined, que se devuelve cuando las variables no se han declarado o no tienen un valor asignado, del valor especial null y del valor *booleano* false. Sin embargo, los tres casos son "falsos" —se evalúan como falso en una sentencia condicional—.

http://pastebin.com/gaR9tA4k

```
1  var potatoReview =
2  {
3    "potatoes": 5,
4    "reviewer": "armandofox",
5    "movie": {
6      "title": "Casablanca",
7      "description": "Casablanca is a classic and iconic film starring ...",
8      "rating": "PG",
9      "release_date":  "1942-11-26T07:00:00Z"
10   }
11 };
12 potatoReview['potatoes']  // => 5
13 potatoReview['movie'].title     // => "Casablanca"
14 potatoReview.movie.title      // => "Casablanca"
15 potatoReview['movie']['title'] // => "Casablanca"
16 potatoReview['blah']          // => undefined
```

Figura 6.3. Notación JavaScript para objetos literales, es decir, objetos que se especifican enumerando sus propiedades y valores explícitamente. Si el nombre de la propiedad es un nombre de variable legal en JavaScript, se pueden omitir las comillas o utilizar el atajo idiomático de la notación de punto (líneas 13–14), aunque hay que usar siempre las comillas para delimitar todas las cadenas de caracteres cuando un objeto se expresa en formato JSON. Puesto que los objetos pueden contener otros objetos, se pueden construir (línea 5) y recorrer (líneas 13–15) estructuras de datos jerárquicas.

Nombre	**Tipo de herramienta**	**Descripción**
JSLint	Web	Copiar y pegar el código en el formulario de `jslint.com` para comprobar si hay errores y fallos de estilo de acuerdo con las directrices de Doug Crockford en *JavaScript: The Good Parts*. También comprueba si existen construcciones legales pero inseguras; algunos programadores lo encuentran excesivamente pedante.
JavaScript Lint	Línea de comandos	Herramienta de línea de comandos de Matthias Miller, preinstalada en la máquina virtual incluida en la biblioteca de recursos del libro, reporta errores y advertencias basadas en el mismo intérprete JavaScript que usa el navegador Firefox. Para ejecutarla, teclee `jsl -process` *file*`.js`.
Closure	Línea de comandos	Compilador de código a código[6] de Google que traduce JavaScript a JavaScript mejorado, eliminando código muerto, *minificando* sobre la marcha e indicando errores y advertencias. Su herramienta asociada Linter va aún más lejos y aplica las directrices de estilo JavaScript de Google. No viene instalada en la máquina virtual de la biblioteca de recursos del libro; requiere Java.
YUI	Línea de comandos	El compresor YUI[7] de Yahoo minimiza código JavaScript y CSS de forma más agresiva que otras herramientas y busca problemas de estilo durante el proceso. No viene instalada en la imagen de máquina virtual de la biblioteca de recursos del libro; requiere Java.
JSONlint	Web	Esta herramienta, que se puede encontrar en jsonlint.com[8], comprueba errores de sintaxis en estructuras de datos JSON.

Figura 6.4. Diversas herramientas de depuración de código JavaScript y estructuras de datos e interacciones del servidor asociados. Un reto es que, como ocurre con el lenguaje C, existen numerosas directrices de código conflictivas para JavaScript —de Google, Yahoo, el proyecto Node.js, entre otros— y distintas herramientas comprueban y refuerzan diferentes estilos de código.

http://pastebin.com/7SztJxcj

```
<script src="/public/javascripts/application.js"></script>
```

http://pastebin.com/KBnYjPhc

```
<html>
  <head><title>Update Address</title></head>
  <body>
    <!-- BAD: embedding scripts directly in page, esp. in body -->
    <script>
    <!-- // BAD: "hide" script body in HTML comment
         //  (modern browsers may not see script at all)
      function checkValid() {    // BAD: checkValid is global
        if !(fieldsValid(getElementById('addr'))) {
          // BAD: > and < may confuse browser's HTML parser
          alert('>>> Please fix errors & resubmit. <<<');
      }
    // BAD: "hide" end of HTML comment (1.3) in JS comment: -->
    </script>
    <!-- BAD: using HTML attributes for JS event handlers -->
    <form onsubmit="return checkValid()" id="addr" action="/update">
      <input onchange="RP.filter_adult" type="checkbox"/>
      <!-- BAD: URL using 'javascript:' -->
      <a href="javascript:back()">Go Back</a>
    </form>
  </body>
</html>
```

Figura 6.5. Arriba: la forma no intrusiva y recomendada de cargar código JavaScript en la(s) vista(s) HTML. Abajo: tres formas intrusivas de embeber JavaScript en las páginas HTML, todas obsoletas porque mezclan código JavaScript con marcado HTML. Por desgracia, todas son habituales en el "JavaScript callejero" que encontramos en sitios con un diseño precario, aunque todas se pueden evitar fácilmente con script src= y usando las técnicas no intrusivas para conectar código JavaScript con elementos HTML descritas en el resto de este capítulo.

El término *JavaScript del lado cliente* se refiere de forma específica al código JavaScript asociado a las páginas HTML y que, por tanto, se ejecuta en el navegador. Cada página de la aplicación que quiera usar las funciones o variables JavaScript debe incluir el propio código JavaScript necesario. La forma recomendada y no intrusiva de hacerlo es mediante una etiqueta **script** que referencie al fichero que contenga el código, como se muestra en la figura 6.5. El método *helper* de vista de Rails **javascript_include_tag 'application'**, que genera la etiqueta anterior, se puede colocar en `app/views/layouts/application.html.haml` u otra plantilla de diseño que sea parte de cada página servida por la aplicación. Si luego se coloca el código en uno o más ficheros `.js` distintos en `app/assets/javascripts`, entonces Rails realizará los siguientes pasos automáticamente al hacer el despliegue en producción:

1. Concatenar el contenido de todos los ficheros JavaScript en este directorio.

2. Comprimir el resultado eliminando espacios en blanco y realizando otras transformaciones sencillas (la gema `uglifier` –hacer más feo–).

3. Colocar el resultado en un único fichero grande en el subdirectorio público `public` que la capa de presentación enviará directamente, sin intervención de Rails.

4. Ajustar las URL emitidos por **javascript_include_tag** de forma que el navegador del usuario cargue no sólo los ficheros JavaScript propios de la aplicación, sino también la librería jQuery.

Este comportamiento automático, apoyado por los entornos de producción actuales como Heroku, se conoce como ***tubería de activos*** (*asset pipeline*). Descrito en mayor detalle en esta guía[9], la tubería de activos permite también utilizar lenguajes como CoffeeScript, como veremos más adelante. Puede parecer ineficiente que el navegador del usuario cargue un único archivo JavaScript enorme, sobre todo si sólo utilizan JavaScript unas pocas páginas de la aplicación y cualquiera de ellas usa sólo un pequeño subconjunto del código JavaScript desarrollado. Sin embargo, el navegador sólo carga dicho enorme fichero una única vez y lo guarda en memoria caché hasta que vuelva a desplegarse la aplicación con cambios en los ficheros `.js`. Además, en el modo de desarrollo, la tubería de activos se salta el proceso de "precompilación" y carga cada uno de los ficheros JavaScript de forma independiente, dado que es probable que cambien frecuentemente durante el desarrollo.

***Minificar* (*Minifying*)**, en español también *minimizar*, es un término usado para describir las transformaciones de compresión, que reducen el tamaño de la librería jQuery 1.7.2 de 247 KiB a 32 KiB.

Resumen de JavaScript del lado cliente y HTML

- Al igual que Ruby, JavaScript es interpretado y de *tipado* dinámico. El tipo básico de objeto es una *hash* cuyas claves son cadenas de caracteres y valores de tipo arbitrario, incluyendo otras *hashes*.
- El tipo de datos fundamental de JavaScript es un objeto, que es una colección no ordenada de nombres de propiedades y valores, similar a una *hash*. Dado que los objetos se pueden anidar, pueden representar estructuras de datos jerárquicas. El formato de intercambio de datos JSON está inspirado en la notación simple de objetos literales de JavaScript.
- Para asociar JavaScript a una página HTML de forma no intrusiva se recomienda incluir en el elemento `head` del documento HTML una etiqueta `script` cuyo atributo `src` indique la URL del *script*, de modo que el código JavaScript se pueda mantener separado del marcado HTML. El método *helper* de Rails **javascript_include_tag** genera la URL correcta que aprovecha la tubería de activos (*asset pipeline*) de Rails.

■ ***Explicación. ¿JSON, XML o YAML para datos estructurados?***

Ya hemos visto al menos tres formas distintas de representar datos estructurados: XML (sección 8.1), YAML (secciones 4.2 y 8.5) y JSON (líneas 2–11 de la figura 6.3). Estos tres estándares, y ***muchos otros***, abordan el problema de la ***serialización*** de datos (conocida también como ***marshalling*** o ***deflating***) —traducir las estructuras de datos internas de un programa a una representación que se pueda "revivir" después—. La *deserialización* (*unmarshalling*, *inflating*) la realiza a menudo un programa diferente, posiblemente escrito en un lenguaje distinto o al otro lado de una conexión de red, de forma que el formato de *serialización* debe ser portable. Como veremos en la sección 6.8, JSON se está convirtiendo en el formato de *serialización* más popular entre los clientes y servidores SaaS; de hecho, Ruby 1.9 añadió una notación *hash* alternativa **{foo: 'bar'}**, equivalente a **{:foo=>'bar'}**, para imitar la sintaxis JSON.

Autoevaluación 6.2.1. *En Ruby, cuando la llamada a un método no tiene argumentos, los paréntesis vacíos que siguen a la llamada del método son opcionales. ¿Por qué no funcionaría en JavaScript?*

◇ No funcionaría porque las funciones JavaScript son objetos de primera clase, por lo que el nombre de una función sin paréntesis podría ser una expresión cuyo valor es la función en sí misma, en lugar de una llamada a la función. ■

6.3 Funciones y constructores

En el capítulo 3 mencionamos que la orientación a objetos y la herencia de clases son conceptos distintos de diseño del lenguaje, aunque mucha gente los confunde, ya que lenguajes famosos como Java utilizan ambos. JavaScript está orientado a objetos, pero no tiene clases. No obstante, posee algunos mecanismos que se parecen y actúan de forma similar a los de los lenguajes con clases. Por desgracia, el diseño cuestionable de estos mecanismos genera mucha confusión entre aquellos que se están iniciando en JavaScript, especialmente en lo referente al comportamiento de la palabra reservada **this**. Prestaremos atención a tres usos comunes de **this**. En esta sección introducimos los dos primeros usos y un error común asociado. En la sección 6.5 introduciremos el tercero.

Pruebe estos ejemplos en Firebug[10] o en la consola JavaScript integrada en su navegador; no existe un intérprete interactivo estandarizado de JavaScript análogo al `irb` de Ruby.

Las líneas 1–8 de la figura 6.6 muestran una función llamada **Movie**. Esta sintaxis para definir funciones puede resultar poco familiar, al contrario que la sintaxis alternativa mostrada en las líneas 9–11, que puede parecer mucho más conocida. No obstante, usaremos la primera sintaxis por dos razones. En primer lugar, a diferencia de Ruby, las funciones en JavaScript son verdaderos ***objetos de primera clase*** —se pueden pasar, asignarlos a variables, etc.—. La sintaxis de la línea 1 deja claro que **Movie** es sencillamente una variable cuyo valor resulta ser una función. En segundo lugar, aunque no es obvio, en la línea 9 la variable **Movie** se declara en el espacio de nombres global de JavaScript —difícilmente elegante—. En general, queremos evitar que el espacio de nombres global acabe atestado, por lo que normalmente crearemos uno o unos pocos objetos nombrados por variables globales asociadas a nuestra aplicación, y todas nuestras funciones JavaScript serán valores de propiedades de dichos objetos.

Si llamamos a la función **Movie** utilizando la palabra reservada **new** de JavaScript (línea 13), el valor de **this** en el cuerpo de la función será un nuevo objeto JavaScript que será devuelto al final por la función, de forma similar al funcionamiento de **self** dentro de un método constructor **initialize** de Ruby. En este caso, el objeto devuelto tendrá las propiedades **title**, **year**, **rating** y **full_title**, siendo esta última una propiedad cuyo valor es una función. Si la línea 14 le parece una llamada a una función, entonces es que lleva trabajando con Ruby demasiado tiempo; puesto que las funciones son objetos de primera clase en JavaScript, esta línea únicamente devuelve el valor de **full_title**, que es la propia función en sí, ¡no el resultado de invocarla! Para llamarla realmente, tenemos que utilizar paréntesis, como en la línea 15. Cuando hacemos esa llamada, dentro del cuerpo de **full_title**, **this** se referirá al objeto del cual la función es una propiedad, en este caso **pianist**.

Recuerde, sin embargo, que aunque estos ejemplos se parecen a lo que en Ruby sería llamar a un constructor de una clase y a un método de instancia, en JavaScript no existe el concepto de clases o métodos de instancia. De hecho, no hay nada en una función JavaScript en particular que la convierta en un constructor; en su lugar, es el uso de **new** al llamar a la función lo que la hace un constructor, haciendo que cree y devuelva un nuevo objeto. Esto funciona gracias al mecanismo de ***herencia de prototipos*** (***prototype inheritance***) de JavaScript, que queda fuera del alcance de este capítulo (consulte la siguiente "Explicación" para saber más). Sin embargo, olvidar esta sutil distinción puede confundirle cuando espere comportamientos "de clase" y no los encuentre.

Sin embargo, una de los defectos de JavaScript puede hacernos tropezar aquí. Es (por *http://pastebin.com/4nBsjb0t*

```
1  var Movie = function(title,year,rating) {
2    this.title = title;
3    this.year = year;
4    this.rating = rating;
5    this.full_title = function() { // "instance method"
6      return(this.title + ' (' + this.year + ')');
7    };
8  };
9  function Movie(title,year,rating) {  // this syntax may look familiar...
10   // ...
11 }
12 // using 'new' makes Movie the new objects' prototype:
13 pianist = new Movie('The Pianist', 2002, 'R');
14 pianist.full_title;   // => function() {...}
15 pianist.full_title(); // => "The Pianist (2002)"
16 // BAD: without 'new', 'this' is bound to global object in Movie call!!
17 juno = Movie('Juno', 2007, 'PG-13'); // DON'T DO THIS!!
18 juno;                 // undefined
19 juno.title;           // error: 'undefined' has no properties
20 juno.full_title();    // error: 'undefined' has no properties
```

Figura 6.6. Dado que las funciones son objetos de primera clase, es correcto que un objeto tenga una propiedad cuyo valor sea una función, como ocurre con full_title. Utilizaremos mucho esta característica. Preste atención al error común de las líneas 14–18.

desgracia) totalmente legal llamar a **Movie** como una función simple y llana *sin* utilizar la palabra reservada **new**, como en la línea 17. Si hace esto, el comportamiento de JavaScript es totalmente distinto en dos formas verdaderamente horribles. Primero, en el cuerpo de **Movie**, **this** no se referirá a un objeto nuevo, sino al *objeto global*, el cual define varias constantes especiales, como **Infinity**, **NaN** y **null**, y proporciona varias otras partes del entorno JavaScript. Cuando se ejecuta JavaScript en un navegador, el objeto global es una estructura de datos que representa la ventana del navegador. Por lo tanto, las líneas 2–5 crearán y asignarán valores a nuevas propiedades de este objeto —lo cual, claramente, no es lo que se pretendía, pero lamentablemente, cuando se usa **this** en un entorno donde no se ha definido de otra manera, se refiere al objeto global, un serio defecto de diseño del lenguaje—. (Ver "Falacias y errores comunes" y "Para saber más" si tiene interés en las razones de este extraño comportamiento, cuya explicación queda fuera del alcance de esta introducción al lenguaje).

Segundo, dado que **Movie** no devuelve nada específicamente, su valor de retorno (y por tanto el valor de **juno**) será **undefined**. Mientras que una función Ruby devuelve por defecto el valor de la última expresión en una función, una función JavaScript devuelve **undefined** a menos que incluya un sentencia **return** explícita. (El **return** de la línea 6 pertenece a la función **full_title**, no a la propia **Movie**). Por tanto, las líneas 19–20 dan errores porque tratan de referenciar una propiedad (**title**) sobre algo que no es ni siquiera un objeto.

Puede evitar este error común siguiendo rigurosamente la convención JavaScript generalizada de escribir el nombre de una función con la inicial en mayúscula sólo si dicha función está pensada para ser llamada como un constructor utilizando **new**. Las funciones que no son van a ser usadas como constructores deben tener nombres que empiecen por minúscula.

Resumen: funciones y constructores

- En JavaScript las funciones son objetos de primera clase: se pueden asignar a variables, pasar a otra funciones o devolverlas como resultado de otra funciones.
- Aunque JavaScript no tiene clases, una forma de gestionar el espacio de nombres de forma ordenada es almacenar las funciones como propiedades de objetos, permitiendo que un único objeto (*hash*) aúne un conjunto de funciones relacionadas como haría una clase.
- Si se utiliza la palabra reservada **new** para llamar a una función, en el cuerpo de la función **this** se referirá a un nuevo objeto cuyas propiedades puede inicializarse en el "constructor". Este mecanismo es similar a la creación de nuevas instancias de una clase, aunque no existan clases en JavaScript.
- Sin embargo, si se invoca una función *sin* la palabra reservada **new**, en el cuerpo de dicha función **this** hará referencia al objeto global, lo cual casi nunca será lo que quiere hacer, y la función devolverá **undefined**. Para evitar este error, use nombres con la primera letra en mayúsculas para las funciones que actúan como constructor y que se deben llamar con **new**, y deje en minúscula los nombres de cualquier otra función.

■ ***Explicación. Herencia de prototipos***

Cada objeto JavaScript hereda de, exactamente, un objeto prototipo —cada cadena de texto nueva hereda de **String.prototype**, cada *array* nuevo hereda de **Array.prototype**, y así sucesivamente hasta **Object** (el objeto vacío)—. Si busca una propiedad en un objeto que no tiene dicha propiedad, se comprueba su prototipo, después el prototipo de su prototipo, y así sucesivamente hasta que uno de los prototipos responda con la propiedad o se devuelva **undefined**. Con estos antecedentes, el efecto de llamar a una función utilizando la palabra reservada **new** es crear un nuevo objeto cuyo prototipo es el mismo que el prototipo de la función.

Los prototipos provienen de Self, un lenguaje diseñado originalmente en el legendario Xerox PARC y que influyó en gran medida en ***NewtonScript***, el lenguaje de programación para el malogrado "dispositivo de mano" Apple Newton. El uso apropiado de la herencia de prototipos permite un forma efectiva de reutilización de la implementación que es diferente de la proporcionada por las clases. Por desgracia, tal y como comenta Crockford en *JavaScript: The Good Parts* Crockford 2008, la implementación que hace JavaScript de la herencia de prototipos es débil y utiliza una sintaxis confusa, tal vez en un intento de parecerse a los lenguajes "clásicos" con herencia de clases.

Autoevaluación 6.3.1. *¿En qué se diferencia evaluar* **square.area** *y* **square.area()** *en el siguiente código JavaScript?*

http://pastebin.com/CfuHynff

```
var square = {
  side: 3,
  area: function() {
    return this.side*this.side;
  }
};
```

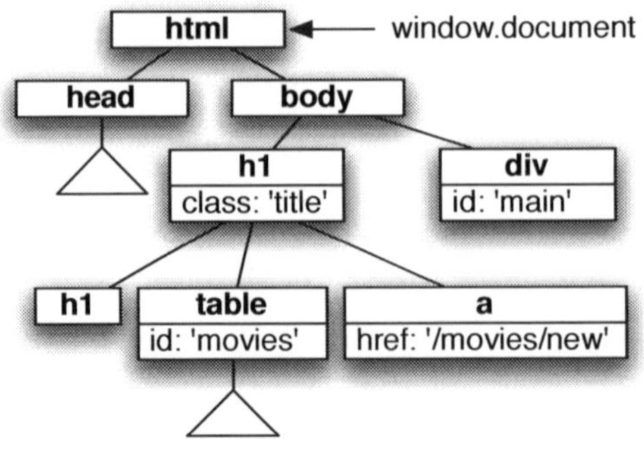


```
<html>
  <head>
    <title>...</title>
    <script>...</script>
  </head>
  <body>
    <h1 class='title'>Rotten Potatoes!</h1>
    <div id='main'>
       <h1>All Movies</h1>
       <table id='movies'>
         ...
       </table>
    </div>
  </body>
</html>
```

Figura 6.7. Vista simplificada del árbol DOM correspondiente a la página "lista de películas" de RottenPotatoes con marcado HTML esquemático. Un triángulo abierto indica los lugares donde hemos suprimido el resto del subárbol por brevedad. this.document está configurado para apuntar a la raíz del árbol DOM cuando se carga una página.

◇ **square.area()** es una llamada a una función que en este caso devolverá 9, mientras que **square.area** es un objeto función sin aplicar. ■

Autoevaluación 6.3.2. *Dado el código de la autoevaluación 6.3.1, explique por qué es incorrecto escribir* **s=new square**.
◇ **square** es sólo un objeto, no una función, por lo que no se puede invocar como si fuera un constructor (ni de ninguna manera). ■

6.4 El modelo de objetos del documento (DOM) y jQuery

El modelo de objetos del documento del W3C —World Wide Web Consortium Document Object Model (W3C DOM)[11]— es "una interfaz independiente de la plataforma y del lenguaje que permite a programas y *scripts* acceder y actualizar dinámicamente los contenidos, la estructura y el estilo de los documentos" —en otras palabras, una representación estándar de un documento HTML, XML o XHTML que compuesta por una jerarquía de elementos—. Un elemento DOM se define recursivamente de tal forma que una de sus propiedades es un *array* de elementos hijo, como muestra la figura 6.7. Así, un nodo DOM que representa el elemento `<html>` de una página HTML es suficiente para representar la página completa, ya que cada elemento de una página bien formada es un descendiente de `<html>`. Otras propiedades de un elemento DOM se corresponden con los atributos del elemento HTML (**href**, **src**, etc.). Cuando un navegador carga una página, el código HTML de la página se interpreta para generar un árbol DOM similar al de la figura 6.7.

DOM se refiere, técnicamente, al estándar en sí, pero los programadores lo usan a menudo para referirse al árbol DOM concreto correspondiente a la página actual.

¿Cómo accede JavaScript al DOM? Cuando JavaScript está integrado en el navegador, el objeto global, representado por la variable global **window**, define propiedades y funciones adicionales específicas del navegador, conocidas en conjunto como JSAPI. Cada vez que se carga una nueva página, se crea un nuevo objeto global **window** que no comparte ningún dato con los objetos globales de otras páginas visibles. Una de las propiedades del objeto global es **window.document**, que representa el elemento raíz del árbol DOM del documento actual y define también algunas funciones para realizar consultas, recorrer y modificar el DOM; una de las más comunes es **getElementById**, que puede haberse encontrado ojeando código JavaScript de otros programadores.

Sin embargo, para evitar problemas de compatibilidad derivados de las diferentes implementaciones de la JSAPI de los navegadores, evitaremos por completo estas funciones nativas JSAPI en favor de los "envoltorios" (*wrappers*) de las mismas que proporciona jQuery, y que son mucho más potentes. jQuery añade, además, características adicionales y comportamientos no disponibles en las JSAPI nativas, tales como animaciones y soporte de CSS y AJAX mejorado (sección 6.6). JQuery define una función global **jQuery()** (cuyo alias es **$()**) que, cuando se le pasa un selector CSS (de los cuales vimos algunos ejemplos en la figura 2.5), devuelve todos los elementos DOM de la página actual que coincidan con el selector. Por ejemplo, **jQuery('#movies')** o **$('#movies')** devolverían el único elemento cuyo identificador (`id`) es `movies`, si existiera alguno en la página; **$('h1.title')** devolvería todos los elementos `h1` cuya clase CSS fuera `title`. Una versión más general de esta funcionalidad es **.find(*selector*)**, que sólo busca en el subárbol DOM cuya raíz es el elemento sobre el que se invoca la función. Para ilustrar esta distinción, **$('p span')** busca *cualquier* elemento `span` contenido en un elemento `p`, mientras que si **elt** apunta a un elemento `p` *concreto*, **elt.find('span')** sólo buscará los elementos `span` descendientes de **elt**.

La documentación[12] de la gema `jquery-rails` explica cómo añadir jQuery manualmente a su aplicación si usa una versión de Rails anterior a la 3.1.

La llamada **jQuery.noConflict()** anula la definición del alias **$**, en caso de que su aplicación utilice la variable **$** integrada en el navegador (habitualmente un alias para **document.-getElementById**), o carga otra librería JavaScript como Prototype[13], que también intenta definir **$**.

Tanto si usa **$()** como **find**, el valor de retorno es un conjunto de nodos (colección de uno o más elementos) que coinciden con el selector, o **null** si no existen coincidencias. Cada elemento se "envuelve" con la representación de elemento DOM de jQuery, proveyéndole de habilidades más allá de las correspondientes a la JSAPI integrada en el navegador. De ahora en adelante nos referiremos a dichos elementos como elementos "envueltos por jQuery", para distinguirlos de la representación que devolverían las JSAPI nativas del navegador. En particular, puede hacer diversas cosas con los elementos envueltos por jQuery en el conjunto de nodos, como muestra la figura 6.8:

- Para cambiar el aspecto visual de un elemento, defina clases CSS que creen la apariencia deseada y utilice jQuery para añadir o eliminar la(s) clase(s) CSS del elemento en tiempo de ejecución.

- Para cambiar el contenido de un elemento, utilice funciones jQuery que modifiquen el contenido HTML o de texto plano del elemento.

- Para animar un elemento (mostrar/ocultar, aparecer/desaparecer gradualmente, etc.), invoque una función jQuery sobre dicho elemento que manipule el DOM para conseguir el efecto deseado.

Observe, sin embargo, que incluso cuando un conjunto de nodos incluye múltiples elementos que coinciden, no es un *array* JavaScript y, por tanto, no se le puede tratar como tal: no se puede escribir **$('tr')[0]** para seleccionar la primera fila de una tabla, ni siquiera aunque se invoque primero la función **toArray()** de jQuery sobre el conjunto de nodos. En su lugar, siguiendo el patrón de diseño *Iterator* (*iterador*), jQuery proporciona el iterador **each**, definido sobre la colección, que devuelve un elemento cada vez que se invoca, ocultando los detalles de cómo se almacenan los elementos en la colección, igual que **Array#each** en Ruby.

El *screencast* 6.4.1 muestra algunos ejemplos sencillos de estos comportamientos desde la consola JavaScript del navegador. Los utilizaremos para implementar las funcionalidades del *screencast* 6.1.1.

Propiedad o función, ejemplo	**Valor/descripción**
$**(*dom-element*) **$(this)	Devuelve el conjunto de elemento(s) DOM envueltos con jQuery, especificado por el argumento, que puede ser un selector CSS3 (como **'span.center'** o **'#main'**), el objeto elemento devuelto por la función **getElementById** del navegador o, en un gestor de eventos, el elemento que recibió el evento, identificado por **this**. El valor de retorno de esta función puede ser el objeto sobre el que se invoca (*target*) cualquiera de las siguientes llamadas (recuerde que el término *target* se usa en JavaScript de forma equivalente a *receiver* en Ruby).
is(*cond***)**	Verifica si el elemento está **':checked'**, **':selected'**, **':enabled'**, **':disabled'**. Observe que todas estas cadenas de texto se eligieron para parecerse a símbolos Ruby, aunque JavaScript no tenga símbolos.
addClass(), **removeClass()**, **hasClass()**	Atajos para manipular el atributo `class`: añadir o eliminar la clase CSS especificada (una cadena de caracteres) del elemento, o verificar si la clase especificada está actualmente asociada al elemento.
insertBefore(), **insertAfter()**	Inserta el(los) elemento(s) sobre el(los) que se invoca (*target*) antes o después del argumento. Es decir, **newElt.insertBefore(existingElt)** inserta **newElt** justo antes de **existingElt**, el cual debe existir.
remove()	Elimina del DOM el(los) elemento(s) *target*.
replaceWith(*new***)**	Reemplaza el(los) elemento(s) *target* por el(los) elemento(s) indicado(s) (*new*).
clone()	Devuelve una copia completa del elemento *target*, clonando recursivamente sus descendientes.
html(), **text()**	Devuelve (sin argumentos) o asigna (con un argumento) el contenido HTML o de texto plano completo del elemento. Si el elemento contiene otros anidados, se puede reemplazar su código HTML con elementos anidados, aunque no es obligatorio, pero reemplazar su texto eliminará por completo los elementos anidados.
val()	Devuelve (sin argumentos) o asigna (con un argumento) el valor actual del elemento. Para cajas de texto, el valor es el contenido actual (*string*); para botones, la etiqueta del botón; para menús de selección, el texto de la opción seleccionada actualmente.
attr(*attr,[newval]***)** **$('img').attr('src',** **'http://imgur.com/xyz')**	Devuelve o (con un segundo argumento) asigna el valor al atributo especificado del elemento.
hide(*duration,callback***)**, **show()**, **toggle()** **slideUp()**, **slideDown()**, **slideToggle()** **fadeOut()**, **fadeIn()**, **fadeTo(***duration,target,callback***)**	Oculta o muestra los elementos seleccionados por el *target*. El argumento opcional *duration* puede ser **'fast'**, **'slow'** o el número entero de milisegundos que debe durar la animación. El argumento opcional *callback* es una función a la que se llamará cuando termine la animación. Otros conjuntos de animaciones con los mismos argumentos incluyen **slideDown/slideUp/slideToggle** y **fadeOut/fadeIn**. Para **fadeTo**, el segundo argumento es la opacidad final deseada, desde 0.0 (transparente) a 1.0 (opaco).
evt(*func*) **$('li').click(function() {** **$(this).hide();** **});**	Asigna *func* como manejador del evento *evt* en el(los) elemento(s) seleccionados por el *target*. *func* puede ser una función anónima o con nombre. La figura 6.9 incluye algunos de los tipos de eventos más importantes.

Figura 6.8. Algunos atributos y funciones definidos en los objetos de elementos DOM mejorados de jQuery; deberían invocarse sobre el elemento o colección de elementos apropiado (*target*, equivalente al receptor en Ruby). Las funciones que sólo tienen sentido aplicadas sobre un único elemento, como attr, se aplican al primero cuando se usan sobre una colección. Las funciones que pueden tanto leer como modificar las propiedades de los elementos devuelven el valor de la propiedad cuando el argumento final (o único) está ausente, y lo modifican cuando está presente. Excepto que se indique lo contrario, todas las funciones devuelven el elemento sobre el que se invocan, de modo que las llamadas se pueden encadenar, como en *elt*.insertBefore(...).hide(). Consulte la documentación de jQuery[15] para funcionalidades adicionales a este subconjunto.

Screencast 6.4.1. Manipulando el DOM con jQuery.
`http://vimeo.com/46694004`
jQuery facilita la manipulación del DOM desde JavaScript y proporciona una librería integrada de útiles efectos visuales. Estos sencillos ejemplos muestran que JavaScript no sólo puede leer información de los elementos y contenido de la página, sino también modificar los elementos, haciendo que el navegador los vuelva a dibujar. Este comportamiento es la clave de JavaScript del lado cliente.

Finalmente, como veremos, la función **jQuery()** o **$()** está ***sobrecargada***: su comportamiento depende del número y tipo de argumentos con que se invoque. En esta sección hemos introducido sólo uno de sus cuatro comportamientos, el de seleccionar elementos en el DOM; pronto veremos el resto.

Resumen: DOM y jQuery

- El modelo de objetos del documento del W3C —World Wide Web Consortium Document Object Model (W3C DOM)— es una representación independiente del lenguaje de la jerarquía de elementos que constituyen un documento HTML.
- Todos los navegadores que soportan JavaScript proporcionan mecanismos para acceder y recorrer el DOM. Esta funcionalidad, junto con el acceso a otras características del navegador desde JavaScript, se conoce en conjunto como la interfaz de programación de aplicaciones JavaScript (JavaScript Application Programming Interface, JSAPI).
- La potente librería jQuery proporciona un adaptador uniforme para las diferentes JSAPI de los navegadores y añade numerosas funciones mejoradas, como recorridos del DOM basados en CSS, animaciones y otros efectos especiales.

Autoevaluación 6.4.1. *¿Por qué* **this.document** *es equivalente a* **window.document** *cuando aparece fuera del ámbito de cualquier función?*
◇ Fuera de cualquier función, el valor de **this** es el objeto global. Cuando JavaScript se ejecuta en un navegador web, el objeto global es el objeto **window**. ■

Autoevaluación 6.4.2. *Verdadero o falso: incluso después de que el usuario cierra una ventana de su navegador web, el código JavaScript asociado a dicha ventana todavía puede acceder y recorrer el documento HTML que estaba mostrando la ventana.*
◇ Falso. Cada nuevo documento HMTL obtiene su propio objeto global y su DOM, los cuales son destruidos cuando se cierra la ventana que muestra el documento. ■

6.5 Eventos y funciones *callback*

Hasta ahora toda la manipulación DOM que hemos visto se basaba en introducir comandos JavaScript directamente. Como habrá supuesto, se pueden conseguir comportamientos mucho más interesantes cuando la manipulación del DOM se desencadena a partir de acciones del usuario. Como parte de la JSAPI para DOM, los navegadores permiten asociar ***manejadores de eventos*** JavaScript a la interfaz de usuario: cuando un usuario realiza cierta acción

Eventos en elementos arbitrarios	**click**, **dblclick**, **mousedown/mouseup**, **mouseenter/mouseleave**, **keypress** (**event.which** proporciona el código ASCII de la tecla pulsada) **focus/blur** (el elemento gana/pierde el foco), **focusin/focusout** (el elemento padre gana/pierde el foco)
Eventos en controles que puede editar el usuario (formularios, casillas de verificación, casillas de selección, cuadros de texto, campos de texto, menús)	**change** se activa cuando el estado o contenido de un control cambia **select** (el usuario selecciona texto; **event.which** es el texto seleccionado) **submit** se activa cuando el usuario intenta enviar el formulario (de cualquier forma).

Figura 6.9. Algunos de los eventos JavaScript definidos por la API de jQuery. Se asocia un manejador a un evento con *element*.on('*evt*', *func*) o con el atajo *element.evt*(*func*). De esta forma, $('h1').on('click', function() {...}) es equivalente a $('h1').click(function() {...}). La función *callback func* recibirá un argumento (que puede ignorar) cuyo valor es el objeto jQuery Event que describe el evento que ha ocurrido. Recuerde que on y sus atajos ligarán la función *callback* a *todos* los elementos que coincidan con el selector, por lo que debe asegurarse de que el selector no sea ambiguo, por ejemplo identificando el elemento mediante su `ID`.

El término HTML dinámico, menos preciso, se usaba a veces en el pasado para referirse a los efectos de combinar la manipulación del DOM basada en JavaScript con CSS.

en la interfaz de usuario, como hacer clic en un botón o mover el ratón dentro o fuera de un elemento HTML en particular, se puede designar una función JavaScript que será llamada cuando ocurra dicha acción y tendrá la oportunidad de reaccionar. Esta capacidad hace que la página se comporte de forma más parecida a una interfaz de usuario de escritorio, en la que cada elemento individual responde visualmente a las interacciones del usuario, y menos como una página estática, en la que cualquier interacción hace que toda la página tenga que ser cargada y mostrada de nuevo.

La figura 6.9 resume los eventos más importantes definidos por la JSAPI nativa del navegador y mejorados por jQuery. Mientras que algunos se activan por acciones del usuario sobre elementos del DOM, otros están relacionados con el funcionamiento del navegador en sí o con eventos "pseudo-UI" tales como el envío de un formulario, que pueden ocurrir como consecuencia de pulsar un botón "Enviar", pulsar la tecla Enter (en algunos navegadores) u otras funciones *callback* JavaScript que provocan el envío del formulario. Para asociar un comportamiento a un evento, tan sólo tiene que proporcionar una función JavaScript que será llamada cuando el evento ***se dispare***. Decimos que esta función, llamada ***función callback*** o ***manejador de eventos***, está ***ligada*** o ***asociada*** a ese evento en dicho elemento DOM. Aunque los eventos son activados automáticamente por el navegador, también los puede activar usted mismo: por ejemplo, **e.trigger('click')** activa el manejador del evento **click** para el elemento **e**. Como veremos en la sección 6.7, esta característica resulta útil para las pruebas: se puede simular la interacción del usuario y comprobar que se aplican los cambios correctos al DOM en respuesta a un evento en la interfaz de usuario.

Callback, devolución de llamada, retrollamada, manejador de eventos o gestor de eventos son distintas expresiones que hacen referencia al mismo concepto.

Los navegadores definen comportamientos por defecto para algunos eventos y elementos: por ejemplo, hacer clic en un enlace hace que se visite la página enlazada. Si dicho elemento tiene además un gestor del evento **click** proporcionado por el programador, este gestor se ejecuta primero; si el manejador devuelve "verdadero" (figura 6.2), el comportamiento por defecto se ejecuta a continuación, pero si el manejador devuelve "falso", se suprime el comportamiento por defecto. ¿Y si un elemento *no* tiene ningún manejador para un evento de usuario, como en el caso de las imágenes? En este caso, se le da la oportunidad de responder al gestor de eventos del elemento padre en el árbol DOM. Por ejemplo, si hace clic sobre un elemento `img` dentro de un `div`, y el elemento `img` no tiene manejador para el evento de clic, entonces el `div` recibirá dicho evento de clic. Este proceso continúa hasta que algún elemento gestione el evento o sigue ascendiendo hasta el nivel superior **window**, que puede tener o no una respuesta predefinida dependiendo del evento.

Nuestra explicación sobre los eventos y gestores de eventos sirve como motivación del tercer uso habitual de la palabra reservada **this** de JavaScript (recordemos que en la sección 6.3 ya introdujimos sus dos primeros usos). Cuando se gestiona un evento, jQuery hace que **this** se refiera, en el cuerpo de la función manejadora, al elemento al que está asociado el gestor (que puede no ser el elemento que recibió originalmente el evento, si el evento se despachó hacia arriba en la jerarquía desde un descendiente). Sin embargo, si estuviera programando *sin* jQuery, el valor de **this** dentro de un manejador de eventos sería el objeto global (**document.window**) y tendría que examinar la estructura de datos del evento (que generalmente se pasa como argumento final al gestor) para identificar el elemento que gestionó el evento. Puesto que la gestión de eventos es una tarea tan habitual, y en la mayoría de los casos el manejador quiere inspeccionar o manipular el estado del elemento sobre el que se activó el evento, jQuery hace que **this** apunte explícitamente a dicho elemento DOM.

Juntando todas estas piezas, la figura 6.10 muestra el código JavaScript del lado cliente para implementar una casilla de verificación que, cuando se marque, oculte las películas cuya clasificación sean distinta de G o PG. Nuestra estrategia general para JavaScript se puede resumir en:

1. Identificar los elementos DOM sobre los que queremos trabajar y asegurarnos de que existe una forma práctica y no ambigua de seleccionarlos con **$()**.

2. Crear las funciones JavaScript necesarias para manipular los elementos según sea necesario. Para este sencillo ejemplo podemos simplemente escribirlas, pero como veremos en la sección 6.7, para AJAX o funciones más complejas utilizaremos TDD (capítulo 8) para desarrollar el código.

3. Definir una función de inicialización que asocie las funciones JavaScript apropiadas con los elementos y realice cualquier otra manipulación necesaria del DOM.

4. Hacer que se invoque la función de inicialización una vez se haya cargado el documento.

Para el paso 1, modificaremos nuestra vista de Rails con el listado de películas para asociar la clase CSS `adult` a todas las filas de la tabla que contengan películas cuya clasificación sea distinta de G o PG. Sólo tenemos que cambiar la línea 13 de la plantilla *Index* (figura 4.6) como sigue, permitiéndonos así escribir **$('tr.adult')** para seleccionar dichas filas:

http://pastebin.com/JM9NP8sP

```
%tr{:class => ('adult' unless movie.rating =~ /^G|PG$/)}
```

Para el paso 2, proporcionamos la función **filter_adult**, que configuraremos para que sea llamada cada vez que se marque o desmarque la casilla. Tal y como muestran las líneas 4–8 de la figura 6.10, si se marca la casilla, se ocultan las filas que contienen películas para adultos; si se desmarca, se muestran. Recordemos de la figura 6.8 que **:checked** es uno de los comportamientos integrados de jQuery para comprobar el estado de un elemento. Recuerde también que los selectores jQuery como **$('tr.adult')** suelen devolver una colección de elementos que coinciden con los criterios de selección, y que acciones como **hide()** se aplican a todos los elementos de la colección.

¿Por qué en la línea 4 aparece **$(this)** en lugar de **this**? El mecanismo mediante el cual las acciones del usuario se envían a funciones JavaScript es parte de la JSAPI del navegador, por lo que el valor de **this** es la representación del *navegador* de la casilla de verificación *http://pastebin.com/s9tPrqjZ*

```
1  var MovieListFilter = {
2    filter_adult: function () {
3      // 'this' is *unwrapped* element that received event (checkbox)
4      if ($(this).is(':checked')) {
5        $('tr.adult').hide();
6      } else {
7        $('tr.adult').show();
8      };
9    },
10   setup: function() {
11     // construct checkbox with label
12     var labelAndCheckbox =
13       $('<label for="filter">Only movies suitable for children</label>' +
14         '<input type="checkbox" id="filter"/>' );
15     labelAndCheckbox.insertBefore('#movies');
16     $('#filter').change(MovieListFilter.filter_adult);
17   }
18 }
19 $(MovieListFilter.setup); // run setup function when document ready
```

Figura 6.10. Uso de jQuery para añadir una casilla para filtrar películas en la página que lista las películas en RottenPotatoes; ponga este código en app/assets/javascripts/movie_list_filter.js. El texto le guiará en detalle a través del ejemplo, y las figuras adicionales del resto del capítulo generalizarán las técnicas mostradas aquí. Nuestros ejemplos utilizan las funcionalidades de jQuery para manipular el DOM en lugar de las que vienen integradas en el navegador, ya que la API de jQuery es más coherente en diferentes navegadores que la especificación oficial de DOM del W3C.

(el elemento que gestionó el evento). Para utilizar las potentes funcionalidades de jQuery, como **is(':checked')**, tenemos que "envolver" el elemento nativo para convertirlo en un elemento jQuery, lo que hacemos llamando a **$** sobre el elemento para dotarle de estos poderes especiales. La primera fila de la figura 6.12 muestra este uso de **$**.

¿<input> fuera de <form>? Sí —es legal a partir de HTML 4, siempre que el programador gestione todos los comportamientos del elemento *input*, tal y como estamos haciendo—.

Para el paso 3, proporcionamos la función **setup**, la cual realiza dos funciones. Primero, crea una etiqueta y una casilla de verificación (líneas 12–14), utilizando el mecanismo **$** mostrado en la segunda fila de la figura 6.12, y las inserta justo antes de la tabla `movies` (línea 15). De nuevo, al crear un elemento jQuery podemos llamar a la función **insertBefore**, que no forma parte de la JSAPI integrada en el navegador, sobre él. La mayoría de las funciones jQuery como **insertBefore** devuelven el propio objeto sobre el que se llama a la función (*target*), lo que permite encadenar llamadas a funciones como hemos visto en Ruby.

En segundo lugar, la función **setup** asocia la función **filter_adult** como manejador del evento **change** de la casilla de verificación. Puede que esperara que la función se asociara al manejador de **click** de la casilla, pero **change** es más robusto porque es un ejemplo de un evento "pseudo-UI": se activa tanto si la casilla cambia por un clic del ratón, por teclado (para los navegadores que tienen la navegación por teclado activada, como en el caso de usuarios con alguna discapacidad que les impida utilizar el ratón), o incluso por efecto de otro código JavaScript. Algo similar ocurre con el evento **submit** de los formularios: es preferible asociar la función al manejador de dicho evento que asociarlo al al manejador de **click**, por si el usuario envía el formulario pulsando la tecla Enter.

¿Por qué no hemos añadido sencillamente la etiqueta y la casilla a la plantilla de la vista de Rails? La razón se deriva de nuestra directriz de diseño de degradación elegante: utilizando JavaScript para crear la casilla de verificación, los navegadores antiguos no la mostrarán. Si la casilla formara parte de la plantilla de vista, los usuarios de navegadores antiguos podrían verla, pero no ocurriría nada cuando pulsaran sobre ella.

¿Por qué aparece **MovieListFilter.filter_adult** en la línea 16? ¿No podría poner sencillamente **filter_adult**? La respuesta es no, ya que esto implicaría que **filter_adult** es un

var m = new Movie();	(Figura 6.6, línea 13) En el cuerpo de la función **Movie**, **this** está asociado a un nuevo objeto que será devuelto por la función, de forma que se pueda usar **this.title** (por ejemplo) para asignar sus propiedades. El prototipo del nuevo objeto será el mismo que el prototipo de la función.
pianist.full_title();	(Figura 6.6, línea 15) Cuando se ejecuta **full_title**, **this** estará asociado al objeto que "posee" la función, en este caso **pianist**.
$('#filter').change(MovieListFilter.filter_adult);	(Figura 6.10, línea 16) Cuando se llama a **filter_adult** para manejar el evento **change**, **this** se referirá al elemento al que está asociado el gestor, en este caso uno de los elementos que coincidan con el selector CSS **#filter**.

Figura 6.11. Los tres usos más comunes de this introducidos en las secciones 6.3 y 6.5. Consulte la sección de "Falacias y errores comunes" para más información sobre el uso correcto e incorrecto de this.

nombre de variable visible en el ámbito de la función **setup**, pero en realidad ni siquiera es un nombre de variable —es una propiedad del objeto **MovieListFilter** cuyo valor es una función, mientras que la variable (global) *es* el objeto en sí—. Es una buena práctica de JavaScript crear uno o unos pocos objetos globales para "encapsular" las funciones como propiedades, en lugar de escribir un montón de funciones y contaminar el espacio de nombres global con ellas.

Por último, el paso 4 consiste en asegurar que se invoca la función **setup**. Por razones históricas, el código JavaScript asociado a una página puede empezar a ejecutarse *antes* de que se haya cargado por completo la página y de que se haya interpretado el DOM completo. Este comportamiento era importante para mejorar el tiempo de respuesta cuando los navegadores y las conexiones a Internet eran más lentas. No obstante, generalmente queremos esperar a que la página haya terminado de cargarse y a que el DOM haya sido analizado por completo, o si no ¡podríamos intentar asociar funciones *callback* en elementos que no existen todavía! La línea 19 se encarga de esto, añadiendo **MovieListFilter.filter_adult** a la lista de funciones que se ejecutarán una vez que la página haya acabado de cargarse, tal y como muestra la última fila de la figura 6.12. Dado que se puede llamar a **$()** varias veces para ejecutar múltiples funciones de inicialización (**setup**), se puede mantener la función de inicialización de cada fichero junto con la funcionalidad de dicho fichero, como hemos hecho aquí. Para ejecutar este ejemplo, coloque todo el código de la figura 6.12 en **app/assets/-javascripts/movie_list_filter.js**.

Aunque ha sido un ejemplo denso, ilustra la funcionalidad básica de jQuery que necesitará para numerosas mejoras de la interfaz de usuario. Las figuras y tablas de esta sección generalizan las técnicas introducidas en el ejemplo, por lo que merece la pena dedicar algo de tiempo a examinarlas. En particular, la figura 6.12 resume las cuatro formas diferentes de utilizar **$**, todas ellas ya vistas.

Usos de **$()** o **jQuery()** con ejemplo	Valor/efectos secundarios, número de línea en la figura 6.10
$(*sel***)** **$('.mov span')**	Devuelve una colección de elementos envueltos por jQuery seleccionados por el selector CSS3 *sel* (línea 16)
$(*elt***)** **$(this)**, **$(document)**, **$(document.getElementById('main'))**	Cuando una llamada JSAPI, como **getElementById**, devuelve un elemento o éste se pasa a una función *callback* de un gestor de eventos, se usa esta función para crear una versión del elemento con envoltorio jQuery, sobre la cual se pueden aplicar las operaciones de la figura 6.8 (línea 4)
$(*HTML[, attribs]***)** **$('<p><b>bold</b>words</p>')**, **$('<img/>', {** **src: '/rp.gif',** **click: handleImgClick })**	Devuelve un nuevo elemento HTML envuelto por jQuery correspondiente al texto que se pasa como argumento, que debe contener al menos una etiqueta HTML entre corchetes angulares "< >" (de otra forma jQuery interpretaría que está recibiendo un selector CSS y que se está llamando como en la fila anterior de esta tabla). Si se pasa un objeto JavaScript como *attribs*, se usará para construir los atributos del elemento (líneas 13–14). El nuevo elemento no se inserta automáticamente en el documento; la figura 6.8 muestra algunos métodos para hacerlo, uno de los cuales se usa en la línea 15.
$(*func***)** **$(function () {...});**	Ejecuta la función proporcionada una vez que el documento ha terminado de cargarse y el DOM está preparado para ser manipulado. Esto es un atajo de **$(document).ready(***func***)**, que es en sí un envoltorio jQuery del manejador **onLoad()** de la JSAPI integrada en el navegador (línea 19).

Figura 6.12. Las cuatro formas de invocar la función sobrecargada jQuery() o $ y los efectos de cada una. La figura 6.10 incluye demostraciones de todas ellas.

Resumen: DOM y manejadores de eventos de jQuery

- Se puede asignar o sobreescribir cómo reaccionan diversos elementos HTML ante las interacciones del usuario asociando manejadores, gestores o funciones ***callback*** de JavaScript con eventos específicos de elementos concretos. jQuery permite asociar tanto eventos "físicos" del usuario, como clics de ratón, como pseudoeventos "lógicos" como el envío de un formulario. La figura 6.9 resume un subconjunto de eventos jQuery.

- Dentro de un manejador de eventos, jQuery hace que **this** esté asociado a la representación DOM proporcionada por el *navegador* del elemento que gestionó el evento. Solemos "envolver" el elemento para disponer de **$(this)**, un elemento "envuelto por jQuery" que soporta operaciones de jQuery mejoradas, como **$(this).is(':checked')**.

- Una de las funcionalidades avanzadas de jQuery es la capacidad de aplicar transformaciones como **show()** y **hide()** a una colección de elementos (por ejemplo, un grupo de elementos identificados por un único selector CSS) o a un único elemento.

- Para evitar repeticiones (DRY) y asegurar la degradación elegante, las asociaciones de gestores de eventos con elementos debe realizarse en una función de inicialización que se invoque cuando el documento esté cargado y listo; de esta forma, los navegadores antiguos que no soporten JavaScript no ejecutarán dicha función. Cuando se pasa una función a **$()**, ésta se añade a la lista de funciones de inicialización a ejecutar una vez el documento haya terminado de cargarse.

http://pastebin.com/AqHkMHRk

```
// from file jquery_ujs.js in jquery-rails 3.0.4 gem
// (Line numbers may differ if you have a different gem version)
// line 23:
  $.rails = rails = {
    // Link elements bound by jquery-ujs
    linkClickSelector: 'a[data-confirm], a[data-method], a[data-remote], a[
        data-disable-with]',
// line 160:
    handleMethod: function(link) {
        // ...code elided...
        form = $('<form method="post" action="' + href + '"></form>'),
        metadata_input = '<input name="_method" value="' + method + '" type="
            hidden" />';
      // ...code elided...
      form.hide().append(metadata_input).appendTo('body');
      form.submit();
    }
```

Figura 6.13. Cuando se carga `jquery_ujs`**, los elementos** `<a>` **que tengan cualquiera de los atributos** `data-confirm`, `data-method`, `data-remote` **o** `data-disable-with` **se asocian al manejador handleMethod que se ejecuta cuando se hace clic en el enlace. Si el enlace tiene un atributo** `data-method`**, el manejador construye un** `<form>` **efímero pasando el valor de** `data-method` **como el atributo oculto** `_method`**, oculta el formulario (de modo que no aparezca en la página cuando se construya) y lo envía. En Rails 2 y anteriores, el *helper* link_to generaba código JavaScript en línea (intrusivo); Rails 3 cambió el comportamiento para generar código JavaScript más limpio y no intrusivo.**

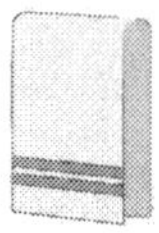

■ ***Explicación. Eventos personalizados***

La mayoría de los eventos jQuery están basados en los eventos integrados reconocidos por los navegadores, pero se pueden definir eventos personalizados propios y utilizar **trigger** para activarlos. Por ejemplo, podría incluir menús para el mes y el día en un único elemento externo como `div` y definir un evento personalizado **update** en el elemento `div` que compruebe que el mes y el día son compatibles. Podría aislar el código de comprobación en un manejador de eventos independiente para **update** y usar **trigger** para llamarlo desde los manejadores de **change** para los menús individuales del mes y del día. Este es un ejemplo de cómo los manejadores personalizados ayudan a evitar repeticiones (DRY) en el código JavaScript.

■ ***Explicación. JavaScript y los helpers de las vistas de Rails***

En la sección 4.8 utilizamos el *helper* **link_to** de Rails con **:method=>:delete** para crear un enlace que se pudiera pinchar y que activara el método controlador `delete`. Observamos que el inusual código HTML generado por el *helper* era similar a:

http://pastebin.com/nRgdBDwU

```
<a href="/movies/1" data-method="delete" rel="nofollow">Delete</a>
```

La forma convencional de Rails de manejar una operación de eliminación es usar una operación HTTP `POST` que envía un formulario con el argumento adicional `_method="delete"`, puesto que la mayoría de los navegadores no pueden emitir peticiones HTTP `DELETE` directamente. Con lo aprendido en esta sección, la figura 6.13 muestra cómo funciona realmente **link_to** anotando fragmentos de código del fichero `jquery_ujs.js`, el cual es parte de la gema `jquery-rails` que toda aplicación Rails utiliza por defecto. Dado que los rastreadores web no suelen ejecutar JavaScript, el atributo `rel="nofollow"` es una *petición* al rastreador u otro cliente para que no siga el enlace, pero no existen garantías de que el cliente respetará dicha petición. Por ello, es importante que las rutas sólo permitan que las acciones "destructivas" del controlador sean llamadas con métodos distintos a `GET`.

Autoevaluación 6.5.1. *Explique por qué llamar a* **$(**selector**)** *es equivalente a llamar a* **$(window.document).find(**selector**)**.
◇ **document** es una propiedad del objeto global integrado del navegador (**window**) que hace referencia a la representación propia del navegador de la raíz del DOM. Envolver el elemento del documento usando **$** da acceso a funciones jQuery como **find**, que localiza todos los elementos que coincidan con el selector que estén en el subárbol del elemento sobre el que se invoca la función; en este caso, dicho elemento es la raíz del DOM, por lo que buscará en todo el documento cualquier elemento que coincida. ■

Autoevaluación 6.5.2. *En el ejercicio de autoevaluación 6.5.1, ¿por qué teníamos escribir* **$(document).find** *en lugar de* **document.find***?*
◇ **document**, también referido como **window.document**, es la representación nativa del navegador del objeto **document**. Dado que **find** es una función jQuery, necesitamos "envolver" **document** para darle los poderes especiales de jQuery. ■

Autoevaluación 6.5.3. *¿Qué ocurriría si omitiéramos la última línea de la figura 6.10, que hace que se llame a la función* **setup***?*
◇ El navegador se comportaría como un navegador antiguo sin JavaScript. La casilla de verificación no se dibujaría (puesto que eso se hace en la función **setup**) e incluso si se dibujara, no ocurriría nada cuando se hiciera clic sobre ella, ya que la función **setup** registra nuestro manejador JavaScript del evento **change** de la casilla. ■

6.6 AJAX: JavaScript asíncrono y XML

En 1998, Microsoft añadió una nueva función al objeto global de JavaScript definido en Internet Explorer 5. **XmlHttpRequest** (generalmente abreviado como XHR) permitía que código JavaScript iniciara peticiones HTTP a un servidor *sin* cargar una nueva página y usara la respuesta del servidor para modificar el DOM de la página actual. Esta nueva función, clave en las aplicaciones AJAX, permitía crear una rica interfaz de usuario interactiva que se asemejaba más a las aplicaciones de escritorio, como quedó patente con Google Maps. Por suerte, ya conoce todos los ingredientes necesarios para la programación "AJAX on Rails":

1. Crear una acción del controlador o modificar una existente (sección 4.4) para gestionar las peticiones AJAX hechas por el código JavaScript. En lugar de procesar una vista completa, la acción procesará una parcial (sección 5.1) para generar un fragmento HTML que se insertará en la página.

2. Construir un URI REST en JavaScript y utilizar XHR para enviar la petición HTTP al servidor. Como habrá supuesto, jQuery dispone de atajos útiles para muchos casos habituales, por lo que utilizaremos las funciones de más alto nivel y más potentes que ofrece jQuery en lugar de llamar a XHR directamente.

3. Dado que JavaScript, por definición, se ejecuta en ***un hilo único*** (***single-threaded***) —sólo puede trabajar en una tarea cada vez hasta que dicha tarea se completa— la interfaz de usuario del navegador se quedaría "congelada" mientras JavaScript esperara la respuesta del servidor. Por ello, XHR en cambio vuelve inmediatamente de la llamada a la función y permite proporcionar una función *callback* para manejar el evento (tal y como hicimos para la programación para navegadores en la sección 6.5) que se activará cuando responda el servidor o si se produce un error.

http://pastebin.com/mcmdUnqA

```
%p= movie.description

= link_to 'Edit Movie', edit_movie_path(movie)
= link_to 'Close', '', {:id => 'closeLink'}
```

http://pastebin.com/ck2q1ZxJ

```
1 class MoviesController < ApplicationController
2   def show
3     id = params[:id] # retrieve movie ID from URI route
4     @movie = Movie.find(id) # look up movie by unique ID
5     render(:partial => 'movie', :object => @movie) if request.xhr?
6     # will render app/views/movies/show.<extension> by default
7   end
8 end
```

Figura 6.14. (a) Arriba: una sencilla vista parcial que se *renderizará* y devolverá como respuesta a la petición AJAX. Damos un ID de elemento único al enlace "Close" de forma que podamos asociarlo cómodamente a un manejador que ocultará la ventana emergente. (b) Abajo: la acción del controlador que *renderiza* la vista parcial, obtenida haciendo un pequeño cambio en la figura 4.9: si la petición es una petición AJAX, la línea 5 realiza el *renderizado* y vuelve inmediatamente. La opción :object hace que @movie esté disponible para la vista parcial como variable local cuyo nombre coincide con el nombre de la vista parcial, en este caso movie. Si xhr? no es verdadero, el método del controlador ejecutará la acción de *renderizado* por defecto, que es procesar la vista `show.html.haml` como habitualmente.

4. Cuando la respuesta llega al navegador, el contenido de la respuesta se pasa a la función *callback*. Puede utilizar la función **replaceWith()** de jQuery para reemplazar un elemento existente por completo, **text()** o **html()** para actualizar el contenido de un elemento *in situ* o una animación como **hide()** para ocultar o mostrar elementos, como se mostraba en la figura 6.8. Puesto que las funciones JavaScript son clausuras (como los bloques de Ruby), la función *callback* tiene acceso a todas las variables visibles en el momento en el que se realizó la llamada XHR, aun cuando se ejecuta más tarde y en un entorno distinto.

Vamos a ilustrar cómo funciona cada paso de la funcionalidad AJAX que se muestra en el *screencast* 6.1.1, mediante la cual los detalles de la película aparecen en una ventana flotante en lugar de cargar una página independiente. El paso 1 necesita que identifiquemos o creemos una nueva acción de controlador que será la encargada de gestionar la petición. Usaremos la acción ya existente **MoviesController#show**, por lo que no necesitaremos definir una nueva ruta. Esta decisión de diseño es justificable, dado que la versión AJAX de la acción realiza la misma función que la versión original, es decir, la acción REST de mostrar ("*show*"). Modificaremos la acción **show** de forma que si está respondiendo a una petición AJAX, procesará la sencilla vista parcial de la figura 6.14(a) en lugar de la vista completa. También se podrían definir acciones de controlador independientes para uso exclusivo con AJAX, pero esto podría no seguir la filosofía DRY si duplican el trabajo de acciones existentes.

¿Cómo sabe nuestra acción de controlador si **show** fue llamada desde código JavaScript o mediante una petición HTTP normal iniciada por el usuario? Por suerte, todas las librerías JavaScript más importantes y la mayoría de los navegadores configuran una cabecera HTTP `X-Requested-With: XMLHttpRequest` en todas las peticiones HTTP AJAX. El método *helper* de Rails **xhr?**, definido en el objeto **request** de la instancia del controlador que representa la petición HTTP entrante, comprueba la presencia de dicha cabecera. La figura 6.14(b) muestra la acción del controlador que *renderizará* la vista parcial.

Continuando con el paso 2, ¿cómo debería construir y lanzar la petición XHR nuestro código JavaScript? Tal como se mostraba en el *screencast*, queremos que la ventana flotante *http://pastebin.com/zZPKvmVW*

```
var MoviePopup = {
  setup: function() {
    // add hidden 'div' to end of page to display popup:
    var popupDiv = $('<div id="movieInfo"></div>');
    popupDiv.hide().appendTo($('body'));
    $(document).on('click', '#movies a', MoviePopup.getMovieInfo);
  }
  ,getMovieInfo: function() {
    $.ajax({type: 'GET',
            url: $(this).attr('href'),
            timeout: 5000,
            success: MoviePopup.showMovieInfo,
            error: function(xhrObj, textStatus, exception) { alert('Error!');
                }
            // 'success' and 'error' functions will be passed 3 args
           });
    return(false);
  }
  ,showMovieInfo: function(data, requestStatus, xhrObject) {
    // center a floater 1/2 as wide and 1/4 as tall as screen
    var oneFourth = Math.ceil($(window).width() / 4);
    $('#movieInfo').
      css({'left': oneFourth,  'width': 2*oneFourth, 'top': 250}).
      html(data).
      show();
    // make the Close link in the hidden element work
    $('#closeLink').click(MoviePopup.hideMovieInfo);
    return(false);  // prevent default link action
  }
  ,hideMovieInfo: function() {
    $('#movieInfo').hide();
    return(false);
  }
};
$(MoviePopup.setup);
```

Figura 6.15. La función ajax construye y envía una petición XHR con las características especificadas. type especifica el verbo HTTP a usar, url es la URL o URI donde se dirige la petición, timeout es el número de milisegundos que se debe esperar una respuesta antes de declararla fallida, success especifica la función a llamar con los datos devueltos y error indica la función a llamar si se agota el tiempo de espera sin recibir una respuesta o se produce cualquier otro error. Existen muchas otras opciones de la función ajax disponibles, en concreto para una gestión de errores más robusta.

http://pastebin.com/vWwDrYEc

```
#movieInfo {
  padding: 2ex;
  position: absolute;
  border: 2px double grey;
  background: wheat;
}
```

Figura 6.16. Añadiendo este código a `app/assets/stylesheets/application.css` **especificamos que la ventana flotante debe colocarse según coordenadas absolutas en lugar de relativas al elemento que la contiene, pero como explica el texto, hasta el momento de ejecución no sabemos cuáles serán dichas coordenadas, por lo que usamos jQuery para modificar dinámicamente las propiedades de estilo CSS de** `#movieInfo` **cuando estamos listos para mostrar la ventana flotante.**

aparezca cuando pinchamos en el enlace que tiene el nombre de la película. Como se explicó en la sección 6.5, podemos "interceptar" el comportamiento por defecto de un elemento asociándole un manejador JavaScript del evento **click** explícito. Por supuesto, para respetar el principio de degradación elegante, debemos modificar el comportamiento del enlace sólo si JavaScript está disponible. Siguiendo la misma estrategia que en el ejemplo de la sección 6.5, nuestra función **setup** (líneas 2–8 de la figura 6.15) registra el manejador y crea un elemento `div` oculto para mostrar la ventana flotante. Los navegadores antiguos no ejecutarán esta función y seguirán el comportamiento por defecto al pinchar en el enlace.

HiJax se usa a veces para describir en clave de humor esta técnica, haciendo un juego de palabras con el término inglés *"hijack"* (interceptar, secuestrar) y "AJAX".

El manejador del evento clic **getMovieInfo** debe lanzar la petición XHR y proporcionar una función *callback* que se llamará con la información devuelta. Para esto utilizamos la función **ajax** de jQuery, que recibe un objeto cuyas propiedades especifican las características de la petición AJAX, como muestran las líneas 10–15 de la figura 6.15. Nuestro ejemplo muestra un subconjunto de propiedades que se pueden especificar en este objeto; una propiedad importante que no mostramos es **data**, que puede ser tanto una cadena de argumentos a añadir al final del URI (como en la figura 2.3) o un objeto JavaScript, en cuyo caso las propiedades del objeto y sus valores serán *serializados* para obtener una cadena de caracteres que se añadirá al URI. Como siempre, dichos argumentos aparecerían en el *hash* **params[]** disponible para nuestras acciones del controlador de Rails.

Por supuesto, **$.ajax** es sólo un alias para **jQuery.ajax**.

El *screencast* 6.6.1 utiliza el depurador interactivo Firebug así como el depurador de Rails para avanzar paso a paso por el resto del código de la figura 6.15. Obtener el URI destino de la petición XHR es sencillo: puesto que el enlace que estamos interceptando ya enlaza de por sí al URI REST para mostrar los detalles de la película, podemos consultar su atributo `href`, como muestra la línea 11. Las líneas 13–14 nos recuerdan que las propiedades que toman valores de funciones pueden especificar bien una función con nombre, como ocurre con **success**, o bien funciones anónimas, como ocurre con **error**. Para mantener el ejemplo sencillo, nuestro comportamiento de error es rudimentario: no importa qué tipo de error haya ocurrido, incluyendo un *timeout* de 5000 ms (5 segundos), sencillamente mostraremos un cuadro de alerta. En caso de éxito, designamos **showMovieInfo** como función *callback*.

Screencast 6.6.1. Depurando paso a paso de forma interactiva en AJAX.
`http://vimeo.com/47064979`
Depurar código AJAX requiere combinar un depurador JavaScript, como por ejemplo Firebug, y un depurador en el lado servidor, como por ejemplo `debugger`, que ya conoce del capítulo 4. Tenga en cuenta que las vistas "*Information*" de Firefox (como las que usamos en el *screencast* 2.3.2) funcionan modificando el DOM para mostrar elementos flotantes y mensajes de ayuda, de forma que si está haciendo pruebas con la consola JavaScript, puede que obtenga resultados inesperados si estas funcionalidades están activas. *Nota:* el código JavaScript mostrado en el *screencast* utiliza el nombre **RP** en vez de **MoviePopup** para referirse a la variable global que almacena las funciones JavaScript asociadas a este ejemplo, pero aparte de esta diferencia, el código es el mismo.

En las líneas 20 y 23 de la figura 6.15 ocurren algunos trucos interesantes de CSS. Puesto que nuestro objetivo es que la ventana emergente "flote", podemos utilizar CSS para especificar la posición como `absolute` añadiendo el marcado de la figura 6.16. Pero sin saber el tamaño de la ventana del navegador, no sabemos el tamaño que debe tener la ventana flotante ni dónde colocarla. **showMovieInfo** calcula las dimensiones y coordenadas de un elemento `div` flotante la mitad de ancho y un cuarto de alto que la ventana del navegador (línea 20). Después reemplaza el contenido HTML del `div` con los datos devueltos por el servidor (línea 22), centra el elemento horizontalmente sobre la ventana principal y lo coloca a 250 píxeles del borde superior (línea 23) y, finalmente, muestra el `div`, que hasta ahora permanecía oculto (línea 24).

Queda una cosa más que hacer: el elemento `div` flotante tiene un enlace "*Close*" que debería hacerlo desaparecer, así que la línea 26 le asocia un sencillo manejador de **click**. Finalmente, **showMovieInfo** devuelve **false** (línea 27). ¿Por qué? Como el manejador se invoca como resultado de hacer clic en un enlace (elemento `<a>`), tenemos que devolver **false** para suprimir el comportamiento por defecto asociado con dicha acción, es decir, seguir el enlace (por esta misma razón, el manejador de **click** asociado al enlace "*Close*" devuelve **false** en la línea 31).

Con tantas funciones distintas que se llaman incluso en un ejemplo sencillo, puede resultar difícil trazar el flujo de control cuando se depura. Aunque siempre se puede utilizar **console.log(*string*)** para escribir mensajes en la consola JavaScript del navegador, es fácil olvidar eliminarlos en producción y, como se describe en el capítulo 8, dicha "depuración con `printf`" pueden resultar lenta, ineficiente y frustrante. En la sección 6.7 comentaremos un procedimiento mejor creando pruebas con Jasmine.

Por último, conviene mencionar una advertencia a considerar cuando se usa JavaScript para crear nuevos elementos dinámicamente en tiempo de ejecución, aunque no surgió en este ejemplo en concreto. Sabemos que **$('.myClass').on('click',*func*)** registra *func* como el manejador de eventos de clic para todos los elementos actuales que coincidan con la clase CSS `myClass`. Pero si se utiliza JavaScript para crear nuevos elementos que coincidan con `myClass` *después* de la carga inicial de la página y de la llamada inicial a **on**, dichos elementos no tendrán el manejador asociado, ya que **on** sólo puede asociar manejadores a elementos existentes.

Una solución habitual a este problema es aprovechar el mecanismo jQuery que permite a un elemento padre delegar en un descendiente la gestión de eventos, utilizando el polimorfismo de **on**: **$('body').on('click','.myClass',*func*)** asocia el elemento HTML `body` (que siempre existe) al evento `click`, pero *delega* el evento a cualquier descendiente que coincida con el selector `.myClass`. Puesto que la comprobación de delegación se hace cada vez que se procesa un evento, nuevos elementos que coincidan con `.myClass` tendrán asociada la función *func* como su manejador de eventos clic "automágicamente" al ser creados.

Resumen de AJAX:

- Para crear una interacción AJAX, identifique qué elementos van a adquirir nuevos comportamientos, qué nuevos elementos se va a necesitar construir para posibilitar la interacción o mostrar respuestas, etc.
- Una interacción AJAX suele involucrar tres fragmentos de código: el manejador que inicia la petición, la función *callback* que recibe la respuesta y el código en la función **document.ready** (función de inicialización) para asociar el manejador. Resulta más legible definir funciones con nombres independientes para cada una de estas tareas que proporcionar funciones anónimas.
- Tal y como hicimos en el ejemplo de la sección 6.5, para respetar la degradación elegante, cualquier elemento de la página que se use *sólo* en interacciones AJAX debe construirse en la función o funciones de inicialización, en lugar de incluirse en la propia página HTML.
- Tanto los depuradores interactivos, como Firebug o las consolas JavaScript de Google Chrome y Safari, como la "depuración con `printf`" utilizando **console.log()** pueden ayudar a encontrar problemas de JavaScript, pero existe una aproximación mejor mediante pruebas, que explicaremos en la sección 6.7.

■ ***Explicación. Programación orientada a eventos***

El modelo de programación en el que las operaciones especifican una función *callback* que se invoca cuando se completan, en lugar de esperar a que terminen para continuar la ejecución del programa se denomina ***programación orientada a eventos***. Como puede imaginar observando el número de manejadores y funciones *callback* en este sencillo ejemplo, los programas orientados a eventos se consideran más complejos de escribir y depurar que los programas ***de tareas paralelas*** como las aplicaciones Rails, en las que una maquinaria independiente en el servidor de aplicaciones crea de forma efectiva múltiples copias de nuestra aplicación para atender a múltiples usuarios simultáneamente. Por supuesto, detrás del telón el sistema operativo conmuta entre dichas tareas como hacen los programadores de forma manual en JavaScript: cuando la "copia" de la aplicación de un usuario se bloquea esperando una respuesta de la base de datos, por ejemplo, se permite que la copia de otro usuario progrese, y se "llama de vuelta" (*called back*) a la primera copia cuando llega la respuesta de la base de datos. En este sentido, la programación orientada a eventos y la de tareas paralelas son duales, y estándares emergentes como WebWorkers[16] posibilitan el paralelismo de tareas en JavaScript permitiendo que diferentes copias de un programa JavaScript se ejecuten simultáneamente en diferentes hilos del sistema operativo. Sin embargo, JavaScript por sí mismo carece de abstracciones de concurrencia, tales como **synchronized** de Java, y de comunicación interproceso, por lo que la concurrencia debe ser gestionada explícitamente por la aplicación.

Autoevaluación 6.6.1. *En la línea 13 de la figura 6.15, ¿por qué aparece*

MoviePopup.showMovieInfo *en lugar de* **MoviePopup.showMovieInfo()**?
◇ La primera es la función en sí, que es lo que espera **ajax** como propiedad **success**, mientras que la segunda es la *llamada* a la función. ■

Autoevaluación 6.6.2. *¿Por qué aparece* **$(MoviePopup.setup)** *en lugar de* **$('MoviePopup.setup')** *o de* **$(MoviePopup.setup())** *en la línea 33 de la figura 6.15?*
◇ Necesitamos pasar la función en sí a **$()**, no su nombre o el resultado de llamarla. ■

Autoevaluación 6.6.3. *Siguiendo con el ejercicio de autoevaluación 6.6.2, si hubiéramos llamado accidentalmente a* **$('MoviePopup.setup')**, *¿el resultado sería un error de sintaxis o un comportamiento legal pero indeseado?*
◇ Recuerde que **$()** está sobrecargado, y que cuando se llama con una cadena de caracteres, trata de interpretarla como marcado HTML si contiene llaves angulares (< >), o como un selector CSS en caso contrario. En este caso aplica lo último, así que devolvería una colección vacía, ya que no existen elementos cuya etiqueta sea `MoviePopup` y su clase CSS sea `setup`.
■

6.7 Pruebas de JavaScript y AJAX

Incluso nuestro sencillo ejemplo de AJAX tiene muchos componentes delicados. En esta sección mostraremos cómo probarlo utilizando Jasmine, un entorno TDD para JavaScript de código abierto desarrollado por Pivotal Labs. Jasmine está diseñado para imitar a RSpec y soportar las mismas prácticas TDD que RSpec. El resto de esta sección asume que ya ha leído el capítulo 8 o que es competente en TDD y RSpec; como muestra la figura 6.17, reutilizaremos todos los conceptos TDD en Jasmine.

Para empezar a utilizar Jasmine, añada **gem 'jasmine'** a su Gemfile y ejecute `bundle` como siempre; después, ejecute los comandos de la figura 6.18 desde el directorio raíz de su aplicación. Por razones esotéricas, no podemos ejecutar un conjunto de pruebas Jasmine completamente vacío, así que cree el fichero `spec/javascripts/sanity_check_-spec.js` con el siguiente código:

http://pastebin.com/gD120Ena

```
describe('Jasmine sanity check', function() {
  it('works', function() {  expect(true).toBe(true); });
});
```

¿Autoevaluación? `rake jasmine:ci` ejecuta el paquete Jasmine sólo una vez utilizando Webdriver y recopila la salida, mientras que `jasmineheadless-webkit`[18] (más rápido) o la gema Jasmine-Rails[19] ejecutan las pruebas sin la sobrecarga de ejecutar el navegador. Cualquiera de estos métodos funcionaría en un entorno automatizado de integración continua (*continuous integration*, CI) (sección 12.3) donde no hay ninguna persona que supervise los resultados de las pruebas en la página del navegador.

Para ejecutar las pruebas, teclee `rake jasmine` y, una vez que se esté ejecutando, acceda a `http://localhost:8888` para ver los resultados de la prueba. De ahora en adelante, cuando cambiemos cualquier parte del código en `app/assets/javascripts` o de las pruebas en `spec/javascripts`, sólo tiene que recargar la página del navegador para volver a ejecutar todas las pruebas.

Las pruebas del código AJAX deben abordar dos problemas y, si ha leído sobre TDD en el capítulo 8, ya le deben resultar familiares las soluciones a ambos. En primer lugar, tal y como hicimos en la sección 8.6, debemos ser capaces de "simular Internet" interceptando las llamadas AJAX, de forma que podamos devolver respuestas AJAX predefinidas y probar nuestro código JavaScript aislado del servidor. Resolveremos este problema utilizando *stubs*. En segundo lugar, nuestro código JavaScript espera encontrar ciertos elementos en la página mostrada, pero como hemos visto, cuando se ejecutan pruebas Jasmine el navegador visualiza la página de informes de Jasmine en lugar de nuestra aplicación. Por suerte, podemos usar datos de prueba (*fixtures*) para probar código JavaScript que se apoya en la presencia de

Qué	RSpec/Ruby	Jasmine/JavaScript
Librerías	gemas `rspec, rspec-rails`	gema `jasmine`, complemento `jasmine-jquery`
Instalación	`rails generate rspec:install`	`rails generate jasmine:install`
Archivos de prueba	`spec/models/, spec/controllers/, spec/helpers`	`spec/javascripts/`
Convenciones de nomenclatura	`spec/models/movie_spec.rb` contiene pruebas para `app/models/movie.rb`	`spec/javascripts/movie_popup_spec.js` contiene pruebas para `app/assets/javascripts/movie_popup.js`; `spec/javascripts/moviePopupSpec.js` contiene pruebas para `app/assets/javascripts/moviePopup.js`
Fichero de configuración	`.rspec`	`spec/javascripts/support/jasmine.yml`
Ejecutar todas las pruebas	`rake spec`	`rake jasmine` y luego visitar `http://localhost:8888`; o `rake jasmine:ci` para ejecutar una vez usando Selenium/Webdriver y capturar la salida; o usar `jasmine-headless-webkit`[17] para ejecutar desde línea de comandos sin navegador

Figura 6.17. Comparación de la instalación, configuración y uso de Jasmine y RSpec. Todas las rutas son relativas a la raíz de la aplicación y todos los comandos deben ejecutarse desde la raíz de la aplicación. Como se puede ver, la principal diferencia es el uso de `lower_snake_case` (elementos unidos por guion bajo) para los nombres de ficheros y métodos en Ruby, frente al uso de `lowerCamelCase` (elementos capitalizados) en JavaScript.

http://pastebin.com/YPssaaXU

```
1 rails generate jasmine:install
2 mkdir spec/javascripts/fixtures
3 curl https://raw.githubusercontent.com/velesin/jasmine-jquery/master/lib/
      jasmine-jquery.js > spec/javascripts/helpers/jasmine-jquery.js
4 git add spec/javascripts
```

Figura 6.18. Cómo crear directorios de Jasmine en su aplicación. La línea 1 crea un directorio `spec/javascripts` en el que se almacenarán nuestras pruebas, con subdirectorios `support` y `helper` análogos a la configuración de RSpec (sección 8.2). La línea 2 añade un subdirectorio para datos de prueba (*fixtures*) (sección 8.5). La línea 3 instala un complemento en Jasmine que proporciona soporte adicional para probar código basado en jQuery y utilizar *fixtures*. La línea 4 añade estos nuevos ficheros JavaScript TDD al proyecto.

ciertos elementos DOM en la página, tal y como los usamos en la sección 8.5 para probar el código de la aplicación Rails que depende de la presencia de ciertos elemento en la base de datos.

La figura 6.19 da una visión general de Jasmine para usuarios de RSpec. Recorreremos cinco especificaciones (*specs*) Jasmine de "caminos felices" (*happy-paths*) para la funcionalidad de la ventana emergente desarrollada en la sección 6.6. Aunque estas pruebas distan de ser exhaustivas ni siquiera para el camino feliz, nuestro objetivo es ilustrar las técnicas de prueba de Jasmine de forma general y el uso de *stubs* y *fixtures* en Jasmine para realizar pruebas de código AJAX en particular.

La estructura básica de los casos de prueba de Jasmine se hace evidente en la figura 6.21: como en RSpec, Jasmine utiliza **it** para especificar un único ejemplo y bloques **describe** anidados para agrupar conjuntos de ejemplos relacionados. Tal y como ocurre en RSpec, **describe** e **it** reciben un bloque de código como argumento, pero mientras que en Ruby los bloques de código están delimitados por **do. . . end**, en JavaScript son funciones anónimas (funciones sin nombre) sin argumentos. La secuencia de puntuación **});** prevalece porque **describe** e **it** son funciones JavaScript de dos argumentos, el segundo de los cuales es una función sin argumentos.

Los ejemplos **describe('setup')** comprueban que la función **MoviePopup.setup** cree el contenedor `#movieInfo` correctamente y lo mantenga oculto. **toExist** y **toBeHidden** son mecanismos para comprobar expectativas proporcionados por el complemento Jasmine-jQuery. Dado que Jasmine carga todos los ficheros JavaScript antes de ejecutar ningún ejemplo, la llamada a **setup** (línea 34 de la figura 6.15) ocurre antes de que se ejecuten nuestras pruebas; por tanto, parece razonable comprobar que dicha función hizo su trabajo.

Los ejemplos **describe('AJAX call to server')** son más interesantes ya que utilizan *stubs* y *fixtures* para aislar el código AJAX del lado cliente del servidor con el que se comunica. La figura 6.20 resume los *stubs* y *fixtures* disponibles en Jasmine y Jasmine-jQuery. Como en RSpec, Jasmine permite ejecutar código de inicialización y desmantelamiento de pruebas utilizando **beforeEach** y **afterEach**. En este conjunto de ejemplos, nuestro código de inicialización carga el *fixture* HTML mostrado en la figura 6.22, para imitar el entorno que el manejador **getMovieInfo** vería si fuera llamado después de mostrar la lista de películas. La funcionalidad de *fixtures* la proporciona Jasmine-jQuery; cada *fixture* se carga dentro de `div#jasmine-fixtures`, que está dentro de `div#jasmine_content` en la página principal de Jasmine, y todos los *fixtures* se eliminan después de cada especificación (*spec*) para preservar la independencia de las pruebas.

El primer ejemplo (línea 12 de la figura 6.21) comprueba que la llamada AJAX utiliza la URL de película correcta derivada de la tabla. Para ello, utiliza **spyOn** de Jasmine para realizar un *stub* de la función **$.ajax**. Al igual que el método **stub** de RSpec, esta llamada reemplaza cualquier función del mismo nombre, de forma que al disparar manualmente la acción clic sobre el (único) elemento `a` de la tabla `#movies`, si todo funciona correctamente, deberíamos esperar que se haya llamado a nuestra función espía. Puesto que en JavaScript es habitual tener funciones como valores de las propiedades de los objetos, **spyOn** recibe dos argumentos, un objeto (**$**) y el nombre de la propiedad de tipo función del objeto a espiar (**'ajax'**).

La línea 15 parece compleja, pero en realidad es sencilla. Cada espía Jasmine recuerda los argumentos que se le han pasado en cada una de las llamadas que recibe, por ejemplo **calls.mostRecent()**, y como recordará de la explicación en la sección 6.6, una llamada *real* a la función AJAX recibe un único objeto (líneas 9–15 de la figura 6.15) cuya propiedad **url** es

Estructura de los casos de prueba

- **it("does something", function() {...})**
  Especifica una única prueba (*spec*) indicando un nombre descriptivo y una función que realiza la prueba.
- **describe("behaviors", function(){...})**
  Recopila un conjunto de *specs* relacionadas; el cuerpo de la función consiste en llamadas a **it**, **beforeEach** y **afterEach**. Los bloques **describe** se pueden anidar.
- **beforeEach** and **afterEach**
  Funciones de inicialización/desmantelamiento que se ejecutan antes de cada bloque **it** dentro del mismo bloque **describe**. Como en RSpec, si hay **describe**s anidados, todos los **beforeEach** se ejecutan desde fuera hacia dentro y todos los **afterEach** desde dentro hacia fuera.

Expectativas

Una expectativa en una *spec* tiene la forma **expect(***object***).***expectation* o
expect(*object***).not.***expectation*
Algunas expectativas de uso común integradas en Jasmine:

- **toEqual(***val***), toBeTruthy(), toBeFalsy()**
  Prueba de igualdad usando ==, o si una expresión se evalúa al valor *booleano true* o *false*.

Expectativas de uso común proporcionadas por el complemento Jasmine jQuery —en este caso, el argumento de **expect** debe ser un elemento o conjunto de elementos con envoltura jQuery:

- **toBeSelected(), toBeChecked(), toBeDisabled(), toHaveValue(stringValue)**
  Expectativas sobre elementos de entrada de datos en formularios.
- **toBeVisible(), toBeHidden()**
  Hidden (oculto) es verdadero si el elemento tienen anchura y altura cero, si es un campo de formulario con `type="hidden"` o si el elemento o uno de sus antecesores tienen la propiedad CSS `display: none`.
- **toExist(), toHaveClass(***class***), toHaveId(***id***), toHaveAttr(***attrName,attrValue***)**
  Comprueba diversos atributos y características de un elemento.
- **toHaveText(***stringOrRegexp***), toContainText(***string***)**
  Comprueba si el texto del elemento coincide exactamente con la cadena o expresión regular dados, o si contiene la subcadena indicada.

Figura 6.19. Resumen parcial de un *pequeño subconjunto* de funcionalidades de uso común en Jasmine y Jasmine-jQuery, siguiendo la estructura de las figuras 8.17 y 8.18 y extraídas de la completa documentación de Jasmine[22] y de la documentación del complemento Jasmine jQuery[23].

Stubs (Espías)

- **spyOn(*obj*, 'func')**
  Crea y devuelve un espía (*mock*) de una función existente, que debe ser una propiedad-función de *obj* denominada `func`. El espía *reemplaza* a la función existente.
- **calls** es una propiedad de un espía que hace un seguimiento de las llamadas que que se le han hecho y del array **args[]** de argumentos de cada llamada.

Los siguientes modificadores se pueden llamar sobre un espía para controlar su comportamiento:

- **and.returnValue(*value*)**
- **and.throwError(exception)**
- **and.callThrough()**
- **and.callFake(*func*)**
  func debe ser una función sin argumentos, aunque tiene acceso a los argumentos con los que se llamó al espía mediante *spy*.**calls.mostRecent().args[]**, y puede llamar a otras funciones usando dichos argumentos.

***Fixtures* y factorías (requiere `jasmine-jquery`)**

- **sandbox({class: 'myClass', id: 'myId'})**
  Crea un elemento `div` vacío con los atributos HTML indicados, si los hay; por defecto es un `div` sin clase CSS y con `ID sandbox`. Una forma alternativa de crear el argumento para **setFixtures** que evita tener que poner cadenas de caracteres HTML literales en el código de pruebas.
- **loadFixtures("*file*.html")**
  Carga contenido HTML desde `spec/javascripts/fixtures/`*file*`.html` y lo coloca dentro de un elemento `div` con ID `jasmine-fixtures`, que se reinicia entre casos de prueba.
- **setFixtures(*HTMLcontent*)**
  Crea una *fixture* directamente en lugar de cargarla desde archivo. *HTMLcontent* puede ser una cadena HTML literal como **<p class="foo">text</p>** o un elemento con envoltura jQuery como **$('<p class="foo">text</p>')**.
- **getJSONFixture("*file*.json")**
  Devuelve el objeto JSON en `spec/javascripts/fixtures/`*file*`.json`. Puede ser útil para almacenar datos que simulen el resultado de una llamada AJAX sin tener que poner objetos JSON literales en el código de prueba.

Figura 6.20. Continuación de la figura 6.19 describiendo los *stubs* (*espías* (*spies*) en Jasmine) y *fixtures*.

http://pastebin.com/zhQw7uUd

```
1  describe('MoviePopup', function() {
2    describe('setup', function() {
3      it('adds popup Div to main page', function() {
4        expect($('#movieInfo')).toExist();
5      });
6      it('hides the popup Div', function() {
7        expect($('#movieInfo')).toBeHidden();
8      });
9    });
10   describe('clicking on movie link', function() {
11     beforeEach(function() { loadFixtures('movie_row.html'); });
12     it('calls correct URL', function() {
13       spyOn($, 'ajax');
14       $('#movies a').trigger('click');
15       expect($.ajax.calls.mostRecent().args[0]['url']).toEqual('/movies/1');
16     });
17     describe('when successful server call', function() {
18       beforeEach(function() {
19         var htmlResponse = readFixtures('movie_info.html');
20         spyOn($, 'ajax').and.callFake(function(ajaxArgs) {
21           ajaxArgs.success(htmlResponse, '200');
22         });
23         $('#movies a').trigger('click');
24       });
25       it('makes #movieInfo visible', function() {
26         expect($('#movieInfo')).toBeVisible();
27       });
28       it('places movie title in #movieInfo', function() {
29         expect($('#movieInfo').text()).toContain('Casablanca');
30       });
31     });
32   });
33 });
```

Figura 6.21. Cinco especificaciones (*specs*) Jasmine del camino feliz del código AJAX desarrollado en la sección 6.6. Las líneas 2–9 comprueban si la función MoviePopup.setup inicializa correctamente el elemento `div` flotante destinado a mostrar la información de la película. Las líneas 10–32 comprueban el comportamiento del código AJAX sin llamar al servidor RottenPotatoes, sino simulando (con *stubs*) la llamada AJAX.

http://pastebin.com/1PdEwxnQ

```
<table id="movies">
  <tbody>
    <tr class="adult">
      <td>Casablanca</td>
      <td>PG</td>
      <td><a href="/movies/1">More about Casablanca</a></td>
    </tr>
  </tbody>
</table>
```

Figura 6.22. Este *fixture* HTML imita una fila de la tabla `#movies` generada por la vista que muestra la lista de películas de RottenPotatoes (figura 4.6); aparece en spec/javascripts/fixtures/movie_row.html. Se pueden generar estos *fixtures* copiando y pegando código HTML desde "Ver código fuente" del navegador, o en el caso de código generado dinámicamente por JavaScript (como la casilla de verificación "*Hide adult movies*"), inspeccionando $('#movieInfo').html() en la consola JavaScript. En la sección de "Falacias y errores comunes" se describe un procedimiento con el que prevenir que dichos *fixtures* dejen de estar sincronizados si las vistas de la aplicación cambian.

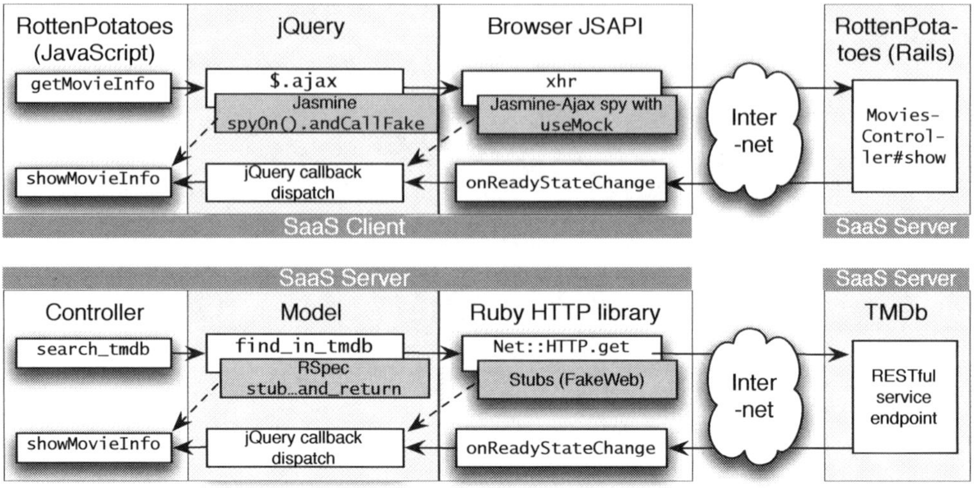

Figura 6.23. **Arriba: normalmente, nuestra función getMovieInfo llama a ajax de jQuery, la cual llama a xhr de la JSAPI del navegador, que envía una petición al servidor. La respuesta del servidor dispara la lógica de devolución de llamada (*callback*) de la JSAPI del navegador, que llama a un método interno jQuery que acabará llamando a nuestra función *callback* showMovieInfo. Si simulamos con un *stub* la función ajax, podemos hacer que showMovieInfo sea llamada inmediatamente; también podemos colocar el *stub* "más allá", sobre xhr (utilizando el complemento Jamsine-Ajax), haciendo que el despachador interno de jQuery sea llamado inmediatamente. Abajo: representación gráfica de la explicación que acompaña a la figura 8.16 en la sección 8.6.**

http://pastebin.com/pnTj5S5c

```
<p>Casablanca is a classic and iconic film starring
   Humphrey Bogart and Ingrid Bergman.</p>
<a href="" id="closeLink">Close</a>
```

Figura 6.24. **Este *fixture* HTML imita la respuesta AJAX de la acción mostrar del controlador de películas; se encuentra en spec/javascripts/fixtures/movie_info.html.**

la URL a la cual debe dirigirse la llamada AJAX. La línea 15 de la especificación (*spec*) simplemente comprueba el valor de dicha URL. De hecho, comprueba si **$(this).attr('href')** es el código JavaScript correcto para extraer la URL AJAX de la tabla.

La figura 6.23 muestra la similitud entre los retos de "simular Internet" para probar AJAX y "simular Internet" para probar código en una arquitectura orientada a servicios (sección 8.6). Como puede observar, en ambos escenarios, la decisión de dónde situar el *stub* depende de cuánta parte de la pila queremos verificar con nuestras pruebas.

La línea 19 lee un *fixture* que reemplazará a la respuesta AJAX de la acción mostrar del controlador de películas (ver figura 6.24). En las líneas 20-22 vemos el uso de la función **callFake** no sólo para interceptar una llamada AJAX, sino también para simular una respuesta correcta con *fixture*. Esto y la activación de la llamada AJAX (línea 23) se repite por cada una de las siguientes dos pruebas que verifican tanto que el *popup* **#movieInfo** está visible (línea 26) como que contiene el texto de la descripción de la película (línea 29).

Esta concisa introducción, junto con las tablas resumen de esta sección, deberían ayudarle a empezar a usar BDD para su código JavaScript. Las mejores fuentes de documentación completa para estas herramientas son la documentación de Jasmine[24] y la documentación del complemento Jasmine jQuery[25].

http://pastebin.com/9rsFCnwE

```
1 describe('element sanitizer', function() {
2   it('removes IMG tags from evil HTML', function() {
3     setFixtures(sandbox({class: 'myTestClass'}));
4     $('.myTestClass').text("Evil HTML! <img src='http://evil.com/xss'>");
5     $('.myTestClass').sanitize();
6     expect($('.myTestClass').text()).not.toContain('<img');
7   });
8 });
```

Figura 6.25. El método sandbox de Jasmine-jQuery crea un nuevo elemento HTML `div` con los atributos indicados; su atributo `id` toma como valor por defecto `sandbox` si no se le asigna otro. Las líneas 4–5 utilizan el elemento creado con sandbox, que se puede utilizar para contener temporalmente elementos construidos de forma parecida a las factorías, pero sin "contaminar" el código de pruebas con marcado HTML.

Resumen: BDD para JavaScript usando Jasmine

- Como ocurría en RSpec, las especificaciones (*specs*) en Jasmine son funciones anónimas acompañadas por una cadena de caracteres descriptiva. Se introducen mediante la función **it** de Jasmine, se pueden agrupar con bloques **describe** (anidados) que tienen asociadas llamadas **beforeEach** y **afterEach** (inicialización y desmantelamiento de pruebas).
- Se puede utilizar **spyOn** para simular mediante *stubs* un método existente, reemplazándolo con un espía. El comportamiento del espía se puede controlar con funciones como **and.callThrough**, **and.returnValue**, etc., como muestra la figura 6.20.
- Los *fixtures* HTML de Jasmine-jQuery pueden proporcionar tanto el contenido que debe aparecer "antes" para disparar una petición AJAX como el contenido que debe aparecer "después" para verificar los resultados de una petición AJAX exitosa o fallida.

■ ***Explicación. ¿Por qué no hay especificaciones Jasmine para código sólo del lado cliente?***

No hemos incluido especificaciones (*specs*) para el ejemplo de sólo lado cliente en la sección 6.5 por la misma razón que no escribimos pruebas de vistas en el capítulo 8: una práctica ampliamente extendida consiste en probar los comportamientos de visualización del lado cliente con pruebas del nivel de integración o aceptación, tales como escenarios Cucumber utilizando Webdriver (sección 7.6).

■ ***Explicación. Probando la validación de formularios en el lado cliente***

Un caso de uso típico de JavaScript consiste en validar las entradas en un formulario según escribe el usuario, antes de enviar el formulario. Se pueden probar dichos formularios autovalidados creando *fixtures* HTML que representen un formulario o parte del mismo, utilizando *element*.**val()** para asignar el valor a una o más entradas del formulario, y activando *element*.**blur()** para hacer que el elemento pierda el foco, simulando así que el usuario ha pulsado el tabulador o que ha usado el ratón para moverse a un campo distinto. Entonces, puede comprobarse que el resto de campos del formulario se actualizaron correctamente con el nuevo valor (inspeccionando sus *element*.**val()**), así como espiar la función de validación con **.and.callThrough()** para asegurarse de que se llama como resultado de *blur*.

■ ***Explicación. ¿Fixtures o factorías?***

Como se explica en la sección 8.5, en las aplicaciones Rails suele ser preferible utilizar una factoría para crear los dobles de pruebas necesarios "in situ" en vez de especificar *fixtures*. Entonces, ¿por qué describimos el uso de *fixtures* en lugar de factorías para las pruebas de AJAX? Una razón es que la relación coste-beneficio varía en JavaScript. En una aplicación Rails, los *fixtures* se cargan en la base de datos antes de ejecutar las pruebas, y diversos métodos de `ActiveRecord` como **find** pueden comportarse de forma distinta cuando diferentes *fixtures* están presentes; por tanto los *fixtures* pueden romper la independencia de las pruebas. Las factorías son una alternativa atractiva en Rails porque gemas como FactoryGirl facilitan instanciar dobles para las pruebas en cada prueba justo cuando se necesitan. En Jasmine, para sustituir una "factoría" HTML por *fixtures* HTML, usaríamos **$('')** para crear elementos HTML en línea (intercalados), pero muchos programadores no ven esto con buenos ojos porque mezclar marcado HTML con código JavaScript de prueba hace que este último resulte difícil de leer. Jasmine-jQuery proporciona cierto soporte básico para utilizar factorías sin contaminar excesivamente el código de prueba con marcado HTML, como muestra la figura 6.25, pero en general vemos que utilizar *fixtures* para probar AJAX evita alguno de los errores comunes de utilizar *fixtures* para probar Rails. Sin embargo, introducen un problema por sí mismas —la posibilidad de "desincronizarse" con las vistas de la aplicación—. Vea la sección "Falacias y errores comunes" para más información sobre este problema y su solución.

Autoevaluación 6.7.1. *Jasmine-jQuery soporta también* **toContain** *y* **toContainText** *para comprobar si una cadena de texto o un fragmento HTML está contenido dentro de un elemento. En la línea 7 de la figura 6.21, ¿por qué sería* incorrecto *sustituir* **.not.toContain('<div id="movieInfo"></div>')** *por* **toBeHidden()***?*

◇ Un elemento oculto no es visible, pero sigue conteniendo el texto o HTML asociado al elemento. Por tanto, los buscadores del estilo de **toContain** se pueden utilizar para comprobar el *contenido* de un elemento, pero no su *visibilidad*. Además, un elemento puede estar oculto de muchas formas —su CSS puede incluir `display:none`, sus valores de altura y anchura pueden ser cero o su antecesor puede estar oculto— y **toBeHidden()** comprueba todas ellas. ■

Autoevaluación 6.7.2. *Como RSpec, Jasmine soporta* **and.returnValue()** *para devolver un valor predefinido desde un* stub. *En la figura 6.21, ¿por qué tenemos que escribir* **and.callFake** *para pasar* **ajaxArgs** *a una función como resultado de hacer* stub *de* **ajax**, *en lugar de escribir sencillamente* **and.returnValue(ajaxArgs)***?*

◇ Recuerde que las llamadas AJAX son asíncronas. *No* se da el caso en que la llamada **$.ajax** devuelva datos del servidor: normalmente, finaliza inmediatamente y, un tiempo después, se llama a la función *callback* con los datos devueltos por el servidor. **and.callFake** simula este comportamiento. ■

6.8 Aplicaciones de página única y API JSON

Google Maps fue un ejemplo precoz de una categoría emergente denominada aplicaciones de página única del lado cliente. En una aplicación de página única (Single-Page App, SPA), tras la carga inicial de la página desde el servidor, para el usuario toda la interacción parece ocurrir sin que la página se vuelva a recargar. Aunque no desarrollaremos una SPA completa en esta sección, mostraremos las técnicas necesarias para ello.

Hasta ahora nos hemos concentrado en utilizar JavaScript para mejorar aplicaciones SaaS centradas en el servidor; puesto que HTML ha sido por mucho tiempo la *lengua franca* del contenido servido por dichas aplicaciones, renderizar una vista parcial y usar JavaScript para insertar la vista parcial recién creada en el DOM es una forma sensata de proceder. Pero en las SPA, es más habitual para el código del lado cliente pedir datos en bruto del servidor y utilizarlos para construir o modificar elementos del DOM. ¿Cómo puede una aplicación Rails devolver datos en bruto en lugar del marcado HTML al código JavaScript del lado cliente?

Un mecanismo sencillo es que la acción del controlador use **render :text** para devolver una cadena de caracteres plana. Pero si necesitamos enviar datos estructurados al cliente, nos enfrentamos al mismo problema que ya resolvimos utilizando una base de datos relacional en la sección 2.6 —cómo "congelar" los datos de forma que su estructura pudiera ser "reconstituida" correctamente en el cliente, es decir, cómo **serializar** y posteriormente **deserializar** los datos—.

En los inicios de las SPA, XML parecía una opción prometedora como formato de *serialización*. La X de AJAX representa XML y la sección 8.1 muestra un ejemplo simple de datos devueltos por el servidor en formato XML. Pero aunque parece sencillo, la especificación completa de XML tiene tantas peculiaridades que hacer intérpretes (*parsers*) totalmente compatibles con la especificación supone un reto complejo. Aunque la mayoría de los navegadores tienen intérpretes de XML integrados, sus JSAPI son incompatibles y jQuery no proporciona ninguna fachada para ellos como hace para la manipulación del DOM. Incluso intérpretes de XML ligeros como Sax-JS[26] añaden alrededor de 1300 líneas de código a una aplicación JavaScript y no proporcionan un acceso cómodo al DOM.

Por tanto, una alternativa interesante es JSON, la notación de objetos JavaScript que se presentó en la figura 6.3. Es mucho más sencilla que XML pero suficiente para representar las estructuras de datos de muchas aplicaciones, y se ha vuelto tan popular que muchas API REST pueden servir tanto JSON como XML: se especifica cuál se quiere utilizar bien usando distintos destinos (URL) para cada formato o bien pasando un parámetro en la llamada de la API REST. Dado que el formato JSON es un subconjunto de la notación de objetos integrada de JavaScript, en principio podríamos escribir sencillamente **var e=eval(j)** para *deserializar* una cadena de caracteres que representa un objeto codificado con JSON **j**, para obtener un objeto JavaScript "vivo" **e**. En la práctica, las JSAPI de los navegadores modernos incluyen una función **JSON.parse** que no sólo es mucho más rápida que **eval**, sino que también es más segura: mientras que **eval** evaluará código JavaScript arbitrario (no confiable y posiblemente dañino), **JSON.parse** lanzará un error si se pide interpretar cualquier otra cosa que no sean estructuras de datos JSON válidas (JSONLint, listado en la figura 6.4, valida la sintaxis de las expresiones JSON).

http://pastebin.com/H16DAvwY

```
Review.first.to_json
# => "{\"created_at\":\"2012-10-01T20:44:42Z\", \"id\":1, \"movie_id\":1,
  \"moviegoer_id\":2,\"potatoes\":3,\"updated_at\":\"2013-07-28T18:01:35Z\"}"
```

Figura 6.26. La función to_json integrada en Rails puede *serializar* objetos *ActiveRecord* sencillos llamándose recursivamente en cada atributo del modelo. Como puede ver, no recorre asociaciones —los identificadores `movie_id` y `moviegoer_id` de las opiniones se *serializan* como enteros, no como los objetos Movie y Moviegoer a los que la claves foráneas representadas por dichos enteros se refieren—. Es posible efectuar *serializaciones* más sofisticadas sobreescribiendo to_json en sus modelos de *ActiveRecord*.

Para usar JSON en nuestro código del lado cliente, debemos considerar tres cuestiones:

1. ¿Cómo hacemos que la aplicación servidor genere JSON en respuesta a peticiones AJAX, en lugar de renderizar plantillas o parciales de vistas HTML?

2. ¿Cómo especifica el cliente que espera una respuesta JSON y cómo usa los datos de dicha respuesta JSON para modificar el DOM?

3. Cuando se prueban peticiones AJAX que esperan respuestas JSON, ¿cómo podemos usar *fixtures* para "simular el servidor" y probar estos comportamientos de forma aislada, tal y como hicimos en la sección 6.7?

La primera pregunta es sencilla. Si tiene control sobre el código del servidor, sus acciones de controlador Rails pueden devolver JSON en lugar de XML o una plantilla Haml usando **render :json=>***object*, que envía al cliente una representación JSON de un objeto como única respuesta de la acción del controlador. Al igual que al renderizar una plantilla, sólo se permite una única llamada **render** por acción, por lo que todos los datos de respuesta para una acción del controlador dada deben estar empaquetados en un único objeto JSON.

render :json funciona llamando a **to_json** sobre el *objeto* para crear la cadena de caracteres que se enviará de vuelta al cliente. La implementación por defecto de **to_json** puede *serializar* objetos ActiveRecord sencillos, como muestra la figura 6.26.

Para hacer una llamada AJAX que espere una respuesta codificada en JSON, sólo tenemos que asegurarnos de que el objeto que se pasa como argumento a **$.ajax** incluye una propiedad **dataType** cuyo valor es la cadena `json`, como muestra la figura 6.27. La presencia de esta propiedad hace que jQuery llame automáticamente a **JSON.parse** sobre los datos devueltos, de modo que no es necesario que realice este paso usted mismo.

Por supuesto, también debemos hacer que el servidor devuelva un objeto JSON, como se comentó anteriormente.

¿Cómo podemos probar este código sin llamar al servidor cada vez? Por suerte, el mecanismo de *fixtures* de Jasmine-jQuery permite especificar *fixtures* JSON además de *fixtures* HTML, como muestra la figura 6.28.

http://pastebin.com/6cUbpbfY

```
1  var MoviePopupJson = {
2    // 'setup' function omitted for brevity
3    getMovieInfo: function() {
4      $.ajax({type: 'GET',
5              dataType: 'json',
6              url: $(this).attr('href'),
7              success: MoviePopupJson.showMovieInfo
8              // 'timeout' and 'error' functions omitted for brevity
9             });
10     return(false);
11   }
12   ,showMovieInfo: function(jsonData, requestStatus, xhrObject) {
13     // center a floater 1/2 as wide and 1/4 as tall as screen
14     var oneFourth = Math.ceil($(window).width() / 4);
15     $('#movieInfo').
16       css({'left': oneFourth, 'width': 2*oneFourth, 'top': 250}).
17       html($('<p>' + jsonData.description + '</p>'),
18             $('<a id="closeLink" href="#"></a>')).
19       show();
20     // make the Close link in the hidden element work
21     $('#closeLink').click(MoviePopupJson.hideMovieInfo);
22     return(false);  // prevent default link action
23   }
24   // hideMovieInfo omitted for brevity
25 };
```

Figura 6.27. Esta versión de MoviePopup espera una respuesta JSON en lugar de HTML (línea 5), así que la función success utiliza la estructura de datos JSON devuelta para crear nuevos elementos HTML dentro del `div` emergente (líneas 17–19; observe que las funciones jQuery de manipulación del DOM como append pueden recibir múltiples argumentos de distintos fragmentos de HTML a crear). Las funciones omitidas por concisión son las mismas que en la figura 6.15.

http://pastebin.com/sq6FASzh

```
1  describe('MoviePopupJson', function() {
2    describe('successful AJAX call', function() {
3      beforeEach(function() {
4        loadFixtures('movie_row.html');
5        var jsonResponse = getJSONFixture('movie_info.json');
6        spyOn($, 'ajax').and.callFake(function(ajaxArgs) {
7          ajaxArgs.success(jsonResponse, '200');
8        });
9        $('#movies a').trigger('click');
10     });
11     // 'it' clauses are same as in movie_popup_spec.js
12   });
13 });
```

Figura 6.28. Jasmine-jQuery espera encontrar ficheros de *fixtures* que contengan datos `.json` en `spec/javascripts/fixtures/json`. Tras ejecutar la línea 5, jsonResponse contendrá el objeto JavaScript real (¡no la cadena JSON en bruto!) que se pasará al manejador success.

Resumen: aplicaciones de página única (SPA)

- Mientras que las aplicaciones SaaS tradicionales mejoradas con JavaScript renderizarían generalmente fragmentos completos de HTML (usando, por ejemplo, vistas parciales) que el cliente sencillamente "insertaría" en la página HTML actual, las SPA recibirían datos estructurados de uno o más servicios y utilizarían dichos datos para sintetizar nuevo contenido o modificar el que ya existe en la página.
- La simplicidad de JSON y su correspondencia natural con JavaScript lo están convirtiendo rápidamente en el formato preferido para el intercambio de datos estructurados en SPA. Rails puede *serializar* modelos ActiveRecord sencillos con **render :json=>** *object*, pero se puede sobreescribir el método **to_json** de ActiveRecord para *serializar* estructuras de datos arbitrariamente complejas.
- Asignar el valor `"json"` a la propiedad **dataType** en una llamada a **$.ajax** hace que jQuery *deserialice* automáticamente la respuesta del servidor para crear un objeto JSON.
- Se puede usar un espía (*stub*) que devuelva un *fixture* JSON para simular una respuesta del servidor cuando se prueba una SPA, permitiendo que las pruebas de Jasmine estén aisladas del servidor(es) remoto(s) en los que se apoya la SPA.

■ ***Explicación. Otras formas de simular Internet para AJAX***

En la sección 8.6 se analiza cómo se puede simular Internet con *stubs* para aislar las pruebas de servicios externos, bien "cerca del cliente", o bien "lejos del cliente". En la sección 6.7 simulamos Internet "cerca del cliente" haciendo un *stub* de **$.ajax** y forzándole a llamar inmediatamente a la función **success** en lugar de permitirle proceder con la petición HTTP externa. Esta técnica es similar al *stub* de **find_in_tmdb** en la sección 8.6 para devolver un valor inmediatamente en lugar de permitirle efectuar una petición HTTP real. Una alternativa, que utilizará más a fondo el código que maneja las respuestas AJAX reales del servidor, es hacer los *stubs* a nivel de red, como hace FakeWeb para las aplicaciones Rails. Al igual que FakeWeb permite proporcionar respuestas XML o HTML predefinidas basadas en los argumentos de una llamada XHR, `jasmine-ajax`[27], una extensión de Jasmine realizada por Pivotal Labs, permite proporcionar respuestas XML, HTML o JSON predefinidas a llamadas XHR AJAX que se utilizan en lugar de permitir que se ejecute la llamada XHR. Es posible espiar las funciones manejadoras **success**, **failure**, **timeout**, etc. que se pasan a **$.ajax** para asegurarse de que se llama al manejador correcto dependiendo de la respuesta del servidor.

Autoevaluación 6.8.1. *En la figura 6.28, donde se muestra el uso de un* fixture *JSON, ¿por qué seguimos necesitando que se cargue* también *el* fixture *HTML en la línea 4?*

◇ La línea 9 intenta disparar el manejador de clic para un elemento que coincida con `#movies a` y, si no cargamos el *fixture* HTML que representa una fila de la tabla de películas, no existirá tal elemento (de hecho, la función **MoviePopupJson.setup** trata de asociar un manejador de clic en este elemento, por lo que fallaría). Esto es un ejemplo de uso tanto de un *fixture* HTML para simular que el usuario hace clic en un elemento de la página como de un *fixture* JSON para simular una respuesta exitosa del servidor en respuesta a dicho clic. ■

Figura 6.29. Arquitectura de SPA en el navegador que obtienen recursos desde diferentes servicios. Izquierda: si el código JavaScript se sirvió desde RottenPotatoes.com, la *política del mismo origen*, aplicada por defecto, que implementan los navegadores para JavaScript prohibirá que el código realice llamadas AJAX a servidores en otros dominios. La especificación de *compartición de recursos entre dominios* (cross-origin resource sharing, CORS) relaja esta restricción, pero sólo la soportan algunos navegadores muy recientes. Derecha: en la arquitectura SPA tradicional, un único servidor sirve el código JavaScript e interactúa con otros servicios remotos. Este esquema respeta la política del mismo origen y también permite que el servidor principal realice trabajo adicional en nombre del cliente si es necesario.

■ ***Explicación. Política del mismo origen***

También puede hacer que su SPA se comunique con una fachada REST del servidor (sección 11.6), tal y como muestra la figura 6.29. Podría hacer esto si su SPA depende de contenido procedente de múltiples sitios: por seguridad, las aplicaciones JavaScript del navegador están obligadas por la ***política del mismo origen***, que establece que una aplicación JavaScript únicamente puede realizar peticiones AJAX al mismo origen (esquema, nombre de equipo y número de puerto, como se describió en la sección 2.2) desde el cual se sirve la propia aplicación.

6.9 Falacias y errores comunes

STOP ***Falacia.*** **AJAX seguramente mejore la responsividad de mi aplicación porque hay más acciones que ocurren en el mismo navegador.**

En una aplicación cuidadosamente diseñada, AJAX puede tener el *potencial* de mejorar la responsividad de ciertas interacciones. Sin embargo, existen muchos factores en el uso de AJAX que trabajan en contra de este objetivo. El código JavaScript debe obtenerse del servidor, así como cualquier librería o entorno que utilice, como jQuery, antes de que cualquier acción AJAX pueda llevarse a cabo; en plataformas como los teléfonos móviles, esto puede incurrir en una latencia anticipada que anule cualquier ahorro posterior. Grandes variaciones en el rendimiento de JavaScript en diferentes tipos de navegadores y dispositivos, velocidades de conexión a Internet en un rango desde 1 Mbps (*smartphones*) hasta 1000 Mbps (redes de cable de alta velocidad) y otros factores fuera de nuestro control conspiran para que predecir los efectos de AJAX en el rendimiento sea difícil; en algunos casos, AJAX puede ralentizar las cosas. Como ocurre con todas las herramientas potentes, AJAX debe usarse bajo una sólida comprensión de cómo y por qué mejora la capacidad de respuesta, en lugar de añadirse con la vaga esperanza de que de alguna forma ayude a una aplicación que parece lenta. Las técnicas descritas en el capítulo 12 ayudarán a identificar y resolver algunos problemas de rendimiento comunes.

⚠ ***Error.*** **Crear un sitio que falla sin JavaScript en vez de que mejore con él.**

Por razones de accesibilidad de personas con discapacidad, seguridad y compatibilidad entre navegadores, un sitio bien diseñado debería funcionar *mejor* si se dispone de JavaScript y *aceptablemente* bien en caso contrario. Por ejemplo, las páginas de GitHub para navegar por los repositorios de código funcionan bien sin JavaScript, pero funcionan de forma más fluida y rápida con JavaScript. Navegue por el sitio de ambas formas para observar un magnífico ejemplo de mejora progresiva. Las pruebas también se ejecutan más rápido sin JavaScript: tener un sitio para el que JavaScript es opcional significa que se puede realizar la mayor parte de las pruebas de integración en el modo, más rápido, de "navegador sin interfaz" de Cucumber y Capybara.

⚠ *Error.* **Fallos JavaScript silenciosos en el código de producción.**

Cuando ocurre una excepción inesperada en el código Rails, se sabe de inmediato, como ya hemos visto: la aplicación mostrará una fea página de error o, si ha sido cuidadoso, un servicio como Hoptoad contactará inmediatamente con usted para informar del error, tal y como describimos en el capítulo 12. Pero los problemas de JavaScript se manifiestan como fallos silenciosos —el usuario hace clic sobre un control o carga una página, pero no ocurre nada—. Estos problemas son especialmente perniciosos porque si ocurren mientras existe una petición AJAX en progreso, la llamada al método *callback* **success** no se hará nunca. Así que tenga cuidado: jQuery proporciona atajos para usos comunes de **$.ajax()** como **$.get(url,data,callback)**, **$.post(url,data,callback)**, **$.load(url_and_selector)**, y **$.getJSON(url,data,callback)**, pero todos ellos fallan silenciosamente si algo va mal, mientras que **$.ajax()** le permite especificar funciones *callback* adicionales a llamar en caso de error.

⚠ *Error.* **Fallos silenciosos de JavaScript en las pruebas.**

El error común de "fallos silenciosos" también sucede cuando se usa Jasmine: si existen errores de sintaxis en cualquiera de los ficheros JavaScript o en las pruebas (*specs*), al recargar la página del navegador que ejecuta dichos *specs* de Jasmine, puede que se vea una página en blanco sin pista alguna sobre dónde están los errores. Sugerimos utilizar la herramienta de Doug Crockford JSLint[28], que no sólo encuentra errores de sintaxis, sino que también señala malos hábitos y el uso de mecanismos JavaScript que Crockford y otros consideran peligrosos.

De forma similar, también es posible cargar accidentalmente *fixtures* HMTL que resulten en código HTML ilegal. Por ejemplo, puede crear por error un *fixture* que contenga un elemento cuyo ID duplique el de otro ya existente, o elementos anidados incorrectamente o con errores de sintaxis HTML. Dado que los *fixtures* se cargan en la página real cuando se ejecutan las pruebas, los resultados de una página mal formada pueden ser impredecibles o resultar en errores silenciosos.

⚠ *Error.* **Proporcionar sólo operaciones costosas en el servidor y confiar en JavaScript para hacer el resto.**

Si JavaScript es tan potente, ¿por qué no escribir prácticamente toda la lógica de la aplicación con JavaScript, utilizando el servidor sólo como una API ligera para el accesso a la base de datos? Por un lado, como veremos en el capítulo 12, para que la aplicación escale satisfactoriamente se requiere *reducir* la carga en la base de datos y, a menos que las API expuestas hacia el código JavaScript en el lado cliente estén cuidadosamente pensadas, existe el riesgo de hacer consultas innecesariamente complejas a la base de datos para que el código JavaScript del lado cliente pueda seleccionar los datos que necesita para cada vista. Segundo, aunque tenemos el control casi completo del rendimiento (y, por tanto, de la experiencia de usuario) en el lado servidor, apenas tenemos control en el lado cliente. Debido a las enormes variaciones en el tipo de navegador, la velocidad de la conexión a Internet y otros factores más allá de nuestro control, el rendimiento de JavaScript en el navegador de cada usuario está en buena medida fuera de nuestro control, haciendo difícil proporcionar un rendimiento constante para la experiencia de usuario.

⚠ ***Error.* Permitir que los *fixtures* HTML o JavaScript pierdan la sincronización con el código de la aplicación o entre ellas.**

Uno de los riesgos de utilizar *fixtures* HTML para probar la funcionalidad AJAX es que los *fixtures* están basados en el código HTML generado por la aplicación y, si las plantillas de las vistas de la aplicación cambian sin modificar también los *fixtures*, puede ocurrir que las pruebas se ejecuten contra un código HTML que no se corresponde con la salida real de la aplicación.

Una solución es la automatización: este flujo de trabajo de Pivotal Labs[29] utiliza RSpec (capítulo 8) para crear automáticamente *fixtures* desde las vistas de la aplicación para utilizarlos desde las pruebas de Jasmine. Esta solución también evita otro problema sutil: las pruebas que funcionan con *fixtures* pequeños pero fallan con el DOM de la página completa. Por ejemplo, dos manejadores de eventos que tratan de responder al mismo evento probablemente causen un problema en producción, pero si sólo se prueban por separado, probando sólo uno cada vez con *fixtures* independientes, las pruebas unitarias no detectarán este problema. Ejecutar *specs* utilizando "*fixtures*" de página completa en lugar de *fixtures* para diferentes fragmentos de la página resolvería este problema, y es precisamente lo que consigue de forma elegante el flujo de trabajo automatizado de Pivotal.

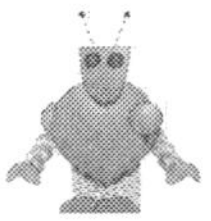

⚠ ***Error.* Uso incorrecto de this en funciones JavaScript.**

El valor de **this** en el cuerpo de una función JavaScript es la fuente de muchos dolores de cabeza y confusión para los programadores nuevos en el lenguaje. En concreto, tras ver un par de ejemplos, los nuevos programadores no se dan cuenta de que el valor de **this** para una función en particular no depende de cómo esté escrita dicha función, sino de cómo se invoca, por lo que diferentes llamadas a la misma función pueden dar como resultado asociaciones muy distintas para **this**. Una explicación completa de por qué **this** funciona de esta forma queda fuera del alcance de esta introducción, pero la sección "Para saber más" ofrece algunos recursos para aquellos interesados en indagar más en profundidad, lo que les llevará al terreno de cómo han influido en JavaScript sus antecesores Scheme y Self.

Hasta que no domine este tema más en profundidad, puede escribir su código de forma segura siguiendo los casos comunes que recapitulamos, resumidos en la figura 6.11.

⚠ ***Error.* JavaScript: los aspectos negativos.**

> *El operador ++ fue inventado por [Ken] Thompson para aritmética de punteros. Ahora sabemos que la aritmética de punteros es mala y hemos dejado de usarla; se ha visto implicada en ataques de desbordamiento de* buffer *y otras maldades. El último lenguaje popular que incluye el operador ++ es C++, un lenguaje tan malo que tomó el nombre de este operador.*
>
> Douglas Crockford, *Programming and Your Brain*, discurso de apertura en la conferencia USENIX WebApps'12

El boom empresarial durante el que nació JavaScript fue una época de presiones de agenda ridículas: LiveScript se diseñó, implementó y lanzó como producto en 10 días. Como resultado, el lenguaje tiene algunos defectos y errores ampliamente reconocidos que algunos han comparado con los "*gotchas*" del lenguaje C, por lo que instamos a utilizar la herramienta JSLint[30] de Doug Crokcford para que le avise tanto de potenciales errores como de oportunidades de embellecer su código JavaScript. Esta herramienta viene instalada en la imagen de la máquina virtual proporcionada con la biblioteca de recursos del libro; puede ejecutarla escribiendo `jsl -process` *filename* en la línea de comandos. Tiene una miríada de opciones, sobre las que puede informarse en el sitio web de JSLint[31].

Algunos errores comunes específicos a evitar incluyen los siguientes:

1. El intérprete intenta ayudar insertando punto y comas que cree que el programador ha olvidado, pero a veces sus suposiciones son erróneas y da como resultado cambios drásticos e inesperados en el comportamiento del código, como en el siguiente ejemplo:

   http://pastebin.com/AZk8Q4uK

   ```
   // good: returns new object
   return {
     ok: true;
   };
   // bad: returns undefined, because JavaScript
   //  inserts "missing semicolon" after return
   return
   {
     ok: true;
   };
   ```

   Una buena forma de evitarlo es adoptar un estilo de codificación coherente diseñado para que los "errores de puntuación" sean rápidamente visibles, como el estilo de codificación recomendado por los desarrolladores del paquete Node.js[32].

2. A pesar de que la sintaxis sugiera un ámbito de bloque —por ejemplo, el cuerpo de un bucle **for** dentro de una función tiene su propio par de llaves dentro de las cuales pueden aparecer declaraciones **var** adicionales— *todas* las variables declaradas con **var** en una función son visibles *en todas partes* dentro de dicha función, incluyendo cualquier función anidada. De esta forma, en una construcción habitual como **for (var m in movieList)**, el ámbito de **m** es toda la función en la que aparece el bucle **for**, no sólo el cuerpo del bucle en sí. Lo mismo aplica para variables declaradas con **var** dentro del cuerpo del bucle. Este comportamiento, denominado ***ámbito de función***, se inventó en Algol 60. Escribir funciones cortas (¿recuerda SOFA de la sección 9.5?) ayuda a evitar el error común de confundir los ámbitos de bloque y función.

3. En realidad, un **array** es sólo un objeto cuyas claves son enteros no negativos. En algunas implementaciones de JavaScript, recuperar un elemento de un *array* lineal es marginalmente más rápido que recuperar un elemento de una estructura *hash*, pero no lo suficiente como para que sea determinante en la mayoría de los casos. El error sucede cuando se trata de acceder a un elemento de un *array* con un número negativo o no entero, en cuyo caso se crea una clave cuyo valor es una cadena de caracteres. Es decir, **a[2.1]** se convierte en **a["2.1"]**.

4. Los operadores de comparación == y != realizan automáticamente conversiones de tipo, de forma que **'5'==5.0** es verdadero. Los operadores === y !== realizan comparaciones sin hacer ninguna conversión. Esto es potencialmente confuso, ya que

Ruby también tiene un operador === ("triple-igual", en inglés "*threequal*") que hace algo muy distinto.

5. La igualdad para *arrays* y *hashes* se basa en identidad y no en valor, por lo que **[1,2,3]==[1,2,3]** es falso. A diferencia de Ruby, donde la clase **Array** puede definir su propio operador ==, en JavaScript hay que lidiar con estos comportamientos predefinidos, ya que == es parte del lenguaje.

6. Las cadenas de caracteres (*strings*) son inmutables, por lo que métodos como **toUpperCase()** devuelven siempre un nuevo objeto. Por tanto, escriba **s=s.toUpperCase()** si quiere reemplazar el valor de una variable existente.

7. Si se llama a una función con más argumentos de los que especifica su definición, los argumentos extra se ignoran; si se invoca con menos, los argumentos sin asignar se consideran **undefined**. En cualquier caso, el *array* **arguments[]** (dentro del ámbito de la función) da acceso a todos los argumentos que se pasaron realmente.

8. Las cadenas de texto (*string*) literales se comportan de forma distinta a las creadas con **new String** si se intenta crear nuevas propiedades sobre ellas, tal y como muestra el siguiente extracto de código. La razón es que JavaScript crea un "objeto envoltorio" temporal en torno a **fake** para responder a **fake.newprop=1**, realiza la asignación y destruye inmediatamente después el objeto envoltorio, dejando el objeto **fake** real sin ninguna propiedad **newprop**. Es posible asignar propiedades adicionales sobre *strings* si se crean explícitamente con **new**. Pero, aún mejor, no asigne propiedades sobre los tipos predefinidos de JavaScript: defina su propio objeto prototipo y use composición en lugar de herencia (capítulo 11) para que el *string* sea una de sus propiedades, después asigne el resto de propiedades que estime adecuadas. (Esta restricción aplica igualmente a números y *booleanos* por las mismas razones, pero no aplica a los *arrays* porque, como mencionamos anteriormente, sólo son un caso especial de *hashes*).

http://pastebin.com/LWxdsn3F

```
real = new String("foo");
fake = "foo";
real.newprop = 1;
real.newprop       // => 1
fake.newprop = 1;  // BAD: silently fails since 'fake' isn't true object
fake.newprop       // => undefined
```

6.10 Observaciones finales: pasado, presente y futuro de JavaScript

La posición privilegiada de JavaScript como lenguaje del lado cliente en la Web ha hecho que se invierta mucha energía en él. Dado que la mayoría de teléfonos móviles y tabletas ya pueden ejecutar JavaScript, se pueden crear aplicaciones para teléfonos móviles con código fuente portable usando HTML, CSS y JavaScript, en lugar de crear versiones separadas para distintas plataformas móviles como iOS y Android. Entornos de desarrollo como PhoneGap[33] hacen de JavaScript un camino productivo para crear aplicaciones móviles, especialmente cuando se combina con entornos de desarrollo de interfaces de usuario tales como jQuery Mobile[34] o Sencha Touch. De hecho, la principal razón hoy en día para *no* usar JavaScript en aplicaciones móviles es un rendimiento insuficiente, pero debido al uso cada vez mayor de JavaScript tanto para los sitios "Web 2.0" como para SPAs complejas como Google Docs, los desarrolladores se han centrado en mejorar tanto el rendimiento como la productividad de JavaScript.

Rendimiento. La compilación en tiempo de ejecución o compilación dinámica (Just-in-time compilation, JIT), y otras técnicas avanzadas de ingeniería de software se están incluyendo en el lenguaje, cerrando así la brecha de rendimiento con otros lenguajes interpretados e incluso compilados. Más de media docena de implementaciones del ***intérprete de JavaScript*** y un compilador (Closure de Google) están disponibles a fecha de la escritura de este texto, siendo la mayoría de ellos de código abierto, y empresas como Microsoft, Apple o Google, entre otras, compiten en el rendimiento de los intérpretes JavaScript de sus navegadores. Evaluar el rendimiento de los lenguajes interpretados es delicado, dado que los resultados dependen de la implementación del intérprete así como de la aplicación específica, pero los bancos de pruebas del intérprete de física Box2D[35] descubrieron que la versión JavaScript era 5 veces más lenta que la de Java, y entre 10 y 12 veces más lenta que la versión de C, y que las diferencias de rendimiento variaban hasta en un factor de tres utilizando diferentes intérpretes JavaScript. Aún así, JavaScript es hoy en día lo bastante rápido como para que en mayo de 2011 Hewlett-Packard lo usara para reescribir grandes partes de su sistema operativo Palm webOS. Podemos esperar que esta tendencia continúe, ya que JavaScript es uno de los primeros lenguajes en recibir atención cuando hay nuevo hardware disponible que puede resultar útil para aplicaciones de cara al usuario: por ejemplo, WebCL propone utilizar las asociaciones de JavaScript para el lenguaje OpenCL, utilizado para programar unidades de procesado gráfico (Graphics Processing Units, GPUs).

Productividad. Estudiando Ruby y Rails, hemos visto una y otra vez que la productividad va de la mano de la concisión. La sintaxis de JavaScript pocas veces es concisa y muchas extraña —en parte porque JavaScript siempre fue funcional en su núcleo (recuerde que su creador quería usar Scheme originalmente como lenguaje de *scripting* para el navegador) pero se le encargó el requisito, dictado por el marketing, de parecerse a un lenguaje imperativo como Java—. CoffeeScript[36], lanzado por primera vez en 2010, trata de devolver parte de la concisión sintáctica y de la belleza propia de la mejor parte de JavaScript. Un traductor de código fuente a código fuente compila los ficheros de CoffeeScript (`.coffee`) a ficheros `.js` que contienen código JavaScript normal, que utiliza el navegador. Las tuberías de Rails, de las que se hablará en mayor profundidad en la sección A.8, automatizan esta compilación de forma que no sea necesario generar manualmente los ficheros `.js` o incluirlos en el árbol de código fuente. Dado que CoffeeScript compila generando JavaScript, no puede hacer nada que JavaScript no haga ya de por sí, pero proporciona una notación sintáctica más concisa para muchas construcciones comunes. Por ejemplo, la figura 6.30 muestra una versión obtenida por CoffeeScript mucho menos ruidosa del *spec* de Jasmine en la figura 6.21.

Por desgracia, tras unos pocos años "en el mundo real", el diseño de CoffeeScript ha sido criticado por problemas fundamentales de diseño que limitan su utilidad en proyectos grandes. Dos objeciones importantes son que todas sus variables externas tienen ámbito global[37] y una sensibilidad a los espacios en blanco que da lugar a interpretaciones ambiguas del código fuente[38], violando el "principio de mínima sorpresa", una de las piedras angulares del diseño de Ruby. El tiempo dirá si CoffeeScript reemplazará a JavaScript o seguirá siendo un "lenguaje de nicho" utilizado sólo en proyectos pequeños.

Las herramientas para programadores de SPAs que crean aplicaciones centradas en JSON están mejorando también. Por ejemplo, el entorno de desarrollo de código abierto de Yahoo, Mojito[39], permite que un mismo código JavaScript muestre HTML a partir de JSON tanto en *http://pastebin.com/gEyt3RUd*

```
describe 'MoviePopup', ->
  describe 'setup', ->
    it 'adds popup Div to main page', -> expect $('#movieInfo').toExist
    it 'hides the popup Div', -> expect $('#movieInfo').toBeHidden
  describe 'AJAX call to server', ->
    beforeEach -> loadFixtures('movie_row.html')
    it 'calls correct URL', ->
      spyOn $, 'ajax'
      $('#movies a').trigger 'click'
      expect($.ajax.mostRecentCall.args[0]['url']).toEqual '/movies/1'
    describe 'when successful', ->
      beforeEach ->
        @htmlResponse = readFixtures 'movie_info.html'
        spyOn($, 'ajax').andCallFake (ajaxArgs) ->
          ajaxArgs.success(htmlResponse, '200')
        $('#movies a').trigger 'click'
      it 'makes #movieInfo visible', -> expect $('#movieInfo').toBeVisible
      it 'places movie title in #movieInfo', ->
        expect($('#movieInfo').text).toContain 'Casablanca'
```

Figura 6.30. La versión CoffeeScript de la figura 6.21. Entre otras diferencias, CoffeeScript proporciona la sintaxis concisa, ->, del estilo *Haskell* para las funciones, utiliza indentación como la de Haml en lugar de llaves para indicar la estructura, y permite la omisión de la mayoría de los paréntesis como en Ruby, además de tomar prestada la notación de variable de instancia @ para referirse a las propiedades de this. Algunos consideran que el código resultante es más fácil de leer, ya que tiene $1/3$ de líneas menos y mucha menos puntuación que la versión plana de JavaScript.

el cliente como en un servidor basado en Node. Sin embargo, hay un enorme inconveniente potencial para las aplicaciones que tomen este camino: su contenido no será ni indexado ni podrá ser buscado mediante motores de búsqueda, sin lo que la Web pierde una buena parte de su utilidad. Hay soluciones tecnológicas para este problema, pero de momento existe poco debate sobre ellas.

Además de esta desventaja, el modelo de ejecución de hilo único de JavaScript, del cual algunos opinan que obstaculiza la productividad porque requiere una programación dirigida a eventos, parece que no va a cambiar próximamente. Algunos se lamentan de la adopción en el lado servidor de entornos de desarrollo basados en JavaScript como Node, una librería JavaScript que proporciona versiones orientadas a eventos de las mismas capacidades del sistema operativo POSIX (*Unix-like*) utilizadas en código de tareas paralelas. El principal contribuidor de Rails, Yehuda Katz, resumió las opiniones de muchos programadores experimentados: cuando las cosas ocurren en un orden determinista, como cuando el código del lado servidor gestiona una acción del controlador en una aplicación SaaS, un modelo secuencial y *bloqueante* es más fácil de programar; cuando las cosas suceden en un orden impredecible, como cuando se reacciona a estímulos externos como los eventos de interfaz de usuario iniciados por el usuario, el modelo asíncrono tiene más sentido. Nosotros creemos firmemente que el futuro del software serán las aplicaciones "nuble+cliente", y nuestra perspectiva es que es más importante elegir el lenguaje o el entorno de desarrollo apropiado para cada tarea, que obsesionarse sobre si un único lenguaje o entorno de desarrollo se alzará dominante para ambas partes, cliente y nube, de la aplicación.

Por último, mientras que en los primeros días de la Web era común que las páginas tuvieran una autoría manual basada en HTML y CSS (tal vez usando herramientas de autoría WYSIWYG), hoy en día la vasta mayoría del código HTML se genera utilizando entornos de desarrollo como Rails. De forma similar, desarrollos como CoffeeScript sugieren que, aunque JavaScript permanecerá como la *lengua franca* de la programación en el navegador, puede que se convierta cada vez más en un lenguaje intermedio en lugar de ser en el que programe directamente la mayoría de la gente.

6.11 Para saber más

Sólo hemos cubierto una pequeña parte de la representación DOM, independiente del lenguaje, utilizando su API JavaScript. La representación DOM en sí tiene un rico conjunto de estructuras de datos y métodos para recorrer los documentos, y existen APIs disponibles para todos los lenguajes principales, tales como la librería `dom4j`[40] para Java y la gema Nokogiri[41] para Ruby.

A continuación nombramos recursos adicionales que serán útiles para dominar JavaScript y jQuery:

- Una excelente presentación por el gurú de JavaScript de Google, Miško Hevery: *How JavaScript works: introduction to JavaScript and Browser DOM*[42].
- Yehuda Katz[43] es uno de los contribuidores principales tanto de Rails como de jQuery, entre otros proyectos de perfil alto. Las entradas de su blog orientadas a programación debaten consejos y técnicas, desde lo práctico a lo esotérico, tanto para Ruby como para JavaScript. En concreto, tiene una interesante entrada sobre diferencias sutiles entre los bloques de Ruby y las funciones anónimas de JavaScript[44] y otra sobre por qué **this** funciona como funciona en las funciones JavaScript[45].
- jQuery es una librería extremadamente potente cuyo potencial apenas hemos explotado. *jQuery: Novice to Ninja* (Castledine and Sharkie 2012) es una referencia excelente con muchos ejemplos que van mucho más allá de nuestra introducción.
- *JavaScript: The Good Parts* (Crockford 2008), escrito por el creador de la herramienta JSLint[46], es una exposición sobre JavaScript muy sesgada pero intelectualmente rigurosa, que se centra firmemente en el uso disciplinado de sus buenas características mientras que expone de forma sincera los errores comunes derivados de sus defectos de diseño. Este libro es de lectura "obligada" si quiere escribir una aplicación JavaScript completa comparable a Google Docs.
- El sitio web ProgrammableWeb[47] lista cientos de API de servicios, tanto REST como no REST que proporcionan datos XML y JSON, que puede encontrar útiles para sus SPA y *mashups*. Algunas son de código abierto por completo y no requieren autenticación; otras requieren una clave de programador que puede o no ser gratis.

E. Castledine and C. Sharkie. *jQuery: Novice to Ninja, 2nd Edition - New Kicks and Tricks*. SitePoint Books, 2012.

D. Crockford. *JavaScript: The Good Parts*. O'Reilly Media, 2008.

P. Seibel. *Coders at Work: Reflections on the Craft of Programming*. Apress, 2009. ISBN 1430219483.

Notas

[1]http://jasmine.github.io/
[2]http://angularjs.org
[3]http://www.ie6countdown.com
[4]http://jquery.org
[5]http://www.adaptivepath.com/ideas/ajax-new-approach-web-applications
[6]http://developers.google.com/closure
[7]http://yui.github.io/yuicompressor
[8]http://jsonlint.com
[9]http://guides.rubyonrails.org/v3.2.19/asset_pipeline.html
[10]http://getfirebug.org
[11]http://www.w3.org/DOM
[12]https://github.com/rails/jquery-rails
[13]http://prototypejs.org
[14]http://api.jquery.com
[15]http://api.jquery.com
[16]http://en.wikipedia.org/wiki/Web_Workers
[17]http://johnbintz.github.com/jasmine-headless-webkit/
[18]http://johnbintz.github.com/jasmine-headless-webkit/
[19]https://github.com/searls/jasmine-rails
[20]http://pivotal.github.com/jasmine
[21]http://github.com/velesin/jasmine-jquery
[22]http://pivotal.github.com/jasmine
[23]http://github.com/velesin/jasmine-jquery
[24]http://pivotal.github.com/jasmine
[25]http://github.com/velesin/jasmine-jquery
[26]http://github.com/isaacs/sax-js
[27]https://github.com/pivotal/jasmine-ajax
[28]http://jslint.com
[29]http://pivotallabs.com/javascriptspecs-bind-reality/
[30]http://jslint.com
[31]http://jslint.com
[32]https://npmjs.org/doc/coding-style.html
[33]http://phonegap.com
[34]http://jquerymobile.org
[35]http://blog.j15r.com/2011/12/for-those-unfamiliar-with-it-box2d-is.html
[36]http://coffeescript.org
[37]https://donatstudios.com/CoffeeScript-Madness
[38]http://ruoyusun.com/2013/03/17/my-take-on-coffeescript.html
[39]http://developer.yahoo.com/blogs/ydn/posts/2012/04/
[40]http://dom4j.sourceforge.net
[41]http://nokogiri.org
[42]http://misko.hevery.com/2010/07/14/how-javascript-works/
[43]http://yehudakatz.com
[44]http://yehudakatz.com/2012/01/10/javascript-needs-blocks/
[45]http://yehudakatz.com/2011/08/11/understanding-javascript-function-invocation-and-this
[46]http://jslint.com
[47]http://programmableweb.com

6.12 Ejercicios propuestos

Ejercicio 6.1. *Un inconveniente de la herencia de prototipos es que todos los atributos (propiedades) de los objetos son públicos. (Recuerde que en Ruby,* ningún *atributo era público: la única forma de acceder a los atributos desde fuera de la clase era mediante métodos* get *y* set*, definidos explícitamente o utilizando* **attr_accessor***). Sin embargo, podemos* *aprovechar las clausuras para obtener atributos privados. Cree un sencillo constructor para los objetos* User *que acepte un nombre de usuario y una contraseña, y proporcione un método* **checkPassword** *que indique si la contraseña proporcionada es correcta, pero que deniegue la inspección de la contraseña en sí. Esta expresión de "sólo métodos de acceso" se usa ampliamente en jQuery. (**Pista:** El constructor debe devolver un objeto en el que una de sus propiedades es una función que aprovecha las clausuras de JavaScript para "recordar" la contraseña proporcionada inicialmente al constructor. El objeto devuelto* no *debería tener ninguna propiedad que contenga la contraseña).*

Ejercicio 6.2. *En el ejemplo usado en la sección 6.5, suponga que no puede modificar el código del servidor para añadir la clase CSS* `adult` *a las filas de la tabla* `movies`. *¿Cómo identificaría las filas que están ocultas utilizando sólo código JavaScript del lado cliente?*

Ejercicio 6.3. *Escriba el código JavaScript necesario para crear una cascada de menús para el día, mes y año que sólo permita introducir fechas válidas. Por ejemplo, si se selecciona febrero como mes, el menú para seleccionar los días debe contener los días 1–28, excepto cuando el menú del año indique un año bisiesto, en cuyo caso el menú de los días debería recoger los días 1–29, etcétera.*

Adicionalmente, envuelva su código JavaScript en un helper *de Rails que de lugar a menús de fechas con los mismos nombres de menú y etiquetas de opciones que los* helpers *integrados en Rails, haciendo que sus menús de JavaScript sean un reemplazo de aquellos.* ***Nota:*** *Es importante que los menús funcionen también en navegadores que no soporten JavaScript; en dicho caso, los menús deben mostrar de forma estática los días 1–31 para cada mes.*

Ejercicio 6.4. *Escriba el código AJAX necesario para crear menús en cascada basados en una asociación* **has_many**. *Esto es, dados los modelos de Rails A y B, donde A* **has_many** *(tiene muchos) B, el primer menú de la pareja tiene que listar las opciones de A, y cuando se selecciona una, devolver las opciones de B correspondientes y rellenar el menú B.*

Ejercicio 6.5. *Extienda la función de validación en* ActiveModel *(que vimos en el capítulo 5) para generar automáticamente código JavaScript que valide las entradas del formulario antes de que sea enviado. Por ejemplo, puesto que el modelo* **Movie** *de RottenPotatoes requiere que el título de cada película sea distinto de la cadena vacía, el código JavaScript debería evitar que el formulario "Add New Movie" se enviara si no se cumplen los criterios de validación, mostrar un mensaje de ayuda al usuario, y resaltar el(los) campo(s) del formulario que ocasionaron los problemas de validación. Gestione, al menos, las validaciones integradas, como que los títulos sean distintos de cadena vacía, que las longitudes máxima y mínima de la cadena de caracteres sean correctas, que los valores numéricos estén dentro de los límites de los rangos, y para puntos adicionales, realice las validaciones basándose en expresiones regulares.*

Ejercicio 6.6. *Siguiendo la estrategia del ejemplo de jQuery en la sección 6.5, utilice JavaScript para implementar un conjunto de casillas de verificación (*checkboxes*) para la página que muestra la lista de películas, una por cada calificación (G, PG, etcétera), que permitan que las películas correspondientes permanezcan en la lista cuando están marcadas. Cuando se carga la página por primera vez, deben estar marcadas todas; desmarcar alguna de ellas debe esconder las películas con la clasificación a la que haga referencia la casilla desactivada.*

Ejercicio 6.7. *Extienda la funcionalidad del ejemplo de la sección 6.6 de forma que si el usuario expande u oculta repetidamente la misma fila de la tabla de películas, sólo se haga una única petición al servidor para la película en cuestión la primera vez. En otras palabras, implemente una memoria caché con JavaScript en el lado cliente para la información de la película devuelta en cada llamada AJAX.*

Ejercicio 6.8. *Si visita* `twitter.com` *y la página tarda más de unos pocos segundos en cargarse, aparece una ventana emergente pidiendo disculpas por el retraso y sugiriéndole que trate de recargar la página. Explique cómo implementaría este comportamiento utilizando JavaScript.* ***Pista:*** *Recuerde que el código JavaScript puede empezar a ejecutarse tan pronto como se carga, mientras que la función* **document.ready** *no se ejecutará hasta que el documento se haya cargado e interpretado completamente.*

Ejercicio 6.9. *Utilice las técnicas JSON y jQuery descritas en este capítulo para aplicar BDD en el desarrollo de la siguiente aplicación de página única (SPA) homóloga a RottenPotatoes, a la que llamaremos LocalPotatoes. Cuando un usuario introduzca su código postal, LocalPotatoes utilizará el* feed *RSS (Really Simple Syndication) proporcionado gratuitamente por el sitio web de aficionados a las películas Fandango*[1] *para obtener los nombres y localizaciones de los cines cercanos, así como los títulos de las películas que se proyectan en ellos. Estos datos se devuelven en formato XML, por lo que tendrá que procesar el XML en su código JavaScript para extraer los nombres de los cines y de las películas. Se mostrará una lista con los cines en la página cliente; cuando el usuario haga clic en el nombre de un cine, se utilizará la API JavaScript de Google Maps*[2] *para centrar el mapa en la localización del cine, y se listarán las películas proyectadas en dicho cine en la caja Movies. Al hacer clic en el nombre de una película se buscará la información sobre la misma usando la API gratuita Open Movie Database*[3]*, que puede devolver resultados básicos tanto en JSON como en XML, y se mostrará el cartel promocional de la película y la calificación global de los usuarios de Internet Movie Database*[4].

Ejercicio 6.10. *Considere un sitio web que vende un pequeño número fijo de artículos, y un usuario que sólo indica cuántas unidades de cada producto quiere comprar eligiendo una cantidad de un menú desplegable que se muestra al lado del nombre de cada artículo. Escriba código JavaScript no intrusivo que vigile estos menús desplegables y, cada vez que cualquiera de ellos cambie, actualice el campo "Total" con el precio total del pedido, multiplicando cada cantidad por el precio correspondiente a cada artículo y sumando todos los resultados. El campo "Total" debe ser de sólo lectura (es decir, no puede ser modificado por los usuarios).*

Ejercicio 6.11. *La figura 6.21 realiza sólo pruebas de la* spec *que conduce al camino feliz (***describe('when successful')***) utilizando* stubs *de AJAX. Añada* specs *para los caminos de error* **when server error** *y* **when timeout**.

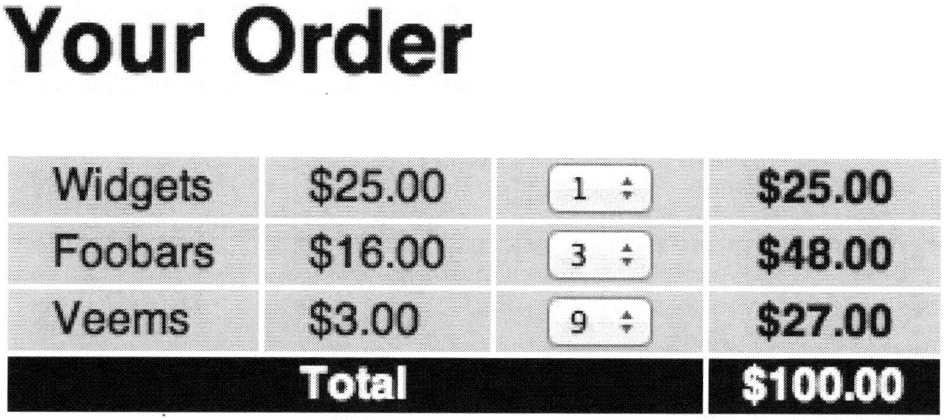

Figura 6.31. Un sencillo carrito de compra con menús desplegables para seleccionar cuántas unidades de cada artículo se quieren comprar.

Parte II

Desarrollo software: ágil vs. clásico

7 Requisitos: desarrollo guiado por comportamiento e historias de usuario

Niklaus Wirth (1934–) recibió el premio Turing en 1984 por el desarrollo de varios lenguajes de programación innovadores, entre ellos Algol-W, Euler, Modula y Pascal.

Obviamente, los cursos de programación deben enseñar métodos de diseño y desarrollo, y los ejemplos deben ser tales que permitan demostrar un desarrollo *gradual.*

Niklaus Wirth, "Program Development by Stepwise Refinement," *CACM* 14(5), Mayo de 1971

Conceptos

Los principales conceptos de este capítulo son: obtención de requisitos, estimación de costes, planificación de proyectos y monitorización de progresos.

El equivalente de estos conceptos en el ciclo de vida ágil, y que se ajustan al ***desarrollo guiado por comportamiento*** (***BDD***), son:

- ***Historias de usuario*** para obtener los requisitos funcionales.
- Interfaces de usuario ***poco detallados*** (**Lo-Fi, Low-Fidelity**) y ***storyboards*** (flujos de pantallas o guiones gráficos) para recoger los requisitos de UI.
- ***Puntos*** o unidades de medida para calcular estimaciones de costes a partir de las historias de usuario.
- La ***Velocidad*** para medir y planificar.
- Uso de la herramienta ***Cucumber*** para generar las pruebas de aceptación a partir de las historias de usuario.
- Uso de la aplicación ***Pivotal Tracker*** para seguir el progreso del proyecto, calcular la velocidad, y estimar tiempos para alcanzar los distintos hitos.

En los ciclos de vida clásicos, los mismos conceptos aparecen de forma ligeramente distinta:

- Obtención de los requisitos a través de ***entrevistas***, ***escenarios***, y ***casos de uso***; documentación de dichos requisitos con una ***Especificación de requisitos software*** (***SRS***), y satisfacción de los mismos mediante la ***trazabilidad de requisitos***.
- Estimación de costes según la experiencia del jefe de proyecto o fórmulas como ***COCOMO***, planificación y monitorización del progreso utilizando ***gráficos PERT***, y gestión de cambios usando ***Revision control*** sistemas de control de versiones para documentación y planificación, así como para el código fuente.
- ***Análisis y gestión de riesgos*** para maximizar las probabilidades de éxito del proyecto.

Ambos tipos de ciclo de vida ilustran las diferencias entre ***requisitos funcionales*** y ***requisitos no funcionales***, así como entre ***requisitos explícitos*** e ***implícitos***.

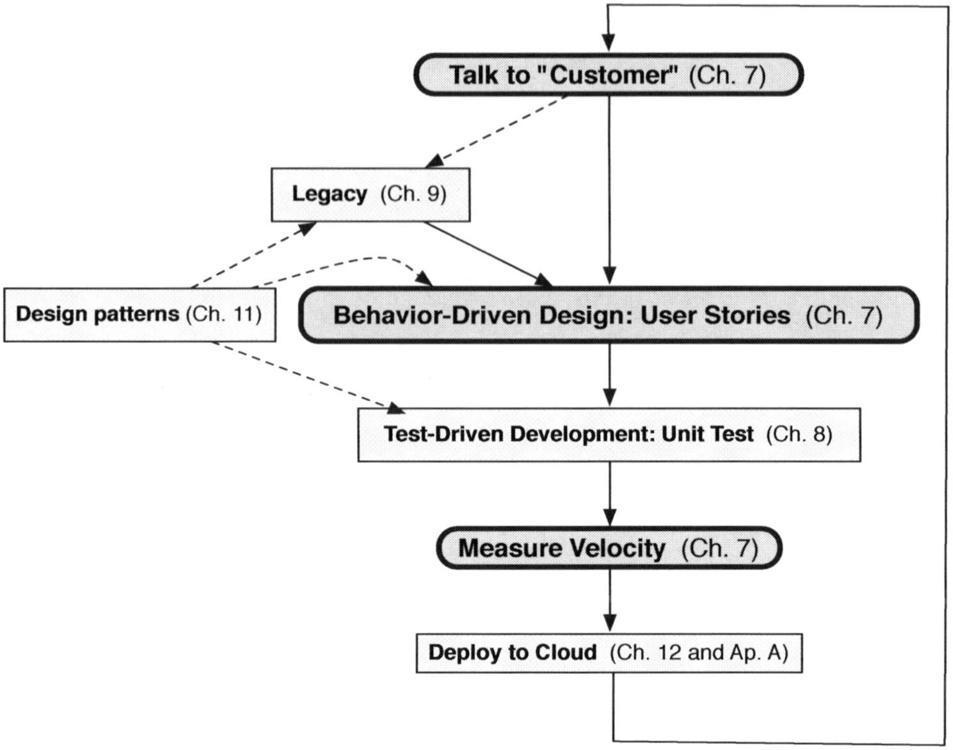

Figura 7.1. Iteración dentro el ciclo de vida de desarrollo ágil y sus relaciones con los capítulos de este libro. Este capítulo se centra en hablar con los clientes como parte del diseño guiado por comportamiento.

7.1 Introducción al diseño guiado por comportamiento e historias de usuario

El diseño guiado por comportamiento es desarrollo guiado por pruebas bien hecho.

Anónimo

Los proyectos de desarrollo software fallan debido a que no hacen lo que los usuarios necesitan, o porque se retrasan, o porque se salen de presupuesto, o por ser difíciles de mantener y evolucionar. O por todo lo anterior.

El ciclo de vida de desarrollo de software ágil se creó para atajar estos problemas en muchos tipos de software. La figura 7.1 muestra una iteración del ciclo de vida ágil del capítulo 1, destacando el conjunto que cubre este último. Como ya vimos en el capitulo 1, el ciclo de vida de desarrollo ágil conlleva:

Como colaboradores ágiles se incluye a usuarios, clientes, desarrolladores, soporte, operadores, jefes de proyecto. . .

- Trabajar continuamente y muy cerca de los participantes del proyecto para desarrollar requisitos y pruebas.
- Mantener un prototipo funcional mientras se implementan nuevas características, normalmente cada dos semanas —lo que se conoce como ***iteración***— y reunirse con los

participantes del proyecto para decidir qué añadir a continuación y validar que el sistema actual cumple con sus necesidades. Tener un prototipo y priorizar las funcionalidades reduce las probabilidades de que el proyecto se retrase o se salga de presupuesto, y puede incrementar las posibilidades de que los socios estén satisfechos con el sistema actual una vez finalice el mismo.

A diferencia de los ciclos de vida clásicos (ver el capítulo 1), el desarrollo ágil no cambia de fase ni a las personas según avanza en el tiempo desde el modo desarrollo al modo mantenimiento. Con la metodología ágil, usted se encuentra en modo mantenimiento tan pronto como se ha implementado el primer conjunto de características. Esta estrategia hace más sencillo el mantenimiento y evolución del proyecto.

Comenzamos el ciclo de vida ágil con el ***diseño guiado por comportamiento (BDD)***. BDD realiza preguntas acerca del comportamiento de una aplicación *antes y durante el desarrollo* de forma que reduce el riesgo de malentendidos y problemas de comunicación entre los integrantes del proyecto. Los requisitos se ponen por escrito como en los ciclos de vida tradicionales, pero a diferencia de éstos, los requisitos van siendo refinados continuamente para asegurar que el software resultante cumple con los deseos del cliente. Es decir, usando los términos del capítulo 1, el fin último de los requisitos BDD es la ***validación*** (desarrollar la aplicación correcta), y no simplemente ***verificación*** (desarrollar correctamente la aplicación).

El equivalente en BDD de los requisitos son las ***historias de usuario***, que describen cómo se espera que sea utilizada la aplicación. Son versiones ligeras de los requisitos, siendo más adecuadas para la metodología ágil. Las historias de usuario facilitan a los participantes el planificar y priorizar el desarrollo. Así, al igual que sucede en las metodologías clásicas, se comienza por los requisitos, pero en BDD, las historias de usuario ocupan el lugar de los documentos de diseño de las metodologías tradicionales.

Concentrándose en el *comportamiento* de la aplicación en vez de en la *implementación* de la misma, es más fácil reducir los malentendidos entre los integrantes del proyecto. Como veremos en el siguiente capítulo, BDD está estrechamente ligado al desarrollo guiado por pruebas (TDD), que *realiza* la implementación de las pruebas. En la práctica ambos funcionan codo con codo, pero por razones pedagógicas los presentaremos de forma secuencial.

Las historias de usuario provienen de la comunidad HCI (Human Computer Interface, Interacción persona-ordenador). Se popularizaron a través del uso de fichas de 3 x 5 pulgadas, o tarjetas tamaño A7 (74mm x 105mm) en aquellos países que utilizan el formato DIN de tamaños de papel (próximamente veremos otros ejemplos de la comunidad HCI de "tecnología de lápiz y papel"). Estas fichas contienen de una a tres frases escritas en lenguaje no técnico, consensuadas entre clientes y desarrolladores. El motivo es que estas fichas de papel se ven como inofensivas y fáciles de reorganizar, facilitando así la lluvia de ideas y la priorización de unas historias de usuario sobre otras. Como directrices generales para las historias de usuario, deben ser verificables, ser lo suficientemente asequibles para ser implementadas en una iteración, y tener valor de negocio. La sección 7.3 aporta una orientación más detallada para crear buenas historias de usuario.

Nótese que desarrolladores individuales trabajando para sí mismos sin interacción con ningún cliente no necesitan ninguna de estas fichas, pero estos "lobos solitarios" no encajan dentro de la filosofía ágil de desarrollo cercano y continuo junto al cliente.

Utilizaremos la aplicación RottenPotatoes del capítulo 2 y 4 como ejemplo en este capítulo y el siguiente. Los integrantes o actores de esta sencilla aplicación son:

- Los operadores de RottenPotatoes, y
- Los espectadores, que son los usuarios finales de RottenPotatoes.

En la sección 7.8 presentaremos una nueva funcionalidad, pero para facilitar la comprensión de todas las partes, empezaremos con una historia de usuario de una característica de RottenPotatoes ya implementada, de forma que se puedan entender las relaciones existentes entre todos los componentes en un escenario más simple. La historia de usuario seleccionada se refiere a la introducción de películas en la base de datos de RottenPotatoes:

Pastebin es un servicio para copiar y pegar código del libro. (Si está leyendo el libro impreso es necesario teclear el URL en un navegador; en el libro electrónico es un enlace).

http://pastebin.com/BpmHu0Nq

```
Feature: Add a movie to RottenPotatoes
  As a movie fan
  So that I can share a movie with other movie fans
  I want to add a movie to RottenPotatoes database
```

Este formato de historia de usuario fue creado por la compañia Connextra y tomó el nombre de "formato Connextra" (desgraciadamente, esta startup ya no existe en la actualidad). El formato es:

http://pastebin.com/We7vY0eg

```
Feature name
  As a [kind of stakeholder],
  So that [I can achieve some goal],
  I want to [do some task]
```

Este formato identifica al actor, ya que distintos actores pueden describir el comportamiento deseado de forma diferente. Por ejemplo, los usuarios pueden querer enlazar fuentes de información para facilitar la obtención de la misma, mientras que los operadores pueden querer enlaces a los trailers de forma que se puedan transmitir con publicidad. El formato Connextra obliga a que las tres frases estén presentes, pero no necesariamente en este orden.

Resumen de BDD e historias de usuario

- BDD hace hincapié en el trabajo colaborativo con los integrantes del proyecto para definir el comportamiento del sistema a desarrollar. Clientes, desarrolladores, gestores, operadores... Se incluye a casi todo el mundo.
- Las ***historias de usuario***, un instrumento prestado por la comunidad HCI, facilita la creación de los requisitos a los partícipes no técnicos del proyecto.
- Las ***fichas de 3x5 pulgadas***, cada una con una historia de usuario descrita en de una a tres frases, constituyen una tecnología de fácil uso que favorece las lluvias de ideas entre *todos* los partícipes y la priorización de funcionalidades.
- Las historias de usuario descritas en formato Connextra recopilan el actor, la meta de dicho actor en esa historia de usuario y la tarea a realizar.

Autoevaluación 7.1.1. *Verdadero o Falso: las historias de usuario en fichas de 3x5 pulgadas en BDD son equivalentes a la especificación de diseño de las metodologías de desarrollo tradicionales.*

◇ Verdadero. ■

■ ***Explicación. Historias de usuario y análisis de casos de uso***

Las historias de usuario representan una versión ligera del ***caso de uso***, un término usado tradicionalmente en el mundo de la ingeniería de software para describir un proceso similar. Un caso de uso completo debe incluir el nombre del caso de uso, actor(es), meta o fin de la operación, resumen del caso de uso, condiciones previas (estado anterior a la operación), pasos llevados a cabo en el escenario (acciones realizadas por el usuario y las respuestas del sistema), casos de uso relacionados y condiciones posteriores (estado del sistema después de la operación). Un ***diagrama de casos de uso*** es un tipo de diagrama UML (ver el capítulo 11) que utiliza figuras simbólicas para los actores, y puede usarse para generalizar o extender otros casos de uso o incluir una referencia a un caso de uso. Por ejemplo, si disponemos de un caso de uso "el usuario inicia sesión" y de otro caso de uso "usuario con sesión iniciada visualiza el resumen de sus cuentas", el segundo puede incluir una referencia al primero, ya que una de las precondiciones del segundo caso de uso es que el usuario haya iniciado sesión.

7.2 Puntos, velocidad y Pivotal Tracker

Una forma simple de medir la productividad de un equipo sería contar el número de historias de usuario implementadas por iteración, y calcular la media de historias de usuario por semana. Esta media podría ser utilizada para decidir el número de historias a intentar implementar en cada iteración.

El problema con esta forma de medir es que algunas historias de usuario son mucho más complicadas de implementar que otras, lo que conduce a errores en la estimación de la productividad en el futuro. La solución más sencilla es puntuar cada historia de usuario por adelantado usando una simple escala de números enteros. Se recomienda comenzar con una escala de tres puntos: 1 para las historias de implementación inmediata, 2 para las historias de dificultad media y 3 para las historias complejas (Según se va adquiriendo experiencia con la puntuación e implementación de historias de usuario, se puede ampliar el rango utilizado). La media se calcularía ahora con los ***puntos*** que completa el equipo por iteración, lo que se conoce como ***velocidad***. La lista de historias de usuario que no han sido completadas en la iteración presente se conoce como ***backlog***.

Sucesión de Fibonacci La sucesión de Fibonacci es usada en entornos con más experiencia: 1, 2, 3, 5 y 8 (cada número es la suma de los dos anteriores). Sin embargo, en Pivotal Labs el uso del 8 es marginal.

Fíjese que la velocidad mide la productividad del trabajo en función de la autoevaluación del propio equipo. Tan pronto como el equipo puntúa las historias de usuario de forma consistente, no importa si el equipo completa 5 ó 10 puntos por ciclo. El propósito de la velocidad es dar a todos los integrantes del proyecto una idea de cuántas iteraciones serán necesarias para que el equipo complete un conjunto dado de funcionalidades, lo que ayuda a establecer unas expectativas de productividad razonables y reduce las probabilidades de decepción posterior.

Pivotal Tracker es un servicio que monitoriza las historias de usuario y la velocidad.

La figura 7.2 muestra la interfaz de usuario de Tracker. Usted comienza introduciendo las historias de usuario, lo que requiere rellenar (puntuar) su grado de dificultad. Después se priorizan las historias situándolas en el panel actual (*Current panel*) o en el panel de *backlog*. El orden de las historias dentro de cada panel define su prioridad relativa. A medida que las historias van siendo implementadas, se trasladan al panel de historias realizadas y la herramienta sugiere historias contenidas en el *backlog* y según su orden de prioridad. Otra categoría es el panel ltIcebox, que contiene historias no priorizadas. Pueden estar "congeladas" indefinida-

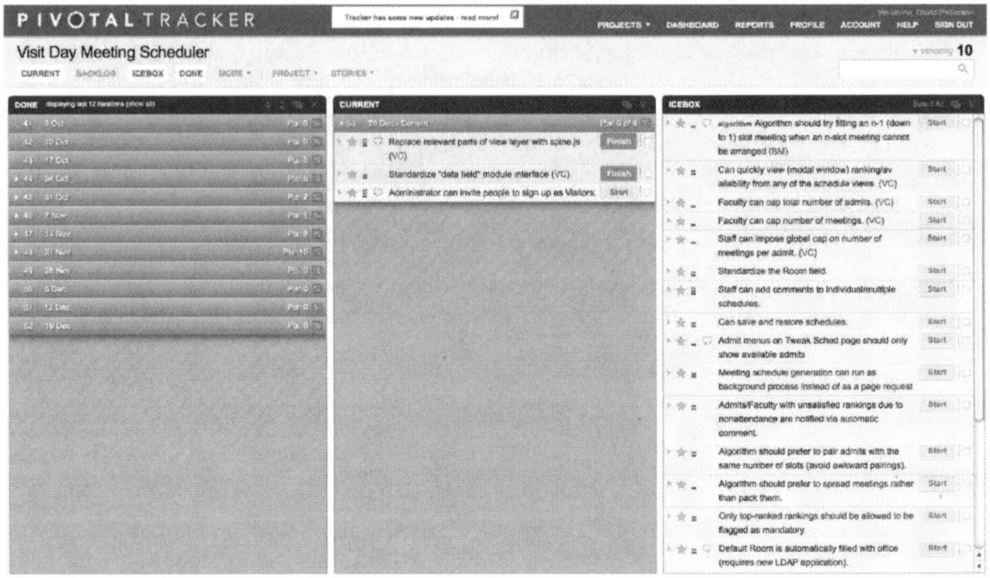

Figura 7.2. Imagen de la interfaz de usuario del servicio Pivotal Tracker.

Introducción a Tracker En la web se encuentra disponible un excelente video de 3 minutos de introducción[5] al uso de Tracker, producido por Pivotal Labs.

mente, y cuando el equipo está listo para comenzar a trabajar en ellas, arrastrarlas hacia el panel actual o el *backlog*.

Tracker permite además la definición de marcadores de puntos de liberación de software en la lista de historias de usuario, y realiza la estimación de cuándo se liberará realmente el software, basándose en la velocidad del equipo calculada a partir de los puntos completados. Este enfoque es completamente diferente al de gestión por planificación, donde un gestor o jefe de proyecto toma un día como fecha de lanzamiento del software y el equipo debe trabajar duro para cumplir el plazo.

Otra de las características de Pivotal Tracker que no representa realmente una historia de usuario es un ***spike***. Un *spike*[6] es una pequeña investigación de alguna técnica o problema que el equipo prefiere explorar antes de sentarse a escribir código en serio. Un ejemplo sería un *spike* para analizar algoritmos disponibles para resolver una tarea. Una vez se da por terminado el *spike*, el código del mismo es desechado. El spike le permite decidir qué estrategia seguir, y después implementarlo correctamente.

Tracker ha incorporado recientemente un nuevo concepto que permite combinar un conjunto de historias de usuario en un grupo llamado ***historia épica***[7]. Las historias épicas tienen su propio panel y barra de progreso en Tracker, y se pueden reordenar de forma independiente a las historias de usuario del *backlog*. La idea es proporcionar a los ingenieros de software la imagen de dónde se encuentra la aplicación en el proceso de desarrollo en relación a las funcionalidades principales.

No son los desarrolladores quienes deciden cuándo se ha completado una historia de usuario. El desarrollador pulsa el botón de entrega, que envía la historia al dueño del producto (*Product Owner*)—que representa exactamente el mismo rol que en la metodología Scrum—. El dueño del producto realiza pruebas sobre la historia de usuario y a continuación, o pulsa el botón Aceptar que marca la historia como terminada, o pulsa el botón Rechazar, que marca la historia para que el desarrollador la comience de nuevo.

El equipo requiere de un repositorio virtual donde compartir información. Tracker permite al usuario adjuntar documentos a las historias, un lugar que parece perfecto para los bocetos *Lo-Fi* (poco detallados) y documentos de diseño. Aquí se presentan otros buenos sitios del ciberespacio que puede usar el equipo para comunicarse y compartir información como notas de una reunión, arquitectura del software y más:

- Todo repositorio GitHub (ver sección A.7) ofrece una Wiki, que permite a los integrantes del equipo editar conjuntamente un documento y añadir archivos.
- Google Drive[8] permite la creación conjunta y visualización de esquemas, presentaciones, hojas de cálculo y documentos de texto.
- Campfire[9] es un servicio web que ofrece salas de chat online protegidas por contraseña.

Resumen: A fin de ayudar al equipo a gestionar cada iteración y a predecir cuánto tiempo llevará implementar nuevas funcionalidades, el equipo asigna puntos para evaluar la dificultad de cada historia de usuario y monitoriza la ***velocidad*** del equipo, o media de puntos por iteración. Pivotal Tracker proporciona un servicio que permite priorizar y realizar seguimiento sobre las historias de usuario y su estado, realizar cálculos de velocidad, y hacer pronósticos sobre el tiempo de desarrollo en función del historial del equipo.

Autoevaluación 7.2.1. *Verdadero o Falso: al comparar dos equipos, aquel que tiene una velocidad más alta es el más productivo.*
◇ Falso: Al ser cada equipo el que asigna los puntos a las historias de usuario, no puede usarse la velocidad para comparar distintos equipos. Sin embargo, se puede ver un equipo conforme avance el tiempo para comprobar si hay iteraciones que sean significativamente más o menos productivas. ■

Autoevaluación 7.2.2. *Verdadero o Falso: Cuando no se sabe cómo afrontar una determinada historia de usuario, simplemente se le debe otorgar 3 puntos.*
◇ Falso: Una historia de usuario no debería ser nunca tan compleja como para no tener una estrategia para su implementación. Si lo es, se debe evaluar con los partícipes del proyecto, para dividir dicha historia en un conjunto de tareas más sencillas que sepa acometer. ■

7.3 SMART: historias de usuario efectivas

¿Cómo distinguir una buena historia de usuario de otra mala? El acrónimo SMART[10] ofrece las pautas de forma concreta y (con suerte) fácil de recordar: Específico (*Specific*), Medible (*Measurable*), Alcanzable (*Achievable*), Relevante (*Relevant*) y de duración limitada en el tiempo (*Timeboxed*).

- *Específica.*

  A continuación pueden verse ejemplos de una funcionalidad definida de forma vaga junto con su versión definida de forma específica:

  http://pastebin.com/vnUt6KLF

```
Feature: User can search for a movie (vague)
Feature: User can search for a movie by title (specific)
```

- *Medible.*

  Uniendo Específico con Medible significa que cada historia debe poder ser comprobable, lo que implica que se esperan unos determinados resultados para ciertas entradas. Un ejemplo de funcionalidad no Medible junto con otra que sí lo es sería:

  http://pastebin.com/rbLcwD2f

```
Feature:  RottenPotatoes should have good response time (unmeasurable)
Feature:  When adding a movie, 99% of Add Movie pages
          should appear within 3 seconds (measurable)
```

  Únicamente el segundo caso se puede comprobar para ver si el sistema cumple el requisito.

- *Alcanzable.*

  Idealmente, se suele implementar cada historia de usuario en una iteración. Si se está terminando menos de una historia por iteración, significa que éstas son demasiado grandes y deben ser subdivididas en historias más pequeñas. Como se indicó anteriormente, la herramienta ***Pivotal Tracker*** mide la ***velocidad***, que es la media de historias finalizadas de distinta dificultad.

- *Relevante.*

  Una historia de usuario debe tener valor de negocio para uno o más de los partícipes del proyecto. Para escudriñar a fondo el auténtico valor de negocio, una técnica es el preguntar continuamente "¿Por qué?". Por ejemplo, supongamos una aplicación de venta de entradas para un teatro, y supongamos que se propone añadir un enlace a Facebook como nueva funcionalidad.

  A continuación se presentan los "5 porqués" derivados, con sus preguntas recurrentes y respuestas:

  1. ¿Para qué añadir esta nueva funcionalidad? Como encargado de la taquilla, creo que vendrá más gente con sus amigos y disfrutarán más de las funciones.
  2. ¿Qué importancia tiene que disfruten más de las sesiones? Creo que venderemos más entradas.
  3. ¿Para qué queremos vender más entradas? Para que el teatro gane más dinero.
  4. ¿Para qué quiere el teatro ganar más dinero? Queremos ganar más dinero para que no tengamos que cerrar el negocio.
  5. ¿Qué importancia tiene que el teatro siga funcionando el año que viene? Si cerramos, no tendré trabajo.

  (¡Es más que probable que al menos uno de los integrantes del proyecto vea como evidente el valor de negocio de la propuesta!)

- *De duración limitada en el tiempo.*

  Duración limitada en el tiempo conlleva que se detiene la implementación de una historia una vez se ha superado el plazo de tiempo estimado. O se abandona y se divide la historia en varias más pequeñas, o se planifica de nuevo la implementación restante. Si la división no parece de ayuda, debe volver a los clientes para capturar la parte de la historia con más valor que pueda implementar de forma rápida.

  La razón para establecer un límite de tiempo por historia de usuario es que es extremadamente sencillo el subestimar la duración de un proyecto de software. Sin la debida monitorización en cada iteración, el proyecto completo podría retrasarse y acabar en fracaso. Aprender a presupuestar un proyecto de software es una habilidad crítica, y el exceder el plazo de tiempo de una historia de usuario y reformularla es una forma de adquirir dicha habilidad.

Sobre la R de SMART se desarrolla un concepto importante. El ***producto mínimo viable*** (MVP, *minimum viable product*) representa el subconjunto mínimo del total de funcionalidades que, una vez implementadas, poseen valor de negocio en el mundo real. No es sólo que las historias sean relevantes, es que la conjunción de las mismas hacen del software resultante un producto viable en el mercado. Obviamente, un producto que no es viable no se puede vender, por lo que cobra sentido el priorizar las historias de usuario que harán que el producto se pueda entregar. Las historias épicas o los puntos de liberación de software de Pivotal Tracker pueden ayudar a identificar las historias que componen el MVP.

Resumen de las historias de usuario SMART

- El acrónimo ***SMART*** condensa las características deseables de una buena historia de usuario: Específica, Medible, Alcanzable, Relevante y de Duración limitada en el tiempo.
- La técnica de los ***Cinco por qués*** ayuda a examinar a fondo una historia de usuario para descubrir su relevancia real.

Autoevaluación 7.3.1. *¿Cuál(es) de las directrices SMART no cumple la siguiente funcionalidad?*

http://pastebin.com/TuyS5mpC

```
Feature: RottenPotatoes should have a good User Interface
```

◇ No es específica, ni medible, ni alcanzable (en una iteración), ni tampoco es de duración determinada. Únicamente es relevante, por lo que esta funcionalidad sólo cumple una de las cinco características SMART. ■

Autoevaluación 7.3.2. *Reescribe esta funcionalidad para hacerla compatible con SMART.*

http://pastebin.com/cdV6mjBb

```
Feature: I want to see a sorted list of movies sold.
```

◇ Una reformulación compatible con SMART de esta historia sería:

http://pastebin.com/pZMPJqPq

```
Feature: As a customer, I want to see the top 10 movies sold,
         listed by price, so that I can buy the cheapest ones first.
```

■

Una vez presentadas las historias de usuario como el resultado del trabajo de obtención de requisitos de los clientes, podemos dar a conocer una métrica y una herramienta para medir la productividad.

7.4 Bocetos de interfaz de usuario poco detallados (Lo-Fi) y *storyboards*

Normalmente es necesario especificar una interfaz de usuario (UI) al añadir nuevas funcionalidades, ya que la mayoría de aplicaciones SaaS interactúan con usuarios finales. Así, en muchas ocasiones, parte de la tarea de BDD consiste en proponer una UI que encaje con las historias de usuario. Si una historia de usuario enuncia que el usuario debe presentar una credencial de acceso, se necesita un boceto de una página que permita realizar dicha autenticación. Por desgracia, crear prototipos de las interfaces de una aplicación puede desalentar a los integrantes del proyecto para sugerir mejoras —justo el efecto contrario del que se necesita en esta etapa temprana del diseño—.

Lo que se necesita es el equivalente a las fichas de 3x5 pulgadas; algo que involucre a los participantes no técnicos y estimule el ensayo y error, lo que significa que debe ser fácil realizar cambios o incluso desecharlo por completo. De la misma forma que la comunidad HCI aboga por el uso de las fichas 3x5 para las historias de usuario, también recomienda utilizar herramientas *infantiles* para los bocetos de UI: lápices de colores, cartulina y tijeras. Esta aproximación a las interfaces de usuario se denomina ***Lo-Fi UI***, y a los prototipos en papel, ***bocetos***. Por ejemplo, la figura 7.3 muestra un boceto *Lo-Fi* de la UI para añadir una película en la aplicación RottenPotatoes.

Idealmente, se deben realizar bocetos de todas las historias de usuario que impliquen una UI. Puede parecer una labor tediosa, pero al final tiene que especificar todos los detalles de la UI al utilizar HTML para implementar la UI real, y es mucho más sencillo hacerlo bien con lápiz y papel que con código.

Un boceto Lo-Fi o poco detallado muestra cómo se ve la UI en un instante determinado de tiempo. Sin embargo, necesitamos mostrar también cómo se relacionan los distintos bocetos según el usuario interactúa con una página. Los productores de cine se enfrentan a un reto similar con las escenas de una película. La solución, conocida como ***storyboarding***, es presentar la película como si fuera un cómic, con dibujos para cada escena. En lugar de una secuencia lineal de imágenes como en una película, un *storyboard* para una UI consiste normalmente en un árbol o gráfico de pantallas guiadas por diferentes elecciones o acciones del usuario.

Para crear un *storyboard*, se deben tener en cuenta todas las posibles interacciones de un usuario con la app web:

- Páginas o secciones de páginas,
- Formularios y botones, y
- Elementos emergentes (*popups*).

La figura 7.4 muestra una secuencia de bocetos *Lo-Fi* con indicaciones de qué clics realiza el usuario para provocar las transiciones entre los diferentes bocetos. Una vez dibujados los bocetos y los *storyboards*, está en disposición de codificar HTML. El capítulo 2 mostró cómo el lenguaje de marcado Haml se convierte en HTML, y cómo los atributos **class** e **id** de los elementos HTML se pueden usar para adjuntar información de estilos a través de CSS

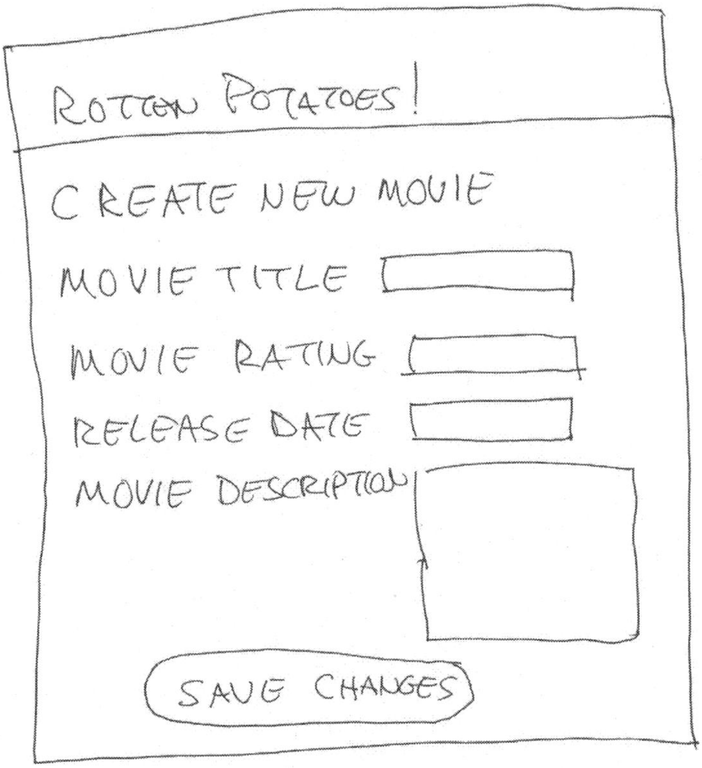

Figura 7.3. Ventana que corresponde a la acción de añadir una película a RottenPotatoes.

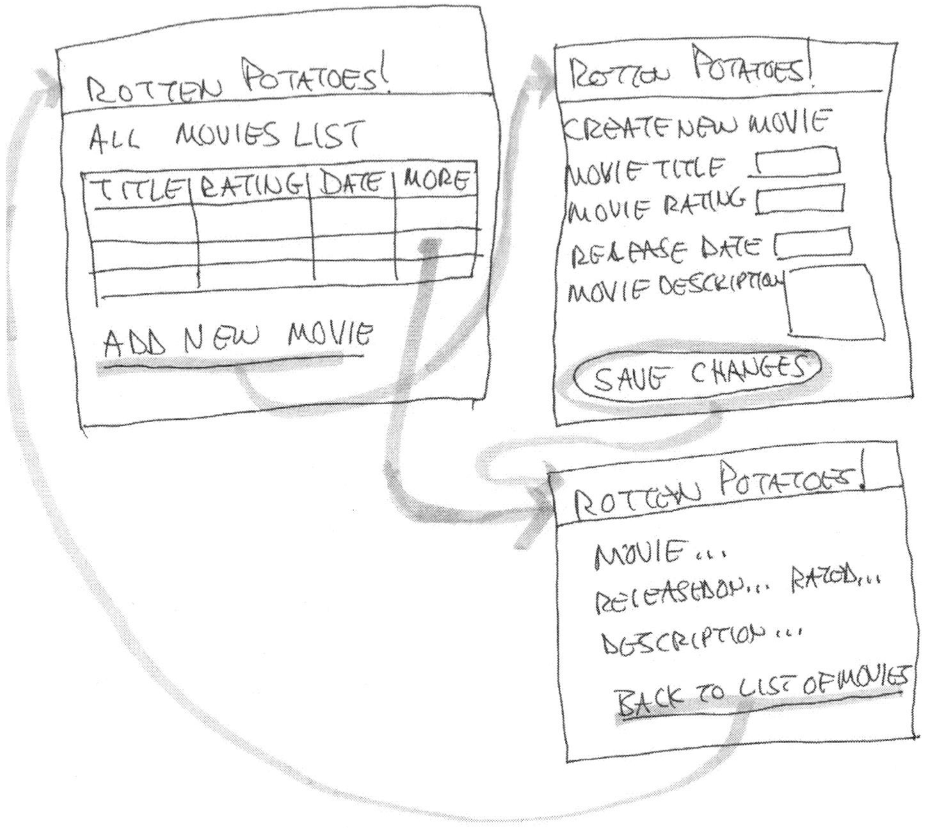

Figura 7.4. ***Storyboard* en imágenes para introducir una nueva película en RottenPotatoes.**

(Cascading Style Sheets, plantillas de estilos en cascada). La clave del enfoque *Lo-Fi* es tener una buena estructura global de los bocetos, y realizar un CSS simple (si fuese necesario) para que se visualice de forma parecida al boceto.

Comience analizando los bocetos *Lo-Fi* de UI y dividiéndolos en "bloques" del diseño. Utilice etiquetas `divs` CSS para las secciones obvias. No hay ninguna necesidad de hacerlo bonito hasta tenerlo todo funcionando. El añadir estilos CSS, imágenes y demás es la parte divertida, pero debe dejarlo para cuando todo funciona.

Como el ejemplo de la sección 7.6 implica funcionalidad ya existente, no hay necesidad de modificar el código Haml o CSS. La sección siguiente añade una nueva funcionalidad a RottenPotatoes y por tanto sí requiere cambios en el código Haml.

Resumen Tomados de nuevo de la comunidad HCI, los ***bocetos Lo-Fi*** representan un medio de bajo coste para explorar la interfaz de usuario asociada a una historia de usuario. El lápiz y el papel facilita el realizar cambios o descartes, lo que permite implicar a todos los participantes del proyecto. Los ***storyboards*** capturan la asociación existente entre diferentes páginas dependiendo de las acciones del usuario. Experimentar con este medio de bajo coste exige un esfuerzo mucho menor antes de utilizar Haml y CSS para crear las páginas en HTML.

Autoevaluación 7.4.1. *Verdadero o Falso: El propósito de los bocetos* Lo-Fi *de UI y los* storyboards *es depurar la UI antes de programarla.*
◇ Verdadero. ■

7.5 Estimación ágil de costes

Dado que el Manifiesto por el Desarrollo Ágil de Software valora la colaboración con el cliente por encima de la negociación del contrato, no sorprende que *no* siga el enfoque de los ciclos de vida clásicos de desarrollo para la estimación de costes y planificación de un conjunto dado de funcionalidades como parte de la oferta para conseguir un acuerdo, como veremos en la sección 7.10. Esta sección describe el proceso en Pivotal Labs, que se basa en el desarrollo ágil (Burkes 2012).

Pivotal Labs es una consultora de sofware que forma a sus clientes en el ciclo de vida ágil mientras colabora con ellos para desarrollar una aplicación software específica.

Debido a que Pivotal Labs utiliza la metodología ágil, nunca se compromete a entregar las funcionalidades X, Y y Z el día D. Pivotal se compromete a proveer un conjunto determinado de recursos para trabajar de la manera más eficiente posible hasta el día D. En el proceso, Pivotal requiere que el cliente trabaje con el equipo del proyecto para definir prioridades, y dejar que la velocidad del equipo oriente y permita decidir qué funcionalidades incluir finalmente en el entregable del día D.

En primer lugar, el cliente potencial contacta con el equipo. Si el cliente parece encajar, se tiene una conferencia telefónica de 30 a 60 minutos donde se le indica en qué consiste el contrato, en qué se diferencia de otras subcontratas, qué tipo de compromiso en tiempo requerirá por parte del cliente. . . La primera llamada sirve para dejar claro que el equipo ágil trabaja en base material y temporal, no en base a una oferta fija, como ocurre normalmente en caso de los procesos de desarrollo clásicos. El cliente debe describir a alto nivel qué quiere desarrollar, mientras el equipo le explica en qué consiste el proceso de desarrollo, le presenta a su personal, etc.

Si el cliente se siente cómodo con lo que ha oído, y el equipo considera que parece encajar, el cliente entonces visita las oficinas de Pivotal para lo que ellos denominan *scoping* o estudio de alcance. Un estudio de alcance es una conversación de 90 minutos con el cliente, preferiblemente en persona. El equipo solicita al cliente que defina a la persona responsable del producto por su parte, a un jefe de desarrollo si disponen de uno, a un diseñador si disponen de uno, cualquier diseño existente de lo que quieren realizar... Básicamente, los representantes del cliente proporcionan todo aquello que crean que puede aclarar de forma exacta lo que quieren hacer. El equipo ágil de Pivotal asigna 2 ingenieros para esta reunión.

Durante el estudio de alcance, el equipo ágil solicita al cliente que describa en detalle aquello que desea que se haga, y realiza una serie de preguntas orientadas a identificar incógnitas, riesgos, integraciones externas, etc. Básicamente, el equipo trata de identificar cualquier cosa que pueda añadir incertidumbre a la estimación que entregará al cliente. Si el equipo trabaja con un cliente que proporciona una definición detallada y muy clara de que lo quiere implementar, un diseño acabado, sin integraciones externas, etc., el equipo será capaz de entregar una estimación bastante ajustada, como por ejemplo "de 20 a 22 semanas". Por otro lado, si no se tiene una definición de producto clara, hay muchas integraciones con otros sistemas, o cualquier otra incertidumbre, el equipo ágil hará estimaciones con rangos más amplios, como por ejemplo "de 18 a 26 semanas". Si se utiliza programación en parejas (ver la sección 10.2), tal y como aplica Pivotal Labs, el coste estimado se proporcionará en "semanas-pareja".

Una vez finaliza el estudio de alcance con el cliente, los ingenieros de Pivotal Labs involucrados permanecerán otros 15 ó 30 minutos, y llegarán a un acuerdo para la estimación en términos de semanas. En su entrega incluyen sus hallazgos, que contienen entre otros la propia estimación y los riesgos identificados, y lo hacen llegar al personal de ventas, que lo convierten en un correo electrónico con la propuesta para el cliente.

Debido a que el equipo ágil sólo trabaja sobre la base de tiempo y materiales, es fácil convertir las semanas estimadas en un rango estimado de coste monetario.

Resumen Poniendo el énfasis en la colaboración con el cliente por encima de los contratos, como predica el Manifiesto por el Desarrollo Ágil de Software, la noción de un equipo que utiliza la metodología ágil sobre la "estimación de costes" está más cerca de asesorar al cliente sobre cuál es el tamaño del equipo que puede proporcionar la máxima eficiencia, siguiendo así la Ley de Brooks, que indica que hay un punto en el que disminuyen los resultados según el tamaño del equipo (ver sección 7.11). El propósito del equipo ágil en el proceso de estudio de alcance es identificar dicho punto y reforzar el equipo hasta ese tamaño durante el ciclo de desarrollo. Las compañías *ágiles* ofertan precios por tiempo y materiales basándose en reuniones de corta duración con los clientes. Como veremos en la sección 7.10, este enfoque contrasta enormemente con el de aquellas compañías que siguen ciclos de vida clásicos, que se comprometen a entregar en una fecha acordada un conjunto dado de funcionalidades por un coste acordado inicialmente.

Autoevaluación 7.5.1. *Verdadero o Falso: Como profesionales del desarrollo ágil, Pivotal Labs no proporciona contratos.*

◇ Falso. Pivotal sí ofrece a sus clientes un contrato que ellos deben firmar, pero es principalmente una promesa de pago a Pivotal por su esfuerzo más que por satisfacer al cliente por un período limitado de tiempo. ■

Dejando atrás el papel útil de las historias de usuario para medir progresos, vamos a presentar una herramienta que da a las historias de usuario otro importante rol.

http://pastebin.com/CSCVp9M3

```
Feature: User can manually add movie

Scenario: Add a movie
  Given I am on the RottenPotatoes home page
  When I follow "Add new movie"
  Then I should be on the Create New Movie page
  When I fill in "Title" with "Men In Black"
  And I select "PG-13" from "Rating"
  And I press "Save Changes"
  Then I should be on the RottenPotatoes home page
  And I should see "Men In Black"
```

Figura 7.5. Ejemplo de escenario en Cucumber asociado a la acción de añadir una característica una película en RottenPotatoes.

7.6 Introducción a Cucumber y Capybara

Sorprendentemente, la herramienta ***Cucumber*** transforma las incomprensibles historias de usuario del cliente en ***pruebas de validación***, lo que garantiza que el cliente quede satisfecho, y en ***pruebas de integración***, lo que garantiza que las interfaces entre módulos se comuniquen correctamente y se basen en supuestos congruentes (el capítulo 1 describe los diferentes tipos de pruebas que existen). La clave está en que Cucumber se encuentra a medio camino del cliente y el desarrollador: las historias de usuario no parecen código fuente, por lo que son claras para el cliente y permiten alcanzar acuerdos, pero tampoco tienen un formato completamente libre. Esta sección explica cómo Cucumber logra este pequeño milagro.

En el contexto de Cucumber utilizaremos el término ***historia de usuario*** para referirse a una única ***funcionalidad*** con uno o más ***escenarios*** que muestran las distintas formas en las que se utiliza dicha funcionalidad. Las palabras clave **Funcionalidad** y **Escenario** identifican los respectivos componentes. Cada escenario se compone, a su vez, de una secuencia de 3 a 8 ***pasos***.

La figura 7.5 es un ejemplo de historia de usuario, que muestra una funcionalidad con un escenario para añadir la película *Men In Black*. El escenario tiene ocho pasos. (En este ejemplo se muestra un único escenario, aunque las funcionalidades normalmente tienen varios). A pesar de la redacción poco natural, este formato que procesa Cucumber es sencillo de entender por los clientes no técnicos y ayuda en el desarrollo, que es uno de los principios fundamentales de la metodología ágil y de BDD.

> **Palabras clave en Cucumber Given, When, Then, And,** y **But** tienen nombres distintos para beneficio de los lectores, pero son todos alias del mismo método. De esta forma no se tiene que recordar la sintaxis de varias palabras clave.

Cada paso de cada escenario comienza con su propia palabra clave. Los pasos que comienzan con **Given** suelen establecer alguna precondición, como por ejemplo el navegar a cierta página web. Los pasos que empiezan con **When** normalmente utilizan uno de los pasos web integrados en Cucumber para simular el clic del usuario sobre un botón, por ejemplo. Los pasos que comienzan con **Then** suelen comprobar si se cumple alguna condición. La conjuncion **And** permite combinaciones más complejas de **Given**, **When** ó **Then**. La única palabra clave que falta con este formato es **But**.

Un conjunto separado de archivos define el código Ruby que comprueba estos pasos. Se conocen como ***definiciones de pasos***. Generalmente, varios pasos pueden compartir una única definición.

¿Cómo empareja Cucumber los diferentes pasos de los escenarios con las ***definiciones de paso*** que realizan dichas pruebas? El truco consiste en que Cucumber utiliza ***expresiones regulares*** (capítulo 3) para asociar las frases en inglés que componen los pasos de los escenarios con las definiciones de pasos.

Por ejemplo, a continuación se muestra una cadena de caracteres tomada de una definición de paso del escenario de RottenPotatoes:

http://pastebin.com/hwkkP8Mr

```
Given /^(?:|I )am on (.+)$/
```

Esta expresión regular puede coincidir con el texto "I am on the RottenPotatoes home page" en la línea 4 de la figura 7.5. La expresión regular captura también la cadena de caracteres que aparece detrás de "am on " hasta el final de la línea ("the RottenPotatoes home page"). El cuerpo de la definición del paso contiene código Ruby que comprueba el paso, utilizando *strings* obtenidos como el del ejemplo anterior.

Por tanto, una forma de pensar en la asociación que existe entre las definiciones del paso y los pasos es tal que las definiciones son a las definiciones de un método como os pasos son a las llamadas al método.

Necesitamos por tanto una herramienta que pueda actuar como un usuario y que trate de utilizar la funcionalidad bajo diferentes escenarios. En el mundo Rails, esta herramienta se denomina ***Capybara***, que se integra perfectamente con Cucumber. Capybara "pretende ser un usuario" realizando acciones en un navegador web simulado, por ejemplo, haciendo clic sobre un enlace o un botón. Capybara puede interactuar con la aplicación recibiendo páginas, analizando HTML, y enviando formularios tal y como lo haría un usuario normal.

Resumen de la introducción a Cucumber

- Cucumber combina una ***funcionalidad*** que se desea añadir a la aplicación con un conjunto de ***escenarios***. Esta combinación se conoce como ***historia de usuario***.
- Los pasos de los escenarios utilizan la palabra clave **Given** para identificar el estado actual, **When** para identificar la acción, y **Then** para identificar las consecuencias de dicha acción.
- Los pasos de un escenario utilizan además las palabras claves **And** y **But** como conjunciones para crear descripciones más complejas del estado, la acción o sus consecuencias.
- ***Cucumber*** empareja ***pasos*** con ***definiciones de pasos*** gracias a ***expresiones regulares***.
- ***Capybara*** somete a la aplicación SaaS a todas sus pruebas simulando un usuario que realiza los pasos de los escenarios sobre un navegador.
- Almacenando ***funcionalidades*** en archivos junto con distintos ***escenarios*** del uso de la funcionalidad, compuestos por varios ***pasos***, y guardando código Ruby en archivos separados que contienen las ***definiciones de pasos*** que comprueban cada tipo de paso, las herramientas Rails ***Cucumber*** y ***Capybara*** prueban automáticamente el comportamiento de la aplicación SaaS.

Autoevaluación 7.6.1. *Verdadero o Falso: Cucumber empareja los pasos de un escenario con las definiciones de paso a través de expresiones regulares y Capybara pretende simular un usuario que interactúa con la aplicación SaaS de acuerdo a dichos escenarios.*

◇ Verdadero. ■

■ ***Explicación. Simulando la web***

La forma en que usamos Cucumber y Capybara en este capítulo no nos permite comprobar código JavaScript, cubierto en el capítulo 6. Con la configuración adecuada, Cucumber puede controlar Webdriver, que ejecuta un navegador *real* y lo "controla remotamente" para ejecutar lo que las historias dicen, incluyendo todo el código JavaScript. En este capítulo, nos atendremos al modo "navegador simulado sin interfaz", que es mucho más rápido y apropiado para realizar cualquier prueba excepto código JavaScript. La figura 7.16 hacia el final del capítulo muestra la relación existente entre estas herramientas.

7.7 Utilizando Cucumber y Capybara

Una de las grandes ventajas de las historias de usuario en Cucumber es el ***análisis Rojo-Amarillo-Verde***. Una vez queda escrita una historia de usuario, podemos intentar ejecutarla inmediatamente. En un principio, los pasos podrán estar marcados en Rojo (para indicar fallo) o Amarillo (no implementado todavía). El objetivo es que cada paso transite del Amarillo o Rojo hacia el Verde (comprobación correcta), añadiendo lo que es necesario para pasar la prueba de forma incremental. En algunos casos, es realmente fácil. En el siguiente capítulo, trataremos de forma análoga pasar del Rojo al Verde al nivel de las ***pruebas unitarias***. Tenga en cuenta que las pruebas unitarias son para métodos individuales, mientras que los escenarios de Cucumber realizan comprobaciones o pruebas sobre secuencias completas de acciones en la aplicación y, por tanto, pueden ser pruebas de aceptación o pruebas de integración.

Los pepinos son verdes El color verde de la planta del pepino (en inglés, "cucumber") que simboliza la "prueba superada" es el que da el nombre a esta herramienta.

Al igual que otras herramientas útiles que hemos visto, Cucumber se encuentra disponible como una gema de Ruby, por lo que la primera cosa que debemos hacer es declarar que la aplicación depende de dicha gema y utilizar Bundler para instalarla. Ampliando la aplicación `myrottenpotatoes` que comenzaste en el capítulo 4, añada las siguientes líneas a `Gemfile`; ya hemos explicado que Cucumber y sus gemas son necesarias únicamente en el entorno de `pruebas` y `desarrollo`, y no en el de `producción` (en la sección 4.2 se presentan los tres entornos en los que se pueden ejecutar las aplicaciones Rails).

http://pastebin.com/s8EB8Mhs

```
# add to end of Gemfile
group :test do
  gem 'cucumber-rails', :require => false
  gem 'cucumber-rails-training-wheels' # some pre-fabbed step definitions
  gem 'database_cleaner' # to clear Cucumber's test database between runs
  gem 'capybara'         # lets Cucumber pretend to be a web browser
  gem 'launchy'          # a useful debugging aid for user stories
end
```

Una vez que haya modificado `Gemfile`, ejecute `bundle install --without production`. Si todo va bien, aparecerá el mensaje "Your bundle is complete".

Ahora debemos configurar los directorios y archivos con código ya generado que necesitan Cucumber y Capybara. Como el propio Rails, Cucumber contiene un *generador* que realiza este trabajo por usted. A continuación, en el directorio raíz de la aplicación, ejecute estos dos comandos (a la pregunta sobre si desea sobreescribir ciertos archivos como `cucumber.rake`, responda afirmativamente):

```
rails generate cucumber:install capybara
rails generate cucumber_rails_training_wheels:install
```

http://pastebin.com/RbPqfg1g

```
# add to paths.rb, just after "when /^the home\s?page$/
# '/'"

when /^the RottenPotatoes home page/
  '/movies'
when /^the Create New Movie page/
  '/movies/new'
```

Figura 7.6. El código que necesita añadir a features/support/paths.rb para que el escenario AddMovie funcione correctamente. Vea que la primera línea en ambos ficheros paths.rb y websteps.rb es una instrucción para "BORRAR ESTE FICHERO", algo que debe hacer una vez se ha familiarizado con los conceptos básicos de cucumber y capybara. Los ficheros paths.rb y websteps.rb son parte de la gema de cucumber y rails *training wheels*, muy útiles cuando se está empenzando a usar cucumber, pero que deberá eliminar en última instancia en modo avanzado. Por favor siga utilizándolos de momento.

Al ejecutar estos dos generadores, se obtienen como puntos de partida varias definiciones de pasos usadas comúnmente, como interacciones con un navegador web. Para esta aplicación, se encuentran en `myrottenpotatoes/features/step_definitions/web_steps.rb`. Aparte de estos pasos predefinidos, será necesario crear nuevas definiciones de pasos que correspondan con la funcionalidad única de su aplicación. Es aconsejable conocer las definiciones de pasos predefinidas más comunes para utilizarlas al escribir las funcionalidades, de forma que tenga que escribir menos definiciones de pasos.

Antes de arrancar Cucumber, debe realizar un paso previo: inicializar la base de datos de pruebas ejecutando `rake db:test:prepare`. Es necesario hacer esto antes de ejecutar las pruebas o si el esquema de la base de datos cambia. La sección 4.2 proporciona una descripción más detallada.

En este punto, está preparado para comenzar a utilizar Cucumber. Las funcionalidades se añadirán en el directorio `features` como ficheros con extensión `.feature`. Copie la historia de usuario de la figura 7.5 y péguela en un archivo con nombre `AddMovie.feature` en el directorio `features`. Para ver cómo interactúan los escenarios con las definiciones de pasos y cómo cambian de color como las hojas de arce en Nueva Inglaterra con el cambio de estaciones, escriba

`cucumber features/AddMovie.feature`

Vea el *screencast* para continuar.

Screencast 7.7.1. Cucumber Parte I.

`http://vimeo.com/34754747`

El *screencast* muestra cómo Cucumber comprueba si las pruebas funcionan, coloreando las definiciones de pasos. Los pasos que fallan aparecen en rojo, en amarillo los pasos no implementados, y los pasos que se superan correctamente se marcan en verde. (Los pasos que van después de un paso fallado en rojo aparecen en azul, indicando que no han sido probados nuevamente). El primer paso en la línea 4 es rojo, por lo que Cucumber salta el resto. Falla debido a que no hay ninguna ruta en paths.rb que cumpla "the RottenPotatoes home page", tal y como explica el mensaje de error. Este mensaje incluso sugiere cómo arreglar el problema añadiendo dicha ruta a `paths.rb` (ver figura 7.6). Con esta ruta el primer paso se vuelve verde, pero entonces el tercer paso en la línea 6 queda en rojo. Como explica el mensaje de error en este caso, el paso falla debido a que ninguna ruta encaja con "Create New Movie page", problema que solucionamos nuevamente añadiendo la ruta a paths.rb. Ahora todos los pasos quedan en verde como un pepino, y el escenario AddMovie supera la prueba.

Resumen Para añadir funcionalidades como parte de BDD, necesitamos definir en primer lugar los criterios de aceptación. Cucumber permite realizar ambos capturando los requisitos como historias de usuario, separando la integración y las pruebas de aceptación de esa historia. Además, dispondremos de pruebas ejecutables de forma automática de forma que tenemos pruebas de regresión que ayudan al mantenimiento del código según continúa evolucionando (ahondaremos en este enfoque nuevamente en el capítulo 9 con una aplicación de mucha mayor envergadura que RottenPotatoes).

Autoevaluación 7.7.1. *Cucumber colorea en verde los pasos que superan las pruebas. ¿Cuál es la diferencia entre los pasos coloreados en amarillo y rojo?*
◇ Los pasos amarillos no han sido implementados aún, mientras que los pasos en rojo han sido ya implementados pero han fallado la prueba. ■

7.8 Mejorando RottenPotatoes

Como segundo ejemplo de historias de usuario y de interfaces de usuario *Lo-Fi*, suponga que queremos buscar en la base de datos The Open Movie Database (TMDb) información de una película que queremos añadir a RotterPotatoes. Como se verá en el capítulo 8, TMDb pone a disposición de los desarrolladores una API (application programming interface, interfaz de programación de aplicaciones) diseñada para permitir el acceso a la información de la base de datos desde una arquitectura orientada a servicio.

En este capítulo usaremos Cucumber para desarrollar dos escenarios y sus correspondientes bocetos *Lo-Fi* para mostrar cómo se quiere integrar RottenPotatoes con TMDb, y "pasaremos a verde" uno de los escenarios simulando algo de código. En el capítulo 8, escribiremos el código necesario para hacer lo propio con el otro escenario. Conseguir que el primer par de escenarios funcione puede parecer tedioso, debido a que normalmente se tiene que añadir mucha infraestructura, pero la productividad aumenta mucho a partir de ahí, y de hecho se podrán ir reutilizando las definiciones de pasos para crear pasos "declarativos" de mayor nivel de abstracción, tal y como se explica en la sección 7.9.

La *storyboard* de la figura 7.7 muestra cómo concebimos esta funcionalidad. La página de inicio de RottenPotatoes, que presenta un listado de todas las películas, se verá mejorada con un cuadro de búsqueda donde se puedan introducir algunas palabras del título de una película y un botón "Buscar" que buscará en la base de datos TMDb una película cuyo título contenga dichas palabras. Si la búsqueda tiene algún resultado —lo que se denomina "camino feliz" (o vía satisfactoria de ejecución)— la primera película se utiliza para "prerrellenar" los campos de la página para añadir una nueva película que desarrollamos en el capítulo 4. (En una aplicación real, se podría querer crear una página intermedia que mostrara todos los resultados y permitir al usuario elegir uno de ellos en concreto, pero deliberadamente mantendremos el ejemplo lo más simple posible). Si la búsqueda no encuentra ningún resultado —el camino de error— se regresa a la página de inicio con un mensaje que nos informa de este hecho.

Normalmente se suele completar en primer lugar el "happy path"camino feliz, y cuando se llega a un paso que requiere escribir *nuevo* código, se hace a través de TDD (*Test-Driven Development*, desarrollo orientado a pruebas). Esta tarea la acometeremos en el capítulo 8, escribiendo código que consulta realmente la base de datos TMDb e integrándolo en el presente escenario.

Por el momento, comenzaremos por el camino de error para ilustrar las características de Cucumber y el proceso de BDD. La figura 7.8 muestra el camino no satisfacto-

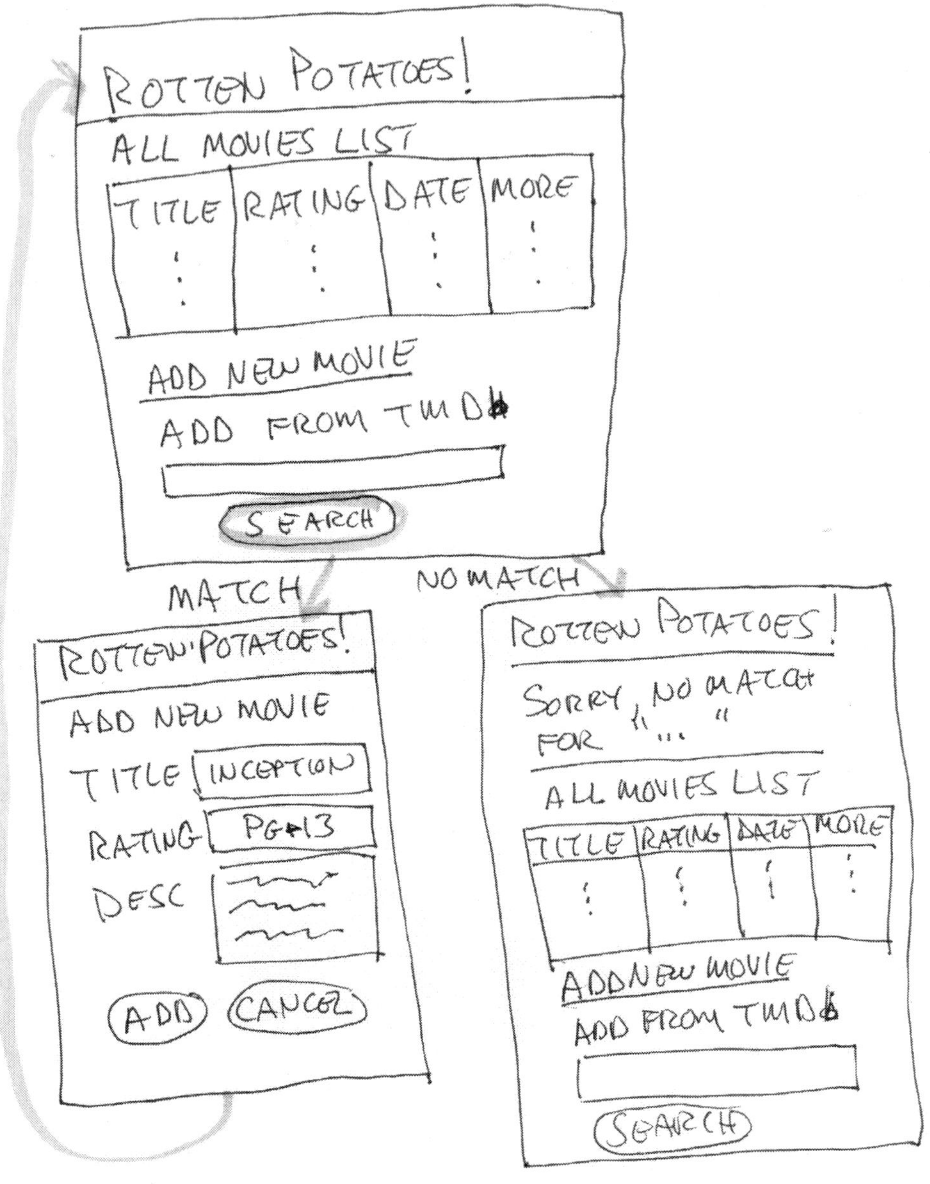

Figura 7.7. ***Storyboard*** **de la UI para la búsqueda en la base de datos de películas.**

http://pastebin.com/qTYS5tLs

```
Feature: User can add movie by searching for it in The Movie Database (TMDb)

  As a movie fan
  So that I can add new movies without manual tedium
  I want to add movies by looking up their details in TMDb

Scenario: Try to add nonexistent movie (sad path)

  Given I am on the RottenPotatoes home page
  Then I should see "Search TMDb for a movie"
  When I fill in "Search Terms" with "Movie That Does Not Exist"
  And I press "Search TMDb"
  Then I should be on the RottenPotatoes home page
  And I should see "'Movie That Does Not Exist' was not found in TMDb."
```

Figura 7.8. Camino de error del escenario asociado a la funcionalidad de búsqueda en la base de datos de películas TMDb.

http://pastebin.com/QtUf0qsB

```
1 -# add to end of app/views/movies/index.html.haml:
2
3 %h1 Search TMDb for a movie
4
5 = form_tag :action => 'search_tmdb' do
6
7   %label{:for => 'search_terms'} Search Terms
8   = text_field_tag 'search_terms'
9   = submit_tag 'Search TMDb'
```

Figura 7.9. El código Haml para la página de búsqueda en la base de datos TMDb.

rio del escenario para la nueva funcionalidad; cree el archivo `features/search_tmdb.-feature` con este codigo. Al ejecutar la funcionalidad con `features/search_tmdb.-feature`, el segundo paso *Then I should see "Search TMDb for a movie"* debería fallar (rojo), porque no hemos introducido aún este texto en la página de inicio `app/views/movies/index.html.haml`. Por ello, la primera tarea es realizar ese cambio para que este paso se transforme en verde.

Técnicamente, un enfoque estricto de BDD sería añadir el texto *Search TMDb for a movie* en cualquier sitio en esa vista para hacer funcionar este paso y re-ejecutar el escenario. Obviamente sabemos que el paso inmediatamente siguiente *When I fill in "Search Terms" with "Movie That Does Not Exist"* también fallará, ya que tampoco hemos añadido ningún formulario llamado "Search Terms" a la vista. Por esto, en aras de la eficiencia, incluya de una vez las líneas de la figura 7.9 al archivo `index.html.haml`, que explicaremos a continuación.

La línea 3 contiene el texto que permite que *Then I should see "Search TMDb for a movie"* pase la prueba. Las líneas restantes crean el formulario y las vimos en el capítulo 4, por lo que este tipo de marcado debe sonar familiar. Cabe destacar dos cosas. En primer lugar, como con cualquier interacción de un usuario con una vista, necesitamos un *controlador* que gestione dicha interacción. En este caso, la interacción consiste en enviar el formulario con las palabras de búsqueda. La línea 5 detalla que cuando se procede al envío del formulario, la acción **search_tmdb** será la que reciba el formulario. Dicho código aún no existe, por lo que debemos elegir un nombre descriptivo para la acción.

El segundo detalle a destacar es el uso de la etiqueta HTML `label`. La figura 2.14 del capítulo 2 explica cómo las líneas 7 y 8 se convertirán en el siguiente código HTML:

http://pastebin.com/tdxgK77Z

```
# add to routes.rb, just before or just after 'resources :movies' :

# Route that posts 'Search TMDb' form
post '/movies/search_tmdb'
```

http://pastebin.com/cGmgFyEZ

```
# add to movies_controller.rb, anywhere inside
#   'class MoviesController < ApplicationController':

def search_tmdb
  # hardwire to simulate failure
  flash[:warning] = "'#{params[:search_terms]}' was not found in TMDb."
  redirect_to movies_path
end
```

Figura 7.10. (Arriba) La ruta que dispara este mecanismo cuando se envía un formulario por `POST`. (Abajo) Este "falso" controlador se comporta como si nunca se encontrara ningún resultado. Obtiene las palabras tecleadas por el usuario a partir de params (tal y como vimos en el capítulo 4), almacena el mensaje en flash[], y redirige al usuario de nuevo a la lista de películas. Recuerde del capítulo 4 que añadimos código a `app/views/layouts/application.html.haml` para mostrar el contenido de flash en todas las vistas.

¿Haciendo lo mismo una y otra vez? `rake cucumber` ejecuta todas su funcionalidades o, de forma más precisa, aquellas seleccionadas por el *perfil por defecto* en el fichero de configuración de Cucumber `cucumber.yml`.[11] En el siguiente capítulo daremos a conocer una herramienta llamada `autotest` que automatiza la re-ejecución de las pruebas cuando se realizan cambios sobre los archivos.

http://pastebin.com/itVarUq5

```
<label for='search_terms'>Search Terms</label>
<input id="search_terms" name="search_terms" type="text" />
```

La clave está en que el atributo `for` de la etiqueta `label` coincide con el atributo `id` de la etiqueta `input`, que viene determinado por el primer parámetro del método **text_field_tag** invocado en la línea 8 de la figura 7.9. Esta correspondencia es la que permite a Cucumber determinar a qué campo del formulario se hará referencia por el nombre "Search Terms" en la línea 11 de la figura 7.8: *When I fill in "Search Terms"...*

Como recordará de la sección 4.1, debemos asegurarnos de que existe una ruta para esta nueva acción de controlador. La parte superior de la figura 7.10 muestra la línea que debe añadir a `config/routes.rb` para incluir una ruta para envío (POST) de un formulario para esta acción.

Sin embargo, incluso con la nueva ruta, este paso seguirá fallando con una excepción: a pesar de que tenemos un botón con el nombre "Search TMDb", el **form_tag** especifica que **MoviesController#search_tmdb** es la acción del controlador que debería recibir el formulario, y dicho método no existe aún en `movies_controller.rb`. La figura 7.1 afirma que en este momento deberíamos utilizar técnicas del desarrollo guiado por pruebas (TDD) para crear dicho método. Pero como TDD es el tema del próximo capítulo, haremos una pequeña trampa para tener el escenario en verde. Como éste es el camino de error del escenario en el que no se encuentra ninguna película, crearemos de forma temporal un controlador que *siempre* se comporte como si no se hubiera obtenido ningún resultado, de forma que podamos dar por concluidas las pruebas del camino de error. Además, la parte inferior de la figura 7.10 muestra el código que debemos añadir a `app/controllers/movies_controller.rb` para implementar la acción "falsa" y cableada **search_tmdb**.

Si es usted nuevo con BDD, este paso podría sorprenderle. ¿Para qué íbamos a crear deliberadamente un controlador falso que en realidad no accede a la base de datos TMDb y que simula que la búsqueda falla? La respuesta es que eso nos permite finalizar el resto del escenario, asegurándonos de que las vistas HTML coinciden con los bocetos *Lo-Fi* y que la secuencia de vistas coinciden con los *storyboards*. De hecho, una vez que incluímos los cambios de la figura 7.10, el camino de error del escenario completo debe funcionar. El *http://pastebin.com/7nQQ6zwg*

```
Feature: User can add movie by searching for it in The Movie Database (TMDb)

  As a movie fan
  So that I can add new movies without manual tedium
  I want to add movies by looking up their details in TMDb

Background: Start from the Search form on the home page

  Given I am on the RottenPotatoes home page
  Then I should see "Search TMDb for a movie"

Scenario: Try to add nonexistent movie (sad path)

  When I fill in "Search Terms" with "Movie That Does Not Exist"
  And I press "Search TMDb"
  Then I should be on the RottenPotatoes home page
  And I should see "'Movie That Does Not Exist' was not found in TMDb."

Scenario: Try to add existing movie (happy path)

  When I fill in "Search Terms" with "Inception"
  And I press "Search TMDb"
  Then I should be on the "Search Results" page
  And I should not see "not found"
  And I should see "Inception"
```

Figura 7.11. La palabra clave Background permite evitar la repetición en los pasos comunes de los caminos satisfactorio y de error. Agrupa los pasos que deben realizarse antes de *cada* escenario para una funcionalidad.

screencast 7.8.1 resume lo realizado hasta ahora.

Screencast 7.8.1. Cucumber parte II.
`http://vimeo.com/34754766`
En este *screencast*, analizamos un camino de error para ilustrar algunas características de Cucumber relacionadas con su capacidad de reutilizar código ya existente. El primer paso en la línea 5 de la figura 7.8 funciona, pero el paso de la línea 6 falla porque no hemos modificado `index.html.haml` para incluir el nombre de la nueva página o un formulario para teclear una película a buscar. Los solucionamos añadiendo este formulario a `index.html.haml`, utilizando los mismos métodos de Rails descritos en las secciones 4.4 y 4.6 o el capítulo 4. No hay ninguna ruta que pueda corresponder con una URI. Para no complicar los pasos, incluimos una ruta para esta acción en `config/routes.rb`, de nuevo usando las técnicas explicadas en la sección 4.1 del capítulo 4. Al implementar un formulario, hay que especificar qué controlador lo recibirá al ser enviado; elegimos `search_tmdb` como nombre para la acción del controlador (implementaremos este método en el siguiente capítulo). Una vez hemos actualizado `index.html.haml`, creado la ruta en `config/routes.rb` y nombrado el controlador, Cucumber coloreará todos los pasos en verde.

¿Y qué ocurre con el camino satisfactorio, cuando buscamos una película que sí existe? Observe que las dos primeras acciones de este flujo —ir a la página de inicio de Rotten Potatoes y asegurarse de que hay un formulario de búsqueda, correspondiente a las líneas 9 y 10 de la figura 7.8— son las mismas que para el camino erróneo. Esto debería hacer sonar una campanita de Pavlov en su cabeza preguntándose cómo puede evitar la repetición (DRY).

La figura 7.11 muestra la respuesta. El comando Background en Cucumber muestra los pasos que se deben ejecutar con anterioridad a otros escenarios de una funcionalidad, lo que permite aplicar el criterio DRY a los caminos feliz y de error. Modifique `features/`

`search_tmdb.feature` para que coincida con la figura y a continuación vuelva a ejecutar `cucumber features/search_tmdb.feature`. Como era de esperar, el paso de la línea 23 fallará, ya que hemos falseado el método controlador para simular que nunca se encuentran resultados en la base de datos TMDb, lo que resulta en una redirección hacia la página principal en vez de a la página de resultados de búsqueda. Llegados a este punto, podríamos cambiar el método del controlador para simular "éxito en la búsqueda" de forma que el camino feliz pase a verde, pero esto provocaría que el camino de error pasara a rojo. En el siguiente capítulo veremos una forma mejor de hacerlo. En particular, desarrollaremos la acción *real* del controlador, utilizando técnicas del desarrollo guiado por pruebas (TDD) que "trampean" el escenario para establecer las entradas y el estado para probar unas condiciones particulares de forma aislada. Una vez aprendidos BDD y TDD, verá que es muy común iterar entre ambos niveles y conceptos como parte normal del desarollo de software.

Resumen

- Añadir una nueva funcionalidad a una aplicación SaaS normalmente implica especificar una UI para dicha funcionalidad, escribir nuevas definiciones de pasos, y quizás incluso escribir nuevos métodos antes de que Cucumber pueda colorear satisfactoriamente los pasos en verde.
- Normalmente, se escribe y completa el camino feliz ("happy path") de los escenarios; en esta sección en concreto comenzamos por el camino de error únicamente porque ello nos permitía mostrar mejor algunas características de Cucumber.
- La palabra clave **Background** puede utilizarse para evitar la repetición (DRY) en los pasos comunes de escenarios relacionados de una funcionalidad concreta.
- Normalmente, las pruebas a nivel de sistema como los escenarios de Cucumber no deben "hacer trampas" cableando y falseando el comportamiento de los métodos. BDD y Cucumber están orientados al comportamiento, no a la implementación, por lo que hemos utilizado otras técnicas como TDD (que se describe en el siguiente capítulo) para implementar los métodos que permiten que todos los escenarios pasen las pruebas.

Autoevaluación 7.8.1. *Verdadero o Falso: Se necesita implementar todo el código a probar antes de que Cucumber pueda decidir si una prueba pasa o falla.*
◇ Falso. Un camino de error puede pasa la prueba sin que se haya escrito el código necesario para hacer que el camino satisfactorio haga lo propio. ■

7.9 Requisitos explícitos frente a implícitos y escenarios imperativos frente a declarativos

Una vez hemos visto en acción la herramienta Cucumber junto con las historias de usuario, estamos en disposición de afrontar dos conceptos clave sobre las pruebas que implican perspectivas enfrentadas.

La primera son los ***requisitos explícitos frente a implícitos***. Una gran parte de la especificación formal de los ciclos de vida clásicos son los requisitos, que en BDD equivalen a historias de usuario desarrolladas por los integrantes del proyecto. Utilizando la terminología del capítulo 1, suelen corresponderse con las pruebas de aceptación. Los requisitos implícitos son la consecuencia lógica de los explícitos, y normalmente corresponden a lo que en el capítulo 1 se conoce como pruebas de integración. Un ejemplo de requisito implícito en RottenPotatoes podría ser que por defecto las películas deben mostrarse en orden cronológico según su fecha de estreno.

La buena noticia es que se puede utilizar Cucumber para matar dos pájaros de un tiro—crear las pruebas de aceptación *y* las de integración—si se escriben historias de usuario tanto para los requisitos explícitos como para los implícitos (el siguiente capítulo muestra cómo utilizar otra herramienta para las pruebas unitarias).

La otra perspectiva confrontada sones la de ***escenarios imperativos frente a declarativos***. El escenario ejemplo de la figura 7.5 de arriba es imperativo, ya que especifica una secuencia lógica de acciones de usuario: rellenar un formulario, hacer clic en algún botón, etc. Los escenarios imperativos tienden a llevar sentencias complicadas con **When** con muchos pasos con **And**. Aunque estos escenarios son útiles para asegurar que los detalles de la UI cumplen las expectativas del cliente, escribir escenarios de esta forma se vuelve tedioso rápidamente y no siguen la filosofía DRY.

Para ver el porqué, suponga que queremos escribir una funcionalidad que especifique que las películas deben aparecer en order alfabético en la página de lista de películas. Por ejemplo, "Zorro" debería aparecer después de "Apocalypse Now", aunque "Zorro" hubiera sido añadida en primer lugar. Ingenuamente, puede ser extremadamente aburrido el expresar este escenario, ya que repite la mayoría de las líneas del escenario "añadir película" ya existente —lo cual no favorece la no repetición—:

http://pastebin.com/qR9UTSsP

```
1  Feature: movies should appear in alphabetical order, not added order
2
3  Scenario: view movie list after adding 2 movies (imperative and non-DRY)
4
5    Given I am on the RottenPotatoes home page
6    When I follow "Add new movie"
7    Then I should be on the Create New Movie page
8    When I fill in "Title" with "Zorro"
9    And I select "PG" from "Rating"
10   And I press "Save Changes"
11   Then I should be on the RottenPotatoes home page
12   When I follow "Add new movie"
13   Then I should be on the Create New Movie page
14   When I fill in "Title" with "Apocalypse Now"
15   And I select "R" from "Rating"
16   And I press "Save Changes"
17   Then I should be on the RottenPotatoes home page
18   Then I should see "Apocalypse Now" before "Zorro" on the RottenPotatoes home
          page sorted by title
```

Se supone que Cucumber está pensado para estar focalizado en el *comportamiento* más que en la implementación —centrándose en *qué* se está haciendo— pero en este escenario pobremente escrito, ¡únicamente la línea 18 hace referencia al comportamiento de interés!

Un enfoque alternativo es pensar en utilizar las definiciones de pasos para crear un ***lenguaje de dominio*** de la aplicación (que no es lo mismo que un ***Domain Specific Languaje (DSL), o lenguaje específico del dominio*** formal). Un lenguaje de dominio es informal pero utiliza términos y conceptos específicos de la aplicación desarrollada, más que términos genéricos y conceptos relacionados con la implementación de la interfaz de usuario. Los pasos descritos con un lenguaje de dominio suelen ser más declarativos que imperativos, en tanto en cuanto describen más el estado de la aplicación que la secuencia de pasos a dar *http://pastebin.com/h7e2xtZu*

```
1  Given /I have added "(.*)" with rating "(.*)"/ do |title, rating|
2    steps %Q{
3      Given I am on the Create New Movie page
4      When  I fill in "Title" with "#{title}"
5      And   I select "#{rating}" from "Rating"
6      And   I press "Save Changes"
7    }
8  end
9
10 Then /I should see "(.*)" before "(.*)" on (.*)/ do |string1, string2, path|
11   step "I am on #{path}"
12   regexp = /#{string1}.*#{string2}/m #  /m means match across newlines
13   page.body.should =~ regexp
14 end
```

Figura 7.12. Si se añade este código a `movie_steps.rb` **se crean nuevas definiciones de pasos que corresponden con las líneas 5 y 6 del escenario declarativo reutilizando los pasos existentes. steps (línea 2) reutiliza una secuencia de pasos y step (línea 11) reutiliza un único paso. Recordará de la figura 3.1 que %Q es una sintaxis alternativa para rodear una cadena de caracteres con comillas dobles, y que Given, When, Then son sinónimos disponibles para mejorar la legilibilidad (en el capítulo siguiente se hablará acerca de la palabra clave should, que aparece en la línea 13).**

para llegar a dicho estado, y son menos dependientes de los detalles de la interfaz de usuario.

Una versión declarativa del escenario anterior podría ser ésta:

http://pastebin.com/355SUaaT

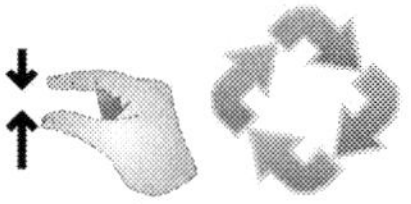

```
1  Feature: movies should appear in alphabetical order, not added order
2
3  Scenario: view movie list after adding movie (declarative and DRY)
4
5    Given I have added "Zorro" with rating "PG-13"
6    And   I have added "Apocalypse Now" with rating "R"
7    Then  I should see "Apocalypse Now" before "Zorro" on the RottenPotatoes
         home page sorted by title
```

La versión declarativa es obviamente más concisa, fácil de mantener, y más sencilla de comprender ya que el texto describe el estado de la aplicación de una forma natural: "I am on the RottenPotatoes home page sorted by title".

La buena noticia es que, tal y como muestra la figura 7.12, los escenarios imperativos ya existentes pueden *reutilizarse* para implementar este tipo de escenarios. Es una forma muy potente de reutilización, ya que a medida que evoluciona su aplicación, pueden reutilizarse pasos de los primeros escenarios imperativos para crear escenarios declarativos más concisos y descriptivos. Los escenarios declarativos y orientados al lenguaje de dominio centran más su atención en la funcionalidad descrita que en los pasos detallados a bajo nivel que se necesitan para configurar y realizar las pruebas.

Resumen

- Podemos usar Cucumber tanto para pruebas de aceptación como de integración si escribimos historias de usuario para requisitos tanto explícitos como implícitos. Los escenarios declarativos son más simples, concisos y más fácilmente mantenibles que los escenarios imperativos.
- Una vez que vaya adquiriendo mayor experiencia, la gran mayoría de las historias de usuario deberá expresarlas en un lenguaje de dominio que usted habrá creado para la aplicación a través de las definiciones de pasos, de forma que las historias de usuario se preocupen menos de los detalles de la interfaz de usuario. La excepción la conforman aquellas historias específicas donde hay valor de negocio (requerido por el cliente) en expresar los detalles de la interfaz de usuario.

■ ***Explicación. El ecosistema BDD***

Hay una enorme tendencia a documentar y promover las mejores prácticas para BDD, especialmente en la comunidad Ruby donde el código verificable, bien escrito y auto-documentado es especialmente valorado. Los escenarios bien definidos sirven tanto de documentación de las intenciones de los diseñadores de la aplicación como de pruebas ejecutables de aceptación e integración; por tanto merecen la misma atención que el código en cuanto a belleza se refiere. Por ejemplo, este screencast libre de RailsCasts[12] describe *esquemas de escenario*, una forma de aprovechar la filosofía DRY en un conjunto repetitivo de caminos feliz o de errores cuyas salidas esperadas difieren según se rellena un formulario, de forma similar al contraste entre los caminos feliz y de errores anteriores. La wiki de Cucumber[13] es un buen lugar de comienzo, pero como todo en programación, aprenderá mejor BDD a través de la práctica, cometiendo errores y revisando y mejorando el código y los escenarios a medida que se va aprendiendo de los errores.

Autoevaluación 7.9.1. *Verdadero o Falso: Los requisitos explícitos se definen normalmente con escenarios imperativos y los requisitos implícitos se suelen definir con escenarios declarativos.*

◇ Falso. Son dos clasificaciones independientes; ambos tipos de requisitos pueden utilizar ambos tipos de escenarios. ■

7.10 La perspectiva clásica

Como es bien sabido por los ingenieros de software (pero no por el público general), de lejos los mayores problemas [de software] son consecuencia de errores acaecidos durante la obtención, registro y análisis de los requisitos.

Daniel Jackson, Martyn Thomas, and Lynette Millett (Editores), *Software for Dependable Systems: Sufficient Evidence?*, 2007

Hay que recordar que el objetivo de los métodos de los ciclos de vida clásicos es hacer la ingeniería del software tan predecible en presupuesto y planificación como lo es la ingeniería civil. Sorprendentemente, las historias de usuario, los puntos y la velocidad se corresponden con *siete* tareas principales en las metodologías clásicas de desarrollo de software. Estas tareas incluyen:

1. Obtención de requisitos
2. Documentación de requisitos
3. Estimación de costes
4. Planificación y monitorización de progreso

Estas tareas se realizan en el modelo de cascada y en el comienzo de cada iteración de los modelos en espiral y RUP. A medida que los requisitos cambian a lo largo del tiempo, estas tareas implican otras nuevas:

5. Gestión del cambio para los requisitos, costes y planificación
6. Aseguramiento de que la implementación corresponde con las funcionalidades requeridas

Finalmente, y dado que la exactitud en la estimación del presupuesto y de la planificación es vital para el éxito del proceso, hay otra tarea más que no existe para BDD:

7. Análisis y gestión del riesgo

Aquí la esperanza es que llegando a imaginar todos los posibles riesgos para la planificación y el presupuesto por adelantado, se puedan hacer planes para evitarlos o superarlos.

Tal y como veremos en el capítulo 10, los procesos de los ciclos de vida clásicos asumen que existe un jefe para cada proyecto. Mientras que todos los integrantes del equipo pueden participar en la toma de requisitos y el análisis de riesgos, y ayudar a documentarlos, es responsabilidad del jefe de proyecto el estimar costes, hacer y mantener la planificación, y decidir qué riesgos atajar y cómo superarlos o evitarlos.

Para los jefes de proyecto, el asesoramiento viene desde todos los sitios, desde trabajadores en activo que ofrecen guías y reglas empíricas basadas en su experiencia, a investigadores que han realizado mediciones en muchos proyectos y que aportan fórmulas para las estimaciones de presupuesto y planificaciones. Además, existen varias herramientas que pueden ser de ayuda. A pesar de estos asesoramientos y herramientas, las estadísticas de proyectos del capítulo 1 (Johnson 1995, 2009)—donde se enuncia que entre el 40% al 50% sobrepasan el presupuesto yla planificación por factores de entre el 1,7 y el 3 y que entre el 20% al 30% de los proyectos son cancelados o abandonados —ponen de relieve la dificultad de realizar presupuestos y planificaciones con exactitud—.

A continuación presentamos una visión general de estas siete tareas de forma que usted se familiarice con los procesos de los ciclos de vida clásicos para proporcionarle una ventaja si tiene que utilizarlos en el futuro. Estas informaciones generales ayudan a explicar la inspiración para el Manifiesto por el Desarrollo Ágil de Software. En el caso de que no quede claro cómo realizar estas tareas con éxito, será debido más a sus inherentes dificultades que a la brevedad de esta exposición.

1. Obtención de requisitos. Al igual que las historias de usuario, la obtención de los requisitos implica la participación de todos los integrantes del proyecto, utilizando alguna de varias técnicas. La primera es la ***entrevista***, donde los clientes contestan varias preguntas predefinidas o simplemente se someten a discusiones de tipo informal. Fíjese que uno de los objetivos es entender el entorno social y organizacional para ver cómo se realizan *realmente* las tareas frente a la versión oficial. Otra técnica es crear ***escenarios*** de forma colaborativa, que pueden comenzar con una asunción inicial del estado del sistema, mostrar el flujo del sistema para los casos satisfactorio y no satisfactorio ("happy" y "sad"), enunciar qué otras cosas suceden en la aplicación, y después el estado del sistema al final del escenario. Relacionado con escenarios y con historias de usuario, una tercera técnica es crear ***casos de uso***, que son listas de pasos entre una persona y el sistema para alcanzar una meta (ver la explicación de la sección 7.1).

Además de los ***requisitos funcionales*** como los listados arriba, los ***requisitos no funcionales*** incluyen objetivos de rendimiento, de dependencia, etc.

2. Documentación de requisitos. Una vez obtenidos, el siguiente paso es documentar los requisitos en un documento de ***especificación de requisitos software*** (***SRS***).

La figura 7.13 presenta un esquema para un SRS basado en el estándar 830-1998. Un SRS para un sistema de gestión de pacientes[14] tiene 14 páginas de extensión, pero a menudo lo conforman cientos de páginas.

Parte del proceso consiste en comprobar en el SRS:

- Validez–¿son necesarios todos estos requisitos?
- Consistencia–¿hay conflictos entre los requisitos?
- Completitud–¿están incluidos todos los requisitos y restricciones?
- Viabilidad–¿se pueden implementar realmente los requisitos?

Para comprobar estas cuatro características existen distintas técnicas que incluyen revisiones del documento por parte de los partícipes–desarrolladores, clientes, los que realizan las pruebas, etc.–, el intentar desarrollar un prototipo que incluya las funcionalides básicas, y generar casos de prueba que comprueben los requisitos.

En un proyecto puede ser útil disponer de dos tipos de SRS: un SRS de alto nivel dirigido a gestión y marketing y un SRS detallado para el equipo de desarrollo. El primero es presumiblemente un subconjunto del segundo. Por ejemplo, el SRS de alto nivel podría omitir los requisitos funcionales que corresponden a 3.2.1.3 en la figura 7.13.

■ ***Explicación. Lenguajes de especificación formales***

Los lenguajes de especificación formales tales como Alloy o Z permiten al jefe de proyecto escribir requisitos ejecutables, lo que hace de la validación de la implementación un proceso más sencillo. No es sorprendente que el coste asociado sea una mayor dificultad para escribir el documento, así como un documento de requisitos para leer que normalmente es mucho más largo. Por otro lado, la ventaja que ofrece es la precisión en la especificación y el posibilitar la generación automática de casos de prueba o incluso el uso de métodos formales para verificación (ver la seción 8.9).

3. Estimación de costes. Una vez lista la documentación de requisitos, el jefe de proyecto descompone el SRS en las tareas que van a ser implementadas, y estima el número de semanas necesarias para completar cada tarea. Se recomienda descomponer en tareas de al menos una semana de duración. De la misma forma que una historia de usuario con más de siete puntos se debe dividir en historias de usuario más pequeñas, cualquier tarea con una estimación de más de ocho semanas debe ser dividida en tareas más pequeñas.

Índice de contenidos

1. Introducción
    1.1 Propósito
    1.2 Alcance
    1.3 Definiciones, acrónimos y abreviaturas
    1.4 Referencias
    1.5 Resumen
2. Descripción general
    2.1 Perspectiva del producto
    2.2 Funciones del producto
    2.3 Características
    2.4 Limitaciones
    2.5 Suposiciones y dependencias
3. Requisitos específicos
    3.1 Requisitos externos de interfaz
        3.1.1 Interfaces de usuario
        3.1.2 Interfaces hardware
        3.1.3 Interfaces software
        3.1.4 Interfaces de comunicación
    3.2 Funcionalidades del sistema
        3.2.1 Funcionalidad de sistema 1
            3.2.1.1 Introducción/propósito de la funcionalidad 1
            3.2.1.2 Secuencia de estímulos/resultados
            3.2.1.3 Requisitos funcionales asociados
                3.2.1.3.1 Requisito funcional 1
                . . .
                3.2.1.3.n Requisito funcional n
        3.2.2 Funcionalidad de sistema 2
        . . .
        3.2.m Funcionalidad de sistema m
    3.3 Requisitos de rendimiento
    3.4 Limitaciones de diseño
    3.5 Atributos de sistema
    3.6 Otros requisitos

Figura 7.13. Tabla de contenidos para el estándar 830-1998 de la IEEE, prácticas recomendadas para las especificaciones de requisitos software. En la imagen se muestra la sección 3 organizada por funcionalidad, aunque el estándar ofrece muchas otras formas de organizar esta sección: por modo, clases de usuario, objetos, estímulos, jerarquía funcional, o incluso mezclando varias formas de organización.

Tradicionalmente se mide en meses-hombre el esfuerzo total, quizás en homenaje al libro de Brooks, un clásico en la ingeniería del software *The Mythical Man-Month* (Brooks 1995). Los gestores usan los salarios y tarifas elevadas para convertir meses-hombre en el presupuesto real.

La estimación del coste se realiza, por tanto, dos veces: una para realizar una oferta para ganar el contrato, y otra de nuevo una vez se ha ganado dicho contrato. La segunda estimación se realiza una vez se ha diseñado la arquitectura del sistema, de forma que las tareas y el esfuerzo por tarea se puede identificar de forma más sencilla y más exacta.

El jefe de proyecto seguramente desea que la segunda estimación no supere a la primera, ya que ésta es la que pagará el cliente. Una sugerencia es añadir un margen de seguridad multiplicando la estimación original por un factor de entre 1,3 a 1,5 para intentar compensar la inexactitud de la estimación o los eventos inesperados. Otra sugerencia es realizar tres estimaciones: el mejor caso, el caso esperado y el peor caso, y después utilizar esta información para realizar el mejor pronóstico.

Las dos estrategias existentes para estimar son la experiencia o el análisis cuantitativo. La primera de ellas asume que los líderes del proyecto tienen una experiencia significativa en la compañía o en la industria, y se basan en dicha experiencia para realizar estimaciones precisas. Ciertamente da mayor seguridad cuando el proyecto es similar a otras tareas que la empresa ha completado anteriormente con éxito.

El enfoque cuantitativo o algorítmico consiste en la estimación del esfuerzo de programación de las tareas a través de una medida técnica como son las líneas de código (*Lines Of Code*, LOC), para después dividir entre una medida de productividad como LOC por persona y mes para así obtener meses-hombre por tarea. El jefe de proyecto puede obtener ayuda de otros para tener estimaciones de LOC, y como con la velocidad, puede analizar los registros históricos de la productividad de la compañía para calcular meses-hombre.

Dado que la estimación de costes en proyectos software posee un historial deprimente, ha habido un esfuerzo considerable en la mejora del enfoque cuantitativo recogiendo información de proyectos ya completados y desarrollando modelos capaces de predecir los resultados (Boehm and Valerdi 2008). El paso siguiente en la sofisticación toma esta fórmula:

$$
\begin{aligned}
\text{Esfuerzo} &= \text{Factores organizacionales} \times \\
&\times \ \text{Tamaño del código}^{\text{Penalización por tamaño}} \times \\
&\times \ \text{Factores asociados al producto}
\end{aligned}
$$

donde los factores organizacionales incluyen la práctica para este tipo de producto, el tamaño del código se mide como se explicó anteriormente, la penalización por tamaño refleja la no linearidad del esfuerzo respecto al tamaño del código, y los factores asociados al producto incluyen la experiencia del equipo de desarrollo con este tipo de producto, fiabilidad de los requisitos, dificultad de la plataforma, etc. Ejemplos de constantes reales para proyectos son 2,94 para factores organizacionales; penalización por tamaño de entre 1,10 y 1,24; y factores asociados al producto entre 0,9 y 1,4.

Modelo constructivo de costes (COCOMO) es la base de esta fórmula de 1981. Su sucesor, del año 1995, se conoce como COCOMO II.

Aunque estas estimaciones son cuantitativas, depende por supuesto de la elección subjetiva del jefe de proyecto para el tamaño del código, penalización por tamaño, y factores asociados al producto.

La fórmula sucesora de la expuesta arriba requiere de más parámetros que deben ser introducidos por el jefe de proyecto. COCOMO II añade tres fórmulas más para ajustar estimaciones de 1) desarrollo de prototipos, 2) cantidad de código reutilizado, y 3) estimación de

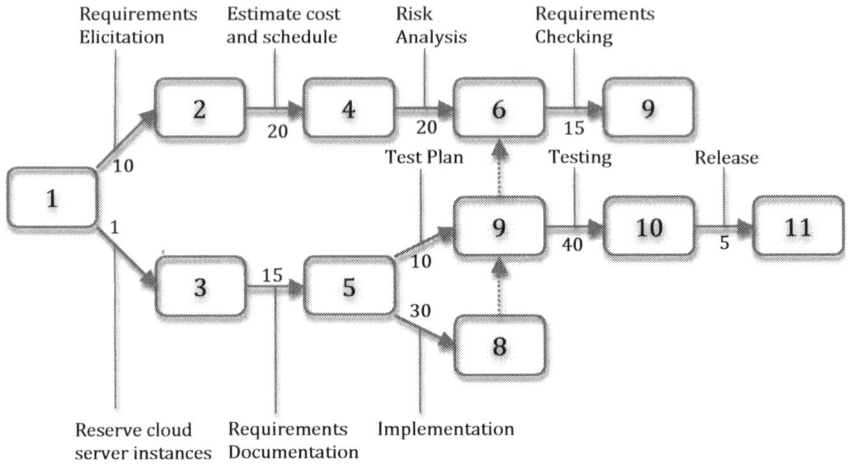

Figura 7.14. Los nodos numerados representan hitos y las líneas etiquetadas representan tareas, con las flechas indicando dependencias. Las líneas que divergen a partir de un nodo representan tareas concurrentes. Los números al otro lado de las líneas representan el tiempo dispuesto para la tarea. Las líneas de puntos muestran dependencias que no necesitan recursos, por lo que no tienen tiempo asociado para la tarea.

la arquitectura final detallada. Esta última fórmula extiende la penalización por tamaño añadiendo un producto normalizado de 5 factores y sustituye los factores asociados al producto por la multiplicación de 17 factores independientes.

Una encuesta realizada por la British Computer Society mencionada en el capítulo 1 sobre más de 1000 proyectos arrojó como resultado que el 92% de los jefes de proyecto realizaban sus estimaciones apoyándose en la experiencia en vez de utilizar fórmulas (Taylor 2000).

Dado que sólo el 20% ó 30% de los proyectos cumplen su presupuesto y planificación, ¿qué le ocurre al resto? De hecho entre un 20% y un 30% de los proyectos son cancelados o abandonados, pero el 40% ó 50% restante siguen siendo de valor para el cliente aunque se entreguen con retraso. Normalmente los clientes y los proveedores negocian en este caso un nuevo contrato para la entrega del producto en una fecha próxima y con un conjunto limitado de funcionalidades no presentes.

■ ***Explicación. Puntos de función***

Los puntos de función son una alternativa de medida a las líneas de código (LOC) que puede proporcionar estimaciones más precisas. Se basan en las entradas y salidas de una función, consultas externas, ficheros de entrada y salida, y la complejidad de cada uno de estos elementos. La medida correspondiente de productividad se realiza a través de puntos de función por mes-hombre.

4. Planificación y monitorización de progreso. Una vez el SRS ha sido dividido en tareas cuyo esfuerzo ya ha sido estimado, el siguiente paso es utilizar una herramienta de planificación que muestre qué tareas pueden ser paralelizadas y cuáles de ellas tienen dependencias entre ellas, de forma que deben ser ejecutadas de forma secuencial. Normalmente, el formato usado es un diagrama de cajas y flechas, como un ***diagrama PERT***. La figura 7.14 muestra un ejemplo. Este tipo de herramientas permite identificar el ***camino crítico***, que determina el tiempo mínimo de ejecución del proyecto. El jefe de proyecto dispone el diagrama en una tabla con filas asociadas al equipo del proyecto, para así asignar personas a las tareas.

PERT significa técnica de evaluación y revisión de programas (*Program Evaluation and Review Technique*), fue creada por la marina estadounidense para su programa de submarino nuclear.

Una vez más, este proceso se realiza normalmente dos veces, una al ofertar el contrato, y una segunda vez una vez se ha firmado el contrato y se ha completado el diseño detallado de la arquitectura. De nuevo, se utilizan los márgenes de seguridad para asegurar que la primera planificación, que es la que el cliente espera que se cumpla para la entrega del proyecto, no sea mayor que la segunda.

De forma similar a los cálculos de la velocidad, el jefe de proyecto puede ver si el proyecto va retrasado simplemente comparando los costes y el tiempo presupuestado para las tareas con el progreso y costes reales a fecha actual. Una manera de clarificar el estado del proyecto a todos sus integrantes es el añadir hitos intermedios a la planificación, lo que permite que cualquiera pueda ver si el proyecto está en presupuesto y/o en tiempo.

5. Gestión del cambio para los requisitos, costes y planificación. Como ya se ha descrito varias veces en este libro, los clientes suelen pedir cambios en los requisitos según va evolucionando el proyecto por muchas razones, incluyendo el comprender mejor lo que se quiere una vez se ha desarrollado un prototipo, cambios en las condiciones de mercado relacionadas con el proyecto, etc. Por esto, tanto para la evolución de los documentos como para las aplicaciones se necesita un sistema de control de versiones, por lo que la norma debe ser subir la documentación revisada junto con el código revisado.

Arrastramiento de requisitos es el término que utilizan los desarrolladores para describir el temido incremento de requisitos a lo largo del tiempo.

6. Asegurar que la implementación corresponde con las funcionalidades requeridas. Las metodologías ágiles unifican todas estas tareas en tres muy relacionadas entre sí: historias de usuario, pruebas de aceptación en Cucumber, y el código que se obtiene como resultado del proceso de BDD/TDD. Por consiguiente, hay muy poca posibilidad de confusión en la relación entre historias, pruebas y código.

Sin embargo, las metodologías clásicas implican bastantes más mecanismos sin esta integración tan ceñida. Así, necesitamos herramientas que permitan al jefe de proyecto el comprobar si lo implementado corresponde con los requisitos. A la relación existente entre las funcionalidades en los requisitos y lo implementado se le denomina ***trazabilidad de los requisitos***. Las herramientas que implementan esta característica ofrecen esencialmente referencias cruzadas entre la parte del diseño, la parte del código que implementa una funcionalidad dada, las revisiones de código que lo comprobaron y las pruebas que lo validaron.

Si existen los dos documentos SRS (de alto nivel y detallado), la ***trazabilidad hacia adelante*** se refiere al camino tradicional desde los requisitos hasta la implementación, mientras que la ***trazabilidad hacia atrás*** es la asociación de un requisito detallado con un requisito de más alto nivel.

7. Análisis y gestión de riesgos. En un intento por mejorar la exactitud en la estimación de costes y la planificación, las metodologías clásicas han tomado prestado el análisis de riesgo de las escuelas de negocios. La filosofía es que invirtiendo tiempo al comienzo para identificar los riesgos potenciales en el presupuesto y la planificación, se puede o realizar trabajo extra para reducir las probabilidades de estos riesgos o cambiar el plan para evitarlos. Idealmente, la identificación y gestión de riesgos ocurre en el primer tercio de un proyecto. Que los riesgos se identifiquen más tarde en el ciclo de desarrollo no suele favorecer un buen resultado.

Los riesgos se clasifican como técnicos, organizacionales, o de negocio. Un ejemplo de un riesgo técnico podría ser que la base de datos relacional elegida no escale para la carga que el proyecto necesita. Un riesgo organizacional sería que varios de los miembros del equipo no estén familiarizados con J2EE, del que depende el proyecto. Un riesgo de negocio podría ser que para la fecha en la que se complete el proyecto, el producto ya no sea competitivo en el mercado.

Ejemplos de acciones que se pueden tomar para superar los riesgos enumerados arriba pueden ser el adquirir una base de datos que goce de mayor escalabilidad, el enviar a los integrantes del equipo a un *workshop* sobre J2EE, y el realizar encuestas de competitividad sobre productos existentes, incluyendo sus funcionalidades actuales y planes de mejora.

La estrategia para identificar riesgos es preguntar a todos sobre sus casos más desfavorables. El jefe de proyecto los colocará en una "tabla de riesgos", asignará una probabilidad de materializarse a cada uno entre 0 y 100, y el impacto en una escala numérica de 1 a 4, que representarán despreciable, menor, crítico y catastrófico. La tabla podrá ordenarse por el producto de la probabilidad y el impacto de cada riesgo.

Existen muchos más riesgos potenciales de los que se pueden abordar, por lo que el consejo es afrontar los riesgos que conforman el 20% superior, con la esperanza de que representarán el 80% de los riesgos potenciales para el presupuesto y la planificación. Intentar abordar todos los riesgos potenciales puede llevar a realizar un esfuerzo ¡mayor que el proyecto software original! La reducción de los riesgos es una de las razones más fuertes para la iteración en los modelos en espiral y RUP. Tanto las iteraciones como los prototipos deberían reducir los riesgos asociados a un proyecto.

La sección 7.5 menciona el preguntar a los clientes acerca de los riesgos del proyecto como una parte de la estimación de costes en la metodología ágil, pero la diferencia es que suele decidir el rango de la estimación de coste más que convertirse en una parte significativa del proyecto.

Resumen Los esfuerzos originales en la ingeniería del software aspiraban a hacer del desarrollo de software algo tan predecible en calidad, coste y planificación como el construir un puente. Quizás debido a que menos de la sexta parte de los proyectos software son completados en fecha y cumpliendo el presupuesto con toda la funcionalidad, el proceso en las metodologías clásicas posee demasiados pasos para tratar de alcanzar este díficil objetivo. Las metodologías ágiles no tratan de predecir el coste y planificar al inicio del proyecto, y en su lugar confían en el trabajo con los clientes con iteraciones frecuentes y el acuerdo sobre los rangos de fechas en los que los esfuerzos alcancen las metas del cliente. Puntuar en dificultad las historias de usuario y registrar los puntos realmente completados por iteración incrementa las posibilidades de estimaciones más realistas. La figura 7.15 muestra las diferentes tareas resultantes dadas las distintas perspectivas de estas dos filosofías.

Autoevaluación 7.10.1. *Nombre tres técnicas de las metodologías clásicas que pueden ayudar en la obtención de requisitos.*

◇ Entrevistas, escenarios y casos de uso. ■

7.11 Falacias y errores comunes

Tareas	*En ciclos clásicos*	*En ágil*
Documentación de requisitos	Especificación de requisitos software como el estándar IEEE 830-1998	Historias de usuario, Cucumber, Puntos, Velocidad
Obtención de requisitos	Entrevistas, escenarios, casos de uso	
Gestión del cambio para los requisitos, planificación y presupuesto	Control de versiones para código y documentación	
Aseguramiento de las funcionalidades de los requisitos	Trazabilidad para unir pruebas, revisiones y código	
Planificación y monitorización	Al inicio del proyecto, fecha de entrega basada en la estimación de costes, usando gráficos PERT. Hitos para monitorizar progreso	
Estimación de costes	Al inicio del proyecto, coste acordado en función de la experiencia del director o estimaciones de tamaño combinadas con métricas de productividad	Evaluación para escoger el rango de esfuerzo para el contrato en tiempo y recursos
Gestión de riesgos	Al inicio del proyecto, identificar riesgos para el presupuesto y la planificación, y actuar para superarlos o evitarlos	

Figura 7.15. Relaciones entre las tareas asociadas a los requisitos en las metodologías clásicas frente a las metodologías ágiles.

***Falacia.* Si un proyecto software se está retrasando, se puede recuperar el terreno perdido añadiendo más personas al proyecto.**

El concepto principal del clásico de Fred Brook *The Mythical Man-Month*, es que añadir más gente no sólo no ayuda, si no que lo retrasa aún más. La razón es doble: a los nuevos partícipes les toma un tiempo aprender sobre el proyecto; y según crece el tamaño del mismo, la cantidad de comunicación también se incrementa, lo que reduce el tiempo disponible del equipo para completar su trabajo. En resumen, lo que algunos llaman la Ley de Brook, es

Añadir personal a un proyecto software retrasado lo retrasa aún más.

Fred Brooks, Jr.

***Error.* Clientes que confunden los mock-ups con funcionalidades completas.**

A un desarrollador este error común le parecerá ridículo. ¡Sin embargo, los clientes no técnicos en ocasiones puede tener dificultades para diferenciar un *mock-up* digital muy pulido de una funcionalidad completa! La solución es simple: utilizar técnicas de papel y lápiz como bocetos hechos a mano o *storyboards* para llegar a un acuerdo con el cliente —no puede haber duda de que dichos bocetos poco detallados representan funcionalidades *propuestas* y no implementadas—.

***Error.* Añadir funcionalidades muy buenas no hace que el producto tenga más éxito.**

Las metodologías ágiles se inspiraron en parte en la frustración de los desarrolladores de software al crear lo que ellos creían que era código genial y que fue desechado por los clientes. Añadir una funcionalidad que parece ser muy buena es una tentación muy fuerte, pero también puede ser decepcionante ver descartado ese trabajo. Las historias de usuario ayudan a que todos los participantes del proyecto prioricen desarrollos y reducen las posibilidades de que haya esfuerzos desperdiciados en funcionalidades que únicamente atraen a los desarrolladores.

⚠ *Error.* **Bocetos sin *storyboards*.**

Los bocetos son estáticos; las interacciones con una aplicación SaaS ocurren como una secuencia de acciones a lo largo del tiempo. Proveedor y cliente deben acordar no sólo el contenido general de los bocetos poco detallados de la UI, sino también qué ocurre cuando se interactúa con la página. "Animar" los bocetos *Lo-Fi* —"De acuerdo, ha pulsado ese botón, aquí está lo que ve; ¿es lo que se esperaba?"— supone un gran avance para eliminar los malentendidos *antes* de que las historias deriven en pruebas y código.

⚠ *Error.* **Utilizar Cucumber únicamente como una herramienta de automatización de pruebas en vez de como un espacio común intermedio para todos los participantes del proyecto.**

Si usted mira el fichero `web_steps.rb`, rápidamente se aprecia cómo los pasos imperativos en Cucumber como "Cuando pulso Cancelar" son únicamente un envoltorio fino de la API de "navegador sin interfaz" de Capybara, y cabe preguntarse (como han hecho algunos de los estudiantes de los propios autores) por qué se debe utilizar Cucumber. Pero el valor real de Cucumber está en la creación de documentación que permite acuerdos entre los participantes no técnicos y los desarrolladores, *y* sirve como base para la automatización de las pruebas de aceptación e integración, que es la razón por la que las fucionalidades y pasos de Cucumber para una aplicación madura deben evolucionar hacia un "mini-lenguaje" apropiado para dicha aplicación. Por ejemplo, una aplicación para planificar las vacaciones de las enfermeras de un hospital tendría escenarios que hicieran un uso intensivo de términos específicos del dominio como pueden ser *cambio de turno, antigüedad, vacaciones, horas extras,* etc., en vez de enfocarse en las interacciones de bajo nivel entre el usuario y cada página.

⚠ *Error.* **Intentar predecir lo que se necesita antes de necesitarlo.**

Parte de la magia del desarrollo guiado por comportamiento (y del desarrollo guiado por pruebas en el siguiente capítulo) es el escribir las pruebas *antes* del código, para después pasar a escribir el código necesario para pasar dichas pruebas. Esta aproximación de arriba a abajo posibilita nuevamente que los esfuerzos de desarrollo sean realmente útiles, lo que es mucho más complicado de hacer cuando se está tratando de adivinar lo que se cree que se requerirá. Este comentario es también llamado el principio YAGNI —You Ain't Gonna Need It, no vas a necesitarlo—.

⚠ *Error.* **Uso descuidado de las expectativas negativas.**

Se debe tener cuidado de no utilizar excesivamente *Entonces no debo ver....* Como se comprueba una condición negativa, podría suceder que no se fuera capaz de decir si el resultado es el pretendido—sólo se puede decir lo que *no* es—. Muchos, muchísimos resultados no coincidirán, por lo que no es una buena prueba. Por ejemplo, si se quiere comprobar la *ausencia* de "¡Bienvenido, Dave!" pero accidentalmente se escribe **Entonces no debo ver "¡Saludos, Dave!"**, el escenario pasará como correcto incluso aunque la aplicación indique incorrectamente "¡Bienvenido, Dave!". Incluya siempre resultados esperados en forma positiva, como *Entonces debo ver....*

⚠ ***Error.*** **Uso descuidado de las expectativas positivas.**

Incluso aunque se estén utilizando expectativas positivas como *Entonces debo ver...*, ¿Qué ocurre si la cadena de caracteres que se busca se encuentra varias veces en la misma página? Por ejemplo, si el nombre del usuario autenticado es Emma y el escenario quiere comprobar si el libro *Emma* de Jane Austen ha sido añadido correctamente al carrito de compra, un paso de escenario de tipo *Entonces debo ver "Emma"* podría pasar como correcto incluso aunque el carro de compra no esté funcionando. Para evitar este error, se puede usar el *helper within* de Capybara, que restringe el alcance de las coincidencias como *Debo ver* al(los) elemento(s) que tengan un selector CSS dado, como en `Entonces debo ver ''Emma'' within ''div#shopping_cart''`, y utilizar atributos HTML `id` o `class` no ambiguos para los elementos de la página que se quieren nombrar en los escenarios. La documentación de Capybara[15] lista todas las coincidencias y helpers.

⚠ ***Error.*** **Marcar una historia como "hecha" cuando únicamente se ha comprobado el camino satisfactorio.**

Ya debería estar claro que una historia sólo es candidata a entrega cuando se han comprobado tanto el camino satisfactorio como los caminos de error más importantes. Por supuesto, tal y como describe el capítulo 8, hay muchas más formas de funcionamiento incorrecto que correcto, y las pruebas de caminos de error no son un intento de sustituir a unas pruebas de cobertura más finas y desgranadas. Pero desde el punto de vista del usuario, el funcionamiento correcto de la aplicación cuando el usuario accidentalmente realiza una acción incorrecta es tan importante como el comportamiento correcto cuando sí realiza las cosas como debe.

7.12 Observaciones finales: pros y contras de BDD

En el software, rara vez se tienen requisitos comprensibles. Incluso teniéndolos, la única medida importante del éxito es si nuestra solución soluciona la idea cambiante que tiene el cliente sobre cuál es su problema.

Jeff Atwood, *Is Software Development Like Manufacturing?*, 2006

La figura 7.16 muestra las relaciones que existen entre las herramientas para pruebas presentadas en este capítulo y las presentadas en los siguientes capítulos. Cucumber permite escribir historias de usuario como funcionalidades, escenarios y pasos, y realiza la correspondencia entre estos pasos y las definiciones de pasos utilizando expresiones regulares. Las definiciones de pasos invocan métodos en Cucumber y Capybara. Necesitamos Capybara porque estamos desarrollando una aplicación SaaS, y las pruebas requieren una herramienta que actúe como un usuario y un navegador web. Si la aplicación no es SaaS, entonces podríamos invocar directamente en Cucumber los métodos que realizan las pruebas de la aplicación.

La gran ventaja de las historias de usuario y de BDD es crear un lenguaje común compartido por todos los participantes del proyecto, especialmente por los clientes no técnicos. BDD es perfecto para aquellos proyectos en los que los requisitos no se entienden bien o

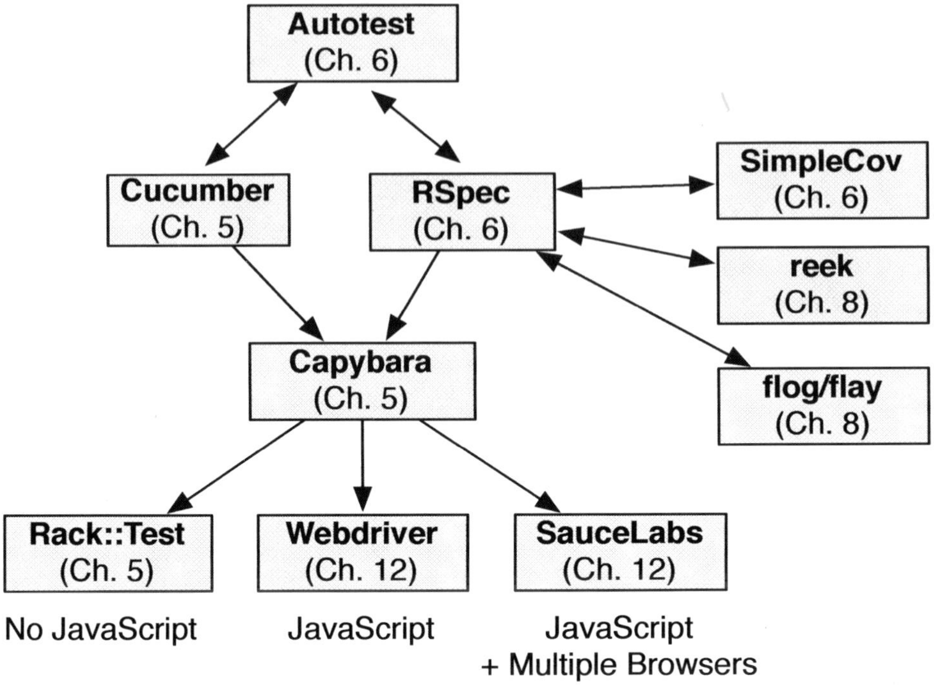

Figura 7.16. Relaciones entre Cucumber, RSpec, Capybara y el resto de herramientas para pruebas y servicios descritos en este libro. Este capítulo utiliza Rack::Test ya que nuestra aplicación no hace uso aún de JavaScript. Si lo hiciese, deberíamos utilizar Webdriver, más lento pero más completo. El capítulo 12 muestra cómo podemos reemplazar Webdriver por el servicio de SauceLabs para realizar pruebas de la aplicación con varios navegadores web en vez de sólo con uno.

cambian muy rápidamente, lo que es muy común. Además, las historias de usuario permiten descomponer fácilmente los proyectos en pequeños incrementos o iteraciones, lo que facilita la estimación del trabajo restante. El uso de fichas de 3x5 y de bocetos en papel de la interfaz de usuario consigue mantener involucrados a los clientes no técnicos en el diseño y priorización de funcionalidades, lo que incrementa las posibilidades de que el software resultante cumpla con las necesidades del cliente. Las iteraciones guían el proceso de refinamiento del desarrollo del software. Aún más, BDD y Cucumber dan paso de forma natural a la generación de pruebas *antes* de implementar el código, trasladando los esfuerzos de validación e implementación desde la depuración a las pruebas.

Google coloca estos posters en salas de descanso para recordar a los desarrolladores la importancia de las pruebas (utilizado con permiso).

Comparando historias de usuario, Cucumber, puntos y velocidad con los procesos de los ciclos de vida clásicos, se hace evidente que BDD juega un papel importante en el proceso ágil:

1. Obtención de requisitos
2. Documentación de requisitos
3. Pruebas de aceptación
4. Trazabilidad entre funcionalidades e implementación

5. Planificación y monitorización del progreso del proyecto

El inconveniente de las historias de usuario y BDD es que puede ser complicado o muy caro el tener contacto continuo con el cliente durante todo el proceso de desarrollo, y algunos clientes pueden no querer participar. Este enfoque no es tampoco escalable a proyectos de desarrollo software muy grandes o aplicaciones críticas de seguridad. Quizá la metodología clásica se acomoda mejor a estas dos situaciones.

Otro posible aspecto negativo de BDD es que el proyecto puede satisfacer al cliente pero no resultar en una buena arquitectura software, lo que es fundamental para el mantenimiento del código. El capítulo 11 introduce los patrones de diseño, algo que debe ser parte de su *toolkit* de desarrollo. Reconocer qué patrón corresponde a cada circunstancia y refactorizar código cuando es necesario (ver el capítulo 9) hace que se reduzcan las probabilidades de producir arquitecturas software pobres con BDD.

Dicho esto, la comunidad Ruby (que pone el énfasis en el código comprobable, bien escrito y auto-documentado) está impulsando enormemente la documentación y promoción de mejores prácticas para la especificación del comportamiento como una forma de documentar la intención de los desarrolladores de la aplicación y de proporcionar pruebas de aceptación que se puedan ejecutar. La wiki de Cucumber[16] es un buen lugar para comenzar.

Al principio, BDD puede no parecer la forma natural de desarrollar software; la tentación es comenzar tocando código. Sin embargo, una vez se aprende BDD y se utiliza con éxito, para la mayoría de desarrolladores no hay vuelta atrás. Los autores recuerdan que las buenas herramientas, aunque en ocasiones intimidantes en su aprendizaje, compensan el esfuerzo varias veces en el largo plazo. Creemos que en lo posible, en el futuro, usted seguirá el camino de BDD para escribir código elegante.

7.13 Para saber más

- La wiki de Cucumber[17] ofrece enlaces a documentación, tutoriales, ejemplos, *screencasts*, mejores prácticas y mucho más sobre Cucumber.
- *The Cucumber Book* (Wynne and Hellesøy 2012), escrito por el creador de la herramienta y por uno de sus primeros usuarios, incluye información detallada y ejemplos de uso de Cucumber, debates excelentes sobre mejores prácticas en BDD, y usos adicionales de Cucumber como la automatización de pruebas sobre servicios REST.
- Ben Mabey[18] (desarrollador de Cucumber) y Jonas Nicklas[19], entre otros, han escrito de forma elocuente sobre las ventajas de los escenarios declarativos frente a los imperativos en Cucumber. De hecho, el principal autor de Cucumber, Aslak Hellesøy, eliminó[20] deliberadamente **web_steps.rb** (que vimos en la sección 7.7) de Cucumber en octubre de 2011, motivo por el que debe instalar de forma separada la gema `cucumber_rails_training_wheels` para tenerlo disponible para los ejemplos del libro.

ACM IEEE-Computer Society Joint Task Force. Computer science curricula 2013, Ironman Draft (version 1.0). Technical report, February 2013. URL `http://ai.stanford.edu/users/sahami/CS2013/`.

B. W. Boehm and R. Valerdi. Achievements and challenges in COCOMO-based software resource estimation. *IEEE Software*, 25(5):74–83, Sept 2008.

F. P. Brooks. *The Mythical Man-Month*. Addison-Wesley, Reading, MA, Anniversary edition, 1995. ISBN 0201835959.

D. Burkes. Personal communication, December 2012.

J. Johnson. The CHAOS report. Technical report, The Standish Group, Boston, Massachusetts, 1995. URL `http://blog.standishgroup.com/`.

J. Johnson. The CHAOS report. Technical report, The Standish Group, Boston, Massachusetts, 2009. URL `http://blog.standishgroup.com/`.

A. Taylor. IT projects sink or swim. *BCS Review*, Jan. 2000. URL `http://archive.bcs.org/bulletin/jan00/article1.htm`.

M. Wynne and A. Hellesøy. *The Cucumber Book: Behaviour-Driven Development for Testers and Developers*. Pragmatic Bookshelf, 2012. ISBN 1934356808.

Notas

[1] `http://http://www.fandango.com/rss/moviefeed`
[2] `https://developers.google.com/maps/documentation/javascript/tutorial`
[3] `http://www.omdbapi.com`
[4] `http://imdb.com`
[5] `http://www.youtube.com/watch?v=mTYcHg51sWY`
[6] N. de T.: Literalmente, punta o clavo, o también se traduce como frustrar
[7] N. de T.: También puede encontrarse como "Tema" o "Superhistoria de usuario"
[8] `http://drive.google.com`
[9] `http://campfirenow.com`
[10] N.de.T.: del inglés, inteligente o listo referido a una persona; en Estados Unidos se utiliza también con el significado de "bien hecho"
[11] `https://github.com/cucumber/cucumber/wiki/cucumber.yml`
[12] `http://railscasts.com/episodes/159-more-on-cucumber`
[13] `http://cukes.info`
[14] `http://www.cs.st-andrews.ac.uk/~ifs/Books/SE9/CaseStudies/MHCPMS/SupportingDocs/MHCPMSCaseStudy.pdf`
[15] `http://rubydoc.info/github/jnicklas/capybara/`
[16] `http://cukes.info`
[17] `http://cukes.info`
[18] `http://benmabey.com/2008/05/19/imperative-vs-declarative-scenarios-in-user-stories.html`
[19] `http://elabs.se/blog/15-you-re-cuking-it-wrong`
[20] `http://aslakhellesoy.com/post/11055981222/the-training-wheels-came-off`

7.14 Ejercicios propuestos

Ejercicio 7.1. *Cree definiciones de pasos que le permitan escribir los siguientes pasos en un escenario de RottenPotatoes:*

http://pastebin.com/tni5pA8w

```
Given the movie "Inception" exists
And it has 5 reviews
And its average review score is 3.5
```

Pista: las variables de instancia en las definiciones de pasos en Cucumber están asociadas al escenario, no al paso.

Ejercicio 7.2. *Suponga que en RottenPotatoes, en lugar de utilizar seleccionar la calificación y la fecha de estreno, se opta por rellenar el formulario en blanco. Primero, haga los cambios apropiados al escenario de la figura 7.5. Enumere las definiciones de pasos a partir de* `features/cucumber/web_steps.rb` *que Cucumber invocaría al pasar las pruebas de estos nuevos pasos.*

Ejercicio 7.3. *Añada un escenario "sad path" a la funcionalidad de la figura 7.5 sobre qué ocurre cuando el usuario deja el campo vacío para el título.*

Ejercicio 7.4. *Escriba una lista de pasos de* background *que inserten varias películas en RottenPotatoes.*

Ejercicio 7.5. *Cree un boceto poco detallado (Lo-Fi) mostrando el comportamiento actual de la aplicación RottenPotatoes.*

Ejercicio 7.6. *Invéntese una funcionalidad que le gustaría añadir a RottenPotatoes y dibuje* storyboards *que muestren cómo se implementaría y se utilizaría.*

Ejercicio 7.7. *Indique una lista de pasos como los de la figura 7.12 que se utilizarían para implementar el siguiente paso:*

http://pastebin.com/6RvBzD4f

```
When / I delete the movie: "(.*)"/ do |title|
```

Ejercicio 7.8. *Use Cucumber y Mechanize para crear pruebas de integración o de aceptación para una aplicación SaaS ya existente que no disponga de un plan de pruebas.*

Ejercicio 7.9. *Cree una definición de paso en Cucumber que le permita comprobar la existencia de múltiples apariciones de un string en una página, como por ejemplo* `Entonces debo ver "Hurra" 3 veces`. ***Pista:*** *Piense en lo que ocurre si divide el texto de la página en trozos separados por la cadena de caracteres que debe encontrar.*

Ejercicio 7.10. *Mejore la definición de paso de los ejercicio anterior de forma que sus coincidencias puedan limitarse a un selector CSS, como en* `Entonces debo ver "Hurra" 3 veces within "div#congratulations"`.

Ejercicio 7.11. *Realice cambios sobre dos párrafos del sistema de gestión de pacientes*[1] *disponible online y conviértalos en historias de usuario en formato Connextra. ¿Cumplen con las directrices SMART? ¿Cuáles son funcionales y cuáles son no funcionales?*

Ejercicio 7.12. *Convierta las historias de usuario de RottenPotatoes en un documento de especificación de requisitos software. ¿Encuentra alguna dificultad para expresarlo en un SRS?*

Ejercicio 7.13. *Utilice un método ad hoc de estimación del esfuerzo de desarrollo software (p. ej., tiempo) de un proceso clásico y compárelo con el esfuerzo real que se necesita usando una herramienta como Pivotal Tracker. Nota: el icono del margen identifica ejercicios del estándar de Ingeniería del Software ACM/IEEE 2013 (ACM IEEE-Computer Society Joint Task Force 2013).*

Ejercicio 7.14. *Describa los principales desafíos de la obtención de requisitos así como las principales técnicas utilizadas.*

Ejercicio 7.15. *Diferencie entre trazabilidad hacia delante y hacia atrás y explique qué roles juegan en el proceso de validación de requisitos.*

Ejercicio 7.16. *Enumere varios ejemplos de riesgos de software.*

Ejercicio 7.17. *Describa las diferentes categorías de riesgos en los sistemas software.*

Ejercicio 7.18. *Describa el impacto del riesgo en los ciclos de vida clásicos.*

8 Pruebas de software: desarrollo orientado a pruebas

Donald Knuth (1938–), uno de los más ilustres expertos en ciencias de la computación, recibió el Premio Turing en 1974 por sus importantes contribuciones al análisis de algoritmos y al diseño de lenguajes de programación, y en particular por sus contribuciones a *El arte de programar ordenadores (The Art of Computer Programming)*. Dicha serie es considerada por muchos la referencia definitiva sobre análisis de algoritmos; los "cheques recompensa" de Knuth por descubrir errores en sus libros están entre los trofeos más preciados para los expertos en computación. Knuth inventó también el sistema de composición de textos TeX, ampliamente utilizado y con el cual se ha editado este libro.

Quizás una de las lecciones más importantes es el hecho de que EL SOFTWARE ES DIFÍCIL[1]. *[...] TeX y METAFONT demostraron ser mucho más difíciles que el resto de tareas que había realizado (como demostrar teoremas o escribir libros). Crear buen software requiere un nivel de precisión significativamente más alto, así como más tiempo de concentración, que otras actividades intelectuales.*

Donald Knuth, discurso de apertura del 11° World Computer Congress, 1989

[1]Knuth hace un juego de palabras que se pierde con la traducción: su expresión original, *"software is hard"*, contrapone *"hard"* (duro, difícil) como antónimo de *"soft"* (blando).

Conceptos

Los principales conceptos de este capítulo son creación de pruebas, cobertura de pruebas y niveles de prueba.

Las cinco propiedades FIRST que caracterizan las buenas pruebas son: rápidas (*Fast*), independientes (*Independent*), repetibles (*Repeatables*), autoevaluables (*Self-checking*) y oportunas (*Timely*). Para ayudar a mantener las pruebas rápidas e independientes del comportamiento de otras clases, se utilizan ***objetos mock*** o ***simulados*** y ***stubs***. Son ejemplos de ***costuras*** o ***hilvanes*** (***seams***), que cambian el comportamiento del programa durante las pruebas sin cambiar el código fuente.

En el ciclo de vida ágil, que sigue el ***desarrollo orientado a pruebas*** (***TDD***), las pruebas siguen las siguientes fases:

- Escribir ***pruebas unitarias*** que prueben el código que se desea tener –aún inexistente, por tanto fallarán–, comenzando por las pruebas de aceptación e integración derivadas de las ***historias de usuario***. Para ello, utilizaremos la herramienta RSpec.
- Escribir sólo el código necesario para pasar una prueba y buscar posibilidades de ***refactorizar*** el código antes de continuar con la siguiente. Puesto que las pruebas fallidas se muestran en rojo y las superadas en verde, esta secuencia se denomina ***Rojo–Verde–Refactorizar*** (*Red–Green–Refactor*).
- Usar ***mocks*** y ***stubs*** en las pruebas para aislar el comportamiento del código a probar del de otras clases o métodos de los que dependa.
- Diversas métricas de ***cobertura de código*** ayudan a determinar qué partes del código requieren más pruebas.

En el ciclo de vida clásico, se aplican algunos de estos mismos conceptos pero en un orden muy diferente e incluso involucrando a distintas personas:

- El jefe de proyecto asigna tareas de programación basadas en los SRS, de modo que las ***pruebas unitarias*** empiezan después de codificar. Los desarrolladores pasan el control a los probadores de ***Control de calidad*** (***Quality Assurance***, ***QA***) para realizar las pruebas de más alto nivel.
- Descendente (***Top-down***), ascendente (***Bottom-up***) y mixto (***Sandwich***) son alternativas de cómo combinar el código resultante para ejecutar las ***pruebas de integración***. El plan de pruebas y los resultados se documentan, por ejemplo siguiendo el estándar IEEE 829-2008.
- Tras las pruebas de integración, el equipo de control de calidad realiza la ***prueba de sistemas*** antes de su entrega al cliente. Las pruebas finalizan cuando se alcanza el nivel de cobertura especificado, por ejemplo "95% de cobertura de sentencia".
- Una alternativa a las pruebas, para software crítico de pequeño tamaño, son los ***métodos formales***. Utilizan especificaciones formales del comportamiento correcto del programa que se verifican automáticamente mediante demostradores de teoremas o búsqueda de estados exhaustiva, métodos de mayor alcance que las pruebas convencionales.

La estrategia de prueba es una de las diferencias más acusadas entre los ciclos de vida ágil y clásico: cuándo se comienzan a escribir las pruebas, en qué orden se escriben los niveles de pruebas e incluso quién hace las pruebas.

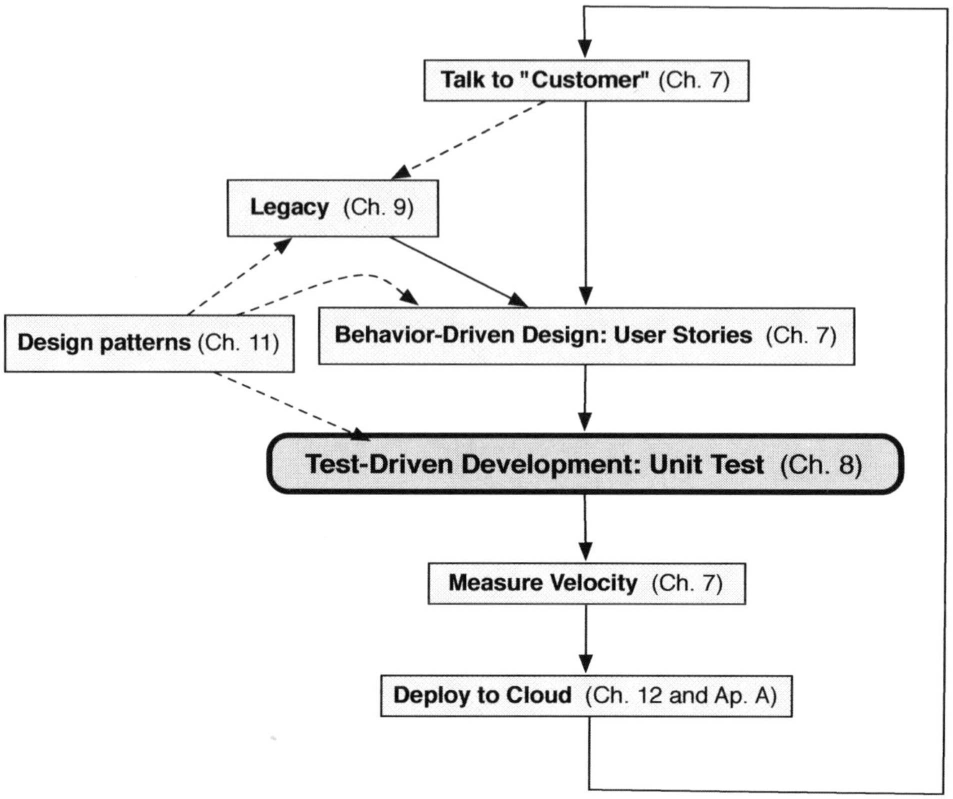

Figura 8.1. El ciclo de vida ágil del software y su relación con los capítulos de este libro. Este capítulo enfatiza las pruebas unitarias como parte del desarrollo orientado a pruebas.

¿Método o función? Siguiendo la terminología de programación orientada a objetos (*Object-Oriented Programming*, OOP), utilizamos *método* para refererirnos a un fragmento de código, con un determinado nombre, que implementa un comportamiento asociado a una clase, tanto si es tipo función que devuelve un valor, como si es tipo procedimiento que causa efectos colaterales. Históricamente, para referirse a dichos fragmentos de código se han utilizado, entre otros, los términos *función*, *rutina*, *subrutina* y *subprograma*.

8.1 Antecedentes: API REST y gemas Ruby

En el capítulo 1 se introdujo el ciclo de vida ágil y se diferenciaron dos aspectos de control de calidad del software: validación ("¿Ha desarrollado el producto correcto?") y verificación ("¿Ha desarrollado el producto correctamente?"). En este capítulo, nos centramos en la verificación —desarrollar el producto correctamente— mediante pruebas de software como parte del ciclo de vida ágil. La figura 8.1 resalta la parte del ciclo de vida ágil cubierta en este capítulo.

Aunque las pruebas son sólo una técnica usada para verificación, nos centramos en ellas porque a menudo se malinterpreta su papel y, como resultado, no reciben tanta atención como otras partes del ciclo de vida software. Además, como veremos, abordar el desarrollo software desde una perspectiva centrada en las pruebas mejora a menudo la legibilidad y el mantenimiento del software. En otras palabras, *el código que puede probarse tiende a ser buen código, y viceversa.*

En el capítulo 7 empezamos a trabajar en una nueva funcionalidad de RottenPotatoes, para permitir importar automáticamente información sobre una película de The Open Movie Database[2] o, abreviado, TMDb. En este capítulo, desarrollaremos los métodos necesarios para completar esta funcionalidad.

Como muchas aplicaciones SaaS, TMDb está diseñada para ser parte de una arquitectura orientada a servicios: tiene una ***API*** (*Application Programming Interface*, interfaz de programación de aplicaciones) que permite utilizar su funcionalidad a aplicaciones externas, no sólo usuarios web humanos. Como se muestra en el *screencast* 8.1.1, la API TMDb es REST, permitiendo que cada petición realizada por una aplicación externa sea totalmente autocontenida, como se describe en el capítulo 2.

Screencast 8.1.1. Usando la API TMDb.
`http://vimeo.com/83460540`
Se accede a la API TMDb construyendo un URI REST para la función apropiada, como por ejemplo "buscar películas que correspondan a una palabra clave" o "recuperar información detallada sobre una película específica". Para evitar abusos y monitorizar cada usuario de la API separadamente, cada desarrollador debe obtener primero su propia ***clave de API***, solicitándola en el sitio web de TMDb. Los URI de peticiones que no incluyan una clave de API válida no son atendidos, devolviendo un error. Para los URI de peticiones que contienen una clave de API válida, TMDb devuelve un objeto JSON como resultado de la petición codificada en el URI. Este flujo —construir un URI REST que incluya una clave de API, recibir una respuesta JSON— es un patrón común de interacción con servicios externos.

Generalmente, invocar dicha API desde RottenPotatoes requeriría utilizar la clase **URI** en la biblioteca estándar de Ruby para construir el URI de la petición con nuestra clave de API, usar la clase **Net::HTTP** para enviar la petición a `api.themoviedb.org`, y analizar el objeto JSON resultante (quizás utilizando la gema `json`). Pero a veces podemos ser más productivos subiéndonos a hombros de otros. La gema `themoviedb`, mencionada en la documentación de la API TMDb, es un *"wrapper"* (envoltorio) de la API REST de TMDb proporcionado por usuarios. El *screencast* 8.1.2 muestra cómo utilizarla.

Screencast 8.1.2. Uso simplificado de la API TMDb con la gema `themoviedb`.
`http://vimeo.com/84683958`
No todas las API REST tienen su correspondiente biblioteca Ruby, pero si existe, como para IMDb, puede ocultar los detalles de la API tras unos pocos métodos Ruby sencillos. Convenientemente, la gema `themoviedb` de Ahmet Abdi construye los URI REST correctamente, realiza las llamadas a servicio remoto, y convierte los resultados JSON en objetos Ruby que representan películas, listas de reproducción, etc. Pero, tal como muestra este *screencast*, hay que ser cuidadoso con la detección y manejo de errores al interactuar con el servicio remoto.

■ ***Explicación. API REST y claves de desarrollador***

La mayoría de las API REST requieren una clave de desarrollador; algunas las proporcionan gratuitamente, otras son de pago. Por ejemplo, una clave de API de Google[3] gratuita permite usar varios servicios Google, como los mapas y la geocodificación. En algunos casos, como TMDb, simplemente se incrusta la clave en la URL de cada llamada, usando SSL para transmitir las peticiones de forma segura (sección 12.9), de modo que un usuario malicioso no pueda fisgonear la clave. Sin embargo, los puntos finales de la API que acceden a datos específicos del usuario requieren a menudo mecanismos de autenticación por terceros más sofisticados, generalmente usando un esquema como OAuth, introducido en la sección 5.2.

Resumen: TMDb (The Open Movie Database) tiene una API orientada a servicios que puede invocarse enviando peticiones HTTP con los URI HTTP apropiados y devuelve una respuesta HTTP cuyo cuerpo es un objeto JSON que contiene los datos de la respuesta. Convenientemente, puede utilizarse una gema Ruby de código abierto para crear las peticiones apropiadas y analizar las respuestas JSON, en vez de trabajar directamente con los URI y JSON.

Autoevaluación 8.1.1. *Verdadero o falso: para usar la API TMDb desde otro lenguaje como Java, necesitaríamos una biblioteca Java equivalente a la gema `themoviedb`.*

◇ Falso: la API consiste en un conjunto de peticiones HTTP y respuestas JSON, de modo que mientras podamos transmitir y recibir bytes sobre TCP/IP y analizar cadenas de caracteres (las respuestas JSON), podemos usar las API sin una biblioteca especial. ■

8.2 FIRST, TDD y Rojo–Verde–Refactorizar

"Pasar la patata caliente" de los desarrolladores a ***control de calidad*** (*Quality Assurance*, ***QA***) no es la estrategia típica en las aplicaciones SaaS, como tampoco lo son los días en que los ingenieros QA probaban el software manualmente y rellenaban informes de error. De hecho, la idea de que asegurar la calidad es responsabilidad de un equipo separado, en vez del resultado de un buen proceso, se considera anticuada para las aplicaciones SaaS. Los desarrolladores SaaS actuales tienen mucha más responsabilidad de probar su propio código y participar en las revisiones; la responsabilidad de QA ha cambiado en gran medida a mejorar la infraestructura de herramientas de prueba, ayudar a los desarrolladores a hacer código que se pueda probar mejor y verificar que se pueden reproducir los errores reportados por los clientes, como se discutirá más extensamente en el capítulo 10. Como veremos, el ciclo de vida ágil también espera que el equipo de QA sean los desarrolladores.

Las pruebas también están mucho más automatizadas hoy en día. Pruebas automatizadas no significa que las pruebas se generen automáticamente para usted, sino que los tests son autoevaluables: el propio código de prueba puede determinar si el código probado funciona o no, sin que nadie tenga que comprobar manualmente los resultados de los tests o interactuar con el software. Un alto grado de automatización es clave para soportar los cinco principios de creación de buenas pruebas, resumidos en el acrónimo FIRST: rápidas (***F****ast*), independientes (***I****ndependent*), repetibles (***R****epeatable*), autoevaluables (***S****elf-checking*) y oportunas (***T****imely*).

Efecto 2000 en acción
Esta foto fue tomada el 3 de enero de 2000. (Wikimedia Commons)

- Rápidas (**F**ast): debería ser fácil y rápido ejecutar el subconjunto de casos de prueba relevantes para su tarea de código actual, para evitar interferir con su concentración. Usaremos una herramienta Ruby llamada Autotest para ayudar con esto.
- Independientes (**I**ndependent): ninguna prueba debería depender de precondiciones derivadas de otros tests, de modo que se pueda priorizar la ejecución de sólo un subconjunto de pruebas que cubran los cambios recientes en el código.
- Repetibles (**R**epeatable): el comportamiento de los tests no debería depender de factores externos como la fecha actual o de "constantes mágicas" que hagan que fallen las pruebas si sus valores cambian, como ocurría con muchos programas de la década de los 60 cuando llegó el año 2000[4].

- Autoevaluables (**S**elf-checking): cada prueba debería poder determinar por sí misma si se ha superado o fallado, sin depender de humanos que comprueben su resultado.

- Oportunas (**T**imely): las pruebas deberían crearse o actualizarse al mismo tiempo que el código que prueban. Como veremos, con el desarrollo orientado a pruebas, éstas se escriben *inmediatamente antes* que el código.

El ***desarrollo orientado a pruebas*** (*Test-Driven Development*, TDD) promueve el uso de pruebas para *dirigir* el desarrollo de código. Cuando se aplica TDD para crear nuevo código, como en este capítulo, a veces se denomina desarrollo de *pruebas primero* puesto que las pruebas existen antes que el código a probar. Cuando se usa TDD para ampliar o modificar código heredado, como en el capítulo 9, podrían crearse nuevas pruebas para código que ya existe. Según exploremos TDD en este capítulo, veremos cómo las herramientas Ruby soportan TDD y FIRST. Aunque TDD puede resultar extraño la primera vez que se intenta, tiende a dar como resultado código que está bien probado, más modular y más sencillo de leer que la mayoría del código desarrollado. Aunque obviamente TDD no es la única forma de conseguir estos objetivos, es difícil acabar con código seriamente deficiente si se usa TDD correctamente.

Usaremos RSpec, un ***lenguaje específico del dominio*** (*Domain Specific Language*, DSL) para probar código Ruby. Un DSL es un pequeño lenguaje de programación diseñado para abordar más fácilmente problemas de una determinada área (dominio) a expensas de sacrificar generalidad. Ya ha visto ejemplos de DSL *externos* (independientes), como HTML para describir páginas web. RSpec es un DSL *interno* o *embebido*: el código RSpec es simplemente código Ruby, pero aprovecha las características y sintaxis de Ruby para formar un "minilenguaje" orientado a la tarea de hacer pruebas. Otro ejemplo de DSL interno embebido en Ruby son las expresiones regulares.

Nota: Estos ejemplos e instrucciones son para versiones de RSpec *anteriores a la 3.0*. En una futura versión de este libro se actualizarán estas instrucciones para RSpec-3.0 y posteriores.

RSpec también puede utilizarse para pruebas de integración, pero preferimos Cucumber porque facilita el diálogo con el cliente y automatiza las pruebas de aceptación además de las de integración.

Las funcionalidades de RSpec nos permiten capturar las *expectativas* de cómo debería comportarse nuestro código. Dichas pruebas son especificaciones ejecutables, o *"specs"*, escritas en Ruby, de ahí el nombre RSpec. ¿Cómo podemos capturar expectativas en las pruebas antes de que exista ningún código que probar? La sorprendente respuesta es que escribimos pruebas que utilizan el *código que querríamos tener*, lo que nos fuerza a pensar no sólo qué hará el código, sino cómo se utilizará desde otros fragmentos de código que tengan que trabajar con él (invocadores y colaboradores). Hicimos esto en el capítulo 7, en la etapa de escenario de Cucumber *And I click "Search TMDb"*[2]: cuando modificamos la vista de listado de películas (`views/movies/index.html.haml`) para incluir un botón "Search TMDb"[3], seleccionamos el nombre **search_tmdb** para el método controlador aún inexistente que respondería al clic. Por supuesto, puesto que no existía ningún método **MoviesController#search_tmdb**, el paso Cucumber falló (rojo) cuando usted intentó hacer funcionar realmente el escenario. En el resto de este capítulo, usaremos TDD para desarrollar el método **search_tmdb** .

Bar#foo es notación idiomática de Ruby para denotar el método de *instancia* **foo** de la clase **Bar**. La notación **Bar.foo** denota el método **foo** de *clase*.

[2] Y hago clic en "Buscar en TMDb"

[3] "Buscar en TMDb"

http://pastebin.com/2BXbVMN8

```
1 require 'spec_helper'
2 
3 describe MoviesController do
4   describe 'searching TMDb' do
5     it 'should call the model method that performs TMDb search'
6     it 'should select the Search Results template for rendering'
7     it 'should make the TMDb search results available to that template'
8   end
9 end
```

Figura 8.2. Esqueleto de ejemplos RSpec para MoviesController#search_tmdb. Por convención sobre configuración, las especificaciones para `app/controllers/movies_controller.rb` **se espera que estén en** `spec/controllers/movies_controller_spec.rb`**, y así sucesivamente. (Use Pastebin para copiar y pegar este código).**

En la arquitectura MVC, la función del controlador es responder a las interacciones del usuario, llamar al método(s) del modelo adecuado(s) para recuperar o manipular los datos necesarios, y generar la vista apropiada. Podríamos, por tanto, describir el comportamiento *deseado* de nuesto aún inexistente método controlador como sigue:

- Debería llamar a un método del modelo para realizar la búsqueda en TMDb, pasándole los términos de búsqueda tecleados por el usuario.
- Debería seleccionar la vista HTML resultados de búsqueda —en lenguaje Rails, la plantilla (*template*) *Search Results*— para presentarla.
- Debería pasar los resultados de la búsqueda TMDb a dicha plantilla.

Observe que, en realidad, ¡ninguno de los métodos o plantillas de esta lista de desiderata existe aún! Ésa es la esencia de TDD: escribir una lista concreta y concisa de comportamientos deseados (la especificación –*spec*–) y utilizarla para dirigir la creación de los métodos y plantillas.

La figura 8.2 muestra cómo se expresarían estas expectativas en RSpec. Como en el capítulo 3, le animamos a aprender practicando. Antes de crear este fichero, necesita preparar RottenPotatoes para utilizar RSpec para las pruebas, lo que requiere cuatro pasos:

Puede ver qué son en `spec/spec_helper.rb`.

1. En el bloque **group :test** del *gemfile*, añada **gem 'rspec-rails'**
2. Puesto que nuestra aplicación también utilizará y dependerá de la gema `themoviedb`, añada **gem 'themoviedb'** fuera de cualquier bloque **group** (puesto que la gema se utilizará en los entornos de producción, desarrollo y prueba)
3. Como siempre que se modifica el fichero *gemfile*, ejecute `bundle install --without production`
4. En el directorio raíz de la aplicación RottenPotatoes, ejecute `rails generate rspec:install` para instalar los ficheros y directorios que necesita RSpec. Este paso también crea un fichero `spec/spec_helper.rb` por defecto que prepara algunos métodos *helper* que usaremos en todos los ejemplos.

Ya está listo para crear el fichero `spec/controllers/movies_controller_spec.rb` como se muestra en la figura 8.2. La línea 1 carga algunos métodos auxiliares que se utilizarán en todos los tests RSpec; en general, ésta será la primera línea de cualquier fichero de especificaciones para las aplicaciones Rails. La línea 3 indica que las siguientes especificaciones describen (**describe**) el comportamiento de la clase **MoviesController**. Puesto que esta clase tiene varios métodos, la línea 4 indica que este primer conjunto de especificaciones describe el comportamiento del método que busca en TMDb. Como puede ver, **describe** puede ir seguido de o bien el nombre de una clase o bien una cadena descriptiva de documentación.

Las tres siguientes líneas son espacios para ***ejemplos*** (***examples***), el término RSpec para un fragmento corto de código que prueba *un* comportamiento específico del método **search_tmdb**. Aún no hemos escrito nada de código de pruebas, pero el siguiente *screencast* muestra que podemos no sólo ejecutar estos esqueletos con el comando `rspec`, sino, y lo que es más importante, automatizar su ejecución con la herramienta `autotest`. Aunque el comando `rake spec` es una forma de ejecutar el conjunto completo de pruebas, la automatización de `autotest` mejora la productividad, puesto que evita tener que alternar la atención entre escribir código y ejecutar pruebas. También agiliza la ejecución de pruebas (***F**aster*), puesto que se centra de forma inteligente sólo en las pruebas que aún fallan o para las cuales ha cambiado el código recientemente, en vez de reejecutar el banco completo de pruebas cada vez. Para utilizar `autotest`, añada la línea **gem autotest-rails** dentro de la sección **group :test** de su Gemfile, y ejecute `bundle` como siempre para asegurar que la gema está instalada. A continuación, en el directorio raíz de la aplicación, simplemente teclee `autotest`. En el resto del capítulo se asume que `autotest` se está ejecutando y que según se añadan pruebas o código de aplicación se obtendrá inmediatamente realimentación de RSpec. En la siguiente sección crearemos nuestras primeras pruebas usando TDD.

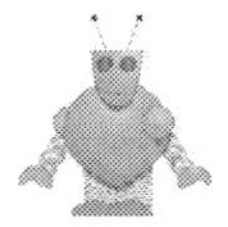

Screencast 8.2.1. Ejecutar los esqueletos de pruebas vacíos y automatizar la ejecución con `autotest`.
`http://vimeo.com/34754856`
Cuando se ejecuta el comando `RSpec`, los ejemplos (cláusulas **it**) que no contienen código se muestran en amarillo como "pendientes". También puede marcarse explícitamente un ejemplo mediante **pending** y proporcionar una descripción de por qué está pendiente. En vez de ejecutar manualmente **spec** cada vez que se añade o modifica código, se puede utilizar el comando `autotest`, que automáticamente vuelve a ejecutar las *specs* adecuadas cada vez que se modifica un fichero de especificaciones o de código.

Depurar y autotest
Para utilizar el depurador interactivo presentado en el capítulo 4 con `autotest`, añada **require 'debugger'** a `spec/spec_helper.rb` e inserte llamadas de depuración (**debugger**) donde quiera que se detenga la acción.

Resumen

- Las pruebas deberían ser rápidas (***F**ast*), independientes (***I**ndependent*), repetibles (***R**epeatable*), autoevaluables (***S**elf-checking*) y oportunas (***T**imely*) (FIRST).
- RSpec es un lenguaje específico del dominio embebido en Ruby para escribir pruebas. La convención sobre configuración determina dónde debería almacenarse el fichero de especificaciones (*specfile*) correspondiente a una determinada clase.
- En un fichero de especificaciones (*specfile*), cada ***ejemplo*** (*example*) introducido por el método **it** prueba un único comportamiento de un método. **describe** agrupa ejemplos jerárquicamente de acuerdo al conjunto de comportamientos que prueban.

Autoevaluación 8.2.1. *Un caso de prueba o* ejemplo *RSpec se introduce mediante la palabra*

1. Antes de escribir nada de código, escriba una prueba para *un* aspecto del comportamiento que *debería* tener. Puesto que el código a probar aún no existe, escribir la prueba le fuerza a pensar cómo *desearía* que el código se comportara e interaccionara con sus colaboradores si existiera. Lo denominamos "ejecutar el código que se querría tener".
2. Fase **roja**: Ejecute la prueba y compruebe que falla porque aún no ha implementado el código necesario para pasarla.
3. Fase **verde**: Escriba el código *más simple posible* que permita pasar *esta* prueba sin provocar fallos en ninguna de las anteriores.
4. Fase **refactorización**: Busque posibilidades de ***refactorizar*** tanto en el código como en las pruebas —modificando la estructura del código para eliminar redundancia, repeticiones u otros desaguisados que hayan aparecido al añadir código nuevo—. Las pruebas garantizan que la refactorización no introduce fallos.
5. Repetir hasta completar todos los comportamientos necesarios para superar un escenario.

Figura 8.3. El ciclo de desarrollo orientado a pruebas (TDD) también se conoce como Rojo–Verde–Refactorizar (Red–Green–Refactor) debido a su esquema de pasos 2–4. El último paso asume que se está desarrollando código para completar un escenario, como el que se empezó en el capítulo 7.

clave ____. Un grupo de ejemplos relacionados se introduce mediante la palabra clave ____, que puede anidarse para organizar ejemplos jerárquicamente.
◇ **it**; **describe** ■

Autoevaluación 8.2.2. *Puesto que RSpec asocia pruebas con clases usando convención sobre configuración, las pruebas para `app/models/movie.rb` se pondrían en el fichero ____.*
◇ `spec/models/movie_spec.rb` ■

8.3 Costuras, dobles y el código que le gustaría tener

La figura 8.3 captura la metodología TDD básica. Podría pensarse que hemos violado la metodología TDD al escribir tres casos de prueba en la figura 8.3 antes de completar el código para cualquiera de ellos. Pero, en la práctica, no hay nada malo en crear bloques **it** para pruebas que se sabe con certeza que se querrán escribir. Ya es hora, sin embargo, de ponerse manos a la obra y empezar a trabajar con las pruebas.

El primer ejemplo (caso de prueba) en la figura 8.2 especifica que el método **search_tmdb** debería llamar a un método de modelo para ejecutar la búsqueda en TMDb, pasándole las palabras clave introducidas por el usuario. En el capítulo 7, modificamos la vista **index** de RottenPotatoes añadiendo un formulario HTML cuya entrega gestionaba **MoviesController#search_tmdb**; el formulario contenía un único campo, llamado **search_terms**, para que el usuario introdujera texto. Nuestro caso de prueba, por tanto, necesitará emular qué ocurre cuando el usuario introduce texto en el campo **search_terms** y envía el formulario. Como sabemos, en una aplicación Rails la tabla *hash* **params** se rellena automáticamente con los datos enviados en un formulario, de modo que el método controlador pueda verlos. Afortunadamente, RSpec proporciona un método **post** que simula el envío de un formulario a una acción del controlador: el primer argumento es el nombre de la acción (método controlador) que recibirá el envío y el segundo es una *hash* que será el objeto **params** que ve la acción del controlador. Ahora ya podemos escribir la primera línea de nuestra primera *spec*, como se muestra en la figura 8.4. Sin embargo, aún debemos superar un par de obstáculos sólo para llegar a la fase roja del ciclo *http://pastebin.com/6tJvd0hx*

```
1  require 'spec_helper'
2
3  describe MoviesController do
4    describe 'searching TMDb' do
5      it 'should call the model method that performs TMDb search' do
6        post :search_tmdb, {:search_terms => 'hardware'}
7      end
8      it 'should select the Search Results template for rendering'
9      it 'should make the TMDb search results available to that template'
10   end
11 end
```

Figura 8.4. Rellenando la primera *spec*. Mientras un it "básico" (línea 8) sirve como contenedor para un ejemplo pendiente de escribir, un it acompañado de un bloque do. . . end (líneas 5–7) es un caso de prueba real.

Rojo–Verde–Refactorizar, tal como se muestra en el siguiente *screencast*.

Screencast 8.3.1. Desarrollar el primer ejemplo requiere añadir un método controlador vacío y crear una vista vacía.
`http://vimeo.com/34754876`
Para superar los errores de RSpec, primero tenemos que crear un método controlador vacío y su correspondiente ruta, de modo que la acción (envío del formulario por parte del usuario) tenga algún destino. A continuación, tenemos que crear una vista vacía, de modo que la acción del controlador tenga algo que visualizar. Esa línea de código nos lleva a asegurar que nuestro nuevo método controlador y la vista que en última instancia presentará tienen los nombres correctos y rutas coincidentes.

En este punto, RSpec da verde como resultado para nuestro primer ejemplo, pero en realidad no es preciso puesto que el ejemplo en sí está incompleto: aún no hemos comprobado realmente si **search_tmdb** invoca un método de modelo para buscar en TMDb, tal como la especificación requiere. (Lo hicimos así de forma deliberada para ilustrar algunos de los mecanismos necesarios para poner en funcionamiento la primera *spec*. Normalmente, puesto que cada *spec* tiende a ser corta, se completa antes de volver a ejecutar las pruebas).

¿Cómo podemos comprobar que **search_tmdb** invoca un método de modelo, si aún no existe ninguno? De nuevo, escribimos la prueba para el comportamiento del *código que querríamos tener*, como se indica en el paso 1 de la figura 8.3. Simulemos que tenemos un método de modelo que hace justo lo que queremos. En este caso, probablemente querríamos pasar al método una cadena de texto y obtener como resultado una colección de películas (objetos **Movie**) que coincidan con la cadena buscada. *Si* dicho método existiera, nuestro método controlador podría invocarlo así:

> El código que querríamos tener será un método de clase, puesto que encontrar películas en TMDb es un comportamiento relativo a las películas en general y no a una instancia particular de la clase (**Movie**).

http://pastebin.com/ACNefdqY

```
@movies = Movie.find_in_tmdb(params[:search_terms])
```

La figura 8.5 muestra el código de un caso de prueba que fuerza dicha llamada. En este caso, el código a probar —***código sujeto*** (***subject code***)— es **search_tmdb**. Sin embargo, parte del comportamiento que se prueba depende de **find_in_tmdb**. Puesto que **find_in_tmdb** aún no existe, el objetivo de las líneas 6–8 es "simular" el comportamiento que exhibiría si existiera. La línea 6 utiliza el método **mock** de RSpec para crear un array de dos "dobles de prueba" de objetos **Movie**. En particular, mientras un objeto **Movie** real respondería a métodos como **title** (título) y **rating** (clasificación), el doble de prueba lanzaría una excepción si se invoca cualquiera de sus métodos. ¿Por qué usar dobles entonces? Para *http://pastebin.com/fyyXrYJD*

```
1  require 'spec_helper'
2
3  describe MoviesController do
4    describe 'searching TMDb' do
5      it 'should call the model method that performs TMDb search' do
6        fake_results = [mock('movie1'), mock('movie2')]
7        Movie.should_receive(:find_in_tmdb).with('hardware').
8          and_return(fake_results)
9        post :search_tmdb, {:search_terms => 'hardware'}
10     end
11     it 'should select the Search Results template for rendering'
12     it 'should make the TMDb search results available to that template'
13   end
14 end
```

Figura 8.5. Ejemplo completo, indicando que el método controlador invocará el código que querríamos tener en el modelo *Movie*. Las líneas 5–10 de este listado sustituyen a las líneas 5–7 en la figura 8.4.

aislar estas *specs* del comportamiento de la clase **Movie**, que podría tener sus propios errores. Los objetos *mock* son como marionetas con un comportamiento totalmente controlado, permitiendo aislar las pruebas unitarias de sus clases colaboradoras y mantener las pruebas **I**ndependientes (la I de FIRST).

De hecho, un alias de **mock** es **double** (*doble*). Por claridad, use **mock** cuando se pida al objeto falso que haga algo y **double** cuando simplemente se necesite un suplente.

Volviendo a la figura 8.5, las líneas 6–7 expresan la ***expectativa*** de que la clase **Movie** debería recibir una llamada al método **find_in_tmdb** y que dicho método debería recibir como único argumento **'hardware'**. RSpec abrirá la clase **Movie** y definirá un método de clase **find_in_tmdb** cuyo único propósito es monitorizar si se le llama y, en ese caso, si se pasan los argumentos apropiados. *Si ya existiera un método con el mismo nombre en la clase* **Movie***, sería "sobreescrito" temporalmente* por este ***stub***. Por eso no importa que no hayamos escrito el método **find_in_tmdb** "real": ¡no se invocaría en cualquier caso!

El uso de **should_receive** para reemplazar temporalmente el método "real" para las pruebas es un ejemplo de uso de una ***costura*** (*seam*): "un lugar donde se puede alterar el comportamiento del programa sin editar en esa posición" (Feathers 2004). En este caso, **should_receive** crea una costura sobrecargando un método, sin tener que editar el fichero que contiene el método original (aunque en este caso el método original ni siquiera existe aún). Las costuras también son importantes cuando se trata de añadir nuevo código a la aplicación, pero en el resto del capítulo se verán muchos más ejemplos en pruebas. Las costuras son útiles para las pruebas porque permiten romper dependencias entre el fragmento de código a probar y sus colaboradores, permitiendo que los colaboradores se comporten de forma diferente en condiciones de prueba respecto a como lo harían en la vida real.

La línea 8 (que es la continuación de la 7) especifica que **find_in_tmdb** debería devolver la colección de dobles que configuramos en la línea 6. Esto completa la ilusión del "código que querríamos tener": estamos invocando un método que aún no existe ¡y proporcionando el resultado que esperaríamos que diera si existiese! Si omitimos **with**, RSpec seguirá comprobando que se llama a **find_in_tmdb**, pero no comprobará si los argumentos son los esperados. Si se omite **and_return**, la llamada al método "de mentira" devolverá **nil** en vez de un valor predefinido. En cualquier caso, después de ejecutar cada ejemplo, RSpec realiza un reseteo para restaurar las clases a su condición original, de modo que si se deseara realizar esas mismas falsificaciones en otros ejemplos, se necesitaría especificarlas en cada uno de ellos (aunque pronto se verá una forma de eliminar dicha repetición). Este desmantelamiento automático es otra parte importante de mantener los tests **I**ndependientes.

Técnicamente, en este caso sería correcto omitir **and_return**, puesto que este ejemplo no comprueba el valor de retorno, pero se incluye con fines ilustrativos.

Esta nueva versión de la prueba falla porque impone la expectativa de que **search_tmdb** llame a **find_in_tmdb**, pero **search_tmdb** aún no está ni siquiera escrito. Por tanto, la última etapa es pasar de rojo a verde añadiendo el código imprescindible para que **search_tmdb** supere esta prueba. Se dice que la prueba *orienta*, *dirige* o *guía* (*drives*) la creación de código, porque ampliar la prueba conlleva un error que debe solucionarse agregando código al modelo. Puesto que lo único que prueba este ejemplo concreto es la llamada al método **find_in_tmdb**, es suficiente añadir a **search_tmdb** la única línea de código que teníamos en mente como "el código que querríamos tener":

http://pastebin.com/vWt9uxGQ

```
@movies = Movie.find_in_tmdb(params[:search_terms])
```

Si TDD es nuevo para usted, todo esto es mucho material que absorber, especialmente al usar un entorno potente como Rails. No se preocupe: ahora que ha visto los conceptos principales, la siguiente serie de *specs* será más rápida. Requiere un poco de fe aventurarse con este sistema, pero la recompensa merece la pena. Lea el siguiente resumen y plantéese tomar un aperitivo y repasar los conceptos de esta sección antes de continuar.

Resumen

- El ciclo TDD Rojo–Verde–Refactorizar comienza escribiendo una prueba que falla porque el ***código sujeto*** (*subject code*) que prueba aún no existe (rojo) y entonces añadiendo el código imprescindible para pasar justo ese ejemplo (verde).

- Las costuras (*seams*) permiten cambiar el comportamiento de la aplicación en un punto concreto sin editar nada ahí. Una configuración típica de prueba suele crear costuras mediante **mock** o su alias **double** para crear objetos dobles de prueba, o mediante **should_receive... and_return** para crear *stubs* de métodos colaboradores (sustituyéndolos y controlando el valor de retorno). *Mocks* y *stubs* son costuras que facilitan las pruebas aislando el comportamiento del código a probar del comportamiento de sus colaboradores.

- Cada ejemplo configura precondiciones, ejecuta el código sujeto (*subject code*) y afirma algo acerca de los resultados. Afirmaciones como **should** (debería), **should_not** (no debería), **should_receive** (debería recibir) y **with** (con) hacen que las pruebas sean autoevaluables (***S**elf-checking*), eliminando la necesidad de que una persona analice los resultados de los tests.

- Después de cada prueba, un reseteo automático destruye los *mocks* y *stubs* y elimina las expectativas, de modo que las pruebas sean **I**ndependientes.

Autoevaluación 8.3.1. *En la figura 8.5, ¿por qué la expectativa* **should_receive** *en la línea 7 aparece* antes *que la acción* **post** *de la línea 9?*

◇ La expectativa requiere preparar un doble de prueba para **find_in_tmdb** que se pueda monitorizar para confirmar que recibe la llamada. Puesto que la acción **post** dará lugar finalmente a una llamada a **find_in_tmdb**, el doble debe estar disponible antes de que se produzca la acción **post**, o si no se llamaría al método real **find_in_tmdb**. (En este caso, **find_in_tmdb** ni siquiera existe, así que la prueba fallaría por esa razón). ∎

■ ***Explicación. Costuras en otros lenguajes***

En lenguajes no orientados a objetos, como C, es difícil crear costuras. Puesto que las llamadas a métodos se resuelven en el proceso de enlazado (*link*), normalmente el desarrollador crea una biblioteca que contenga la versión "de mentira" (doble de prueba) del método en cuestión y controla cuidadosamente el orden de enlazado de bibliotecas para asegurar que se utilice dicho doble de prueba. De manera similar, puesto que las estructuras de datos en C se acceden directamente leyendo la memoria en vez de a través de métodos accesores, se usan directivas de preprocesador como **#ifdef TESTING** para compilar el código de forma distinta para pruebas que para producción y así crear costuras de estructuras de datos (*mocks*).
En lenguajes OO de tipado estático, como Java, puesto que las llamadas a métodos se resuelven en tiempo de ejecución, una forma de crear costuras es crear una subclase de la clase a probar que sobrecargue ciertos métodos al compilar contra el instrumento de prueba. También es posible crear objetos *mock*, aunque deben satisfacer los requisitos del compilador como un objeto "real" completamente implementado, incluso aunque el *mock* sólo haga una pequeña parte del trabajo. El sitio web JMock[5] muestra algunos ejemplos de inserción de costuras en Java.
En lenguajes OO dinámicos como Ruby, que permiten modificar clases en tiempo de ejecución, se pueden crear costuras en cualquier momento y lugar. RSpec explota esta capacidad permitiendo crear los *mocks* y *stubs* específicos necesarios para cada prueba, facilitando la escritura de pruebas.

8.4 Expectativas, *mocks, stubs* y configuración y reseteo de ejemplos

De vuelta al esqueleto de archivo de especificaciones de la figura 8.2, la línea 6 indica que **search_tmdb** debería seleccionar la vista "Search Results" (Resultados de Búsqueda) para presentación. Por supuesto, dicha vista aún no existe, pero, como en el primer ejemplo, eso no tiene por qué detenernos.

Puesto que en el capítulo 3 se indica que el comportamiento por defecto del método **MoviesController#search_tmdb** es intentar mostrar la vista `app/views/movies/search_tmdb.html.haml` (creada en el capítulo 7), la *spec* simplemente tiene que verificar que la acción de controlador intentará realmente presentar esa plantilla de vista. Para ello se utiliza el método **response** (respuesta) de RSpec: una vez hecha una acción **get** o **post** en una *spec* del controlador, el objeto devuelto por el método **response** contendrá la respuesta a dicha acción del servidor de aplicaciones, y se puede establecer una expectativa de que la respuesta *habría renderizado* una vista concreta. Puede verse en la línea 15 de la figura 8.6, que ilustra otro tipo de aserción RSpec: *objeto*.**should** *condición-de-coincidencia*. En este ejemplo, **render_template()** satisface la *condición de coincidencia* (*match-condition*), de modo que la aserción se cumple si el objeto (en este caso la respuesta de la acción del controlador) intentó procesar una vista concreta. Se verá el uso de **should** con otras *condiciones de coincidencia*. La aserción negativa **should_not** puede utilizarse para especificar que la *condición de coincidencia* no debería ser verdadera.

¿Es realmente necesario? Puesto que la vista por defecto viene determinada por covención sobre configuración, esto en realidad se limita a probar la funcionalidad intrínseca de Rails. Pero si se presentara una vista en caso de éxito de la acción y otra distinta en caso de error, este tipo de ejemplos verificaría que se selecciona la vista correcta.

Hay un par de aspectos a destacar en la figura 8.6. En primer lugar, hay que crear dobles de prueba y ejecutar el comando **post** de forma separada en cada ejemplo, puesto que cada uno de ellos (líneas 5–10 y 11–16) son autocontenidos e Independientes. En segundo lugar, mientras el primer ejemplo usa **should_receive**, el segundo usa **stub**, que crea un doble de prueba para un método que *no* establece una expectativa de que dicho método sea llamado necesariamente. El doble entra en acción *si* el método es invocado, pero no se produce un *http://pastebin.com/T5rakACv*

```
 1 require 'spec_helper'
 2 
 3 describe MoviesController do
 4   describe 'searching TMDb' do
 5     it 'should call the model method that performs TMDb search' do
 6       fake_results = [mock('movie1'), mock('movie2')]
 7       Movie.should_receive(:find_in_tmdb).with('hardware').
 8         and_return(fake_results)
 9       post :search_tmdb, {:search_terms => 'hardware'}
10     end
11     it 'should select the Search Results template for rendering' do
12       fake_results = [mock('Movie'), mock('Movie')]
13       Movie.stub(:find_in_tmdb).and_return(fake_results)
14       post :search_tmdb, {:search_terms => 'hardware'}
15       response.should render_template('search_tmdb')
16     end
17     it 'should make the TMDb search results available to that template'
18   end
19 end
```

Figura 8.6. Segundo ejemplo. Las líneas 11–16 reemplazan la línea 11 de la figura 8.5.

error si nunca se invoca. Cambie el fichero *specfile* de acuerdo a la figura 8.6; `autotest` debería continuar ejecutándose e informar de que se pasa este segundo ejemplo.

En este sencillo ejemplo, podría argumentarse que estamos buscando tres pies al gato usando **should_receive** en un ejemplo y **stub** en otro, pero el objetivo es ilustrar que *cada ejemplo debería probar un único comportamiento*. Este segundo ejemplo *sólo* prueba que se selecciona la vista correcta. *No* comprueba que se llama al método de modelo apropiado —de eso se encarga el primer ejemplo—. De hecho, incluso aunque el método **Movie.find_in_tmdb** *estuviera* ya implementado, aún se crearía un *stub* en estos ejemplos, porque los ejemplos deberían aislar los comportamientos bajo prueba de los comportamientos de otras clases con las que el código sujeto colabore.

Antes de pasar a escribir otro ejemplo, debe refactorizarse de acuerdo al ciclo Rojo–Verde–Refactorizar. Puesto que las líneas 6 y 12 son idénticas, la figura 8.7 muestra una forma de evitar repeticiones (*DRY*) ***refactorizando*** para extraer el código de configuración común a un bloque **before(:each)**. Como el propio nombre implica, este código se ejecuta antes de *cada* uno de los ejemplos dentro del grupo de ejemplos **describe**, de forma similar a la sección **Background** de una funcionalidad de Cucumber, cuyos pasos se ejecutan antes de cada escenario. También existe **before(:all)**, que ejecuta el código de configuración una única vez para todo un grupo de pruebas; pero a costa de hacer las pruebas que lo usan dependientes unas de otras, puesto que es muy fácil que se introduzcan a hurtadillas dependencias difíciles de depurar y que sólo se descubren al ejecutar las pruebas en distinto orden o cuando sólo se ejecuta un subconjunto de las mismas.

Aunque el concepto de extraer la configuración común a un bloque **before** es directo, requiere un cambio sintáctico para que funcione, por cómo está implementado RSpec. En concreto, **fake_results** tiene que convertirse en una variable de instancia **@fake_results** porque las variables locales de un bloque **do...end** de un caso de prueba desaparecen una vez finaliza dicho caso de prueba. Por el contrario, las variables de instancia de un grupo de ejemplos son visibles para todos los ejemplos del grupo. Puesto que se establece el valor en el bloque **before :each**, cada caso de prueba verá el mismo valor inicial de **@fake_results**.

¿Variable de instancia de qué? **@fake_results** no es una variable de instancia de la clase puesta a prueba (**MoviesController**), sino del objeto **Test::Spec::ExampleGroup** que representa un grupo de casos de prueba.

Queda sólo un ejemplo por escribir, para comprobar que los resultados de la búsqueda *http://pastebin.com/eWvBdJR7*

```
1  require 'spec_helper'
2
3  describe MoviesController do
4    describe 'searching TMDb' do
5      before :each do
6        @fake_results = [mock('movie1'), mock('movie2')]
7      end
8      it 'should call the model method that performs TMDb search' do
9        Movie.should_receive(:find_in_tmdb).with('hardware').
10         and_return(@fake_results)
11       post :search_tmdb, {:search_terms => 'hardware'}
12     end
13     it 'should select the Search Results template for rendering' do
14       Movie.stub(:find_in_tmdb).and_return(@fake_results)
15       post :search_tmdb, {:search_terms => 'hardware'}
16       response.should render_template('search_tmdb')
17     end
18     it 'should make the TMDb search results available to that template'
19   end
20 end
```

Figura 8.7. Evitar repeticiones (*DRY*) en los ejemplos del controlador mediante el bloque before (líneas 5–7).

sobre TMDb estarán disponibles para la vista de respuesta. Recuerde que en el capítulo 7, se creó `views/movies/search_tmdb.html.haml` bajo la hipótesis de que la acción del controlador configuraría **@movies** con la lista de películas resultantes de TMDb. Por eso se asigna a la variable de instancia **@movies** el resultado de la llamada a **find_in_tmdb** en **MoviesController#search_tmdb**. (Recuerde que las variables de instancia asignadas en una acción de controlador son accesibles desde la vista).

El método **assigns()** de RSpec mantiene un registro de qué variables de instancia se asignan en el método controlador. Por tanto, **assigns(:movies)** devuelve el valor que se haya asignado a **@movies** en **search_tmdb** (si se asignó alguno) y nuestra *spec* simplemente tiene que verificar si la acción del controlador asigna correctamente dicha variable. En nuestro caso, ya hemos acordado devolver los dobles como resultado de la llamada simulada al método, de modo que el comportamiento correcto de **search_tmdb** sería asignar este valor a **@movies** como se indica en la línea 21 de la figura 8.8.

■ ***Explicación. ¿Más de lo que se necesita?***

Estrictamente hablando, para el propósito de este ejemplo, el método simulado **find_in_tmdb** podría haber devuelto cualquier valor, como la cadena "Soy una película", porque el *único* comportamiento que prueba este ejemplo es si se asigna la variable de instancia correcta y si está disponible para la vista. En particular, este ejemplo no se preocupa de cuál es el *valor* de esa variable, o si **find_in_tmdb** devuelve algo con sentido. Pero puesto que ya se tenían dobles configurados, resulta sencillo utilizarlos en este ejemplo.

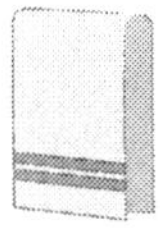

La última tarea del ciclo Rojo–Verde–Refactorizar es la etapa de refactorización. Los ejemplos segundo y tercero son idénticos a excepción de la última línea de cada uno de ellos (líneas 16 y 21). Para eliminar las repeticiones (*DRY*), la figura 8.9 abre con **describe** un grupo de ejemplos anidado independiente, agrupando los comportamientos comunes de los dos últimos ejemplos en su propio bloque **before**. Se ha elegido la descripción `after valid search` (después de una búsqueda válida) como nombre de este bloque **describe** porque todos los ejemplos de este subgrupo asumen que se ha producido una llamada válida a **find_in_tmdb**(esta suposición se prueba en el primer ejemplo).

http://pastebin.com/LJiz2q2q

```
1  require 'spec_helper'
2
3  describe MoviesController do
4    describe 'searching TMDb' do
5      before :each do
6        @fake_results = [mock('movie1'), mock('movie2')]
7      end
8      it 'should call the model method that performs TMDb search' do
9        Movie.should_receive(:find_in_tmdb).with('hardware').
10         and_return(@fake_results)
11       post :search_tmdb, {:search_terms => 'hardware'}
12     end
13     it 'should select the Search Results template for rendering' do
14       Movie.stub(:find_in_tmdb).and_return(@fake_results)
15       post :search_tmdb, {:search_terms => 'hardware'}
16       response.should render_template('search_tmdb')
17     end
18     it 'should make the TMDb search results available to that template' do
19       Movie.stub(:find_in_tmdb).and_return(@fake_results)
20       post :search_tmdb, {:search_terms => 'hardware'}
21       assigns(:movies).should == @fake_results
22     end
23   end
24 end
```

Figura 8.8. Aserción de que search_tmdb asigna correctamente @movie. Las líneas 18–22 en este listado reemplazan la línea 18 en la figura 8.7.

http://pastebin.com/xcGUCCFb

```
1  require 'spec_helper'
2
3  describe MoviesController do
4    describe 'searching TMDb' do
5      before :each do
6        @fake_results = [mock('movie1'), mock('movie2')]
7      end
8      it 'should call the model method that performs TMDb search' do
9        Movie.should_receive(:find_in_tmdb).with('hardware').
10         and_return(@fake_results)
11       post :search_tmdb, {:search_terms => 'hardware'}
12     end
13     describe 'after valid search' do
14       before :each do
15         Movie.stub(:find_in_tmdb).and_return(@fake_results)
16         post :search_tmdb, {:search_terms => 'hardware'}
17       end
18       it 'should select the Search Results template for rendering' do
19         response.should render_template('search_tmdb')
20       end
21       it 'should make the TMDb search results available to that template' do
22         assigns(:movies).should == @fake_results
23       end
24     end
25   end
26 end
```

Figura 8.9. *Spec* completa y refactorizada para search_tmdb. El grupo anidado que comienza en la línea 13 permite evitar código duplicado (DRY) en las líneas 14–15 y 19–20 de la figura 8.8.

Cuando se anidan grupos de ejemplos, cualquier bloque **before** asociado al grupo más externo se ejecuta antes que los asociados con los niveles interiores. Por tanto, por ejemplo, teniendo en cuenta el caso de prueba en las líneas 18–20 de la figura 8.9, el código de configuración de las líneas 5–7 se ejecuta primero, seguido por el código de iniciación de las líneas 14–17, y finalmente el propio ejemplo (líneas 18–20).

La próxima tarea será utilizar TDD para crear el método de modelo **find_in_tmdb** que se ha estado simulando. Puesto que este método se supone que llama al servicio TMDb real, hay que usar de nuevo *stubs*, esta vez para evitar que los ejemplos dependan del comportamiento de un servicio de Internet remoto.

Resumen

- Un ejemplo de refactorización, en el ciclo Rojo–Verde–Refactorizar, es mover el código de inicialización común a un bloque **before** block, evitando repeticiones (DRY) en las *specs*.
- Al igual que **should_receive**, **stub** crea un método "doble de pruebas" para usar en las pruebas, pero a diferencia de **should_receive**, **stub** no requiere que se llame realmente al método.
- **assigns()** permite a una prueba de controlador inspeccionar los valores de las variables de instancia asignadas por una acción de controlador.

Autoevaluación 8.4.1. *Especifique cuál de las siguientes construcciones RSpec se usa para (a) crear una costura (*seam*), (b) determinar el comportamiento de una costura (*seam*), (c) ninguna: (1)* **assigns()***; (2)* **should_receive***; (3)* **stub***; (4)* **and_return**.
◇ (1) c, (2) a, (3) a, (4) b ■

Autoevaluación 8.4.2. *¿Por qué normalmente es preferible usar* **before(:each)** *mejor que* **before(:all)***?*
◇ El código de un bloque **before(:each)** se ejecuta antes de cada *spec* en ese bloque, inicializando precondiciones idénticas para dichas *specs* y, en consecuencia, manteniéndolas independientes ■

8.5 *Fixtures* y factorías

Los *mocks* y *stubs* son apropiados cuando se necesita un sustituto con una pequeña parte de la funcionalidad para expresar un caso de prueba. Pero suponga que se quiere probar un nuevo método **Movie#name_with_rating** que comprueba los atributos **title** y **rating** de un objeto **Movie**. Podría crearse y pasar un *mock* que conozca toda esa información:
http://pastebin.com/mTMdUt2i

```
fake_movie = mock('Movie')
fake_movie.stub(:title).and_return('Casablanca')
fake_movie.stub(:rating).and_return('PG')
fake_movie.name_with_rating.should == 'Casablanca (PG)'
```

Pero hay dos razones para no utilizar un *mock* en este caso. Primero, este objeto *mock* necesita casi tanta funcionalidad como el objeto **Movie** real, de modo que probablemente sea mejor usar el objeto real. Segundo, puesto que el método de instancia que se prueba es *http://pastebin.com/LViW2uA8*

```
# spec/fixtures/movies.yml
milk_movie:
  id: 1
  title: Milk
  rating: R
  release_date: 2008-11-26

documentary_movie:
  id: 2
  title: Food, Inc.
  release_date: 2008-09-07
```

http://pastebin.com/n6hkM1Cw

```
# spec/models/movie_spec.rb:

require 'spec_helper.rb'

describe Movie do
  fixtures :movies
  it 'should include rating and year in full name' do
    movie = movies(:milk_movie)
    movie.name_with_rating.should == 'Milk (R)'
  end
end
```

Figura 8.10. Los *fixtures* declarados en ficheros YAML (arriba) se cargan automáticamente en la base de datos de pruebas antes de que se ejecute cada *spec* (abajo).

parte de la propia clase **Movie**, tiene sentido usar un objeto real ya que no se trata de aislar el código de prueba de las clases colaboradoras.

Hay dos opciones para obtener un objeto **Movie** real para este tipo de pruebas. Una opción es configurar uno o más ***fixtures*** —un estado fijo que se usa como referencia para una o varias pruebas—. El término *fixture* viene del mundo de la industria: un *test fixture* (banco de ensayo) es un instrumento que sostiene o sujeta el producto bajo evaluación. Puesto que todo el estado de las aplicaciones SasS en Rails se mantiene en la base de datos, un fichero *fixture* define un conjunto de objetos que se carga automáticamente en la base de datos de pruebas antes de que se ejecuten los tests, de modo que puedan usarse dichos objetos en las pruebas sin inicializarlos antes. Al igual que se inicializan y resetean los *mocks* y *stubs*, la base de datos de pruebas se borra y recarga con los *fixtures* antes de *cada spec*, manteniendo las pruebas independientes. Rails busca *fixtures* en un fichero de objetos ***YAML*** (*Yet Another Markup Language*). Como se muestra en la figura 8.10, YAML es una forma muy simple de representar jerarquías de objetos con atributos, similar a XML, que vimos al principio del capítulo. Los *fixtures* para el modelo **Movie** se cargan de `spec/fixtures/movies.yml` y están disponibles para las pruebas mediante sus nombres simbólicos, como muestra la figura 8.10.

> Estrictamente hablando, no se borra, pero cada *spec* se ejecuta en una ***transacción de la base de datos*** que se revierte cuando finaliza la *spec*.

Sin embargo, a menos que se usen cuidadosamente, los *fixtures* pueden interferir con la independencia de las pruebas, puesto que cada test depende ahora implícitamente del estado del *fixture*, de modo que modificar los *fixtures* podría cambiar el comportamiento de las pruebas. Además, aunque cada prueba individual probablemente sólo depende de uno o dos *fixtures*, el conjunto de *fixtures* requeridos por todas las pruebas puede terminar siendo inmanejable. Por esta razón, muchos programadores prefieren usar una ***factoría*** —una estructura diseñada para facilitar la creación ágil de objetos completamente funcionales (en vez de *mocks*) en tiempo de prueba. Por ejemplo, la popular herramienta para Rails Fac-

http://pastebin.com/60Th29d1

```
# spec/factories/movie.rb

FactoryGirl.define do
  factory :movie do
    title 'A Fake Title' # default values
    rating 'PG'
    release_date { 10.years.ago }
  end
end
```

http://pastebin.com/DVpJAWgr

```
# in spec/models/movie_spec.rb
describe Movie do
  it 'should include rating and year in full name' do
    # 'build' creates but doesn't save object; 'create' also saves it
    movie = FactoryGirl.build(:movie, :title => 'Milk', :rating => 'R')
    movie.name_with_rating.should == 'Milk (R)'
  end
end
# More concise: uses Alternative RSpec2 'subject' syntax', and mixes in
# FactoryGirl methods in spec_helper.rb (see FactoryGirl README)
describe Movie do
  subject { build :movie, :title => 'Milk', :rating => 'R' }
  its(:name_with_rating) { should == 'Milk (R)' }
end
```

Figura 8.11. Usar factorías en vez de *fixtures* preserva la independencia entre pruebas. Entornos como FactoryGirl (gem 'factory_girl_rails' en *Gemfile*) lo facilitan, racionalizando la creación de objetos reales (no *mocks*).

toryGirl[6] permite definir una factoría de objetos *Movie* y crear rápidamente únicamente los objetos que se necesitan para cada prueba, sobrecargando selectivamente sólo determinados atributos, como muestra la figura 8.11. (FactoryGirl es parte de la biblioteca de recursos del libro *–bookware–*). En nuestra sencilla aplicación, utilizar una factoría no confiere muchas ventajas respecto a crear directamente un nuevo objeto *Movie* invocando **Movie.new**. Pero en aplicaciones más complejas, en las que la creación e inicialización de objetos conlleva muchas etapas —por ejemplo, objetos que tienen muchos atributos que deben inicializarse al crearlos— una factoría ayuda a evitar repeticiones (*DRY*) en las precondiciones de prueba (bloques **before**) y a mantener fluido el código de las pruebas.

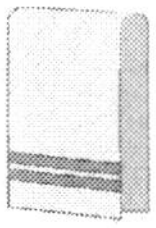

Antes de agregar más funcionalidad, profundicemos un poco más en cómo funciona RSpec. La función **should** de RSpec constituye un magnífico ejemplo de uso de las características del lenguaje Ruby para mejorar la legibilidad y difuminar la frontera entre pruebas y documentación. El siguiente *screencast* explica con más detalle cómo se maneja realmente una expresión como **value.should == 5**.

Screencast 8.5.1. Características del lenguaje dinámico Ruby que hacen más legibles las specs.
`http://vimeo.com/34754890`
RSpec amplía la clase **Object** añadiendo el método **should**. **should** recibe como parámetro un comparador (*matcher*) que representa la condición que será evaluada por **should**. Se pueden utilizar métodos de RSpec como **be** para generar dicho comparador. Gracias a la flexibilidad de la sintaxis de Ruby y los paréntesis opcionales, una aserción como **value.should be < 5** puede expresarse con paréntesis simplificándola como **value.should(be.<(5))**. Además, RSpec permite la funcionalidad **method_missing** de Ruby (descrita en el capítulo 3) para detectar comparadores (*matchers*) que comiencen con **be_** o **be_a_**, de forma que posibilita crear aserciones del tipo **cheater.should be_disqualified**. *(Nota: la* spec *que aparece al principio de esta edición beta del screencast no corresponde al ejemplo desarrollado en esta sección. Sin embargo, esto no afecta a la cuestión principal del screencast, que es ilustrar en detalle cómo funciona* **should** *en RSpec). (Nota adicional: puede necesitar el comando* **require 'rspec/expectations'** *para hacer funcionar los ejemplos de este screencast.)*

Resumen

- Cuando una prueba necesita manejar un objeto real mejor que un *mock*, el objeto real puede crearse sobre la marcha mediante una factoría o precargarse como *fixture*. Sin embargo, hay que tener cuidado, porque los *fixtures* pueden introducir interdependencias sutiles entre pruebas, perdiendo la **i**ndependencia.

- Las pruebas son una forma de documentación interna. RSpec explota las características de Ruby para permitir escribir código de pruebas extraordinariamente legible. Al igual que el código de aplicación, el código de pruebas es para las personas, no para el ordenador, de modo que tomarse tiempo para hacer los tests legibles no sólo profundiza su comprensión por parte del programador sino que también documenta las ideas más eficazmente para quienes trabajen después con el código.

■ ***Explicación. Nueva sintaxis de expectativas***

Desde la versión 2.11, RSpec soporta también una nueva sintaxis de expectativas, ligeramente distinta. Por ejemplo, en vez de escribir `foo.should==5`, puede escribirse `expect(foo).to eq(5)`. Este artículo[7] justifica el cambio y explica por qué no puede escribirse `expect(foo).to==5`; ambos argumentos son sutiles. Aunque se continúa soportando la sintaxis "clásica" de `should`, la nueva sintaxis estilo `expect` se asemeja más a cómo se escriben las expectativas para pruebas Javascript en Jasmine. (Section 6.7). La figura 8.19 muestra un listado parcial de correspondencias entre las sintaxis "clásica" y nueva, basado en la documentación completa de RSpec[8].

Autoevaluación 8.5.1. *Suponga que un juego de pruebas contiene un test que añade un objeto del modelo a una tabla y a continuación espera encontrar como resultado un determinado número de objetos del modelo en la tabla. Explique cómo puede afectar a la independencia de las pruebas el uso de fixtures en este caso y cómo puede solucionarse el problema con factorías.*

◇ Si el fichero de *fixtures* se modifica de modo que el número de ítems que contiene ini-

http://pastebin.com/TVmi7Zxu

```
require 'spec_helper'

describe Movie do
  describe 'searching Tmdb by keyword' do
    it 'should call Tmdb with title keywords' do
      Tmdb::Movie.should_receive(:find).with('Inception')
      Movie.find_in_tmdb('Inception')
    end
  end
end
```

http://pastebin.com/XvaAGUUQ

```
class Movie < ActiveRecord::Base

  def self.find_in_tmdb(string)
    Tmdb::Movie.find(string)
  end

  # rest of file elided for brevity
end
```

Figura 8.12. (Arriba) *Spec* del camino "feliz" para usar la gema TMDb; (abajo) implementación inicial del camino "feliz" dirigida por la *spec* del camino "feliz" (*happy path*).

cialmente la tabla cambia, esta prueba puede empezar a fallar de repente porque dejan de cumplirse las condiciones que asume sobre el estado inicial de la tabla. Por el contrario, puede usarse una factoría para crear rápidamente, bajo demanda, únicamente los objetos necesarios para cada prueba o grupo de ejemplos, de modo que ningún test depende de ningún "estado inicial" de la base de datos. ■

8.6 Requisitos implícitos y simulación de Internet

Ya tenemos dos terceras partes de la nueva funcionalidad de búsqueda "Search TMDb": creamos la vista en el capítulo 7 y utilizamos TDD para guiar la creación de la acción del controlador en las secciones anteriores. Para completar la historia de usuario que comenzamos en el capítulo 7 sólo queda el método de modelo **find_in_tmdb**, que utiliza tecnología de arquitectura orientada a servicios para comunicarse con TMDb. Utilizar TDD para dirigir su implementación será rápido ahora que conocemos los fundamentos.

Por convención sobre configuración, las especificaciones del modelo **Movie** van en `spec/models/movie_spec.rb`. La figura 8.12 muestra el camino "feliz" (*happy path*) al invocar **find_in_tmdb**, que describe lo que ocurre cuando todo funciona correctamente. (Las especificaciones completas también deben cubrir los caminos de error (*sad paths*), como pronto veremos). Hemos añadido un bloque **describe** para la función de buscar palabras clave, anidado dentro del bloque **describe Movie** global. Nuestra primera *spec* dice que cuando se llama a **find_in_tmdb** con una cadena de caracteres como parámetro, debería pasar dicha cadena al método de clase **Tmdb::Movie.find** de la gema TMDb. Esta *spec* debería fallar inmediatamente, porque aún no hemos definido **find_in_tmdb**, de modo que ya estamos en la fase roja. Evidentemente, en esta etapa **find_in_tmdb** es trivial. La figura 8.12 (abajo) muestra su implementación inicial que nos hace pasar de rojo a verde.

¿Por qué el método controlador **search_tmdb** no llama directamente a **Tmdb::Movie.find**, en vez de pasar un argumento al método aparentemente "intermediario" **find_in_tmdb**? Hay dos razones. Primera, si la API de la gema TMDb cambia, *http://pastebin.com/cPXrpyMT*

```
1  require 'spec_helper'
2
3  describe Movie do
4    describe 'searching Tmdb by keyword' do
5      it 'should call Tmdb with title keywords given valid API key' do
6        Tmdb::Movie.should_receive(:find).with('Inception')
7        Movie.find_in_tmdb('Inception')
8      end
9      it 'should raise an InvalidKeyError with invalid API key' do
10       lambda { Movie.find_in_tmdb('Inception') }.
11         should raise_error(Movie::InvalidKeyError)
12     end
13   end
14 end
```

Figura 8.13. El código que nos gustaría tener lanzaría una excepción muy específica para señalizar que falta la clave de API (línea 11), pero esta *spec* falla porque find_in_tmdb no implementa la lógica necesaria para comprobar un error en la llamada al servicio y lanzar esta excepción.

quizás para ajustarse a un cambio en la propia API del servicio TMDb, podemos aislar el controlador de dichos cambios, porque todo el conocimiento sobre cómo usar la gema para comunicarse con el servicio está encapsulado dentro de la clase del modelo **Movie**. Esta indirección es un ejemplo de separación entre los elementos que cambian y aquellos que permanecen igual, una idea clave en el uso de patrones de diseño, que se introdujo brevemente en la sección 2.1 y se explica en detalle en el capítulo 11. La segunda razón, más importante, es que esta *spec* está sutilmente incompleta: **find_in_tmdb** tiene más tareas que hacer. Nuestros casos de prueba se han basado en el ***requisito explícito*** descrito en la historia de usuario del capítulo 7: cuando el usuario introduce el nombre de una película y pulsa *Search TMDb*, debería ver una página que muestre los resultados. Sin embargo, el *screencast* 8.1.2 mostraba que si una petición no va acompañada de una clave de API válida, se lanza una excepción que no resulta muy informativa para el programador sobre el origen real del error. Nuestra estrategia, denominada a veces envolver (*wrapping*) la excepción, consistirá en capturar dicha excepción y lanzar una propia, **InvalidKeyError**, cuando se produzca un problema de clave no válida. De este modo, si el comportamiento de error de la gema cambia en el futuro, podemos hacer los cambios aquí en el modelo, y quien realiza la llamada (**search_tmdb** en este caso) sólo tiene que preocuparse de manejar **InvalidKeyError**.

¿Dónde está la gema? ¿No hay que incluir **require 'themoviedb'** en alguna parte en la definición del modelo o en las especificaciones (*specs*)? En aplicaciones no basadas en Rails sí. Pero Rails automáticamente requiere (**require**) las gemas que se especifican en el fichero *Gemfile*.

Esto lleva a un nuevo ***requisito implícito*** que descubrimos experimentando con la gema:

- Debería lanzar una excepción de "clave no válida" (*"invalid key"*) si se proporciona una clave no válida.

En ediciones anteriores de este libro, la API de la gema, del servicio y el comportamiento de error en caso de clave de API no válida eran todos diferentes. Aún así, los únicos cambios necesarios para este ejemplo estaban encapsulados en el modelo.

La especificación revisada en la figura 8.13 expresa este requisito implícito como una nueva *spec*.

Fíjese que hemos renombrado nuestra primera *spec* para indicar que aplica al caso en que la clave de API es válida y añadido una nueva *spec* para cubrir el caso en que la clave de API no es válida.

Pero ahora tenemos dos dilemas. El primero es que esta *spec* llamaría al servicio TMDb real cada vez que se ejecutara, con lo cual no sería ni rápida (***F****ast*) —cada llamada requiere unos pocos segundos— ni repetible (***R****epeatable*) —la prueba se comportará de forma diferente si TMDb está caída o si su ordenador no tiene conexión a Internet—. Incluso aunque *http://pastebin.com/cjcEZd4Y*

```
1  require 'spec_helper'
2
3  describe Movie do
4    describe 'searching Tmdb by keyword' do
5      it 'should call Tmdb with title keywords given valid API key' do
6        Tmdb::Movie.should_receive(:find).with('Inception')
7        Movie.find_in_tmdb('Inception')
8      end
9      it 'should raise an InvalidKeyError with no API key' do
10       Tmdb::Movie.stub(:find).and_raise(NoMethodError)
11       Tmdb::Api.stub(:response).and_return({'code' => 401})
12       lambda { Movie.find_in_tmdb('Inception') }.
13         should raise_error(Movie::InvalidKeyError)
14     end
15   end
16 end
```

Figura 8.14. Los *stubs* de las líneas 10–11 simulan el comportamiento que observamos en el *screencast* 8.1.2 cuando se proporciona una clave de API no válida.

sólo se ejecutaran las pruebas con conexión, está muy mal visto (se considera de mala educación) que las pruebas accedan continuamente a un servicio en producción.

Podemos solucionarlo introduciendo una costura que aísle el método que realiza la llamada del que la recibe. Sabemos, por el *screencast* 8.1.2, que **Tmdb::Movie.find** lanza una excepción **NoMethodError** cuando se usa una clave no válida. En ese caso, podemos analizar **Tmdb::Api.response** para verificar que el código de respuesta HTTP (**code**) es 401, que significa "No autorizado". Podemos replicar ese comportamiento con un *stub* que "simule" lo que ocurre cuando la gema realiza una llamada de servicio con una clave de API errónea. La figura 8.14 muestra dicha *spec*. Fíjese que tuvimos que encapsular la llamada a **find_in_tmdb** en la línea 12 en un bloque **lambda**. Esperamos que la llamada lance una excepción, pero si una *spec* lanzara realmente una excepción, ¡detendría las pruebas! Por tanto, para hacer la *spec* autoevaluable (*Self-checking*), se llama a **should** sobre el objeto **lambda**, lo que hace que lambda se ejecute en un "entorno controlado" donde RSpec puede capturar cualquier excepción y compararla con las expectativas.

Esta *spec* falla por la razón correcta, esto es, porque no hemos añadido código a **find_in_tmdb** para comprobar si se produce una excepción en la gema. La figura 8.15 muestra el nuevo código añadido a **find_in_tmdb** para pasar la prueba. Fíjese que si se produce una excepción **NoMethodError** pero no puede verificarse que el código de respuesta de la API sea 401 (líneas 9–13 de la figura 8.15), simplemente relanzamos la excepción original, puesto que en este caso no sabemos cuál es el problema (y no hay nada en la documentación de la gema `themoviedb` para averiguarlo). De igual modo, si se produce otra excepción distinta de **NoMethodError**, no la capturaremos y tendrá que ocuparse de ella el método que haya realizado la llamada.

Ahora podemos ver el segundo dilema en la figura 8.14: pasamos dos *specs* que claramente prueban el comportamiento bajo condiciones *diferentes* —clave de API válida versus no válida— Aun así, ¡no hay nada en el código de las pruebas que nos lo indique! Este error es un "antipatrón", al escribir pruebas que implican el uso de otra API, ya sea de un servicio remoto o de otra clase. Puesto que nuestras pruebas nunca llaman al servicio remoto TMDb "real", lo que queremos en realidad es agrupar nuestras pruebas en dos conjuntos distintos, en función de si estamos simulando llamadas con éxito con una clave de API válida o llamadas fallidas debido a una clave de API no válida.

http://pastebin.com/1GRqdr91

```
1 class Movie < ActiveRecord::Base
2
3   class Movie::InvalidKeyError < StandardError ; end
4
5   def self.find_in_tmdb(string)
6     begin
7       Tmdb::Movie.find(string)
8     rescue NoMethodError => tmdb_gem_exception
9       if Tmdb::Api.response['code'] == 401
10        raise Movie::InvalidKeyError, 'Invalid API key'
11      else
12        raise tmdb_gem_exception
13      end
14    end
15  end
16
17  # rest of file elided for brevity
18 end
```

Figura 8.15. Código añadido a find_in_tmdb para capturar la excepción, incluyendo la definición de un nuevo tipo de excepción propio (línea 3). Si el código de respuesta de la API es 401, sabemos que el problema fue una clave no válida. Pero si es otro distinto, no sabemos cuál es el problema, de modo que por seguridad simplemente relanzamos la excepción original

La figura 8.16 muestra cómo hacer esto en RSpec. **context** es un simple sinónimo de **describe** y, además de dejar agrupar las *specs* de acuerdo a su propósito, también pueden usarse bloques **before** para inicializar los *stubs* que simularán las llamadas con claves no válidas. Cualquier *spec* futura para probar otros casos que involucren una clave de API no válida pueden simplemente ir en dicho bloque de contexto (**context**).

La figura 8.16 plantea una cuestión más general: ¿dónde deberíamos crear los *stubs* para métodos externos cuando se usa un servicio externo? Aquí elegimos crear un *stub* de **find_in_tmdb** y simular los resultados de las llamadas a TMDb de la gema, pero un enfoque de pruebas de integración más robusto crearía el *stub* "más próximo al servicio remoto". En particular, podríamos crear *fixtures* —ficheros con el contenido devuelto por llamadas reales al servicio, como los objetos JSON del *screencast* 8.1.1— e interceptar las llamadas al servicio remoto y devolver en cambio los contenidos de dichos *fixtures*. La gema FakeWeb[9] hace exactamente eso: simula la Web completa, excepto URI concretos que devuelven una respuesta predefinida cuando un programa Ruby accede a ellos. (Se puede pensar que FakeWeb es como una cláusula **stub... with... and_return** para toda la Web). Existe incluso una gema complementaria VCR[10] que automatiza el proceso de obtener una respuesta del servicio real, almacenarla en un fichero *fixture* y "reproducir" el *fixture* cuando se invoca el servicio remoto desde las pruebas, interceptando las llamadas de bajo nivel en la biblioteca HTTP de Ruby.

VCR (del inglés ***Videocassette Recorder*** –videograbador–) era un dispositivo de grabación de vídeo en cinta analógica popular en los 80 que quedó obsoleto con la adopción del DVD a principios de los 2000. La gema `vcr` usa incluso el término *"cassette"* para referirse a las respuestas del servidor almacenadas que se reproducen durante las pruebas.

Desde el punto de vista de pruebas de integración, FakeWeb es la forma más realista de probar las interacciones con un servicio remoto, porque el comportamiento simulado está "más alejado" —introducimos el *stub* lo más tarde posible en el flujo de la petición—. Por tanto, normalmente `FakeWeb` es la opción apropiada cuando se crean escenarios Cucumber para probar la integración con servicios externos. Desde el punto de vista de pruebas unitarias (que es el que hemos adoptado en este capítulo) es menos convincente, puesto que lo que nos preocupa es el comportamiento correcto de ciertos métodos de clase específicos y no nos importa crear los *stubs* "más cerca" para observar dichos comportamientos en un entorno controlado.

http://pastebin.com/CT0XWNrH

```
require 'spec_helper'

describe Movie do
  describe 'searching Tmdb by keyword' do
    context 'with valid API key' do
      it 'should call Tmdb with title keywords' do
        Tmdb::Movie.should_receive(:find).with('Inception')
        Movie.find_in_tmdb('Inception')
      end
    end
    context 'with invalid API key' do
      before :each do
        Tmdb::Movie.stub(:find).and_raise(NoMethodError)
        Tmdb::Api.stub(:response).and_return({'code' => 401})
      end
      it 'should raise an InvalidKeyError with no API key' do
        lambda { Movie.find_in_tmdb('Inception') }.
          should raise_error(Movie::InvalidKeyError)
      end
    end
  end
end
```

Figura 8.16. Ahora las *specs* están agrupadas claramente de acuerdo a las condiciones de prueba (clave de API válida o no) de find_in_tmdb. Una ventaja adicional de este agrupamiento es que podemos evitar repeticiones (*DRY*) en la inicialización de los *stubs* que simulan el escenario de clave no válida, poniéndolos en un bloque before que aplique a todas las *specs* de dicho grupo.

Resumen

- A veces, los requisitos explícitos conllevan requisitos implícitos adicionales —restricciones adicionales que no son "visibles" como los requisitos explícitos, pero que deben satisfacerse igualmente para cumplir los requisitos explícitos—. Los requisitos implícitos son tan importantes como los explícitos y deberían probarse con el mismo rigor.

- Si se necesita comprobar si el código que se prueba lanza una excepción, puede hacerse utilizando una expresión lambda como receptor de la expectativa (como **should** o **should_not**) y utilizando el comparador (*matcher*) **raise_error**.

- Para crear *specs* rápidas (***F**ast*) y repetibles (***R**epeatable*) para código que se comunica con un servicio externo, se usan *stubs* para replicar el comportamiento del servidor. Los bloques de contexto (**context**) permiten agrupar *specs* que prueban distintos comportamientos del servicio remoto, utilizando bloques **before** para inicializar los *stubs* u otras precondiciones necesarias para simular cada comportamiento.

- La cuestión de "dónde montar el *stub*" de un servicio externo depende del propósito de las pruebas. Para las pruebas funcionales o de integración, es más realista y conveniente situarlo "lejos" con FakeWeb. Para pruebas unitarias de bajo nivel, frecuentemente es adecuado montarlo "cerca" en una gema o biblioteca que se comunica con el servicio remoto.

■ ***Explicación. Excepciones declaradas y no declaradas***

En lenguajes de tipado estático como Java, el compilador fuerza que los métodos declaren las excepciones que pueden lanzar. Si el método que recibe la llamada añade un nuevo tipo de excepción, su signatura cambia, obligando a recompilar tanto dicho método cómo todos los que lo invocan. Este enfoque no es fácilmente extensible a las aplicaciones SaaS, que pueden comunicarse con otros servicios, como TMDb, cuya evolución y comportamiento escapan al control de quien los usa. Como se ha visto, hay que confiar en la documentación de la API del servicio remoto para averiguar qué podría fallar, así como capturar y manejar otros modos de fallo no documentados. Por tanto, aunque Ruby no requiera declarar excepciones como Java, las aplicaciones Ruby necesitan entender y manejar los comportamientos excepcionales que puedan aparecer al interaccionar con otra API, especialmente si dicha API invoca un servicio remoto.

Autoevaluación 8.6.1. *Si no inicializar una clave de API válida provoca que la gema* `themoviedb` *lance una excepción, ¿por qué la línea 7 de la figura 8.13 no lanza una excepción?*
◇ La línea 6 sustituye la llamada **Tmdb::Movie.find** por un *stub*, evitando que se ejecute el método "real" y se lance la excepción. ■

Autoevaluación 8.6.2. *Teniendo en cuenta la línea 10 de la figura 8.13, suponga que no encapsulamos la llamada a* **find_in_tmdb** *en una expresión* lambda. *¿Qué ocurriría y por qué?*
◇ Si **find_in_tmdb** lanza correctamente la excepción, la *spec* falla porque la excepción interrumpe la ejecución. Si **find_in_tmdb** no lanza la excepción por error, la *spec* falla porque la aserción **should raise_error** espera que se produzca. Por tanto, la prueba fallaría siempre, tanto si **find_in_tmdb** es correcto como si no. ■

Autoevaluación 8.6.3. *Nombre dos infracciones probables de los principios FIRST que aparecen cuando las pruebas unitarias invocan realmente un servicio externo.*
◇ La prueba puede dejar de ser rápida (***F****ast*), puesto que es mucho más lento realizar una llamada a un servicio remoto que operaciones locales. La prueba puede dejar de ser repetible (***R****epeatable*) porque circunstancias ajenas a nuestro control pueden afectar a su resultado, como que el servicio externo no esté disponible temporalmente. ■

8.7 Conceptos de cobertura y pruebas unitarias frente a pruebas de integración

¿Cuántas pruebas son suficientes? "Tantas como puedas hacer antes de la fecha de entrega" es una respuesta muy pobre, pero lamentablemente extendida. Una alternativa muy de grano grueso es la ratio código/pruebas (***code-to-test ratio***), el número de líneas de código excluyendo comentarios dividido por el número de líneas de pruebas de todo tipo. En los sistemas de producción, normalmente esta proporción es menor que 1, es decir, hay más líneas de prueba que líneas de código de aplicación. El comando `rake stats` en el directorio raíz de una aplicación Rails calcula esta ratio en función del número de líneas de pruebas RSpec y escenarios Cucumber.

La ***cobertura de código*** constituye una aproximación más precisa al problema. Puesto que el objetivo de las pruebas es ensayar el código sujeto al menos de las mismas formas que

Estructura de los casos de prueba:

- **before(:each) do... end**
  Configura precondiciones a ejecutar antes de cada *spec* (use **before(:all)** para que se ejecuten sólo una vez, bajo su responsabilidad)
- **it 'debería hacer algo' do... end**
  Un ejemplo (caso de prueba) por cada comportamiento
- **describe 'colección de comportamientos' do... end**
  Agrupa un conjunto de ejemplos relacionados

***Mocks* y *stubs*:**

- **m=mock('movie')**
  Crea un objeto *mock* sin métodos predefinidos
- **m.stub(:rating).and_return('R')**
  Sustituye al método **rating** de **m**, si ya existe, o define un nuevo método **rating**, si no existía, que devuelve la respuesta predefinida **'R'**
- **m=mock('movie', :rating=>'R')**
  Atajo que combina los 2 ejemplos anteriores
- **Movie.stub(:find).and_return(@fake_movie)**
  Fuerza que se devuelva **@fake_movie** *si* se llama a **Movie.find**, pero no requiere que se le invoque

Métodos y objetos útiles para las especificaciones de controlador: Las *specs* que defina deben estar en el subdirectorio `spec/controllers` para que estos métodos estén disponibles.

- **post '/movies/create', {:title=>'Milk', :rating=>'R'}**
  Origina una petición POST a `/movies/create` y pasa la *hash* como valor de **params**. También disponibles **get**, **put**, **delete**.
- **response.should render_template('show')**
  Comprueba que la acción del controlador muestra la plantilla **show** para este modelo del controlador.
- **response.should redirect_to(:controller => 'movies', :action => 'new')**
  Comprueba que la acción del controlador redirige a **MoviesController#new** en vez de mostrar una vista

Figura 8.17. Algunos de los métodos de RSpec más útiles presentados en este capítulo. Consulte la documentación completa de RSpec[12] para más información y otros métodos no incluidos en este listado.

Aserciones en llamadas a métodos: también negativas, p.ej. **should_not_receive**

- **Movie.should_receive(:find).exactly(2).times**
  Crea un *stub* para **Movie.find** y garantiza que se invoque exactamente dos veces (omita **exactly** si no le preocupa el número de llamadas; también disponibles **at_least()** y **at_most()**)
- **Movie.should_receive(:find).with('Milk','R')**
  Comprueba que se invoca **Movie.find** con exactamente 2 argumentos que toman los valores indicados
- **Movie.should_receive(:find).with(anything())**
  Comprueba que se invoca **Movie.find** con 1 argumento cuyo valor no se comprueba
- **Movie.should_receive(:find).
  with(hash_including :title=>'Milk')**
  Comprueba que se invoca **Movie.find** con 1 argumento que debe ser una *hash* (o algo que se comporte como tal) que incluya la clave **:title** con el valor **'Milk'**
- **Movie.should_receive(:find).with(no_args())**
  Comprueba que se invoca **Movie.find** sin argumentos

Comparadores (*matchers*)

- **greeting.should == 'buenos días'**
  Comparador de igualdad, compara si su argumento y el receptor de la aserción son iguales
- **value.should be >= 7**
  Compara su argumento con el valor dado; simplificación sintáctica de **value.should(be.>=(7))**
- **result.should be_remarkable**
  Llama al método **remarkable?** (fíjese en el signo de interrogación) de **result**

Figura 8.18. Continuación del resumen de métodos de RSpec útiles presentados en este capítulo.

Sintaxis RSpec clásica	Nueva sintaxis de expectativas (RSpec ≥ 2.11)
expr.**should == *valor***	**expect(*expr*).to eq(*valor*)**
expr.**should_not == *valor***	**expect(*expr*).not_to eq(*valor*)**
expr.**should be_close(*valor,delta*)**	**expect(*expr*).to be_within(*delta*).of(*valor*)**
expr.**should be >10**	**expect(*expr*).to be >10**
expr.**should_not be_nil**	**expect(*expr*).not_to be_nil**
"string".should_not match(/*regexp*/)	**expect("string").not_to match(/*regexp*/)**
[1,2,3].should =~[2,1,3]	**expect([1,2,3]).to match_array([2,1,3])**
respuesta.**should render_template(*plantilla*)**	**expect(*respuesta*).to render_template(*plantilla*)**
lambda { *codigo* }.should *expectativa*	**expect { *codigo* }.to *expectativa***

Figura 8.19. Correspondencia (parcial) entre las sintaxis "clásica" y nueva de las expectativas RSpec. En los ejemplos de expectativas negativas, pueden inferirse las correspondientes expectativas positivas eliminando la palabra not.

http://pastebin.com/QzMnndtu

```
1  class MyClass
2    def foo(x,y,z)
3      if x
4        if (y && z) then bar(0) end
5      else
6        bar(1)
7      end
8    end
9    def bar(x) ; @w = x ; end
10 end
```

Figura 8.20. Ejemplo simple de código para ilustrar conceptos de cobertura básicos.

se ejecutará en producción, ¿qué fracción de dichas posibilidades se ensaya realmente con el banco de pruebas? Sorprendentemente, medir la cobertura no es tan directo como parece. A continuación se presenta un fragmento de código simple y las definiciones de varias métricas de cobertura habituales tal como se aplicarían en el ejemplo.

A veces se escribe con un subíndice, S_0.

- S0 o cobertura de método: ¿se ejecuta al menos una vez cada método en las pruebas? Para satisfacer S0 es necesario llamar al menos una vez a cada método, **foo** y **bar**.
- S1 o cobertura de llamada o cobertura de entrada/salida: ¿Se llama a cada método desde todos los puntos desde donde podría invocarse? Para satisfacer S1, es necesario llamar al método **bar** desde las líneas 4 y 6.
- C0 o cobertura de sentencia: ¿se ejecuta al menos una vez cada sentencia del código fuente en las pruebas, contando ambas ramas de un condicional como una única sentencia? Además de llamar a **bar**, para satisfacer C0 se necesita llamar a **foo** al menos una vez con **x** verdadero (de otro modo, la sentencia de la línea 4 nunca se ejecuta), y al menos otra con **y** falso.
- C1 o cobertura de rama: ¿Se entra en cada rama al menos una vez? Para satisfacer C1 habría que llamar a **foo** con valores de **x** verdadero y falso y con valores de **y** y **z** tales que la condición **y && z** en la línea 4 se evalúe una vez a verdadero y otra a falso. La ***cobertura de decisión***, más estricta, requiere que cada *subexpresión* que afecta de forma independiente a una expresión condicional se evalúe como verdadera y falsa. En este ejemplo, una prueba tendría además que asignar de forma separada **y** y **z**, de modo que la condición **y && z** falle una vez por ser **y** falso y otra por ser **z** falso.
- C2 o cobertura de camino: ¿Se ejecuta cada posible ruta del código? En este sencillo ejemplo, donde **x,y,z** son variables *booleanas*, hay 8 posibles caminos.
- La cobertura de condición/decisión modificada (*Modified Condition/Decision Coverage*, MCDC) combina un subconjunto de los niveles anteriores: cada punto de entrada y de salida del programa se invoca al menos una vez, cada decisión del programa toma todos los posibles resultados al menos una vez y cada condición dentro de una decisión se demuestra que afecta de forma independiente el resultado de dicha decisión.

Lograr la cobertura C0 es relativamente directo y no es descabellado un objetivo de cobertura C0 del 100%. Alcanzar la cobertura C1 es más difícil, porque los casos de prueba deben construirse cuidadosamente para asegurar que cada rama se ejecuta al menos una vez. La cobertura C2 es la más complicada y no todos los expertos en pruebas están de acuerdo en el valor añadido de lograr el 100% de cobertura de caminos. Por tanto, las estadísticas de cobertura de código son valiosas en la medida en que descubren partes del código sin pruebas o con pocas pruebas y muestran hasta qué punto el banco de pruebas es exhaustivo. El siguiente *screencast* muestra cómo usar la gema Ruby SimpleCov[13] para comprobar rápidamente la cobertura C0 de las pruebas RSpec.

Screencast 8.7.1. Comprobar la cobertura C0 con SimpleCov.
`http://vimeo.com/34754907`
La herramienta SimpleCov, proporcionada como gema Ruby, mide y muestra la cobertura C0 de las *specs*. Permite hacer *zoom* sobre cada fichero y ver qué líneas concretas cubren las pruebas.

Este capítulo, así como la discusión anterior sobre cobertura, se centra en las pruebas unitarias. El capítulo 7 explicaba cómo pueden convertirse las historias de usuario en pruebas de aceptación automatizadas; son ***pruebas de integración*** o ***pruebas de sistema*** porque cada prueba (es decir, cada escenario) ejecuta gran cantidad de código de distintas partes de la aplicación, en vez de servirse de objetos "de mentira" como *mocks* y *stubs* para aislar las clases de sus colaboradores. Las pruebas de integración son importantes, pero insuficientes. Su resolución es baja: si falla una prueba de integración, es difícil localizar la causa porque el test toca muchas partes del código. Su cobertura tiende a ser pobre, porque incluso aunque un único escenario toca muchas clases, sólo ejecuta unos pocos caminos de código en cada una de ellas. Por la misma razón, la duración de la ejecución de las pruebas de integración tiende a ser superior. Por otra parte, aunque las pruebas unitarias se ejecutan rápidamente y aíslan el código sujeto a pruebas con gran precisión (mejorando tanto la resolución de la cobertura como la localización de errores), al depender de objetos "de mentira" para aislar el código sujeto, pueden enmascarar problemas que sólo aparecerían con las pruebas de integración.

En un nivel intermedio están las ***pruebas funcionales***, que prueban un subconjunto bien definido del código. Usan *mocks* y *stubs* para aislar un conjunto de clases colaboradoras en vez de una única clase o método. Por ejemplo, las *specs* de controlador como la de la figura 8.9 usan métodos **get** y **post** para enviar los URI a la aplicación, lo que significa que dependen del subsistema de encaminamiento para dirigir correctamente dichas llamadas a los métodos de controlador apropiados. (Puede comprobarlo por sí mismo eliminando temporalmente la línea **resources :movies** de `config/routes.rb` e intentando ejecutar las *specs* de controlador). Sin embargo, las *specs* de controlador aún están aisladas de la base de datos, al simular el método de modelo **find_in_tmdb** que normalmente se comunicaría con ella (la base de datos).

En otras palabras, garantizar un alto grado de calidad requiere tanto buena cobertura como una combinación de los tres tipos de pruebas. La figura 8.21 resume las fortalezas y debilidades de los distintos tipos de pruebas.

	Unitarias	Funcionales	Integración/Sistema
Qué se prueba	Un método/clase	Varios métodos/clases	Grandes partes del sistema
Ejemplo Rails	Especificaciones de modelo	Especificaciones de controlador	Escenarios Cucumber
Herramienta preferida	RSpec	RSpec	Cucumber
Tiempo de ejecución	Muy rápido	Rápido	Lento
Localización de errores	Excelente	Moderada	Pobre
Cobertura	Excelente	Moderada	Pobre
Uso de *mocks* y *stubs*	Intensivo	Moderado	Poco/nulo

Figura 8.21. Resumen de las diferencias entre pruebas unitarias, pruebas funcionales y pruebas de integración o de sistema.

Resumen

- Las medidas de cobertura estáticas y dinámicas, incluidas la ratio código/pruebas (*code-to-test ratio* calculada por `rake stats`), la cobertura C0 (calculada por SimpleCov) y las coberturas C1–C2, evalúan en qué medida el banco de tests prueba diferentes caminos del código.

- Las pruebas unitarias, funcionales y de integración varían en su tiempo de ejecución, resolución (capacidad para localizar errores), capacidad de probar diversos caminos de código y capacidad de hacer una "comprobación de seguridad" de la aplicación completa. Las tres son vitales para la calidad del software.

Autoevaluación 8.7.1. *¿Por qué una cobertura de pruebas alta no implica necesariamente que la aplicación esté bien probada?*
◇ La cobertura no dice nada sobre la calidad de las pruebas. Sin embargo, una cobertura baja implica claramente una aplicación mal probada. ■

Autoevaluación 8.7.2. *¿En qué se diferencian la cobertura de código C0 y la ratio código/pruebas (*code-to-test ratio*)?*
◇ La cobertura C0 es una medida *dinámica* de qué porcentaje de sentencias ejecuta el banco de pruebas. La ratio código/pruebas es una medida *estática* que compara el número total de líneas de código respecto al número de líneas de prueba ■

Autoevaluación 8.7.3. *¿Por qué normalmente es mala idea hacer un uso intensivo de* **`mock`** *o* **`stub`** *en los escenarios Cucumber, como los descritos en el capítulo 7?*
◇ Cucumber es una herramienta para pruebas de sistema y pruebas de aceptación. Dichas pruebas están destinadas específicamente a probar el sistema completo, en vez de "simular" ciertas partes del mismo usando costuras (*seams*) como en este capítulo. (Sin embargo, si el "sistema completo" incluye interactuar con servicios externos que no controlamos, como la interacción con TMDb en este ejemplo, necesitamos "simular" su comportamiento para las pruebas. Ese es el tema del ejercicio 8.3). ■

8.8 Otros enfoques de pruebas y terminología

El campo de las pruebas de software es tan amplio y longevo como la ingeniería software, con su propia bibliografía. Su gama de técnicas incluye formalismos para demostraciones sobre cobertura, técnicas empíricas para seleccionar qué pruebas crear y pruebas dirigidas y aleatorias. Dependiendo de la "cultura de pruebas" de la organización, puede que use terminología diferente de la utilizada en este capítulo. *Introduction to Software Testing* (Ammann and Offutt 2008), de Ammann y Offutt, es una de las mejores y más completas referencias sobre la materia. Su enfoque es dividir un fragmento de código en ***bloques básicos***, cada uno de los cuales ejecuta de principio a fin sin posibilidad de bifurcaciones (ramas) y, entonces, unir estos bloques básicos en un grafo en el cual las sentencias condicionales del código se convierten en nodos del grafo con múltiples aristas de salida. Así, podemos pensar en el proceso de pruebas como "cubrir el grafo": cada caso de prueba registra qué nodos del grafo visita y el porcentaje total de nodos visitados al final del banco de pruebas es la cobertura de pruebas. Amman y Offutt continúan analizando diversos aspectos estructurales del software del que se extraen dichos grafos y presentan técnicas automatizadas para alcanzar y medir la cobertura de dichos grafos.

Una reflexión que se desprende de este planteamiento es que los niveles de prueba descritos en la sección anterior se refieren a la ***cobertura del flujo de control***, puesto que sólo se preocupan de si se ejecutan o no determinadas partes del código. Otro criterio de cobertura importante es la ***cobertura definición–uso*** o ***cobertura DU***: dada una variable `x` de un programa, si se considera cada punto en que se asigna un valor a `x` y cada punto en que se usa el valor de `x`, la cobertura DU evalúa qué fracción del total de *pares* de puntos de definición y uso ejecuta el banco de pruebas. Esta condición es más débil que la cobertura completa de caminos (*all-paths coverage*), pero puede detectar errores que la cobertura de flujo de control por sí sola perdería.

Otro término de pruebas distingue ***pruebas de caja negra***, cuyo diseño se basa exclusivamente en las especificaciones externas del software, y ***pruebas de caja blanca*** (también conocidas como ***pruebas de caja de cristal***), cuyo diseño refleja aspectos de implementación del software más allá de las especificaciones externas. Por ejemplo, la especificación externa de una tabla *hash* podría simplemente establecer que cuando se almacena un par clave/valor y posteriormente se lee dicha clave, debería recuperarse el valor almacenado. Una prueba de caja negra especificaría un conjunto aleatorio de pares clave/valor para probar este comportamiento, mientras que una prueba de caja blanca podría explotar el conocimiento sobre la función *hash* para construir datos de prueba para el peor caso que resulten en muchas colisiones en la *hash*. De forma similar, las pruebas de caja blanca podrían centrarse en valores límite —valores de los parámetros que probablemente lleven a ejecutar distintas partes del código—. En nuestro ejemplo de TMDb, vimos que la gema `themoviedb` lanza una excepción inusual cuando se proporciona una clave no válida, de modo que ese camino del código requiere que se pruebe separadamente. A la inversa, podemos probar el camino de código "no vacía pero no válida" con *cualquier* clave no válida no vacía representativa —no aprenderemos nada nuevo probando con varias claves no válidas no vacías—.

Las ***pruebas de mutación***, ideadas por Ammann and Offutt, es una técnica de automatización de pruebas que introduce automáticamente cambios pequeños, pero sintácticamente válidos, en el código fuente del programa, como reemplazar **a+b** por **a-b** o **if (c)** por **if (!c)**. La mayoría de estos cambios deberían provocar que falle al menos una prueba, de modo que una mutación que no causa ningún fallo es indicativa de una deficiencia de cobertura de las pruebas o bien de un programa muy extraño. La gema Ruby `mutant` realiza pruebas de mutación junto con RSpec, pero la gema `mutant-rails` que la integra con Rails aún no funciona en el momento de publicación de esta edición. Dada la importancia de las pruebas en la comunidad Ruby, es probable que esto cambie pronto.

El *fuzzing* o ***fuzz testing*** (pruebas *fuzz*) consiste en proporcionar datos aleatorios a la aplicación y ver qué falla. Puede hacerse fallar aproximadamente 1/4 de las utilidades comunes de Unix mediante *fuzzing* y Microsoft estima que encuentra el 20–25% de sus *bugs* así. La técnica del *fuzzing tonto* (*dumb fuzzing*) genera datos completamente aleatorios, mientras que el *fuzzing inteligente* (*smart fuzzing*) incorpora información sobre la estructura de la aplicación. Por ejemplo, en el caso de una aplicación Rails, la técnica de *fuzzing inteligente* podría incluir variables y valores al azar en envíos de formularios o en URI embebidos en las vistas de páginas, generando URI sintácticamente válidos pero que podrían revelar un error. En SaaS, el *fuzzing inteligente* también puede incluir ataques como *cross-site scripting* o inyección SQL, que veremos en el capítulo 12. Tarantula[14] (una araña –*spider*– *fuzzy* que rastrea un sitio web) es una gema Ruby para probar aplicaciones Rails mediante *fuzzing*.

Resumen de otros enfoques de pruebas: Podemos pensar en las pruebas como "cubrir un grafo" de posibles comportamientos de software. El grafo puede representar el flujo de control (cobertura de bloques básicos), asignación y uso de variables (cobertura DU), un espacio de datos de entrada aleatorios (*fuzzing*) o un espacio de posibles pruebas con respecto a errores específicos en el código (pruebas de mutación). Las diferentes aproximaciones son complementarias y tienden a detectar distintos tipos de errores

Autoevaluación 8.8.1. *El reproductor de música Zune de Microsoft tenía un notorio fallo que causó el "bloqueo" de todos los Zunes el 31 de diciembre de 2008. Análisis posteriores revelaron que el error se desencadenaría el último día de cualquier año bisiesto. ¿Qué tipo de pruebas —de caja negra o de caja blanca (véase la sección 1.8), de mutación o fuzz— habrían detectado probablemente este problema?*

◇ Habría sido efectiva una prueba de caja blanca para los caminos de código específicos del caso de años bisiestos. *Fuzzing* podría haber sido efectivo: puesto que el fallo se produce aproximadamente una vez de cada 1460 días, unos pocos miles de pruebas *fuzz* probablemente lo habrían detectado. ■

8.9 La perspectiva clásica

El responsable de proyecto divide la especificación de requisitos software resultante de la fase de planificación de requisitos en unidades de programación individuales. Entonces, los desarrolladores escriben el código de cada unidad y realizan las pruebas unitarias para comprobar que funciona. En muchas organizaciones, el equipo de control de calidad se encarga del resto de pruebas de alto nivel, como las pruebas de módulo, de integración, de sistema y de aceptación.

Existen tres alternativas para integrar las unidades y realizar las puebas de integración:

1. ***Integración descendente*** (*top-down*): comienza en la parte de arriba de la estructura de árbol, mostrando las dependencias entre todas las unidades. La ventaja de la aproximación descendente es que se tienen operativas rápidamente algunas de las funciones de alto nivel, como la interfaz de usuario, lo que permite a los interesados dar realimentación sobre la aplicación a tiempo de realizar cambios. La desventaja es que hay que crear muchos *stubs* para lograr que la aplicación vaya funcionando a duras penas en su etapa inicial.

2. ***Integración ascendente*** (*bottom-up*): comienza en la parte inferior del árbol de dependencias y va avanzando hacia la raíz. No requiere *stubs*, porque se pueden integrar las piezas que se necesiten para un determinado módulo. Lamentablemente, no se tiene una idea global de la aplicación hasta que se tiene todo el código escrito e integrado.

3. ***Integración mixta*** o ***sándwich***: como es lógico, intenta quedarse con lo mejor de ambos mundos, integrando desde ambos extremos simultáneamente. Por tanto, integra de forma selectiva algunas unidades de forma ascendente para reducir el número de *stubs* y otras de forma descendente para tener operativa antes la interfaz de usuario.

Después de las pruebas de integración, el siguiente paso para el equipo de control de calidad (QA) son las pruebas de sistema, puesto que debería funcionar la aplicación completa. Es la última etapa antes de mostrársela a los clientes y que ellos la prueben. Observe que las pruebas de sistema cubren tanto requisitos no funcionales, como el rendimiento, como requisitos funcionales de características especificadas en el SRS.

En el ciclo de vida clásico (planificar y documentar), hay que decidir cuándo finalizar las pruebas. Típicamente, la organización hará cumplir un nivel estándar de cobertura de pruebas antes de considerar un producto listo para el cliente. Por ejemplo, cobertura de sentencias (todas las sentencias se ejecutan al menos una vez) o bien que todas las posibles entradas de usuario se prueban tanto con valores correctos como problemáticos.

En el proceso clásico, los clientes hacen la prueba definitiva, en su propio entorno, para decidir si aceptan o no el producto. Es decir, el objetivo es la validación, no simplemente la verificación. En desarrollo ágil, el cliente se involucra en la prueba de prototipos de la aplicación desde las primeras etapas del proceso, de modo que no existen pruebas del sistema separadas de las pruebas de aceptación.

Como es de esperar, en el proceso clásico la documentación juega un papel importante en las pruebas. La figura 8.22 presenta un esquema de un plan de pruebas basado en el estándar IEEE 829-2008.

Aunque las pruebas son fundamentales en ingeniería software, citando a otro ganador del Premio Turing:

> *Las pruebas de programa pueden demostrar la existencia de errores, ¡pero nunca su ausencia!*
>
> Edsger W. Dijkstra

Edsger W. Dijkstra (1930–2002) recibió el premio Turing en 1972 por sus contribuciones fundamentales al desarrollo de lenguajes de programación.

Ha habido mucha investigación sobre verificación más allá de las pruebas. En conjunto, estas ténicas se conocen como ***métodos formales***. La estrategia general consiste en empezar con la especificación formal y demostrar que el comportamiento del código sigue el comportamiento de dicha especificación. Se trata de demostraciones matemáticas, realizadas por personas u ordenadores. Hay dos opciones: ***demostración automática de teoremas*** y ***verificación de modelos***. La demostración de teoremas aplica un conjunto de reglas de inferencia y un conjunto de axiomas lógicos para realizar la demostración desde cero. La verificación de modelos verifica determinadas propiedades mediante búsqueda exhaustiva de todos los posibles estados a los que puede llegar el sistema durante la ejecución.

Puesto que los métodos formales requieren cálculos intensivos, tienden a usarse sólo cuando el coste de reparación de los errores es muy alto, las características son muy difíciles de probar y lo que se prueba no es demasiado grande. Por ejemplo, partes vitales del hardware como los protocolos de red o sistemas críticos como los equipos médicos. Para que los métodos formales funcionen realmente, el tamaño del proyecto debe ser limitado: hasta la

Esquema del Plan Maestro de Pruebas

1. Introducción
1.1. Identificador del documento
1.2. Alcance
1.3. Referencias
1.4. Descripción del sistema y principales características
1.5. Descripción de las pruebas
1.5.1 Organización
1.5.2 Cronograma maestro de pruebas
1.5.3 Esquema de niveles de integridad
1.5.4 Resumen de recursos
1.5.5 Responsabilidades
1.5.6 Herramientas, técnicas, métodos y métricas

2. Detalles del Plan Maestro de Pruebas
2.1. Procesos de prueba incluyendo definición de niveles de prueba
2.1.1 Proceso: gestión
2.1.1.1 Actividad: gestión del esfuerzo de pruebas
2.1.2 Proceso: adquisición
2.1.2.1 Actividad: prueba de soporte al proceso de adquisición
2.1.3 Proceso: suministro
2.1.3.1 Actividad: prueba de planificación
2.1.4 Proceso: desarrollo
2.1.4.1 Actividad: concepto
2.1.4.2 Actividad: requisitos
2.1.4.3 Actividad: diseño
2.1.4.4 Actividad: implementación
2.1.4.5 Actividad: pruebas
2.1.4.6 Actividad: instalación/distribución
2.1.5 Proceso: operación
2.1.5.1 Actividad: prueba de operación
2.1.6 Proceso: mantenimiento
2.1.6.1 Actividad: prueba de mantenimiento
2.2. Requisitos de documentación de pruebas
2.3. Requisitos de administración de pruebas
2.4. Requisitos de comunicación de pruebas

3. General
3.1. Glosario
3.2. Procedimiento de modificaciones e historia del documento

Figura 8.22. Esquema de la documentación del plan maestro de pruebas de acuerdo a la norma IEEE 829-2008.

Tareas	*En metodologías clásicas*	*En metodologías ágiles*
Plan de pruebas y documentación	Documentación de pruebas software, como el estándar IEEE 829-2008	Historias de usuario
Orden de codificación y pruebas	1. Unidades de código 2. Pruebas unitarias 3. Pruebas de módulo 4. Pruebas de integración 5. Pruebas de sistema 6. Pruebas de aceptación	1. Pruebas de aceptación 2. Pruebas de integración 3. Pruebas de módulo 4. Pruebas unitarias 5. Unidades de código
Quién realiza las pruebas	Desarrolladores, para las pruebas unitarias; QA para las pruebas de módulo, integración, sistema y aceptación	Desarrolladores
Cuándo acaban las pruebas	Política de la compañía (p.ej., cobertura de sentencia, entradas de usuario correctas e incorrectas)	Pasan todas las pruebas (verde)

Figura 8.23. Relación entre las tareas de prueba de las metodologías clásica y ágil

fecha, el software más grande verificado es el núcleo de un sistema operativo con menos de 10.000 líneas de código y su coste de verificación supuso aproximadamente $500 por línea de código (Klein et al. 2010).

Por tanto, los métodos formales *no* son buenos partidos para programas avanzados que cambian frecuentemente, como suele ser el caso en SaaS.

Para poner en perspectiva el coste de los métodos formales, la NASA gastó $35 millones de dólares al año para mantener 420.000 líneas de código[15] para el transbordador espacial, aproximadamente $80 por línea de código al año.

Resumen: Las pruebas y los métodos formales reducen el riesgo de errores en el proyecto.

- A diferencia de BDD/TDD, el proceso clásico empieza escribiendo el código antes que las pruebas.
- Luego, los desarrolladores realizan las pruebas unitarias.
- Las pruebas de más alto nivel las realizan personas distintas, especialmente en proyectos grandes. Las pruebas de integración pueden seguir un planteamiento descendente, ascendente o mixto.
- Los responsables de las pruebas realizan una prueba de sistema de forma independiente para asegurar que el producto cumple los requisitos funcionales y no funcionales antes de entregarlo al cliente para las pruebas de aceptación finales.
- Los ***métodos formales*** se basan en especificaciones formales y demostraciones automáticas o búsqueda exhaustiva de estados para llegar más allá de lo que permiten verificar las pruebas. Pero son tan costosos que hoy en día sólo son aplicables a partes pequeñas, estables y críticas de software o hardware.
- La figura 8.23 compara las tareas de prueba para procesos clásicos y ágiles.

Autoevaluación 8.9.1. *Compare y señale las diferencias entre las estrategias de integración descendente, ascendente y mixta (sándwich).*

◇ La estrategia de integración descendente requiere *stubs* para las pruebas, pero permite hacerse una idea de cómo funciona la aplicación. La estrategia ascendente no requiere *stubs*, pero potencialmente sí podría necesitar tener todo escrito para poder verlo funcionar. La estrategia mixta (o sándwich) se mueve entre ambos extremos, para beneficiarse de las ventajas de ambos. ■

8.10 Falacias y errores comunes

***Falacia.* Pasar todas las pruebas con un 100% de cobertura significa que no hay errores.**

Esta afirmación puede ser falsa por muchos motivos. Tener una cobertura de pruebas total no dice nada sobre la calidad de las pruebas en sí. Asimismo, algunos errores requieren pasar como argumento un determinado valor (por ejemplo, para provocar un error de división por cero) y las pruebas del flujo de control a menudo no pueden detectar este tipo de fallos. Puede haber errores en la interacción entre la aplicación y un servicio externo como TMDb; simular el servicio con *stubs* para poder ejecutar las pruebas localmente puede enmascarar esos problemas.

***Error.* Insistir dogmáticamente en lograr cobertura 100% y superar todas las pruebas (verde) antes de entregar.**

Como vimos antes, un 100% de cobertura de pruebas no sólo es difícil de conseguir a niveles mayores que C1, sino que tampoco garantiza la ausencia de errores incluso aunque se alcance. La cobertura de pruebas es una herramienta útil para estimar hasta qué punto es exhaustivo el banco de pruebas. Pero para conseguir un alto nivel de confianza se necesitan diversos métodos de prueba —de integración además de unitarias, *fuzzing* además de casos de prueba preparados a mano, cobertura de definición y uso (DU) además de flujo de control, pruebas de mutación para detectar lagunas adicionales en la estrategia de pruebas, etc. De hecho, en el capítulo 12 comentaremos aspectos operativos, como la seguridad y el rendimiento, que requieren estrategias de prueba adicionales más allá de las orientadas a comprobar la corrección descritas en este capítulo.

***Falacia.* No necesita mucho código de pruebas para tener confianza en la aplicación.**

Aunque insistir en una cobertura del 100% puede ser contraproducente, también lo es irse al otro extremo. En sistemas de producción, la ***ratio código-pruebas*** (*code-to-test ratio*) (líneas de código no comentadas divididas por líneas de pruebas de cualquier tipo) suele ser menor que 1. Como caso extremo, la base de datos SQLite incluida en Rails contiene ¡más de 1200 veces más código de pruebas que de aplicación[16], por su gran variedad de formas de uso y por la gran variedad de sistemas sobre los que debe funcionar! Pese a la controversia sobre la utilidad de esta medida, dada la alta productividad de Ruby y su capacidad de eliminar repeticiones (DRY) del código de pruebas, una ratio `rake stats` entre 0,2 y 0,5 supone un objetivo razonable.

***Error.* Depender demasiado de un sólo tipo de pruebas (unitarias, funcionales, de integración).**

Incluso un 100% de cobertura de pruebas unitarias no dice nada sobre las interacciones entre las clases. Aún hay que crear tests para probar las interacciones entre las clases (pruebas funcionales o de módulo) y para probar caminos completos a través de la aplicación que tocan muchas clases y cambian el estado en muchos puntos (pruebas de integración). Por otra parte, las pruebas de integración sólo comprueban una minúscula fracción de todos los posibles caminos de la aplicación. Por tanto, prueban sólo unos pocos comportamientos en cada método, de modo que no sustituyen a una buena cobertura de pruebas unitarias para garantizar que el código de bajo nivel funciona correctamente. Una regla común usada en Google y en otras organizaciones (Whittaker et al. 2012) es "70–20–10": 70% pruebas unitarias cortas y específicas, 20% pruebas funcionales que tocan múltiples clases, 10% pruebas de integración.

***Error.* Puntos de integración insuficientemente probados debido al empleo abusivo de *stubs*.**

El uso de *mocks* y *stubs* conlleva muchos beneficios, pero también puede ocultar potenciales problemas en puntos de integración —puntos donde una clase o módulo interactúa con otra—. Suponga que **Movie** interacciona con otra clase **Moviegoer**, pero para las pruebas unitarias de **Movie** se simulan todas las llamadas a métodos de **Moviegoer**, y viceversa. Puesto que los *stubs* están escritos para "simular" el comportamiento de la(s) clase(s) colaboradora(s), es imposible saber si **Movie** "sabe cómo hablar con" **Moviegoer** correctamente. Una buena cobertura con pruebas funcionales y de integración, que no simulan todas las llamadas entre clases, evita este problema.

***Error.* Escribir las pruebas después del código en vez de antes.**

Pensar en "el código que nos gustaría tener" desde la perspectiva de las pruebas tiende a conseguir código que se puede probar. Esto parece una obviedad hasta que se intenta escribir primero el código sin pensar en las pruebas, sólo para descubrir que a menudo se termina con un descarrilamiento de *mocks* (vea el siguiente error) cuando se intenta escribir la prueba.

Además, en el ciclo de vida en cascada clásico descrito en el capítulo 1, las pruebas se realizan después del desarrollo del código; pero con SaaS, que puede estar en versión "beta pública" durante meses, nadie sugeriría que las pruebas comenzaran después de la fase beta. Escribir primero los tests, tanto para corregir errores como para incorporar nuevas características, elimina este problema.

***Error.* Descarrilamientos de *mocks*.**

Los *mocks* existen para ayudar a aislar las pruebas de sus colaboradores, pero ¿qué pasa con los colaboradores de los colaboradores? Suponga que nuestro objeto **Movie** tiene un atributo **pics** que contiene una lista de imágenes asociadas a la película, cada una de las cuales es un objeto **Picture** que tiene a su vez un atributo **format**. Usted intenta crear un *mock* del objeto **Movie** para una prueba, pero se da cuenta de que el método al que se pasa el objeto **Movie** espera llamar a métodos de sus imágenes **pics**, de modo que acaba haciendo algo de este estilo:

http://pastebin.com/N3UdnZq1

```
movie = mock('Movie', :pics => [mock('Picture', :format => 'gif')])
Movie.count_pics(movie).should == 1
```

Esto se denomina *descarrilamiento de* mocks y es una señal de que el método que se está probando (**count_pics**) usa demasiada información de la implementación interna de **Picture**. En los capítulos 9 y 11 veremos un conjunto de pautas para ayudarle a detectar y solucionar estos ***smells de código***.

⚠ ***Error.* Crear inadvertidamente dependencias respecto al orden en que se ejecutan las *specs*, por ejemplo, al usar before(:all).**

Si especifica acciones a realizar sólo una vez para todo un grupo de casos de prueba, puede introducir dependencias entre dichas pruebas sin darse cuenta. Por ejemplo, si un bloque **before :all** asigna una variable y la prueba ejemplo A cambia su valor, la prueba ejemplo B acabaría dependiendo de dicho cambio si A suele ejecutarse antes que B. En consecuencia, en el futuro el comportamiento de B podría cambiar de repente si se ejecuta primero B, lo que puede ocurrir, porque `autotest` prioriza la ejecución de las pruebas relacionadas con cambios recientes del código. Por tanto, es mejor usar **before :each** y **after :each** siempre que sea posible.

⚠ ***Error.* Olvidar volver a preparar la base de datos de pruebas cuando cambia el esquema.**

Recuerde que las pruebas se ejecutan contra una copia independiente de la base de datos, distinta de la usada en el desarrollo (sección 4.2). Por tanto, siempre que modifique el esquema aplicando una migración, debe ejecutar también `rake db:test:prepare` para aplicar dichos cambios a la base de datos de prueba. De lo contrario, sus pruebas pueden fallar porque el código de prueba no se corresponde con el esquema.

8.11 Observaciones finales: TDD vs. depuración convencional

En este capítulo hemos usado RSpec para desarrollar un método, aplicando TDD con pruebas unitarias. Aunque TDD puede parecer extraño al principio, la mayoría de la gente que lo prueba se da cuenta rápidamente de que ya usaba las técnicas de pruebas unitarias que requiere, pero en distinto orden. Es muy típico que el desarrollador escriba el código, asuma que probablemente funciona, lo pruebe ejecutando la aplicación completa y se encuentre un error. Tal como lamentaba un programador del MIT en la primera conferencia sobre ingeniería software en 1968: “Desarrollamos sistemas como los hermanos Wright construían aviones: constrúyalo entero, empújelo por un acantilado, deje que se estrelle y vuelva a empezar”.

Una vez detectado el error, el desarrollador típico examinará el código. Si no descubre así el problema, probará a insertar sentencias *print* en la zona sospechosa para mostrar el valor de las variables relevantes o marcar qué rama de un condicional se ha seguido. Un desarrollador TDD en cambio escribiría aserciones **should** o **expect**.

Si sigue sin localizar el error, el desarrollador típico podría aislar parte del código creando cuidadosamente las condiciones necesarias para saltar llamadas a métodos que no interesan o cambiando los valores de las variables para forzar el paso por los puntos que sospecha que son problemáticos. Por ejemplo, podría hacerlo definiendo un punto de ruptura (*breakpoint*) con el depurador e inspeccionando o manipulando manualmente los valores de las variables antes de continuar la ejecución. Por el contrario, el desarrollador TDD aislaría el camino de código sospechoso mediante *stubs* y *mocks* para controlar qué ocurre cuando se llama a ciertos métodos y qué dirección tomarán los condicionales.

A estas alturas, el desarrollador típico está absolutamente convencido de que encontrará el error y que no tendrá que repetir este tedioso proceso manual, pero suele estar equivocado. El desarrollador TDD ha aislado cada comportamiento en su propia *spec*, de modo que repetir el proceso simplemente supone volver a ejecutarlas, lo que puede hacer incluso automáticamente con `autotest`.

En otras palabras: si escribimos primero el código y tenemos que arreglar los errores, acabamos aplicando las mismas técnicas que con TDD pero de forma manual y menos eficiente, por tanto, menos productiva.

Pero si usamos TDD, podemos detectar los errores inmediatamente según escribimos el código. Si nuestro código funciona a la primera, usar TDD aún nos proporciona pruebas de regresión para cazar los errores que podrían colarse en esta parte del código en el futuro.

8.12 Para saber más

- *How Google Tests Software* (Whittaker et al. 2012) ofrece un vistazo inusual a cómo Google ha escalado y adaptado las técnicas descritas en este capítulo para inculcar una cultura de pruebas ampliamente admirada por sus competidores.
- La documentación en línea de RSpec[17] ofrece información detallada y características adicionales para escenarios de pruebas avanzados.
- *The RSpec Book* (Chelimsky et al. 2010) es la referencia definitiva sobre RSpec e incluye ejemplos de características, mecanismos y buenas prácticas que van mucho más allá que esta introducción.

P. Ammann and J. Offutt. *Introduction to Software Testing*. Cambridge University Press, 2008. ISBN 0521880386.

D. Chelimsky, D. Astels, B. Helmkamp, D. North, Z. Dennis, and A. Hellesøy. *The RSpec Book: Behaviour Driven Development with Rspec, Cucumber, and Friends (The Facets of Ruby Series)*. Pragmatic Bookshelf, 2010. ISBN 1934356379.

M. Feathers. *Working Effectively with Legacy Code*. Prentice Hall, 2004. ISBN 9780131177055.

G. Klein, K. Elphinstone, G. Heiser, J. Andronick, D. Cock, P. Derrin, D. Elkaduwe, K. Engelhardt, R. Kolanski, M. Norrish, T. Sewell, H. Tuch, and S. Winwood. seL4: Formal verification of an OS kernel. *Communications of the ACM (CACM)*, 53(6):107–115, June 2010.

J. A. Whittaker, J. Arbon, and J. Carollo. *How Google Tests Software*. Addison-Wesley Professional, 2012. ISBN 0321803027.

Notas

1 `http://www.cs.st-andrews.ac.uk/~ifs/Books/SE9/CaseStudies/MHCPMS/SupportingDocs/MHCPMSCaseStudy.pdf`
2 `http://themoviedb.org`
3 `https://code.google.com/apis/console`
4 `http://en.wikipedia.org/wiki/Y2k`
5 `http://jmock.org/getting-started.html`
6 `https://github.com/thoughtbot/factory_girl_rails`
7 `http://myronmars.to/n/dev-blog/2012/06/rspecs-new-expectation-syntax`
8 `http://rubydoc.info/gems/rspec-expectations/frames`
9 `http://fakeweb.rubyforge.org`

[10]http://github.com/vcr
[11]http://rspec.info
[12]http://rspec.info
[13]https://github.com/colszowka/simplecov
[14]https://github.com/relevance/tarantula
[15]http://www.fastcompany.com/magazine/06/writestuff.html
[16]http://www.sqlite.org/testing.html
[17]http://rspec.info

8.13 Ejercicios propuestos

Ejercicio 8.1. *(Debate) Describa el papel que pueden representar los métodos formales en el desarrollo de software complejo y compare su uso como técnicas de verificación y validación con las pruebas.*

Ejercicio 8.2. *Compare y señale las diferencias entre las estrategias de integración descendente, ascendente y sándwich.*

Ejercicio 8.3. *Complete el "camino feliz"(happy path) del escenario Cucumber iniciado en el capítulo 7 para recuperar la información de una película de TMDb. Para mantener el escenario* **I***ndependiente del servicio real TMDb, tendrá que descargar y usar la gema* `FakeWeb` *para "simular" (con* stubs*) las llamadas al servicio TMDb.*

Ejercicio 8.4. *Escriba* specs *y código para probar el requisito implícito de que se devuelva una colección vacía cuando se hace una petición con una clave de API válida pero no se encuentran resultados en TMDb.*

Ejercicio 8.5. *En la sección 8.3, creamos un* stub *para el método* **find_in_tmdb***, tanto para aislar las pruebas del controlador de otras clases como porque el método aún no existía. ¿Cómo se podría manejar dicha simulación en Java?*

Ejercicio 8.6. *Basándose en el siguiente fichero de especificaciones (specfile), ¿a qué métodos deberían responder las instancias de* **Foo** *para pasar las pruebas?*
http://pastebin.com/CugB7gup

```
require 'foo'
describe Foo do
  describe "a new foo" do
    before :each do ; @foo = Foo.new ; end
    it "should be a pain in the butt" do
      @foo.should be_a_pain_in_the_butt
    end
    it "should be awesome" do
      @foo.should be_awesome
    end
    it "should not be nil" do
      @foo.should_not  be_nil
    end
    it "should not be the empty string" do
      @foo.should_not == ""
    end
  end
end
```

Ejercicio 8.7. *En el capítulo 7, creamos el botón "Find in TMDb" en la página inicial de RottenPotatoes que envía los datos a* **search_tmdb***, pero no llegamos a escribir una* *especificación que verifique que el botón encamina a la acción correcta. Escriba dicha* spec *en RSpec usando* **route_to** *y añádala a la especificación del controlador. Pista: Puesto que esta ruta no se corresponde con una acción básica CRUD, no podrá usar los métodos* helper *de URI tipo REST para especificar la ruta, pero puede usar los argumentos* **:controller** *y* **:action** *de* **route_to** *para especificar la acción explícitamente.)*

Ejercicio 8.8. *Incremente la cobertura C0 de* `movies_controller.rb` *al 100% creando* specs *adicionales en* `movies_controller_spec.rb`.

Ejercicio 8.9. *En 1999, la nave de 165 millones de dólares Mars Climate Orbiter se volatilizó al entrar en la atmósfera de Marte porque uno de los equipos que trabajaba en el software de los impulsores había utilizado unidades del sistema internacional (SI) mientras que otro equipo, que trabajaba en otra parte distinta de dicho software, había utilizado unidades imperiales. ¿Qué tipo de pruebas de corrección —unitarias, funcionales o de integración— habrían sido necesarias para detectar este fallo?*

Ejercicio 8.10. *Ruby Rod acaba de introducir su nombre de usuario y contraseña y está a punto de pulsar el botón "Iniciar sesión" de la aplicación Rails de Ben Bitdiddle. El resultado esperado, si los datos de identificación son correctos, sería una página que muestre "Bienvenido, Ruby Rod".*

Considere cada uno de los pasos que ocurren como resultado de esta interacción. Para cada uno de ellos, determine si puede probarse mediante:

- *una prueba unitaria de un modelo*
- *una prueba funcional de un par controlador/vista*
- *una prueba funcional de una ruta*
- *una prueba completa basada en navegador sin interfaz (Cucumber + Capybara en modo sin interfaz* –headless–*)*
- *una prueba completa basada en navegador "controlado remotamente" (Cucumber + Capybara con Webdriver)*

1. *Rod pulsa el botón de inicio de sesión*
2. *Se genera una URL como resultado de pulsar el botón*
3. *El servidor que aloja la aplicación de Ben recibe la URL*
4. *La URL se convierte en una ruta*
5. *Se invoca el método controlador de acuerdo a la ruta*
6. *Se verifican el nombre de usuario y la contraseña*
7. *Se selecciona la vista 'bienvenida'*
8. *Se inserta el nombre de Rod en el texto de la vista de bienvenida*
9. *Se muestra la vista de bienvenida en el navegador de Rod*

Ejercicio 8.11. *En el área de la bahía de San Francisco, los usuarios del transporte público pueden adquirir una tarjeta denominada Clipper que sirve como medio de pago para las distintas empresas de transporte que actualmente tienen sus propios sistemas. Entre otras cosas, se supone que calcula los descuentos al hacer transbordo, puesto que muchas empresas tienen acuerdos de este tipo entre ellas. Sin embargo, cuando se desplegó por primera vez había errores de software que a veces provocaban que dichos descuentos no se calcularan correctamente. Aquí se presenta un escenario similar a uno que ocurrió en la realidad en 2011*[1]. *Dos de las reglas para calcular los descuentos entre empresas son:*

1. *Un billete de autobús Muni cuesta $2 y permite hacer transbordo a* cualquier *autobús durante 90 minutos.*
2. *Un billete de tren BART cuesta $1.75.*

Considere el siguiente escenario de condición de frontera.

1. *Un pasajero comienza su viaje en Muni, pagando $2.00.*
2. *Hace transbordo de Muni a BART, pagando los correspondientes $1.75 extra.*
3. *Cuando sale de BART, menos de 90 minutos después, hace transbordo a otro autobús Muni. No debería pagar nada, porque su billete Muni original es válido durante 90 minutos para cualquier autobús. Pero de hecho se le cobran $2.00 —la tarifa de un billete Muni nuevo—.*

Si el paso 3 hubiera ocurrido más *de 90 minutos después del paso 1, sería correcto cobrarle los $2.00. Use TDD y RSpec para desarrollar una estrategia de pruebas que hubiera comprobado el comportamiento en ambos casos.*

9 Mantenimiento del software: Mejora del software heredado usando refactorización y métodos ágiles

Butler Lampson (1943–) fue el líder intelectual del legendario centro de investigación de Xerox en Palo Alto (Xerox PARC), que durante su apogeo en los 70 inventó el ordenador personal moderno, las interfaces de usuario, la programación orientada a objetos, la impresora láser, y Ethernet. Con el tiempo, tres investigadores de PARC ganaron premios Turing por su trabajo allí. Lampson recibió el Premio Turing en 1992 por su contribución al desarrollo e implementación de entornos de computación personal distribuida: *workstations*, redes, sistemas operativos, sistemas de programación, *displays*, seguridad y publicación de información.

Probablemente no hay una "mejor" manera de desarrollar un sistema, o incluso ninguna parte importante del mismo; es mucho más importante evitar elegir una forma catastrófica, y tener una división clara de las responsabilidades entre los distintos componentes.

Butler Lampson, *Hints for Computer System Design,* 1983

Conceptos

Al igual que un tiburón debe moverse para mantenerse con vida, el software debe ir cambiando para mantenerse viable. Los principales conceptos de este capítulo son que el desarrollo ágil es una buena estrategia para el mantenimiento del software y para mejorar código heredado (*legacy code*), y que la ***refactorización*** es necesaria en todos los procesos de desarrollo para hacer el código mantenible.

Al escribir código, las ***métricas software*** y los ***smells de código*** pueden identificar código que es difícil de entender. Transformar el código a través de la ***refactorización*** debería mejorar las métricas y eliminar el código propenso a errores. Los métodos deben ser cortos (*Short*), hacer una única tarea (*One thing*), tener pocos argumentos (*Few arguments*) y mantener un único nivel de abstracción (*Abstraction*) (SOFA).

Para mejorar código heredado utilizando el ciclo de vida ágil, se debe:

- Entender el código en los ***puntos de cambio***, donde seguramente se apliquen cambios. Leer y mejorar los comentarios es una forma de entender el código.
- Explorar cómo funciona desde la perpectiva de todos los participantes del proyecto, lo que implica leer pruebas y documentos de diseño e inspeccionar el código.
- Escribir ***pruebas de caracterización*** para reforzar la cobertura de pruebas *antes* de hacer cambios en el código.

Para el ciclo de vida clásico:

- El ***jefe de mantenimiento*** soporta el proyecto durante la fase de mantenimiento y estima los costes de las ***peticiones de cambios***.
- Utililizando análisis de coste-beneficio, un ***grupo de control de cambios*** selecciona las peticiones de cambios.
- Como en las metodologías ágiles, el mantenimiento depende de las ***pruebas de regresión*** para asegurar que las nuevas versiones funcionan correctamente y la ***refactorización*** hace el código más sencillo de mantener.

Sorprendentemente, el proceso ágil se ajusta a muchas necesidades de la fase de mantenimiento de los ciclos de vida clásicos.

Tanto los procesos ágiles como los clásicos tienen los mismos objetivos de mantenimiento y comparten bastantes técnicas, pero los procesos ágiles sugieren llegar hasta aquí a través de la refactorización incremental constante en vez de recodificar todo por adelantado.

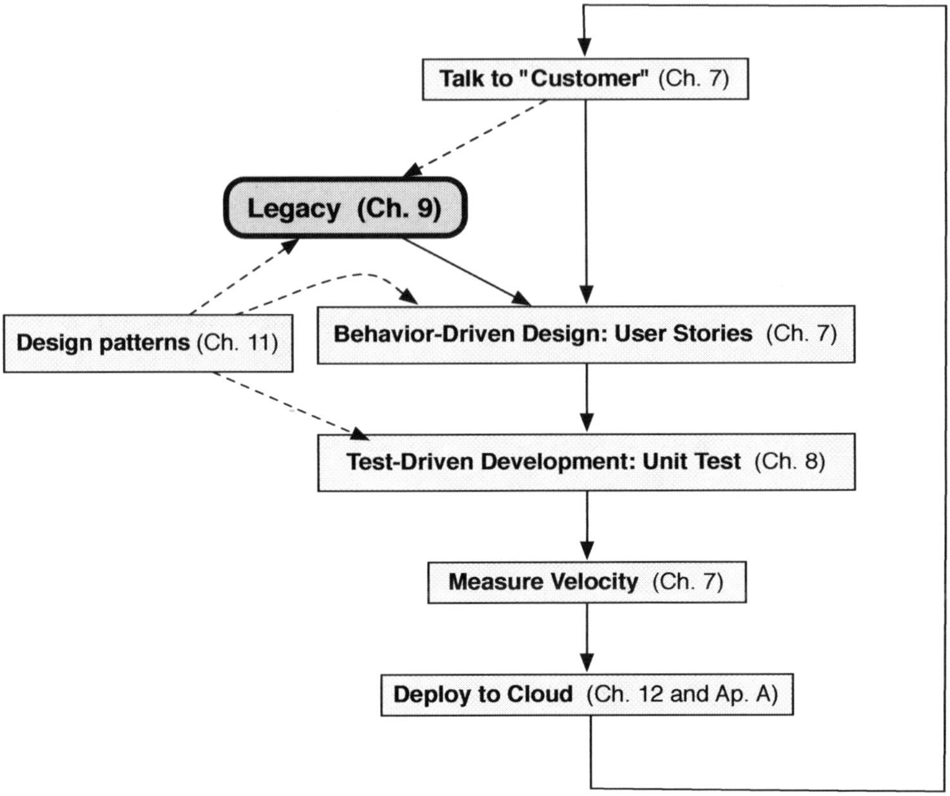

Figura 9.1. El ciclo de vida ágil y sus relaciones con los capítulos de este libro. El capítulo presente se centra en cómo pueden ser de ayuda las técnicas ágiles para mejorar aplicaciones heredadas.

9.1 ¿Qué provoca que el código se vuelva heredado y cómo puede ayudar la metodología ágil?

1. Cambio continuo: los sistemas [software] deben ir adaptándose continuamente o se convierten progresivamente en menos satisfactorios

Primera ley de Lehman sobre la evolución del software

Como se explicó en el capítulo 1, el ***código heredado*** (*legacy code*) se mantiene en uso debido a que *sigue satisfaciendo una necesidad de un cliente* a pesar de que su diseño o su implementación esté obsoleta o sea difícilmente legible. En este capítulo mostraremos cómo aplicar técnicas ágiles para mejorar y modificar código heredado. La figura 9.1 destaca este concepto en el contexto íntegro del ciclo de vida ágil.

La ***mantenibilidad*** es la facilidad con la que se puede mejorar un producto. En el ámbito de la ingeniería del software, el mantenimiento consta de cuatro categorías (Lientz et al. 1978):

- Mantenimiento correctivo: reparar defectos y errores

Pruebas unitarias, funcionales y de integración muy legibles (capítulo 8)	Mensajes de registro de operaciones *commit* en Git (capítulo 10)
Mockups poco detallados e historias de usuario tipo Cucumber (capítulo 7)	Comentarios y documentación tipo RDoc embebida en el código (sección 9.4)
Fotografías de bocetos en pizarras sobre la arquitectura de la aplicación, relación entre clases, etc. (sección 9.2)	Correo electrónico archivado, notas en wiki/blog, notas o grabaciones en vídeo de revisiones de diseño y código, por ejemplo en Campfire[2] o Basecamp[3] (capítulo 10)

Figura 9.2. A pesar del valor que representan los documentos de diseño actualizados, las metodologías ágiles sugieren que se debe poner más el foco en documentación que sea "más cercana" al código.

- Mantenimiento perfectivo: ampliar la funcionalidad actual del software para satisfacer nuevos requisitos del cliente
- Mantenimiento adaptativo: hacer frente a cambios en el entorno de la aplicación incluso aunque no se requiera añadir nueva funcionalidad; por ejemplo, adaptación a cambios en el entorno de producción
- Mantenimiento preventivo: mejorar la estructura del software para mejorar la mantenibilidad futura.

Realizar estos tipos de mantenimiento en código heredado es una habilidad que se aprende con la práctica: le proporcionaremos una gran variedad de técnicas que podrá utilizar, pero nada sustituye la experiencia. Dicho esto, un componente fundamental de todas estas tareas de mantenimiento es la ***refactorización***, un proceso mediante el cual se modifica la estructura del código (con suerte, mejorándolo) sin cambiar la funcionalidad del mismo. El mensaje principal de este capítulo es que *la refactorización continua mejora la mantenibilidad.* Es por esto que gran parte de este capítulo se centrará en la refactorización.

Cualquier producto software, incluso bien diseñado, puede evolucionar finalmente más allá de lo que su diseño original contemplaba. Este proceso conlleva desafíos de mantenibilidad, y uno de ellos es el reto de trabajar con código heredado. Algunos desarrolladores utilizan el término "heredado" (*legacy*) cuando el código es poco legible debido a que los diseñadores originales del mismo ya no están presentes y el software lleva acumulados muchos ***parches*** sin reflejo en ningún documento de diseño. Un punto de vista que denota más hastío, compartido por algunos profesionales experimentados, (Glass 2002), es que esos documentos ni siquiera serían de utilidad. Una vez que comienza el desarrollo, los cambios necesarios en el diseño provocan que el sistema se vaya apartando de los documentos originales de diseño, que no se actualizan. En estos casos, los desarrolladores deben basarse en documentos de diseño *informales*, como los que se enumeran en la figura 9.2.

¿Cómo podemos mejorar un software heredado sin una buena documentación? Tal y como enuncia Michael Feathers en *Working Effectively With Legacy Code* (Feathers 2004), hay dos formas de hacer cambios en un software ya existente: *editar y rezar* o *cubrir y modificar*. Tristemente, el primero de los métodos es muy común: familiarizarse con una pequeña parte del software que se debe modificar, editar el código, realizar comprobaciones manuales para ver si se ha roto algo (aunque es complicado tener la certeza absoluta), para finalmente desplegar el software y rezar para tener suerte.

En cambio, *cubrir y modificar* significa crear pruebas (si es que no existen aún) que cubran el código que se va a modificar y utilizarlas como "red de seguridad" para detectar cambios no deseados de comportamiento que hayan sido provocados por las modificaciones realizadas, del mismo modo que las pruebas de regresión detectan fallos en el código que antes funcionaba correctamente. El punto de vista de "cubrir y modificar" conduce a la definición más precisa de código heredado enunciada por Feathers, que es la que usaremos: *código que adolece de suficientes pruebas para ser modificado con fiabilidad, independientemente de quién lo desarrolló y cuándo.* En otras palabras, también puede considerarse código heredado el código que fue escrito hace tres meses por uno mismo para otro proyecto y que ahora se debe revisar y modificar.

Afortunadamente, las técnicas ágiles que ya hemos aprendido para desarrollar nuevo software pueden ser de ayuda con código heredado. De hecho, la tarea de entender y evolucionar código heredado puede verse como un ejemplo de "acoger el cambio" en plazos más amplios. Si heredamos un software bien estructurado con pruebas exhaustivas, podremos usar BDD y TDD para guiarnos al añadir funcionalidad en pasos pequeños pero fiables. Si heredamos un código mal estructurado o incluso poco probado, necesitaremos ponernos en situación con cuatro pasos:

1. Identificar los ***puntos de cambio***, o sitios donde será necesario introducir modificaciones en el sistema heredado. La sección 9.2 describe algunas técnicas de exploración que pueden ser de utilidad, e introduce un tipo de diagrama UML (*Unified Modeling Language*, Lenguaje Unificado de Modelado) que permite representar las relaciones entre las principales clases de una aplicación.

2. Si es necesario, crear ***pruebas de caracterización*** que capturen el funcionamiento del código, para establecer un punto de partida antes de hacer ningún cambio. La sección 9.3 detalla cómo hacer esto utilizando herramientas que le serán familiares.

3. Determinar si los puntos de cambio exigen ***refactorizar*** para hacer más estable el código existente o para incorporar los cambios requeridos, por ejemplo, rompiendo dependencias que hacen que el código sea difícil de probar. La sección 9.6 introduce algunas de las técnicas de los catálogos de refactorizaciones más utilizadas que han evolucionado como parte del "movimiento" ágil.

4. Una vez que el código que rodea los puntos de cambio está refactorizado y cubierto por sus correspondientes pruebas, realizar los cambios necesarios, utilizando las pruebas creadas al efecto como pruebas de regresión, y añadir nuevas pruebas para el nuevo código como se muestra en los capítulos 7 y 8.

Resumen acerca de cómo la metodología ágil puede mejorar código heredado:

- La mantenibilidad es la facilidad con la que un software se puede optimizar, adaptarse a un entorno operativo diferente, repararse, o mejorarse para facilitar el mantenimiento en el futuro. Una parte importante del mantenimiento del software es la refactorización, parte central del proceso ágil que mejora la estructura del software para hacerlo así más mantenible. Por consiguiente, la refactorización continua mejora la mantenibilidad.
- El trabajo con código heredado (*legacy code*) comienza con la exploración para entender la estructura básica del código, y particularmente el código alrededor de los ***puntos de cambio*** donde suponemos que haremos modificaciones.
- Sin unas buenas pruebas de cobertura, no podemos fiarnos de que la refactorización o mejora del código preservará el comportamiento actual. Por tanto, es conveniente adoptar la definición de Feathers —"código heredado es código sin pruebas"— y generar pruebas de caracterización para reforzar la cobertura de código como paso previo a la refactorización o mejora del código heredado.

■ ***Explicación. Documentación embebida***

RDoc es un sistema de documentación que busca comentarios con un formato específico dentro del código Ruby y genera documentación a partir de los mismos. Es muy similar y está inspirado en JavaDoc. La sintaxis de RDoc se aprende muy fácilmente con el uso y a partir del wikilibro "Ruby Programming"[4]. La salida por defecto en HTML puede verse, por ejemplo, en la documentación de Rails[5]. A medida que se explora y entiende el código heredado, añadir documentación RDoc es digno de tener en cuenta. Ejecutar `rdoc .` (con punto al final) en el directorio raíz de una aplicación Rails genera documentación RDoc para todos los ficheros `.rb` del directorio actual, `rdoc -help` muestra más opciones, y `rake -T doc` ejecutado en el directorio de la aplicación Rails enumera otras tareas Rake relacionadas con la documentación.

Autoevaluación 9.1.1. *¿A qué se debe que muchos ingenieros de software crean que para modificar código heredado, unas buenas pruebas de cobertura son más importantes que unos documentos de diseño detallados o código bien estructurado?*
◇ Sin pruebas, no hay ninguna garantía de que los cambios introducidos en el código heredado preserven los comportamientos existentes. ■

9.2 Exploración de código heredado

> *Si se han elegido las estructuras de datos idóneas y se han organizado las cosas correctamente, la mayoría de los algoritmos serán evidentes. Son las estructuras de datos, y no los algoritmos, los que son fundamentales en la programación.*
>
> Rob Pike

El objetivo de la exploración es comprender la aplicación tanto desde el punto de vista de los clientes como de los desarrolladores. Las técnicas específicas a utilizar dependerán de los objetivos inmediatos:

- Usted es completamente nuevo en el proyecto y necesita entender la arquitectura global de la aplicación, documentando según va avanzando de forma que otros no tengan que repetir este proceso de descubrimiento.
- Usted necesita comprender únicamente las partes que se verán afectadas por un cambio específico que le ha sido requerido.
- Usted está buscando las partes del código que necesitan un "lavado de cara" porque la aplicación va a ser portada o está actualizando el código fuente.

De la misma forma que exploramos la arquitectura SaaS en el capítulo 2 utilizando la altura como analogía, podemos seguir varios pasos "de fuera hacia dentro" para comprender la estructura de una aplicación heredada en varios niveles:

1. Crear una rama desde cero para ejecutar la aplicación en un entorno de desarrollo
2. Aprender y replicar las historias de usuario, trabajando con otros integrantes del proyecto si es necesario
3. Examinar el esquema de la base de datos y las relaciones entre las clases más importantes
4. Echar una ojeada a todo el código para cuantificar su calidad y la cobertura de pruebas existente.

Debido a que interactuar con la aplicación en su entorno de producción puede poner en peligro datos de clientes o la experiencia del usuario, el primer paso es tener la aplicación ejecutándose en un entorno de desarrollo o de pruebas en el que interrumpir su ejecución no provoque molestias a los usuarios. Cree una ***rama inicial*** del repositorio que no va a volver a integrar y que por tanto va a poder utilizar para experimentar. Genere una base de datos de desarrollo si no existe aún. Un método sencillo para hacer esto es clonar la base de datos de producción si no es demasiado grande, lo que permite sortear muchos errores comunes:

- La aplicación puede tener relaciones del tipo tiene-muchos o pertenece-a, que estarán reflejadas en las filas de las tablas. Sin conocer los detalles de dichas relaciones, podría crearse un subconjunto de datos no válido. Poniendo RottenPotatoes como ejemplo, podría terminar involuntariamente con un **review** cuyos `movie_id` y `moviegoer_id` se refieran a películas o cinéfilos no existentes.
- Al clonar la base de datos se eliminan posibles diferencias de comportamiento entre los entornos de producción y desarrollo por diferencias en las implementaciones de la base de datos, diferencias en cómo se representan ciertos tipo de datos como las fechas en las distintas bases de datos, etc.
- Al clonar los datos se dispone de datos válidos y reales para trabajar con ellos en desarrollo.

En el caso de que no sea posible clonar la base de datos de producción, o que se hay clonado satisfactoriamente pero sea demasiado grande para ser utilizada en el entorno de desarrollo, se puede crear una base de datos de desarrollo extrayendo los *fixtures* de la base de datos de producción[6] mediante los pasos de la figura 9.3.

http://pastebin.com/gMFCF02W

```
# on production computer:
RAILS_ENV=production rake db:schema:dump
RAILS_ENV=production rake db:fixtures:extract
# copy db/schema.rb and test/fixtures/*.yml to development computer
# then, on development computer:
rake db:create          # uses RAILS_ENV=development by default
rake db:schema:load
rake db:fixtures:load
```

Figura 9.3. Se puede crear una base de datos de desarrollo vacía que tenga el mismo esquema que la base de datos de producción para a continuación introducir los *fixtures*. Aunque en el capítulo 8 se alerta contra el abuso en el uso de *fixtures*, en este caso los usamos para replicar el comportamiento ya conocido desde el entorno de producción al entorno de desarrollo.

Una vez se tiene la aplicación ejecutándose en el entorno de desarrollo, disponga de uno o dos clientes experimentados que le muestren cómo usan la aplicación, y que le indiquen durante esa demostración qué cambios tienen en mente (Nierstrasz et al. 2009). Hágales comentar sus acciones durante la demostración según van avanzando; aunque la mayoría de sus comentarios serán en términos de experiencia de usuario ("Ahora estoy añadiendo a Mona como usuario administrador"), si la aplicación fue desarrollada utilizando BDD, sus comentarios reflejarán ejemplos de las historias de usuario originales y por tanto de la arquitectura de la aplicación. Haga muchas preguntas durante la demostración, y si los que mantienen la aplicación están disponibles, hágales actuar como observadores también. En la sección 9.3 veremos cómo estas demostraciones pueden sentar las bases de las pruebas de "realidad sobre el terreno" que sustenten sus modificaciones.

Una vez tenga una idea de cómo funciona la aplicación, eche un ojo al esquema de su base de datos; Fred Brooks, Rob Pike y otros han admitido la importancia de entender las estructuras de datos como la clave para entender la lógica de la aplicación. Puede utilizarse una interfaz interactiva para explorar el esquema de la base de datos, pero puede ser más eficiente ejecutar `rake db:schema:dump`, que genera un fichero `db/schema.rb` que contiene el esquema de la base de datos expresado en el lenguaje DSL de migración visto en la sección 4.2. El objetivo es ajustar el esquema con la arquitectura global de la aplicación.

La figura 9.4 muestra un diagrama de clases simplificado en lenguaje UML, generado por la gema `railroady`, que condensa las relaciones entre las clases más importantes y los atributos más importantes de dichas clases. Aunque el diagrama puede parecer abrumador en un principio, como no todas las clases juegan un mismo papel estructural, se pueden identificar las clases con alto grado de interconexión que probablemente serán fundamentales para las funciones del producto. Por ejemplo, en la figura 9.4, las clases **Customer** y **Voucher** están interconectadas y conectadas a muchas otras clases. Así, se puede identificar en el esquema de base de datos las tablas correspondientes a dichas clases.

Una vez se haya familiarizado con la arquitectura de la aplicación, las estructuras de datos más importantes y las clases principales, está usted preparado para ver el código fuente. El objetivo de inspeccionar el código es tener una idea de su calidad en general, la cobertura de sus pruebas y otras estadísticas que puedan servir para evaluar cómo de complicado puede ser de entender y modificar. Por tanto, en vez de sumergirse en un fichero determinado, ejecute `rake stats` para obtener el número total de líneas de código y las líneas de pruebas para cada fichero; esta información puede orientarle en qué clases son las más complejas y probablemente las más importantes (más LOC), mejor probadas (mejor ratio entre código y pruebas), clases que constituyen simplemente métodos *helper* (menos LOC), etc., afianzando

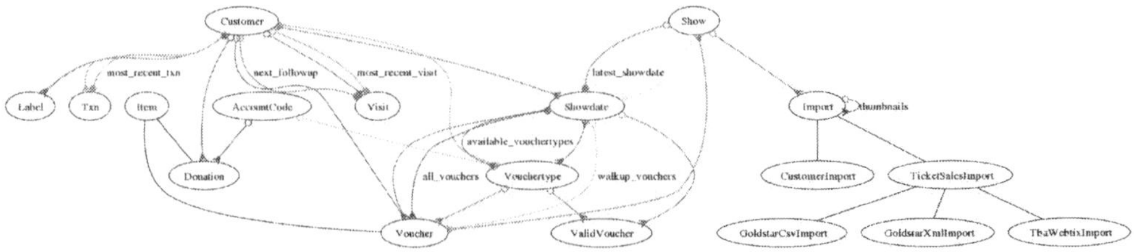

Figura 9.4. El presente diagrama de clases simplificado en lenguaje UML, generado automáticamente con la gema `railroady`, muestra el modelo de una aplicación Rails que gestiona venta de entradas, donaciones y asistencia a las funciones de un pequeño teatro. Las flechas y líneas con círculos muestran relaciones entre clases: un Customer tiene varios Visits y Vouchers (línea con círculo hueco y flecha), tiene una most_recent_visit (línea con círculo relleno y flecha), y tiene y pertenece a varios Labels (línea con cabeza de flecha en ambas puntas). Las líneas simples muestran herencia: Donation y Voucher son subclases de Item. (Todas las clases importantes aquí heredan de ActiveRecord::Base, pero `railroady` sólo dibuja las clases de la aplicación). Veremos otros tipos de diagramas UML en el capítulo 11.

la compresión que inició con el diagrama de clases y el esquema de la base de datos. (Más adelante en este capítulo le mostraremos cómo evaluar el código con algunas métricas de calidad adicionales para proporcionarle una visión de dónde deberá hacer los mayores esfuerzos). Si dispone de un conjunto de pruebas, ejecútelas; asumiendo que la mayoría de las pruebas pasarán con éxito, lea las pruebas como ayuda para comprender las intenciones originales del desarrollador. Después emplee una hora de tiempo (Nierstrasz et al. 2009) inspeccionando las clases más importantes del código además de aquellas que crea que necesitará modificar (los ***puntos de cambio***), de los que ahora deberá tener una idea bastante certera.

Resumen de la exploración de código heredado:

- El objetivo de la exploración es comprender cómo funciona la aplicación desde el punto de vista de los múltiples partícipes del proyecto, incluyendo al cliente que solicita los cambios y los diseñadores y desarrolladores que crearon el código original.
- Leer las pruebas, leer documentos de diseño si están disponibles, inspeccionar el código y dibujar o generar diagramas de clases en UML para identificar relaciones entre las entidades (clases) importantes en la aplicación pueden ayudar a la exploración.
- Una vez haya visto ejecutarse la aplicación en producción, los siguientes pasos son tenerla en ejecución en desarrollo, clonando la base de datos o extrayendo los *fixtures* de la misma, y tener el conjunto de pruebas ejecutándose en desarrollo.

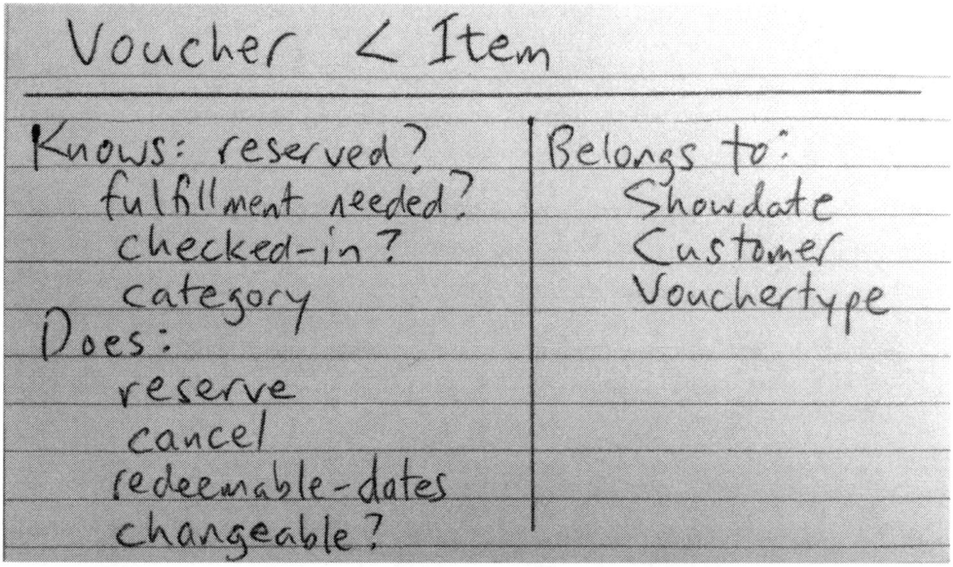

Figura 9.5. **Una tarjeta de 3x5 pulgadas (o tamaño A7) Clase-Responsabilidad-Colaboración (CRC) que representa la clase Voucher (recibo) de la figura 9.4. La columna izquierda muestra las responsabilidades de Voucher —cosas que "sabe" (variables de instancia) o hace (métodos de instancia)—. Como en Ruby a las variables de instancia se accede siempre a través de métodos de instancia, podemos determinar responsabilidades buscando métodos de instancia en el archivo de clase `voucher.rb` y llamadas a attr_accessor. La columna derecha representa las clases colaboradoras con Voucher; en las aplicaciones Rails se pueden determinar muchas de ellas buscando has_many y belongs_to en `voucher.rb`.**

■ ***Explicación. Tarjetas Clase-Responsabilidad-Colaboración (CRC)***

Las tarjetas CRC (figura 9.5) fueron propuestas en 1989[7] como una forma de ayudar en el diseño orientado a objetos. Cada tarjeta identifica una clase, sus responsabilidades, y las clases colaboradoras con las que interactúa para completar tareas. Como puede verse en este *screencast* externo[8], un equipo que diseña nuevo código selecciona una historia de usuario (sección 7.1). Para cada paso de la historia, el equipo identifica o crea las tarjetas CRC de las clases que participan en ese paso y confirma que las clases tienen las responsabilidades y colaboradores requeridos para completar el paso. En caso contrario, el conjunto de clases o responsabilidades podría estar incompleto, o es necesario cambiar el reparto de responsabilidades entre las clases. Al explorar código heredado, se pueden crear tarjetas CRC para documentar las clases que se van encontrando al seguir el flujo desde la acción del controlador que gestiona un paso de una historia de usuario hasta los modelos y vistas involucrados en otros pasos de la historia.

Autoevaluación 9.2.1. *¿Cuáles son algunas de las razones por las que es importante tener la aplicación corriendo en desarrollo incluso aunque no se planee hacer ningún cambio en el código?*

◇ Algunas razones son:

1. En SaaS, las pruebas existentes pueden necesitar acceso a una base de datos de pruebas, que no será accesible en producción.
2. Parte de la exploración podría implicar el uso de un depurador interactivo o de otras herramientas que pueden ralentizar la ejecución, lo que puede perturbar el uso de la aplicación en producción.
3. Para ciertas partes de la exploración se puede querer modificar datos de la base de datos, lo que evidentemente no puede hacerse con datos reales de clientes.

■

9.3 Establecer la realidad sobre el terreno con pruebas de caracterización

Si no existe conjunto de pruebas (o hay muy pocas) que cubran las partes de código que se verán afectadas por los futuros cambios, es necesario crearlas. ¿Cómo se pueden crear estas pruebas, dado el limitado conocimiento del funcionamiento del código? Una forma de comenzar es estableciendo una línea base de partida de la "realidad sobre el terreno" a través de las ***pruebas de caracterización***: pruebas creadas con el convencimiento de que capturan y describen el comportamiento *actual* de una parte del software, incluso aunque dicho comportamiento tenga fallos. Al crear un conjunto **R**epetible de pruebas automáticas (ver la sección 8.2) que recrea el comportamiento actual del código, se puede asegurar que dichos comportamientos permanecen idénticos mientras se modifica y mejora el código, como unas pruebas de regresión de alto nivel.

A menudo es más sencillo comenzar con una prueba de caracterización de integración, como los escenarios de Cucumber, ya que estos hacen la menor cantidad de suposiciones acerca de cómo funciona la aplicación y se centra únicamente en la experiencia de usuario.

http://pastebin.com/fvDf8t31

```
# WARNING! This code has a bug! See text!
class TimeSetter
  def self.convert(d)
    y = 1980
    while (d > 365) do
      if (y % 400 == 0 ||
          (y % 4 == 0 && y % 100 != 0))
        if (d > 366)
          d -= 366
          y += 1
        end
      else
        d -= 365
        y += 1
      end
    end
    return y
  end
end
```

Figura 9.6. Este método es difícil de comprender, complicado de comprobar y, según la definición de código heredado de Feathers, difícil de modificar. De hecho, contiene un fallo —este ejemplo es una versión simplificada de un error en el reproductor de música de Microsoft Zune que provocó que cualquier reproductor iniciado el día 31 de diciembre de 2008 se quedara *colgado*, y donde la única solución era esperar hasta el primer minuto del 1 de enero de 2009 antes de reiniciarlo—. El *screencast* 9.3.1 muestra el *bug* y el parche.

De hecho, mientras que los buenos escenarios en definitiva hacen uso de un "lenguaje del dominio" en vez de describir las interacciones del usuario en detalle en pasos imperativos (ver la sección 7.9), llegados a este punto es correcto comenzar con escenarios imperativos, ya que el objetivo es incrementar el porcentaje de código cubierto por pruebas y proporcionar una "realidad sobre el terreno" a partir de la cual escribir más pruebas más detalladas. Una vez se disponga de varias pruebas de integración en verde (satisfactorias), puede ponerse el foco en pruebas unitarias o a nivel funcional, tal y como TDD sigue a BDD de fuera hacia dentro en el ciclo de vida ágil.

Aunque las pruebas de caracterización a nivel de integración simplemente capturan comportamientos que observamos sin necesidad de entender *cómo* suceden dichos comportamientos, una prueba de caracterización unitaria parece requerir que se comprenda su implementación. Por ejemplo, considérese el código de la figura 9.6. Como explicaremos en detalle en la siguiente sección, adolece de varios problemas, entre otros el contener un fallo. El método **convert** calcula el año actual dado un año inicial (en este caso 1980) y el número de días que han pasado desde el 1 de enero de ese año. Si han pasado 0 días, entonces es 1 de enero de 1980; si han pasado 365 días, es 31 de diciembre de 1980; ya que 1980 fue un año bisiesto; si han pasado 366 días, es 1 de enero de 1981; y así. ¿Cómo se crearían pruebas unitarias para la función **convert** sin comprender la lógica del método en detalle?

Feathers describe una técnica muy útil para realizar "ingeniería inversa" sobre una parte de código del que no comprendemos el funcionamiento y obtener así especificaciones (*specs*): Se crea una especificación con una aserción que sabemos que probablemente falle, se ejecuta la especificación, y se utiliza la información del mensaje de error para cambiar la especificación y ajustarse al comportamiento actual. El *screencast* 9.3.1 muestra cómo hacer esto con el método **convert**, con lo que se obtiene la especificación de la figura 9.7, ¡y hasta se consigue encontrar un *bug* en el proceso!

http://pastebin.com/ZWb9QZRE

```
require 'simplecov'
SimpleCov.start
require './time_setter'
describe TimeSetter do
  { 365 => 1980, 366 => 1981, 900 => 1982 }.each_pair do |arg,result|
    it "#{arg} days puts us in #{result}" do
      TimeSetter.convert(arg).should == result
    end
  end
end
```

Figura 9.7. Esta simple especificación, obtenida mediante la técnica de ingeniería inversa mostrada en el *screencast* 9.3.1, alcanza una cobertura C0 del 100% y ayuda a encontrar un fallo en el código de la figura 9.6.

Screencast 9.3.1. Creación de specs de caracterización para TimeSetter.
`http://vimeo.com/47043669`
Tras crear *specs* que provocan fallos en varias aserciones, se deben corregir basándose en el comportamiento actual de las pruebas. El objetivo es capturar el comportamiento actual lo más completamente posible, por lo que buscamos un 100% de cobertura C0 (¡a pesar de que eso no es garantía de código libre de errores!), lo cual es un reto, ya que el código no dispone de *seams* (costuras). El esfuerzo se traduce en la localización de un fallo que dejó inutilizados miles de reproductores de Microsoft Zune el día 31 de diciembre de 2008.

Resumen de pruebas de caracterización:

- Para *cubrir y modificar* cuando no disponemos de un conjunto de pruebas suficientemente grande, se deben crear pruebas de caracterización que capturen el funcionamiento actual del código.
- Habitualmente es más fácil comenzar por las pruebas de caracterización a nivel de integración, como los escenarios de Cucumber, ya que sólo capturan el comportamiento visible o externo de la aplicación.
- Para crear pruebas de caracterización unitarias o de nivel funcional para código que no comprendemos en su totalidad, se puede escribir una especificación que provoque un fallo en una aserción, corregir la aserción basándose en el mensaje de error, y repetir hasta disponer de suficiente cobertura.

Autoevaluación 9.3.1. *Indique si cada uno de los siguientes representan un objetivo de las pruebas funcionales y unitarias, un objetivo de las pruebas de caracterización, o ambos:*

i Mejorar la cobertura

ii Probar condiciones de valores límite

iii Documentar la intención y el comportamiento del código de la aplicación

iv Pruebas de regresión (reintroducción de fallos anteriores)

◇ (i) y (iii) son objetivos de las pruebas unitarias, funcionales y de caracterización. (ii) y (iv) *http://pastebin.com/c7FTpZxQ*

```
# Add one to i.
i += 1

# Lock to protect against concurrent access.
mutex = SpinLock.new

# This method swaps the panels.
def swap_panels(panel_1, panel_2)
  # ...
end
```

Figura 9.8. Ejemplos de malos comentarios, que exponen obviedades. Sorprende la asiduidad de este tipo de comentarios que imitan el código incluso en muchas aplicaciones (aplicaciones bien desarrolladas, por otra parte). (Estos ejemplos y los consejos sobre los comentarios son de John Ousterhout).

son metas de las pruebas funcionales y unitarias, pero no de las pruebas de caracterización. ■

■ ***Explicación. ¿Qué hacer con las especificaciones (specs) que deberían pasar las pruebas, pero no lo hacen?***

Si el conjunto de pruebas está obsoleto, algunas pruebas podrían fallar (en rojo). En vez de intentar corregir las pruebas antes de comprender el código, es preferible marcarlas como "pendientes" (por ejemplo, utilizando el método **pending** de RSpec) con un comentario que le recuerde volver a ellas más tarde para averiguar el porqué del fallo. Cíñase a la tarea actual de preservar la funcionalidad existente mientras mejora la cobertura, y no se distraiga intentando corregir errores por el camino.

9.4 Comentarios

Es muy común en código heredado que, además de adolecer de pruebas y buena documentación, los comentarios del código no existan o no sean consistentes con el código. Hasta ahora no hemos explicado cómo escribir buenos comentarios, de la misma forma que asumimos en el libro que usted ya sabe cómo escribir buen código. Ofrecemos aquí un breve apunte sobre los comentarios, de forma que una vez escriba pruebas de caracterización satisfactorias, pueda capturar lo aprendido añadiendo comentarios al código heredado.

Idealmente, se escriben los comentarios según se desarrolla el código; si se vuelve sobre el código más tarde se habrán olvidado las ideas de diseño, por lo que los comentarios únicamente replicarán al código. Lamentablemente, este error es común en código heredado.

Los comentarios deben describir cosas que no son obvias a partir del código. Este consejo es un arma de doble filo, ya que esto significa

- *No* repetir lo que ya es obvio a partir del código. La figura 9.8 muestra ejemplos de malos comentarios.
- *(Sí)* pensar en lo que no es obvio tanto a bajo como a alto nivel. La figura 9.9 muestra un ejemplo.

"Obvio" se refiere para alguien que lea el código en el futuro y que no sea el programador original. Ejemplos de cosas que no son obvias serían las unidades de las variables, http://pastebin.com/7PthRNCW

```
# Good Comment:
# Scan the array to see if the symbol exists

# Much better than:
# Loop through every array index, get the
# third value of the list in the content to
# determine if it has the symbol we are looking
# for. Set the result to the symbol if we
# find it.
```

Figura 9.9. Ejemplo de comentario que incrementa el nivel de abstracción comparado con comentarios que describen cómo se ha implementado. (Estos ejemplos y los consejos sobre los comentarios son de John Ousterhout).

condiciones invariantes del código, y problemas sutiles que requieren de una implementación concreta. Particularmente, es importante documentar las incidencias en el diseño que pasan por la mente del programador al ir desarrollando su código, explicando *por qué* el código está escrito de esa forma. En este caso se está intentando documentar lo que pasó por la mente de otro programador; una vez que lo averigüe, ¡asegúrese de escribirlo antes de olvidarlo!

En general, los comentarios deben aumentar el nivel de abstracción respecto al código. El objetivo de un programador es escribir clases y otro código que encapsule la complejidad; es decir, hacer el código fácil de utilizar más que hacerlo fácil de escribir. La abstracción puede no ser obvia a partir de la implementación; pero los comentarios deben capturarla. Por ejemplo, ¿qué se necesita saber al invocar a un método determinado? No se debe tener que leer el código de un método antes de poder llamarlo.

Una razón para encontrarnos entusiasmados como autores con el material de este libro es que cualquier otro apunte sobre ingeniería del software viene acompañado con una herramienta que facilita hacer las cosas correctamente y posibilita a otros el comprobar si se ha apartado de ese camino. Lamentablemente, no es el caso para estas notas sobre los comentarios. El único mecanismo de aplicación más allá de la autodisciplina es la revisión, descrita en la sección 10.7.

Resumen sobre los comentarios:

- Es mejor escribir los comentarios al mismo tiempo que se codifica, y no después.
- Los comentarios no deben repetir lo que ya es obvio a partir del código. Por ejemplo, explicar *por qué* el código está implementado de una forma determinada.
- Los comentarios deben aumentar el nivel de abstracción respecto al código.

Autoevaluación 9.4.1. *Verdadero o falso: una razón por la que el código heredado es duradero es porque normalmente está bien comentado.*
◇ Falso. Ojalá fuera cierto. Los comentarios muchas veces faltan o son inconsistentes con el propio código, lo que es un motivo para llamarlo heredado en vez de elegante. ■

9.5 Métricas, *smells* de código y SOFA

7. Calidad decreciente - La calidad de los sistemas [software] va decreciendo a no ser que tengan un mantenimiento riguroso y se adapten a los cambios del entorno de ejecución.

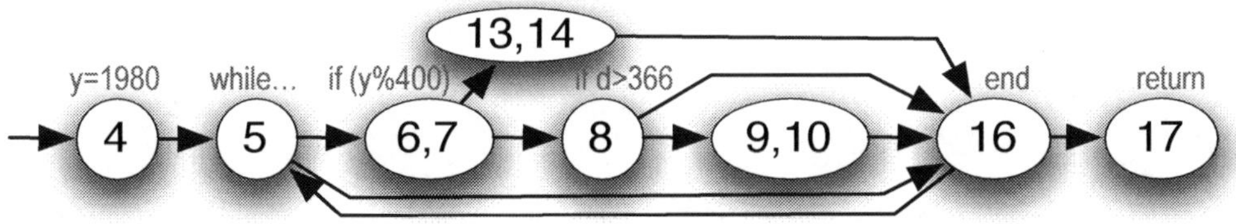

Figura 9.10. **Los números que aparecen en los nodos de este grafo de control de flujo corresponden a números de línea de la figura 9.6. La complejidad ciclomática es $E - N + 2P$, donde E es el número de conectores, N el número de nodos y P representa el número de componentes conectados. El método convert obtiene una puntuación de 4 en cuanto a complejidad ciclomática según `saikuro` y 23 para la métrica ABC (*Assignments* —asignaciones—, *Branches* —ramificaciones—, *Conditionals* —condicionales—) según `flog`. La figura 9.11 pone estos valores en contexto.**

Séptima ley de Lehman sobre la evolución del software

Uno de los conceptos clave de este libro es que la ingeniería del software trata sobre el desarrollo no simplemente de código que funcione, sino de código *elegante* que funcione. Este capítulo debe dejar claro por qué creemos esto: un código elegante es más fácil y más barato de mantener. Dado que el software puede durar mucho más que el hardware, incluso los ingenieros pueden apreciar la ventaja económica y práctica de reducir los costes de mantenimiento aunque la idea de código elegante no consiga despertar sus sensibilidades estéticas.

¿Cuándo se puede decir que el código no es tan elegante, y cómo se puede mejorar éste? Todos hemos visto ejemplos de código no elegante, incluso aunque no seamos capaces de precisar qué problemas específicos presenta. Podemos identificar problemas en dos sentidos: cuantitativamente usando ***métricas del software*** y cualitativamente a través del ***smells de código***. Ambos son útiles y cuentan cosas diferentes sobre el código, y aplicamos ambos al código desagradable de la figura 9.6.

Las ***métricas del software*** son medidas cuantitativas de la complejidad del código, lo que habitualmente representa una estimación de lo difícil que es probar meticulosamente un trozo de código. Existen docenas de métricas, y opiniones muy dispares sobre su utilidad, efectividad y "rango normal" de valores. La mayoría de las métricas se sustentan en el ***grafo de control de flujo*** del programa, en el que cada nodo del gráfico representa un ***bloque básico*** (un conjunto de sentencias que siempre se ejecutan juntas). Una línea desde el nodo A al nodo B significa que hay algún flujo en el código en el que el bloque básico B se ejecuta inmediatamente después del bloque A.

Los proyectos software de ciclo de vida clásico a veces incluyen requisitos contractuales específicos basados en métricas software.

La figura 9.10 muestra el gráfico de control de flujo correspondiente a la figura 9.6, que podemos utilizar para calcular dos indicadores muy usados de complejidad a nivel de método:

1. ***Complejidad ciclomática*** mide el número de caminos independientes dentro de un trozo de código.
2. ***Métrica ABC*** es una suma ponderada del número de asignaciones (***A****ssignments*), ramificaciones (***B****ranches*) y condicionales (***C****onditionals*) de un trozo de código.

El ingeniero de software Frank McCabe Sr. inventó la métrica de complejidad ciclomática en 1976.

Estos análisis suelen realizarse sobre el código fuente y fueron desarrollados para lenguajes de tipado estático en un principio. Con los lenguajes de tipado dinámico, los análisis se complican debido a la metaprogramación y otros mecanismos que pueden provocar cambios en el grafo de control de flujo en tiempo de ejecución. Sin embargo, son métricas de primer orden muy útiles y, como era de esperar, la comunidad Ruby ha desarrollado herramientas para poder calcularlas. `saikuro` calcula una versión simplificada de la complejidad

Métrica	Herramienta	Puntuación "normal"	Referencia
Ratio código-pruebas	`rake stats`	$\leq 1:2$	Sección 8.7
Cobertura C0	`SimpleCov`	$\geq 90\%$	Sección 8.7
Métrica ABC	`flog` (`rake metrics`)	$<$ 20/método	Sección 9.5
Complejidad ciclomática	`saikuro` (`rake metrics`)	$<$ 10/método	Sección 9.5

Figura 9.11. Compendio de varias métricas útiles que ya hemos visto y que resaltan la conexión existente entre código elegante y facilidad para probar el mismo, incluyendo las herramientas Ruby que las calculan y sus rangos "normales" sugeridos. (El valor recomendado para la complejidad ciclomática ha sido definido por el NIST, el Instituto Nacional americano de estándares y tecnologías). La gema `metric_fu` incluye `flog`, `saikuro` y herramientas adicionales para el cálculo de métricas expuestas en el capítulo 11.

ciclomática y `flog` proporciona una variante de la métrica ABC ponderada de forma apropiada para las expresiones Ruby. La gema `metric_fu` (parte del software del curso) incluye ambos y muchos otros más. Al ejecutar `rake metrics` en una aplicación Rails, se calculan varias métricas, incluyendo éstas, y se resaltan las partes del código para las que varias métricas se encuentran fuera de sus respectivos rangos recomendados. Además, la página web de CodeClimate[9] proporciona muchas de estas métricas como servicio: basta con crearse una cuenta en el sitio y asociarle un repositorio de GitHub para poder obtener un informe de sus métricas de código en cualquier momento. Dicho informe se actualiza automáticamente al subir nuevo código al repositorio GitHub. La figura 9.11 resume las métricas útiles que ya hemos visto relacionadas con la facilidad de las pruebas y por tanto con la elegancia del código.

El segundo método para reconocer problemas en el código es buscar ***smells de código***, que son características estructurales del código fuente que no son detectadas fácilmente por las métricas. Al igual que los malos olores de verdad (*smells*), los *smells* de código deben hacer prestar atención a los sitios que *podrían* ser problemáticos. El clásico de Martin Fowler sobre la refactorización (Fowler et al. 1999) enumera 22 *smells* de código, de los cuales cuatro se muestran en la figura 9.12, y el libro *Clean Code* (Martin 2008) de Robert C. Martin presenta uno de los catálogos más exhaustivos con unos sorprendentes 63 *smells* de código, de los que tres son específicos de Java, nueve están relacionados con las pruebas y el resto son más genéricos.

Los *smells* de diseño (ver capítulo 11) nos indican que algo funciona mal en la forma de interaccionar de las clases, en lugar de referirse a lo que ocurre dentro de los métodos de una clase en particular.

Es importante destacar cuatro tipos de *smells* de código en particular que aparecen en *Clean Code*, porque representan síntomas de otros problemas que habitualmente pueden solucionarse con refactorizaciones simples. Estos cuatro se identifican por el acrónimo inglés **SOFA**, que especifica que un método bien escrito debe:

- ser corto (***S**hort*), de forma que su finalidad principal se entienda rápidamente;
- realizar una única tarea (*only **O**ne thing*), para que las pruebas se puedan concentrar en esa única tarea;
- tener pocos argumentos (***F**ew arguments*), de manera que se puedan probar todas las posibles combinaciones de valores para los argumentos;
- mantener un nivel de abstracción (***A**bstraction*) consistente, es decir, que no salte de un lado para otro entre *qué hacer* y *cómo hacerlo*.

La figura 9.6 no cumple al menos ni la primera ni la última, y sufre de otros *smells* de código añadidos, tal y como podemos ver al ejecutar `reek`:

Nombre	Síntomas	Refactorizaciones posibles
Cirugía de escopeta	Un pequeño cambio en una clase o un método provoca muchos cambios pequeños que se propagan a otras clases o métodos.	Utilice mover método (*Move Method*) o mover atributo (*Move Field*) para llevar todos los datos o comportamientos a un sitio centralizado.
Agrupación de datos	Los mismos tres o cuatro datos se pasan a menudo juntos como argumentos o se manipulan a la vez.	Use extraer clase (*Extract Class*) o preservar el objeto completo (*Preserve Whole Object*) para crear una clase que agrupe estos datos, y pase como parámetros instancias de esta clase.
Intimidad inapropiada	Una clase tiene demasiado conocimiento sobre la implementación (métodos o atributos) de otra.	Use mover método (*Move Method*) o mover atributo (*Move Field*) si es realmente necesario tener los métodos en algún otro lugar, o utilice extraer clase (*Extract Class*) si hay un solapamiento real entre ambas clases, o cree un *Delegate* para esconder la implementación.
Repetición repetitiva	Existen partes de código que son idénticas (o casi) en varios lugares (no DRY).	Use extraer método (*Extract Method*) para poner el código redundante dentro de su propio método de forma que pueda ser invocado desde todos los sitios originales. En Ruby se puede incluso utilizar **yield** para extraer el código y poderlo invocar desde el nuevo código.

Figura 9.12. Cuatro tipos *smells* de código con nombres curiosos de la lista de 22 de Fowler, acompañados de las refactorizaciones (de las que veremos algunas en la próxima sección) que podrían ponerles remedio si se aplican. Refiérase al libro de Fowler para las refactorizaciones mencionadas en la tabla pero no explicadas en este libro.

Entidad	Pauta	Ejemplo
Variable o nombre de clase	Sustantivo	**PeliculaPopular**, **top_peliculas**
Método con efectos colaterales	Frase verbal	**pagar_pedido**, **cargar_tarjeta_credito!**
Método que devuelve un valor	Sustantivo	**pelicula.productores**, **lista_actores**
Variable o método booleano	Frase con adjetivo	**ya_clasificado?**, **@es_ganador_oscar**

Figura 9.13. Algunas pautas para nombres de variables basados en lenguaje simple, extraído de Green and Ledgard 2011. Dado que el espacio en disco es casi gratis y los editores modernos poseen la característica de autocompletado que evita tener que reescribir el nombre completo, sus colegas le agradecerán que escriba @es_ganador_oscar en vez de GanOs.

http://pastebin.com/ybbRJHG0

```
1 time_setter.rb -- 5 warnings:
2   TimeSetter#self.convert calls (y + 1) twice (Duplication)
3   TimeSetter#self.convert has approx 6 statements (LongMethod)
4   TimeSetter#self.convert has the parameter name 'd' (UncommunicativeName)
5   TimeSetter#self.convert has the variable name 'd' (UncommunicativeName)
6   TimeSetter#self.convert has the variable name 'y' (UncommunicativeName)
```

No es DRY (línea 2). Ciertamente es sólo un pequeño duplicado, pero como cualquier *smell*, merece la pena cuestionarse por qué el código se implementó así.

Nombres poco descriptivos (líneas 4–6). La variable **y** parece ser un entero (líneas 6, 7, 10, 14) y está relacionada con otra variable **d** —¿Ésta qué puede ser?— En este sentido, ¿qué hace la clase **TimeSetter** para establecer la fecha, y qué se convierte a qué en **convert**? Hace cuatro décadas, la memoria era un recurso escaso y por ello los nombres de las variables se acortaban para tener más espacio para el código. Hoy no hay excusa para tener nombres de variables así; la figura 9.13 proporciona varias sugerencias.

Demasiado largo (línea 3). Más líneas de código por método significa más lugares para tener fallos escondidos, más caminos por probar, y más objetos simulados —*mocks*— a usar en las pruebas. Sin embargo, una longitud excesiva es realmente un síntoma que aparece debido a otros problemas más específicos —en este caso, el no conseguir aferrarse a un *http://pastebin.com/xP9B1iEy*

```
start with Year = 1980
while (days remaining > 365)
  if Year is a leap year
    then if possible, peel off 366 days and advance Year by 1
  else
    peel off 365 days and advance Year by 1
return Year
```

Figura 9.14. El cálculo del año actual dado el número de días desde el inicio del año de comienzo (1980) se ve mucho más claro cuando está escrito en pseudocódigo. Vea que rápidamente se entiende *lo que hace el método*, incluso aunque cada paso deba dividirse en más detalle cuando se implemente en código. Refactorizaremos el código Ruby para plasmar lo claro y conciso que es este pseudocódigo.

La antigua sabiduría sobre que la longitud de un método no debe exceder el alto de una pantalla completa estaba basada en terminales de texto con 24 líneas de 80 caracteres cada una. Un monitor moderno de 22 pulgadas muestra 10 veces más líneas, así que directrices como SOFA son más fiables hoy en día.

único nivel de Abstracción—. Como muestra la figura 9.14, el método **convert** en realidad consiste en un número pequeño de pasos de alto nivel, cada uno de los cuales se puede dividir en subpasos. Pero en el código no hay modo de detallar dónde se encontrarían las fronteras entre pasos y subpasos, lo que hace que el método sea complicado de entender. De hecho, la sentencia condicional anidada de las líneas 6 a 8 dificulta al programador "pasear" mentalmente por el código, y complica sobremanera las pruebas al tener que seleccionar conjuntos de casos de prueba que ejerciten cada uno de los distintos caminos.

Como resultado de todas estas deficiencias, probablemente sea una labor ardua el averiguar qué hace este método (un método relativamente simple, por otro lado). (Podría culpar de ello a la falta de comentarios en el código, pero una vez corregidos los *smells* de este código, apenas habrá necesidad de ellos). Normalmente, el lector avispado verá las constantes 1980, 365 y 366 y deducirá que el método está relacionado con los años bisiestos y que 1980 es un año especial. De hecho, **convert** calcula el año actual dado 1980 como año de inicio y el número de días transcurridos desde el 1 de enero de dicho año, tal y como muestra la figura 9.14, utilizando simple pseudocódigo. En la sección 9.5, se transformará el código Ruby en algo tan transparente como lo es su pseudocódigo a través de la ***refactorización*** del mismo —aplicando transformaciones que mejoren su estructura sin cambiar su comportamiento—.

Resumen

- Las métricas software proporcionan una medida cuantitativa de la calidad del código. Aunque existen opiniones variadas acerca de qué métricas son las más útiles y cuáles deben ser sus valores "normales" (especialmente en lenguajes de tipado dinámico como Ruby), métricas como la complejidad ciclomática y la métrica ABC pueden utilizarse para guiarle hacia código que requiere atención en particular, al igual que una cobertura C0 pobre identifica código poco probado.

- Los *smells* de código proporcionan descripciones cualitativas pero muy específicas de problemas que hacen que el código sea difícil de leer. Dependiendo del catálogo que se use, hay identificadas más de 60 deficiencias específicas.

- El acrónimo SOFA expone cuatro propiedades deseables de un método: debe ser corto (***S**hort*), realizar una única tarea (*do **O**ne thing*), tener pocos argumentos (***F**ew arguments*) y mantener un único nivel de abstracción (***A**bstraction*).

Autoevaluación 9.5.1. *Exponga un ejemplo de característica del lenguaje dinámico de Ruby que pueda distorsionar métricas como la complejidad ciclomática o la métrica ABC.*
◇ Cualquier mecanismo de metaprogramación puede hacerlo. Un ejemplo trivial es **s="if (d>=366)**[. . .]"; **eval** s, ya que la *evaluación* de esa cadena de caracteres podría causar la ejecución de una sentencia condicional aunque no haya ninguna como tal en el código, que contiene únicamente una asignación de una variable y una llamada al método **eval**. Un ejemplo más sutil sería un método como **before_filter** (ver la sección 5.1), que esencialmente añade un nuevo método a la lista de métodos a ser invocados antes de la acción de un controlador. ■

Autoevaluación 9.5.2. *¿Qué pauta de SOFA —ser corto, realizar una única tarea, tener pocos argumentos, atenerse a un único nivel de abstracción— piensa que es la más importante desde el punto de vista de pruebas unitarias?*
◇ Menos argumentos implica menos formas de que los caminos del método puedan depender de los argumentos, lo que hace las pruebas más manejables. Ciertamente, los métodos cortos son más fáciles de probar, pero esta propiedad normalmente es una consecuencia del cumplimiento de las otras tres. ■

9.6 Refactorización a nivel de método: sustituir dependencias por *seams*

> *2. Incremento de la complejidad - Según evoluciona un sistema [software], su complejidad aumenta a no ser que se trabaje para mantenerla o reducirla.*
>
> Segunda ley de Lehman sobre la evolución del software

Gracias a las especificaciones de caracterización desarrolladas en la sección 9.3, se dispone ahora de unos fundamentos sólidos sobre los que sustentar la refactorización para reparar los problemas identificados en la sección 9.5. El término *refactorizar* se refiere no sólo a un proceso genérico, sino también a un caso de transformación específica de código. Es decir, al igual que con los *smells* de código, se puede hablar de una lista de refactorizaciones, y existen varios listados donde poder elegir. Nosotros preferimos el catálogo de Fowler, por lo que los ejemplos de este capítulo siguen su terminología y hacen referencia a los capítulos 6, 8, 9 y 10 de su libro *Refactoring: Ruby Edition* (Fields et al. 2009). A pesar de que la correspondencia entre los *smells* de código y las refactorizaciones no es perfecta, en general cada uno de estos capítulos describe un grupo de refactorizaciones a nivel de método que solucionan problemas o *smells* de código específicos, y capítulos ulteriores describen refactorizaciones que afectan a múltiples clases (se hablará sobre ellas en el capítulo 11).

Cada refactorización consiste en un nombre descriptivo y un proceso paso a paso para transformar el código a través de pequeños pasos incrementales, realizando pruebas después de cada paso. La mayoría de refactorizaciones provocarán, cuando menos, fallos temporales en las pruebas, ya que las pruebas unitarias suelen depender de la implementación, que es lo que precisamente cambia con la refactorización. Un objetivo primordial del proceso de refactorización es minimizar el tiempo en el que las pruebas fallan (rojo); la idea es que cada paso de la refactorización sea lo suficientemente pequeño como para que no sea demasiado complicado ajustar las pruebas para que no fallen antes de pasar al siguiente paso. Si el paso desde el rojo al verde en las pruebas se hace más duro de lo previsto, se debe determinar si el conocimiento sobre el código es incompleto, o si se ha roto algo en el proceso de refactorización.

Nombre (capítulo)	Problema	Solución
Extracción de método (6)	Un fragmento de código que puede agruparse.	Cree un método con dicho fragmento con un nombre que explique el propósito del método.
Descomposición de condicional (9)	Una sentencia condicional (if-then-else) complicada.	Extraer métodos para la condición, para la parte "then" y para la(s) parte(s) "else".
Sustitución de método por objeto (6)	Un método largo que utiliza variables locales de forma que no permite aplicar *extracción de método*.	Transformar el método en una instancia de objeto de manera que las variables locales pasen a ser variables de instancia del objeto. Descomponer el método en varios métodos de dicho objeto.
Sustitución de números mágicos por constantes simbólicas (8)	Constante numérica con significado específico.	Crear una constante, darle nombre basándose en el significado y sustituir el número por dicha constante.

Figura 9.15. Cuatro ejemplos de refactorizaciones, con el capítulo entre paréntesis en el que aparece cada una de ellas en el libro de Fowler. Cada refactorización tiene un nombre, una problemática que resuelve y un resumen de la(s) transformación(es) que solucionan el problema. El libro de Fowler incluye también los pasos mecánicos de cada refactorización, tal y como muestra la figura 9.16.

Al principio la refactorización puede parecer algo abrumador; sin conocer qué tipos de refactorización existen, es difícil decidir cómo mejorar un trozo de código. Hasta que no se tenga cierta experiencia mejorando partes de código, puede hacerse complicado comprender las explicaciones de dichas refactorizaciones o las motivaciones de por qué usarlas. No se desanime por este problema similar al del huevo y la gallina; al igual que ocurre con TDD y BDD, lo que parece sobrecogedor en un principio puede volverse familiar rápidamente.

Para comenzar, la figura 9.15 muestra cuatro refactorizaciones de Fowler que aplicaremos a nuestro código. En su libro, cada refactorización está acompañada de un ejemplo y una lista exhaustiva de pasos mecánicos para llevar a cabo el proceso, en algunos casos refiriéndose a otras refactorizaciones que pueden ser necesarias para realizar ésta. Por ejemplo, la figura 9.16 muestra los primeros pasos para aplicar la refactorización de extracción de método (*Extract Method*). Teniendo estos ejemplos en mente, se puede refactorizar la figura 9.6.

El *smell* más obvio del código de la figura 9.6 es ser un *método largo*, pero es sólo un síntoma genérico al que contribuyen varios problemas específicos. La puntuación alta según la métrica ABC (23) del método **convert** sugiere un sitio inicial donde fijar la atención: la condición del **if** de las líneas 6 y 7 es díficil de comprender, y se trata de una sentencia condicional anidada a otra anterior. Tal y como sugiere la figura 9.15, una expresión condicional complicada de leer puede mejorarse aplicando la refactorización de *descomposición de condicional* (*Decompose Conditional*), que de hecho se basa en la *extracción de método*. Tal y como muestra la figura 9.17, movemos una parte del código a un nuevo método con un nombre descriptivo. Observe que además de aumentar la legibilidad de la sentencia condicional, la definición separada del cálculo de año bisiesto **leap_year?** hace que dicho cálculo se pueda probar por separado, y proporciona un *seam* en la línea 6 donde podemos simular dicho método para simplificar las pruebas de **convert**, de forma análoga al ejemplo de la explicación al término de la sección 8.6. En general, cuando un método mezcla código que dice *qué hacer* con código que dice *cómo hacerlo*, debería ser una alerta para comprobar si se necesita utilizar la extracción de método para mantener un nivel de **A**bstracción consistente.

Además, la sentencia condicional está anidada en dos niveles, lo que la hace difícil de entender y aumenta la puntuación de **convert** según la métrica ABC. La refactorización de *descomposición de condicional* rompe también esta condición compleja sustituyendo cada parte del mismo con un método. Obsérvese, sin embargo, que ambas partes del condicional

1. Cree un método nuevo, y póngale un nombre basándose en el propósito del método (nómbrelo según lo que hace, y no según cómo lo hace). Si el código que se desea extrar es muy simple, como un mensaje aislado o una llamada a una función, se debe realizar la extracción si el nombre del nuevo método describe mejor la intención del código. Si no es capaz de ponerle un nombre más elocuente, no extraiga el código.
2. Copie el código extraído desde el método origen al método destino.
3. Busque referencias en el código extraído a cualquier variable que sea local en el ámbito del método origen: variables locales y parámetros del método.
4. Compruebe si hay alguna(s) variable(s) temporal(es) que se utilice(n) únicamente en el código extraído. En caso afirmativo, declárela(s) en el método destino como variable(s) temporal(es).
5. Compruebe si el código extraído modifica alguna de estas variables de ámbito local. Si se modifica alguna variable, analice si puede tratar el código extraído como una consulta y asignar el resultado a la variable en cuestión. Si esto resulta tedioso o hay más de una variable modificada, entonces no se puede extraer el método tal y como está. Puede que necesite *dividir variable temporal* (*Split Temporary Variable*) y volver a intentarlo. Puede eliminar variables temporales con *sustituir temporal por consulta* (*Replace Temp with Query*) (vea la discusión en los ejemplos).
6. Pase como parámetros del método destino las variables locales usadas (lectura) en el método extraído.
7. ...

Figura 9.16. Los pasos detallados de Fowler para la refactorización de extracción de método. En su libro, cada proceso de refactorización se describe como una transformación paso a paso del código que puede hacer referencia a otras refactorizaciones.

http://pastebin.com/N90nw3bu

```
1  # NOTE: line 7 fixes bug in original version
2  class TimeSetter
3    def self.convert(d)
4      y = 1980
5      while (d > 365) do
6        if leap_year?(y)
7          if (d >= 366)
8            d -= 366
9            y += 1
10         end
11       else
12         d -= 365
13         y += 1
14       end
15     end
16     return y
17   end
18   private
19   def self.leap_year?(year)
20     year % 400 == 0 ||
21       (year % 4 == 0 && year % 100 != 0)
22   end
23 end
```

Figura 9.17. Al aplicar la extracción de método a las líneas 3 y 4 de la figura 9.6, el propósito de la sentencia condicional queda claro de inmediato (línea 6) al sustituir la condición por un método con nombre descriptivo (líneas 19 a 22), que declaramos como private para mantener encapsulados los detalles de implementación de la clase. En aras de alcanzar aún una mayor transparencia, podríamos aplicar nuevamente la extracción de método a leap_year? para extraer métodos como every_400_years? y every_4_years_except_centuries?. Nota: La línea 7 evidencia el arreglo del fallo descrito en el *screencast* 9.3.1.

http://pastebin.com/gdT1DzjG

```
1  # NOTE: line 7 fixes bug in original version
2  class TimeSetter
3    ORIGIN_YEAR = 1980
4    def self.calculate_current_year(days_since_origin)
5      @@year = ORIGIN_YEAR
6      @@days_remaining = days_since_origin
7      while (@@days_remaining > 365) do
8        if leap_year?
9          peel_off_leap_year!
10       else
11         peel_off_regular_year!
12       end
13     end
14     return @@year
15   end
16   private
17   def self.peel_off_leap_year!
18     if (@@days_remaining >= 366)
19       @@days_remaining -= 366 ; @@year += 1
20     end
21   end
22   def self.peel_off_regular_year!
23     @@days_remaining -= 365 ; @@year += 1
24   end
25   def self.leap_year?
26     @@year % 400 == 0 ||
27       (@@year % 4 == 0 && @@year % 100 != 0)
28   end
29 end
```

Figura 9.18. Reemplazando cada parte de la sentencia condicional por un método extraído, se descompone la sentencia de la línea 7. Puede verse que a pesar de que el número total de líneas de código ha aumentado, el método convert es ahora más corto (*Shorter*), y sus pasos se corresponden ahora fielmente con el pseudocódigo de la figura 9.14, aferrándose a un único nivel de Abstracción a la vez que delega los detalles a los métodos *helper* extraídos.

corresponden a las líneas 4 y 6 del pseudocódigo de la figura 9.14, y ambas presentan el *efecto colateral* de modificar los valores de **d** e **y** (de ahí el uso de **!** en los nombres de los métodos *extraídos*). Para hacer visibles ambos efectos colaterales a **convert**, debemos cambiar las variables locales por variables de clase en **TimeSetter**, otorgándolas nombres más descriptivos como **@@year** y **@@days_remaining**. Por último, dado que **@@year** es ahora una variable de clase, ya no necesitamos pasar dicha variable de forma explícita al método **leap_year?**. La figura 9.18 muestra el resultado.

Al mismo tiempo que realizamos esta limpieza, el código de la figura 9.18 corrige también dos pequeños *smells* de código. El primero de ellos viene dado por los nombres de las variables tan poco descriptivos : **convert** no explica demasiado bien qué hace, y el nombre del parámetro **d** tampoco ayuda a ello. El otro es el uso de "números mágicos", constantes como 1980 en la línea 4; aplicamos la *sustitución de números mágicos por constantes simbólicas* (*Replace Magic Number with Symbolic Constant*)(Fowler, capítulo 8) para reemplazarla por un nombre de constante más descriptivo como **STARTING_YEAR**. ¿Qué sucede con las otras constantes como 365 y 366? En este ejemplo, probablemente son lo suficientemente familiares para la mayoría de los programadores como para dejarlas tal cual, pero si apareciese 351 en vez de 365, y si en la línea 26 (en **leap_year?**) se usara la constante 19 en vez de 4, podría no reconocerse el cálculo del año bisiesto para el ***calendario hebreo***. Debe recordar que la refactorización sólo mejora el código desde el punto de vista de los posibles lectores; para la máquina no cambia nada. Por ello es el programador el que debe usar su criterio para decidir el grado de refactorización que es suficiente.

http://pastebin.com/V9pfQtkg

```
# An example call would now be:
#   year = TimeSetter.new(367).calculate_current_year
# rather than:
#   year = TimeSetter.calculate_current_year(367)
class TimeSetter
  ORIGIN_YEAR = 1980
  def initialize(days_since_origin)
    @year = ORIGIN_YEAR
    @days_remaining = days_since_origin
  end
  def calculate_current_year
    while (@days_remaining > 365) do
      if leap_year?
        peel_off_leap_year!
      else
        peel_off_regular_year!
      end
    end
    return @year
  end
  private
  def peel_off_leap_year!
    if (@days_remaining >= 366)
      @days_remaining -= 366 ; @year += 1
    end
  end
  def peel_off_regular_year!
    @days_remaining -= 365 ; @year += 1
  end
  def leap_year?
    @year % 400 == 0 ||
      (@year % 4 == 0 && @year % 100 != 0)
  end
end
```

Figura 9.19. Si tomamos en cuenta las recomendaciones de Fowler para refactorizar, el código es mucho más claro ya que ahora se utilizan variables de instancia en vez de variables de clase para registrar efectos colaterales, pero también cambia la forma en la que se invoca a calculate_current_year, porque ahora se ha convertido en un método de instancia. Esto podría romper el código y las pruebas existentes, por lo que podría aplazarse hasta el final dentro del proceso de refactorización.

En este caso, al ejecutar nuevamente `flog` en el código refactorizado de la figura 9.18, el método renombrado **calculate_current_year** obtiene una putuación según la métrica ABC de 6,6 de los 23 anteriores, que queda por debajo del límite sugerido por el NIST (10,0). Además, la utilidad `reek` ahora reporta sólo dos *smells* de código. El primero es la "baja cohesión" de los métodos *helper* **peel_off_leap_year** y **peel_off_regular_year**; esto es un problema de diseño (explicaremos qué significa en el capítulo 11). El segundo problema es la declaración de variables de clase dentro de un método. Al aplicar la *descomposición de condicional* y la *extracción de método*, hemos transformado las antiguas variables locales en variables de clase **@@year** y **@@days_remaining**, de forma que los nuevos métodos extraídos pueden modificar los valores de dichas variables. Esta solución es efectiva, pero más burda que la proporcionada por la refactorización *sustituir método por objeto* (*Replace Method with Method Object*) (Fowler capítulo 6). Esta refactorización consiste en que el método **convert** original se transforma en una *instancia* de objeto (en vez de en una clase) cuyas variables de instancia mantienen el estado del objeto, y los métodos *helper* del objeto operan sobre estas variables.

La figura 9.19 muestra el resultado de aplicar la refactorización, pero con una salvedad importante. Hasta ahora, ninguna de las refactorizaciones han provocado errores en las especificaciones de caracterización, ya que dichos *specs* simplemente invocan a **TimeSet-**

ter.convert. Pero al aplicar *sustituir método por objeto*, la interfaz para llamar a **convert** cambia, de forma que provoca que las pruebas fallen. Si estuviéramos trabajando con código heredado de verdad, deberíamos localizar todas las ocurrencias de llamadas a **convert**, cambiarlas para utilizar la nueva interfaz de llamada y cambiar consecuentemente cualquier prueba que fallase. En un proyecto real, queremos evitar cambios que rompan innecesariamente las interfaces, por lo que se debería considerar cuidadosamente si lo ganado en legibilidad al aplicar esta refactorización compensa el riesgo de introducir este cambio en la interfaz.

Resumen de refactorización:

- Una refactorización es una transformación específica de un trozo de código, que tiene un nombre, una descripción de cuándo utilizarla y qué hace, y una secuencia detallada de pasos mecánicos a dar. Las refactorizaciones efectivas deben mejorar las métricas software del código, eliminar *smells* de código, o ambos.

- Aunque la mayoría de las refactorizaciones provocarán que algunas de las pruebas existentes fallen (si no es así, probablemente el código cuestionado tiene pocas pruebas asociadas), uno de los objetivos principales del proceso de refactorización debe ser minimizar el total de tiempo necesario para modificar esas pruebas de forma que queden de nuevo en verde.

- En ocasiones, aplicar una refactorización puede derivar en refactorizaciones más simples a aplicar primero de forma recursiva, como por ejemplo utilizar la *extracción de método* al haber utilizado la *descomposición de condicional.*

■ ***Explicación. La refactorización y la elección del lenguaje***

Algunas refactorizaciones compensan características de algunos lenguajes de programación que pueden fomentar el uso de código "malo". Por ejemplo, una refactorización que se sugiere para introducir *seams* es *encapsular campo* (*Encapsulate Field*), en el que se sustituye el acceso directo a las variables de instancia de un objeto por llamadas a métodos *get* y *set*. Esto tiene sentido en Java, pero tal y como hemos visto, los métodos *getter* y *setter* constituyen el *único* acceso a las variables de instancia de un objeto Ruby desde el exterior. (La refactorización aún tiene sentido dentro de los propios métodos del objeto, tal y como describe la explicación del final de la sección 3.4). De forma análoga, la refactorización *generalizar tipo* (*Generalize Type*) propone utilizar tipos más genéricos para mejorar la reutilización de código, pero los *mix-ins* y el tipado dinámico de Ruby ya la facilitan. Tal y como se detallará en el capítulo 11, es el mismo caso que algunos patrones de diseño que son simplemente innecesarios en Ruby porque el problema que estos patrones solucionan no se presenta en los lenguajes dinámicos.

Autoevaluación 9.6.1. *¿Cuál* no *es un objetivo de la refactorización a nivel de método: (a) reducir la complejidad del código, (b) eliminar los* smells *de código, (c) eliminar fallos, (d) hacer el código más fácil de probar?*

◇ (c). Aunque la depuración del código es importante, la meta de la refactorización es *preservar* el comportamiento actual del código a la vez que se cambia su estructura. ■

9.7 La perspectiva clásica

Una razón que justifica el término ***ciclo de vida del producto*** del capítulo 1 es que el producto software entra en fase de mantenimiento una vez se completa el desarrollo. Aproximadamente dos tercios de los costes son de mantenimiento frente al tercio restante que va asociado al desarrollo. Un motivo por el que las compañías cargan más o menos un 10% del precio del software como cuota de mantenimiento anual es para pagar al equipo que realiza el mantenimiento.

Las compañías que se ciñen a los ciclos de vida clásicos suelen tener equipos distintos para el desarrollo y el mantenimiento, donde los desarrolladores son movidos hacia nuevos proyectos una vez se ha entregado el anterior. Es decir, en ese momento tenemos un ***jefe de mantenimiento*** que asume las responsabilidades que el jefe de proyecto tenía durante el desarrollo, y se dispone también de ***ingenieros software de mantenimiento*** trabajando en el equipo que realiza modificaciones en el código. Desgraciadamente, la tarea de desarrollador de mantenimiento sufre de una reputación nada glamurosa, por lo que normalmente es llevada a cabo por los ingenieros recién llegados a la compañía o por los menos cualificados. Muchas orgranizaciones disponen de personas diferentes para el aseguramiento de la calidad y para la documentación de usuario.

En los productos desarrollados bajo el prisma de las metodologías clásicas, los entornos de mantenimiento y de desarrollo son muy diferentes:

- *Software en funcionamiento*: un producto software está en funcionamiento en todo momento en esta fase, y las nuevas versiones no deben interferir con las funcionalidades existentes.

- *Colaboración con el cliente*: en lugar de intentar cumplir una especificación que es parte del contrato negociado, el objetivo de esta fase es trabajar junto a los clientes para mejorar el producto en la próxima versión.

- *Respuesta al cambio*: basándose en el uso del producto, los clientes envían un flujo de ***peticiones de cambio***, que pueden ser tanto nuevas funcionalidades como parches para fallos. Uno de los retos de la fase de mantenimiento es priorizar cúando se debe implementar una petición de cambio y en qué versión debe incluirse.

Peticiones de cambio se conocen como ***peticiones de mantenimiento*** según los estándares del IEEE.

Las pruebas de regresión juegan un papel muy importante en el mantenimiento para evitar que se rompan funcionalidades existentes al desarrollar otras nuevas. La refactorización también adquiere una importancia mayor, porque se puede necesitar refactorizar para implementar una petición de cambio o simplemente para hacer que el código sea más fácilmente mantenible. Si la empresa que desarrolla el software no es la misma que se encarga de su mantenimiento, no hay ningún incentivo para el coste extra que supone hacer que el producto sea más fácil de mantener en las etapas iniciales de los ciclos clásicos, lo que explica por qué la refactorización juega un papel menor durante el desarrollo.

Tal y como se ha mencionado antes, la ***gestión del cambio*** se basa en las peticiones de cambios que realizan los clientes y otros partícipes del proyecto para solucionar fallos o mejorar la funcionalidad del producto (ver la sección 10.7). Normalmente se suele rellenar un ***formulario de petición de cambios***, peticiones que se gestionan a través de un sistema de seguimiento basado en *tickets* que permite responder y resolver cada petición. Una herramienta fundamental para la gestión del cambio es un sistema de control de versiones, que mantiene todas las modificaciones de cualquier objeto, como detallamos en las secciones 10.4 y 10.5.

Los párrafos anteriores deberían resultar familiares, ya que estamos describiendo el desarrollo ágil; de hecho, los tres puntos anteriores pertenecen al Manifiesto Ágil (ver la sección 1.3). Esto es, *el mantenimiento es, en esencia, un proceso ágil.* Las peticiones de cambio se parecen a las historias de usuario; la clasificación de estas peticiones es similar a la asignación de puntos y el uso de Pivotal Tracker para decidir cómo priorizar las historias; y las nuevas versiones del producto software serían como las iteraciones ágiles del prototipo. El mantenimiento en las metodologías clásicas sigue incluso la misma estrategia de dividir una petición de cambio extensa en peticiones más pequeñas para facilitar su evaluación e implementación, de la misma forma que se hace con las historias de usuario puntuadas con más de ocho puntos (ver la sección 7.2). Por tanto, si es el mismo equipo quien desarrolla y mantiene el software, nada cambia con el ciclo de vida ágil al liberar la primera versión del software.

A pesar de que existe un artículo que detalla cómo se mantuvo con éxito mediante procesos ágiles un software que fue desarrollado utilizando metodologías clásicas (Poole and Huisman 2001), lo común es que las compañías que usan metodologías clásicas para el desarrollo las usen también para el soporte. Como hemos visto en anteriores capítulos, este proceso requiere de un jefe de proyecto cualificado que se encargue de la estimación de costes, desarrolle la planificación, reduzca los riesgos inherentes al proyecto y diseñe un plan meticuloso para todas las piezas del proyecto. Este plan se refleja en varios documentos, que vimos en las figuras 7.13 y 8.22 y que veremos en el siguiente capítulo en las figuras 10.9, 10.10 y 10.11. Por tanto, el impacto de un cambio en los procesos clásicos no contempla sólo el cambio en código, sino también los cambios en la documentación y el plan de pruebas. Dado que hay más objetos, supone un mayor esfuerzo sincronizarlos todos para mantener la consistencia cuando se realiza un cambio.

Un ***comité de control de cambios*** examina todas las peticiones importantes para decidir si la siguiente versión del sistema debe incluir estos cambios. Este grupo necesita tener estimaciones del coste de cada cambio para decidir si aprobar o no la petición. El jefe de mantenimiento debe estimar el esfuerzo y el tiempo para implementar cada cambio, como el jefe de proyecto hizo inicialmente para el proyecto (ver la sección 7.10). El comité también debe consultar con el equipo de calidad el coste de las pruebas, incluyendo la ejecución de todas las pruebas de regresión y el desarrollo de nuevos casos de pruebas (si son necesarios) para cada cambio. El grupo que documenta también estimará el coste de modificar la documentación. Finalmente, el grupo de soporte al cliente comprueba si existe una solución alternativa para decidir si el cambio es urgente o no. Además del coste, el comité considerará el valor añadido que aporta el cambio al tomar una decisión.

El lector no se verá sorprendido al conocer que el IEEE ofrece estándares para ayudar a realizar el seguimiento de las tareas a realizar según los procesos clásicos.

Idealmente, todos los cambios se pueden planificar para mantener sincronizados el código, documentos y planes de pruebas con el lanzamiento de la nueva versión. Lamentablemente, algunos cambios son tan urgentes que cualquier otra cosa se aparca para intentar que el cliente disponga de la nueva versión cuanto antes. Por ejemplo:

- El software deja de funcionar.
- Se descubre un agujero de seguridad que hace particularmente vulnerables los datos almacenados por la aplicación.

Tareas	*En ciclo de vida clásico*	*En ciclo ágil*
Petición de cambio del cliente	Formulario de petición de cambio	Historia de usuario en fichas 3x5 en formato Connextra
Estimación de coste/tiempo de petición de cambio	Por el jefe de mantenimiento	Puntos por el equipo de desarrollo
Priorización de peticiones de cambio	Comité de control de cambios	Equipo de desarrollo con la participación del cliente
Roles	Jefe de mantenimiento	No aplica
	Ingenieros de software de mantenimiento Equipo de QA Equipos de documentación Grupo de soporte al cliente	Equipo de desarrollo

Figura 9.20. Relaciones entre las tareas relativas al mantenimiento en las metodologías clásicas frente a las ágiles.

Tabla de contenidos
1. Introducción
2. Referencias
3. Definiciones
4. Introducción al mantenimiento de software
4.1 Organización
4.2 Prioridades de planificación
4.3 Resumen de recursos
4.4 Responsabilidades
4.5 Herramientas, técnicas y métodos
5. Proceso de mantenimiento software
5.1 Identificación, clasificación y priorización del problema
5.2 Análisis
5.3 Diseño
5.4 Implementación
5.5 Pruebas del sistema
5.6 Pruebas de aceptación
5.7 Entrega
6. Requisitos de comunicación del mantenimiento de software
7. Requisitos administrativos del mantenimiento de software
7.1 Resolución de anomalías y comunicación
7.2 Política de incumplimiento
7.3 Procedimientos de control
7.4 Estándares, prácticas y convenios
7.5 Auditoría del rendimiento
7.6 Plan de control de calidad
8. Requisitos de documentación del mantenimiento de software

Figura 9.21. Esquema del plan de mantenimiento, tomado del estándar para el mantenimiento de sistemas e ingeniería del software del IEEE 1219-1998.

- Nuevas versiones del sistema operativo o de librerías que provocan cambios en el software para que éste siga funcionando.

- Un competidor lanza al mercado un producto o una funcionalidad que en caso de no incorporarla en el software podría afectar gravemente la relación comercial con el cliente.

- Se aprueban nuevas leyes que afectan al software.

Backfilling es el término utilizado por los ingenieros de soporte para describir el proceso de resincronización después de una emergencia.

A pesar de que se asume que el equipo actualizará la documentación y planes de prueba tan pronto como la emergencia haya sido resuelta, en la práctica las urgencias pueden ser tan frecuentes que el equipo de soporte no pueda tener todo sincronizado. La acumulación de estas actualizaciones pendientes es lo que se conoce como ***deuda técnica***. Este tipo de procrastinación puede derivar en una dificultad creciente para mantener el código, lo que conlleva una mayor necesidad de refactorizarlo a medida que la "viscosidad" del código hace más y más difícil el añadir funcionalidades de forma limpia. Mientras que la refactorización es una parte natural de la metodología ágil, es mucho menos común que el comité de control de cambios apruebe modificaciones que requieran refactorizaciones, debido a que estos cambios son mucho más caros. Es decir —tal y como intenta expresar el término— si no se reintegra la deuda técnica, ésta crece: ¡cuánto "menos elegante" se vuelve el código, más propenso a errores y más tiempo será necesario para refactorizar!

Aparte de realizar la estimación de costes para cada cambio potencial en el software para el comité de control de cambios, cabe preguntarse también por el coste anual del mantenimiento de un proyecto. El jefe de mantenimiento puede basar esta estimación en métricas software, del mismo modo que un jefe de proyecto puede usar métricas para estimar el coste de desarrollo de un proyecto (ver la sección 7.10). Las métricas son diferentes en la fase de mantenimiento, porque están midiendo el proceso de mantenimiento. El tiempo medio para analizar o implementar una petición de cambio y un incremento en el número de peticiones de cambio realizadas y/o aprobadas son ejemplos de métricas que pueden indicar la dificultad creciente del mantenimiento.

En algún punto en el ciclo de vida de un producto software surge la pregunta sobre si ha llegado el momento de sustituirlo. Una alternativa relacionada con la refactorización es la llamada ***reingeniería***. Al igual que con la refactorización, la idea es mantener la funcionalidad intacta a la vez que el código se hace más fácil de mantener. Por ejemplo:

- Cambiar el esquema de la base de datos.

- Utilizar una herramienta de ingeniería inversa para mejorar la documentación.

- Usar una herramienta de análisis de estructura para identificar y simplificar estructuras de control complejas.

- Utilizar una herramienta de traducción de lenguaje de programación para cambiar el código desde un lenguaje orientado a procedimientos como C o COBOL hacia un lenguaje orientado a objetos como C++ o Java.

La espectativa es que la reingeniería sea mucho menos costosa y tenga más posibilidades de éxito que reimplementar el producto software desde cero.

Resumen: La idea de esta sección es que se pueda ver la metodología ágil como un proceso de mantenimiento, donde el cambio es la norma, se está en contacto continuo con el cliente y las nuevas iteraciones del producto se ponen a disposición de los usuarios periódicamente como nuevas versiones. De ahí que las pruebas de regresión y la refactorización sean lo normal dentro del proceso ágil como lo son en la fase de mantenimiento de las metodologías clásicas. En los ciclos de vida clásicos:

- Los ***jefes de mantenimiento*** desempeñan el papel de los jefes de proyecto: son la interfaz con el cliente y la dirección, realizan las estimaciones de costes y planificación, documentan el plan de mantenimiento, y gestionan a los ***ingenieros software de mantenimiento***.
- Los clientes y otros colaboradores remiten ***peticiones de cambio*** que son priorizadas por un ***comité de control de cambios*** basándose en el beneficio de ese cambio y las estimaciones de costes realizadas por el jefe de mantenimiento, el equipo de documentación y el de aseguramiento de la calidad.
- Las ***pruebas de regresión*** desempeñan un papel importante para asegurar que las nuevas funcionalidades no interfieren con las antiguas.
- La ***refactorización*** juega también un papel crucial, en parte debido a que es menos común refactorizar en la fase de desarrollo de los ciclos clásicos que en los desarrollos ágiles.
- Una alternativa a tener que empezar de nuevo cuando el código se vuelve cada vez más inmanejable es la ***reingeniería*** del mismo para rebajar los costes, al tener un sistema que es más fácilmente mantenible.

Un argumento a favor del desarrollo ágil es el siguiente: si dos tercios del coste de un producto recaen en la fase de mantenimiento, ¿por qué no usar el mismo proceso de desarrollo del software (que es compatible con el proceso de mantenimiento) para todo el ciclo de vida?

Autoevaluación 9.7.1. *Verdadero o falso: el coste del mantenimiento suele ser mayor que el coste de desarrollo.*
◇ Verdadero. ■

Autoevaluación 9.7.2. *Verdadero o falso: refactorización y reingeniería son sinónimos.*
◇ Falso. A pesar de ser términos relacionados entre sí, la reingeniería suele depender de herramientas automáticas y sobreviene a medida que el software envejece y el mantenimiento se vuelve más difícil, mientras que refactorizar es un proceso continuo de mejora del código que se lleva a cabo tanto en la fase de desarrollo como en la de mantenimiento. ■

Autoevaluación 9.7.3. *Establezca la correspondencia entre los términos de la metodología clásica (izquierda) y los de la metodología ágil (derecha):*

Petición de cambio	*Iteración*
Estimación de coste de peticiones de cambio	Icebox, *columnas activas en Pivotal Tracker*
Priorización de peticiones de cambio	*Puntos*
Versión	*Historia de usuario*

◇ Petición de cambio $\Longleftrightarrow$ Historia de usuario; Estimación de coste de peticiones de cambio $\Longleftrightarrow$ Puntos; Versión $\Longleftrightarrow$ Iteración; y Priorización de peticiones de cambio $\Longleftrightarrow$ *Icebox*, columnas activas en Pivotal Tracker. ■

9.8 Falacias y errores comunes

***Error.* Mezclar refactorización y mejoras.**

Cuando se está refactorizando o creando pruebas nuevas (como por ejemplo, pruebas de caracterización) como preparación para mejorar código heredado, es muy tentador ir arreglando "cosas pequeñas" al mismo tiempo: métodos que parecen algo confusos, variables de instancia que parecen obsoletas, código muerto que parece que no puede alcanzarse bajo ninguna circunstancia, características "realmente simples" que parece que se pueden añadir de forma rápida al tiempo que se realizan otras tareas. *¡Resista estas tentaciones!* En primer lugar, la razón para tener pruebas que establezcan la realidad sobre el terreno es para que se encuentre en disposición de poder realizar cambios con la fiabilidad necesaria para afirmar que no se rompe ninguna otra cosa. Intentar este tipo de "mejoras" sin tener una buena cobertura con las pruebas es una invitación al desastre. En segundo lugar, como hemos dicho antes y repetiremos de nuevo, los programadores son optimistas: aquellas tareas que pueden parecer triviales podrían desviarle durante mucho tiempo de su tarea principal de refactorización, o peor aún, podrían dejar el código en un estado inestable que le obligue a volver hacia atrás para poder continuar refactorizando. La solución es simple: cuando esté refactorizando o preparando el terreno para ello, céntrese de manera obsesiva en completar esos pasos *antes* de intentar mejorar el código.

***Falacia.* Es más rápido comenzar desde cero que parchear el diseño actual.**

Dejando de lado las consideraciones prácticas de que la dirección muy probablemente y sabiamente le prohíba hacerlo de todas formas, existen muchas razones para demostrar que esta creencia es casi siempre errónea. En primer lugar, si no se ha tenido tiempo para comprender un sistema, no se está en posición de estimar cómo de complicado será el rediseño del mismo, y es probable que se subestime considerablemente el esfuerzo necesario, dado el incurable optimismo de los desarrolladores. En segundo lugar, a pesar de lo desagradable que pueda resultar, el sistema actual *funciona*; uno de los principios fundamentales de realizar iteraciones cortas en la metodología ágil es "tener siempre código que funciona", y al comenzar desde cero se está desechando todo eso. Tercero, si se usan métodos ágiles para el rediseño, se tendrán que desarrollar historias de usuario y escenarios para guiar el trabajo, lo que implica que se deberán priorizar unos sobre otros y escribir un número adecuado de ellos para asegurar que se ha cubierto al menos la funcionalidad del sistema actual. Probablemente resulte más rápido usar las técnicas presentadas en este capítulo para crear escenarios para aquellas partes del sistema que se mejorarán y que el código parta desde aquí, en vez de reescribir el código completamente.

¿Significa esto que *nunca* se debe hacer borrón y cuenta nueva? No. Como señala Rob Mee de Pivotal Labs, llegará un momento en el que el código base actual será una pobre imagen de la intención del diseño original que se transformará en un pasivo, y comenzar de nuevo podría ser la mejor acción a tomar. (¡A veces esto sucede por no haber refactorizado en el momento adecuado!) Pero en la mayoría de casos excepto para los sistemas más triviales, esta opción debería ser considerada como la "opción radical" cuando el resto de alternativas se han considerado minuciosamente y se ha determinado que conforman peores opciones para satisfacer las necesidades del cliente.

***Error.* Apego rígido a las métricas o "alergia" a los *smells* de código.**

En el capítulo 8 alertábamos de que no se puede asegurar la correción apoyándose en un único tipo de prueba (unitaria, funcional, integración/aceptación) o basándose exclusivamente en la cobertura cuantitativa del código como medida de la minuciosidad de las pruebas. De forma análoga, la calidad del código no se puede asegurar mediante ninguna métrica de código únicamente o evitando *smells* de código específicos. De ahí que la gema `metric_fu` inspeccione el código mediante varias métricas y en busca de múltiples *smells* de código de forma que sea posible identificar "puntos conflictivos" en los que confluyan varios problemas que inviten a refactorizar.

9.9 Observaciones finales: refactorización continua

Un barco atracado en el muelle está seguro, pero no es para eso para lo que se construyen los barcos.

Grace Murray Hopper

Tal y como ya enunciamos al comienzo del capítulo, modificar código heredado es una tarea que no debe acometerse a la ligera, y las técnicas necesarias deben ser perfeccionadas con la experiencia. La primera vez siempre es la más difícil. Pero habilidades esenciales como la refactorización ayudan tanto con código heredado como nuevo, y como ya mostramos anteriomente, hay una conexión muy profunda entre código heredado, refactorización, verificabilidad y cobertura de pruebas. Partimos de código que no era ni bueno ni verificable —con puntuaciones discretas según distintas métricas de complejidad, con varios *smells* de código, y donde resultaba incómodo verificar con pruebas unitarias algunos comportamientos aislados— y lo refactorizamos para obtener código que obtenía mucha mejor puntuación según las mismas métricas, más fácil de leer y comprender, y más fácil de probar. En resumen, hemos mostrado que *los métodos buenos son verificables y los métodos verificables son buenos*. Hemos utilizado la refactorización para hacer más elegante el código, pero estas mismas técnicas pueden usarse al añadir mejoras. Por ejemplo, si se necesita añadir nueva funcionalidad a un método ya existente, en vez de simplemente añadir un montón de líneas de código con el riesgo de no cumplir alguna o varias de las directrices SOFA, se puede aplicar la *extracción de método* para disponer la funcionalidad en un nuevo método que se invocará desde el ya existente. Como puede ver, este mecanismo tiene la agradable ventaja de que, ¡ya conocemos cómo desarrollar nuevos métodos utilizando TDD!

Esto explica por qué TDD conduce de forma natural a código bueno y comprobable —es complicado que un método no sea comprobable si la prueba se escribe en primer lugar—

e ilustra el fundamento que se encuentra detrás del paso "Refactorización" de Rojo–Verde–Refactorización. Si se refactoriza continuamente según se codifica, probablemente cada cambio individual sea pequeño y muy poco intrusivo en tiempo y concentración, y su código tenderá a ser elegante. Cuando se extraen métodos más pequeños a partir de uno más grande, se están identificando *colaboradores*, describiendo el propósito del código eligiendo nombres apropiados, e insertando costuras (*seams*) que ayudan a las pruebas. Cuando se renombra una variable con un nombre más descriptivo, se está documentando la intención del diseño.

Pero si usted sigue cubriendo su código con una costra de funcionalidades nuevas *sin* refactorizar según avanza, cuando la refactorización sea finalmente necesaria (y lo será), entonces será más dolorosa y requerirá el tipo de andamiaje descrito en las secciones 9.2 y 9.3. En resumen, la refactorización repentinamente pasará de ser una actividad de fondo que requiere cada vez más tiempo a una actividad en primer plano que controla su atención y concentración a costa de añadir valor para el cliente.

Debido al optimismo que invade a los desarrolladores, solemos pensar "Esto no me pasará a mí; yo escribí este código, así que lo conozco lo suficientemente bien como para saber que refactorizarlo no será tan complicado". En realidad, su código se convierte en código heredado en el momento en el que se entrega y usted se centra en otra parte del código. A no ser que disponga de una máquina del tiempo y pueda hablar con su yo del pasado, podría no ser capaz de averiguar qué es lo que estaba pensando cuando lo escribió, por lo que la claridad del código debe hablar por sí sola.

Esta visión ágil de refactorización continua no debería sorprenderle: al igual que con el desarrollo, pruebas, o la obtención de requisitos, la refactorización no es una "fase" que ocurra una sola vez, sino un proceso persistente. En el capítulo 12 veremos cómo la visión de algo continuo frente a la de algo escalonado también aplica para la instalación y funcionamiento.

Puede parecer sorprendente cómo las características fundamentales de la metodología ágil la convierten en una excelente filosofía que satisface las necesidades del mantenimiento de software. De hecho, podemos pensar en ágil como una metodología sin fase de desarrollo siquiera, ¡se está en modo de mantenimiento desde el mismo inicio del ciclo!

9.10 Para saber más

Trabajar con código heredado no consiste exclusivamente en refactorizar, aunque como hemos visto, la refactorización comprende la mayor parte del esfuerzo. La mejor manera de convertirse en un experto en refactorización es hacerlo muchas veces. Inicialmente, recomendamos hojear el libro sobre refactorización de Fowler simplemente para tener una visión global de la cantidad de refactorizaciones clasificadas. Recomendamos la versión específica para Ruby (Fields et al. 2009), ya que no todos los *smells* de código o las refactorizaciones que aparecen en los lenguajes de *tipado* estático se dan en Ruby; hay versiones disponibles para otros lenguajes de programación conocidos, incluyendo Java. Sólo hemos introducido unas pocas refactorizaciones en este capítulo; la figura 9.22 lista alguna más. A medida que usted adquiera más experiencia, será capaz de reconocer partes del código que presentan oportunidades para refactorizar sin necesidad de consultar la lista cada vez.

Los *smells* de código no tienen cabida en la filosofía ágil. Nuevamente, sólo hemos introducido unos pocos de una larga clasificación; la figura 9.23 lista alguno más. También hemos introducido algunas métricas software muy simples; a lo largo de cuatro décadas de

Categoría	**Refactorizaciones**		
Métodos de composición	*Extraer método*	Sustituir temporal por método	Introducir variable explicativa
	Sustituir método por objeto	Temporal *inline*	Dividir variable temporal
	Eliminar asignaciones de parámetro	Sustituir algoritmo	
Organización de datos	Atributo auto-encapsulado	Sustituir valor por objeto	Cambiar valor por referencia
	Sustituir *array/hash* por objeto	*Sustituir número mágico por constante simbólica*	
Simplificación de sentencias condicionales	*Descomponer condicional*	Consolidar condicional	Introducir aserción
	Sustituir condicional por polimorfismo	Sustituir atributo de tipo por polimorfismo	Sustituir condicional anidado por sentencias aisladas
	Consolidar fragmentos condicionales duplicados	Eliminar *flag* de control	Sustituir por objeto nulo
Simplificación de llamadas	Renombrar método	Añadir parámetro	Separar consulta y modificación
	Sustituir parámetro por métodos explícitos	Preservar objeto completo	Sustituir código de error por excepción

Figura 9.22. Otras refactorizaciones de Fowler, las presentadas en este capítulo en cursiva.

Código duplicado	Atributo temporal	Clase extensa	Lista de parámetros extensa
Cambio divergente	Envidia de características	Obsesión por tipos primitivos	Locura por la metaprogramación
Clase dato	Clase perezosa	Generalización especulativa	Jerarquía de herencia paralela
Legado rechazado	Cadenas de mensajes	Intermediario	Clase de librería incompleta
Demasiados comentarios	Sentencias *case*	Clases alternativas con interfaces distintas	

Figura 9.23. Otros *smells* de código de Fowler y Martin, los presentados en este capítulo en cursiva.

ingeniería del software, se han elaborado muchas otras métricas para calibrar la calidad del código, y se han realizado muchos estudios analíticos y empíricos sobre los costes y los beneficios del mantenimiento de software. Robert Glass (Glass 2002) ha publicado una breve colección de *Hechos y falacias de la ingeniería del software*, asentados en la experiencia y por bibliografía académica, centrándose en particular en los costes y beneficios (percibidos frente a reales) de las actividades de mantenimiento.

M. Feathers. *Working Effectively with Legacy Code.* Prentice Hall, 2004. ISBN 9780131177055.

J. Fields, S. Harvie, M. Fowler, and K. Beck. *Refactoring: Ruby Edition.* Addison-Wesley Professional, 2009. ISBN 0321603508.

M. Fowler, K. Beck, J. Brant, W. Opdyke, and D. Roberts. *Refactoring: Improving the Design of Existing Code.* Addison-Wesley Professional, 1999. ISBN 0201485672.

R. L. Glass. *Facts and Fallacies of Software Engineering.* Addison-Wesley Professional, 2002. ISBN 0321117425.

R. Green and H. Ledgard. Coding guidelines: Finding the art in the science. *Communications of the ACM*, 54(12):57–63, Dec 2011.

B. P. Lientz, E. B. Swanson, and G. E. Tompkins. Characteristics of application software maintenance. *Communications of the ACM*, 21(6):466–471, 1978.

R. C. Martin. *Clean Code: A Handbook of Agile Software Craftsmanship*. Prentice Hall, 2008. ISBN 9780132350884.

O. Nierstrasz, S. Ducasse, and S. Demeyer. *Object-Oriented Reengineering Patterns*. Square Bracket Associates, 2009. ISBN 395233412X.

C. Poole and J. W. Huisman. Using extreme programming in a maintenance environment. *Software, IEEE*, 18(6):42–50, 2001.

Notas

[1]`http://www.akit.org/2011/06/clipper-could-be-overcharging-you-for.html`
[2]`http://campfirenow.com`
[3]`http://basecamphq.com`
[4]`http://en.wikibooks.org/wiki/Ruby_Programming/RubyDoc`
[5]`http://api.rubyonrails.org`
[6]`http://paulschreiber.com/blog/2010/06/15/rake-task-extracting-database-contents/`
[7]`http://c2.com/doc/oopsla89/paper.html`
[8]`https://vimeo.com/24668095`
[9]`http://codeclimate.org`

9.11 Ejercicios propuestos

Ejercicio 9.1. *Se le ha asignado la tarea de diseñar una API REST para un hipotético sistema heredado de matriculación (el de Berkeley se llama TeleBears). Una descripción de fuera hacia dentro del sistema (es decir, sin ver su base de datos) viene dada por:*

- *Un curso tiene un departamento, número del curso y un título. Por ejemplo, "Computer Science, 169, Software Engineering".*
- *Una oferta de un curso especifica información adicional:*
  - *el semestre (otoño, primavera o verano) y año en el que se imparte el curso,*
  - *el edificio y número de clase,*
  - *el(los) día(s) y hora(s) de las clases magistrales cada semana,*
  - *el(los) día(s) y hora(s) de las sesiones de grupos reducidos cada semana (no todos los cursos tienen),*
  - *el profesor,*
  - *el límite de cuántos alumnos pueden matricularse.*

  Cada oferta de curso tiene un ID único llamado número de control.

Dibuje un diagrama UML que describa el diseño de este sistema, y un conjunto de rutas REST (en un fichero `routes.rb` *simplificado o una tabla similar a la de la figura 5.19) que soporte al menos las siguientes operaciones:*

- *Buscar ofertas de cursos por cualquier combinación de nombre de departamento, nombre del profesor (con coincidencias parciales), semestre del curso*

- *Obtener las fechas de las actividades de un curso (clases magristrales, clases en grupos reducidos, etc., cada uno con su día y hora)*
- *Matricular a un estudiante en un curso*

Ejercicio 9.2. *Partiendo de su diseño para el ejercicio 9.1, estime el impacto de una petición de cambio que contemplara la impartición de varias clases de un mismo curso en el mismo semestre de forma simultánea. El cambio podría afectar al esquema, interacción entre clases, cómo se manejan las búsquedas, etc.*

Ejercicio 9.3. *Elija un servicio web externo ya existente que posea una interfaz sencilla, y utilice Cucumber para crear varias pruebas de caracterización a nivel de integración. Puede usar la gema* `mechanize` *para hacer que Cucumber se ejecute contra un sitio remoto.*

Ejercicio 9.4. *Identifique un sistema software heredado en funcionamiento para su estudio. Como sugerencia, puede usar la lista de proyectos Rails de código abierto en Open Source Rails[1], o puede seleccionar uno o dos proyectos creados por estudiantes que han usado este libro: ResearchMatch[2], que ayuda a asociar estudiantes con oportunidades de investigación en sus universidades, y VisitDay[3], que facilita la organización de reuniones entre estudiantes y miembros de la facultad.*

Elija uno de estos proyectos, clone o haga un fork *del repositorio, y consiga ejecutar la aplicación en un entorno de desarrollo. Probablemente esto supondrá crear una base de datos de desarrollo, ajustar la configuracion de* `config/development.rb` *y crear el esquema de la base de datos con* `db/schema.rb`.

Ejercicio 9.5. *Continuando con el ejercicio 9.4, trate de tener los planes de pruebas ejecutándose en desarrollo. Una vez que las pruebas funcionen, utilice SimpleCov para evaluar la cobertura de pruebas. Pista: como se describió en el capítulo 8, se puede añadir SimpleCov en el archivo de configuración de RSpec* `spec/spec_helper.rb`.

Ejercicio 9.6. *Partiendo del ejercicio 9.4, obtenga varias métricas sobre la calidad del código y* smells *de código. Puede utilizar las herramientas descritas en este capítulo como* `reek` *y* `metric_fu`*, o puede usar CodeClimate[4], que ofrece revisión de código como un servicio web.*

Ejercicio 9.7. *Continuando con el ejercicio 9.4, seleccione un subsistema (por ejemplo, el modelo, vista y controlador asociado con un tipo de recurso) de la aplicación y lleve a cabo una revisión del diseño. Identifique una debilidad en el diseño actual, y elimínela refactorizando. Asegúrese de que dispone de la suficiente cobertura de pruebas para garantizar que la refactorización no cambia ninguna funcionalidad existente.*

Ejercicio 9.8. *Partiendo del ejercicio 9.4, realice un análisis exhaustivo y revisión de código de un fichero fuente no trivial. Identifique uno o varios* smells *de código en el archivo y elimínelos mediante refactorización. Asegúrese de que dispone de la suficiente cobertura de pruebas para garantizar que la refactorización no cambia ninguna funcionalidad existente.*

10 Gestión de proyectos: Scrum, programación en pareja y sistemas de control de versiones

Fred Brooks, Jr. (1931–) es el autor de un libro clásico de ingeniería software, *The Mythical Man-Month*, basado en sus años liderando el desarrollo del sistema operativo IBM OS/360 después de dirigir el proyecto System/360 y con dependencia directa del presidente de IBM T.J. Watson Jr. La familia de ordenadores System/360 fue la primera con una arquitectura basada en un juego de instrucciones compatible para toda la familia de productos, así que muchos han argumentado que es el primer sistema al que se puede aplicar en sentido estricto el término "arquitectura de ordenadores". Brooks fue galardonado en 1999 con el premio Turing por sus emblemáticas contribuciones a la arquitectura de ordenadores, sistemas operativos e ingeniería software.

No hay ganadores en un equipo perdedor y no hay perdedores en un equipo ganador.

Fred Brooks, citando al entrenador de baloncesto de Carolina del Norte, Dean Smith, 1990

Conceptos

Los principales conceptos de este capítulo son el tamaño y organización del equipo y la gestión de la configuración para controlar los productos desarrollados por un equipo.

La versión de estos conceptos en el ciclo de vida ágil es:

- Los equipos de ***"dos pizzas"***, con entre cuatro y nueve personas.
- Los equipos autoorganizados de acuerdo al modelo ***Scrum***, en el que un miembro del equipo adopta el papel de ***Product Owner***, que representa al cliente, y otro el de ***ScrumMaster*** o ***Facilitador***, que actúa como mediador entre el equipo y las distracciones externas. Estos papeles van rotando entre los miembros del equipo.
- La ***programación en pareja*** (***pair programming***) es una forma de incrementar la comunicación entre los miembros del equipo y de mejorar la calidad del código con dos pares de ojos revisando el desarrollo de las pruebas y el código.
- Las buenas prácticas de ***control de versiones***, con herramientas de soporte como ***Git***, afrontan los desafíos de gestión del código de un proyecto que incluye entre cuatro y nueve ingenieros software.

En el ciclo de vida clásico, se familiarizará con los mismos conceptos desde una perspectiva diferente:

- El ***jefe de proyecto*** escribe el contrato, interactúa con el cliente y sus superiores, recluta y gestiona el equipo de desarrollo, resuelve conflictos y documenta los planes de gestión de las configuraciones y del proyecto en sí.
- Aunque los tamaños de los grupos son similares al ciclo de vida ágil, pueden crearse equipos grandes combinando grupos en una jerarquía bajo el jefe de proyecto, teniendo cada equipo su propio líder.
- Las ***inspecciones*** permiten a personas ajenas al proyecto dar realimentación sobre el diseño actual y planes futuros y comprueban si se siguen las buenas prácticas.
- La ***gestión de la configuración*** incluye el ***control de versiones*** de componentes software durante el desarrollo, ***desarrollo del sistema*** a partir de dichos componentes, ***gestión de entregas*** para lanzamientos de nuevas versiones de productos y ***gestión del cambio*** durante el mantenimiento de un producto entregado.

Programar es principalmente un deporte de equipo, independientemente del ciclo de vida, y este capítulo trata técnicas que pueden ayudar a los equipos a tener éxito.

10.1 Se necesita un equipo: dos pizzas y Scrum

Las seis fases de un proyecto:

1. *Entusiasmo*
2. *Desilusión*
3. *Pánico*
4. *Búsqueda de culpables*
5. *Castigo de inocentes*
6. *Elogio de los no participantes*

Dutch Holland (Holland 2004)

Como hemos repetido muchas veces en este libro, el ciclo de vida ágil se estructura en iteraciones de una o dos semanas que comienzan y terminan con un prototipo operativo. En cada iteración se implementan algunas historias de usuario, que sirven como pruebas de aceptación o integración. Tras cada iteración, las partes interesadas examinan el producto, para comprobar si es lo que todo el mundo esperaba, y priorizan las historias de usuario pendientes.

Los días de los héroes programadores han quedado en el pasado. Aunque hubo un tiempo en que un individuo brillante podía crear software revolucionario, el listón de exigencia de funcionalidad y calidad conlleva que el desarrollo software ahora sea fundamentalmente un deporte de equipo.

Jeff Bezos, CEO de Amazon titulado en informática, acuñó la "regla de las dos pizzas" para dimensionar los equipos.

Por consiguiente, el primer paso en un proyecto de desarrollo software es formar y organizar el equipo. Respecto al tamaño, los "equipos de dos pizzas" —grupo que puede alimentarse con dos pizzas en una reunión— son típicos en el desarrollo de proyectos SaaS. Nuestro diálogo con ingenieros software senior sugiere que el tamaño típico del equipo varía según la empresa, pero entre cuatro y nueve personas es un rango que incluye los más habituales.

Si bien hay muchas formas de organizar un desarrollo software de "dos pizzas", una alternativa popular en la actualidad es ***Scrum*** (Schwaber and Beedle 2001). Su nombre se inspira en sus reuniones cortas y frecuentes —15 minutos cada día, en el mismo sitio y a la misma hora—, donde cada miembro del equipo responde tres preguntas:

En Rugby, se forma un *scrum* (*melé*) después de cada infracción leve. El juego se detiene para congregar a los jugadores en una "reunión" rápida para reiniciar el juego.

1. ¿Qué ha hecho desde ayer?
2. ¿Qué va a hacer hoy?
3. ¿Ha tenido algún problema que le haya impedido alcanzar su objetivo?

La ventaja de estos *scrums* diarios es que, al entender qué está haciendo cada uno de sus miembros, el equipo puede identificar tareas que ayudarían a otros a avanzar más rápido.

Combinada con el modelo ágil de iteraciones semanales o quincenales para recopilar realimentación de todas las partes interesadas, la organización Scrum aumenta las probabilidades de progresar rápidamente hacia lo que quiere el cliente. En vez de utilizar el término iteración de la metodología ágil, Scrum emplea el término ***sprint***.

En Scrum hay tres roles principales:

1. **Equipo**.— Equipo de dos pizzas que entrega el software.
2. ***ScrumMaster*** o **facilitador**.— Miembro del equipo que actúa como mediador entre el equipo y las distracciones externas, mantiene al equipo centrado en la tarea, refuerza las normas del equipo y elimina los obstáculos que impiden progresar al equipo. Un ejemplo sería reforzar las ***convenciones de código***, reglas de estilo que mejoran la coherencia y legibilidad del código
3. ***Product Owner***.— Miembro del equipo (distinto del *ScrumMaster*) que representa al cliente y prioriza las historias de usuario.

Existen convenciones de código o ***reglas de estilo*** disponibles para Rails[5], Python[6], JavaScript[7], C++[8] y la mayoría de lenguajes de programación.

Scrum confía en la autoorganización, y los miembros del equipo rotan a menudo por diferentes roles. Por ejemplo, nosotros recomendamos que el rol de *Product Owner* cambie en cada iteración o *sprint* rotando por todos los componentes del equipo.

En cualquier equipo de trabajo pueden surgir conflictos sobre las decisiones técnicas. Dependiendo en parte de la personalidad de los componentes del equipo, puede no alcanzarse un consenso rápido. Una aproximación a la resolución de conflictos es empezar con un listado de todos los elementos sobre los que hay acuerdo, en lugar de empezar con la lista de discrepancias. Esta técnica puede hacer ver a las partes que quizás están más próximas de lo que pensaban. Otro enfoque es que cada parte exprese los argumentos de la contraria. Esta técnica asegura que todos entienden las razones, incluso si no están de acuerdo con algunas de ellas. Esta etapa puede clarificar posibles confusiones sobre términos o suposiciones, que pueden ser la causa real del conflicto.

Resumen: SaaS forma un buen equipo con la regla de las dos pizzas y Scrum, un equipo pequeño autoorganizado que se reúne diariamente. Dos componentes del equipo asumen los roles de *ScrumMaster*, que elimina obstáculos y mantiene al equipo centrado, y *Product Owner*, que representa al cliente. Puede ser útil seguir estrategias estructuradas de resolución de conflictos cuando se presenten.

■ ***Explicación. Convenciones de código***

Son reglas de estilo que se espera que todos los miembros del equipo sigan. Su objetivo es mejorar la coherencia y legibilidad del código. Por ejemplo, ésta para Rails[9] y Google las ofrece para Python[10], JavaScript[11] y otros lenguajes.

Autoevaluación 10.1.1. *Verdadero o falso: Scrum es ideal cuando es complicado planificar con antelación.*

◇ Verdadero: Scrum depende más de la realimentación en tiempo real que del enfoque tradicional de gestión centralizada, de orden y control. ■

Una vez organizado el equipo, ya estamos listos para empezar a programar.

10.2 Programación en pareja (*pair programming*)

Q: En Google, comparten oficina e incluso escriben código juntos.
Sanjay: Habitualmente nos sentamos y uno de nosotros teclea mientras el otro revisa, y comentamos ideas continuamente, volviendo atrás y avanzando.

Figura 10.1. Sarah Mei y JR Boyens en Pivotal Labs programando en pareja. Sarah conduce y JR revisa. Aunque aparecen dos teclados, sólo está codificando Sarah; el ordenador frente a JR está para documentación e información relevante como Pivotal Tracker, como puede verse en la foto de la derecha. Todos los puestos de parejas (visibles al fondo) son idénticos y no disponen de e-mail ni otro software instalado; puede leerse el correo en otros ordenadores aparte de los puestos de parejas. Foto de Tonia Fox, cortesía de Pivotal Labs.

Entrevista con Jeff Dean y Sanjay Ghemawat, creadores de MapReduce (Hoffmann 2013)

El nombre *eXtreme Programming* (XP) —programación extrema—, que es una variante del ciclo de vida ágil que seguimos en este libro, sugiere una ruptura respecto a la forma tradicional de desarrollar software en el pasado. Una nueva opción en este desafiante nuevo mundo software es la ***programación en pareja*** (***pair programming***). Su objetivo es mejorar la calidad del software teniendo más de una persona trabajando en el desarrollo del mismo código. Como sugiere el nombre, dos desarrolladores software comparten un ordenador. Cada uno asume un rol distinto:

- El ***conductor-controlador*** (***driver***) escribe el código y piensa tácticamente cómo completar la tarea, explicando sus ideas en voz alta mientras teclea.

- El ***observador*** (***observer***), ***navegador*** o ***copiloto*** (***navigator***) —para seguir con más fidelidad la analogía del automóvil— revisa cada línea de código según se teclea y actúa como red de seguridad para el conductor. El observador también piensa estratégicamente sobre futuros problemas que tendrán que ser abordados y hace sugerencias al conductor.

Dilbert sobre *pair programming* La tira cómica de Dilbert trata con humor la programación en pareja en estas dos[12] historietas[13].

Normalmente, una pareja alternará los papeles de conductor y observador. La figura 10.1 muestra fotos de ingenieros de Pivotal Labs —autores de Pivotal Tracker— que pasan la mayor parte de la jornada haciendo programación en pareja.

La programación en pareja es cooperativa y debería implicar mucha comunicación. Focaliza el esfuerzo en la tarea actual, y tener dos personas trabajando en equipo mejora las probabilidades de seguir buenas prácticas de desarrollo. Si un compañero está callado o leyendo el correo, entonces no es programación en pareja, sino dos personas sentadas una junto a la otra.

Como efecto colateral, la programación en pareja facilita la transmisión de conocimiento entre la pareja, incluyendo expresiones, trucos de herramientas, procesos de la empresa, deseos del cliente, etc. Por tanto, para ampliar la base de conocimiento, algunos equipos intercambian los compañeros por tarea, de modo que eventualmente todos trabajen juntos. Por ejemplo, el emparejamiento promiscuo (***promiscuous pairing***) de un equipo de cuatro genera seis parejas distintas.

Los estudios sobre programación en pareja frente a individual respaldan las afirmaciones sobre reducción del tiempo de desarrollo y mejora de la calidad del software. Por ejemplo, (Cockburn and Williams 2001) hallaron una reducción de tiempo del 20% al 40% y que el código inicial fallaba el 15% de las pruebas frente al 30% en el caso de los programadores individuales. Sin embargo, la programación en pareja requería aproximadamente un 15% más de horas, colectivamente, que la individual. La mayoría de programadores profesionales, encargados de pruebas y gestores con 10 años de experiencia de Microsoft afirmaron que la programación en pareja funcionaba bien en su caso y obtenía mayor calidad (Begel and Nagappan 2008). Un metaestudio sobre el tema concluye que la programación en pareja es más rápida cuando la complejidad de la tarea es baja —quizás tareas de un punto en la escala de Tracker— y rinde código de mayor calidad cuando la complejidad es alta —o tres puntos en nuestra escala Tracker—. En ambos casos, requiere más esfuerzo que programar individualmente (Hannay et al. 2009).

La experiencia en Pivotal Labs sugiere que estos estudios pueden obviar el impacto negativo en la productividad de las distracciones de un mundo cada vez más interconectado: correo electrónico, Twitter, Facebook, etc. La programación en pareja obliga a ambos programadores a prestar atención a la tarea entre manos durante horas. De hecho, en Pivotal Labs los nuevos empleados vuelven a casa exhaustos por no estar habituados a concentrarse durante periodos tan largos.

Incluso aunque la programación en pareja suponga un esfuerzo mayor, una forma de aprovechar la mejora de productividad de la metodología ágil y Rails es "gastarla" en programación en pareja. Tener dos cabezas desarrollando el código puede reducir el tiempo de comercialización para el software nuevo o mejorar la calidad del producto final. Le recomendamos que pruebe la programación en pareja para comprobar si le gusta, a algunos desarrolladores les encanta.

Resumen: Para empezar a programar, un posible enfoque es la programación en pareja (*pair programming*), que promete mayor calidad y menor tiempo de desarrollo, pero quizás suponga un coste de programación superior por duplicar los programadores. La pareja se reparte los roles de conductor (*driver*) y observador (*observer*): el primero trabaja de forma táctica para completar la tarea y el último reflexiona estratégicamente sobre futuros retos y hace sugerencias al conductor.

Autoevaluación 10.2.1. *Verdadero o falso: la investigación sugiere que la programación en pareja es más rápida y menos costosa que programar individualmente.*

◇ Falso: aunque no existen experimentos fiables y no está claro si se tiene en cuenta la ausencia de distracciones en el caso de la programación en pareja, el consenso actual entre los investigadores apunta a que la programación en pareja es más costosa —más horas de programador por tarea— que programar individualmente. ■

Autoevaluación 10.2.2. *Verdadero o falso: una pareja eventualmente descubrirá quién es el mejor conductor y quién el mejor observador y entonces se ceñirá fundamentalmente a esos roles.*

◇ Falso: una pareja eficaz alternará ambos roles, puesto que es más beneficioso (y más ameno) para sus miembros realizar ambas tareas. ■

Para que un equipo colabore en un código común con muchas revisiones y componentes interdependientes, necesita herramientas para ayudar a gestionar el trabajo.

10.3 ¿Diseño ágil y revisiones de código?

La sección 10.7 describe el uso de revisiones de diseño o de código para mejorar la calidad de un producto software. La mayoría de empresas que usan métodos ágiles no realizan revisiones de diseño o de código.

Por ejemplo, la creencia popular en Pivotal Labs es que la programación en pareja hace superfluas dichas revisiones, puesto que el código se revisa continuamente durante el desarrollo. En GitHub, las revisiones formales de código se sustituyen por ***pull requests***, solicitudes por parte de un desarrollador de que sus últimos cambios se integren en el código base principal, como veremos en la próxima sección. Todos y cada uno de los desarrolladores del equipo ven dichas peticiones y determinan cómo podría afectar a su propio código. Si alguien tiene alguna inquietud, se desarrolla un debate adjunto al *pull request*, quizás con la ayuda de herramientas como Campfire o el sistema de gestión de incidencias de GitHub (ver la sección 10.6), que puede resultar en cambios en el código en cuestión antes de completar la integración. Puesto que cada día se producen muchos *pull requests*, estas "mini-revisiones" se producen continuamente, de modo que no hay necesidad de reuniones especiales.

10.4 Control de versiones en el equipo de dos pizzas: conflictos de fusión (*merge*)

Actualmente, hay un grupo realmente interesante de gente en los Estados Unidos y en todo el mundo que hacen codificación social. Lo más interesante no es lo que hacen en Twitter, sino lo que hacen en GitHub.

Al Gore, exvicepresidente de EE.UU., 2013

Esta sección y la siguiente asumen que está usted familiarizado con las prácticas básicas de control de versiones con Git. La sección A.6 resume los fundamentos y la sección 10.10 recomienda recursos para profundizar.

Mantener buenas prácticas de control de versiones es aún más crítico para un equipo que para los individuos. ¿Cómo se gestiona el repositorio? ¿Qué ocurre si un miembro del equipo accidentalmente hace cambios conflictivos en un conjunto de ficheros? ¿Qué líneas de un fichero dado han cambiado, cuándo y quién hizo el cambio? ¿Cómo trabaja un desarrollador en una nueva funcionalidad sin introducir problemas en un código ya estable? Cuando es un equipo el que desarrolla el software en vez de un individuo, puede utilizarse control de versiones para abordar estas cuestiones, mediante las funcionalidades ***fusionar*** (***merge***) y ***ramificar*** (***branch***). Ambas acciones suponen combinar cambios realizados por muchos desarrolladores en un único código base, tarea que a veces requiere intervención manual para resolución de conflictos.

Los equipos reducidos que colaboran en el desarrollo de un conjunto de funcionalidades común normalmente usan un modelo de ***repositorio compartido*** (*shared-repository*) para gestionar el *repo*: se designa como autoritativa una copia particular del repo (el *origen –origin–*) y todos los desarrolladores suben sus cambios (*push*) al origen y periódicamente bajan (*pull*) de ahí los cambios de los demás. Como todo el mundo sabe, Git no se preocupa de cuál es la copia autoritativa —cualquier desarrollador puede subir (*push*) y bajar (*pull*) cambios de la copia de cualquier otro desarrollador si la configuración de permisos del repositorio lo *http://pastebin.com/ZNhAt2RR*

```
1 Roses are red,
2 Violets are blue.
3 <<<<<<< HEAD:poem.txt
4 I love GitHub,
5 =======
6 ProjectLocker rocks,
7 >>>>>>> 77976da35a11db4580b80ae27e8d65caf5208086:poem.txt
8 and so do you.
```

Figura 10.2. Cuando Bob intenta fusionar (*merge*) los cambios de Amy, Git inserta marcadores de conflicto en `poema.txt` para señalar un conflicto de fusión (*merge conflict*). La línea 3 marca el inicio de la region conflictiva con <<<; todo lo que hay hasta === (line 5) muestra el contenido del fichero en `HEAD` (el último *commit* en el repositorio local de Bob) y todo lo siguiente hasta el marcador de fin de conflicto >>>(línea 7) muestra los cambios de Amy (el fichero tal como aparece en el *commit* conflictivo de Amy, cuyo identificador *commit-ID* aparece en la línea 7). Las líneas 1, 2 y 8 o bien no estaban afectadas por el conflicto o bien Git pudo mezclarlas automáticamente.

Muchos VCS anteriores como Subversion soportaban *sólo* el modelo de repositorio compartido, y el "único repositorio verdadero" a menudo se denominaba *master*, término con un significado bastante diferente en Git.

permite—, pero con equipos pequeños es conveniente (y lo más convencional) que el repositorio origen se aloje en la nube, por ejemplo en GitHub o ProjectLocker. Cada miembro del equipo crea una copia local (***clone***) del repositorio en su máquina de desarrollo, trabaja, confirma (*commit*) y sube (*push*) los cambios al origen.

Ya sabemos que `git push` y `git pull` pueden utilizarse para tener una copia de respaldo del repositorio en la nube, pero estas operaciones adquieren importantes connotaciones adicionales en el contexto de un equipo: si Amy hace *commit* de sus cambios en su repositorio, dichos cambios no son visibles para su compañero Bob hasta que ella hace *push* y Bob *pull*. Esto plantea la posibilidad de un escenario de conflicto al fusionar (***merge conflict***):

1. Amy y Bob tienen cada uno una copia actualizada del repositorio origen.
2. Amy realiza y hace *commit* de una serie de cambios en el fichero A.
3. Amy realiza y hace *commit* de otra serie de cambios en el fichero B.
4. Amy sube (*push*) sus cambios al origen.
5. Bob realiza y hace *commit* de sus propios cambios en el fichero A, pero no toca el fichero B.
6. Bob intenta subir (*push*) sus *commits*, pero no puede porque ha habido otros en el repositorio origen desde que Bob se lo bajó (*pull*) por última vez. Bob debe actualizar su copia del repositorio respecto al origen antes de que pueda subir sus cambios.

`git pull` en realidad combina los comandos `git fetch`, que copia los *commits* nuevos desde el origen, y `git merge`, que intenta reconciliarlos con el repositorio local.

Fíjese que la existencia de *commits* adicionales no implica necesariamente que haya conflicto —en concreto, a Bob no le afectan los *commits* de Amy en el fichero B (paso 3)—. En nuestro ejemplo, sin embargo, los pasos 2 y 5 *sí* suponen cambios conflictivos en el mismo fichero. Cuando Bob ejecuta `git pull`, Git intentará ***fusionar*** (***merge***) las modificaciones de Bob y Amy en el fichero A. Si Amy y Bob hubieran editado partes distintas del fichero A, Git incorporaría automáticamente ambos juegos de cambios en el fichero A y haría *commit* del fichero mezclado en el repositorio de Bob. Sin embargo, si Amy y Bob editan partes del fichero A que se superponen, como en la figura 10.2, Git concluirá que no puede crear automáticamente de forma segura una versión del fichero que refleje ambos conjuntos de modificaciones, y dejará en el repositorio de Bob una versión *sin comitar* del fichero con conflictos, que Bob tendrá que editar y hacer *commit* manualmente.

- `git reset --hard ORIG_HEAD`
  Revierte el repositorio al último estado confirmado (*commit*) justo antes de la mezcla (*merge*).
- `git reset --hard HEAD`
  Revierte el repositorio al último estado confirmado (*commit*).
- `git checkout` *commit* `--` *[fichero]*
  Restaura un fichero, o –si se omite– el repositorio completo, a su estado en *commit* (ver figura 10.5 para formas de referirse a un *commit* además de su hash SHA-1 de 40 dígitos). Puede utilizarse para recuperar ficheros que se borraron previamente con `git rm`.
- `git revert` *commit*
  Revierte los cambios introducidos por *commit*. Si dicho *commit* fue el resultado de un *merge*, deshace el *merge* y deja la rama actual en el estado en que se encontraba antes de la mezcla. Git intenta dar marcha atrás sólo de los cambios introducidos por el *commit* sin alterar otros cambios desde dicho *commit*, pero si hace mucho tiempo del *commit*, podría requerir resolución manual de conflictos.

Figura 10.3. Cuando un *merge* sale mal, estos comandos pueden ayudarle a recuperarse deshaciendo toda o parte de la mezcla.

`git blame` *[fichero]*	Anota cada línea de un fichero para mostrar quién fue el último en modificarla y cuándo.
`git diff` *[fichero]*	Muestra las diferencias entre la versión de trabajo actual de *fichero* y la última versión confirmada (*commit*).
`git diff` *rama [fichero]*	Muestra las diferencias entre la versión actual de *fichero* y como aparece en el *commit* más reciente de la *rama* indicada (ver sección 10.5).
`git log` *[ref*`..`*ref] [ficheros]*	Muestra las entradas de *log* que afectan a todos los *ficheros* entre los dos *commits* especificados por las referencias *ref* (que deben separarse exactamente con dos puntos), o si se omite, la historia completa del *log* que afecta a dichos ficheros.
`git log --since="`*fecha*`"` *ficheros*	Muestra las entradas de *log* que afectan a todos los *ficheros* desde la fecha dada (ejemplos: `"25-Dec-2011"`, `"2 weeks ago"`).

Figura 10.4. Comandos para facilitar el seguimiento de quién cambió qué fichero y cuándo. Muchos comandos aceptan la opción `--oneline` para generar una salida más compacta. Si se omite el argumento opcional *[fichero]*, por defecto se aplican a "todos los ficheros registrados en el seguimiento". Fíjese que todos estos comandos tienen *muchas* más opciones, que puede consultar con el comando `git help`.

`HEAD`	Versión confimada (*commit*) más reciente en la rama actual.
`HEAD~`	*Commit* anterior en la rama actual (`HEAD~`*n* se refiere al *n*-ésimo *commit* anterior).
`ORIG_HEAD`	Cuando se realiza una fusión (*merge*), se actualiza `HEAD` a la versión recién mezclada y `ORIG_HEAD` se refiere al estado confirmado (*commit*) anterior al *merge*. Útil si quiere usar `git diff` para ver cómo ha cambiado cada fichero como resultado de la fusión.
`1dfb2c~2`	2 *commits* antes del *commit* cuyo identificardor tiene `1dfb2c` como prefijo único.
`"`*rama*`@{`*fecha*`}"`	Último *commit* anterior a *fecha* (ver figura 10.4 sobre el formato de fecha) en la *rama*, donde `HEAD` se refiere a la rama actual.

Figura 10.5. Formas prácticas de referirse a determinados *commits* en los comandos Git, en vez de usar el identificador completo de 40 dígitos o un prefijo único del mismo. `git rev-parse` *expr* resuelve cualquiera de las expresiones anteriores para generar un *commit-ID* completo.

En cualquier caso, una vez Bob haga *commit* del fichero A, puede subir (*push*) sus cambios, después de lo cual el repositorio origen reflejará correctamente los cambios de ambos, Amy y Bob. La próxima vez que Amy haga *pull*, recibirá la mezcla (*merge*) de sus cambios y los de Bob.

Este ejemplo muestra una regla práctica importante: *haga siempre commit antes que merge* (y, en consecuencia, antes que *pull*, que ejecuta implícitamente un *merge*). Git avisa si se intenta hacer *merge* o *pull* con ficheros de los que no se ha hecho *commit* e incluso proporciona mecanismos de recuperación si se decide seguir adelante de todos modos (ver figura 10.3); pero su vida será más fácil si *confirma cambios pronto y a menudo*, facilitando deshacer o recuperarse de los errores.

Funcionalidades avanzadas de Git como *rebase* y *commit squash* permiten fusionar muchos *commits* pequeños en unos pocos más grandes para mantener limpio el historial de cambios visible públicamente.

Puesto que trabajar en equipo significa que diversos desarrolladores modifican los contenidos de los ficheros, la figura 10.4 proporciona un listado de comandos Git útiles para ayudar a llevar un seguimiento de quién hizo qué y cuándo. La figura 10.5 muestra algunas alternativas prácticas de notación para los engorrosos identificadores de 40 dígitos de los *commits* de Git

Resumen de gestión de fusiones (*merge*) en equipos pequeños:

1. Los equipos pequeños suelen usar un modelo de "repositorio compartido", en el cual los cambios se suben a (*push*) y bajan de (*pull*) una única copia autoritativa del repositorio. En Git, la copia autoritativa es el repositorio origen (`origin`) y se aloja a menudo en la nube, en GitHub o en un servidor propio de la empresa.

2. Antes de empezar a modificar ficheros, confirme (*commit*) sus propios cambios localmente y entonces fusione (*merge*) los cambios realizados por los demás. En Git, la forma más sencilla de fusionar cambios del origen es con `git pull`.

3. Si no pueden mezclarse automáticamente los cambios, tendrá que editar manualmente el fichero conflictivo buscando *marcadores de conflicto* en el fichero fusionado y, a continuación, hacer *commit* y *push* de la versión corregida. En Git, se considera resuelto un conflicto cuando vuelve a hacerse *commit* del fichero afectado.

■ ***Explicación. Colaboración remota: fork & pull con repositorios públicos***

Git se diseñó para dar soporte a proyectos a muy gran escala y con muchos desarrolladores, como el *kernel* de Linux. El modelo de gestión ***fork & pull*** permite a distintos subgrupos trabajar en conjuntos de modificaciones independientes y posiblemente divergentes sin interferir unos con otros. Un subgrupo remoto puede bifurcar (*fork*) un repositorio[14], creando su propia copia en GitHub a la que subirán (*push*) sus cambios. Cuando estén listos para aportar código estable al repositorio inicial, el subgrupo envía una solicitud de recuperación/integración (*pull request*)[15] para fusionar una selección de *commits* del repositorio del subgrupo al original. Por tanto, las solicitudes de recuperación (*pull request*) permiten fusionar de forma selectiva dos repositorios que, de otro modo, permanecerían separados.

Autoevaluación 10.4.1. *Verdadero o falso: si intenta hacer* `git push` *y falla con un mensaje como "Non-fast-forward (error): failed to push some refs," significa que algún fichero contiene algún conflicto entre la versión de su repositorio local y del repositorio origen.*

◇ Falso. Sólo significa que en su copia local del repositorio faltan algunos *commits* que exis-

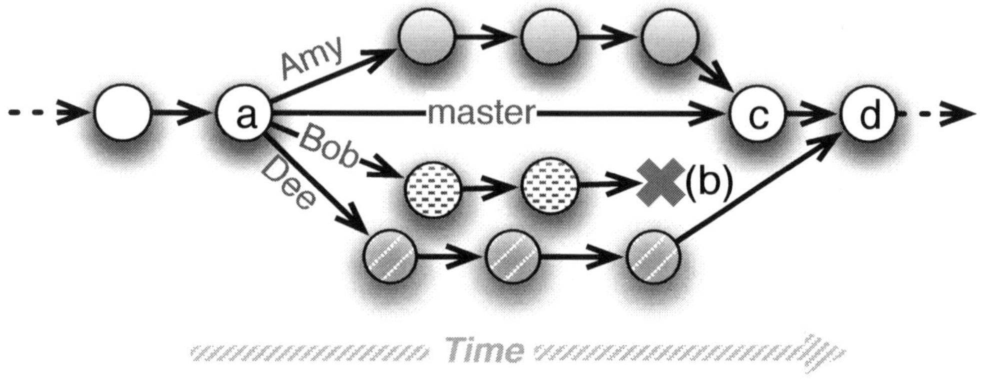

Figura 10.6. **Cada círculo representa un *commit*. Amy, Bob y Dee empiezan cada uno una nueva rama, basadas en el mismo *commit* (a) para trabajar en distintas funcionalidades de RottenPotatoes. Después de varios *commits*, Bob decide que su funcionalidad no va a resultar, así que elimina su rama (b); mientras, Amy completa sus pruebas y su código y fusiona la rama de su funcionalidad de vuelta con la rama principal (*master*), creando el *commit* de la fusión (*merge-commit*) (c). Finalmente, Dee completa su funcionalidad, pero puesto que la rama principal (*master*) ha cambiado debido al *merge-commit* de Amy (c), Dee tiene que resolver manualmente los conflictos para terminar de refusionar su rama (*merge-commit*) (d).**

ten en la copia origen, y hasta que fusione dichos *commits* pendientes no podrá subir (*push*) sus propios *commits*. Fusionar estos *commits* pendientes *puede* provocar un conflicto, pero con frecuencia no es así. ■

10.5 Uso efectivo de las ramas (*branch*)

Además de tomar instantáneas de su trabajo y hacer copias de seguridad, el control de versiones le permite también gestionar múltiples versiones del código base de un proyecto simultáneamente. Por ejemplo, para que parte del equipo trabaje en una nueva funcionalidad experimental sin alterar el código ya funcional; o para solucionar un error en el código de una entrega anterior que aún emplean algunos clientes.

Las ***ramas*** (***branches***) responden a este tipo de situaciones. En vez de pensar en los *commits* como una simple secuencia de instantáneas, deberíamos pensar en cambio en un *grafo* de *commits*: se inicia una rama (*branch*) creando una copia lógica del árbol de código tal como se encuentre en un determinado *commit*. A diferencia de las ramas de un árbol real, una rama del repositorio no sólo diverge del "tronco", sino que también puede volver a fusionarse (*merge*) con él.

A partir de ese punto, la nueva rama y la original de la que se separó son independientes: los *commits* en una rama no afectan a la otra; aunque, dependiendo de las necesidades del proyecto, pueden fusionarse cambios realizados en cualquiera de ellas en la otra. De hecho, pueden crearse ramas a partir de otras ramas, pero las estructuras de ramificaciones demasiado complicadas reportan escasos beneficios y resultan difíciles de mantener.

Destacamos dos estrategias habituales de gestión de ramificaciones, que pueden usarse de forma independiente o combinadas, y que se afanan por asegurar que la rama principal siempre corresponde a una versión estable y operativa del código. La figura 10.6 muestra una ***rama de funcionalidad***, que permite al desarrollador o subequipo hacer las modificaciones necesarias para implementar una determinada funcionalidad sin afectar a la rama principal hasta que se completen y prueben los cambios. Si la funcionalidad se fusiona con la rama

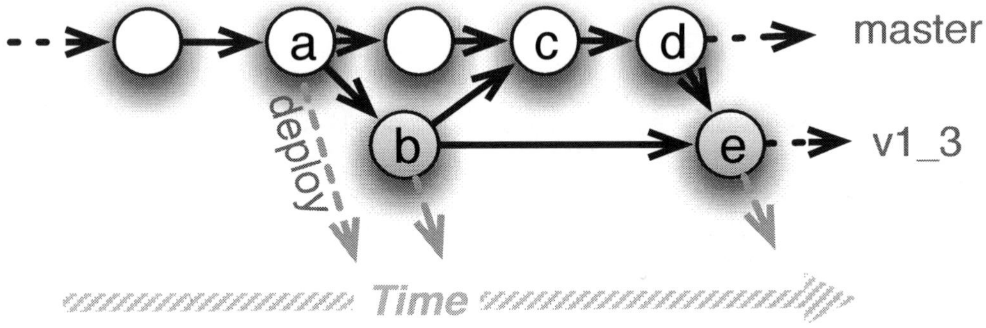

Figura 10.7. (a) Se crea una nueva rama de versión para "congelar" la versión 1.3 de RottenPotatoes. Se detecta un error en la versión y se corrige en la rama de la versión (b); vuelve a desplegarse la aplicación desde la rama de la versión. Los *commits* que contienen el parche se fusionan con la rama principal (*master*) (c), pero el código de la rama principal ha evolucionado lo suficiente respecto al código de la versión como para hacer necesario realizar ajustes manuales en el parche del error. Mientras, el equipo de desarrollo que trabaja en la rama principal detecta un fallo de seguridad crítico y lo soluciona con un *commit*. El *commit* específico que soluciona el problema de seguridad puede mezclarse (*merge*) en la rama de la versión (e) mediante `git cherry-pick`, puesto que no queremos aplicar ningún otro cambio de la rama principal en la rama de la versión, excepto éste.

En Flickr actualmente los desarrolladores usan[16] un repositorio sin ninguna rama de funcionalidad —¡los cambios se confirman directamente en la rama principal!—.

principal y, posteriormente, se decide eliminarla (quizás porque no aporta al cliente el valor añadido esperado), a veces pueden deshacerse los *commits* específicos relacionados con la fusión (*merge*) de la rama de la funcionalidad, siempre que no haya habido muchos cambios en la rama principal basados en la nueva funcionalidad.

La figura 10.7 muestra cómo se usan las ***ramas de versión*** (***release branches***) para arreglar problemas detectados en una determinada versión. Se utilizan ampliamente para entregar productos no SaaS, como bibliotecas o gemas, cuyas versiones se lanzan con suficiente distancia entre ellas como para que la rama principal diverja sustancialmente de la última rama de versión. Por ejemplo, el *kernel* Linux, con los desarrolladores haciendo *check in* de miles de líneas de código al día, emplea este tipo de ramas para designar versiones de lanzamiento del *kernel* estables y de largo recorrido. Las ramas de versión reciben a menudo múltiples *merges* de la rama de desarrollo o principal, y viceversa. Las ramas de versión son menos comunes en SaaS por la tendencia a la integración/despliegue continuos (sección 1.8): si despliega varias veces por semana, no dará tiempo a que la versión instalada pierda la sincronización con la rama principal, así que igual podría desplegar directamente desde dicha rama principal. Trataremos con más detalle el despliegue continuo en el capítulo 12.

GitFlow[17], una estrategia de gestión de ramas que captura muchas buenas prácticas, puede ser útil en proyectos grandes con ramas de largo recorrido.

La figura 10.8 muestra algunos comandos Git para manipulación de ramas. Los repositorios Git recién creados arrancan con una única rama denominada `master`. En cualquier momento, la ***rama actual*** (***current branch***) es cualquiera en la que usted esté trabajando en su copia del repositorio. Puesto que, en general, cada copia del repositorio contiene todas las ramas, puede cambiar de rama rápidamente en el mismo repositorio (pero vea en el *screencast* 10.5.1 una advertencia importante respecto a hacer esto).

Cuando existen múltiples ramas, ¿cómo puede especificarse a cuál deberían subirse o bajarse los cambios? Como se muestra en la figura 10.8, los comandos `git push` y `git pull` que hemos utilizado hasta ahora son en realidad casos especiales abreviados —estos comandos manejan ramas también—.

- `git branch`
  `*`. Si utiliza usted `sh` o una *shell* derivada de `bash` en un sistema tipo Unix, poniendo este código[18] en el fichero `~/.profile` hará que el *prompt* del intérprete de comandos muestre la rama Git actual cuando esté en un directorio de un repositorio Git.
  http://pastebin.com/KP0suYyx

```
export PS1="[`git branch --no-color 2>/dev/null | \
  sed -e '/^[^*]/d' -e 's/* \(.*\)/\1/'`]% "
```

- `git checkout` *nombre*
  Cambia a la rama existente *nombre*.

- `git branch` *nombre*
  Si la rama *nombre* existe, cambia a dicha rama; de lo contrario, crea una nueva rama denominada *nombre* sin cambiar a ella. El atajo `git checkout -b` *nombre [commit-id]* crea y cambia a una nueva rama basada en *commit-id*, que por defecto es el *commit* más reciente en la rama actual.

- `git push` *[repo] [rama]*
  Sube (*push*) los cambios (*commits*) en la *rama* indicada al repositorio remoto *repo*. (La primera vez que haga esto para una rama dada, crea dicha rama en el *repo* remoto). Sin argumentos, sube la rama local actual a la rama remota actual, o por defecto a `origin`.

- `git pull` *[repo] [branch]*
  Recupera (*fetch*) y mezcla (*merge*) los cambios de la rama *rama* en el repositorio remoto *repo* a la rama **actual** de su repositorio local *(incluso si el nombre de la rama actual no concuerda con el nombre de la rama desde la que se está recuperando* (pull) *—¡cuidado!—)*. Para recuperar una rama remota `foo` cuya correspondiente rama local no existe, use primero `git checkout -b foo` para crear una rama local con ese nombre y cambiar a ella, y luego `git pull origin foo`. Sin argumentos, *repo* y *rama* toman por defecto los valores de `git config branch.`*ramaactual*`.remote` y `git config branch.`*ramaactual*`.merge` respectivamente, que son inicializados automáticamente por ciertos comandos Git y pueden cambiarse con `git branch --track`. Si inicializa un nuevo repositorio de la manera habitual, *repo* y *rama* toman como valores por defecto `origin` y `master`, respectivamente.

- `git remote show` *[repo]*
  Si se omite *repo*, muestra una lista de los repositorios remotos existentes. Si *repo* es el nombre de un repositorio remoto que ya existe, muestra las ramas de *repo* y qué ramas locales se han creado para seguirlas. También muestra qué ramas locales no están actualizadas respecto a *repo*.

- `git merge` *rama*
  Mezcla todos los cambios de la rama *rama* en la rama actual.

- `git cherry-pick` *commits*
  En vez de mezclar todos los cambios (*commits*) de una rama dada en la rama actual, aplica *sólo* los cambios introducidos por cada uno de los *commits* nombrados

- `git checkout` *rama fichero1 fichero2...*
  Para cada fichero, mezcla las diferencias en la versión de *rama* de dicho fichero en la versión de la rama actual de dicho fichero.

Figura 10.8. Comandos Git habituales para manejar ramas (*branch*) y fusiones (*merge*). La gestión de ramas implica fusiones; la figura 10.3 explica cómo deshacer fusiones que han salido mal.

Screencast 10.5.1. Uso de ramas con Git.
`http://vimeo.com/41257323`
Este *screencast* muestra cómo crear y gestionar una rama nueva en Git (por ejemplo, para desarrollar una nueva funcionalidad), cómo fusionar los cambios de vuelta con el tronco del que se dividió, y cómo deshacer la fusión de la rama si algo fue mal (por ejemplo, si resulta que la funcionalidad tenía errores y hay que retirarla). También hace hincapié en una advertencia importante y muestra por qué debería siempre confirmar (*commit*) los cambios en la rama actual antes de cambiar a otra diferente.

Resumen de ramas (*branches*)

- Las ramas permiten introducir variantes en el código base. Por ejemplo, las ramas de funcionalidad dan soporte al desarrollo de nuevas funcionalidades sin desestabilizar el código ya operativo, y las ramas de versiones permiten solucionar errores en versiones anteriores cuyo código ha divergido de la línea principal de desarrollo.
- Fusionar (*merge*) cambios de una rama en otra (por ejemplo, de una rama de funcionalidad en la rama `master`) puede provocar conflictos en ciertos ficheros. Por tanto, siempre debe hacerse *commit* antes de *merge* y antes de cambiar a otra rama.
- En la metodología ágil + SaaS, las ramas de funcionalidad suelen ser de corta duración y las ramas de versión son poco habituales.

■ ***Explicación. Ramas de largo recorrido y rebase***

Mientras usted trabaja en una rama de funcionalidad, sus *commits* se desviarán del tronco; si trabaja en ella demasiado tiempo, el *"big merge"* cuando esté listo puede ser muy doloroso, con muchos conflictos. Puede mitigarse el sufrimiento haciendo con frecuencia *reorganizaciones* (*rebase*), una operación que fusiona incrementalmente algunos cambios recientes de otra rama y dice a Git que arregle las cosas para que parezca que su rama se ha creado a partir de un *commit* posterior. Aunque *reorganizar* es útil en el caso de ramas de largo recorrido, como las ramas de versión o ramas experimentales de larga duración, si usted descompone sus historias de usuario en tamaños manejables (sección 7.2) y despliega con frecuencia (sección 12.3), raramente necesitará hacerlo en los desarrollos ágiles SaaS.

Autoevaluación 10.5.1. *Describa un escenario en el cual las fusiones (*merge*) podrían producirse en ambos sentidos —cambios en una rama de funcionalidad fusionados en la principal, y cambios en la rama principal fusionados en una rama de funcionalidad— (en Git, esto se denomina* ***crisscross merge*** *–fusión cruzada–)).*

◇ Diana inicia una nueva rama para trabajar en una funcionalidad. Antes de completarla, se arregla un error importante y se hace *merge* de la solución en la rama principal. Puesto que el error está en una parte del código que interactúa con la funcionalidad de Diana, ésta hace *merge* de la solución desde la rama *master* a su rama de funcionalidad. Por último, cuando completa su desarrollo, su rama de funcionalidad se fusiona de nuevo en la principal. ■

10.6 Comunicar y solucionar errores: las cinco R

Los errores son inevitables. Con suerte, se detectan antes de que el software llegue a producción, pero también se producen *bugs* en producción. Todo el equipo debe acordar los procesos de gestión de las fases del ciclo de vida de un error:

1. **R**eportar el error.
2. **R**eproducir el problema o, si no, **R**eclasificarlo como "no es un error" o "no se solucionará".
3. Crear una prueba de **R**egresión que demuestre el error.
4. **R**eparar el error.
5. Liberar una nueva entrega (***R**elease*) con el código reparado.

Cualquiera puede encontrar y **r**eportar un error en el código Saas, tanto en el lado cliente como en el lado servidor. Un miembro del equipo de desarrollo o de QA debe entonces **r**eproducir el error, documentando el entorno y pasos necesarios para desencadenarlo. Este proceso puede resultar en la **r**eclasificación del error como "no es un error" por diversas razones:

- No es un error sino una petición de mejora o de cambio de un comportamiento que funciona de acuerdo al diseño.
- El error se encuentra en una parte del código que se está desinstalando o, en general, ha dejado de mantenerse.
- El error se produce sólo en un entorno de usuario no soportado por el sistema, como un navegador muy antiguo que no cumple los requisitos mínimos de esta aplicación SaaS.
- El error ya está solucionado en la última versión (poco habitual en SaaS, puesto que los usuarios siempre usan la última versión).

Una vez se confirma que se trata de un error auténtico y reproducible, se introduce en un sistema de gestión de errores. Existen multitud de estos sistemas, pero hay una herramienta que usted ya conoce y que puede satisfacer las necesidades de muchos equipos pequeños y medianos: Pivotal Tracker permite marcar una historia como un error en vez de como característica, lo que asigna cero puntos a la historia pero en cambio permite seguir su evaluación hasta que se complete, como cualquier historia de usuario. Una ventaja de esta herramienta es que gestiona el ciclo de vida del error por usted, de modo que los procesos disponibles para entregar historias de usuario pueden adaptarse fácilmente a la solución de errores. Por ejemplo, solucionar el error debe ser prioritario respecto a otras tareas; en un proceso en cascada, esto puede significar priorizar respecto a otros errores en la fase de mantenimiento, pero en un proceso ágil normalmente significa priorizar respecto a desarrollar nuevas funcionalidades a partir de las historias de usuario. Con Tracker, el responsable de producto puede dar más o menos prioridad a la historia de error respecto a otras historias dependiendo de la gravedad del error y su impacto en el cliente. Por ejemplo, deberá asignarse una prioridad muy alta a los errores que pueden provocar pérdidas de datos en producción.

Los errores de "gravedad de nivel 1" en Amazon.com exigen que los ingenieros responsables inicien una conferencia en un plazo de 15 minutos desde que se detectan —¡un requisito de respuesta más estricto que para los médicos de guardia!— (Bodík et al. 2006)

El siguiente paso es **r**eparar, lo que siempre comienza creando *primero* la prueba automática *más simple posible* que falle por el error, y modificando el código para que pase la(s) prueba(s). Esto debería sonarle familiar a estas alturas, como especialista en TDD, pero aplica también a entornos no-TDD: *no puede cerrarse ningún error sin una prueba.* Dependiendo del error, requerirá pruebas unitarias, funcionales, de integración o una combinación de varias. *Lo más simple posible* implica que la prueba dependa de las mínimas precondiciones posibles, circunscribiendo estrictamente el error. Por ejemplo, simplificar una prueba unitaria RSpec puede consistir en minimizar la inicialización previa a la prueba en sí o en el bloque **before**, y simplificar un escenario Cucumber puede implicar minimizar el número de pasos **Given** o **Background**. Estos tests suelen añadirse a la batería de pruebas de regresión para que el error

no pase desapercibido si vuelve a aparecer. Solucionar un error complejo puede requerir múltiples *commits*; una política común en los proyectos BDD+TDD es no fusionar en la rama principal de desarrollo *commits* con tests pendientes hasta que pasan todas las pruebas (verde).

Muchos sistemas de seguimiento de errores pueden incluir en los informes de error referencias cruzadas a los identificadores de *commit* que corresponden a los parches y pruebas de regresión. Por ejemplo, los puntos de enganche (*hooks*) de servicios[19] de GitHub permiten anotar un *commit* con el identificador de la correspondiente historia de error o de funcionalidad en Tracker. Cuando se sube el cambio a GitHub, la historia se marca automáticamente como entregada (*delivered*). Dependiendo del protocolo del equipo y del sistema de gestión de errores utilizado, el error puede "cerrarse" inmediatamente anotando qué versión contendrá el arreglo, o una vez lanzada la versión.

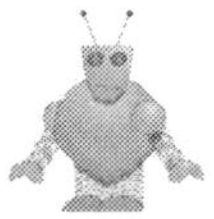

Como veremos en el capítulo 12, la mayoría de equipos ágiles liberan versiones con frecuencia, acortando el ciclo de vida de los errores.

Resumen: las 5 R para la corrección de errores

- Un error tiene que **r**eportarse, **r**eproducirse, demostrarse en una prueba de **r**egresión y **r**epararse, todo antes de liberar la ***r**elease* con la corrección.
- Ningún error puede cerrarse sin una prueba automática que demuestre que se entiende realmente su causa.
- Los errores que en realidad son peticiones de mejoras o que aparecen sólo en versiones obsoletas del código o entornos sin soporte pueden reclasificarse para indicar que no van a corregirse.

Autoevaluación 10.6.1. *¿Por qué cree que las historias de "corrección de errores" valen cero puntos en Tracker, aun siguiendo el mismo ciclo de vida que las historias de usuario normales?*
◇ La velocidad del equipo se inflaría artificialmente corrigiendo errores, puesto que primero conseguirían puntos por implementar la funcionalidad y después más puntos por conseguir que funcione realmente. ■

Autoevaluación 10.6.2. *Verdadero o falso: un error que se desencadena por la interacción con otro servicio (por ejemplo, autenticación vía Twitter) no puede capturarse en una*

prueba de regresión porque las condiciones necesarias requieren que controlemos el comportamiento de Twitter.
◇ Falso: casi siempre pueden utilizarse *mocks* y *stubs* a nivel de integración, por ejemplo, usando la gema FakeWeb[20] o las técnicas descritas en la sección 8.6, para emular las condiciones externas necesarias para reproducir el error en una prueba automática. ■

Autoevaluación 10.6.3. *Verdadero o falso: un error en el que el navegador muestra el diseño o el contenido de forma incorrecta debido a problemas JavaScript puede reproducirse manualmente por un ser humano, pero no puede capturarse en una prueba de regresión automática.*
◇ Falso: pueden emplearse herramientas como Jasmine y Webdriver (sección 6.7) para desarrollar dichas pruebas. ■

10.7 La perspectiva clásica

En los procesos clásicos, la gestión del proyecto comienza con el jefe de proyecto. Los jefes de proyecto:

- Escriben la propuesta para conseguir el proyecto del cliente.
- Reclutan al equipo de desarrollo entre los empleados y nuevos contratados.
- Típicamente, escriben informes de rendimiento de los miembros del equipo, que determinan las posibles subidas de sueldo.
- Desde la perspectiva Scrum (sección 10.1), actúan como *Product Owner* —el contacto primario con el cliente— y como *ScrumMaster*, puesto que hacen de interfaz con los puestos superiores de dirección y obtienen recursos para el equipo.
- Como vimos en la sección 7.10, los jefes de proyecto también estiman costes, preparan y mantienen la planificación, y deciden qué riesgos afrontar y cómo superarlos o evitarlos.
- Como podría esperarse de un proceso clásico, los jefes de proyecto deben documentar el plan de gestión del proyecto. La figura 10.9 muestra un esquema de plan de gestión de proyecto procedente del correspondiente estándar IEEE.

Como resultado de todas estas responsabilidades, los jefes de proyecto reciben muchas de las culpas si los proyectos tienen problemas. Citando al autor de un libro de introducción a la gestión de proyectos:

> *Sin embargo, si se hiciera una autopsia de cada proyecto [problemático], es muy probable que se encontrara un denominador común constante: una débil gestión.*
>
> Pressman 2010

Repasamos las cuatro tareas básicas de los jefes de proyecto que aumentan sus posibilidades de éxito:

1. Tamaño del equipo, roles, espacio y comunicación
2. Gestión de personas y de conflictos

1. Descripción general del proyecto
   1.1 Resumen del proyecto
      1.1.1 Propósito, alcance y objetivos
      1.1.2 Hipótesis y limitaciones
      1.1.3 Entregas
      1.1.4 Resumen del cronograma y del presupuesto
   1.2 Evolución del plan
2. Referencias
3. Definiciones
4. Contexto
   4.1 Modelo de proceso
   4.2 Plan de mejora del proceso
   4.3 Plan de infraestructuras
   4.4 Métodos, herramientas y técnicas
   4.5 Plan de aceptación del producto
   4.6 Organización del proyecto
      4.6.1 Interfaces externas
      4.6.2 Interfaces internas
      4.6.3 Competencias y responsabilidades
5. Planificación del proyecto
   5.1 Arranque del proyecto
      5.1.1 Plan de estimación
      5.1.2 Plan de personal
      5.1.3 Plan de adquisición de recursos
      5.1.4 Plan de formación del personal del proyecto
   5.2 Planes de trabajo del proyecto
      5.2.1 Actividades
      5.2.2 Cronograma
      5.2.3 Recursos
      5.2.4 Presupuesto
      5.2.5 Plan de adquisiciones
6. Evaluación y control del proyecto
   6.1 Plan de gestión de requisitos
   6.2 Plan de control de cambios de alcance
   6.3 Plan de control de la planificación
   6.4 Plan de control del presupuesto
   6.5 Plan de aseguramiento de la calidad (QA)
   6.6 Plan de gestión de subcontratistas
   6.7 Plan de cierre del proyecto
7. Entrega del producto
8. Plan de procesos de soporte
   8.1 Supervisión del proyecto y entorno de trabajo
   8.2 Gestión de decisiones
   8.3 Gestión de riesgos
   8.4 Gestión de la configuración
   8.5 Gestión de la información
      8.5.1 Documentación
      8.5.2 Comunicación y publicidad
   8.6 Aseguramiento de la calidad (QA)
   8.7 Medición
   8.8 Revisiones y auditorías
   8.9 Verificación y validación

Figura 10.9. Formato de un plan de gestión de proyecto, del estándar *IEEE 16326-2009 ISO/IEC/IEEE Systems and Software Engineering–Life Cycle Processes–Project Management*.

3. Inspecciones y métricas

4. Gestión de la configuración

1. Tamaño del equipo, roles, espacio y comunicación. Los procesos clásicos pueden escalar a tamaños mayores, con líderes de grupo que rinden cuentas ante el jefe de proyecto. Sin embargo, cada subgrupo mantiene típicamente el tamaño de las dos pizzas que vimos en la sección 10.1. Suele recomendarse un tamaño de entre tres y siete personas (Braude and Berstein 2011) hasta no más de diez (Sommerville 2010). Fred Brooks explicaba la razón en el capítulo 7: si añade más gente al equipo, incrementa el número de personas que pueden trabajar en paralelo, pero también aumenta la cantidad de tiempo que cada uno debe dedicar a comunicarse. Estos tamaños de equipo son razonables teniendo en cuenta el porcentaje de tiempo dedicado a la comunicación.

Una vez sabemos el tamaño del equipo, en los procesos clásicos pueden asignarse a los miembros de un subgrupo distintos roles que se espera que lideren. Por ejemplo (Pressman 2010):

- Responsable de gestión de la configuración

- Responsable de control de calidad

- Responsable de gestión de requisitos
- Responsable de diseño
- Responsable de implementación

Sorprendentemente, el tipo de espacio en que trabaja el equipo afecta a la gestión del proyecto. Un estudio concluyó que colocar al equipo en un espacio abierto podría duplicar la productividad (Teasley et al. 2000). Los motivos incluyen que los miembros del equipo tenían fácil acceso unos a otros tanto para coordinar su trabajo como para aprender, y podían colgar sus trabajos en las paredes a la vista de todos. Otro estudio de equipos en espacios abiertos concluía:

> *Uno de los principales factores de éxito era el hecho de que los miembros del equipo estaban a mano, listos para tener una reunión espontánea, asesorar sobre un problema, enseñar/aprender algo nuevo, etc. Sabemos por trabajos anteriores que los beneficios de estar a mano caen de forma significativa cuando las personas están, primero, fuera de la vista y, aún más drásticamente, cuando se encuentran a más de 30 metros de distancia.*
>
> Allen and Henn 2006

Las samosas son un popular aperitivo relleno frito de la India.

Aunque el equipo confíe en el correo electrónico y los mensajes de texto para comunicarse, y comparta información en *wikis* y similares, normalmente también hay una reunión semanal para ayudar a coordinar el proyecto. Recuerde que el objetivo es minimizar el tiempo dedicado innecesariamente a la comunicación, de modo que es importante que las reuniones sean efectivas. A continuación tiene nuestro resumen de consejos sobre cómo mantener reuniones eficientes, extraídos de las muchas guías existentes en la web. Utilizamos el acrónimo SAMOSAS como recurso mnemotécnico; ¡seguramente llevar un plato de este aperitivo ayudará a que la reunión sea eficiente!

- **S**er puntuales: empezar y terminar (***S**tart/stop*) la reunión puntualmente.
- **A**genda: definida con antelación; si no hay agenda, se cancela la reunión.
- **M**inutas de la reunión: deben registrarse de modo que todos puedan recordar los resultados después; el primer punto de la agenda es designar al encargado de tomar notas.
- **O**rden: hablar por turnos, uno (***O**ne*) cada vez; no interrumpir a otro mientras habla.
- Enviar (***S**end*) los materiales por adelantado, ya que la gente lee mucho más rápido que los ponentes hablan.
- **A**cciones: definir las acciones a realizar al término de la reunión, de modo que todos sepan qué deberían hacer como resultado de la misma.
- **S**iguiente reunión: fijar la fecha y hora para la próxima reunión.

2. Gestionar personas y conflictos. Se han escrito miles de libros sobre cómo gestionar personas, pero los dos más útiles que hemos encontrado son *The One Minute Manager* y *How to Win Friends and Influence People* (Blanchard and Johnson 1982; Carnegie 1998). Lo que nos gusta del primero es que ofrece consejos cortos y rápidos. Sea claro acerca de los objetivos de lo que quiere que se haga y cómo de bien debería hacerse, pero deje al equipo resolver cómo hacerlo para fomentar la creatividad. En las reuniones para revisar el progreso individual, empiece con los puntos positivos para fomentar la confianza y déles tiempo para aprender las tareas en curso. Simultáneamente, usted tiene que ser sincero con ellos acerca de lo que no va bien y qué tienen que hacer para resolverlo. Del segundo, nos gusta que ayuda a enseñar el arte de la persuasión, para conseguir que los demás hagan lo que usted cree que debería hacerse sin ordenárselo. Estas habilidades ayudan también a convencer a gente a la que usted *no puede* dar órdenes: sus clientes y su equipo de dirección.

Ambos libros sirven de ayuda para resolver conflictos en el equipo. Los conflictos no son necesariamente malos, en el sentido de que puede ser mejor tener el conflicto que dejar que el proyecto se estrelle y explote. Intel Corporation denomina esta actitud *confrontación constructiva*. Si usted está firmemente convencido de que alguien está haciendo una propuesta técnicamente incorrecta, está obligado a tocar el tema, incluso informar a sus jefes. La cultura Intel es hablar alto incluso si no está de acuerdo con la gente de más alto rango de la sala.

Si el conflicto persiste, dado que los procesos clásicos cuentan con un jefe de proyecto, dicha persona puede tomar la decisión definitiva. Una de las razones por las que los EE.UU. consiguieron llegar a la luna en los años 60 es que uno de los directores de la NASA, Wernher von Braun, tenía un don para resolver rápidamente los conflictos sobre decisiones reñidas. A su juicio, seleccionar una alternativa de forma arbitraria pero rápidamente era con frecuencia mejor, puesto que la elección era aproximadamente 50-50, de modo que el proyecto podía seguir adelante en vez de tomarse el tiempo para recopilar cuidadosamente todas las evidencias para ver qué decisión era ligeramente mejor.

Sin embargo, una vez tomada una decisión, el equipo tiene que apoyarla y seguir adelante. El lema de Intel para esta resolución es *discrepe y comprométase* (en inglés, *disagree and commit*): "No estoy de acuerdo, pero voy a ayudar incluso aunque no esté de acuerdo".

3. Inspecciones y métricas. Inspecciones como las ***revisiones de diseño*** y ***revisiones de código*** permiten disponer de realimentación sobre el sistema incluso antes de que funcione todo. La idea es que una vez se tiene un plan de diseño e implementación inicial, se está listo para recabar realimentación de desarrolladores fuera del equipo. Las revisiones de diseño y de código siguen el ciclo de vida en cascada en el sentido de que se completa cada fase secuencialmente antes de pasar a la siguiente o, al menos, para las fases de una única iteración en el desarrollo en espiral o RUP.

Una revisión de diseño es una reunión en la que los autores de un programa presentan su diseño con el objetivo de mejorar la calidad del software, beneficiándose de la experiencia de los asistentes a la reunión. La revisión de código se celebra una vez se ha implementado el diseño. Esta realimentación orientada a los compañeros también contribuye al intercambio de conocimiento en la organización y ofrece *coaching* que puede ayudar en las carreras profesionales de quienes presentan.

Shalloway sugiere que las revisiones formales de diseño y código con frecuencia llegan demasiado tarde en el proceso para tener un gran impacto en el resultado (Shalloway 2002). Recomienda, en cambio, celebrar reuniones más reducidas, que él llama "revisiones de enfoque". La idea es tener unos pocos desarrolladores senior ayudando al equipo a idear una aproximación para resolver el problema. El grupo intercambia ideas sobre distintos enfoques para ayudar a encontrar uno adecuado.

Si usted planea realizar una revisión de diseño formal, Shalloway sugiere que primero celebre una "revisión de mini-diseño", una vez se haya decidido el enfoque y el diseño se aproxime a su conclusión. Involucra a las mismas personas que antes, pero el propósito es preparar la revisión formal.

La revisión formal en sí debería empezar con una descripción de alto nivel de lo que los clientes quieren. A continuación, se presenta la arquitectura del software, mostrando las API de los componentes. Será importante destacar los patrones de diseño utilizados en los distintos niveles de abstracción (ver capítulo 11). Se espera que explique el *porqué* de las decisiones tomadas y si consideró alternativas plausibles. Dependiendo del tiempo disponible y los intereses de los asistentes, la fase final consistiría en revisar el código de los métodos implementados. En todas estas fases, usted puede obtener más valor de la revisión si tiene una lista concreta de preguntas o *issues* de los cuales le gustaría oír hablar.

Una ventaja de las revisiones de código es que animan a la gente de fuera del equipo a mirar los comentarios además del código. Puesto que no tenemos una herramienta que pueda reforzar la recomendación del capítulo 9 de asegurarse de que los comentarios aumentan el nivel de abstracción, el único mecanismo de refuerzo es la revisión del código.

Además de revisar el código y los comentarios, en los procesos clásicos las inspecciones dan realimentación sobre todas las partes del proyecto: plan de proyecto, planificación, requisitos, plan de pruebas, etc. Esta realimentación ayuda con la ***verificación y validación*** del proyecto completo, para confirmar que va por el buen camino. Incluso hay un estándar del IEEE para documentar los planes de verificación y validación del proyecto (figura 10.10)

Al igual que los modelos algorítmicos de estimación de costes (ver sección 7.10), algunos investigadores han abogado por la posibilidad de reemplazar las inspecciones o revisiones con métricas de software para evaluar la calidad y el progreso de los proyectos. La idea es recopilar métricas de muchos proyectos de la organización a lo largo del tiempo, establecer una referencia para futuros proyectos, y así evaluar cómo evoluciona un proyecto comparado con la referencia. Esta cita captura el argumento en favor de las métricas:

> *Sin métricas es difícil saber cómo se está llevando a cabo un proyecto y el nivel de calidad del software.*
>
> Braude and Berstein 2011

Las siguiente métricas pueden recogerse de forma automática:

- Tamaño del código, medido en miles de líneas de código (***KLOC***) o en puntos función (sección 7.10).
- Esfuerzo, medido en personas-mes dedicadas al proyecto.
- Hitos planificados del proyecto frente a los cumplidos.
- Número de casos de prueba completados.
- Tasa de descubrimiento de defectos, medida en defectos descubiertos vía pruebas por mes.
- Tasa de reparación de defectos, medida en defectos solucionados por mes.

A partir de éstas, pueden crearse métricas derivadas para normalizar los valores y así ayudar a comparar los resultados de distintos proyectos: KLOC por persona-mes, defectos por KLOC, etc.

El problema de esta aproximación es que hay escasa evidencia de correlación entre estas métricas que pueden calcularse automáticamente y los resultados del proyecto. Idealmente, las métricas deberían estar correlacionadas y podríamos tener una comprensión mucho más detallada que la que ofrecen las ocasionales y costosas inspecciones.

1. Propósito
2. Documentos de referencia
3. Definiciones
4. Visión general VV
   - 4.1 Organización
   - 4.2 Cronograma maestro
   - 4.3 Esquema de nivel de integridad
   - 4.4 Resumen de recursos
   - 4.5 Responsabilidades
   - 4.6 Herramientas, técnicas y metodologías
5. Procesos VV
   - 5.1 Procesos, actividades y tareas VV comunes
   - 5.2 Procesos, actividades y tareas de VV del sistema
     - 5.2.1 Soporte para adquisiciones
     - 5.2.2 Planificación de suministros
     - 5.2.3 Planificación de proyecto
     - 5.2.4 Gestión de la configuración
     - 5.2.5 Definición de requisitos
     - 5.2.6 Análisis de requisitos
     - 5.2.7 Diseño de la arquitectura
     - 5.2.8 Implementación
     - 5.2.9 Integración
     - 5.2.10 Transición
     - 5.2.11 Operación
     - 5.2.12 Mantenimiento
     - 5.2.13 Eliminación
   - 5.3 Procesos, actividades y tareas de VV software
     - 5.3.1 Concepto software
     - 5.3.2 Requisitos software
     - 5.3.3 Diseño software
     - 5.3.4 Construcción software
     - 5.3.5 Pruebas de integración software
     - 5.3.6 Pruebas de calidad del software
     - 5.3.7 Pruebas de aceptación software
     - 5.3.8 Instalación y despliegue del software (transición)
     - 5.3.9 Operación del software
     - 5.3.10 Mantenimiento del software
     - 5.3.11 Eliminación del software
   - 5.4 Procesos, Actividades y Tareas de VV Hardware
     - 5.4.1 Concepto Hardware
     - 5.4.2 Requisitos Hardware
     - 5.4.3 Diseño Hardware
     - 5.4.4 Fabricación Hardware
     - 5.4.5 Pruebas de integración hardware
     - 5.4.6 Pruebas de cualificación hardware
     - 5.4.7 Pruebas de aceptación hardware
     - 5.4.8 Transición hardware
     - 5.4.9 Operación del hardware
     - 5.4.10 Mantenimiento del hardware
     - 5.4.11 Eliminación de hardware
6. Requisitos de información VV
   - 6.1 Informes de tareas
   - 6.2 Informes de anomalías
   - 6.3 Informe final VV
   - 6.4 Informes de estudios especiales (opcional)
   - 6.5 Otros informes (opcional)
7. Requisitos administrativos de VV
   - 7.1 Resolución y notificación de anomalías
   - 7.2 Política de iteración de tareas
   - 7.3 Política de desviación
   - 7.4 Procedimientos de control
   - 7.5 Estándares, prácticas y convenciones
8. Requisitos de documentación de pruebas VV

Figura 10.10. Esquema de un plan de verificación y validación de software y de sistema basado en el estándar IEEE 1012-2012.

> *Sin embargo, aún estamos muy lejos de esa situación ideal y no hay señales de que la evaluación automática de la calidad vaya a convertirse en una realidad en un futuro próximo.*
>
> Sommerville 2010

4. Gestión de la configuración. La gestión de la configuración incluye cuatro variedades de cambios, tres de las cuales ya hemos visto. La primera es la ***gestión de versiones***, que vimos en las secciones 10.4 y 10.5. Esta variedad mantiene un seguimiento de las versiones de los componentes según van cambiando. La segunda, ***construcción del sistema***, está estrechamente relacionada con la primera. Herramientas como `make` ensamblan las versiones compatibles de los componentes en un programa ejecutable para el sistema objetivo. La tercera variedad es la ***gestión de entregas***, que tratamos en el capítulo 12. La última es la ***gestión del cambio***, que deriva de las peticiones de cambio hechas por clientes y otros interesados para solucionar errores o mejorar la funcionalidad (ver sección 9.7).

Como seguramente ya suponga, el IEEE tiene un estándar para gestión de la configuración, cuyo índice se muestra en la figura 10.11.

Resumen: En los procesos clásicos:

- Los jefes de proyecto son los responsables: escriben la propuesta, reclutan al equipo y hacen de interfaz con los clientes y los puestos superiores de dirección.
- El jefe de proyecto documenta el plan de proyecto y el plan de configuración, ¡junto con el plan de verificación y validación que garantiza que el resto de planes se sigan!
- Para limitar el tiempo dedicado a la comunicación, los grupos son de entre tres y diez personas. Pueden organizarse jerárquicamente para formar equipos más grandes bajo la responsabilidad del jefe de proyecto, teniendo cada grupo su propio líder.
- Las directrices de gestión de las personas incluyen proporcionar objetivos claros pero dejándoles margen de actuación, y comenzar con los aspectos positivos pero siendo sinceros sobre los fallos y cómo superarlos.
- Aunque hay que resolverlos, los conflictos pueden ayudar a encontrar la mejor opción para el proyecto.
- Las inspecciones como las revisiones de diseño y las revisiones de código permiten que personas ajenas al equipo proporcionen realimentación sobre el diseño y planes futuros, con lo cual el equipo se beneficia de la experiencia de otros. También son una buena forma de comprobar si se siguen las buenas prácticas y si los planes y documentos son sensatos.
- La gestión de la configuración es una categoría amplia que incluye la gestión del cambio durante el mantenimiento del producto, control de versiones de componentes software, construcción del sistema para producir un programa coherente y que funcione a partir de dichos componentes, y gestión de entregas para hacer llegar el producto a los clientes.

Autoevaluación 10.7.1. *Compare el tamaño de los equipos en los procesos clásicos frente a*

Índice

1. Visión general
   1.1 Alcance
   1.2 Propósito
2. Definiciones, acrónimos y abreviaturas
   2.1 Definiciones
   2.2 Acrónimos y abreviaturas
3. Adaptación
4. Audiencia
5. El proceso de gestión de la configuración (CM)
6. Planificación CM: proceso de bajo nivel
   6.1 Propósito
   6.2 Actividades y tareas
7. Gestión CM: proceso de bajo nivel
   7.1 Propósito
   7.2 Actividades y tareas
8. Identificación de la configuración: proceso de bajo nivel
   8.1 Propósito
   8.2 Actividades y tareas
9. Control de cambios de configuración: proceso de bajo nivel
   9.1 Propósito
   9.2 Actividades y tareas
10. Estado de la configuración: proceso de bajo nivel
   10.1 Propósito
   10.2 Actividades y tareas
11. Auditoría de configuración CM: proceso de bajo nivel
   11.1 Propósito
   11.2 Actividades y tareas
12. Control de interfaz: proceso de bajo nivel
   12.1 Propósito
   12.2 Actividades y tareas
13. Control de elemento de configuración del proveedor: proceso de bajo nivel
   13.1 Propósito
   13.2 Actividades y tareas
14. Gestión de entregas: proceso de bajo nivel
   14.1 Propósito
   14.2 Actividades y tareas

Figura 10.11. Índice para el *IEEE 828-2012 Standard for Configuration Management in Systems and Software Engineering*.

los ágiles.
◇ Los procesos clásicos pueden formar jerarquías de subgrupos para crear un proyecto mucho más grande, pero cada subgrupo tiene básicamente el mismo tamaño que un "equipo de dos pizzas" en los procesos ágiles. ■

Autoevaluación 10.7.2. *Verdadero o falso: las revisiones de diseño son reuniones destinadas a mejorar la calidad del producto software mediante los conocimientos y experiencia de los asistentes, pero también resultan en un intercambio de información técnica y pueden ser altamente educativas para los miembros con menos experiencia de la organización, ya presenten o simplemente asistan.*
◇ Verdadero. ■

10.8 Falacias y errores comunes

⚠ *Error.* **Observar siempre al maestro en programación en pareja.**

Si un miembro del equipo tiene mucha más experiencia, es tentador dejarle conducir siempre, convirtiendo esencialmente al miembro menos experimentado en el eterno observador. Esta relación no es saludable y probablemente llevará al miembro junior a desvincularse.

⚠ *Error.* **Dividir el trabajo en función de la pila de software en vez de por funcionalidades.**

Es cada vez menos común dividir el equipo en un especialista *front-end*, *back-end*, atención al cliente, etc., pero aún ocurre. Los autores de este libro, y otros, creemos que se obtienen mejores resultados haciendo que cada miembro del equipo entregue *todos* los aspectos de una determinada funcionalidad o historia —escenarios Cucumber, pruebas RSpec, vistas, acciones del controlador, lógica del modelo, etc.—. Especialmente si se combina con la programación en pareja, que cada desarrollador mantenga una visión de la "pila completa" del producto difunde el conocimiento arquitectónico entre el equipo.

⚠ *Error.* **Pisar accidentalmente los cambios después de fusionar o cambiar de rama.**

Si hace usted `pull` o `merge`, o si cambia a una rama diferente, se puede modificar repentinamente el contenido en disco de algunos ficheros. Si alguno(s) de ellos ya estaban cargados en su editor, las versiones en edición quedarán *desactualizadas* y, peor aún, si graba ahora dichos ficheros sobrescribirá los cambios de la fusión, o bien grabará el fichero de una rama distinta a la que usted creía. La solución es simple: *antes* de hacer `pull`, fusionar o cambiar ramas, asegúrese de confirmar todos los cambios pendientes; *después* de hacer `pull`, `merge`, o cambiar de rama, recargue todos los ficheros abiertos en el editor que puedan haberse visto afectados —o, para estar aún más seguro, cierre el editor antes de hacer `commit`—. Tenga cuidado también con el comportamiento potencialmente destructivo de ciertos comandos Git, como `git reset`, como se describe en la informativa y detallada entrada del blog[21] de Scott Chacon, alias *"Gitser"*.

⚠ *Error.* **Dejar que su copia local del repositorio quede demasiado desincronizada respecto a la copia origen (autoritativa).**

No es conveniente dejar que su copia del repositorio diverja demasiado del origen, o las fusiones (sección 10.5) resultarán laboriosas. Debería actualizar siempre su copia (`git pull`) antes de empezar a trabajar, y publicar sus cambios (`git push`) tan pronto como sus cambios locales sean suficientemente estables como para compartirlos. Si trabaja en una rama de funcionalidad de largo recorrido que corre el riesgo de perder la sincronización con la principal, consulte la documentación de `git rebase` para "resincronizar" periódicamente su rama sin fusionarla con la principal hasta que esté lista.

***Falacia.* Es correcto hacer cambios simples en la rama principal.**

Los programadores somos optimistas. Cuando vamos a modificar nuestro código, siempre pensamos que será un cambio de una línea. Luego se convierte en un cambio de cinco líneas; entonces nos damos cuenta de que el cambio afecta a otro fichero, que también hay que modificar; y entonces resulta que necesitamos añadir o modificar las pruebas que se basaban en el código antiguo; y así sucesivamente. Por esta razón, *siempre* debe crear una rama de funcionalidad cuando empiece una nueva tarea. Las ramificaciones son casi instantáneas con Git y, si el cambio finalmente resulta ser pequeño, siempre puede eliminar la rama después de fusionarla para que no embarulle el espacio de nombres de las ramas.

***Falacia.* Como cada subequipo trabaja en su propia rama, no necesitan comunicarse regularmente o hacer `merge` con frecuencia.**

Las ramas son una forma excelente de que distintos miembros del equipo trabajen en diversas funcionalidades simultáneamente. Pero si no hacen *merge* con frecuencia y no está claro quién está trabajando en qué, corren el riesgo de aumentar la probabilidad de tener conflictos de fusión y perder trabajo accidentalmente cuando un desarrollador "resuelve" un conflicto *merge* borrando los cambios de otro desarrollador.

10.9 Observaciones finales: equipos, colaboración y cuatro décadas de control de versiones

El primer 90% del código ocupa el 10% del tiempo de desarrollo. El 10% restante del código ocupa el otro 90% de tiempo de desarrollo.

Tom Cargill, citado en *Programming Pearls*, 1985

La historia de los sistemas de control de versiones refleja la tendencia hacia la colaboración distribuida entre "equipos de equipos", con los equipos de dos pizzas emergiendo como una unidad popular de cohesión. Desde alrededor de 1970–1985, ***Source Code Control System*** (SCCS), original de Unix, y su descendiente más longevo ***Revision Control System*** (RCS) sólo permitían a un único desarrollador "bloquear" (*"lock"*) para edición un archivo concreto a la vez —los demás sólo podían leer, pero no editar, el fichero hasta que el primer desarrollador lo liberaba, haciendo *check in*—. SCCS y RCS también requerían que todos los desarrolladores usaran el mismo ordenador (a tiempo compartido en aquel entonces), cuyo sistema de ficheros albergaba el repositorio. En un proyecto con muchos ficheros, este mecanismo de bloqueo se convirtió pronto en un cuello de botella, de modo que en 1986, ***Concurrent Versions System*** (CVS) permitió por fin la edición simultánea del mismo fichero con fusión automática, y permitió que el repositorio maestro (*master*) se alojara en un ordenador distinto que el de la copia del desarrollador, facilitando el desarrollo distribuido. ***Subversion***, creado en 2001, ofrecía un soporte mucho mejor para ramificaciones, permitiendo a los desarrolladores trabajar de forma independiente en diferentes versiones de un proyecto; pero aún asumía que todos los desarrolladores que trabajaban en un árbol de código determinado subieran sus cambios a una única copia "maestra" (*"master"*) del repositorio. Git completó la descentralización permitiendo que cualquier copia del repositorio suba o baje cambios de cualquier otra copia, posibilitando un "equipo de equipos" completamente descentralizado, y facilitando ramificaciones y fusiones mucho más rápidas y fáciles que sus predecesores. Hoy en día, colaborar de forma distribuida es la norma: en vez de un equipo grande distribuido, *fork & pull* permite que un gran número de equipos ágiles de dos pizzas progresen independientemente, y el uso de Git como soporte se ha convertido en ubicuo. Este nuevo tamaño de equipo de dos pizzas facilita la organización respecto a los equipos de programación gigantes que pueden darse en la metodología de desarrollo clásica.

Pese a estas mejoras, los proyectos software todavía son famosos por sus retrasos y sobrecostes. Las técnicas de este capítulo pueden ayudar al equipo ágil a evitar esos contratiempos. Hacer un chequeo cada iteración con todos los interesados orienta al equipo para destinar sus recursos de forma más efectiva y aumenta las probabilidades de conseguir un resultado que satisfaga al cliente dentro del plazo y presupuesto. La organización de equipo de Scrum encaja bien con el ciclo de vida ágil y los desafíos inherentes al desarrollo SaaS. El uso disciplinado de control de versiones permite a los desarrolladores avanzar en muchos frentes simultáneamente sin interferir mutuamente en el trabajo de los demás, y también permite una gestión disciplinada y sistemática del ciclo de vida de los errores.

Los procesos clásicos confían en el jefe de proyecto para estimar tiempo y coste, evaluar riesgos y ejecutar el proyecto de modo que se entregue el producto a tiempo y dentro del presupuesto con la funcionalidad requerida. Este enfoque más autocrático contrasta con la aproximación igualitaria de Scrum, donde los roles de *ScrumMaster* y *Product Owner* rotan entre los miembros del equipo ágil. En los ciclos de vida clásicos, todo está documentado, incluyendo el plan de gestión del proyecto, el plan de gestión de la configuración y el plan de cómo verificar y validar que el proyecto sigue los planes. Las inspecciones de desarrolladores ajenos al equipo proporcionan realimentación sobre los planes y el código, y ayudan a evaluar el progreso del proyecto.

En cualquier ciclo de vida, una vez se completa el proyecto es importante tomarse tiempo para meditar sobre lo que ha aprendido antes de lanzarse de cabeza al siguiente. Reflexionar sobre qué fue bien, qué no, y qué se haría de diferente manera. Cometer un error no es ningún delito, siempre y cuando se aprenda de ello; el problema es repetir el mismo error una y otra vez.

10.10 Para saber más

- Puede encontrar descripciones muy detalladas de las potentes funcionalidades de Git en *Version Control With Git* (Loeliger 2009), que sigue un enfoque más de tipo tutorial, y en el libro gratuito Pro Git[22] (que cuenta con una traducción parcial en español[23]), que también es útil como referencia exhaustiva de Git. Para ayuda detallada sobre un comando específico, use `git help` *comando*, por ejemplo, `git help branch`; pero sea consciente de que estas explicaciones son una referencia, no un tutorial.

- Muchos proyectos de tamaño medio que no usan Pivotal Tracker, o cuyas necesidades de gestión de errores van más allá de lo que Tracker proporciona, cuentan con la funcionalidad de gestión de incidencias, *Issues*, incorporada en cada repositorio de GitHub. El sistema de *Issues* permite a cada equipo crear etiquetas (*"labels"*) apropiadas para los distintos tipos de errores y prioridades y crear sus propios procesos de "ciclos de vida de los errores". Los proyectos grandes, con amplia distribución de software, usan sistemas de seguimiento de errores considerablemente más sofisticados (y complejos), como el sistema de código abierto Bugzilla[24].

ACM IEEE-Computer Society Joint Task Force. Computer science curricula 2013, Ironman Draft (version 1.0). Technical report, February 2013. URL `http://ai.stanford.edu/users/sahami/CS2013/`.

T. J. Allen and G. Henn. *The Organization and Architecture of Innovation: Managing the Flow of Technology*. Butterworth-heinemann, 2006.

A. Begel and N. Nagappan. Pair programming: What's in it for me? In *Proceedings of the Second ACM-IEEE international symposium on Empirical software engineering and measurement*, pages 120–128, Kaiserslautern, Germany, October 2008.

K. H. Blanchard and S. Johnson. *The One Minute Manager*. William Morrow, Cambridge, MA, 1982.

P. Bodík, A. Fox, M. I. Jordan, D. Patterson, A. Banerjee, R. Jagannathan, T. Su, S. Tenginakai, B. Turner, and J. Ingalls. Advanced tools for operators at Amazon.com. In *First Workshop on Hot Topics in Autonomic Computing (HotAC'06)*, Dublin, Ireland, June 2006.

E. Braude and M. Berstein. *Software Engineering:Modern Approaches, Second Edition*. John Wiley and Sons, 2011. ISBN 9780471692089.

D. Carnegie. *How to Win Friends and Influence People*. Pocket, 1998.

A. Cockburn and L. Williams. The costs and benefits of pair programming. *Extreme Programming Examined*, pages 223–248, 2001.

J. Hannay, T. Dyba, E. Arisholm, and D. Sjoberg. The effectiveness of pair programming: A meta-analysis. *Information and Software Technology*, 51(7):1110–1122, July 2009.

L. Hoffmann. Q&a: Big challenge. *Communications of the ACM (CACM)*, 56(9):112–ff, Sept. 2013.

D. Holland. *Red Zone Management*. WinHope Press, 2004. ISBN 0967140188.

J. Loeliger. *Version Control with Git: Powerful Tools and Techniques for Collaborative Software Development*. O'Reilly Media, 2009. ISBN 0596520123.

R. Pressman. *Software Engineering: A Practitioner's Approach, Seventh Edition*. McGraw Hill, 2010. ISBN 0073375977.

K. Schwaber and M. Beedle. *Agile Software Development with Scrum (Series in Agile Software Development)*. Prentice Hall, 2001. ISBN 0130676349.

A. Shalloway. *Agile Design and Code Reviews*. 2002. URL `http://www.netobjectives.com/download/designreviews.pdf`.

I. Sommerville. *Software Engineering, Ninth Edition.* Addison-Wesley, 2010. ISBN 0137035152.

S. Teasley, L. Covi, M. S.Krishnan, and J. S. Olson. How does radical collocation help a team succeed? In *Proceedings of the 2000 ACM conference on Computer supported cooperative work*, pages 339–346, Philadelphia, Pennsylvania, December 2000.

Notas

[1] http://www.opensourcerails.com/
[2] http://github.com/ucberkeley/researchmatch
[3] http://github.com/vinsonchuong/meetinglibs
[4] http://codeclimate.com
[5] https://github.com/bbatsov/rails-style-guide
[6] http://google-styleguide.googlecode.com/svn/trunk/pyguide.html
[7] http://google-styleguide.googlecode.com/svn/trunk/javascriptguide.xml
[8] http://google-styleguide.googlecode.com/svn/trunk/cppguide.xml
[9] https://github.com/bbatsov/rails-style-guide
[10] http://google-styleguide.googlecode.com/svn/trunk/pyguide.html
[11] http://google-styleguide.googlecode.com/svn/trunk/javascriptguide.xml
[12] http://dilbert.com/strips/comic/2003-01-09/
[13] http://dilbert.com/strips/comic/2003-01-11/
[14] http://help.github.com/fork-a-repo/
[15] http://help.github.com/send-pull-requests/
[16] http://code.flickr.com/blog/2009/12/02/flipping-out/
[17] http://nvie.com/posts/a-successful-git-branching-model/
[18] http://pastebin.com/8JkAQDx0
[19] http://github.com/
[20] http://fakeweb.rubyforge.org
[21] http://progit.org/2011/07/11/reset.html
[22] http://book.git-scm.com
[23] http://git-scm.com/book/es/v1
[24] http://mozilla.org

10.11 Ejercicios propuestos

Ejercicio 10.1. *Seleccione varios ejercicios del libro, asígneles puntos y mida su velocidad según trabaja en ellos.*

Ejercicio 10.2. *Piense en un sitio web que visite con frecuencia o en una aplicación web que use a menudo; enumere algunas historias de usuario que le guiarían para crear una aplicación similar desde cero.*

Ejercicio 10.3. *(Debate) Piense sobre el último proyecto en el que trabajó en equipo. ¿Cuántas de las ideas y prácticas comentadas en este capítulo emplearon usted y su grupo? De las utilizadas, ¿cuáles encontró más útiles? ¿Qué métodos, de los no utilizados, cree usted que habrían sido más provechosos?*

Ejercicio 10.4. *(Debate) Uno de los proyectos propuestos en el capítulo 1 era hacer un listado de las 10 aplicaciones más importantes. Dado dicho listado, ¿cuáles se desarrollarían y mantendrían mejor con un equipo de tamaño dos pizzas organizado según Scrum? ¿Cuáles no? Enumere sus razones para cada elección.*

Ejercicio 10.5. *(Debate) ¿Por qué cree usted que Pivotal agregó Epics a Tracker? ¿Qué problema resolvían con esta nueva funcionalidad?*

Ejercicio 10.6. *(Debate) Localice a un colega programador cercano y pruebe la programación en pareja por unos días. Varios de los proyectos propuestos en los primeros capítulos son buenos candidatos para programar en pareja. ¿Cómo de difícil fue encontrar un puesto donde pudieran sentarse uno al lado del otro? ¿Ha encontrado que les fuerza a ambos a concentrarse más para crear código de más calidad, apartando parcialmente las distracciones, o parece menos productivo puesto que, en esencia, sólo una persona está haciendo el trabajo?*

Ejercicio 10.7. *Con un compañero de programación, invente un sitio web o aplicación sencillos que podrían construir. Idealmente, ¡no debería ser más complicado que RottenPotatoes! Desarrolle y complete el proyecto empleando los métodos y herramientas descritos en este capítulo –programación en pareja, velocidad, control de versiones–. ¿Qué herramientas o métodos han resultado más útiles?*

Ejercicio 10.8. *(Debate) La próxima vez que asista a una reunión, haga un recuento de cuántas recomendaciones SAMOSA se están violando. Si son varias, proponga como experimento probar a seguir SAMOSA. ¿Qué observó sobre las diferencias entre las dos reuniones? ¿Ayudó o perjudicó SAMOSA?*

Ejercicio 10.9. *Emprenda, como parte de una actividad en grupo, una inspección de un segmento de código de tamaño medio. Nota: el icono al margen identifica proyectos del estándar de Ingeniería del Software ACM/IEEE 2013 (ACM IEEE-Computer Society Joint Task Force 2013).*

Ejercicio 10.10. *(Debate) Subversion (svn) era un popular sistema de control de versiones desarrollado por CollabNet cinco años antes de que Linus Torvalds creara git. ¿Qué problemas de svn intentaba resolver Torvalds con git? ¿En qué medida tuvo éxito? ¿Cuáles cree usted que son los pros y los contras de svn respecto a git?*

Ejercicio 10.11. *Explique la diferencia entre gestión de configuración de software centralizada y distribuida.*

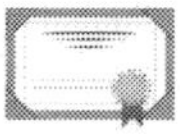

Ejercicio 10.12. *Identifique elementos de configuración y use una herramienta de control del código fuente como GitHub en un pequeño proyecto en equipo.*

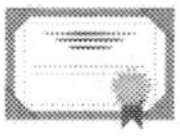

Ejercicio 10.13. *Crea y siga una agenda (u orden del día) para una reunión de equipo.*

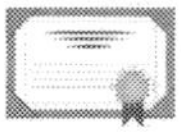

Ejercicio 10.14. *Seleccione y use en un pequeño proyecto software una norma de codificación definida.*

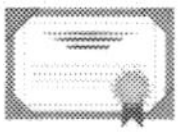

Ejercicio 10.15. *Identifique y justifique los roles necesarios en un equipo de desarrollo software para un proceso clásico.*

Ejercicio 10.16. *Enumere las fuentes, riesgos y potenciales beneficios de los conflictos de equipo.*

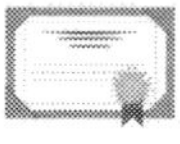

Ejercicio 10.17. *Aplique una estrategia de resolución de conflictos en una reunión de equipo.*

Ejercicio 10.18. *Siguiendo un ciclo de vida clásico, prepare un plan de proyecto para un proyecto software que incluya estimaciones de tamaño y esfuerzo, una planificación, asignación de recursos, control de configuración, gestión del cambio e identificación y gestión de riesgos del proyecto.*

Ejercicio 10.19. *Demuestre su capacidad de selección y uso de herramientas software –incluyendo Cucumber, RSPEC, Pivotal Tracker– de soporte para el desarrollo del producto software descrito en el ejercicio 10.18.*

11 Patrones de diseño para clases SaaS

William Kahan (1933–) recibió el premio Turing en 1989 por sus contribuciones clave al análisis numérico. Kahan se dedicó a "hacer el mundo seguro para los cálculos numéricos".

Las cosas son verdaderamente fáciles cuando puedes pensar correctamente acerca de lo que pasa alrededor sin tener muchos pensamientos confusos o superfluos que te estorban. Piensa en la máxima de Einstein, "Las cosas deberían simplificarse todo lo que sea posible, pero no hacerse más simples".

"A Conversation with William Kahan," *Dr. Dobbs' Journal*, 1997

Conceptos

El principal concepto de este capítulo es que los ***patrones de diseño*** pueden mejorar la calidad de las clases. Un patrón de diseño condensa soluciones validadas a problemas, separando las cosas que cambian de aquellas que no lo hacen.

El acrónimo SOLID identifica cinco principios del diseño orientado a objetos que describen un buen diseño de interacciones entre clases. Un ***antipatrón de diseño*** identifica un diseño de clases pobre, en el que se pueden observar problemas o *smells* de diseño. De este modo, utilizar los *smells* de diseño para detectar vulneraciones de los ***principios SOLID*** para el buen diseño de clases es análogo a usar ***smells de código*** para detectar cuándo un código no cumple alguno de los ***principios SOFA*** para el buen diseño de un método (ver la sección 9.7).

Las cinco letras del acrónimo SOLID responden a:

1. ***Principio de Única Responsabilidad*** (***S****ingle Responsability Principle*): una clase debe tener una y sólo una responsabilidad; es decir, una única razón para existir. La métrica de ***falta de cohesión entre métodos*** es sinónimo del antipatrón de clases demasiado extensas.

2. ***Principio de Abierto/Cerrado*** (***O****pen/Closed Principle*): una clase debe estar abierta para su extensión, pero cerrada para su modificación. El *smell* de diseño ***Sentencia Case*** sugiere que no se cumple este principio.

3. ***Principio de Sustitución de Liskov*** (***L****iskov Substitution Principle*): un método diseñado para trabajar con un objeto de tipo T debe poder trabajar también con un objeto de cualquier subtipo de T. Es decir, todos los subtipos de T deben preservar el "contrato" de T. El *smell* de diseño conocido como ***Legado Rechazado*** suele indicar que el código no cumple esta directriz.

4. ***Principio de Inyección de Dependencias*** (*Dependency* ***I****njection Principle*): si dos clases dependen entre sí y sus implementaciones pueden cambiar, es mejor que dependan de una interfaz abstracta separada que se "inyecta" entre ambas.

5. ***Principio de Demeter*** (***Demeter Principle***): un método puede invocar a otros métodos de su clase y de las clases de sus variables de instancia; el resto es tabú. Un *smell* de diseño asociado a este principio es el de ***Intimidad Inapropiada***.

En la metodología ágil, la ***refactorización*** es el vehículo para mejorar el diseño de clases y métodos; en algunos casos, refactorizar le permitirá aplicar un ***patrón de diseño*** apropiado. Por el contrario, para los ciclos de vida clásicos:

- La fase inicial de diseño facilita la selección de una buena arquitectura inicial del software y de buenos diseños de clases.

- La especificación se divide en problemas y después en subproblemas, y los desarrolladores tratan de usar patrones para solucionarlos.

- Como el diseño precede al código, las ***revisiones del diseño*** pueden aportar realimentación temprana.

- Que el diseño tenga que cambiar una vez se ha comenzado la codificación puede representar un problema.

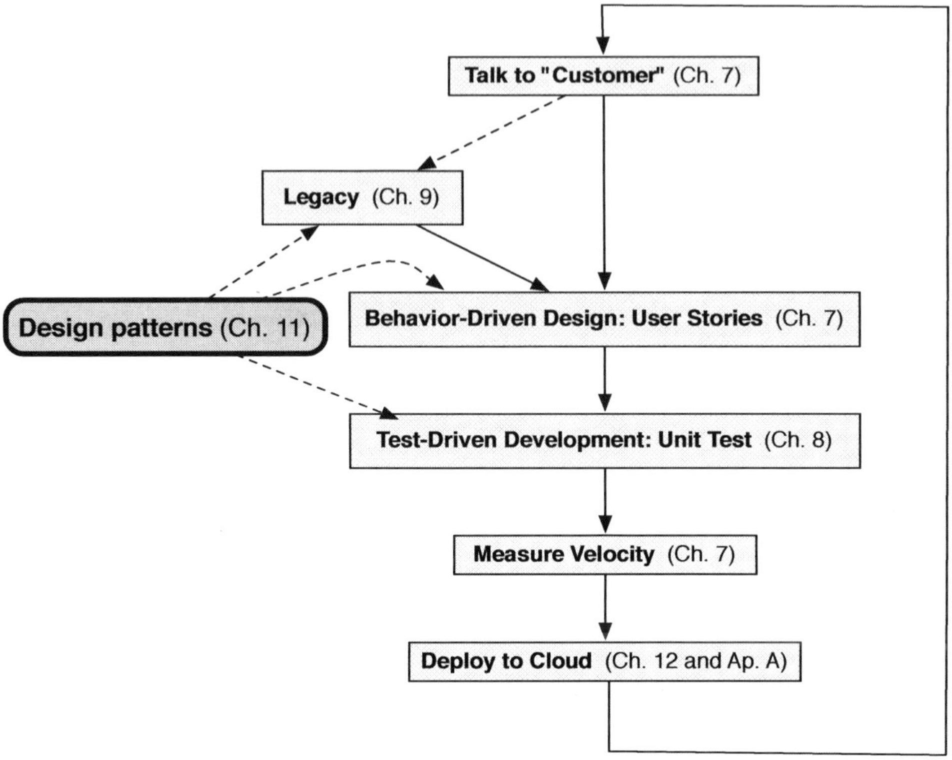

Figura 11.1. El ciclo de desarrollo de software ágil y sus relaciones con los capítulos de este libro. Este capítulo detalla los patrones de diseño, que influye sobre BDD y TDD para nuevas aplicaciones y para mejorar código heredado.

11.1 Patrones, antipatrones y arquitectura de clases SOLID

En el capítulo 2 se introdujo la idea de un patrón de diseño: una estructura, comportamiento, estrategia o técnica reutilizable que contiene una solución probada y verificada a una colección de problemas similares *separando las cosas que cambian de aquellas que permanecen inalteradas*. Los patrones desempeñan un papel importante para ayudarnos a alcanzar nuestro objetivo a lo largo del libro: generar código que no sólo sea correcto (TDD) y que satisfaga un requisito del cliente (BDD), sino que además sea conciso, legible, cumpla con DRY y sea elegante. La figura 11.1 destaca el papel de los patrones de diseño en el ciclo de vida ágil, el cual se cubre en este capítulo.

Aunque ya se han visto anteriormente patrones de arquitectura como cliente–servidor y patrones estructurales como modelo–vista–controlador, este capítulo entra en el detalle de los patrones de diseño que aplican a las clases y a la arquitectura de clases. Como muestra la figura 11.2, seguiremos un enfoque similar al emprendido en el capítulo 9. En lugar de limitarnos a listar un catálogo de patrones de diseño, motivaremos su uso partiendo de algunas directrices sobre qué es lo que hace que una arquitectura de clases sea buena o mala, identificando *smells* y métricas que indican posibles problemas y mostrando cómo algunos de estos problemas se pueden arreglar mediante la refactorización —tanto dentro de las clases como

Capítulo 9	Capítulo 11
Los *smells* de código alertan sobre problemas en métodos de una clase	Los *smells* de diseño alertan sobre problemas en las relaciones entre clases
Variedad de catálogos de *smells* de código y refactorizaciones; usamos la taxonomía de Fowler	Variedad de catálogos de *smells* de diseño y patrones; usamos las versiones específicas de Ruby de los patrones de diseño de la Gang of Four (GoF)
Métrica ABC y de complejidad ciclomática complementan a los *smells* de código con las alertas cuantitativas	Métricas LCOM (falta de cohesión entre métodos) complementan a los *smells* de diseño con las alertas cuantitativas
Refactorización por extracción de métodos y desplazamiento de código dentro de una clase	Refactorización por extracción de clases y desplazamientos de código entre clases
Directrices SOFA para métodos adecuados (Cortos, Realizar una Tarea, Pocos Argumentos, Nivel de Abstracción Único)	Directrices SOLID para arquitectura de clases adecuada (Única Responsabilidad, Abierto/Cerrado, Sustitución de Liskov, Inyección de Dependencias, Demeter)
Algunos *smells* de código no aplican en Ruby	Algunos *smells* de diseño no aplican en Ruby o SaaS

Figura 11.2. Paralelismos entre los síntomas de alerta y remedios presentados para las clases y métodos individuales en el capítulo 9 y aquellos explicados para las relaciones entre clases en este capítulo. Por las razones explicadas en el texto, aunque la mayoría de los libros usan la letra I del acrónimo SOLID para Segregación de la Interfaz (un *smell* que no aparece en Ruby) y la D para Inyección de Dependencias, aquí usaremos I para Inyección de Dependencias y D para el Principio de Demeter, que sucede frecuentemente en Ruby.

moviendo código entre clases— para eliminar los problemas. En algunos casos, podemos refactorizar para hacer que el código siga un patrón de diseño existente y probado. En otros casos, la refactorización no resulta necesariamente en grandes cambios estructurales de la arquitectura de clases.

Al igual que ocurre con la refactorización a nivel de método, la aplicación de patrones de diseño se aprende mejor con la práctica, aparte de que el número de patrones de diseño existentes excede lo que se puede cubrir en un capítulo de un libro. De hecho, hay libros enteros dedicados exclusivamente a patrones de diseño, incluyendo el imprescindible *Design Patterns: Elements of Reusable Object-Oriented Software* (Gamma et al. 1994), cuyos autores son conocidos como "*Gang of Four*" o GoF ("la banda de los cuatro"), y su clasificación de patrones como los "***patrones de diseño GoF***". Los 23 patrones de diseño GoF se dividen en patrones de creación, estructurales y de comportamiento, como muestra la figura 11.3. Al igual que sucede con el original de Fowler con la refactorización, el libro de patrones de diseño de GoF ha dado lugar a multitud de libros con ejemplos de patrones de diseño adaptados a lenguajes de programación específicos, incluyendo Ruby (Olsen 2007).

> Debido a que los patrones de diseño GoF se desarrollaron en el contexto de los lenguajes de programación de *tipado* estático, algunos problemas que solucionan no se dan en Ruby. Por ejemplo, patrones que eliminan los cambios en las firmas o signaturas de los tipos (que harían necesaria una recompilación del código) prácticamente no se usan en Ruby, que no se compila y no usa tipos para hacer cumplir las declaraciones.

Los cuatro autores GoF citan dos principios generales del buen diseño orientado a objetos que subyacen en la mayoría de patrones:

- Preferencia por la composición (o agregación) y la delegación frente a la herencia.
- Programar con una interfaz, y no con una implementación.

El significado de estas dos sentencias se irá comprendiendo a medida que se estudien algunos patrones específicos.

En un mundo ideal, todos los programadores utilizarían con exquisitez los patrones de diseño, refactorizarían continuamente su código tal y como sugiere el capítulo 9, y todo el código sería elegante. No es necesario aclarar que no siempre es el caso. Un *antipatrón* es una parte del código que parece querer estar estructurada según un patrón de diseño conocido pero

Patrones de creación

***Abstract Factory*, Factory Method** (*Factoría Abstracta*, Método Factoría): Proporciona una interfaz para crear familias de objetos relacionados o dependientes sin especificar su clase concreta.

Singleton (Instancia Única): Asegura que sólo existe una instancia de una determinada clase, y proporciona un punto global de acceso a la misma.

Prototype (Prototipo): Especifica el tipo de objetos a crear usando una instancia prototipo, y crea los nuevos objetos copiando éste. Como se comenta en el capítulo 6, la herencia basada en prototipos es parte del lenguaje JavaScript.

Builder (Constructor): Separa la creación de un objeto complejo de su representación permitiendo crear varias representaciones en el mismo proceso.

Patrones estructurales

***Adapter, Proxy, Facade*, Bridge** (*Adaptador, Proxy, Fachada*, Puente): Convierte la interfaz de programación de una clase en otra (en ocasiones más sencilla) que espera el cliente, o desacopla una interfaz abstracta de su implementación, para inyección de dependencias o por rendimiento.

***Decorator*:** Añade responsabilidades adicionales a un objeto dinámicamente, manteniendo la misma interfaz. Ayuda a "preferir la composición o delegación sobre la herencia".

Composite (Compuesto): Proporciona operaciones que funcionan tanto en un objeto individual como en una colección de ese tipo de objetos.

Flyweight (Peso Ligero): Comparte información para soportar eficientemente un gran número de objetos similares.

Patrones de comportamiento

Template Method, Strategy (*Método Plantilla, Estrategia*): Encapsulan múltiples y variadas estrategias para la misma tarea.

Observer (*Observador*): Una o más entidades requieren ser notificadas cuando sucede un evento en un objeto.

Iterator, Visitor (*Iterador, Visitante*): Separa el recorrido de una estructura de datos de las operaciones realizadas sobre cada elemento de esa estructura.

Null Object (*Objeto nulo*): (No aparece en el catálogo GoF) Proporciona un objeto con comportamientos neutrales que puede ser invocado de forma segura, para suplir los condicionales introducidos para evitar llamadas a métodos.

State (Estado): Encapsula un objeto cuyos comportamientos (métodos) cambian dependiendo del estado interno del objeto.

Chain of Responsibility (Cadena de responsabilidad): Evita acoplar al emisor de una petición con su receptor teniendo más de un objeto para que pueda atender la petición, pasando ésta por la cadena hasta que un objeto la gestiona.

Mediator (Mediador): Define un objeto que encapsula la interacción de un conjunto de objetos sin que estos objetos tengan que referirse a los otros de forma explícita, permitiendo el desacoplamiento.

Interpreter (Intérprete): Define la representación de un lenguaje y proporciona un intérprete que ejecuta la representación.

Command (Comando): Encapsula una operación en un objeto, permitiendo parametrizar varios clientes con peticiones distintas, encolar o registrar peticiones, y soportar operaciones que se pueden deshacer.

Figura 11.3. Los 23 *patrones de diseño GoF* divididos en tres categorías. En cursiva el subconjunto de patrones que irán apareciendo a lo largo del capítulo al ir ilustrando y solucionando vulneraciones de las pautas SOLID, y agrupados en una única entidad aquellos patrones que están íntimamente relacionados entre sí (como sucede con Abstract Factory y Factory Method). Siempre que se presente un patrón de diseño, se explicará su propósito, se añadirá una representación UML (ver la siguiente sección) de la arquitectura de clases antes y después de la refactorización según dicho patrón, y cuando sea posible, se acompañará de un ejemplo de uso del patrón "en la vida real" en Rails o en una gema Ruby.

Principio	**Significado**	***Smells* de aviso**	**Refactorización**
Única Responsabilidad	Una clase debe tener una y sólo una razón para cambiar	Clase extensa, puntuación LCOM (falta de cohesión de métodos) discreta, conglomerados de datos	Extraer clase, mover métodos
Abierto/ Cerrado	Las clases deben ser abiertas para su extensión pero permanecer cerradas para su modificación	Complejidad condicional, gestión basada en **case**	Usar Strategy o Template Method, posiblemente combinado con Abstract Factory; utilizar Decorator para evitar explosión de subclases
Sustitución de Liskov	Sustituir una clase por una subclase debe preservar el funcionamiento correcto de la aplicación	Legado Rechazado: la subclase sobrescribe de forma destructiva un método heredado	Sustituir herencia por delegación
Inyección de Dependencias	Clases asociadas cuyas implementaciones pueden variar en tiempo de ejecución deben depender de un intermediario "inyectado"	Pruebas unitarias que requieren simulación *ad-hoc* para crear *seams*; constructores con código cableado al constructor de otra clase, en vez de permitir que se determine en tiempo de ejecución *qué* clase usar	Inyectar una dependencia en forma de interfaz compartida para aislar las clases; usar patrones Adapter, Facade o Proxy según la necesidad para hacer la interfaz uniforme.
Principio de Demeter	Hablar sólo a tus amigos; tratar a los amigos de tus amigos como extraños	Intimidad Inapropiada, Envidia de Características, Descarrilamiento de *Mocks* (sección 8.10)	Delegar comportamientos e invocar a los métodos de delegación en su lugar

Figura 11.4. Las directrices de diseño SOLID y algunos *smells* que pueden sugerir vulneraciones de una o más de las mismas. En contraste con el uso estándar de SOLID, usamos la I para Inyección de Dependencias y la D para la Ley de Demeter, aunque la mayoría de la literatura usa la I como Segregación de Interfaz (que no aplica en Ruby) y D para Inyección de Dependencias.

no lo está —a menudo debido a que el código (elegante) original ha ido evolucionando para satisfacer los requisitos sin irse refactorizando durante el proceso—. Los ***smells de diseño***, al igual que sucede con los *smells* de código que se vieron en el capítulo 9, son signos que alertan de que el código podría estar dirigiéndose hacia un antipatrón. A diferencia de los *smells* de código, que normalmente aplican a los métodos dentro de una misma clase, los *smells* de diseño se asocian a las relaciones entre clases y a cómo se reparten las responsabilidades entre ellas. Por tanto, mientras que refactorizar un método implica mover código de un lado a otro en la misma clase, refactorizar un diseño implica mover código *entre* clases, creando nuevas clases o módulos (quizá extrayendo la parte común desde las clases existentes), o quitar aquellas clases que no aportan nada.

Como ocurría con el acrónimo SOFA (capítulo 9), el nemotécnico SOLID (atribuido a Robert C. Martin) representa un conjunto de cinco principios que debe respetar el código. Como en el capítulo 9, los *smells* de diseño y las métricas cuantitativas pueden avisarnos cuando se esté en peligro de quebrantar una o varias directrices SOLID; la solución normalmente pasa por refactorizar y así eliminar el problema adaptando el código con uno o más patrones de diseño.

La figura 11.4 muestra los nemónicos SOLID y lo que dicen acerca de la buena composición de clases. En la discusión sobre los patrones de diseño seleccionados, veremos vulneraciones de cada una de estas directrices, y mostraremos cómo la refactorización del mal código (en algunos casos, con el propósito de aplicar un patrón de diseño) puede solucionar el problema. En general, las pautas SOLID aspiran a una arquitectura de clases que

"Tío Bob" Martin, ingeniero de software y consultor[1] americano desde 1970, es el fundador de la metodología ágil/XP y unos de los miembros destacados del movimiento ***Software Craftsmanship***, que alienta a los programadores a verse a sí mismos como profesionales creativos que aprenden una profesión disciplinada partiendo como aprendices.

evite varios problemas que pueden mermar la productividad:

1. Viscosidad: es más sencillo solucionar un problema con un "arreglo" rápido, incluso a sabiendas de que no es la forma correcta de hacerlo.
2. Inmovilidad: no es fácil aplicar la filosofía DRY si la funcionalidad que se quiere reutilizar presenta dependencias en la aplicación, lo que dificulta la extracción.
3. Repetición innecesaria: posiblemente como consecuencia de la inmovilidad, la aplicación presenta una funcionalidad similar replicada en varios lugares. Esto provoca que un cambio en una parte de la aplicación se propague a muchas otras partes de la misma, de forma que un pequeño cambio en la funcionalidad requiere de muchos cambios en el código y pruebas, un proceso que algunas veces se conoce como *cirugía de escopeta* (*shotgun surgery*).
4. Complejidad innecesaria: el diseño de la aplicación refleja una generalidad anterior a su necesidad.

Al igual que sucedía con la refactorización y el código heredado, tratar de localizar *smells* de diseño y eliminarlos mediante refactorización usando patrones de diseño racionalmente es una habilidad que se aprende con la práctica. Por tanto, en vez de mostrar una lista sin más de *smells* de diseño, refactorizaciones y patrones de diseño, nos centraremos en los principios SOLID y daremos algunos ejemplos representativos del proceso genérico de detección de *smells* de diseño y evaluación de alternativas para solucionarlos. A medida que usted se enfrente a ellos en sus aplicaciones, la lista de recursos recomendados en la sección 11.11 se convertirá en un aliado inestimable.

Resumen de patrones, antipatrones y SOLID

- El buen código debe permitir acomodar los cambios evolutivos de forma elegante. Los patrones de diseño conforman soluciones validadas a problemas comunes que frustran este objetivo. Funcionan proporcionando una forma limpia de separar las cosas que pueden cambiar o evolucionar de aquellas que quedarán inmutables y una forma limpia de introducir esos cambios.
- Al igual que sucede con los métodos individuales, la refactorización es el proceso de mejorar la estructura de la arquitectura de una clase para hacer que el código sea más fácil de mantener y evolucionar moviendo código entre las clases así como refactorizando en la propia clase. En algunos casos, estas refactorizaciones le llevarán hacia uno de los 23 patrones de diseño de la "Gang of Four" (GoF).
- Como ocurre con los métodos, los *smells* de diseño y las métricas pueden servir como alertas tempranas de un *antipatrón* —una parte de código que estaría mejor estructurado si siguiera un patrón de diseño—.

■ ***Explicación. Otros tipos de patrones***

Como se viene destacando desde el comienzo del libro, el uso racional de patrones impregna las buenas prácticas de la ingeniería del software. Para complementar los patrones a nivel de clase, se han desarrollado otras clasificaciones de patrones de arquitectura para aplicaciones empresariales[2] (vimos alguno en el capítulo 2), patrones de computación paralela[3], patrones computacionales (para dar soporte a una familia de algoritmos específicos como algoritmos de grafos, álgebra lineal, circuitos, *grids*, etc.), ***patrones de concurrencia*** y patrones de interfaz de usuario[4].

Autoevaluación 11.1.1. *Verdadero o falso: una medida de la calidad de un software es el grado de utilización de patrones de diseño.*

◇ Falso. Aunque los patrones de diseño proporcionan soluciones validadas a algunos problemas comunes, el código que no presenta dichos problemas puede no necesitar patrones, pero esto no lo convierte en código pobre. Los autores GoF alertaban explícitamente contra la medición de la calidad del código en términos de uso de los patrones de diseño. ■

Grady Booch (1955–), reconocido internacionalmente por su trabajo en el campo de la ingeniería del software y entornos colaborativos de desarrollo, desarrolló UML con Ivar Jacobson y James Rumbaugh.

11.2 Lo justo sobre UML

El ***Lenguaje Unificado de Modelado*** (UML, por sus siglas en inglés, ***Unified Modeling Language***) no es un lenguaje basado en texto sino un conjunto de técnicas de notación gráfica para "especificar, visualizar, modificar, construir y documentar los objetos de un sistema de software orientado a objetos en desarrollo[5]." UML evolucionó desde 1995 hasta nuestros días unificando varios estándares anteriores de lenguajes de modelado y tipos de diagramas, enumerados en la figura 11.5.

Aunque este libro se centra en un tipo de modelado (ágil) más ligero —de hecho, el modelado basado en UML es criticado por ser "excesivo" y muy pesado— algunos tipos de diagramas UML son ampliamente utilizados incluso en modelado ágil. La figura 11.6 muestra un ***diagrama de clases*** UML, que refleja cada clase existente en la aplicación, los métodos y las variables (de clase y de instancia) más importantes y las relaciones con otras clases, como asociaciones de tipo "tiene-muchos" o "pertenece-a". Cada extremo de las líneas que conectan dos clases con asociación entre sí va acompañada del número mínimo y máximo de instancias que pueden participar en cada "lado" de dicha asociación, lo que se conoce como ***multiplicidad*** de la asociación. Se utiliza el símbolo * para "ilimitado". Por ejemplo, una multiplicidad **1..*** significa "uno o más", **0..*** representa "cero o más", y **1** quiere decir "exactamente uno". UML distingue entre dos tipos de asociaciones de "posesión" (tiene-uno o tiene-muchos). En una ***agregación***, los objetos poseídos sobreviven a la destrucción del objeto poseedor. Por ejemplo, *Curso tiene varios estudiantes* es una agregación ya que afortunadamente, ¡los estudiantes no se destruyen cuando el curso finaliza! En una ***composición***, normalmente los objetos poseídos son destruidos cuando el poseedor es destruido a su vez. Por ejemplo, *Película tiene varias críticas* es una composición ya que al borrar la película, todas sus críticas deberían ser borradas con ella.

Los diagramas de clases son muy populares incluso entre los ingenieros de software que no usan el resto de diagramas UML. Con esta introducción a UML, podemos utilizar los diagramas de clases para ilustrar el "antes y después" de la arquitectura de clases al mejorar el código apoyándonos en las directrices SOLID y los patrones de diseño.

Diagramas de estructura	
Clases	Describe la estructura de un sistema mostrando las clases del sistema, sus atributos y las relaciones entre clases.
Componentes	Describe cómo se divide el sistema software en componentes y muestra las dependencias entre dichos componentes.
Estructura compuesta	Describe la estructura interna de una clase y las asociaciones que esta estructura hace posibles.
Despliegue	Describe el hardware utilizado en la instalación del sistema y los entornos de ejecución y artefactos desplegados en el hardware.
Objetos	Muestra una vista completa o parcial de la estructura del modelo de un sistema en un momento determinado.
Paquetes	Describe cómo se divide un sistema en agrupaciones lógicas y muestra las dependencias existentes entre dichas agrupaciones.
Perfiles	Describe los "estereotipos" de objetos reutilizables y específicos del dominio a partir de los cuales se pueden derivar tipos de objetos específicos que se usan en una aplicación determinada.

Diagramas de interacción	
Comunicación	Muestra las interacciones entre objetos o partes en términos de secuencias de mensajes. Representan una combinación de información extraída de los diagramas de clases, secuencia y casos de uso que describen la estructura estática y el comportamiento dinámico de un sistema.
Resumen de interacción	Proporciona una visión general en la que los nodos representan diagramas de comunicación.
Secuencia	Muestra cómo los objetos se comunican unos con otros en términos de secuencias de mensajes. Además plasma el tiempo de vida de los objetos en relación a estos mensajes.
Tiempo	Un tipo de diagrama específico del diagrama de interacción que se enfoca en las restricciones de tiempo.

Diagramas de comportamiento	
Actividad	Describe paso a paso los flujos lógicos y operacionales de los componentes de un sistema. Un diagrama de actividad muestra todos los flujos de control.
Estado	Describe los estados y las transiciones entre los mismos en un sistema.
Casos de uso	Describe la funcionalidad de un sistema en términos de actores, sus objetivos representados como casos de uso y cualquier dependencia entre dichos casos de uso.

Figura 11.5. Los catorce tipos de diagramas que define UML 2.2 para la descripción de un sistema software. Estas descripciones se basan en el *resumen de UML de la Wikipedia*, que muestra además un ejemplo de cada tipo de diagrama. Los diagramas de casos de uso son parecidos a las historias de usuario de la metodología ágil, pero adolecen del nivel de detalle que posibilitan herramientas como Cucumber para acortar la distancia existente entre historias de usuario y pruebas de integración/aceptación.

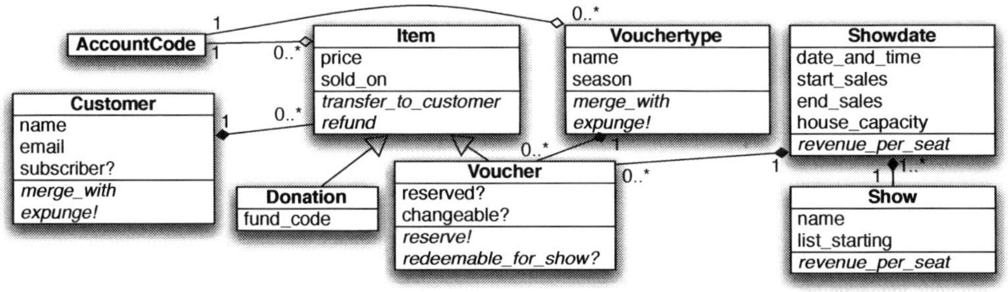

Figura 11.6. Este *diagrama de clases* muestra un subconjunto de las clases de la aplicación de venta de entradas de teatro coherente con las figuras 9.4 y 9.5. Cada caja representa una clase con sus métodos y atributos más importantes (responsabilidades). La herencia se representa a través de una flecha. Las clases con asociaciones entre sí se conectan mediante líneas cuyos extremos llevan asociados su multiplicidad y opcionalmente un diamante —hueco para agregaciones, relleno para composiciones y no presente en el resto de casos—.

Resumen del lenguaje unificado de modelado (UML)

- UML se compone de un conjunto de distintos tipos de diagramas que describen varios aspectos del diseño de un software y de su implementación.
- Los diagramas de clases de UML son ampliamente utilizados incluso por ingenieros que no usan otras características de UML. Estos diagramas muestran los nombres de las clases, su métodos y atributos (públicos y privados) más importantes y las relaciones que tienen con otras clases.

■ ***Explicación. ¿Cuándo utilizar UML?***

Aunque es muy pesado, UML es útil para modelar aplicaciones muy extensas divididas en subsistemas en los que trabajan equipos distribuidos. Además, gracias a que UML es independiente del lenguaje de programación, puede ser de gran utilidad para coordinar equipos internacionales. Debido a su madurez, existen muchas herramientas que lo soportan; el reto es mantener los diagramas sincronizados con el código y el diseño, que es el motivo por el que este tipo de aplicaciones intentan trabajar en ambas direcciones, generar esqueletos de código a partir de UML y extraer diagramas UML a partir de código. Una herramienta interesante para aprender UML es UMPLE[6], un lenguaje específico del dominio desarrollado en la Universidad de Ottawa para expresar relaciones entre clases. El sitio web Try Umple[7] permite generar diagramas de clases UML a partir de código UMPLE, generar código UMPLE partiendo de diagramas dibujados por un usuario, o generar código ejecutable en varios lenguajes de programación que corresponde a código UMPLE o diagramas UML. Constituye una gran herramienta para explorar UML y los diagramas de clases, aunque no recomendamos utilizar el código Ruby que genera, ya que no respeta la filosofía DRY y de alguna manera no sigue las convenciones del lenguaje Ruby.

Autoevaluación 11.2.1. *Sea un diagrama de clases UML que describe la relación "Universidad tiene varios departamentos". ¿Qué multiplicidades pueden permitirse en cada extremo de la asociación?*
◇ El extremo de la universidad tiene multiplicidad **1**, ya que un departamento debe pertenecer a una y sólo una universidad. El extremo del departamento tiene multiplicidad **1..*** ya que uno o más departamentos pueden pertenecer a una universidad. ■

Autoevaluación 11.2.2. *La asociación "Universidad tiene varios departamentos", ¿debe modelarse como una composición o como una agregación?*
◇ Es una composición, debido a que los departamentos no podrían sobrevivir al cierre de la universidad. ■

11.3 Principio de Única Responsabilidad

El ***Principio de Única Responsabilidad*** (SRP, del inglés ***Single Responsibility Principle***) de SOLID establece que una clase debe tener una única responsabilidad —es decir, una única razón para ser modificada—. Por ejemplo, en la sección 5.2, cuando se integró el inicio de sesión único en RottenPotatoes, se creó un nuevo **SessionsController** para gestionar la interacción del inicio de sesión. Una estrategia alternativa hubiera sido extender **MoviegoersController**, ya que el inicio de sesión es una acción que va asociada al

Variante LCOM	Puntuaciones	Interpretación
LCOM, modificación de Henderson-Sellers	0 (mejor) a 1 (peor)	0 significa que todos los métodos de instancia acceden a todas las variables de instancia. 1 significa que dada una variable de instancia concreta, ésta es sólo utilizada por un método de instancia; es decir; los métodos de instancia son lo suficientemente independientes unos de otros.
LCOM-4	1 (mejor) a n (peor)	Realiza una estimación del número de responsabilidades de una clase a través de los componentes conectados en un grafo si los nodos de los métodos relacionados están conectados por una línea. Una puntuación $n > 1$ sugiere que se pueden extraer hasta $n - 1$ responsabilidades a otras clases diferentes.

Figura 11.7. La puntuación "recomendada" para la métrica de falta de cohesión entre métodos (LCOM) depende en gran medida de qué variante de LCOM se está utilizando. La tabla muestra dos de las variantes más ampliamente empleadas.

usuario (*moviegoer*). De hecho, antes de describir el enfoque de inicio de sesión único en el capítulo 5, éste era el planteamiento recomendado para implementar la autenticación por contraseña en versiones antiguas de Rails. Pero este planteamiento obligaría a cambiar el modelo y el controlador de **Moviegoer** cada vez que se quisiera cambiar la estrategia de autenticación, incluso aunque la "esencia" de un *Moviegoer* en realidad no depende de cómo inicia la sesión. En MVC, cada controlador debe especializarse en gestionar un recurso; una sesión de usuario autenticada es un recurso diferente del propio usuario, y merece disponer de sus propias acciones y métodos REST. Por norma general, si no se es capaz de describir la responsabilidad de una clase en 25 palabras o menos, es posible que ésta tenga más de una responsabilidad, y las nuevas responsabilidades deben dividirse en sus propias clases.

En los lenguajes de *tipado* estático, el coste de vulnerar el principio SRP es obvio: cualquier cambio que se haga sobre una clase requerirá recompilar y podrá desencadenar la recompilación o re-enlazado (*relink*) de otras clases que dependen de ella. En los lenguajes de *tipado* dinámico, al no tener que pagar este sobreprecio, es más fácil dejar que las clases se hagan demasiado extensas, vulnerando el SRP. La ***cohesión*** representa el grado en el que los elementos de una unidad lógica (en este caso una clase) están relacionados entre sí. Dos métodos están relacionados si tienen acceso al mismo subconjunto de variables de clase o de instancia, o si uno de ellos invoca al otro. La falta de cohesión constituye por tanto un aviso. La métrica ***LCOM***, de *falta de cohesión entre métodos (Lack of Cohesion Of Methods)*, mide la cohesión de una clase: en concreto, alerta de si la clase consiste en varios "conglomerados" en los que los métodos de un grupo del "conglomerado" están relacionados, pero los métodos de un grupo de estos conglomerados no están sólidamente relacionados con métodos de otros grupos. La figura 11.7 muestra dos de las variantes más utilizadas de la métrica LCOM.

> En la sección 9.6, después de refactorizar satisfactoriamente **convert**, `reek` indicaba "baja cohesión" en la clase **TimeSetter** por usar variables de clase en vez de variables de instancia para mantener lo que en realidad era un estado de la instancia, tal y como describía aquella sección.

El *smell* de diseño *Agrupación de Datos* es una clara alerta de que una clase está evolucionando hacia el antipatrón de "múltiples responsabilidades". Una agrupación de datos es un grupo de variables o valores que se pasan siempre juntos como argumentos a un método o se devuelven juntos como conjunto de resultados desde un método. Este "viaje en compañía" es un signo claro de que esos valores necesitarían en realidad su propia clase. Otro síntoma es que algo que supuestamente solía constituir un valor "simple" adquiera nuevos comportamientos. Por ejemplo, suponga que un **Moviegoer** tiene como atributos **phone_number** y **zipcode**, y se desea añadir la funcionalidad de comprobar el código postal o canonizar el formato del número de teléfono. Si estos métodos se añaden a **Moviegoer**, reducirán la cohesión de la clase porque formarán un grupo de métodos que sólo interactúan con unas variables de instancia concretas. La alternativa es utilizar la refactorización de *Extracción de Clase* (*Extract Class*) para poner estos métodos en una nueva clase **Address**, tal y como *http://pastebin.com/hi5175Wr*

```
class Moviegoer
  attr_accessor :name, :street, :phone_number, :zipcode
  validates :phone_number, # ...
  validates :zipcode, # ...
  def format_phone_number ; ... ; end
  def verify_zipcode ; ... ; end
  def format_address(street, phone_number, zipcode) # data clump
    # do formatting, calling format_phone_number and verify_zipcode
  end
end
# After applying Extract Class:
class Moviegoer
  attr_accessor :name
  has_one :address
end
class Address
  belongs_to :moviegoer
  attr_accessor :phone_number, :zipcode
  validates :phone_number, # ...
  validates :zipcode, # ...
  def format_address ; ... ; end # no arguments - operates on 'self'
  private  # no need to expose these now:
  def format_phone_number ; ... ; end
  def verify_zipcode ; ... ; end
end
```

Figura 11.8. Para llevar a cabo la extracción de clase, se identifican el grupo de métodos que comparten una responsabilidad distinta de la del resto de la clase, se mueven dichos métodos a una nueva clase, se transforman los datos sobre los que actúan estos métodos (los "viajeros en compañía") en variables de instancia de la clase, y se pasa una instancia de la clase en vez de los valores individuales.

muestra la figura 11.8.

Resumen del Principio de Única Responsabilidad

- Una clase debe tener una y sólo una razón para cambiar, es decir, una responsabilidad.

- Una puntuación discreta en la métrica LCOM (Falta de Cohesión de Métodos o *Lack of Cohesion Of Methods*) y el *smell* de diseño llamado Agrupación de Datos constituyen dos avisos de posibles vulneraciones del principio SRP. La refactorización de extracción de clase puede facilitar el encapsulado de responsabilidades adicionales en una clase separada.

Figura 11.9. Diagramas de clase UML antes (izq.) y después (dcha.) de extraer la clase Address desde Moviegoer.

■ ***Explicación. Principio de Segregación de la Interfaz***

Relacionado con el SRP, el ***Principio de Segregación de la Interfaz*** (Interface Segregation Principle, ISP, y la **I** original de SOLID) especifica que si varios tipos distintos de clientes usan la misma API de una clase, esta API probablemente se pueda dividir en subconjuntos, cada uno de ellos orientado a cada tipo de cliente. Por ejemplo, la clase **Movie** podría proporcionar metadatos de la película (clasificación de la MPAA —Motion Picture Association of America—, fecha de estreno, etc.) y una interfaz para buscar en TMDb, pero sería extraño que un cliente que utilizara uno de estos dos conjuntos de servicios llegara a usar el otro. El problema que resuelve el principio ISP aparece en los lenguajes compilados en los que las modificaciones de una interfaz requieren la recompilación de la clase, que a su vez provocan la recompilación o re-enlazado (*relink*) de las clases que empleen dicha interfaz. Aunque crear interfaces separadas para distintos grupos de funcionalidad denota un buen estilo de programación, es muy raro que esa casuística aparezca en Ruby desde el momento en el que no hay clases compiladas, por lo que no entraremos en más detalles.

Autoevaluación 11.3.1. *Dibuje el diagrama de clases UML que muestre la arquitectura de clases antes y después de la refactorización de la figura 11.8.*
◇ La figura 11.9 muestra ambos diagramas. ■

11.4 Principio de Abierto/Cerrado

El ***Principio de Abierto/Cerrado*** (Open/Closed Principle, OCP) de SOLID enuncia que las clases deben estar "abiertas para su extensión, pero cerradas para su modificación". Es decir, debe ser posible extender el comportamiento de las clases sin modificar el código existente del que dependen otras clases o aplicaciones.

Aunque añadir subclases que hereden de una clase base es una forma de extender clases existentes, a menudo no es suficiente por sí mismo. La figura 11.10 muestra por qué la presencia de lógica de selección basada en **case** —una variante del *smell* de diseño *sentencia case*— sugiere una posible vulneración del principio OCP.

Dependiendo del caso en particular, pueden ser de ayuda varios patrones de diseño. Un problema que intenta solucionar el código defectuoso de la figura 11.10 es que no se conoce la subclase requerida de **Formatter** hasta tiempo de ejecución, cuando se almacena en la variable de instancia **@format**. El patrón ***Abstract Factory*** (***Factoría Abstracta***) proporciona una interfaz común para instanciar un objeto cuya subclase puede no saberse hasta tiempo de ejecución. El *tipado* dinámico y la metaprogramación de Ruby posibilitan una implementación particularmente elegante de este patrón, tal y como muestra la figura 11.11

http://pastebin.com/xxHCeLzV

```
class Report
  def output
    formatter =
      case @format
      when :html
        HtmlFormatter.new(self)
      when :pdf
        PdfFormatter.new(self)
        # ...etc
      end
  end
end
```

Figura 11.10. La clase Report depende de su clase base Formatter, que tiene subclases HtmlFormatter y PdfFormatter. Debido a la selección explícita del formato del informe, al añadir un nuevo tipo de informe es necesario modificar Report#output, y probablemente obliga a cambiar otros métodos de Report que tengan una lógica similar —es la llamada *cirugía de escopeta*—.

http://pastebin.com/HZsLHVcc

```
class Report
  def output
    formatter_class =
      begin
        @format.to_s.classify.constantize
      rescue NameError
        # ...handle 'invalid formatter type'
      end
    formatter = formatter_class.send(:new, self)
    # etc
  end
end
```

Figura 11.11. La metaprogramación de Ruby y el *tipado* dinámico (*duck typing*) posibilitan una implementación elegante del patrón Abstract Factory. Rails proporciona classify para convertir `snake_case` a `UpperCamelCase`. constantize es una sintaxis simplificada disponible en Rails que invoca al método Ruby de introspección Object#const_get sobre el receptor. Se atiende también el caso de valor no válido en la clase Formatter, que el código anterior no atendía.

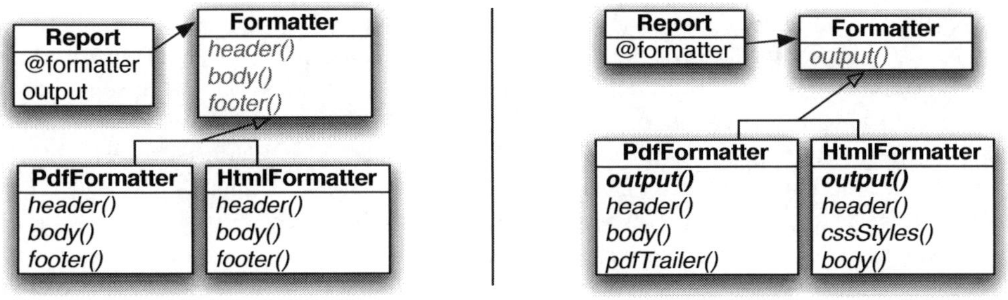

Figura 11.12. En el patrón Template Method (izq.), los puntos de extensión vienen representados por header, body y footer, ya que el método Report#output invoca a @formatter.header, @formatter.body, etc., cada uno de los cuales delega su tarea en un *colega* especializado de la subclase apropiada. (En gris claro los métodos que simplemente delegan su función en una subclase). En el patrón Strategy (dcha.), el punto de extensión es el propio método output, que delega la tarea completa en una subclase. La delegación es muy común en la composición, motivo por el cual mucha gente se refiere a ésta como *patrón de diseño de delegación*.

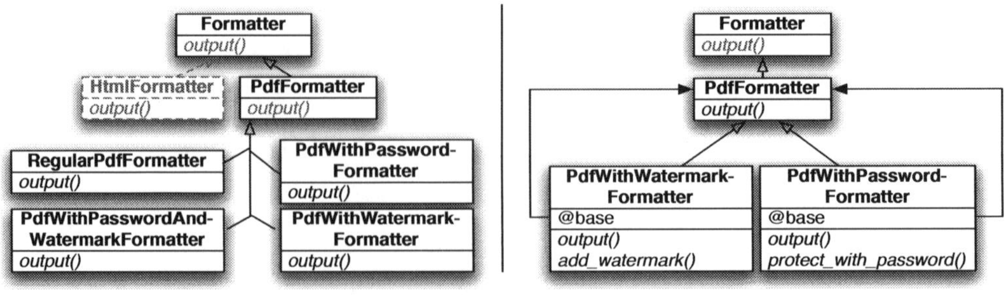

Figura 11.13. (Izq.) La multiplicación de subclases como resultado de intentar solucionar el problema de Formatter utilizando herencia demuestra por qué el diseño de las clases debe "preferir la composición sobre la herencia". (Dcha.) Una solución más elegante que utiliza el patrón de diseño Decorator.

(en los lenguajes de *tipado* estático es necesario crear un método factoría para cada subclase y hacer que todos implementen una interfaz común —de aquí viene el nombre del patrón—).

Otro enfoque diferente es aprovechar los patrones ***Strategy*** (***Estrategia***) o ***Template Method*** (***Método Plantilla***). Ambos soportan el caso en el que hay una estrategia genérica para realizar una tarea pero diferentes variantes posibles. La diferencia existente entre ambos es el nivel al cual se captura la parte común. Con Template Method, aunque la implementación de cada paso puede variar, el conjunto de pasos es el mismo para todas las variantes; es por ello que normalmente se implementa mediante herencia. Con el patrón Strategy, la tarea global es la misma, pero el conjunto de pasos puede ser distinto en cada variante; por lo que se suele implementar utilizando composición. La figura 11.12 muestra cómo se puede aplicar cada patrón al *formateador* de informes. Si cualquier tipo de **Formatter** sigue la misma secuencia de pasos de alto nivel —por ejemplo, generar la cabecera, generar el cuerpo del informe y después generar el pie de página— se puede usar el patrón Template Method. En caso contrario, si los pasos son diferentes, tiene más sentido emplear el patrón Strategy.

Un ejemplo de la vida real del patrón Strategy es OmniAuth (ver la sección 5.2): muchas aplicaciones necesitan autenticación por terceros y los pasos son distintos dependiendo del proveedor de autenticación, pero la API para todos ellos es la misma. De hecho, OmniAuth incluso se refiere a sus *plug-ins* como "estrategias".

Una forma diferente de vulneración del principio OCP surge cuando se desea *añadir* nuevos comportamientos a una clase existente y se descubre que no se puede hacer sin modificarla. Por ejemplo, los ficheros PDF se pueden generar con o sin protección con contraseña y con o sin marca al agua "Borrador" de fondo. Ambas características representan un comportamiento adicional a la funcionalidad que ya realiza **PdfFormatter**. Si usted tiene amplia experiencia en programación orientada a objetos, su primera idea podría ser resolver el problema utilizando herencia, como muestra el diagrama UML de la figura 11.13 (izq.), pero hay cuatro permutaciones de características por lo que acabaría con cuatro subclases con duplicados entre ellos —lo que no respeta la filosofía DRY—. Afortunadamente, el ***patrón Decorator*** (***Decorador***) puede ser de ayuda: se "decora" o "envuelve" una clase o método envolviéndolo en una versión mejorada que presenta la misma API, pudiéndose crear múltiples *decoradores* según se requieran. La figura 11.14 muestra el código correspondiente al diseño (más elegante) basado en el patrón Decorator del *formateador* de PDF mostrado en la figura 11.13 (dcha.).

Los "decoradores"[8] de Python, desafortunadamente, no guardan ninguna relación con el patrón de diseño Decorator.

En el mundo real, el módulo ActiveSupport de Rails proporciona un medio para aplicar el patrón Decorator a nivel de método a través de **alias_method_chain**, que es realmente *http://pastebin.com/u8aYdwEL*

```
class PdfFormatter
  def initialize ; ... ; end
  def output ; ... ; end
end
class PdfWithPasswordFormatter < PdfFormatter
  def initialize(base) ; @base = base ; end
  def protect_with_password(original_output) ; ... ; end
  def output ; protect_with_password @base.output ; end
end
class PdfWithWatermarkFormatter < PdfFormatter
  def initialize(base) ; @base = base ; end
  def add_watermark(original_output) ; ... ; end
  def output ; add_watermark @base.output ; end
  end
end
# If we just want a plain PDF
formatter = PdfFormatter.new
# If we want a "draft" watermark
formatter = PdfWithWatermarkFormatter.new(PdfFormatter.new)
# Both password protection and watermark
formatter = PdfWithWatermarkFormatter.new(
  PdfWithPasswordFormatter.new(PdfFormatter.new))
```

Figura 11.14. Para aplicar el patrón Decorator a una clase, se "envuelve" creando una subclase (para cumplir con el Principio de Sustitución de Liskov, que veremos en la sección 11.5). La subclase delega en la clase o método originales para la funcionalidad que no sufre cambios, e implementa los métodos añadidos que extienden características. Podemos entonces "ir aumentando" de forma sencilla hasta conseguir la versión de PdfFormatter que necesitemos "apilando" decoradores.

http://pastebin.com/rdyrjyAN

```
# reopen Mailer class and decorate its send_email method.
class Mailer
  alias_method_chain :send_email, :cc
  def send_email_with_cc(recipient,body) # this is our new method
    send_email_without_cc(recipient,body) # will call original method
    copy_sender(body)
  end
end
# now we have two methods:
send_email(...)            # calls send_email_with_cc
send_email_with_cc(...)    # same thing
send_email_without_cc(...) # call (renamed) original method
```

Figura 11.15. Para aplicar el patrón Decorator al método ya existente Mailer#send_email, reabrimos la clase y utilizamos alias_method_chain para ello. Sin cambiar ninguna clase que invoque a send_email, todas las llamadas usan ahora la versión "decorada" que envía un correo electrónico con copia al remitente.

útil en combinación con las clases abiertas de Ruby, tal y como muestra la figura 11.15. Un ejemplo más interesante del patrón Decorator en la vida real es el servidor de aplicaciones Rack que hemos venido usando desde el capítulo 2. El corazón de Rack es un módulo "*middleware*" que acepta peticiones HTTP y devuelve un *array* de tres elementos: el código HTTP de respuesta, las cabeceras HTTP y el cuerpo de la respuesta. Una aplicación basada en Rack define una "pila" de componentes *middleware* por el que pasan todas las peticiones: para añadir un comportamiento a una petición HTTP (por ejemplo, para interceptar ciertas peticiones como hace OmniAuth para iniciar un proceso de autenticación), se "decora" el comportamiento básico de la petición HTTP. Existen decoradores adicionales que proporcionan soporte para SSL (Secure Sockets Layer), que permiten medir el rendimiento de la aplicación y realizar algunos tipos de cacheo HTTP.

Resumen del principio abierto/cerrado

- Para conseguir que una clase esté abierta para su extensión pero cerrada para su modificación, se necesitan mecanismos que habiliten ciertos ***puntos de extensión*** en los sitios donde pensamos que se puede necesitar una extensión de funcionalidad en el futuro. El *smell* de diseño *Sentencia Case* es un síntoma de una posible vulneración del principio OCP.
- Si el punto de extensión toma la forma de una tarea que tiene implementaciones distintas para sus pasos, se pueden aplicar los patrones Strategy y Template Method. Se suelen usar ambos en combinación con el patrón de Abstract Factory, ya que la variante a crear puede no conocerse hasta tiempo de ejecución.
- Si el punto de extensión toma la forma de distintos conjuntos de funcionalidades que se añaden a comportamientos existentes en la clase, se puede aplicar el patrón Decorator. El servidor de aplicaciones Rack está diseñado de esta forma.

■ ***Explicación. Cerrado, ¿para qué?***

"Abierto para su extensión y cerrado para su modificación" presupone que el desarrollador sabe por adelantado cuáles serán los puntos de extensión útiles, de forma que pueda dejar la clase abierta para los cambios "más probables" y cerrarla estratégicamente para las modificaciones que pudieran romper el código de las clases que dependen de ella. En nuestro ejemplo, como ya disponemos de más de una forma de hacer algo (aplicar formato a un informe), parece razonable permitir que se puedan añadir en el futuro *formateadores* adicionales, pero no siempre se podrá saber por adelantado los puntos de extensión que se necesitarán. Trate de hacer la mejor suposición y enfréntese a los cambios según vengan.

Autoevaluación 11.4.1. *A continuación se presentan dos afirmaciones sobre la delegación:*

1. *Una subclase delega un comportamiento en una clase base*
2. *Una clase delega un comportamiento en una clase hija*

Analizando los ejemplos de los patrones de Template Method, Strategy y Decorator (figuras 11.12 y 11.13), ¿cuál de las afirmaciones describe mejor cómo usa la delegación cada patrón?

◇ En los patrones Template Method y Strategy, la clase base proporciona el "plan básico" que http://pastebin.com/hr0DqtWt

```
class Rectangle
  attr_accessor :width, :height, :top_left_corner
  def new(width,height,top_left) ... ; end
  def area ... ; end
  def perimeter ... ; end
end
# A square is just a special case of rectangle...right?
class Square < Rectangle
  # ooops...a square has to have width and height equal
  attr_reader :width, :height, :side
  def width=(w)  ; @width = @height = w ; end
  def height=(w) ; @width = @height = w ; end
  def side=(w)   ; @width = @height = w ; end
end
# But is a Square really a kind of Rectangle?
class Rectangle
  def make_twice_as_wide_as_high(dim)
    self.width = 2*dim
    self.height = dim          # doesn't work!
  end
end
```

Figura 11.16. Desde el punto de vista del comportamiento, los rectángulos tienen posibilidades que no pueden ofrecer los cuadrados —por ejemplo, la capacidad de establecer las longitudes de sus lados independientemente, como en Rectangle#make_twice_as_wide_as_high—.

es personalizado delegando comportamientos concretos en distintas subclases. En el patrón Decorator, cada subclase proporciona funcionalidad especial por sí misma, pero delega en la clase base para la funcionalidad "básica". ■

11.5 Principio de Sustitución de Liskov

El ***Principio de Sustitución de Liskov*** (Liskov Substitution Principle, LSP) toma su nombre de la ganadora del premio Turing Barbara Liskov, que realizó un trabajo pionero sobre subtipos que influyó en gran medida sobre la programación orientada a objetos. Informalmente, el LSP explica que un método diseñado para trabajar con un objeto de tipo T debe poder trabajar también con un objeto de cualquier subtipo de T. Esto es, todos los subtipos de T deben preservar el "contrato" de T.

Esto puede parecer de sentido común, pero resulta sutilmente fácil equivocarse. Considere el código de la figura 11.16, que vulnera el principio LSP. Se puede pensar en un cuadrado (**Square**) como un caso especial de rectángulo (**Rectangle**) y que por tanto debiera heredar de éste. Pero desde el punto de vista del *comportamiento*, ¡un cuadrado no *es* como un rectángulo al establecer la longitud de un lado! Al observar este problema, usted podría verse tentado de sobrescribir **Rectangle#make_twice_as_wide_as_high** en **Square**, quizás lanzando una excepción ya que este método no tiene sentido sobre un cuadrado. Pero esto representaría un *Legado Rechazado* —un *smell* de diseño que a menudo indica una vulneración del principio LSP—. El síntoma es que una subclase sobreescribe de forma destructiva el comportamiento heredado desde su clase base o fuerza cambios en la superclase para evitar el problema (lo que en sí suele indicar una vulneración del principio OCP). El problema es que la herencia sirve para compartir la implementación, pero si una subclase no aprovecha las implementaciones de su padre, quizá no merezca ser subclase después de todo.

La solución, por tanto, es de nuevo usar composición y delegación en vez de herencia, como muestra la figura 11.17. Afortunadamente, gracias al *tipado* dinámico (*duck typing*) *http://pastebin.com/1hJ4bYsM*

```
1  # LSP-compliant solution: replace inheritance with delegation
2  # Ruby's duck typing still lets you use a square in most places where
3  #  rectangle would be used - but no longer a subclass in LSP sense.
4  class Square
5    attr_accessor :rect
6    def initialize(side, top_left)
7      @rect = Rectangle.new(side, side, top_left)
8    end
9    def area      ; rect.area      ; end
10   def perimeter ; rect.perimeter ; end
11   # A more concise way to delegate, if using ActiveSupport (see text):
12   #  delegate :area, :perimeter, :to => :rectangle
13   def side=(s) ; rect.width = rect.height = s ; end
14 end
```

Figura 11.17. Al igual que ocurría con varias vulneraciones de OCP, el problema proviene de un uso inadecuado de la herencia. Como muestra la figura 11.17, tener preferencia por la composición y la delegación frente a la herencia soluciona el problema. La línea 12 muestra una sintaxis concreta para la delegación disponible para las aplicaciones que usen ActiveSupport (y todas las aplicaciones Rails lo hacen); una funcionalidad semejante para aplicaciones Ruby pero no Rails la proporciona el módulo Forwardable en la librería estándar de Ruby.

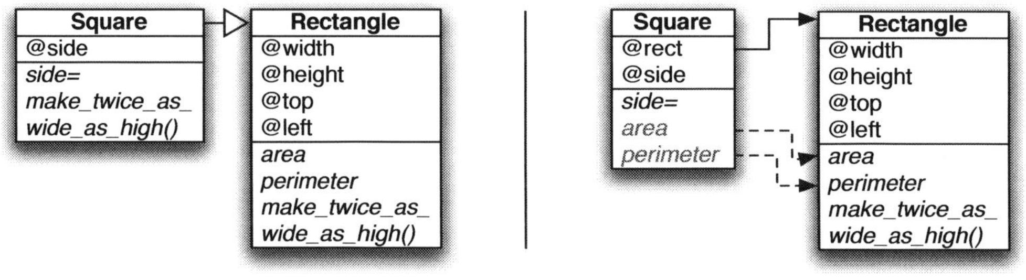

Figura 11.18. Izquierda: diagrama de clases UML que representa el código original, el cual vulnera el principio LSP en la figura 11.16, ya que sobrescribe destructivamente Rectangle#make_twice_as_wide_as_high. Derecha: diagrama de clases para el código refactorizado y que cumple con el principio LSP de la figura 11.17.

de Ruby, este uso de la composición y la delegación aún nos permite pasar una instancia de **Square** en la mayoría de sitios donde se esperaría un **Rectangle**, aunque no sea ya una subclase de aquél; un lenguaje de *tipado* estático nos obligaría a crear explícitamente una interfaz que declarara las operaciones comunes a **Square** y **Rectangle**.

Resumen del Principio de sustitución de Liskov

- El principio LSP establece que un método que actúa sobre objetos de una determinada clase debería poder trabajar también correctamente con objetos de cualquier subclase de aquélla. Cuando una subclase difiere de uno de sus padres desde el punto de vista del comportamiento, puede aparecer una vulneración del principio LSP.
- El *smell* de diseño *Legado Rechazado*, en el que una subclase sobrescribe de forma destructiva el comportamiento de un padre o fuerza cambios en la clase base de forma que no se herede el comportamiento, a menudo avisa de una vulneración del principio LSP.
- La mayoría de las vulneraciones de este principio se pueden resolver utilizando composición de clases en vez de herencia, consiguiendo reutilizar a través de la delegación en vez de a través de la creación de subclases.

Autoevaluación 11.5.1. *¿Por qué* **Forwardable** *es un módulo en la librería estándar de Ruby, en vez de una clase?*
◇ Los módulos posibilitan que los mecanismos de delegación se puedan mezclar con cualquier clase que quiera usarlos, lo que sería poco práctico si **Forwardable** fuera una clase. Es decir, ¡**Forwardable** es, en sí misma, un ejemplo de preferencia por la composición en vez de la herencia! ■

11.6 Principio de Inyección de Dependencias

El Principio de Inyección de Dependencias (Dependency Injection Principle, DIP), también conocido como inversión de dependencias, especifica que cuando dos clases dependen una de la otra pero sus implementaciones puede sufrir cambios, es mejor que ambas dependan de una interfaz abstracta separada que se "inyecte" entre ambas.

Suponga que RottenPotatoes a partir de ahora puede enviar correos electrónicos de publicidad —los cinéfilos interesados pueden recibir información sobre descuentos en sus películas favoritas—. RottenPotatoes se integra con el servicio externo de *mailing* MailerMonkey para acometer esta tarea:

http://pastebin.com/ZdhcYb7w

```
1 class EmailList
2   attr_reader :mailer
3   delegate :send_email, :to => :mailer
4   def initialize
5     @mailer = MailerMonkey.new
6   end
7 end
8 # in RottenPotatoes EmailListController:
9 def advertise_discount_for_movie
10   moviegoers = Moviegoer.interested_in params[:movie_id]
11   EmailList.new.send_email_to moviegoers
12 end
```

Suponga que esta funcionalidad tiene tanto éxito que usted decide extender el mecanismo de forma que los usuarios que están en la red social Amiko puedan también activar el reenvío automático de estos correos electrónicos a sus amigos en la red social, mediante la nueva gema **Amiko** que envuelve la API REST de Amiko para listas de amigos, publicación en los muros, mensajería, etc. Sin embargo, existen dos problemas.

El primero es que **EmailList#initialize** depende de código de **MailerMonkey**, pero ahora en ocasiones se necesita usar **Amiko** en su lugar. Este cambio en tiempo de ejecución es el problema que soluciona la inyección de dependencias —ya que no se conoce hasta tiempo de ejecución qué tipo de *mailer* se necesitará, modificamos **EmailList#initialize** para poder "inyectar" el valor adecuado en tiempo de ejecución—:

http://pastebin.com/8PHBpm5k

```
1 class EmailList
2   attr_reader :mailer
3   delegate :send_email, :to => :mailer
4   def initialize(mailer_type)
5     @mailer = mailer_type.new
6   end
7 end
8 # in RottenPotatoes EmailListController:
9 def advertise_discount_for_movie
10   moviegoers = Moviegoer.interested_in params[:movie_id]
11   mailer = if Config.has_amiko? then Amiko else MailerMonkey end
12   EmailList.new(mailer).send_email_to moviegoers
13 end
```

ActiveRecord ha sido criticado por configurar la base de datos al inicio desde `database.yml` en vez de utilizar DIP. Presuntamente, los diseñadores creyeron que la base de datos no cambiaría mientras la aplicación estuviera en ejecución. Aunque los *seams* creados por el principio DIP ayudan también con la simulación (*mocking, stubbing*), el capítulo 8 muestra cómo las clases abiertas de Ruby y sus características de metaprogramación permiten insertar *seams* para pruebas en cualquier lugar que sea necesario.

Se puede pensar en el principio DIP como la inyección de una costura o *seam* entre ambas clases y, de hecho, en los lenguajes de *tipado* estático, DIP ayuda facilitando las pruebas. Esta ventaja es menos aparente en Ruby, ya que como hemos visto se pueden crear *seams* en casi cualquier contexto en tiempo de ejecución utilizando *mocking* o simulando (*stubbing*) junto con las características de lenguaje dinámico que posee Ruby.

El segundo problema es que **Amiko** expone una interfaz diferente y más compleja que el método sencillo **send_email** que proporciona **MailerMonkey** (en el que delega **EmailList#send_email** en la línea 3), y nuestro método controlador sigue invocando a **send_email** en el objeto **mailer**. El ***patrón Adapter*** (***Adaptador***) puede ser de ayuda aquí: está diseñado para convertir la API existente en otra que sea compatible con el cliente que la utiliza. En este caso, se puede definir una nueva clase **AmikoAdapter** que transforma la API más compleja de **Amiko** en otra más simple que se ajusta a lo esperado por nuestro controlador, proporcionando el mismo método **send_email** que ya proporciona **MailerMonkey**:

http://pastebin.com/js6C67mJ

```
class Config
  def self.email_enabled? ; ... ; end
  def self.emailer ; if has_amiko? then Amiko else MailerMonkey end ; end
end
def advertise_discount_for_movie
  if Config.email_enabled?
    moviegoers = Moviegoer.interested_in(params[:movie_id])
    EmailList.new(Config.emailer).send_email_to(moviegoers)
  end
end
```

http://pastebin.com/avRQAgZc

```
class Config
  def self.emailer
    if email_disabled? then NullMailer else
      if has_amiko? then AmikoAdapter else MailerMonkey end
    end
  end
end
class NullMailer
  def initialize ; end
  def send_email ; true ; end
end
def advertise_discount_for_movie
  moviegoers = Moviegoer.interested_in(params[:movie_id])
  EmailList.new(Config.emailer).send_email_to(moviegoers)
  end
end
```

Figura 11.19. Arriba: una forma ingenua de deshabilitar un comportamiento determinado es a través de condicionales que lo excluyan cada vez que ocurre. Abajo: el patrón Null Object (Objeto Nulo) elimina la necesidad de condicionales proporcionando métodos "ficticios", seguros de invocar pero que no realizan ninguna acción.

http://pastebin.com/Eimsw8ZF

```
class AmikoAdapter
  def initialize ; @amiko = Amiko.new(...) ; end
  def send_email
    @amiko.authenticate(...)
    @amiko.send_message(...)
  end
end
# Change the controller method to use the adapter:
def advertise_discount_for_movie
  moviegoers = Moviegoer.interested_in params[:movie_id]
  mailer = if Config.has_amiko? then AmikoAdapter else MailerMonkey end
  EmailList.new(mailer).send_email_to moviegoers
end
```

Cuando el patrón Adapter no sólo convierte la API sino que también la simplifica — por ejemplo, la gema **Amiko** expone muchas otras funciones de Amiko no relacionadas con el correo electrónico, pero **AmikoAdapter** únicamente "adapta" la parte de la API que es específica del correo electrónico— es lo que en ocasiones se conoce como el ***patrón Facade*** (***Fachada***).

Por último, incluso en los casos en los que la estrategia de correo electrónico a utilizar ya es conocida cuando la aplicación comienza a ejecutarse, ¿qué ocurre si se quiere deshabilitar completamente el envío de correos electrónicos cada cierto tiempo? La figura 11.19 (arriba) muestra un enfoque algo ingenuo: se mueve la lógica para determinar qué *emailer* utilizar en una nueva clase **Config**, pero además hay que añadir un condicional para "sacar" la lógica de envío de *emails* en el método controlador si se ha desactivado el envío de correos electrónicos. Pero en el caso de que haya más sitios en la aplicación donde se haga una comprobación

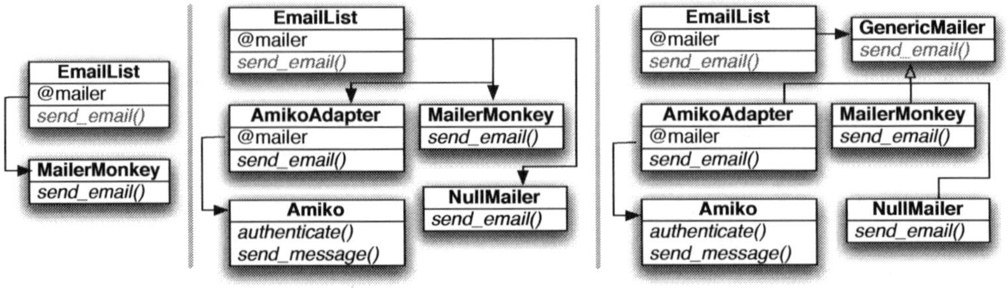

Figura 11.20. Izq.: sin inyección de dependencias, EmailList depende directamente de MailerMonkey. Centro: con inyección de dependencias, se puede establecer @mailer para usar en tiempo de ejecución cualquier objeto de la clase MailerMonkey, NullMailer (que implementa el patrón Null Object para deshabilitar el envío de emails), o AmikoAdapter (que implementa el patrón Adapter/Facade sobre Amiko), donde todas estas clases exponen la misma API. Dcha.: en lenguajes de *tipado* estático, la clase abstracta GenericMailer formaliza de facto que los tres *mailers* poseen unas API compatibles, pero en Ruby esta superclase a menudo se omite si consta únicamente de métodos abstractos (como es el caso), ya que los métodos y clases abstractos no son parte del lenguaje.

similar, se tendrá que replicar allí la misma condición para "sacar" esa característica (*cirugía de escopeta* o *shotgun surgery*). Una alternativa mejor que esa es usar el ***patrón Null Object*** (Objeto Nulo), en el que se crea un objeto "ficticio" que contiene los mismos comportamientos que un objeto real pero no se realiza ninguna acción al invocarlos. La figura 11.19 (abajo) aplica este patrón al ejemplo, evitando la proliferación de condicionales a lo largo del código.

La figura 11.20 muestra el diagrama de clases UML que corresponde a varias de las versiones generadas durante el presente ejemplo del principio DIP.

Un patrón interesante y relacionado con Adapter y Facade es el ***patrón Proxy***, en el que un objeto "reemplaza" a otro que posee la misma API. El cliente interactúa con el *proxy* en vez de con el objeto original; el *proxy* puede reenviar algunas peticiones directamente al objeto original (es decir, delegarlas en él) pero puede realizar otras acciones en respuesta a peticiones diferentes, quizás por razones de rendimiento o eficiencia.

Un ejemplo clásico de este patrón son las asociaciones de *ActiveRecord* (ver la sección 5.3). Recuerde que bajo la relación *Película tiene varias críticas*, podemos escribir **r=@movie.reviews**. ¿Qué tipo de objeto es **r**? Aunque hayamos visto que podemos tratar **r** como una colección enumerable, en realidad es un objeto *proxy* que responde a todos los métodos de la colección (**length**, <<, etc.), pero sin realizar consultas a la base de datos excepto en aquellas ocasiones en las que realmente lo necesita. Otro ejemplo de uso del patrón Proxy puede ser para enviar correo electrónico mientras se está desconectado de Internet. Si a través del método **send_email** se accede al servicio de *email* real en Internet, un objeto *proxy* podría proporcionar un método **send_email** que simplemente almacenara el correo electrónico en el disco local hasta la próxima vez que la máquina se conecte a Internet. Este *proxy* protegería al cliente (IU de envío de correo) de tener que cambiar su comportamiento cuando el usuario no dispone de conexión.

Resumen de Inyección de Dependencias

- La inyección de dependencias inserta una costura o *seam* entre dos clases pasando (inyectando) una dependencia cuyo valor puede no ser conocido hasta tiempo de ejecución, en vez de insertando directamente en el código o "cableando" una dependencia.
- Debido a que la inyección de dependencias se usa a menudo para poder variar en tiempo de ejecución qué objeto se utiliza de una colección de implementaciones, se suele ver junto con el patrón Adapter, patrón mediante el cual una clase convierte una API en otra que espera utilizar un cliente.
- Entre las variaciones del Adapter se encuentra el patrón Facade, en el que no sólo la API es adaptada sino que además se simplifica, y el patrón Proxy, en el que se imita exactamente la API pero los comportamientos varían para acoger condiciones de uso diferentes sin que el cliente (el que invoca a la API) tenga que modificar su comportamiento.
- El patrón Null Object es otro mecanismo para sustituir condicionales poco manejables por comportamientos "neutrales" y seguros como medio para deshabilitar una característica.

■ ***Explicación. ¿La inyección de una dependencia vulnera el Principio de Abierto/Cerrado?***

Usted se podría preguntar si nuestra solución para añadir un segundo tipo de servicio de *mailer* vulnera el principio OCP, ya que si añadimos un tercer *mailer* se requeriría modificar **advertise_discount_for_movie**. Si tiene motivos para creer que realmente podría necesitar añadir *mailers* adicionales después, podría combinarlos con el patrón Abstract Factory descrito en la sección 11.4. Este escenario es un ejemplo de que se debe tomar una decisión meditada sobre si la posibilidad de gestionar *mailers* adicionales es un punto de extensión que se quiere dejar abierto, o un cambio que usted percibe que no se ajustará correctamente y por tanto debería cerrarse para su modificación.

Autoevaluación 11.6.1. *¿Por qué el uso correcto de DIP tiene un impacto mayor en los lenguajes de* tipado *estático?*

◇ En estos lenguajes, no se puede crear una costura o *seam* en tiempo de ejecución para sobrescribir un comportamiento "cableado", tal y como se puede hacer en lenguajes de *tipado* dinámico como Ruby, por lo que el *seam* debe proporcionarse por adelantado inyectando una dependencia. ■

11.7 Principio de Demeter

El nombre viene del proyecto Demeter para la programación adaptativa y orientada a aspectos, que a su vez proviene de la diosa griega de la agricultura para simbolizar un enfoque hacia la programación "desde los cimientos".

El Principio de Demeter o ***Ley de Demeter*** (***Law of Demeter***) consiste informalmente en: "Habla con tus amigos, no intimes con extraños". En concreto, un método puede invocar a otros métodos de su propia clase, y métodos de las clases de sus variables de instancia; pero cualquier otra cosa está vetada. Originalmente, el Principio de Demeter no forma parte de las directrices SOLID, como explica la figura 11.4, pero lo incluimos aquí al adaptarse *http://pastebin.com/iaNeSeCJ*

```
1  # This example is adapted from Dan Manges's blog, dcmanges.com
2  class Wallet ; attr_accessor :credit_balance ; end
3  class Moviegoer
4    attr_accessor :wallet
5    def initialize
6      # ...setup wallet attribute with correct credit balance
7    end
8  end
9  class MovieTheater
10   def collect_money(moviegoer, amount)
11     # VIOLATION OF DEMETER (see text)
12     if moviegoer.wallet.credit_balance < amount
13       raise InsufficientFundsError
14     else
15       moviegoer.wallet.credit_balance -= due_amount
16       @collected_amount += due_amount
17     end
18   end
19 end
20 # Imagine testing the above code:
21 describe MovieTheater do
22   describe "collecting money" do
23     it "should raise error if moviegoer can't pay" do
24       # "Mock trainwreck" is a warning of a Demeter violation
25       wallet = mock('wallet', :credit_balance => 5.00)
26       moviegoer = mock('moviegoer', :wallet => wallet)
27       lambda { @theater.collect_money(moviegoer, 10.00) }.
28         should raise_error(...)
29     end
30   end
31 end
```

Figura 11.21. La línea 12 muestra una vulneración del Principio de Demeter: aunque es razonable para una sala de cine MovieTheater saber acerca de un cliente Moviegoer, no lo es tanto tener conocimiento sobre la implementación de la clase cartera Wallet (a través del su atributo wallet manipula el valor del saldo de la cartera credit_balance). Además, se está atendiendo el problema de "no hay suficiente dinero" en MovieTheater, aunque lógicamente parece una tarea que pertenece a Wallet.

perfectamente a Ruby y SaaS, suplantando de forma oportunista la **D** del acrónimo SOLID para representarlo.

El Principio de Demeter se muestra de forma sencilla a través de un ejemplo. Suponga que RottenPotatoes ha llegado a acuerdos con salas de cine de forma que los usuarios puedan comprar entradas directamente a través de la aplicación, donde tendrán un saldo o crédito (por ejemplo, a través de tarjetas regalo de las salas de cine).

La figura 11.21 muestra una implementación de este comportamiento que contiene una violación del Principio de Demeter. Si la implementación de **Wallet** cambia —por ejemplo, si se cambia **credit_balance** a **cash_balance**, o añadimos **points_balance** para permitir a los usuarios acumular "PotatoPoints" por aportar críticas al sistema— surge un problema. De repente, la clase **MovieTheater**, aunque es "lejana" a **Wallet**, tendrá que ser modificada.

Existen dos *smells* de diseño que pueden advertirnos de posibles vulneraciones del Principio de Demeter. Una es la ***Intimidad Inapropiada*** (Inappropriate Intimacy): el método **collect_money** manipula directamente el atributo **credit_balance** de la clase **Wallet**, a pesar de que la gestión de ese atributo debe ser responsabilidad de la propia **Wallet** (cuando el mismo tipo de intimidad inapropiada ocurre repetidamente a lo largo de la clase, es lo que se conoce en ocasiones como ***Envidia de Características*** (Feature Envy), ya que **Moviegoer** "desearía tener acceso a" las funcionalidades gestionadas por **Wallet**). Otro *smell* que aparece en las pruebas es el llamado ***Descarrillamiento de Mocks*** (*Mock Trainwreck*), que *http://pastebin.com/QtxWkUy6*

```
# Better: delegate credit_balance so MovieTheater only accesses Moviegoer
class Moviegoer
  def credit_balance
    self.wallet.credit_balance  # delegation
  end
end
class MovieTheater
  def collect_money(moviegoer,amount)
    if moviegoer.credit_balance >= amount
      moviegoer.credit_balance -= due_amount
      @collected_amount += due_amount
    else
      raise InsufficientFundsError
    end
  end
end
```

http://pastebin.com/rgB4LnMk

```
class Wallet
  attr_reader :credit_balance # no longer attr_accessor!
  def withdraw(amount)
     raise InsufficientFundsError if amount > @credit_balance
     @credit_balance -= amount
     amount
  end
end
class Moviegoer
  # behavior delegation
  def pay(amount)
    wallet.withdraw(amount)
  end
end
class MovieTheater
  def collect_money(moviegoer, amount)
    @collected_amount += moviegoer.pay(amount)
  end
end
```

Figura 11.22. (Arriba) Si Moviegoer delega credit_balance en su cartera wallet, entonces la clase MovieTheater no tiene que conocer ya nada sobre la implementación de wallet. Sin embargo, aún puede resultar inapropiado que el *comportamiento* asociado a una transacción o pago (restar el total del pago del saldo) quede expuesto a MovieTheater cuando en realidad debería ser responsabilidad únicamente de Moviegoer o Wallet. (Abajo) Delegando el comportamiento del pago completo, en vez de sólo los atributos a través de los que se acomete, soluciona el problema y permite así que el código cumpla el Principio de Demeter.

puede observarse en las líneas 25 a 27 de la figura 11.21: para poder probar código que vulnera el Principio de Demeter, nos vemos abocados a establecer una "cadena" de *mocks* para poder invocar el método que queremos probar.

Una vez más, la delegación viene al rescate. Delegando en el atributo **credit_balance** de **Wallet**, como se muestra en la figura 11.22 (arriba), ya se consigue una gran mejora de forma sencilla. Aunque la forma óptima de delegación es la mostrada en la figura 11.22 (abajo), donde el comportamiento de un pago (como, por ejemplo, cuándo lanzar un error para pagos fallidos), está completamente encapsulado dentro de **Wallet**.

Tanto el *smell* de Intimidad Inapropiada como las vulneraciones del Principio de Demeter pueden aparecer en cualquier situación en la que usted tenga la sensación de "traspasar" una interfaz para acometer cierta tarea, de manera que se expone a depender de los detalles de la implementación de una clase que no debería ser de su incumbencia. Existen tres patrones de diseño que abordan escenarios comunes que de lo contrario podrían derivar hacia vulneraciones del Principio de Demeter.

http://pastebin.com/zznALkdt

```
class EmailList
  observe Review
  def after_create(review)
    moviegoers = review.moviegoers # from has_many :through, remember?
    self.email(moviegoers, "A new review for #{review.movie} is up.")
  end
  observe Moviegoer
  def after_create(moviegoer)
    self.email([moviegoer], "Welcome, #{moviegoer.name}!")
  end
  def self.email ; ... ; end
end
```

Figura 11.23. Un subsistema de lista de correo electrónico observa otros modelos de manera que puede generar un correo electrónico en respuesta a ciertos eventos. El patrón Observer es una solución perfecta ya que recoge toda la problemática sobre cuándo enviar los correos en un único lugar.

Uno de ellos es el ***patrón Visitor*** (***Visitante***), en el que se recorre una estructura de datos y se proporciona un método *callback* a ejecutar para cada miembro de la estructura de datos, permitiéndole "visitar" cada elemento a la vez que no le proporciona conocimiento de la forma en la que están organizados los datos. En realidad, la "estructura de datos" podría incluso crearse de forma dinámica cuando se visitan los distintos nodos, en vez de existir estáticamente completa de una vez. Un ejemplo de este patrón en la vida real es la gema Nokogiri[9], que permite recorrer documentos HTML y XML en forma de árbol: además de poder buscar un elemento específico en un documento, se puede hacer que Nokogiri recorra el documento e invoque un método determinado para cada nodo del documento.

Un caso especial y sencillo del patrón Visitor es el ***patrón Iterator*** (Iterador), de uso tan generalizado en Ruby (se usa cada vez que se invoca **each**) que muchos desarrolladores de Ruby difícilmente piensan en él como un patrón de diseño. El patrón Iterator separa la implementación del recorrido de una colección del comportamiento que se desea aplicar a cada elemento de la colección. Sin los *iteradores*, el comportamiento podría "atravesar y entrar" en la colección, conociendo por tanto de forma inapropiada detalles íntimos de cómo está organizada dicha colección.

El patrón Observer fue implementado por primera vez en el entorno MVC de ***Smalltalk***, del que Ruby hereda el modelo de objetos.

El último de los patrones que puede ser de ayuda con algunos casos de vulneración del Principio de Demeter es el ***patrón Obsever*** (***Observador***), que se usa cuando una clase (el observador) desea mantenerse al tanto de lo que está haciendo otra clase (el sujeto) sin llegar a conocer los detalles de la implementación de la clase sujeto. El patrón Observer proporciona una forma canónica de que el objeto sujeto mantenga una lista de sus observadores y los notifique de forma automática de cualquier cambio de estado para el que los observadores se hayan suscrito, todo ello a través de una interfaz ajustada para separar el concepto de observación de los detalles de qué hace cada observador con la información que se le notifica.

Aunque la librería estándar de Ruby incluye un *mixin*[10] llamado **Observable**, ActiveSupport de Rails proporciona un Observer más conciso que permite suscribirse a los *hooks* o puntos de anclaje del ciclo de vida de cualquier modelo ActiveRecord (**after_save**, etc.), descrito en la sección 5.1. La figura 11.23 muestra lo sencillo que es añadir una clase **EmailList** a RottenPotatoes que se "suscribe" a dos tipos de cambios de estado:

1. Cuando alguien añade una crítica nueva, envía un correo electrónico a todos los usuarios que han escrito una crítica de esa misma película.

2. Cuando se registra un nuevo usuario en la aplicación, le envía un correo electrónico de bienvenida.

Además de los *hooks* del ciclo de vida de ActiveRecord, la funcionalidad de caché de Rails, que detallaremos en el capítulo 12, es otro ejemplo de uso real del patrón Observer: la caché de cada tipo de modelo ActiveRecord observa la instancia del modelo para saber si ésta se queda obsoleta y se debe eliminar de la caché. El observador no tiene por qué conocer los detalles de implementación de la clase observada —simplemente recibe la llamada en el momento adecuado, como Iterator o Visitor—.

Para dar por zanjada esta sección, conviene incorporar un ejemplo que pudiera parecer que vulnera el Principio de Demeter, pero que en realidad no lo hace. Es muy común encontrar código en las vistas Rails como el que se presenta a continuación (por ejemplo, para una **Review**):

http://pastebin.com/s9X4Eiq3

```
%p Review of:    #{@review.movie.title}
%p Written by:   #{@review.moviegoer.name}
```

¿No representan vulneraciones del Principio de Demeter? Es una opinión personal: estrictamente, la clase **review** no debería conocer detalles de implementación de **movie**, pero es difícil defender que al crear métodos que deleguen **Review#movie_title** y **Review#moviegoer_name** vaya a mejorar la legibilidad en este caso particular. La opinión generalizada en la comunidad Rails es que para aquellas vistas cuyo propósito sea mostrar las relaciones de un objeto, se considera aceptable que se muestren además dichas relaciones también en el código de la vista, por lo que se suelen tolerar ejemplos de este tipo.

Resumen del Principio de Demeter

- El Principio de Demeter establece que una clase no debería ser consciente de los detalles de las clases con las que no está relacionada directamente. Es decir, se pueden acceder métodos de la instancia de la propia clase y de las clases más cercanas, pero no de otras relacionadas con *éstas*.
- El *smell* de diseño de Intimidad Inapropiada, que en ocasiones se manifiesta en forma de Descarrilamiento de *Mocks*, puede alertar de una vulneración del Principio de Demeter. Si una clase muestra varios casos de Intimidad Inapropiada se suele decir que tiene Envidia de Características respecto a la otra clase.
- El mecanismo principal para resolver estos casos es la delegación.
- Entre los patrones de diseño encontramos varios que permiten manipular clases sin vulnerar el Principio de Demeter, como los patrones Iterator y Visitor (que separan el recorrido de una estructura de datos respecto de su comportamiento), y Observer (que separa las notificaciones de eventos "de interés" respecto de los detalles de las clases observadas).

■ ***Explicación. Observer, Visitor, Iterator y Mixins***

Gracias al *tipado* dinámico y a los *mixins*, el lenguaje Ruby permite expresar muchos patrones de diseño con bastante menos código que los lenguajes de *tipado* estático, como queda demostrado claramente viendo los ejemplos basados en código Java de la Wikipedia para ***Observer***, ***Iterator*** y ***Visitor***. A diferencia de los *iteradores* internos de Ruby basados en **each**, los lenguajes de *tipado* estático suelen ofrecer *iteradores* y visitantes externos de tal forma que el programador inicializa el *iterador* sobre una colección y debe preguntar explícitamente si la colección tiene más elementos, a veces con la necesidad de hacer auténticas acrobacias por el *tipado*. De manera análoga, el patrón Observer suele requerir cambios en la(s) clase(s) sujeto para que implementen una interfaz **Observable**, pero en Ruby las clases abiertas permiten saltarse ese paso como muestra la figura 11.23: desde el punto de vista del programador, toda la lógica se encuentra en la clase que se suscribe, no en el(los) sujeto(s).

Autoevaluación 11.7.1. *Ben Bitdiddle es un purista cuando de vulneraciones del Principio de Demeter se trata, y expone sus objeciones a la expresión* **@movie.reviews.average_rating** *en la vista de detalles de una película, que muestra la puntuación media de las críticas de una película. ¿De qué manera apaciguaría usted a Ben y solucionaría la vulneración del Principio de Demeter?*

◇

http://pastebin.com/z5zdp8MY

```
# naive way:
class Movie
  has_many :reviews
  def average_rating
    self.reviews.average_rating # delegate to Review#average_rating
  end
end
# Rails shortcut:
class Movie
  has_many :reviews
  delegate :average_rating, :to => :review
end
```

■

Autoevaluación 11.7.2. *A pesar de que "la delegación es el principal mecanismo" para resolver violaciones del Principio de Demeter, ¿por qué razón debería preocuparse si encuentra muchas delegaciones de la clase A en la clase B simplemente para resolver vulneraciones del Principio de Demeter presentes en la clase C?*

◇ Debería preguntarse si no debería existir una relación directa entre la clase C y la clase B, o si la clase A adolece de Envidia de Características respecto de la clase B, lo que le estaría indicando que la división de responsabilidades existente entre A y B necesita ser rediseñada.

■

11.8 La perspectiva clásica

Una de las fortalezas de los ciclos clásicos es que una planificación inicial cuidadosa puede dar como resultado un producto con una arquitectura software adecuada que utilice correctamente los patrones de diseño. Esta preplanificación queda plasmada en el *slogan* ***Big Design Up Front*** ("Gran diseño inicial"), como se menciona en el capítulo 1.

Un equipo de desarrollo que utiliza las metodologías clásicas comienza por el documento de ***especificación de requisitos software*** (***Software Requirements Specification, SRS***) (ver sección 7.10), que se divide en una serie de problemas. Para cada uno de ellos, el equipo analiza uno o varios patrones de arquitectura que puedan solucionar el problema. El equipo entonces desciende al siguiente nivel de subproblemas, y de nuevo investiga patrones de diseño que puedan solucionarlos. La filosofía es aprender de la experiencia de otros, capturada en forma de patrones, de manera que se evite repetir los errores de sus predecesores. Otro modo de obtener realimentación de ingenieros más cualificados o con más experiencia es mantener reuniones de ***revisión del diseño*** (ver sección 10.7). Tenga en cuenta que en las metodologías clásicas las revisiones de diseño pueden llevarse a cabo antes de que se haya escrito ninguna línea de código.

Por lo tanto, en comparación con las metodologías ágiles, los ciclos clásicos dedican un esfuerzo considerablemente mayor en empezar con un buen diseño. Como señala Martin Fowler en su artículo *Is Design Dead?*[11], una crítica recurrente del ciclo ágil es que fomenta que los desarrolladores se lancen y comiencen a programar sin ningún diseño, y se apoya demasiado en la refactorización para solucionar las cosas más tarde. Como dicen en ocasiones los críticos, se puede construir una caseta para el perro apilando materiales y planificando sobre la marcha, pero no se puede construir un rascacielos de la misma manera.

Los seguidores de las metodologías ágiles argumentan que los métodos clásicos son igualmente malos: al no permitir comenzar el desarrollo hasta que se finaliza el diseño, es imposible estar seguro de que el diseño se podrá implementar o de que capture las necesidades de los clientes. Esta crítica se sustenta en los casos en los que los arquitectos/diseñadores no son los mismos que escribirán el código o no están al día de las herramientas y prácticas de codificación actuales. Como consecuencia de todo esto, los partidarios de las metodologías ágiles dicen que en el momento en el que se empieza a desarrollar el código, hay que cambiar el diseño de todos modos.

Ambas posturas tienen algo de razón, aunque la crítica puede ser redactada con un matiz algo diferente: "¿hasta dónde tiene sentido diseñar inicialmente?" Por ejemplo, los desarrolladores ágiles tienen en mente el almacenamiento de datos como parte de sus aplicaciones SaaS, incluso aunque las primeras pruebas BDD y TDD que escriban no toquen la base de datos. Un ejemplo más sutil es el escalado horizontal. Como ya aludimos en el capítulo 2, y analizaremos más en detalle en el capítulo 12, los diseñadores de aplicaciones SaaS exitosas *deben* pensar en la escalabilidad horizontal desde el inicio del desarrollo. Aun cuando pasarán meses antes de que la escalabilidad tenga importancia, las decisiones iniciales de diseño del proyecto pueden lastrar la escalabilidad, y podría ser complicado cambiar esto sin una refactorización costosa.

El artículo de Fowler describe una norma empírica que representa una posible solución al dilema. Si anteriormente en un proyecto se impuso una restricción de diseño o un elemento concreto, es razonable plantearlo también en un nuevo proyecto que sea similar, ya que su experiencia previa le guiará con mucha probabilidad a decisiones de diseño razonables esta vez.

Resumen: Los procesos clásicos contemplan una fase de diseño explícita que se adapta de forma natural al uso de patrones de diseño en el proceso de desarrollo del software. Una posible desventaja es la incertidumbre asociada a la arquitectura inicial y los patrones de diseño, por si tienen que cambiar en el futuro a medida que se va escribiendo el código y el sistema evoluciona. Por el contrario, los procesos ágiles se basan en la refactorización para incorporar patrones de diseño según evoluciona el código, aunque los desarrolladores con más experiencia pueden pensar en arquitecturas software y patrones de diseño que creen que necesitarán, basándose en proyectos previos similares.

Autoevaluación 11.8.1. *Verdadero o falso: diseño ágil es un oxímoron.*
◇ Falso. Aunque no existe una fase de diseño como tal en el desarrollo ágil, la refactorización, que es la norma en el desarrollo ágil, puede incorporar patrones de diseño. ■

11.9 Falacias y errores comunes

⚠ ***Error.*** **Exceso de confianza o desconfianza en los patrones.**

Como con cualquier herramienta o metodología que hemos visto, seguir servilmente los patrones de diseño es un error común: pueden ayudar orientándole cuando el problema que trata de resolver puede aprovecharse de una solución probada, pero no pueden asegurar por sí mismos que su código será elegante. De hecho, los autores GoF alertan específicamente *contra* la evaluación de lo acertado de un diseño basándose en el número de patrones que utiliza. Además, si aplica patrones de diseño demasiado pronto en el ciclo de diseño, puede que intente implementar cada patrón en su forma más genérica incluso aunque puede que no necesite ese grado de generalización para resolver su problema. Esto complicará el diseño porque la mayoría de patrones genera *más* clases, métodos y niveles de indirección que los que el código necesitaría sin ese nivel de generalización. Por el contrario, si aplica patrones de diseño demasiado tarde, se arriesga a caer en antipatrones y en refactorizaciones considerables.

¿Qué hacer? Desarrolle su paladar y sentido común con el aprendizaje a través de la práctica. Cometerá algunos errores en el proceso, pero su criterio acerca de cómo entregar trabajo y código *mantenible* mejorará rápidamente.

⚠ ***Error.*** **Exceso de confianza en UML u otros diagramas.**

El propósito de un diagrama es transmitir intenciones. La lectura de un diagrama UML no es necesariamente más sencilla que la lectura de historias de usuario o de pruebas TDD bien diseñadas. Haga un diagrama cuando ayude a clarificar la arquitectura de una clase; no se apoye en ellos como si fueran unas muletas.

STOP ***Falacia.*** **Los principios SOLID no son necesarios con los lenguajes dinámicos.**

Como hemos visto en este capítulo, algunos de los problemas que resuelven los principios SOLID no aparecen en los lenguajes de *tipado* dinámico como Ruby. Sin embargo, las directrices SOLID siguen representando un buen diseño; simplemente, en los lenguajes estáticos es mucho más visible el coste inicial de ignorarlas. En los lenguajes dinámicos, aunque existe la facilidad de usar características dinámicas que harán su código más elegante y respetuoso con el principio DRY sin los artificios extras que necesitan algunas de las pautas SOLID, llevan asociado el riesgo de una mayor facilidad para sucumbir a la pereza y terminar con antipatrones de código.

⚠ ***Error.*** **Multitud de métodos privados en una clase.**

Puede que ya haya descubierto que los métodos declarados como **private** son difíciles de probar, ya que por definición sólo pueden ser invocados desde un método de una instancia de esa clase —lo que significa que no se pueden invocar directamente desde una prueba RSpec—. Aunque podría utilizar un truco para convertir temporalmente el método en público

(**MyClass.send(:public,:some_private_method)**), los métodos privados que son lo suficientemente complejos como para necesitar sus propias pruebas deberían ser considerados un *smell*: los métodos en sí mismos podrían ser demasiado largos, vulnerando la directriz "Corto" (**S**hort) de SOFA, y la clase que contiene estos métodos podría estar vulnerando el ***Principio de Única Responsabilidad***. En este caso, considere la opción de extraer una clase relacionada cuyos métodos sean públicos (y por tanto fáciles de probar y de acortarlos mediante refactorización) pero invocados únicamente desde la clase original, mejorando su mantenimiento y facilitando sus pruebas.

***Error.* Utilizar initialize para implementar patrones de factoría.**

En la sección 11.4 mostramos un ejemplo del patrón Abstract Factory en el que se invoca directamente el constructor de la subclase correcta. Otro escenario común es aquel en el que se dispone de una clase **A** con subclases **A1** y **A2**, y se desea invocar al constructor de **A** para devolver un objeto nuevo de la subclase correcta. Usted no puede escribir la lógica de la factoría en el método **initialize** de **A**, porque ese método debe devolver una instancia de la clase **A** por definición. En su lugar, otorgue al método factoría un nombre distinto como **create**, conviértalo en método de la clase, y llámelo desde el constructor de **A**:
http://pastebin.com/Xv7iY4kd

```
class A
  def self.create(subclass, *args) # subclass must be either 'A1' or 'A2'
    return Object.const_get(subclass).send(:new, *args)
  end
end
```

11.10 Observaciones finales: entornos con patrones de diseño integrados

El proceso de crear programas para un ordenador es muy atractivo, no sólo porque pueda tener una recompensa económica y científica, sino también porque puede conformar una experiencia estética similar a componer poesía o música.

Donald Knuth

Los 23 patrones de diseño originales de la Gang of Four se han visto incrementados enormemente desde que editaron su libro. Existen numerosos repositorios de patrones de diseño (Cunningham 2013; Noble and Johnson 2013), con algunos de ellos hechos a medida de problemas específicos de un área como las interfaces de usuario (Griffiths 2013; Toxboe 2013).

El problema de los desarrolladores noveles es que aún habiendo leído el libro de la Gang of Four o estudiado estos repositorios, es complicado saber qué patrón aplicar en cada momento. Si usted no tiene experiencia previa con un patrón de diseño concreto, e intenta diseñar usándolo por anticipado, es muy probable que lo haga incorrectamente, por lo que debería esperar para añadirlo más tarde cuando realmente sea necesario.

La buena noticia es que entornos como Rails encapsulan la experiencia de diseño de otros para proporcionar abstracciones y restricciones de diseño que han sido probadas mediante su reutilización. Por ejemplo, puede que a usted no se le ocurriera diseñar las acciones de su aplicación sobre REST, pero resulta que haciéndolo de esa forma se consigue un diseño más consistente con las historias de éxito escalables en la Web. Aunque la Gang of Four se

Smell	**Descripción**	**Solución**
Comentario "desodorante", nombre inapropiado	Una variable ofuscada o el nombre de un método obliga a tener muchos comentarios	Reducir la necesidad de comentarios seleccionando nombres descriptivos y solucionando otros *smells* en el código
Clase perezosa, clase de datos	Un clase que no hace casi nada, por ejemplo, no proporciona nada excepto *getters* y *setters* a algún objeto pero sin ninguna otra lógica implementada.	Unir los métodos que encapsulan al objeto de datos en otra clase
Código duplicado, explosión combinatoria	El mismo código repetido con pequeñas modificaciones en múltiples métodos, en la misma clase	Extraer las partes comunes utilizando mecanismos DRY como *blocks* y **yield** (sección 3.8), extrayendo los métodos *helper* (sección 9.6), usando los patrones de diseño Plantilla o Estrategia (sección 11.4).
Jerarquía de herencia paralela	El mismo código repetido con pequeñas modificaciones en diferentes clases que heredan de diferentes clases base; por ejemplo, muchos trozos de código que utilizan combinaciones ligeramente distintas de datos o comportamiento.	Extraer la parte común en su propia clase y delegar en dicha clase (sección 11.7). Si varias clases con diferentes clases base necesitan la funcionalidad, intente extraerlo en un módulo que pueda ser mezclado

Figura 11.24. Algunos *smells* son relativamente sencillos de corregir con una pequeña modificación. Tomados del libro de Fowler *Refactoring, Ruby Edition* (Fields et al. 2009).

complicó la vida al tratar de diferenciar los patrones de diseño de los entornos en un intento de dejar claro qué son los patrones —más abstractos, con enfoque más restringido y no dirigido a un dominio de problema particular— los entornos modernos representan un buen camino para los desarrolladores menos experimentados para comenzar con los patrones de diseño. Al examinar los patrones en un entorno en el que son instanciados como código, usted puede obtener experiencia para crear su propio código basado en patrones de diseño.

11.11 Para saber más

Design Patterns (Gamma et al. 1994) es el clásico de la Gang of Four sobre patrones de diseño. Aunque es una referencia obligada, su lectura es algo más lenta que otros recursos, y los ejemplos mostrados están muy orientados a C++. *Design Patterns in Ruby* (Olsen 2007) trata en profundidad un subconjunto de los patrones GoF con ejemplos de Ruby. También analiza aquellos patrones que dejan de ser necesarios por las características del lenguaje Ruby. *Clean Code* (Martin 2008) contiene una exposición más minunciosa de las directrices SOFA y SOLID que motivan el uso de los patrones de diseño.

En vez de presentar una lista sin más de patrones, hemos intentado motivar la necesidad de un subconjunto de ellos mostrando los *smells* de diseño que corrigen. *Rails Antipatterns* (Pytel and Saleh 2010) presenta fantásticos ejemplos de cómo código real que comienza con un buen diseño puede irse viendo lastrado con el tiempo, y cómo embellecerlo y reestructurarlo mediante refactorización, a menudo usando uno o varios patrones de diseño adecuados. La figura 11.24 muestra algunos ejemplos de dichas refactorizaciones, tomados en gran medida del catálogo online de refactorizaciones[12] y completísimo libro (Fields et al. 2009) de Martin Fowler.

Finalmente, M.V. Mäntyllä and C. Lassenius han creado una taxonomía online[13] de *smells* de código y diseño, agrupados en categorías con nombre descriptivo como "los hinchadores", "los que evitan cambios", etc., un resumen de su artículo de revista en 2006[14] sobre esta temática.

ACM IEEE-Computer Society Joint Task Force. Computer science curricula 2013, Ironman Draft (version 1.0). Technical report, February 2013. URL `http://ai.stanford.edu/users/sahami/CS2013/`.

W. Cunningham. Portland pattern repository, 2013. URL `http://c2.com/ppr/`.

J. Fields, S. Harvie, M. Fowler, and K. Beck. *Refactoring: Ruby Edition*. Addison-Wesley Professional, 2009. ISBN 0321603508.

E. Gamma, R. Helm, R. Johnson, and J. M. Vlissides. *Design Patterns: Elements of Reusable Object-Oriented Software*. Addison-Wesley Professional, 1994. ISBN 0201633612.

R. Griffiths. HCI design patterns, 2013. URL `http://www.hcipatterns.org/patterns`.

R. C. Martin. *Clean Code: A Handbook of Agile Software Craftsmanship*. Prentice Hall, 2008. ISBN 9780132350884.

J. Noble and R. Johnson. Design patterns library, 2013. URL `http://hillside.net/patterns`.

R. Olsen. *Design Patterns in Ruby*. Addison-Wesley Professional, 2007. ISBN 9780321490452.

C. Pytel and T. Saleh. *Rails AntiPatterns: Best Practice Ruby on Rails Refactoring (Addison-Wesley Professional Ruby Series)*. Addison-Wesley Professional, 2010. ISBN 9780321604811.

A. Toxboe. UI patterns, 2013. URL `http://ui-patterns.com/`.

Notas

[1] `http://butunclebob.com`
[2] `http://martinfowler.com/eaaCatalog`
[3] `http://www.cs.uiuc.edu/homes/snir/PPP/`
[4] `http://ui-patterns.com`
[5] `http://foldoc.org/index.cgi?query=UML&action=Search`
[6] `http://cruise.site.uottawa.ca/umple/`
[7] `http://try.umple.org`
[8] `http://en.wikipedia.org/wiki/Python_syntax_and_semantics#Decorators`
[9] `http://nokogiri.org`
[10] `http://www.ruby-doc.org/stdlib-1.9.3/libdoc/observer/rdoc/Observable.html`
[11] `http://www.martinfowler.com/articles/designDead.html`
[12] `http://martinfowler.com/refactoring/catalog`
[13] `http://www.soberit.hut.fi/mmantyla/BadCodeSmellsTaxonomy.htm`
[14] `http://www.soberit.hut.fi/~mmantyla/ESE_2006.pdf`

11.12 Ejercicios propuestos

Ejercicio 11.1. *Explique el diseño que permitiría añadir una nueva funcionalidad a RottenPotatoes consistente en que los clientes puedan comprar abonos de entradas de cine. Para no complicar el diseño, asuma que el cliente compra un abono para una película en concreto a través de RottenPotatoes, y que dicho abono se puede utilizar en cualquier sala de cine que proyecte esa película (de esta forma, RottenPotatoes no tiene que conocer nada específico acerca de las salas de cine). Asuma que desconoce la pasarela de pago que se usará para procesar los cargos en tarjeta de crédito, pero que dispondrá para ello de algún tipo de API REST. Después de crear las historias de usuarios y* mockups *poco detallados para esta nueva funcionalidad, el diseño deberá abordar al menos lo siguiente:*

- *Determinar cómo modelar los recursos y relaciones entre ellos (asociaciones) para soportar la nueva funcionalidad*
- *Determinar cómo encapsular la interacción con la pasarela de pago, aunque no sepa aún qué servicio se utilizará*

Para los siguientes ejercicios, necesitará tener un sistema software heredado en funcionamiento para su estudio. Como sugerencia, puede usar la lista de proyectos Rails de código abierto en Open Source Rails[1], o puede seleccionar uno o dos proyectos creados por estudiantes que han usado este libro: ResearchMatch[2], que ayuda a asociar estudiantes con oportunidades de investigación en sus universidades, y VisitDay[3], que facilita la organización de reuniones entre estudiantes y miembros de la facultad.

Ejercicio 11.2. *Describa uno o más patrones de diseño que podrían ser aplicados al diseño del sistema.* ***Nota:*** *El icono del margen identifica proyectos del éstandar de Ingeniería del Software ACM/IEEE 2013 (ACM IEEE-Computer Society Joint Task Force 2013).*

Ejercicio 11.3. *Dado un sistema simple que responde a una historia de usuario concreta, analice y elija un paradigma de diseño adecuado.*

Ejercicio 11.4. *Aplique ejemplos sencillos de patrones en el diseño del software.*

Ejercicio 11.5. *Analice y elija una arquitectura software apropiada que se ajuste a una historia de usuario concreta de este sistema. ¿La implementación en el sistema de esa historia de usuario refleja su idea de arquitectura?*

Ejercicio 11.6. *Analice el diseño software desde la perspectiva de un atributo de calidad significativo como la facilidad de mantenimiento o la falta de viscosidad.*

12 Requisitos no funcionales y SaaS: rendimiento, lanzamientos, fiabilidad y seguridad

Barbara Liskov (1939–), una de las primeras mujeres en doctorarse en ciencias de la computación (1968) en EEUU, recibió el premio Turing en 2008 por sus aportaciones clave en el diseño de lenguajes de programación. Entre sus invenciones destacan los tipos de datos abstractos y los iteradores, ambos conceptos fundamentales en Ruby.

Nunca se necesita el rendimiento óptimo, lo que se necesita es un rendimiento lo suficientemente bueno... Los desarrolladores están demasiado obsesionados con el rendimiento.

Barbara Liskov, 2011

Conceptos

El concepto principal de este capítulo es cómo evitar los siguientes dolores de cabeza una vez desplegada la aplicación: caídas (*crashes*), falta de respuesta si experimenta un aumento de popularidad o poner en peligro los datos de sus usuarios. Estas características no funcionales pueden ser más importantes incluso que los requisitos funcionales ya que estos problemas pueden espantar a sus usuarios.

En el ciclo de vida ágil:

- En una aplicación SaaS, el difícil reto del ***rendimiento*** viene encabezado por la ***latencia***, que puede mejorarse en algunos casos mediante el ***sobredimensionamiento***. La métrica ***Apdex*** representa un estándar para medir si una aplicación cumple su ***objetivo de nivel de servicio*** (Service Level Objective, ***SLO***).
- Mantener la aplicación ejecutándose en una ***plataforma como servicio*** (***Platform as a Service***, PaaS) incrementa las posibilidades de cumplir el SLO. Estas plataformas gestionan la mayoría de tareas de administración y escalado por usted.
- La base de datos del *backend* es normalmente la razón por la que una aplicación se ve abocada a abandonar la solución PaaS, pero se puede mantener la base de datos durante más tiempo utilizando ***cachés***, creando índices y evitando consultas a la base de datos que no sean necesarias y requieran muchos recursos.
- Los ***lanzamientos*** o *releases* son un reto mayor en SaaS debido a que normalmente se necesita desplegar las nuevas versiones sin detener previamente las antiguas. Los activadores de funcionalidad (*feature flags*) facilitan el despliegue rápido de nuevas funcionalidades y su desactivación igualmente rápida en caso de necesidad.
- La ***seguridad*** puede reforzarse si se sigue el ***principio de mínimo privilegio*** y las ***opciones seguras por defecto***, que limitan el acceso a los objetos según las necesidades, y el ***principio de aceptación psicológica***, que establece que la interfaz de usuario no debe ser más compleja con características de protección que sin ellas.
- La ***programación defensiva*** anticipa defectos antes de que éstos aparezcan y puede ayudar a desarrollar sistemas más fiables y seguros.

En las metodologías clásicas:

- El rendimiento es simplemente un posible requisito no funcional.
- Las entregas son menos frecuentes y representan eventos de mayor importancia que en la metodología ágil.
- El ***tiempo medio entre fallos*** (***Mean Time To Failure***, MTTF) es una medida integral, que incluye errores debidos al hardware, software y los operadores. Reducir el ***tiempo medio de reparación*** (Mean Time To Repair, MTTR) puede ser tan efectivo como intentar incrementar el MTTF, y es más fácil de medir que éste.
- La seguridad puede reforzarse haciendo que el sistema sea robusto frente a defectos del software que puedan dejarlo abierto a ataques, como ***desbordamientos de buffer***, ***desbordamientos aritméticos*** y ***condiciones de carrera***.

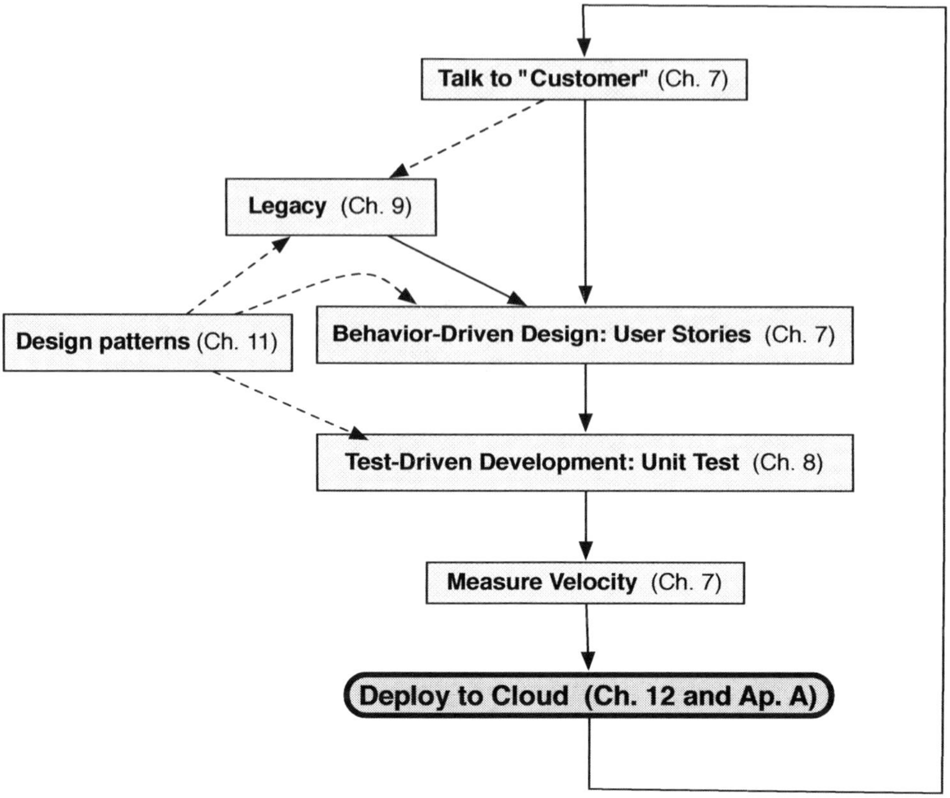

Figura 12.1. El ciclo de vida ágil del software y sus relaciones con los capítulos de este libro. Este capítulo versa sobre el despliegue de la aplicación en la nube de forma que el cliente pueda evaluar la iteración actual del ciclo de vida ágil.

12.1 Del desarrollo al despliegue

Los usuarios son algo terrible. Los sistemas serían infinitamente más estables sin ellos.

Michael Nygard, *Release It!* (Nygard 2007)

En el momento en el que se despliega una aplicación SaaS, su comportamiento cambia debido a que tiene usuarios reales. Si es una aplicación de dominio público, está expuesta a ataques maliciosos así como a un éxito fortuito, pero incluso aplicaciones privadas, como sistemas internos de facturación, deben ser *diseñadas para ser desplegadas y monitorizadas*, de forma que se asegure un despliegue y un funcionamiento exento de problemas. Afortunadamente, como nos recuerda la figura 12.1, el despliegue es parte de toda iteración del ciclo de vida ágil —de hecho, muchas compañías SaaS que usan la metodología ágil realizan despliegues varias veces *al día*— por lo que adquirirá práctica rápidamente en realizar despliegues "rutinarios".

El despliegue en SaaS es mucho más sencillo de lo que solía ser. Hace tan sólo unos años, los desarrolladores de SaaS tenían que aprender bastante sobre administración de sistemas para gestionar sus propios servidores de producción. En el caso de sitios pequeños, éstos se solían albergar normalmente en máquinas compartidas por los proveedores de servicios de Internet (“*managed-hosting ISP*”) , en máquinas virtuales que se ejecutaban en hardware compartido (servidores privados virtuales o VPS) o en una o más máquinas dedicadas, localizadas físicamente en el centro de datos del ISP (“*hosting service*”). Hoy en día, el escalado horizontal que hace posible la computación en la nube (sección 2.4) ha dado lugar a compañías como Heroku que proporcionan una ***plataforma como servicio*** (***Platform as a Service***, PaaS): una pila de software verificada y preparada para que usted despliegue su aplicación, sin que tenga que preocuparse de gran parte de la responsabilidad de administración y gestión del escalado, lo que hace el despliegue mucho más amigable para el desarrollador. Los proveedores de PaaS pueden disponer de sus propios centro de datos o, cada vez de forma más habitual, basarse en proveedores de infraestructura como servicio (*Infrastructure as a Service*, IaaS) de más bajo nivel, como la nube pública de Amazon, tal y como hace Heroku. Otras PaaS que están emergiendo son CloudFoundry, una capa de software PaaS que puede desplegarse tanto en los servidores existentes de una compañía como en una nube pública; y Microsoft Azure, un conjunto de servicios gestionados basados en Windows Server y que se ejecutan en la nube de Microsoft.

Para las aplicaciones SaaS en fase inicial y para muchas otras más maduras, PaaS es la forma preferida para el despliegue: administradores SaaS profesionales gestionan las incidencias de escalado y la optimización del rendimiento por usted; estos administradores tienen más experiencia en sistemas que la mayoría de los desarrolladores. Por supuesto, cuando un sitio se convierte en algo suficientemente extenso o popular, sus necesidades técnicas pueden llegar a superar lo que PaaS puede ofrecer, o puede resultar interesante traer las operaciones de administración “a casa” por motivos económicos, lo que como veremos representa un compromiso importante. Es por esto que un objetivo de este capítulo es ayudarle con su aplicación para que pueda permanecer en el amigable nivel que ofrece PaaS mientras esto sea posible. De hecho, si su aplicación está disponible únicamente de puertas adentro, de manera que la cantidad de usuarios máxima está limitada y se ejecuta en un entorno más protegido y menos hostil que aquellas aplicaciones que se ejecutan de cara al público, podría tener la gran fortuna de permanecer en este nivel indefinidamente.

Como veremos, una clave para gestionar el crecimiento de su aplicación es controlar las peticiones que se realizan a la base de datos, que es más difícil de escalar horizontalmente. Una idea reveladora de este capítulo es que los problemas de rendimiento y seguridad que usted se encontrará son los mismos tanto para las aplicaciones SaaS pequeñas como para las más extensas, pero las soluciones son diferentes porque los proveedores de PaaS pueden ser de gran ayuda para resolver algunos de estos problemas, evitándole el trabajo que supone una solución personalizada.

A pesar del título de este capítulo, los términos **rendimiento** y **seguridad** a menudo se sobreutilizan y definen de manera poco precisa. Presentamos una lista más enfocada a los criterios claves de funcionamiento que abordaremos.

- Responsividad: ¿cúanto tiempo esperan la mayoría de los usuarios antes de que la aplicación les devuelva una respuesta útil? (Sección 12.2).

- Gestión de entregas o lanzamientos: ¿cómo puede desplegar o actualizar su aplicación “in situ” sin reducir la disponibilidad ni la responsividad? (Secciones 12.3 y 12.4).

- Disponibilidad: ¿durante qué porcentaje del tiempo está su aplicación sirviendo peticiones correctamente? (Sección 12.5).

- Escalabilidad: a medida que se incrementa el número de usuarios, ya sea de forma gradual y permanente o como un único aumento repentino de la popularidad, ¿puede su aplicación mantener su régimen estable de disponibilidad y responsividad, sin incrementar el coste de funcionamiento por usuario? El capítulo 2 argumentaba que las aplicaciones SaaS de tres capas sobre computación en la nube tienen un *potencial* excelente de escalabilidad horizontal, pero un buen diseño por sí solo no garantiza que la aplicación pueda escalar (aunque un diseño pobre le garantiza que no podrá). Usar cachés (sección 12.7) y evitar abusar de la base de datos (sección 12.8) pueden ser de ayuda.
- Privacidad: es importante que los datos de los clientes sean accesibles únicamente a grupos autorizados, como el propietario de esos datos y quizás los administradores de la aplicación.
- Autenticación: ¿puede la aplicación asegurar que un usuario dado es quien dice ser, verificando una contraseña o utilizando una autenticación de terceros (como puede ser Facebook Connect u OpenID), de forma que un impostor no pueda suplantar con éxito a otro usuario sin haber obtenido sus credenciales?
- Integridad de los datos: ¿puede la aplicación prevenir que los datos del cliente sean falsificados, o al menos puede detectar si se han alterado o han sido comprometidos?

Nos podríamos referir a los tres primeros elementos en la lista superior de forma colectiva como *estabilidad del rendimiento*, mientras que los tres últimos conforman la *seguridad*, que trataremos en la sección 12.9.

Resumen

- Alta disponibilidad y responsividad, gestión de entregas sin ventanas de inactividad y escalabilidad sin incrementos en el coste por usuario son tres aspectos importantes de la *estabilidad del rendimiento* de las aplicaciones SaaS, y la defensa de los datos de sus usuarios es el aspecto clave de la seguridad.
- Los proveedores competentes de PaaS pueden proporcionar mecanismos de infraestructura que manejen de forma automática algunos de los detalles que conlleva mantener la estabilidad del rendimiento y la seguridad, pero como desarrollador, usted debe tener en cuenta estos puntos en varios aspectos del diseño y la implementación de la aplicación, utilizando técnicas que abordaremos en este capítulo.
- Comparado con el software empaquetado, los desarrolladores y operadores de mantenimiento SaaS están mucho más involucrados en el despliegue, lanzamiento y actualización de sus aplicaciones, y en monitorizarlas en busca de problemas relativos al rendimiento o la seguridad.

Autoevaluación 12.1.1. *¿Qué aspectos de la escalabilidad de una aplicación* no *los gestiona un entorno PaaS de forma automática por usted?*
◇ Si su aplicación sobrepasa la capacidad disponible en la base de datos más potente ofrecida por el proveedor de PaaS, necesitará construir una solución manual para dividirla en múltiples bases de datos distintas. Esta tarea es muy específica de cada aplicación, por lo que los proveedores de PaaS no pueden proporcionar un mecanismo genérico para ello. ■

12.2 Cuantificando la responsividad

El rendimiento es una funcionalidad.

Jeff Atwood, co-fundador de StackOverflow

La velocidad es una funcionalidad.

Adam De Boor, ingeniero software de Gmail, Google

La ***responsividad*** es el retardo percibido entre una acción llevada a cabo por un usuario (como hacer clic sobre un enlace) y la percepción de una respuesta, como nuevo contenido que aparece en la página. Técnicamente, la responsividad se compone de dos partes: la ***latencia***, que es el retardo inicial hasta que se empieza a recibir el nuevo contenido, y el ***throughput***, que representa el tiempo que transcurre hasta que se entrega todo el contenido. Hace tan poco tiempo como mediados de los años 90, muchos usuarios domésticos se conectaban a Internet a través de módems telefónicos que tardaban 100 ms (milisegundos) en entregar el primer paquete de información, y podían mantener como máximo velocidades de 56 Kbps (56×10^3 bits por segundo) mientras transferían el resto, por lo que una página web o una imagen de 50 KBytes o 400 KBits podían tardar más de ocho segundos en entregarse. Sin embargo, los usuarios domésticos de hoy en día cada vez utilizan más las conexiones de banda ancha cuyos *throughputs* oscilan entre 1 y 20Mbps, por lo que la responsividad de una página está condicionada por la latencia en mucha mayor medida que por el *throughput*.

Como la responsividad tiene un efecto muy marcado sobre el comportamiento del usuario, los operadores SaaS vigilan cuidadosamente la responsividad de sus sitios. Por supuesto, en la práctica no todas las interacciones de los usuarios con el sitio toman la misma cantidad de tiempo, por lo que la evaluación del rendimiento requiere una caracterización apropiada de la distribución de los tiempos de respuesta. Considere un sitio en el que 8 de cada 10 peticiones se completan en 100 ms, 1 de cada 10 se completa en 250 ms y la restante de cada 10 necesita 850 ms. Si el umbral de satisfacción del usuario, T, para este sitio es de 200 ms, es cierto que el tiempo de respuesta *medio* de $(8(100) + 1(250) + 1(850))/10 = 190$ ms se encuentra por debajo del umbral de satisfacción. Pero por otro lado, el 20% de las peticiones (y por tanto, hasta el 20% de los usuarios) están recibiendo un servicio no satisfactorio. Para medir la latencia de forma que sea imposible ignorar la mala experiencia incluso de un número pequeño de usuarios, se utilizan dos definiciones:

- Un ***objetivo de nivel de servicio*** (SLO), que habitualmente toma la forma de una sentencia cuantitativa sobre los cuantiles de la distribución de latencias en una ventana de tiempo de duración determinada. Por ejemplo, "el 95% de las peticiones en cualquier ventana de 5 minutos deben tener una latencia menor de 100 ms". En términos estadísticos, el percentil 95 de la distribución de latencias no debe exceder los 100 ms.

SLA frente a SLO: Un ***acuerdo de nivel de servicio*** (***Service Level Agreement***, SLA) es un contrato entre un proveedor de servicios y sus clientes que estipula un pago al cliente si no se cumple el SLO.

- La puntuación ***Apdex*** (índice de rendimiento de la aplicación) es un estándar abierto[4] que calcula un SLO simplificado como un número entre 0 y 1 (ambos incluidos), que representa la fracción de usuarios satisfechos. Dado un umbral de latencia de satisfacción de usuario, T, elegido por el operador de la aplicación, una petición es *satisfactoria* si se completa en el tiempo T, *tolerable* si lleva más de T pero menos de $4T$, e *insatisfactoria* en el resto de casos. La puntuación Apdex se calcula como (Satisfactoria $+0.5$(Tolerable)) / (Número de muestras). En el ejemplo de arriba, la puntuación Apdex sería de $(8 + 0.5(1))/10 = 0.85$.

Por supuesto, el tiempo total de respuesta percibido por los usuarios incluye muchos factores que están más allá del control de su aplicación SaaS. Incluye la consulta DNS, el tiempo para configurar la conexión TCP y enviar la petición HTTP al servidor, y la latencia introducida por Internet para recibir una respuesta que contenga suficiente contenido de manera que el navegador pueda empezar a mostrar algo en pantalla (el llamado "tiempo de presentación", una expresión que pronto parecerá tan pintoresca como "en el sentido contrario de las agujas del reloj"). Especialmente cuando se utilizan PaaS de calidad, los desarrolladores y operadores SaaS disponen del mayor control sobre los caminos del código de sus aplicaciones: enrutado y envío, acciones de controlador, métodos del modelo y acceso a base de datos. Nos centraremos por tanto en medir y mejorar la responsividad en estos componentes.

Google cree[5] que este hecho les pone bajo mayor presión para ser responsivos, de forma que obtener una respuesta de cualquier servicio de Google no sea más lento que lo que se tarda en contactar con dicho servicio.

Para sitios pequeños, una manera perfectamente razonable de mitigar la latencia es ***sobredimensionar*** (proporcionar un exceso de recursos respecto al estado estable) en uno o varios niveles, como sugiere la sección 2.4 para las capas de presentación y de lógica de negocio. Hace unos años, sobredimensionar significaba comprar hardware adicional que podía quedarse ocioso, pero la computación en la nube de pago por servicio permite "alquilar" más servidores a cambio de céntimos por hora sólo cuando se necesitan. De hecho, compañías como RightScale[6] ofrecen precisamente este servicio sobre la plataforma EC2 de Amazon.

Como veremos más adelante, una idea clave que nos ayuda es que *los problemas que nos hacen salir del nivel amigable de PaaS son los mismos que entorpecerán la escalabilidad de nuestra solución posterior a PaaS*, por lo que comprender qué tipo de problemas existen y saber cómo resolverlos le servirá de ayuda en cualquiera de las situaciones.

¿Cuáles son los umbrales para la satisfacción de usuario o para la responsividad? Un estudio clásico de 1968 que proviene de la literatura HCI (*Human-Computer Interaction*, interacción persona-ordenador) (Miller 1968) encontró tres umbrales interesantes: si un sistema responde a una acción de un usuario en 100 ms, se percibe como instantáneo; dentro del primer segundo, el usuario aún percibirá una relación de causa-efecto entre su acción y la respuesta, aunque percibirá el sistema como lento; y después de 8 segundos, la atención del usuario se aleja de la tarea mientras espera una respuesta. Sorprendentemente, más de treinta años después, un estudio especializado del año 2000 (Bhatti et al. 2000) y otro de la firma independiente Zona Research en 2001 reafirmaron la "regla de los ocho segundos". Aunque muchos creen que un Internet más rápido y ordenadores más veloces han aumentado las expectativas de los usuarios, la regla de los ocho segundos sigue siendo una directriz general. New Relic, cuyo servicio de monitorización introduciremos más tarde, informó en marzo de 2012 que el tiempo de carga medio para todas las páginas que monitorizan a lo largo del mundo es de 5,3 segundos y la puntuación Apdex media es 0,86.

Resumen

- La responsividad mide cómo de rápida se percibe una aplicación por parte de sus usuarios. Con la alta velocidad actual de las conexiones a Internet y los ordenadores más veloces, la responsividad depende casi exclusivamente de la latencia. Los objetivos de nivel de servicio (SLO) cuantifican las metas de responsividad con frases como "el 99% de las peticiones en cualquier ventana de 5 minutos deben tener una latencia menor de 100 ms".
- La puntuación Apdex es una medida sencilla de los SLO. Comprendida entre 0,0 y 1,0, un sitio obtiene "toda la puntuación" para aquellas peticiones que completa en un umbral de latencia T específico del sitio, "la mitad de la puntuación" para las peticiones completadas dentro de $4T$ de tiempo, y ninguna puntuación para las peticiones que tardan más tiempo.
- Los problemas que amenazan la disponibilidad y la responsividad son los mismos se use PaaS o no, pero merece la pena intentar permanecer en el nivel de uso de PaaS porque proporciona mecanismos para ayudar a mitigar estos problemas.

Autoevaluación 12.2.1. *Verdadero o falso: desde la perspectiva de la responsividad, cuanto más rápido, mejor.*
◇ Falso. Velocidades superiores equivalentes a 100 ms de tiempo no son perceptibles por las personas, y los usuarios abandonan un sitio sólo si la responsividad se ralentiza hasta los 8 segundos o más. ■

12.3 Integración continua y despliegue continuo

Como vimos en la sección 1.2, antes de la llegada de SaaS, los lanzamientos o entregas de software eran hitos tan importantes como infrecuentes, después de los cuales la responsabilidad del mantenimiento se transmitía en gran medida al equipo de aseguramiento de la calidad o al departamento de atención al cliente. En contraste con lo anterior, muchas compañías ágiles despliegan nuevas versiones frecuentemente (algunas veces incluso varias veces *al día*), y los desarrolladores permanecen cerca de la puesta en marcha y las necesidades de los clientes.

Con el desarrollo ágil, para hacer que el despliegue *no* se convierta en un evento, se requiere una automatización total, de forma que al teclear un comando se lancen todas las acciones necesarias para desplegar una nueva versión del software, incluyendo la cancelación del despliegue de forma limpia sin modificar la versión en funcionamiento si algo va mal. Como sucede con los procesos TDD y BDD basados en iteraciones, al desplegar de forma frecuente usted se convertirá en un experto en ello, y al automatizar el despliegue se asegurará de que éste siempre se hace de forma consistente. Como hemos visto, Heroku proporciona soporte para la automatización del despliegue mediante herramientas de automatización, al igual que Capistrano[7] ayuda en la automatización de los despliegues Rails en entornos no PaaS.

Por supuesto, el despliegue sólo tendrá éxito si la aplicación está probada convenientemente y es estable en desarrollo. Aunque ya nos hemos centrado bastante en las pruebas en este libro, hay dos cosas que cambian en despliegue. En primer lugar, pueden aparecer diferencias de comportamiento o rendimiento entre lo desplegado y las versiones de desarrollo, a partir de diferencias existentes entre los entornos de producción y de desarrollo, o diferencias entre los navegadores de los usuarios (especialmente en las aplicaciones que realizan uso intensivo de JavaScript). En segundo lugar, el despliegue también requiere probar la aplicación de formas en las que *nunca* ha sido pensada para usarse —usuarios que envían entradas sin sentido, navegadores con las *cookies* o JavaScript deshabilitados, usuarios maliciosos que intentan hacer que su sitio se convierta en un distribuidor de ***malware*** (hablaremos de ello en la sección 12.9)—, y asegurar que sobrevive en esas condiciones sin comprometer los datos de los clientes o la responsividad.

Una tecnología clave para mejorar el aseguramiento (de la calidad) del código desplegado es la ***integración continua*** (CI), en la que cada cambio realizado en el código lanza un conjunto de pruebas de integración para asegurar que no se ha roto nada.

En el caso de los lenguajes compilados como Java, CI normalmente significa compilar y generar la aplicación para después realizar las pruebas.

La idea es similar al uso de `autotest` en el capítulo 8, excepto que el conjunto de pruebas de integración puede incluir pruebas que el desarrollador no suele ejecutar normalmente por sí mismo, como:

- Compatibilidad con navegadores: comportamiento correcto usando diferentes navegadores que presentan diferencias en sus implementaciones de CSS o de JavaScript.
- Compatibilidad de versiones: comportamiento correcto con diferentes versiones del intérprete de Ruby (Ruby 1.9, JRuby, etc.), del servidor de aplicaciones Rack, de gemas Ruby o de software que puede estar albergado en diferentes entornos.
- Integración en la arquitectura orientada a servicios: comportamiento correcto ante comportamientos no esperados de servicios externos de los que la aplicación depende (conexión extremadamente lenta, devolución de una cantidad ingente de información basura, etc.).
- Estrés: pruebas de rendimiento y de estrés como las descritas en la sección 12.6.
- ***Hardening***: pruebas para proteger el sistema contra ataques maliciosos, como las descritas en la sección 12.9.

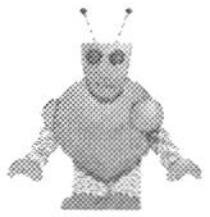

Los sistemas CI normalmente se integran de forma global en el proceso de desarrollo, en vez de simplemente ejecutar las pruebas de forma pasiva. Por ejemplo, el sistema CI de Salesforce ejecuta más de 150.000 pruebas en paralelo en muchas máquinas, y si una prueba falla, realiza búsquedas binarias sobre los cambios para determinar quién es el culpable, y crea automáticamente un informe de error para el desarrollador responsable de dicho cambio (Hansma 2011). Travis[8], un sistema CI para aplicaciones Ruby alojado en Internet, ejecuta pruebas de integración en cuanto recibe una notificación de la existencia de nuevo código subido (*push*) mediante el URI del evento ***post-receive*** del repositorio GitHub; para ello utiliza OAuth (que conocimos en la sección 5.2) para descargar (*checkout*) el código ejecutando `rake test` (otra demostración del uso de tareas `rake` para la automatización). SauceLabs[9] proporciona un servicio de CI alojado en Internet centrado en pruebas en diferentes navegadores: los escenarios Cucumber de su aplicación (basados en Webdriver) se ejecutan en diferentes navegadores y sistemas operativos, donde la ejecución de cada prueba se captura en formato de *screencast*, de manera que se puede inspeccionar visualmente qué ocurrió en el navegador cuando se ejecutaron las pruebas que fallan.

Aunque el despliegue no constituye ningún evento, el hito asociado a una entrega aún desempeña un papel: el de asegurar al cliente que se está desplegando nuevo trabajo. Por ejemplo, una funcionalidad solicitada por un cliente puede requerir implementar múltiples cambios, cada uno de los cuales puede desplegarse por separado, aunque la funcionalidad en conjunto permanece "oculta" en la interfaz de usuario hasta que se completen todos los cambios. "Activar" la funcionalidad podría ser un hito interesante de la entrega. Por este motivo, muchos flujos de trabajo de integración continua asignan etiquetas diferentes y a menudo caprichosas a lanzamientos específicos (como "Bamboo" y "Cedar" en el caso de las pilas de software de Heroku), pero utilizan el identificador del *commit* en Git para identificar despliegues que no incluyen ningún cambio visible de cara al cliente.

Resumen de la integración continua (CI)

- CI consiste en ejecutar un conjunto de pruebas de integración previo al despliegue, que normalmente es más extenso que las pruebas que un sólo desarrollador puede ejecutar por sí mismo.
- CI se basa en gran medida en la automatización. Los flujos del proceso pueden diseñarse de forma que las pruebas de CI se lancen automáticamente cuando se suben (*push*) cambios del código a un repositorio o rama específicos.
- El despliegue continuo (despliegue automático al entorno de producción cuando todas las pruebas de CI se ejecutan satisfactoriamente) puede conducir a varios despliegues por día, muchos de los cuales pueden incluir cambios no visibles a los clientes orientados hacia una funcionalidad que se revelará con un hito de lanzamiento.

■ ***Explicación. Preproducción***

Muchas organizaciones mantienen un entorno adicional además de los de desarrollo y producción, llamado entorno de ***preproducción*** (*staging*). Normalmente, el entorno de preproducción es idéntico al de producción, excepto que es más pequeño en escala, utiliza una base de datos separada con datos de prueba (posiblemente extraídos a partir de datos de clientes reales) y está cerrado a los usuarios externos. La razón fundamental para este entorno es que las pruebas de estrés y de integración sobre una versión en preproducción es la experiencia más cercana posible al entorno de producción. Otro uso consiste en probar migraciones sobre una base de datos que se asemeja completamente a la base de datos de producción, antes de desplegar dichas migraciones en el entorno de producción. Rails y sus herramientas soportan la definición de un entorno de preproducción definiendo un entorno adicional `staging:` en `config/environments/staging.rb` y `config/database.yml`.

Autoevaluación 12.3.1. *Dado el predominio del despliegue continuo en las compañías de software ágil, ¿cómo caracterizaría la diferencia entre un despliegue y un lanzamiento?*
◇ Normalmente un lanzamiento contiene nuevas funcionalidades visibles a los clientes, mientras que un despliegue podría contener código nuevo orientado a la implementación de esas funcionalidades progresivamente. ■

12.4 Lanzamientos y activadores de funcionalidad

Como sabemos del capítulo 4, los cambios en las aplicaciones a veces conllevan migraciones para modificar el esquema de la base de datos. El reto aparece cuando el código nuevo no *http://pastebin.com/T32gfwVL*

```
class ChangeNameToFirstAndLast < ActiveRecord::Migration
  def up
    add_column 'moviegoers', 'first_name', :string
    add_column 'moviegoers', 'last_name', :string
    Moviegoer.all.each do |m|
      m.update_attributes(:first => $1, :last => $2) if
        m.name =~ /^(.*)\s+(.*)$/
    end
    remove_column 'moviegoers', 'name'
  end
end
```

Figura 12.2. Una migración que cambia el esquema y modifica los datos para que se ajusten al cambio. En la sección 12.4 explicamos por qué no hay un método para deshacer la migración (*down-migration*) (use Pastebin para copiar y pegar este código).

http://pastebin.com/NsarhWSE

```
1 class SplitName1 < ActiveRecord::Migration
2   def up
3     add_column 'moviegoers', 'first_name', :string
4     add_column 'moviegoers', 'last_name', :string
5     add_column 'moviegoers', 'migrated', :boolean
6     add_index 'moviegoers', 'migrated'
7   end
8 end
```

Figura 12.3. Una migración parcial que únicamente añade columnas pero no cambia ni borra ninguna. La sección 12.8 explica por qué el índice (línea 6) es una buena idea.

funciona con el esquema antiguo, o viceversa. Para concretarlo con un ejemplo, suponga que RottenPotatoes actualmente tiene una tabla `moviegoers` con una columna `name`, pero queremos cambiar el esquema para tener columnas separadas `first_name` y `last_name` en su lugar. Si cambiamos el esquema antes de cambiar el código, la aplicación dejará de funcionar porque los métodos que esperan encontrar la columna `name` fallarán. Si modificamos el código antes de cambiar el esquema, entonces la aplicación dejará de funcionar porque los nuevos métodos buscarán las columnas `first_name` y `last_name`, que aún no existen.

Podemos intentar solventar este problema desplegando el código y la migración de manera ***atómica***: detener el servicio, aplicar la migración de la figura 12.2 para realizar el cambio de esquema y copiar los datos en la nueva columna, y reiniciar el servicio. Esta estrategia es la solución más simple, pero puede causar una indisponibilidad inaceptable: una migración compleja en una base de datos de cientos de miles de filas puede llevar decenas de minutos o incluso horas para ejecutarse.

La segunda opción es dividir el cambio entre múltiples despliegues utilizando un ***activador de funcionalidad*** —una variable de configuración cuyo valor se puede modificar *mientras la aplicación se está ejecutando* para controlar qué caminos del código de la aplicación se ejecutan—. Nótese que cada paso mostrado abajo es no-destructivo: tal y como hicimos con la refactorización en el capítulo 9, si algo va mal en un paso determinado, la aplicación todavía se queda funcionando en un estado intermedio.

1. Cree una migración que realice *sólo* aquellos cambios en el esquema que *añaden* tablas o columnas nuevas, incluyendo una columna que indica si el registro actual ha sido migrado al nuevo esquema o no, como aparece en la figura 12.3.

2. Genere la versión $n + 1$ de la aplicación en la que cada camino del código que se vea

http://pastebin.com/5B8KcNze

```
1  class Moviegoer < ActiveRecord::Base
2    # here's version n+1, using Setler gem for feature flag:
3    scope :old_schema, where :migrated => false
4    scope :new_schema, where :migrated => true
5    def self.find_matching_names(string)
6      if Featureflags.new_name_schema
7        Moviegoer.new_schema.where('last_name LIKE :s OR first_name LIKE :s',
8          :s => "%#{string}%") +
9          Moviegoer.old_schema.where('name like ?', "%#{string}%")
10     else # use only old schema
11       Moviegoer.where('name like ?', "%#{string}%")
12     end
13   end
14   # automatically update records to new schema when they are saved
15   before_save :update_schema, :unless => lambda { |m| m.migrated? }
16   def update_schema
17     if name =~ /^(.*)\s+(.*)$/
18       self.first_name = $1
19       self.last_name = $2
20     end
21     self.migrated = true
22   end
23 end
```

Figura 12.4. Método del modelo que encuentra espectadores (*moviegoers*) buscando coincidencias en una cadena de caracteres con sus nombres y apellidos, envuelto con un activador de funcionalidad (*feature flag*). Las líneas 15 a 22 instalan una *callback* before_save (antes de guardar) que actualiza de manera automática un registro al nuevo esquema cuando se salva el modelo, por lo que el uso normal de la aplicación provocará que los registros se vayan migrando poco a poco.

afectado por la modificación del esquema se divida en dos caminos, de forma que se ejecute uno u otro según el valor de un ***activador de funcionalidad***. Para este paso es crítico que se ejecute el código correcto independientemente del valor del activador de funcionalidad en cualquier momento, de manera que dicho valor se pueda cambiar sin tener que parar y reiniciar la aplicación; normalmente esto se consigue almacenando el activador de funcionalidad en una tabla especial de la base de datos.

3. Despliegue la versión $n + 1$, lo que puede requerir subir el código a varios servidores, un proceso que puede tomar varios minutos.

4. Una vez finalice el despliegue (todos los servidores se hayan actualizado a la versión $n + 1$ del código), establezca el valor del activador de funcionalidad a verdadero mientras la aplicación está ejecutándose. En el ejemplo de la figura 12.4, cada registro se migrará al esquema nuevo la próxima vez que se modifique por cualquier razón. Si se desea acelerar el proceso, podría además ejecutar una tarea de poca carga en segundo plano que de forma oportuna vaya migrando unos cuantos registros cada vez para minimizar la carga adicional en la aplicación, o que migre muchos registros a la vez durante las horas en las que la aplicación se encuentra con carga mínima, si es posible. Si algo falla en este paso, apague el activador de funcionalidad; el código revertirá al comportamiento de la versión n, ya que el esquema nuevo es un superconjunto apropiado del esquema antiguo y la *callback* **before_save** no es destructiva (es decir, actualiza correctamente el nombre del usuario tanto con el esquema viejo como con el nuevo).

5. Si todo va bien, una vez estén migrados todos los registros, despliegue la versión $n + 2$ del código, en el que el activador de funcionalidad se elimina y se deja únicamente el camino del código asociado al nuevo esquema.

6. Finalmente, aplique una nueva migración que elimine la columna antigua `name` y la temporal `migrated` (y, por tanto, el índice de esa columna).

¿Y qué ocurre con un cambio de esquema que suponga modificar el nombre de una columna o su formato en vez de añadir o quitar columnas? La estrategia es la misma: añadir una columna nueva, eliminar la antigua y, si es necesario, renombrar la columna nueva utilizando activadores de funcionalidad durante la transición de forma que cada versión del código desplegada funcione con ambas versiones del esquema.

Cuando introdujimos las migraciones en el capítulo 4, destacamos que una migración podía incluir los métodos **up** y **down**, aunque el ejemplo de la figura 12.3 no tiene método **down**. ¿No deberíamos incluir uno para el caso en que la actualización salga mal? Sorprendentemente, no. Las migraciones hacia atrás son de utilidad durante el desarrollo, pero arriesgadas en producción. Debido a que se usan muy raramente, normalmente no se prueban de forma concienzuda, y en medio del pánico que produce descubrir que algo no ha salido bien, es difícil confiar en que la migración hacia atrás funcionará de verdad sin causar incluso más daños.

Incluso aunque esté seguro de que la migración hacia atrás funciona correctamente, otros desarrolladores pueden haber subido migraciones irreversibles después de la que usted trata de migrar hacia atrás. Y en algún punto, usted mismo necesitará crear una migración irreversible, y necesitará una forma de recuperarse de los problemas cuando la aplique. Los activadores de funcionalidad pueden serle de ayuda: si algo va mal, cambie de nuevo el valor del activador de funcionalidad para que el código vuelva a su antiguo comportamiento, y después tómese su tiempo para depurar el problema.

Resumen

- Para llevar a cabo una actualización compleja que realice cambios sobre el código y el esquema, utilice un activador de funcionalidad (*feature flag*) cuyo valor pueda modificarse mientras la aplicación se está ejecutando. Comience con una migración y modificaciones en el código que incluyan la versión vieja y la nueva, y cuando esté ejecutándose esta versión intermedia, cambie el valor del activador de funcionalidad para habilitar los caminos nuevos en el código que utilicen el nuevo esquema.

- Una vez se hayan migrado progresivamente todos los datos como resultado de cambiar el valor del activador de funcionalidad, puede desplegar una nueva migración y cambios del código que eliminen los caminos viejos y el esquema antiguo. Por otro lado, si algo va mal durante el lanzamiento, puede cambiar el activador de funcionalidad a su valor antiguo para continuar usando el esquema y el código anteriores hasta que haya determinado qué ocurrió.

- Las aplicaciones desplegadas siempre avanzan hacia delante: si algo va mal, arréglelo en una nueva migración hacia delante que deshaga el daño en vez de intentar aplicar una migración hacia atrás que no ha sido probada en producción y que puede empeorar las cosas si se aplica.

■ ***Explicación. Otros usos de los activadores de funcionalidad***

Además de gestionar las migraciones destructivas, los activadores de funcionalidad tienen también otros usos:

- Comprobaciones "previas al vuelo": lanzar una funcionalidad únicamente a un pequeño porcentaje de usuarios, para asegurar que dicha funcionalidad no rompe nada o tiene un impacto negativo sobre el rendimiento global del sitio.
- Pruebas A/B: lanzar dos versiones diferentes de una funcionalidad a dos conjuntos distintos de usuarios para ver qué versión consigue mayor retención de usuarios, compras, etc.
- Funcionalidad compleja: en ocasiones, la funcionalidad completa asociada a una característica puede requerir de múltiples ciclos progresivos de despliegue como el descrito anteriormente. En este caso, se puede utilizar un activador de funcionalidad para mantener oculta esta característica en la interfaz de usuario hasta que el 100% del código de la misma haya sido desplegado.

La gema rollout[10] soporta el uso de activadores de funcionalidad para todos estos casos.

Autoevaluación 12.4.1. *¿Cuáles de las siguientes opciones constituyen lugares apropiados para almacenar el valor de un activador simple de funcionalidad (booleano), y por qué? (a) un fichero YAML en el directorio* `config` *de la aplicación, (b) una columna en una tabla ya existente de la base de datos, (c) una tabla separada de la base de datos.*
◇ La idea de un activador de funcionalidad es permitir que su valor se pueda cambiar en tiempo de ejecución sin tener que modificar la aplicación. Por tanto, (a) es una mala elección debido a que un fichero YAML no se puede modificar sin tocar los servidores de producción mientras la aplicación esté ejecutándose. ■

12.5 Cuantificando la disponibilidad

> *La mayor mejora de rendimiento es la transición desde el estado de no funcionar al estado de funcionar.*
>
> John Ousterhout, diseñador de *magic* y Tcl/Tk

Como vimos en el capítulo 1, la ***disponibilidad*** se refiere a la fracción de tiempo durante el que su sitio está disponible y funciona correctamente. Por ejemplo, Google Apps garantiza[11] a sus clientes corporativos un mínimo de "tres nueves" o un 99,9% de disponibilidad, aunque Nygard irónicamente menciona (Nygard 2007) que sitios menos disciplinados proporcionan disponibilidades más cercanas a los "dos ochos" (88,0%).

El sobredimensionamiento no sólo ayuda con la latencia, como se menciona anteriormente, sino que además le permite gestionar con elegancia las caídas de algún servidor: la pérdida temporal de un servidor degrada el rendimiento en un factor de $1/n$, por lo que una solución muy sencilla es sobredimensionar desplegando $n + 1$ servidores. Sin embargo, en escalas más extensas, el sobredimensionamiento sistemático no es factible: aquellos servicios que utilizan 1.000 máquinas no pueden permitirse fácilmente tener 200 servidores adicionales encendidos sólo por sobredimensionamiento.

Una forma de mejorar la fiabilidad del software es hacerlo más robusto. La ***programación defensiva*** es una filosofía que trata de anticipar los defectos potenciales del software y escribir código que los gestione. A continuación exponemos tres ejemplos:

- *Comprobar los valores de entrada.* Una causa común de problemas se origina cuando el usuario introduce valores que el desarrollador no espera. Comprobar que la entrada está en un rango razonable en caso de valores individuales, que no es demasiado grande para el caso de series de datos y que la colección de datos de entrada son consistentes lógicamente, puede reducir las oportunidades de caídas.

- *Comprobar los tipos de los datos de entrada.* Otro error que pueden cometer los usuarios es introducir un dato de tipo no esperado como respuesta a una consulta. Asegurarse de que el usuario introduce datos de tipos válidos incrementa las probabilidades de éxito de la aplicación.

- *Capturar excepciones.* Los lenguajes de programación modernos ofrecen la posibilidad de ejecutar código cuando salta una excepción, como puede ser un desbordamiento aritmético. Disponer de código que capture y gestione cualquier excepción incrementa las oportunidades de que la aplicación continúe ejecutándose correctamente cuando ocurren eventos inesperados.

Otro reto para la disponibilidad son los *bugs* que causan caídas pero sólo se manifiestan después de mucho tiempo de ejecución o bajo condiciones de mucha carga. Un ejemplo clásico es una fuga (*leak*) de recursos: un proceso que lleva ejecutándose durante mucho tiempo se queda eventualmente sin algún recurso, como puede ser la memoria, debido a que no puede reciclar el 100% del recurso no utilizado por un fallo de la aplicación o por el diseño inherente de un lenguaje o un entorno. El ***rejuvenecimiento del software*** es una estrategia arraigada para paliar las fugas de recursos: el servidor web Apache ejecuta un número idéntico de subprocesos para ejecución de tareas (*workers*), y cuando uno de estos procesos se hace lo suficientemente viejo, ese *worker* deja de aceptar peticiones y muere, para ser reemplazado por un nuevo subproceso. Como sólo se "rejuvenece" un worker a la vez ($1/n$ de la capacidad total), este proceso se conoce a veces como ***reinicio balanceado***, y la mayoría de las plataformas PaaS emplean alguna variante del mismo. Otro ejemplo es quedarse sin espacio de almacenamiento de sesiones para el caso en que las sesiones se almacenen en una tabla de la base de datos, razón por la que el comportamiento por defecto de Rails es *serializar* cada objeto de sesión de usuario en una *cookie* que se guarda en el navegador del usuario, aunque esto limita el tamaño máximo de los objetos de sesión de usuario a 4KiB.

Resumen

- La disponibilidad mide el porcentaje de tiempo sobre una ventana de tiempo determinada durante el que su aplicación está respondiendo correctamente a las peticiones de los usuarios. La disponibilidad se mide habitualmente en "nueves" con el estándar de oro del 99,999% ("cinco nueves", correspondientes a cinco minutos de parada al año) establecido por el servicio telefónico de EEUU y que raramente es alcanzado por las aplicaciones SaaS.
- La ***programación defensiva*** mejora la disponibilidad al incluir código que gestiona fallos potenciales antes de que se conozcan.
- El ***rejuvenecimiento del software*** mejora la disponibilidad reiniciando miembros de un conjunto de procesos idénticos con una planificación balanceada para neutralizar las fugas de recursos.

Autoevaluación 12.5.1. *Para que una aplicación SaaS escale a un gran número de usuarios, debe mantener su ____ y la ____ según aumenta el número de usuarios, sin que se incremente el ____.*

◇ Disponibilidad; responsividad; coste por usuario. ■

12.6 Monitorización y localización de cuellos de botella

Si no lo estás monitorizando, probablemente esté roto.

Atribuido a diversos autores

Dada la importancia de la responsividad y de la disponibilidad, ¿cómo podemos medirlas y, en caso de que no sean satisfactorias, cómo podemos identificar las partes de la aplicación que necesitan nuestra atención? La ***monitorización*** consiste en recolectar datos del rendimiento de la aplicación para su análisis y visualización. En el caso de SaaS, la monitorización del rendimiento de la aplicación (*application performance monitoring*, APM) se refiere a la monitorización de los indicadores clave de desempeño (*Key Performance Indicators*, KPI) que *tienen un impacto directo en el valor de negocio*. Los KPI son, por naturaleza, específicos de la aplicación —por ejemplo, un KPI de una tienda online podría incluir la responsividad de las acciones de añadir un elemento a una cesta de compra y el porcentaje de búsquedas de usuarios en las que el usuario selecciona un elemento que está entre los primeros 5 resultados de la búsqueda—.

Las aplicaciones SaaS se pueden monitorizar interna o externamente. La monitorización interna o pasiva funciona instrumentando la aplicación, añadiendo código de recolección de datos a la propia aplicación, el entorno en el que se ejecuta, o ambos. Antes de la aparición de la computación en la nube y del protagonismo de SaaS y de entornos de alta productividad, ese tipo de monitorización requería instalar programas que recogían periódicamente estas métricas, insertar instrumentación en el código fuente de la aplicación, o ambas. Hoy en día, la combinación de PaaS disponibles online, las funcionalidades dinámicas del lenguaje Ruby y entornos bien integrados como Rails permiten realizar una monitorización interna sin tener que modificar el código fuente de su aplicación o instalar programas. Por ejemplo, New Relic[12] recoge discretamente información de las acciones de controlador de su aplicación,

Qué se monitoriza	Nivel	Herramientas
¿Cuál es mi disponibilidad y tiempo de respuesta medio, visto por los usuarios a lo largo del mundo?	nivel de negocio	Pingdom[13], SiteScope[14]
¿Qué páginas (vistas) de mi aplicación son las más populares y qué caminos recorren mis clientes por la aplicación?	nivel de negocio	Google Analytics[15]
¿Qué acciones de controlador o consultas a base de datos son más lentas?	nivel de aplicación	New Relic[16], Scout[17]
¿Qué excepciones inesperadas o errores han experimentado los clientes, y qué estaban haciendo en el momento en el que ocurrió el error?	nivel de aplicación	Exceptional[18], AirBrake[19]
¿Cuál es el estado y la utilización de recursos de los procesos a nivel de SO que soportan mi aplicación (servidor web Apache, servidor de BD MySQL, etc.)?	infraestructura/ nivel de proceso	god[20], ***monit***

Figura 12.5. Los diferentes tipos de monitorización y ejemplos de herramientas que los soportan para las aplicaciones SaaS de Rails. Todas ellas excepto la última fila (monitorización del estado a nivel de proceso) son aplicaciones SaaS y ofrecen una capa de servicio gratuito que proporciona monitorización básica.

consultas a base de datos, etc. Dado que esta información se envía a la aplicación SaaS de New Relic donde usted puede verla y analizarla, esta arquitectura se denomina en ocasiones monitorización remota de rendimiento (*Remote Performance Monitoring*, RPM). La funcionalidad gratuita de New Relic se encuentra disponible como un *add-on* de Heroku o como una gema independiente que puede desplegar en su propio entorno de producción no PaaS.

La monitorización interna puede realizarse también durante el desarrollo, lo que a menudo se denomina ***análisis de rendimiento de software*** o *profiling* . New Relic y otras soluciones de monitorización pueden instalarse en modo desarrollo también. ¿Cuánto *profiling* se debe hacer? Si ha seguido unas buenas prácticas al escribir y probar su aplicación, puede resultar más productivo simplemente desplegar y ver el comportamiento de la aplicación bajo condiciones de carga, especialmente dadas las diferencias inevitables entre los entornos de desarrollo y producción, como la falta de actividad de usuarios reales y el uso de una base de datos orientada al desarrollo como SQLite3 en vez de una base de datos de producción altamente optimizada, como PostgreSQL. Después de todo, con el desarrollo ágil, es fácil desplegar parches progresivos para implementar una caché básica (sección 12.7) y solucionar usos abusivos de la base de datos (sección 12.8).

Un segundo tipo de monitorización es la monitorización externa (a veces llamada exploración o monitorización activa), en la que un sitio independiente hace peticiones a su aplicación para comprobar la disponibilidad y el tiempo de respuesta. ¿Por qué habría de necesitar monitorización externa, dada la detallada información disponible mediante la monitorización interna que dispone de acceso a la aplicación? La monitorización interna puede no ser capaz de revelar que su aplicación se ejecuta con lentitud o está completamente caída, especialmente si el problema es debido a factores ajenos al código de la aplicación —por ejemplo, problemas de rendimiento en la capa de presentación o en otras partes de la pila de software, más allá de los límites de la aplicación—. La monitorización externa, al igual que una prueba de integración, es una prueba real de principio a fin de un conjunto limitado de los caminos de código de la aplicación tal y como lo ven los usuarios reales "desde el exterior". La figura 12.5 distingue los diferentes tipos de monitorización y nombra algunas herramientas que ayudan en cada caso, muchas de ellas disponibles como aplicaciones SaaS.

Una vez que una herramienta de monitorización ha identificado las peticiones más lentas o más costosas, las ***pruebas de estrés*** o ***pruebas de longevidad*** en un servidor de preproducción pueden cuantificar el nivel de la demanda al cual esas peticiones se convierten en cuellos de botella. La herramienta de línea de comandos ***httperf*** , gratuita y ampliamente usada, mantenida por los Laboratorios Hewlett-Packard[21], puede simular un número específico de usuarios solicitando una secuencia sencilla de varios URI de una aplicación y almacenar métricas sobre los tiempos de respuesta. Aunque herramientas como Cucumber le permiten escribir escenarios expresivos y comprobar condiciones arbitrariamente complejas, `httperf` únicamente puede seguir secuencias sencillas de varios URI y sólo comprueba si se recibe una respuesta HTTP correcta desde el servidor. En una prueba de estrés típica, el ingeniero de pruebas configurará varias máquinas ejecutando `httperf` contra el sitio de preproducción e irá aumentando gradualmente el número de usuarios simulados hasta que algún recurso se revele como el cuello de botella.

Resumen

- Al igual que sucede con las pruebas, no existen un único tipo de monitorización que le pueda alertar de todos los problemas: use una combinación de monitorización interna y externa (de principio a fin).
- La monitorización disponible a través de Internet como Pingdom y monitorizaciones integradas con PaaS como New Relic simplifican enormemente la monitorización en comparación con lo que ocurría durante los primeros tiempos de SaaS.
- Las pruebas de estrés y de longevidad pueden revelar los cuellos de botella existentes en su aplicación SaaS, y frecuentemente descubren errores que de otra forma podrían quedar ocultos.

Autoevaluación 12.6.1. *¿Cuáles de los siguientes indicadores clave de desempeño (KPI) podría ser relevante para la monitorización del rendimiento de la aplicación (APM)? Uso de CPU de una máquina particular; tiempo de ejecución de las consultas lentas a la base de datos; tiempo de renderizado de las 5 vistas más lentas.*
◇ El tiempo de ejecución de las consultas, así como los tiempos de renderizado, son relevantes porque tienen un impacto directo en la responsividad, que normalmente es un indicador clave de desempeño ligado al valor de negocio ofrecido al cliente. El uso de CPU, aunque de utilidad, no nos habla sobre la experiencia del usuario directamente. ■

12.7 Mejorar el renderizado y el rendimiento de la base de datos con cachés

Sólo hay dos cosas difíciles en informática: invalidar una caché y nombrar las cosas.

Phil Karlton, atribuido por Martin Fowler, que no encuentra la referencia exacta

La idea que subyace tras una caché es sencilla: la información que no ha cambiado desde la última vez que fue solicitada puede ser simplemente regurgitada en vez de recalculada. En SaaS, la caché puede ayudar en dos tipos de cálculos. En primer lugar, si la información de la base de datos necesaria para completar una acción no ha cambiado, podemos evitar por completo realizar consultas a la base de datos. En segundo lugar, si la información subyacente a una vista particular o a un fragmento de una vista no ha cambiado, podemos

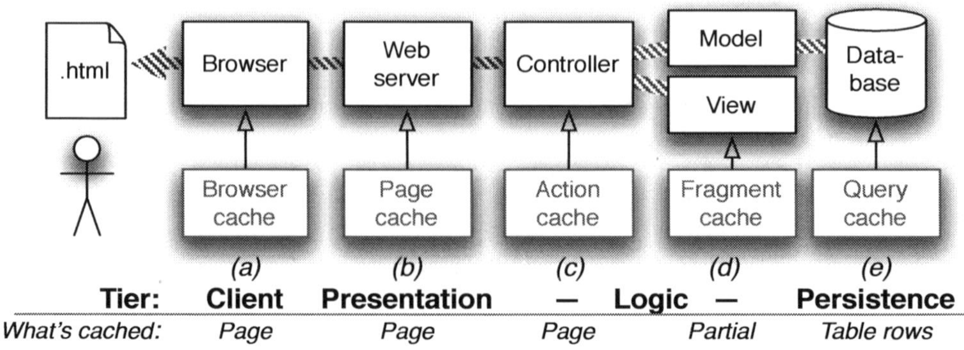

Figura 12.6. El objetivo de tener varios niveles de cachés es satisfacer cada petición HTTP desde el punto más cercano al usuario. (a) Un navegador web que ha visitado previamente una página puede reutilizar la copia de su caché local después de verificar con el servidor que su copia no ha cambiado. (b) Si no, el servidor web puede servirla desde su caché de páginas, evitando completamente el uso de Rails. (c) Si (b) no es posible y la página se generó mediante una acción protegida por un filtro previo (*before-filter*), Rails puede ser capaz de servirla desde la caché de acciones sin consultar la base de datos ni renderizar ninguna plantilla. (d) Si no, alguno de los fragmentos que contienen las plantillas de las vistas podría estar en la caché de fragmentos. (e) Como último recurso, la caché de consultas de la base de datos proporciona el resultado de consultas recientes cuyos resultados no han cambiado, como en Movie.all.

evitar renderizar de nuevo la vista (recuerde que renderizar es el proceso de transformar Haml con variables y código Ruby embebidos en código HTML). En cualquier escenario en el que se use una caché, deberemos abordar dos cuestiones:

1. **Nombrado:** ¿cómo especificaremos que el resultado de ciertos cálculos debe ser guardado en la caché para ser usado más tarde, y cómo nombrarlo de manera que nos aseguremos de que se usará sólo para el mismo cálculo exacto al que hacemos referencia?

2. **Expiración:** ¿cómo detectamos que la versión de la información en la caché está obsoleta porque los datos de los que depende han cambiado, y cómo la eliminamos de la caché? La variante de este problema que se presenta en el diseño de microprocesadores es comúnmente conocida como *invalidación de la caché*.

La figura 12.6 muestra cómo se puede utilizar una caché en cada capa de una arquitectura SaaS de 3 capas y qué entidades Rails se *cachean* en cada nivel. Lo más sencillo es almacenar en caché la página HTML completa resultante de renderizar una acción del controlador en particular. Por ejemplo, la acción **MoviesController#show** y su correspondiente vista dependen sólo de los atributos de la película que se está mostrando (la variable **@movie** en el método controlador y la plantilla Haml). La figura 12.7 muestra cómo almacenar en caché la página HTML completa para una película, de forma que peticiones posteriores a esta página no accedan a la base de datos ni ejecuten de nuevo el renderizado Haml, como en la figura 12.6(b).

Por supuesto, esto no es adecuado para acciones de controlador protegidas por filtros previos (*before-filters*), como en el caso de páginas que solicitan que el usuario se haya autenticado y por tanto requieren ejecutar el filtro del controlador. En estos casos, cambiar **caches_page** por **caches_action** seguirá ejecutando cualquier filtro pero permitirá a Rails proporcionar una página de la caché sin consultar la base de datos para renderizar de nuevo las vistas, como en la figura 12.6(c). La figura 12.9 muestra los beneficios de usar http://pastebin.com/7PycU0MK

```
1 class MoviesController < ApplicationController
2   caches_page :show
3   cache_sweeper :movie_sweeper
4   def show
5     @movie = Movie.find(params[:id])
6   end
7 end
```

http://pastebin.com/UzJHx6As

```
1 class MovieSweeper < ActionController::Caching::Sweeper
2   observe Movie
3   # if a movie is created or deleted, movie list becomes invalid
4   #   and rendered partials become invalid
5   def after_save(movie)    ; invalidate ; end
6   def after_destroy(movie) ; invalidate ; end
7   private
8   def invalidate
9     expire_action :action => ['index', 'show']
10    expire_fragment 'movie'
11  end
12 end
```

Figura 12.7. (Arriba) La línea 2 especifica que Rails debe almacenar en caché el resultado de la acción show. La caché de acciones está implementada como un filtro previo que comprueba si se debe usar la versión en la caché y un filtro que se ejecuta antes y después (*around-filter*) y captura y almacena en caché la salida renderizada, lo que supone un ejemplo del patrón de diseño Decorator (sección 11.4). (Abajo) Este "barrendero", referenciado en la línea 3 del controlador, utiliza el patrón de diseño Observer (sección 11.7) para añadir puntos de interrupción en el ciclo de vida de ActiveRecord (sección 5.1) para hacer expirar cualquier objeto que pueda haber quedado obsoleto como resultado de actualizar una película concreta.

cachés de página y acciones en este ejemplo sencillo. Observe que en la caché de páginas de Rails, el nombre del objeto en la caché *ignora* los parámetros embebidos en los URI como `/movies?ratings=PG+G`, por lo que los parámetros que afecten a la apariencia de la página deben ser parte de la ruta REST, como en `/movies/ratings/PG+G`.

Un caso intermedio viene dado por la caché de acciones donde el contenido principal de la página no cambia, pero sí la disposición. Por ejemplo, `app/views/layouts/application.html.haml` podría incluir un mensaje como "Bienvenida, Alice" con el nombre del usuario autenticado. Para permitir que la caché de acciones funcione correctamente en este caso, pasar **:layout=>false** a **caches_action** provocará que se renderice de nuevo completamente todo el *layout* excepto la acción (parte del contenido de la página) que se aprovecha de la caché de acciones. Tenga en mente que como no se ejecutará el controlador de la acción, cualquier contenido dinámico que aparezca en el *layout* debe ser configurado en un filtro previo.

La caché de páginas no es útil para las páginas cuyos contenidos cambian dinámicamente. Por ejemplo, la página con la lista de películas (acción **MoviesController#index**) cambia cuando se añaden nuevas películas o cuando el usuario filtra la lista según la clasificación MPAA. Pero aún nos podemos beneficiar del uso de cachés viendo que la página índice consiste en una colección de filas de una tabla, cada una de las cuales depende únicamente de los atributos de una película concreta, como muestra la figura 5.2 de la sección 5.1. La figura 12.8 muestra cómo, al añadir una única línea a la vista parcial de la figura 5.2, se almacena en caché el fragmento HTML renderizado que corresponde a cada película.

Rails proporciona un atajo muy práctico que consiste en que si el argumento pasado a **cache** es un objeto ActiveRecord cuya tabla incluye una columna `updated_at` o `updated_on`, la caché expirará automáticamente un fragmento si su fila de la tabla se ha actualizado desde que el fragmento fue almacenado en la caché la primera vez. Sin embargo, *http://pastebin.com/XxPdsdQf*

```
-# A single row of the All Movies table
  - cache(movie) do
    %tr
      %td= movie.title
      %td= movie.rating
      %td= movie.release_date
      %td= link_to "More about #{movie.title}", movie_path(movie)
```

Figura 12.8. Comparado con la figura 5.2 de la sección 5.1, sólo hemos añadido 2 líneas. Rails generará un nombre para el fragmento almacenado en la caché, basándose en el nombre del recurso pluralizado y la clave primaria, por ejemplo `movies/23`.

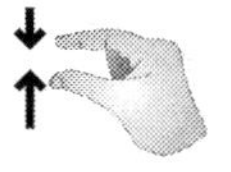

por claridad, la línea 10 del "barrendero" de la figura 12.7 muestra cómo expirar explícitamente un fragmento cuyo nombre coincida con el argumento de **cache** cuando quiera que el objeto **movie** subyacente se guarde o se borre.

A diferencia de la caché de acciones, que evita completamente ejecutar la acción del controlador, la comprobación de la caché de fragmentos sucede *después* de que la acción de controlador se haya ejecutado. Partiendo de este hecho, se estará preguntando cómo puede la caché de fragmentos ayudar a reducir la carga de la base de datos. Por ejemplo, suponga que añadimos una vista parcial a la página con la lista de películas para mostrar el **@top_5** de las películas basándonos en la media de las puntuaciones de las críticas, y que añadimos una línea a la acción **index** del controlador para establecer la variable:

http://pastebin.com/3Ba360Vt

```
1 -# a cacheable partial for top movies
2 - cache('top_moviegoers') do
3   %ul#topmovies
4     - @top_5.each do |movie|
5       %li= moviegoer.name
```

http://pastebin.com/x88niV53

```
1 class MoviegoersController < ApplicationController
2   def index
3     @movies = Movie.all
4     @top_5 = Movie.joins(:reviews).group('movie_id').
5       order("AVG(potatoes) DESC").limit(5)
6   end
7 end
```

La caché de acciones es ahora de menor utilidad, ya que la vista **index** puede cambiar cuando se añade una nueva película *o* cuando se escribe una crítica (lo que puede hacer cambiar cuáles son las 5 películas mejor puntuadas). Si la acción del controlador se ejecuta antes de que se compruebe la caché de fragmentos, ¿no estamos eliminando el beneficio de la caché, ya que invocar a **@top_5** en las líneas 4 y 5 del controlador provoca una consulta a la base de datos?

Sorprendentemente, no. De hecho, las líneas 4 y 5 *no* provocan ninguna consulta: ¡construyen un objeto que *puede* realizar la consulta si se le pregunta por el resultado! Esto se denomina ***evaluación perezosa***, una técnica muy poderosa de los lenguajes de programación que proviene de la programación funcional subyacente del ***cálculo lambda***. El subsistema Rails ActiveRelation (ARel), utilizado por ActiveRecord, usa la evaluación perezosa. La consulta real a la base de datos no tiene lugar hasta que se invoca **each** en la línea 5 de la plantilla Haml, porque ese es el primer momento en el que se consulta el objeto ActiveRelation para devolver un resultado. Pero como esa línea está dentro del bloque **cache** que comienza en la línea 2, si el objeto se encuentra en la caché de fragmentos, no se ejecutará la línea de código

Sin caché	Caché de acciones	Aceleración vs. sin caché	Caché de páginas	Aceleración vs. sin caché	Aceleración vs. caché de acciones
449 ms	57 ms	**8x**	21ms	**21x**	**3x**

Figura 12.9. Para una base de datos PostgreSQL compartida en Heroku, que contiene 1000 películas y alrededor de 100 críticas por película, la tabla muestra el tiempo en milisegundos para obtener la lista de las 100 primeras críticas ordenadas por fecha de creación, con y sin caché de páginas y de acciones. Los números se obtienen de los ficheros de registro visibles con `heroku logs`.

Las versiones más antiguas de Rails no disponían de la evaluación perezosa de consultas, por lo que las acciones de controlador tenían que comprobar explícitamente la caché de fragmentos para evitar consultas innecesarias —no muy acorde con la filosofía DRY—.

y por tanto no se realizará la consulta a la base de datos. Por supuesto, usted aún debe incluir la lógica necesaria en el *barrendero* para expirar el fragmento con las 5 mejores películas cuando se añade una nueva crítica.

En resumen, ambas cachés (páginas y fragmentos) recompensan nuestra habilidad de separar las cosas que cambian (unidades que no se pueden almacenar en caché) de aquellas que permanecen igual (unidades que se pueden almacenar en caché). Para las cachés de páginas o acciones, divida las acciones de controlador protegidas por filtros previos en una acción "no protegida" que pueda usar la caché de páginas y una acción filtrada que pueda usar la caché de acciones (en un caso extremo, puede contratar una ***red de entrega de contenidos*** (Content Distribution Network, CDN) como Amazon CloudFront para replicar la página en cientos de servidores alrededor del mundo). Para la caché de fragmentos, utilice vistas parciales para aislar cada entidad que no se pueda almacenar en caché, como una instancia de modelo, en su propia vista parcial que pueda ser almacenada en la caché de fragmentos.

Resumen
Para maximizar los beneficios de las cachés, separe las unidades que se pueden almacenar en caché de las que no: las acciones de controlador pueden dividirse en versiones que pueden y no pueden almacenarse en caché dependiendo de si se debe ejecutar un filtro previo, y las vistas parciales pueden usarse para dividir las vistas en fragmentos que se puedan guardar en la caché.

■ ***Explicación. ¿Dónde se almacenan los objetos guardados en caché?***

En desarrollo, los objetos que se guardan en la caché se almacenan normalmente en el sistema local de ficheros. En Heroku, el *add-on* Memcachier guarda el contenido que forma parte de la caché en la base de datos en memoria `memcached` (pronunciado *mem-cash-dee*; el sufijo *-d* se debe a la convención Unix de nombrar a los procesos ***demonio*** que se ejecutan permanentemente en segundo plano). Los contenedores de cachés de Rails deben implementar una API común de forma que se puedan usar diferentes contenedores en distintos entornos —un gran ejemplo de inyección de dependencias, que vimos en la sección 11.6—.

Autoevaluación 12.7.1. *Hemos mencionado que pasar* **:layout=>false** *a* **caches_action** *proporciona la mayor parte del beneficio de la caché de acciones incluso cuando la disposición de la página contiene elementos dinámicos como el nombre del usuario autenticado. ¿Por qué el método* **caches_page** *también permite esta opción?*

◇ Como es la capa de presentación quien maneja la caché de páginas, no la capa de lógica, un resultado de la caché de páginas significa que se evita utilizar Rails completamente. La capa de presentación tiene una copia de la página completa, pero sólo la capa de lógica de negocio sabe qué parte de la página vino desde el *layout* y cuál desde el renderizado de la acción. ■

12.8 Evitar consultas abusivas a base de datos

Como vimos en la sección 2.4, la base de datos será la que limite la escalabilidad horizontal en último término —no por quedarse sin espacio para almacenar las tablas, sino más probablemente porque una única máquina no pueda mantener el número necesario de consultas por segundo y la responsividad al mismo tiempo—. Cuando esto sucede, necesitará adentrarse en técnicas como el *sharding* y la replicación, que están fuera del ámbito de este libro (pero consulte la sección "Para saber más" para ver algunas sugerencias).

Incluso en un único ordenador, la optimización del rendimiento de una base de datos es enormemente complicada. La base de datos MySQL, de código abierto y ampliamente usada, posee docenas de parámetros de configuración, y la mayoría de los administradores de bases de datos (*DataBase Administrators*, DBA) le dirán que al menos media docena de éstos son "críticos" para obtener un buen rendimiento. Por tanto, nos centraremos en cómo mantener el uso de la base de datos dentro de los límites que le permitan tener su aplicación alojada en un proveedor de PaaS: Heroku, Amazon Web Services, Microsoft Azure y otros ofrecen bases de datos relacionales alojadas y gestionadas por profesionales DBA, responsables de la optimización de referencia. A esta escala se pueden construir muchas aplicaciones SaaS —por ejemplo, Pivotal Tracker[22] funciona con una base de datos alojada en una única máquina—.

Una manera de mitigar la presión sobre su base de datos es evitar consultas costosas innecesarias. Hay dos errores comunes para los desarrolladores menos experimentados en SaaS que aparecen con la presencia de las asociaciones:

1. El problema de las *n+1 consultas* aparece cuando al recorrer una asociación se ejecutan más consultas de las necesarias.

2. El problema del *recorrido de tabla* (*table scan*) sucede cuando las tablas no poseen los ***índices*** apropiados para acelerar ciertas consultas.

Las líneas 1 a 17 de la figura 12.10 ilustran el llamado problema de las $n + 1$ consultas cuando se recorren asociaciones, y también muestra por qué este problema es más propenso a aparecer cuando el código se cuela en las vistas: la vista no tiene forma de saber el daño que está causando. Por supuesto, también es malo realizar una carga temprana de información que después no se utiliza, como sucede en las líneas 18 a 21 de la figura 12.10. La gema `bullet`[23] ayuda a detectar ambos problemas.

Otro abuso de la base de datos que se debe evitar son las consultas que resultan en un ***recorrido completo de la tabla***. Considere la línea 4 de la figura 12.10: en el peor de los casos, la base de datos tendría que examinar cada fila de la tabla `movigoers` para encontrar coincidencias sobre la columna `email`, con lo que la consulta se ejecutará más y más lentamente a medida que la tabla crece, necesitando un tiempo $O(n)$ para una tabla con n filas. La solución es añadir un ***índice de base de datos*** en la columna `moviegoers.email`, tal y como muestra la figura 12.11. Un índice es una estructura de datos separada y mantenida por la base de datos que utiliza técnicas de ***hashing*** sobre los valores de la columna para permitir el acceso en tiempo constante a cualquier fila cuando se usa esa columna como restricción. Una tabla determinada puede tener más de un índice e incluso tener índices basados en los *http://pastebin.com/kN8Fdz2H*

```
1  # assumes class Moviegoer with has_many :movies, :through => :reviews
2
3  # in controller method:
4  @fans = Moviegoer.where("zip = ?", code) # table scan if no index!
5
6  # in view:
7  - @fans.each do |fan|
8    - fan.movies.each do |movie|
9      // BAD: each time thru this loop causes a new database query!
10     %p= movie.title
11
12 # better: eager loading of the association in controller.
13 # Rails automatically traverses the through-association between
14 # Moviegoers and Movies through Reviews
15 @fans = Moviegoer.where("zip = ?", code).includes(:movies)
16 # GOOD: preloading movies reviewed by fans avoids N queries in view.
17
18 # BAD: preload association but don't use it in view:
19 - @fans.each do |fan|
20   %p= @fan.name
21   // BAD: we never used the :movies that were preloaded!
```

Figura 12.10. La consulta de la acción del controlador (línea 4) accede una vez a la base de datos para obtener las filas de @fans, pero cada iteración en el bucle de las líneas 8 a 10 provoca otro nuevo acceso a la base de datos, resultando en $n + 1$ accesos para un fan que haya realizado críticas de n películas. Por el contrario, en la línea 15 se realiza una única consulta de *carga temprana* que también obtiene todas las películas, lo que es casi tan rápido como la línea 4 ya que la mayoría del coste de consultas pequeñas se produce en el acceso a la base de datos.

http://pastebin.com/zrGFXsbt

```
class AddEmailIndexToMoviegoers < ActiveRecord::Migration
  def up
    add_index 'moviegoers', 'email', :unique => true
    # :unique is optional - see text for important warning!
    add_index 'moviegoers', 'zip'
  end
end
```

Figura 12.11. Al añadir un índice en una columna, se aceleran las consultas que coinciden con dicha columna. Un índice es incluso más rápido si especifica :unique, equivalente a hacer la promesa de que no existirán dos filas con el mismo valor del atributo indexado; para evitar errores en caso de existir valores duplicados, utilice esto junto con una validación de valor único, como se describe en la sección 5.1.

# de críticas:	2.000	20.000	200.000		200.000
Leer 100, sin índices	0,94	1,33	5,28	Crear 1.000, sin indices	9,69
Leer 100, índices FK	0,57	0,63	0,65	Crear 1.000, índices	11,30
Rendimiento	166%	212%	808%	Rendimiento	–17%

Figura 12.12. Esta tabla presenta los beneficios y penalizaciones de los índices para una base de datos PostgreSQL compartida en Heroku que contiene unas 1.000 películas, 1.000 espectadores y de 2.000 a 200.000 críticas. La primera parte compara el tiempo, en segundos, empleado en leer 100 críticas sin índices frente al uso de índices en las claves foráneas `movie_id` y `moviegoer_id` en la tabla `reviews`. La segunda parte compara el tiempo ocupado en crear 1.000 críticas en ausencia y en presencia de índices sobre *cualquier posible par* de columnas de `reviews`, mostrando que incluso en este caso compulsivo, la penalización por el uso de índices es suave.

valores de varias columnas. Además de los atributos nombrados explícitamente en las consultas **where**, normalmente las ***claves foráneas*** (el sujeto de la asociación) deben ser indexadas también. Por ejemplo, en el ejemplo de la figura 12.10, el campo **moviegoer_id** en la tabla `reviews` podría necesitar un índice para acelerar las consultas relativas a **fan.movies**.

Por supuesto, los índices no son gratuitos: cada índice ocupa un espacio que es proporcional al número de filas de la tabla, y dado que cada índice de la tabla debe actualizarse cada vez que se añaden o modifican filas, las actualizaciones de tablas con muchos índices pueden verse afectadas. Sin embargo, debido al comportamiento típico de las aplicaciones SaaS, donde la mayor parte de las operaciones son lecturas, y a que las consultas son relativamente sencillas comparadas con otros sistemas que se apoyan en bases de datos, como el procesamiento de transacciones en línea (*Online Transaction Processing*, OLTP), es muy probable que su aplicación tenga otros cuellos de botella antes de que los índices comiencen a limitar su rendimiento. La figura 12.12 muestra un ejemplo de la dramática mejora conseguida gracias al uso de los índices.

Resumen de cómo evitar consultas abusivas

- El problema de las $n + 1$ consultas, en el que recorrer una asociación de 1-a-n provoca $n + 1$ pequeñas consultas en vez de una única consulta extensa, puede evitarse con un uso sensato de la carga temprana.

- Los recorridos completos de tabla en las consultas se pueden evitar utilizando los índices de la base de datos de forma sensata, pero cada índice ocupa espacio y degrada el rendimiento de las actualizaciones. Un buen punto de partida es crear índices para todas las columnas que representan claves foráneas y para todas las columnas referenciadas en las claúsulas **where** de consultas frecuentes.

■ ***Explicación. SQL EXPLAIN***

La mayoría de las bases de datos, incluyendo MySQL y PostgreSQL (aunque no SQLite), soportan el comando `EXPLAIN` que describe el ***plan de ejecución de la consulta***: a qué tablas se accederá al realizar la consulta y cuáles de esas tablas tienen índices que acelerarán la consulta. Por desgracia, el formato de salida de `EXPLAIN` es específico de cada base de datos. Desde Rails 3.2, EXPLAIN se ejecuta automáticamente[24] en aquellas consultas que tardan más tiempo que un umbral especificado por el desarrollador en el entorno de desarrollo, y el plan de ejecución de la consulta se escribe en `development.log`. La gema query_reviewer[25], que en la actualidad sólo funciona con MySQL, ejecuta `EXPLAIN` en todas las consultas generadas por ActiveRecord e inserta los resultados en un `div` en la parte superior de cada vista en el entorno de desarrollo.

Autoevaluación 12.8.1. *Un índice en una tabla de la base de datos normalmente acelera el ____ a costa de ____ y de ____.*

◇ Rendimiento de las consultas a costa de espacio y de rendimiento en la actualización de la tabla. ■

12.9 Seguridad: proteger los datos de los usuarios en su aplicación

Ronald Rivest (1947–), Adi Shamir(1952–) y Leonard Adleman (1945–) recibieron el Premio Turing en 2002 por dar utilidad práctica a la criptografía de clave pública. En el algoritmo RSA (llamado así por los apellidos de sus autores), las propiedades de seguridad de un par de claves está determinado por la dificultad de factorizar números enteros muy grandes y realizar la exponenciación modular, esto es, determinar m tal que $C = m^E \bmod N$.

Mi respuesta fue "Enhorabuena, Ron, eso debería funcionar".

Len Adleman, en respuesta a la propuesta de cifrado de Ron Rivest, 1977

Como la seguridad tiene su propio campo en la informática, no hay escasez de material para consultar o temas que estudiar. Quizás como resultado de esto, los expertos en seguridad han reducido sus recomendaciones a principios que puedan seguir los desarrolladores. Aquí presentamos tres:

- El ***principio de mínimo privilegio*** enuncia que a un usuario o a un componente software no se le deben dar más privilegios —es decir, mayor acceso a información o recursos— de los que son necesarios para llevar a cabo la tarea que se le ha asignado. Esto es análogo al principio de "necesidad de saber" para la información clasificada. Un ejemplo de este principio en el mundo Rails lo encontramos en los procesos Unix que corresponden a su aplicación Rails, la base de datos y el servidor web (capa de presentación), que deben ejecutarse con mínimos privilegios y en un entorno en el que no puedan ni siquiera crear nuevos archivos en el sistema de ficheros. Los mejores proveedores de PaaS, incluyendo Heroku, ofrecen un entorno de despliegue configurado según este principio.

- El ***principio de opciones seguras por defecto*** dice que, excepto si a un usuario o componente software se le da acceso explícito a un objeto, dicho acceso le debe ser denegado. Es decir, por defecto se debe negar el acceso. El uso adecuado de **attr_accessible**, tal y como se describe en la sección 5.2, sigue este principio.

- El ***principio de aceptación psicológica*** expone que los mecanismos de protección no deberían hacer que la aplicación sea más difícil de utilizar que si no hubiera tal protección. Es decir, la interfaz de usuario debe ser fácil de usar para que los mecanismos de seguridad se sigan de forma rutinaria.

El resto de la sección abarca cinco vulnerabilidades específicas de seguridad que son particularmente relevantes para las aplicaciones SaaS: protección de datos mediante cifrado, falsificación de peticiones en sitios cruzados, inyección SQL y secuencias de comandos en sitios cruzados, prohibir llamadas a métodos privados del controlador y autodenegación de servicio.

Protección de datos mediante cifrado. Dado que los proveedores de PaaS se encargan de mantenerse al tanto de temas relativos a la seguridad en la propia infraestructura, los desarrolladores que utilizan PaaS pueden centrarse ante todo en ataques que puedan frustrarse con buenas prácticas de desarrollo. En Saas, los ataques relacionados con los datos tratan de comprometer uno o más de los tres elementos básicos de la seguridad: privacidad, autenticidad e integridad de los datos. El objetivo de ***Transport Layer Security*** (TLS) y su predecesor *Secure Sockets Layer* (SSL) es ***cifrar*** todo el tráfico HTTP mediante técnicas de criptografía que usan un ***secreto*** (como puede ser una contraseña) conocido únicamente por las dos partes de la comunicación. Cuando se ejecuta HTTP sobre una conexión segura de esta forma se denomina HTTPS.

Establecer un secreto compartido con un sitio web que no se ha visitado nunca antes es un reto cuya solución práctica, la ***criptografía de clave pública*** , se atribuye a Ron Rivest, Adi Shamir y Len Adleman (de ahí ***RSA***) . Un ***principal*** o entidad certificadora genera un ***par de claves*** que consiste en dos partes relacionadas, una de las cuales se hace pública (accesible a cualquier persona del mundo) y la otra se mantiene en secreto.

Un par de claves posee dos propiedades importantes:

La sección A.5 introduce las herramientas `ssh` (intérprete de comandos seguro) incluidas en la biblioteca de recursos.

1. Un mensaje cifrado con la clave privada sólo se puede descifrar usando la clave pública, y viceversa.

2. La clave privada no se puede deducir a partir de la pública, y viceversa.

Alice y Bob son las ***entidades arquetípicas*** que aparecen en los escenarios de seguridad, acompañados de la fisgona Eve, el malicioso Mallory y otros originales personajes.

La primera propiedad establece los fundamentos de SSL: si usted recibe un mensaje que es descifrable con la clave pública de Bob, entonces solamente alguien que posea la clave privada de Bob puede haberlo creado. Una variación de esto lo constituye la firma digital: para firmar un mensaje, Bob genera un resumen no reversible del mensaje (una pequeña "huella digital" que cambiaría si el mensaje se modifica) y cifra el resumen utilizando su clave privada como una forma de atestiguar "Yo, Bob, respondo por la información contenida en el mensaje representado por este resumen".

Para ofrecer acceso seguro mediante SSL a su sitio web `rottenpotatoes.com`, Bob genera un par de claves consistente en una parte pública, *KU*, y una parte privada, *KP*. Él demuestra su identidad utilizando los medios convencionales, como los documentos de identidad emitidos por el gobierno, con una ***autoridad de certificación*** (CA) como VeriSign . La CA utiliza entonces su propia clave privada, *CP*, para firmar un ***certificado SSL*** que expone que, en efecto, "La clave pública de `rottenpotatoes.com` es *KU*". Bob instala este certificado en su servidor y habilita las conexiones SSL en su pila SaaS —habitualmente algo trivial en un entorno PaaS—. Finalmente, habilita SSL en su aplicación Rails añadiendo **force_ssl**[26] en todos los controladores para forzar que todas sus acciones utilicen SSL, o usa las opciones **:only** o **:except** de los filtros para limitar qué acciones usarán SSL.

force_ssl está implementado como un filtro previo (*before-filter*) que provoca una redirección inmediata desde `http://`*site/action* a `https://`*site/action*.

La clave pública de la CA, *CU*, está incluida en la mayoría de los navegadores, por lo que cuando el navegador de Alice se conecta por primera vez a `https://rottenpotatoes.com` y solicita el certificado, puede verificar la firma de la CA y obtener la clave pública de Bob, *KU*, desde el certificado. Entonces, el navegador de Alice escoge una cadena de caracteres aleatoria como el secreto compartido, lo cifra utilizando *KU* y lo envía a `rottenpotatoes.com`, que sólo lo puede descifrar usando *KP*. Este secreto compartido es usado entonces para cifrar el tráfico HTTP utilizando ***criptografía de clave secreta*** (o criptografía simétrica) durante el tiempo de duración de la sesión. En este punto, cualquier contenido enviado por HTTPS es razonablemente seguro y está a salvo de fisgones, y el navegador de Alice cree que el servidor con el que está hablando es el servidor original de RottenPotatoes, ya que sólo un servidor que esté en posesión de *KP* podría haber completado el paso del intercambio de claves.

Es importante reconocer que este es el límite de lo que puede hacer SSL. En particular, el servidor no sabe nada sobre la identidad de Alice, y no se puede garantizar nada sobre los datos de Alice excepto su privacidad durante la comunicación con RottenPotatoes.

Falsificación de peticiones en sitios cruzados. Un ataque CSRF (a veces pronunciado "sea-surf") implica engañar al navegador del usuario para que visite un sitio web diferente de aquel al que pertenece la *cookie* válida del usuario, y realizar una acción ilícita en ese sitio web como ese usuario. Por ejemplo, suponga que Alice se ha autenticado recientemente en su cuenta de MyBank.com, por lo que su navegador posee ahora una *cookie* válida para MyBank.com que demuestra que ella se ha autenticado en el sistema. Ahora Alice visita un foro donde el malicioso Mallory ha compartido un mensaje con la siguiente "imagen" embebida:

http://pastebin.com/rtzYtTmj

```
<p>Here's a risque picture of me:
  <img src="http://mybank.com/transfer/mallory/5000">
</p>
```

Cuando Alice ve el mensaje, o si recibe un correo electrónico con este enlace embebido en él, su navegador intentará traer la imagen desde su URI REST, que transfiere 5.000$ en la cuenta de Mallory. Alice verá un icono de "imagen rota" sin darse cuenta del daño. Los ataques CSRF se combinan a menudo con secuencias de comandos en sitios cruzados (ver el siguiente punto) para realizar ataques más sofisticados.

Existen dos medios para frustrar estos ataques. El primero es asegurar que las acciones REST realizadas con el método HTTP `GET` no tengan efectos colaterales. Una acción como una retirada de fondos o la finalización de una compra debe manejarse mediante un POST. Esto dificulta que el atacante pueda entregar la "carga útil" utilizando etiquetas embebidas de un recurso estático como `IMG`, que los navegadores *siempre* gestionan usando `GET`. El segundo medio es insertar una cadena de caracteres generada aleatoriamente basada en la sesión actual en cada vista y acordar incluir su valor como un campo oculto de formulario en cada formulario. Este *string* será distinto para Alice que para Bob, ya que sus sesiones son diferentes. Cuando se envía un formulario sin la cadena de caracteres aleatoria correcta, el envío se rechaza. Rails automatiza esta defensa: todo lo que necesita hacer es renderizar **csrf_meta_tags** en cada vista y añadir **protect_from_forgery** a cada controlador que pudiera gestionar un envío de formulario. De hecho, cuando usted utiliza `rails new` para generar una nueva aplicación, estas defensas se incluyen en `app/views/layouts/application.html.haml` y `app/controllers/application_controller.rb` respectivamente.

Inyección SQL y secuencias de comandos en sitios cruzados. Ambos ataques se aprovechan de las aplicaciones SaaS que manejan de manera no segura el contenido proporcionado por el atacante. En la ***inyección SQL***, Mallory introduce datos en el formulario de forma que espera que se inserten directamente en una consulta SQL que ejecuta la aplicación. La figura 12.14 muestra un ejemplo y cómo defenderse de este ataque —utilizando procedimientos almacenados—. En el caso de las ***secuencias de comandos en sitios***

http://pastebin.com/h1spRdpd

```
1 class MoviesController
2   def search
3     movies = Movie.where("name = '#{params[:title]}'") # UNSAFE!
4     # movies = Movie.where("name = ?", params[:title])   # safe
5   end
6 end
```

Figura 12.13. Código vulnerable a un ataque de inyección SQL. Quitando el comentario de la línea 4 y borrando la línea 3 se frustraría el ataque al utilizar un *procedimiento almacenado*, que permite a ActiveRecord "inmunizar" entradas maliciosas antes de insertarlas en la consulta.

params[:title]	Sentencia SQL
`Aladdin`	`SELECT "movies".* FROM "movies" WHERE (title='Aladdin')`
`'); DROP TABLE "movies"; --`	`SELECT "movies".* FROM "movies" WHERE (title=''); DROP TABLE "movies"; --`

Figura 12.14. Si Mallory introduce el texto de la segunda fila de la tabla como el nombre de la película, la línea 3 de la figura 12.13 se convierte en una sentencia SQL peligrosa que borra la tabla completa (el `--` final, el carácter SQL para comentarios, evita la ejecución de cualquier código SQL que pudiera venir detrás de `DROP TABLE`). La inyección SQL a menudo tenía éxito contra entornos antiguos como PHP, en el que las consultas se construían a mano por los programadores.

La firma de seguridad Symantec informó[27] de que los ataques XSS sumaron más del 80% de las vulnerabilidades de seguridad en 2007.

JavaScript es el lenguaje escogido para los ataques XSS, pero cualquier tecnología que mezcle código en páginas HTML es vulnerable, incluyendo ActiveX, VBScript y Flash.

Cuando Amazon rebajó 1.000 consolas Xbox 360 a 100$, en vez de su precio de venta de 399$, los millones de usuarios pulsando "Reload" para recibir la oferta durante los primeros 5 minutos pusieron el sitio web al borde del desastre.

cruzados (*Cross-Site Scripting*, XSS) , Mallory prepara un fragmento de código JavaScript que provoca alguna acción dañina; su objetivo es conseguir que RottenPotatoes muestre dicho fragmento como parte de una página HTML, de manera que inicie la ejecución del *script*. La figura 12.15 muestra un ejemplo benévolo y su defensa; ejemplos reales incluyen a menudo código JavaScript que sustrae la *cookie* válida de Alice y la envía a Mallory, que puede ahora "interceptar" la sesión de Alice proporcionando la *cookie* de Alice como si fuera suya. Lo que es peor, incluso aunque el ataque XSS sólo consiga leer el contenido de la página de otro sitio web y no consiga la *cookie*, el contenido de esta página podría contener el *token* de prevención contra ataques CSRF generado por **csrf_meta_tags** correspondiente a la sesión de Alice, por lo que muchas veces XSS se utiliza para habilitar un ataque CSRF.

Prohibir llamadas a métodos privados del controlador. No es extraño que los controladores incluyan métodos *helper* "sensibles" que no están pensados para ser llamados por acciones de los usuarios finales, sino únicamente desde el interior de una acción. Utilice **protected** para cualquier método del controlador que no tenga que ser accesible por ninguna acción iniciada por el usuario y compruebe con `rake routes` que ninguna ruta incluya comodines que puedan invocar a alguna acción de controlador que no sea pública.

Autodenegación de servicio. Un ataque malicioso de denegación de servicio busca tener ocupado al servidor realizando trabajo sin utilidad, impidiendo el acceso a usuarios legítimos. Usted puede dejar su aplicación expuesta inadvertidamente a este tipo de ataques si permite a usuarios arbitrarios realizar acciones que produzcan mucha carga de trabajo en el servidor, como permitir subir un fichero extenso o generar un informe costoso (la carga o subida de ficheros conlleva también otros riesgos, por lo que debería "subcontratar" esta responsabilidad a otros servicios, como el add-on Progstr-Filer de Heroku[28]). Una forma de defenderse es utilizar una tarea separada en segundo plano como un Heroku worker[29] para descargar al servidor principal de la aplicación de los trabajos de larga duración.

Hay que hacer una advertencia final sobre la seguridad. La "carrera armamentística" entre los desarrolladores de SaaS y los atacantes maliciosos está en curso, por lo que incluso un sitio web mantenido con precaución no es 100% seguro. Además de defenderse de ataques contra los datos de los clientes, usted debe ser cuidadoso *también* cuando maneja datos sensibles.

http://pastebin.com/rxwYGwB6

```
<h2><%= movie.title %></h2>
<p>Released on <%= movie.release_date %>. Rated <%= movie.rating %>.</p>
```

http://pastebin.com/ytYnC2h6

```
<h2><script>alert("Danger!");</script></h2>
<p>Released on 1992-11-25 00:00:00 UTC. Rated G.</p>
```

http://pastebin.com/QN5KcdTy

```
<h2>&lt;script&gt;alert("Danger!");&lt;/script&gt;</h2>
<p> Released on 1992-11-25 00:00:00 UTC. Rated G.</p>
```

Figura 12.15. Arriba: un fragmento de la plantilla de una vista utilizando el renderizador eRB, embebido en Rails, en vez de Haml. Medio: Mallory introduce una película nueva cuyo "título" es la cadena de caracteres `<script>alert("Danger!");</script>`. Cuando se renderiza la acción Show para esta película, el "título" se inserta directamente en la vista HTML, provocando que se ejecute el código JavaScript cuando el navegador de Alice muestra la página. Abajo: la defensa es "inmunizar" cualquier entrada que vaya a ser insertada en HTML. Afortunadamente, el operador = de Haml hace esto automáticamente, de forma que el código queda inutilizado cuando se escapan adecuadamente los paréntesis angulares ("<",">") para HTML.

Ataque	**Defensas Rails**
Fisgoneo	Instale un certificado SSL y use **force_ssl** en los controladores (opcional: **:only=>** o **:except=>** para acciones específicas) para cifrar tráfico con SSL
Falsificación de peticiones en sitios cruzados (CSRF)	Use **csrf_meta_tags** en todas las vistas (por ejemplo, incluyéndolo en el diseño principal) y especifique **protect_from_forgery** en **ApplicationController**
Secuencias de comandos en sitios cruzados (XSS)	Use = de Haml para inmunizar el código HTML
Inyección SQL	Use procedimientos almacenados con parámetros en vez de insertar cadenas de caracteres directamente en las consultas
Asignación de atributos sensibles en masa	Use **attr_protected** o **attr_accessible** para proteger los atributos sensibles (sección 5.2)
Ejecución de acciones protegidas	Use **before_filter** para proteger métodos públicos sensibles en los controladores; declare los métodos de controlador no públicos como **private** o **protected**
Autodenegación de servicio, clientes patológicamente lentos	Use *workers* independientes que trabajen en segundo plano para realizar tareas de larga duración en vez de comprometer al servidor de aplicaciones

Figura 12.16. Algunos ataques comunes contra las aplicaciones SaaS y los mecanismos de Rails para defenderse de ellos.

No almacene contraseñas en texto plano; guárdelas cifradas o, mejor aún, confíe en otra entidad para la autenticación, como se describe en la sección 5.2, para evitar incidentes[30] embarazosos[31] de[32] robo[33] de contraseñas[34]. No *piense* siquiera en almacenar números de tarjetas de crédito, ni aunque estén cifrados. La asociación de la industria de tarjetas de pago impone una responsabilidad de auditoría que cuesta decenas de miles de dólares al año a cualquier sitio web que haga eso (para prevenir el fraude[35] con las tarjetas[36] de crédito[37]), y la responsabilidad es ligeramente menos severa si su código no manipula ningún número de tarjeta de crédito, incluso si no lo almacena. En su lugar, descargue esta responsabilidad en sitios web como PayPal[38] o Stripe[39] , que están especializados en cumplir estas fuertes responsabilidades.

Resumen de cómo defender los datos de los clientes

- Seguir los principios de ***mínimo privilegio***, el de ***opciones seguras por defecto*** y el de ***aceptación psicológica*** pueden conducir a sistemas más seguros.
- SSL y TLS mantienen la privacidad de los datos mientras viajan a través de una conexión HTTP, pero no proporcionan ninguna otra garantía de privacidad. Además garantizan al navegador la identidad del servidor (a no ser que la autoridad certificadora, CA, que certificó originalmente la identidad del servidor se haya visto comprometida), pero no al revés.
- Los desarrolladores que despliegan en un PaaS de confianza deben centrarse principalmente en ataques que puedan frustrarse mediante buenas prácticas de codificación. La figura 12.16 resume algunos ataques comunes contra las aplicaciones SaaS y los mecanismos de Rails que los neutralizan.
- Además de desplegar defensas a nivel de aplicación, los datos de los clientes particularmente sensibles deben ser almacenados de forma cifrada o no guardarse en absoluto, subcontratando su manejo a servicios especializados.

Autoevaluación 12.9.1. *Verdadero o falso: si un sitio web tiene un certificado SSL válido, los ataques de falsificación de peticiones en sitios cruzados (CSRF) y de inyección SQL son más complicados de realizar contra ese sitio web.*

◇ Falso. La seguridad del canal HTTP es irrelevante para ambos ataques. El ataque CSRF se basa únicamente en un sitio web que acepta de forma errónea una petición que tiene una *cookie* válida pero generada en algún otro sitio. La inyección SQL se basa sólo en que el código del servidor SaaS inserta de manera insegura las cadenas de caracteres introducidas por el usuario en una consulta SQL. ■

Autoevaluación 12.9.2. *¿Por qué los ataques de CSRF no se pueden frustrar comprobando la cabecera `Referer:` de la petición HTTP?*

◇ La cabecera se puede falsificar de forma trivial. ■

12.10 La perspectiva clásica

Los requisitos no funcionales pueden ser más importantes que añadir nuevas funcionalidades, ya que no respetarlos pueden provocar pérdidas de millones de dólares, millones de usuarios, o ambos. Por ejemplo, las ventas de Amazon.com en el cuarto trimestre de 2012 fueron de 23.300 millones de dólares, por lo que las pérdidas debidas a una caída del sitio web durante una hora costarían una media de 10 millones de dólares. Ese mismo año, una ataque de seguridad contra el sistema de información de estudiantes de Nebraska[40] reveló los números de la seguridad social de todo aquel que solicitó plaza en la Universidad de Nebraska desde 1985 (se estima que unas 650.000 personas). Si los clientes no pueden confiar en una aplicación SaaS, dejarán de utilizarla sin importar las funcionalidades que ofrezca.

Rendimiento. El rendimiento no es un tema en el que se centre la ingeniería del software convencional, en parte porque ha sido una excusa para justificar malas prácticas y en parte porque es un tema convenientemente tratado en muchos otros sitios. El rendimiento puede ser parte de los requisitos no funcionales y, más adelante, de las pruebas de aceptación para asegurar que el requisito de rendimiento se cumple.

Gestión de lanzamientos. Los ciclos de vida clásicos producen a menudo productos software que tienen versiones mayores y menores. Usando Rails como ejemplo, el último número de versión (3.2.12) es una versión menor; el número intermedio indica la versión mayor, y el primer número representa cambios muy grandes que rompen varias API de forma que las aplicaciones necesitan migrarse de nuevo a esta versión. Un lanzamiento incluye todo: el código, los ficheros de configuración, los datos necesarios y la documentación. La gestión de los lanzamientos incluye seleccionar la fecha del lanzamiento, la información de cómo se va a distribuir y documentar todo de forma que se sepa exactamente qué contiene la versión y cómo hacerlo de nuevo para que sea fácil cambiarlo cuando tenga que lanzar la siguiente versión. En los ciclos de vida clásicos, la gestión de los lanzamientos se considera un caso dentro de la gestión de la configuración, que repasamos en la sección 10.7.

Fiabilidad. La herramienta principal que tenemos a nuestra disposición para hacer que un sistema sea fiable es la redundancia. Al tener más hardware que el mínimo absoluto necesario para ejecutar la aplicación y almacenar los datos, el sistema tiene la posibilidad de continuar incluso cuando un componente falle. Ya que cualquier hardware físico tiene una tasa de fallo no nula, una directriz para la redundancia es asegurarse de que *no existe un único punto de fallo*, que sería el talón de Aquiles de un sistema. En general, cuanta más redundancia, menor será la probabilidad de fallo. Como los sistemas con alta redundancia pueden ser caros, es importante tener una conversación entre adultos con el cliente para ver cómo de fiable debe ser la aplicación.

La fiabilidad es algo integral, e involucra tanto al software y los operadores como al hardware. No importa cuán fiable sea el hardware, los errores del software y equivocaciones de los operadores pueden conducir a caídas del servicio que reduzcan el ***tiempo medio entre fallos*** (***MTTF***). Como la fiabilidad es una función del eslabón más débil de la cadena, puede ser más efectivo enseñar a los operadores cómo ejecutar la aplicación o reducir los fallos del software que comprar más hardware redundante en el que ejecutar la aplicación. Ya que "errar es humano", los sistemas deberían incluir protecciones para tolerar y prevenir errores de los operadores y fallos en el hardware.

Una suposición fundamental de los procesos de desarrollo clásicos es que una organización puede hacer de la producción de software algo previsible y repetible perfeccionando sus procesos de desarrollo software, que pueden a su vez conducir a software más fiable.

Así, las organizaciones suelen guardar todo lo que pueden de los proyectos para aprender qué pueden hacer para mejorar sus procesos. Por ejemplo, el estándar ISO 9001 se otorga a las compañías que tienen sus procesos en vigor, un método para ver si se está siguiendo el proceso y si guardan los resultados de cada proyecto para hacer mejoras en el proceso. Sorprendentemente, la aprobación del estándar no tiene en cuenta la calidad del código resultante, sino únicamente el proceso de desarrollo.

Finalmente, como ocurre con el rendimiento, la fiabilidad también se puede medir. Podemos mejorar la disponibilidad aumentando el tiempo entre fallos (MTTF) o reiniciando la aplicación más rápidamente —***tiempo medio de reparación*** (***MTTR***) —, como muestra la siguiente ecuación:

$$\text{no\_disponibilidad} \approx \frac{\text{MTTR}}{\text{MTTF}} \tag{12.1}$$

Aunque es difícil medir las mejoras en el MTTF, ya que puede pasar mucho tiempo entre fallos, sí podemos medir fácilmente el MTTR. Simplemente provocando una caída en una máquina y viendo cuánto tiempo tarda en reiniciarse la aplicación. Y lo que se puede medir, se puede mejorar. Por eso, puede ser mucho más barato intentar mejorar el MTTR que el MTTF por el hecho de que es más fácil medir los progresos. Sin embargo, no son mutuamente excluyentes, por lo que los desarrolladores pueden intentar aumentar la fiabilidad siguiendo ambos caminos.

Seguridad. Aunque la fiabilidad puede depender de la probabilidad para calcular la disponibilidad —es muy poco probable que varios discos fallen simultáneamente si el sistema de almacenamiento está diseñado sin dependencias ocultas—, este no es el caso de la seguridad. Aquí hay adversarios humanos que están explorando los límites de su diseño en busca de vulnerabilidades para aprovecharse de ellas y entrar en su sistema. La base de datos de vulnerabilidades y riesgos comunes[41] enumera ataques comunes para ayudar a los desarrolladores a entender la dificultad de los retos de la seguridad.

Afortunadamente, además de hacer su sistema más robusto frente a fallos, la programación defensiva puede ayudar también a hacer su sistema más seguro. Por ejemplo, en un ***ataque por desbordamiento de buffer*** , el adversario envía demasiados datos a un *buffer* para sobreescribir la memoria adyacente con su propio código que viaja dentro de los datos. Comprobar las entradas para asegurar que el usuario no está enviando demasiados datos puede ayudar a prevenir dichos ataques. De forma similar, la base de un ***ataque por desbordamiento aritmético*** sería proporcionar un número inesperadamente grande de forma que al sumarlo a otro número parezca más pequeño, dada la naturaleza envolvente de los desbordamientos en la aritmética de 32 bits. Comprobar los valores de entrada, así como capturar excepciones, pueden ser mecanismos para prevenir este ataque. Como los ordenadores actuales normalmente tienen múltiples procesadores ("multicore"), un ataque cada vez más común es un ***ataque de condición de carrera*** donde el programa tiene un comportamiento no determinístico dependiendo de la entrada. Estos defectos de programación concurrente son mucho más complicados de detectar y corregir.

Las pruebas constituyen un gran reto para la seguridad, pero una estrategia es utilizar un ***Tiger team*** o equipo de expertos como adversarios que realizan ***pruebas de vulnerabilidad***. El equipo informa después a los desarrolladores de las vulnerabilidades encontradas.

Resumen: Dada la importancia de mantener la confianza de los usuarios, los requisitos no funcionales pueden ser más importantes que las características funcionales, especialmente en las aplicaciones SaaS.

- Las metodologías clásicas hablan poco sobre el rendimiento, excepto como pieza potencial de la especificación de requisitos de sistema que es validada más tarde como parte del plan maestro de pruebas.
- Los lanzamientos o entregas, considerados parte de la gestión de la configuración, son eventos significativos en el marco de las metodologías clásicas. Un lanzamiento engloba todo acerca del proyecto en ese momento, incluyendo documentación sobre cómo se generó la versión, además del código, ficheros de configuración, datos y documentación del producto.
- La redundancia es la clave para la fiabilidad de un sistema, donde los sistemas de alta disponibilidad aspiran a no tener puntos únicos de fallo. El ***tiempo medio entre fallos*** es función del sistema completo, incluyendo el hardware y los operadores además del software. Otro medio para mejorar la disponibilidad más sencillo de medir que el MTTF es concentrarse en reducir el ***tiempo medio de reparación***.
- A diferencia de las bases probabilísticas de los fallos en los análisis de fiabilidad, la seguridad lucha contra un adversario inteligente cuyo propósito es explotar eventos inesperados, como los desbordamientos de *buffer*.

Autoevaluación 12.10.1. *Además de desbordamientos de* buffer*, aritméticos y condiciones de carrera, enumere otro error potencial que puede conducir a un problema de seguridad por infringir uno de los tres principios de seguridad enumerados arriba.*
◇ Un ejemplo es la inicialización inapropiada, que puede infringir el principio de opciones seguras por defecto. ■

12.11 Falacias y errores comunes

***Falacia.* El esfuerzo adicional que supone probar condiciones muy poco probables con pruebas de integración continua aporta menos valor que los problemas que ocasiona.**

A ritmos de 1 millón de peticiones al día, un evento "poco probable" de uno entre un millón puede, estadísticamente, suceder todos los días. Un millón de peticiones al día fue el volumen de Slashdot en 2010. A 8 mil millones (8×10^9) de peticiones diarias, que fue el volumen de Facebook[42] en 2010 , se pueden esperar 8.000 eventos de "uno entre un millón" al día. Esta es la razón por la que la revisión de código en compañías como Google a menudo se centra en los casos límite: a escala amplia, los eventos astronómicamente improbables ocurren durante todo el tiempo (Brewer 2012). La resistencia extra que proporciona el código de gestión de errores puede ayudarle a dormir mejor por las noches.

***Falacia.* La aplicación se encuentra aún en desarrollo, así que podemos ignorar el rendimiento.**

Actividad	Latencia añadida	Efecto cuantificado
vista de página de Amazon.com	100 ms	1% de caída en ventas
vista de página de Yahoo.com	400 ms	5-9% de caída de tráfico de la página completa
Resultados de búsqueda Google.com	500 ms	20% búsquedas menos realizadas
Resultados de búsqueda Bing.com	2000 ms	4,3% de ingresos menores por usuario

Figura 12.17. Los efectos medidos de latencias añadidas en la interacción de los usuarios con varias e importantes aplicaciones SaaS, a partir de la presentación "Design Fast Websites" del ingeniero de rendimiento de Yahoo, Nicole Sullivan[45] y de una presentación conjunta en la conferencia Velocity 2009[46] por Jake Brutlag, de Google, y Eric Schurman, de Amazon.

Es cierto que Knuth dijo que la optimización prematura es la raíz de todos los males "...cerca del 97% del tiempo". Pero la cita continúa: "Aunque no deberíamos desaprovechar nuestras oportunidades en ese 3% crítico". Ignorar ciegamente defectos de diseño como la falta de índices o consultas innecesarias que se repitan una y otra vez, es tan malo como centrarse de forma miope en el rendimiento en etapas tempranas. Evite errores atroces con el rendimiento y será capaz de conducir la situación por un camino satisfactorio entre ambos extremos.

⚠ ***Error.* Creer que no hay que preocuparse por el rendimiento porque las aplicaciones de 3 capas que utilizan computación en la nube escalarán "mágicamente".**

Esto no es realmente una falacia, porque si está utilizando una PaaS de calidad, la sentencia anterior encierra algo de verdad hasta cierto punto. Sin embargo, si su aplicación crece más allá de lo que la PaaS puede ofrecerle, los problemas fundamentales de escalabilidad y balanceo de carga pasarán a su tejado. En otras palabras, PaaS *no* le permite ahorrarse tener que comprender y evitar dichos problemas, sino que temporalmente se ahorra tener que ofrecer sus propias soluciones para esos problemas. Cuando empiece a configurar su propio sistema desde cero, tardará poco en apreciar el valor que aporta PaaS.

STOP ***Falacia.* Los ciclos de procesador son gratuitos porque los ordenadores se han vuelto muy rápidos y baratos.**

En el capítulo 1 discutíamos sobre intercambiar la potencia extra de computación que tenemos hoy en día por herramientas y lenguajes más productivos. Sin embargo, es fácil llevar este argumento demasiado lejos. En 2008, el ingeniero de rendimiento Nicole Sullivan informó sobre los experimentos llevados a cabo por varios operadores importantes de SaaS que mostraban cómo las latencias adicionales afectaban a sus sitios web. La figura 12.17 muestra claramente que cuando el tiempo extra que emplea el procesador se convierte en latencia extra (y, por tanto, en una reducción de la responsividad) para el usuario final, los ciclos de procesador dejan de ser gratuitos.

⚠ ***Error.* Optimizar sin medir.**

Algunos clientes se sorprenden de que Heroku no añada automáticamente mayor capacidad al servidor web cuando una aplicación de un cliente es lenta (van Hardenberg 2012). La razón es que sin instrumentar ni medir su aplicación, usted no sabrá *por qué* es lenta, y el riesgo es que añadir más servidores web sólo empeore el problema. Por ejemplo, si su aplicación sufre un problema como la falta de índices o el problema de las $n + 1$ consultas, o si se apoya en un servicio independiente como Google Maps que temporalmente funcione lento, añadir servidores para aceptar peticiones de *más* usuarios sólo empeorará las cosas. Sin medir, usted no sabrá qué hay que arreglar.

⚠ ***Error.*** **Abuso del despliegue continuo, que conduce a la acumulación de basura.**

Como ya hemos visto, las aplicaciones que evolucionan pueden crecer hasta un punto en el que un cambio del diseño o de la arquitectura representaría el camino más limpio para soportar nueva funcionalidad. Ya que el despliegue continuo se centra en pequeños pasos progresivos, y nos invita a evitar preocupaciones sobre cualquier funcionalidad que no se necesite inmediatamente, la aplicación puede acumular potencialmente gran cantidad de ***restos*** (elementos software inútiles, superfluos o que no funcionan) a medida que se ensambla más código sobre un diseño obsoleto. El incremento de *smells* de código (capítulo 9) es a menudo un síntoma temprano de este error, que se puede evitar mediante revisiones periódicas de diseño y arquitectura cuando los *smells* empiezan a invadirnos.

⚠ ***Error.*** **Errores en el nombrado o en la lógica de expiración, que conducen a comportamientos erróneos, a la par que silenciosos, de las cachés.**

Como ya hemos resaltado, los dos problemas que debe afrontar con cualquier tipo de caché son el nombrado y la lógica de expiración. Si reutiliza inadvertidamente el mismo nombre para objetos diferentes —por ejemplo, una acción no REST que entrega contenido diferente según el usuario que ha iniciado sesión, pero que se nombra siempre con el mismo URI— se servirá erróneamente un objeto de la *caché* cuando no se debería. Si no captura todas las condiciones antes las cuales un conjunto de objetos almacenados en *caché* pueden convertirse en inválidos, los usuarios podrían visualizar datos antiguos que no reflejan los resultados de los cambios más recientes, como una lista de películas que no contenga las películas añadidas más recientemente. Las pruebas unitarias deben cubrir este tipo de casos ("la caché debe reflejar inmediatamente una nueva película en la lista de la página inicial cuando se añade ésta"). Siga los pasos de la guía para cachés de Rails[47] para activar la caché en los entornos de pruebas y desarrollo, donde está desactivada por defecto para simplificar la depuración.

⚠ ***Error.*** **Servidores externos lentos en una SOA que pueden afectar negativamente al rendimiento de su aplicación.**

Si su aplicación se comunica con servidores externos dentro de una SOA, debe estar preparado para la posibilidad de que dichos servidores externos sean lentos o no respondan. El caso más fácil es gestionar un servidor que no responde, dado que una conexión HTTP rechazada provocará el lanzamiento de una excepción Ruby que usted puede gestionar. El caso más complicado es un servidor que funciona, pero muy lentamente: por defecto, la llamada al servidor se bloqueará (esperará hasta que la operación se complete o el *timeout* de TCP expire, lo que puede tardar hasta tres minutos), provocando que *su* aplicación se ralentice también. O peor aún, dado que la mayoría de los *front ends* de Rails (`thin`, `webrick`, `mongrel`) son mono-hilo, si está ejecutando N de estos *front ends* ("dynos", en la terminología de Heroku) sólo serían necesarias N peticiones simultáneas para que su aplicación se quedara completamente colgada. La solución es utilizar la libreria **timeout** de Ruby para "proteger" la llamada, tal y como muestra el código de la figura 12.18.

http://pastebin.com/tsvAfTzE

```
require 'timeout'
# call external service, but abort if no answer in 3 seconds:
Timeout::timeout(3.0) do
  begin
    # potentially slow operation here
  rescue Timeout::Error
    # what to do if timeout occurs
  end
end
```

Figura 12.18. Utilizar *timeouts* en las llamadas a un servicio externo protege su aplicación ante la posibilidad de volverse lenta si el servicio externo es lento.

***Falacia.* Mi aplicación es segura porque se ejecuta en una plataforma segura y usa cortafuegos y HTTPS.**

La "plataforma segura" no existe. Ciertamente existen las plataformas *inseguras*, pero ninguna plataforma por sí misma puede garantizar la seguridad de su aplicación. La seguridad es un asunto de todo el sistema y en constante evolución: todo sistema tiene un eslabón más débil, y a medida que aparecen nuevos *exploits* (amenazas de seguridad) y se encuentran más fallos en el software, el eslabón más débil puede moverse de una parte a otra del sistema. La "carrera armamentística" entre los atacantes maliciosos y los desarrolladores legítimos hace cada vez más necesario el uso de infraestructuras PaaS profesionales y de calidad, de forma que usted se pueda centrar en hacer más seguro el código de su aplicación.

***Falacia.* Mi aplicación no es un objetivo para ningún atacante porque sirve a un nicho de audiencia, tiene poco volumen y no almacena información valiosa.**

Los atacantes maliciosos no tienen por qué estar detrás de su aplicación necesariamente; pueden estar buscando comprometerla como un vehículo futuro hacia otro fin. Por ejemplo, si su aplicación acepta comentarios de tipo *blog*, puede convertirse en el blanco de *blog spam*, en el que agentes automáticos (*bots*) introducen comentarios basura que contienen enlaces que el *spammer* espera que visiten los usuarios, ya sea para que compren algo o provoquen la instalación de algún *malware* en sus equipos. Si su aplicación es vulnerable a ataques de inyección SQL, este ataque podría estar motivado por el deseo de modificar el código que muestran sus vistas para incorporar un ataque de secuencias de comandos en sitios cruzados para, por ejemplo, provocar la descarga de *malware* en la máquina de un usuario desprevenido. Incluso sin atacantes maliciosos, si cualquier aspecto de su aplicación se hace repentinamente popular por Slashdot o Digg, su aplicación se verá inundada de repente con mucho tráfico. La lección es: *Si su aplicación se despliega públicamente, es un blanco*.

12.12 Observaciones finales: rendimiento, fiabilidad, seguridad y abstracciones con grietas

Rendimiento, fiabilidad y seguridad son inquietudes que atañen a un sistema completo y que deben ser revisados constantemente, en vez de ser problemas que se resuelven una vez y se dejan de lado. Además, los abusos de base de datos descritos en la sección 12.8 revelan que Rails y ActiveRecord, como la mayoría de las abstracciones, tienen *grietas* o brechas: intentan ocultar los detalles de implementación en aras de la productividad, pero las preocupaciones sobre la seguridad y el rendimiento a veces requieren que usted como desarrollador tenga algo de conocimiento sobre cómo funcionan estas abstracciones. Por ejemplo, el problema de las $n + 1$ consultas no es obvio al ver código Rails, ni lo es tampoco la solución de proporcionar pistas como **:include** para las consultas sobre asociaciones, ni el uso de **attr_accessible** o **attr_protected** para proteger los atributos sensibles de ser asignados en masa por un usuario malicioso.

En el capítulo 4 hacíamos hincapié en la importancia de mantener sus entornos de desarrollo y producción lo más similares posibles. Esto sigue siendo un buen consejo, aunque obviamente si su entorno de producción involucra varios servidores y una base de datos inmensa, puede ser inviable replicarlo en su entorno de desarrollo. De hecho, en este libro comenzamos desarrollando nuestras aplicaciones con la base de datos SQLite3 pero desplegando en Heroku con PostgreSQL. Dadas estas diferencias, ¿seguirán aplicando en producción las mejoras de rendimiento realizadas durante el desarrollo (reducción del número de consultas, añadido de índices, añadido de cachés)? Totalmente. Heroku y otros sitios web PaaS hacen un fantástico trabajo afinando el rendimiento base de sus bases de datos y su pila de software, pero no hay ajustes que puedan compensar estrategias ineficientes de consultas como el problema de las $n + 1$ consultas o no desplegar cachés para disminuir la carga de la base de datos.

12.13 Para saber más

Dado el espacio limitado de que disponemos, nos hemos centrado en aspectos de funcionamiento que todo desarrollador SaaS debe conocer, incluso teniendo en cuenta la disponibilidad de PaaS. Un libro excelente y más detallado que se centra en los retos específicos de SaaS y que está enlazado con historias de usuarios reales es *Release It!* (Nygard 2007) de Michael Nygard, que hace más hincapié en problemas de "éxito inesperado" (aumentos de tráfico repentinos, problemas de estabilidad, etc.) que en cómo repeler ataques maliciosos.

Nuestros ejemplos de monitorización se basan en métricas agregadas como la latencia sobre muchas peticiones. Un enfoque que contrasta con esto es registrar trazas de peticiones, que se usa en combinación con las métricas agregadas para localizar y diagnosticar peticiones lentas. Puede ver una versión simplificada de registro de trazas de peticiones en los logs de Rails en modo desarrollo, que por defecto informan del tiempo de las consultas a base de datos, tiempo de las acciones de controlador y tiempo de renderizado para cada petición. El registro de trazas de peticiones auténtico es mucho más preciso, siguiendo una petición a través de cada componente del software en cada capa y añadiendo marcas de tiempo durante el camino. Las compañías que disponen de sitios web extensos a menudo construyen su propio sistema de registro de trazas de peticiones, como Big Brother Bird de Twitter y Dapper de Google . En un artículo reciente (Barroso and Dean 2012), dos arquitectos de Google hablan sobre cómo el registro de trazas de peticiones identifica obstáculos que permiten que los sistemas paralelos a gran escala de Google se mantengan con una alta responsividad. James Hamilton, ingeniero y arquitecto de Amazon Web Services, quien anteriormente estuvo muchos años diseñando y optimizando Microsoft SQL Server, mantiene un blog[48] excelente que incluye un gran artículo sobre el coste de la latencia[49], reuniendo resultados medidos de una gran variedad de profesionales de la industria que han investigado sobre el tema.

Aunque nos hemos centrado en la monitorización para problemas de rendimiento, la monitorización puede ayudarle también a comprender el comportamiento de sus usuarios:

- Secuencias de clics: ¿cuáles son las secuencias de páginas más populares que visitan sus usuarios?
- Tiempos de estancia: ¿cuánto tiempo permanece el usuario típico en una página dada?
- Abandono: si su sitio web contiene un flujo que posee un final bien definido, como la realización de una venta, ¿qué porcentaje de usuarios "abandona" el flujo en vez de completarlo y hasta dónde llegan?

Google Analytics proporciona una solución gratuita y básica de análisis como servicio: usted incrusta una pequeña pieza de JavaScript en todas las páginas de su sitio web (por ejemplo, incrustándolo en una plantilla de diseño por defecto) que envía información a Google Analytics cada vez que se carga una de sus páginas. Para ayudarle a utilizar esta información, el sitio PageSpeed[50] de Google enlaza a una colección asombrosa y exhaustiva de artículos que tratan sobre todos los diferentes caminos que puede tomar para acelerar sus aplicaciones SaaS, incluyendo muchas optimizaciones para reducir el tamaño global de sus páginas y mejorar la velocidad a la que los servidores web pueden mostrarlas. El blog de RailsLab[51] mantenido por New Relic también reúne buenas prácticas y técnicas para ajustar aplicaciones Rails, incluyendo *screencasts* sobre optimización en Rails y cómo usar New Relic en modo desarrollo para evaluar[52]. Tenga en cuenta, sin embargo, que algunos de los ejemplos concretos, especialmente los que tratan sobre cachés, ya no son válidos debido a los cambios introducidos entre las versiones 2 y 3 de Rails.

Comprender qué sucede durante el despliegue y el funcionamiento (especialmente en despliegues automáticos) es un requisito previo para depurar problemas de rendimiento más complejos. La inmensa mayoría de aplicaciones SaaS de hoy en día, incluidas aquellas alojadas en servidores Windows, se ejecutan en un entorno basado en el modelo Unix original de procesos y de entrada/salida, por lo que el conocimiento de este entorno es crucial para depurar cualquier problema no trivial de rendimiento. *The Unix Programming Environment*(Kernighan and Pike 1984), del que es coautor uno de los creadores de Unix, ofrece un recorrido intenso y de aprendizaje mediante la práctica (¡en C!) de la arquitectura y filosofía que hay detrás de Unix.

El ***sharding*** y la ***replicación*** son técnicas muy potentes para escalar una base de datos que requieren un alto grado de reflexión sobre el diseño de antemano. Aunque existen gemas Rails para ayudar con ambas, normalmente estas técnicas requieren modificaciones de configuración a nivel de base de datos, algo no soportado por muchos de los proveedores de PaaS. El *sharding* y la replicación se han vuelto especialmente importantes con el surgimiento de base de datos "NoSQL", que juegan con la expresividad y la independencia de los formatos de datos en SQL para mejorar la escalabilidad. *The NoSQL Ecosystem*, un capítulo en el que ha contribuido Adam Marcus en *The Architecture of Open Source Applications* Marcus 2012, dispone de un buen enfoque de estos temas.

La seguridad es un concepto extremadamente amplio; nuestro objetivo ha sido ayudarle a evitar errores básicos mediante el uso de mecanismos ya existentes para frustrar los ataques más comunes que existen contra su aplicación y los datos de sus usuarios. Por supuesto, un atacante que no pueda comprometer la información interna de su aplicación, aún podría causar daño atacando la infraestructura en la que se apoya la misma. Los ***ataques de denegación de servicio*** (DDoS) inundan un sitio web con tanto tráfico que éste no responde a sus usuarios reales. Un cliente malicioso puede dejar su servidor de aplicaciones o su servidor web "contra las cuerdas" consumiendo las respuestas del mismo de forma patológicamente lenta, a no ser que su servidor web (capa de presentación) disponga de *timeouts* internos. Los ataques de ***DNS spoofing*** intentan llevarle a un sitio web impostor proporcionando una dirección IP incorrecta cuando el navegador busca el nombre del servidor, y suele combinarse con un ***ataque de "hombre en medio"*** o *man in the middle* que falsifica el certificado que atestigua la identidad del servidor. El sitio web impostor tiene la misma apariencia y comportamiento que el sitio web real pero recolecta información sensible de los usuarios (en septiembre de 2011, varios *hackers* suplantaron los sitios web de la CIA, MI6 y Mossad[53] comprometiendo a DigiNotar , la compañía que firmó los certificados originales de estos sitios web, lo que condujo a DigiNotar a la bancarrota). Incluso software maduro como el intérprete de comandos seguro ssh y Apache son vulnerables: la base de datos nacional de vulnerabilidades[54] americana enumera 10 nuevos *bugs* relacionados con la seguridad en Apache sólo entre marzo y mayo de 2012, dos de los cuales son de severidad alta, lo que significa que podrían permitir a un atacante tomar el control completo de su servidor. No obstante, pese a vulnerabilidades ocasionales[55], los sitios web PaaS suelen contar con administradores de sistemas con gran experiencia profesional y que están al día de los últimos mecanismos para evitar dichas vulnerabilidades, lo que hace de ellos la mejor primera línea de defensa de sus aplicaciones SaaS. La guía básica de seguridad en Rails[56] en el sitio web de Ruby on Rails repasa muchas características de Rails orientadas a neutralizar los ataques más comunes contra las aplicaciones SaaS, y este artículo de CodeClimate[57] (una compañía que proporciona métricas de código como servicio) enumera una serie de errores importantes relacionados con la seguridad que se cometen en las aplicaciones Rails.

Finalmente, en algún momento ocurrirá lo impensable: su sistema en producción entrará en un estado en el que algunos o todos sus usuarios dejarán de recibir el servicio. Ya sea porque la aplicación haya dejado de funcionar o esté "colgada" (no es capaz de progresar), desde un punto de vista de negocio ambas condiciones parecen iguales, porque la aplicación no está generando ingresos. En este escenario, la prioridad absoluta es restaurar el servicio, lo que puede requerir reiniciar servidores o realizar otras acciones que destruyan el estado "postmortem" que le gustaría analizar para determinar qué causó el problema en primer lugar. Un registro extenso de datos puede ayudar, dado que los *logs* proporcionan un historial casi permanente que puede examinar con detenimiento después de haber restituido el servicio.

En *The Evolution of Useful Things* (Petroski 1994), el ingeniero Henry Petroski propone cambiar el lema "la forma sigue a la función" (originalmente del mundo de la arquitectura) por "la forma sigue al fallo" después de demostrar que el diseño de muchos productos exitosos estaba influenciado principalmente por errores en diseños anteriores que condujeron a diseños revisados. Para un ejemplo de buen diseño, lea la entrada en el blog técnico[58] de Netflix sobre cómo su diseño sobrevivió a la caída de Amazon Web Services en 2011, que paralizó muchos otros sitios web que se basaban en AWS.

ACM IEEE-Computer Society Joint Task Force. Computer science curricula 2013, Ironman Draft (version 1.0). Technical report, February 2013. URL `http://ai.stanford.edu/users/sahami/CS2013/`.

L. Barroso and J. Dean. The tail at scale: Tolerating variability in large-scale online services. *Communications of the ACM*, 2012.

N. Bhatti, A. Bouch, and A. Kuchinsky. Integrating user-perceived quality into web server design. In *9th International World Wide Web Conference (WWW–9)*, pages 1–16, 2000.

E. Brewer. Personal communication, May 2012.

S. Hansma. Go fast and don't break things: Ensuring quality in the cloud. In *Workshop on High Performance Transaction Systems (HPTS 2011)*, Asilomar, CA, Oct 2011. Summarized in Conference Reports column of USENIX ;login 37(1), February 2012.

B. W. Kernighan and R. Pike. *Unix Programming Environment (Prentice-Hall Software Series)*. Prentice Hall Ptr, 1984. ISBN 013937681X.

A. Marcus. The NoSQL ecosystem. In A. Brown, editor, *The Architecture of Open Source Applications*. lulu.com, 2012. ISBN 1257638017. URL `http://www.aosabook.org/en/nosql.html`.

R. B. Miller. Response time in man-computer conversational transactions. In *Proceedings of the December 9-11, 1968, fall joint computer conference, part I*, AFIPS '68 (Fall, part I), pages 267–277, New York, NY, USA, 1968. ACM. doi: 10.1145/1476589.1476628. URL `http://doi.acm.org/10.1145/1476589.1476628`.

M. T. Nygard. *Release It!: Design and Deploy Production-Ready Software (Pragmatic Programmers)*. Pragmatic Bookshelf, 2007. ISBN 0978739213.

H. Petroski. *The Evolution of Useful Things: How Everyday Artifacts-From Forks and Pins to Paper Clips and Zippers-Came to be as They are*. Vintage, 1994. ISBN 0679740392.

P. van Hardenberg. Personal communication, April 2012.

Notas

[1] `http://www.opensourcerails.com/`
[2] `http://github.com/ucberkeley/researchmatch`
[3] `http://github.com/vinsonchuong/meetinglibs`
[4] `http://apdex.org`
[5] `http://code.google.com/speed`
[6] `http://rightscale.com`
[7] `http://github.com/capistrano`
[8] `http://travis-ci.org`
[9] `http://saucelabs.com`
[10] `https://github.com/jamesgolick/rollout`
[11] `http://www.google.com/apps/intl/en/business/details.html`
[12] `http://newrelic.com`
[13] `http://pingdom.com`
[14] `http://sitescope.com`
[15] `http://analytics.google.com`
[16] `http://newrelic.com`
[17] `http://scoutapp.com`
[18] `http://exceptional.io`
[19] `http://airbrake.io`
[20] `http://godrb.com`
[21] `http://www.hpl.hp.com/research/linux/httperf`
[22] `http://pivotaltracker.com`
[23] `https://github.com/flyerhzm/bullet`
[24] `http://weblog.rubyonrails.org/2011/12/6/what-s-new-in-edge-rails-explain`
[25] `http://github.com/nesquena/query_reviewer`
[26] `http://apidock.com/rails/ActionController/ForceSSL/ClassMethods/force_ssl`
[27] `http://eval.symantec.com/mktginfo/enterprise/white_papers/b-whitepaper_exec_summary_internet_security_threat_report_xiii_04-2008.en-us.pdf`
[28] `https://devcenter.heroku.com/articles/progstr-filer`

[29]https://devcenter.heroku.com/articles/background-jobs-queueing

[30]http://www.huffingtonpost.co.uk/2012/06/08/lastfm-hit-by-password-leak_n_1580012.html?ref=uk

[31]http://www.huffingtonpost.com/2012/06/07/eharmony-passwords-leaked-linkedin_n_1577175.html

[32]http://www.zdnet.com/blog/btl/26000-email-addresses-and-passwords-leaked-check-this-list-to-see-if-youre-included/50424

[33]http://hothardware.com/News/55000-Twitter-Accounts-Hacked-You-Should-Probably-Change-Your-Password/

[34]http://www.neowin.net/news/main/09/10/05/thousands-of-hotmail-passwords-leaked-online

[35]http://redtape.msnbc.msn.com/_news/2012/03/30/10940640-global-payments-under-15-million-account-numbers-hacked?lite

[36]http://www.msnbc.msn.com/id/17853440/#.T9JsqxztEmY

[37]http://www.businessweek.com/technology/content/jul2009/tc2009076_891369.htm

[38]http://paypal.com

[39]http://stripe.com

[40]http://nebraska.edu/security

[41]http://cvedetails.com/

[42]http://royal.pingdom.com/2010/01/05/facebook-twitter-myspace-page-views

[43]http://www.slideshare.net/stubbornella/designing-fast-websites-presentation

[44]http://velocityconf.com/velocity2009/public/schedule/detail/8523

[45]http://www.slideshare.net/stubbornella/designing-fast-websites-presentation

[46]http://velocityconf.com/velocity2009/public/schedule/detail/8523

[47]http://guides.rubyonrails.org/caching_with_rails.html

[48]http://perspectives.mvdirona.com

[49]http://perspectives.mvdirona.com/2009/10/31/TheCostOfLatency.aspx

[50]https://developers.google.com/speed/pagespeed

[51]http://railslab.newrelic.com

[52]http://newrelic.com/demos/developer-mode.html

[53]http://catless.ncl.ac.uk/Risks/26.56.html#subj6

[54]http://nvd.nist.gov

[55]http://daverecycles.com/post/2858880862/heroku-hacked-dissecting-herokus-critical-security

[56]http://guides.rubyonrails.org/security.html

[57]http://blog.codeclimate.com/blog/2013/03/27/rails-insecure-defaults

[58]http://techblog.netflix.com/2011/04

12.14 Ejercicios propuestos

Para muchos de estos ejercicios, le resultará útil crear una tarea `rake` que genere un número (grande) de instancias aleatorias de un tipo de modelo dado. También querrá desplegar una copia de 'preproducción' de su aplicación en Heroku, de modo que pueda usar la base de datos de preproducción para experimentar sin modificar la base de datos de producción.

Rendimiento y escalabilidad en SaaS:

Ejercicio 12.1. *Inicialice la base de datos de preproducción con 500 películas (pueden estar generadas aleatoriamente) en RottenPotatoes. Caracterice el rendimiento de su despliegue en Heroku usando New Relic. Añada la caché de fragmentos sobre las vistas parciales de* **movie** *usadas por la vista* **index** *y vuelva a caracterizar la aplicación. ¿Cuánta mejora observa en la responsividad de la vista* **index** *una vez la caché funciona a pleno rendimiento?*

Ejercicio 12.2. *Continuando el ejercicio anterior, use* `httperf` *para comparar el rendimiento de una copia única de la aplicación en la acción* **index** *con y sin caché de fragmentos (en Heroku, por defecto, cualquier aplicación en una cuenta gratuita recibe 1*

"dyno" o una unidad de paralelización de tareas, de modo que las peticiones se procesan de forma secuencial).

Ejercicio 12.3. *Use monitorización externa para analizar un diseño software desde el punto de vista de un atributo de calidad significativo, como funcionalidad, rendimiento o disponibilidad. Nota: el icono en el margen identifica proyectos del estándar ACM/IEEE 2013 de Ingeniería de Software (ACM IEEE-Computer Society Joint Task Force 2013).*

Ejercicio 12.4. *Continuando el ejercicio anterior, añada una caché de acciones para la vista* **index** *de modo que, si no se especifican opciones de ordenación o filtrado, la acción* **index** *simplemente devuelva todas las películas. Compare la latencia y rendimiento con y sin caché de acciones. Resuma los resultados de los tres ejercicios en una tabla.*

Lanzamientos y activadores de funcionalidad:

Ejercicio 12.5. *Investigue el coste de disponibilidad de realizar una actualización y migración "atómicas" del esquema como se describe en la sección 12.4. Para ello, repita la siguiente secuencia de pasos para* $N = 2^{10}, 2^{12}, 2^{14}$:

1. *Inicialice la base de datos de preproducción con N películas generadas aleatoriamente con clasificaciones aleatorias.*
2. *Realice una migración en la base de datos de preproducción que convierta la columna* `rating` *en la tabla* `movies` *de* string *a entero (1=G, 2=PG, etc.).*
3. *Observe el tiempo reportado por* `rake db:migrate`.

Suponga que su objetivo de tiempo de funcionamiento era 99.9% sobre cualquier ventana de 30 días. Cuantifique el efecto que tiene sobre la disponibilidad hacer la migración comentada previamente sin parar el servicio.

Ejercicio 12.6. *Resuma el proceso de pruebas de regresión y su papel en la gestión de lanzamientos.*

Fiabilidad:

Ejercicio 12.7. *Enumere estrategias de minimización de fallos que pueden aplicarse en cada etapa del ciclo de vida clásico.*

Ejercicio 12.8. *En la sección 5.2 integramos autenticación de terceros en RottenPotatoes añadiendo el nombre de un proveedor de autenticación y el UID de un proveedor específico al modelo* **Moviegoer**.

Ahora nos gustaría ir más allá y permitir al mismo espectador identificarse y entrar en la misma cuenta con uno cualquiera de los proveedores de autenticación. Es decir, si Alice tiene cuentas tanto en Twitter como en Facebook, debería poder entrar en la misma cuenta de RottenPotatoes con cualquiera de dichos identificadores.

1. *Describa los cambios en los modelos y tablas existentes necesarios para soportar este esquema.*

2. *Describa una secuencia de despliegues y migraciones que hagan uso de activadores de funcionalidad para implementar el nuevo esquema sin parar la aplicación.*

Seguridad:

Ejercicio 12.9. *La columna ThreatLevel de Wired Magazine de julio de 2012*[1] *informó de que 453.000 contraseñas de usuarios de Yahoo! Voice habían sido robadas por* hackers. *Los* hackers *aclararon, en una nota publicada en línea, que las contraseñas estaban almacenadas sin cifrar en los servidores de Yahoo y que usaron un ataque de inyección SQL para hacerse con ellas. Debatir.*

Ejercicio 12.10. *Describa las prácticas de codificación segura y codificación defensiva en general.*

Para el resto de ejercicios, necesitará identificar un sistema de software heredado en funcionamiento que pondrá bajo examen. Como sugerencias, podría usar el listado de proyectos Rails de código abierto en Open Source Rails[2] o seleccionar uno o dos proyectos creados por estudiantes que han utilizado este libro: ResearchMatch[3], que ayuda a poner en contacto a alumnos con oportunidades de investigación en su universidad, y VisitDay[4], que ayuda a organizar reuniones entre alumnos y profesores.

Ejercicio 12.11. *Desde la perspectiva de usar un sistema de gestión de bases de datos relacionales, describa prácticas de codificación segura y codificación defensiva. ¿Sigue estas prácticas el sistema que está analizando?*

Ejercicio 12.12. *Desde la perspectiva del desarrollo de una aplicación SaaS con un entorno como Rails, describa algunas prácticas concretas de codificación defensiva. Teniendo en cuenta las guías de seguridad de Rails y blogs como la Guía de seguridad básica de Rails*[5]*, este artículo de CodeClimate*[6] *y usando Google para buscar incidentes de seguridad recientes en aplicaciones SaaS Rails, ¿qué problemas de seguridad son consecuencia de no seguir estas prácticas?*

Ejercicio 12.13. *Reescriba un programa sencillo para eliminar vulnerabilidades comunes, como desbordamientos de* buffer, *desbordamientos aritméticos y condiciones de carrera.*

Ejercicio 12.14. *Enuncie y aplique los principios de mínimo privilegio y opciones seguras por defecto. ¿Cómo se aplican en nuestra aplicación RottenPotatoes?*

13 Epílogo

Alan Kay (1940–) fue galardonado con el Premio Turing en 2003 por sentar las bases de los actuales lenguajes de programación orientada a objetos. Lideró el equipo que desarrolló el lenguaje Smalltalk, del cual hereda Ruby su aproximación a la orientación a objetos. También inventó el concepto "Dynabook", precursor de los actuales portátiles y *tablets*, que concibió como una plataforma educativa para la enseñanza de la programación.

La mejor forma de predecir el futuro es inventarlo.

Alan Kay

13.1 Perspectivas sobre SaaS, SOA, Ruby y Rails

En este libro, usted ha sido principalmente usuario de una arquitectura distribuida (la Web, SOA) y un entorno (Rails) exitosos. Como ingeniero software de éxito, probablemente tendrá que crear nuevos entornos o extender los ya existentes. Prestar atención a los principios en los que se basa el éxito de éstos ayudará.

En el capítulo 2, señalamos que algunas decisiones de diseño vienen dadas por haber escogido un desarrollo SaaS. Para desarrollar diferentes tipos de sistemas, podrían ser adecuadas otras opciones, pero nos hemos centrado en éstas por ceñirnos al ámbito del texto. Sin embargo, merece la pena señalar que varios de los principales principios de arquitectura subyacentes a SaaS y SOA también son de aplicación en otras arquitecturas y que, como sugiere la cita de Jim Gray al principio del capítulo 3, las grandes ideas requieren tiempo para madurar.

Rails despegó con el movimiento de la industria software hacia el software como servicio (SaaS) usando desarrollo ágil desplegado mediante computación en la nube. En la actualidad, virtualmente todos los programas tradicionales tipo comprar e instalar se ofrecen como servicios, incluyendo abanderados del PC como Office (ver Office 365) y TurboTax (ver TurboTax Online). Herramientas como Rails han hecho que las metodologías ágiles sean mucho más fáciles de usar y aplicar que las metodologías de desarrollo software anteriores. Sorprendentemente, no sólo supone una revolución para el futuro del software, sino que ahora también es más fácil aprender a desarrollarlo.

13.2 Echando la vista atrás

La figura 13.1, vista por primera vez en el capítulo 1, muestra las tres "joyas de la corona" en que se basa este libro. Para entender este triángulo virtuoso, tiene que aprender muchos términos nuevos; ¡la figura 13.2 enumera cerca de 120 términos sólo de los tres primeros capítulos!

Cada par de "joyas" se sostienen mutuamente formando lazos sinérgicos, como muestra la figura 13.1. En concreto, las herramientas y servicios relacionados de Rails hacen mucho

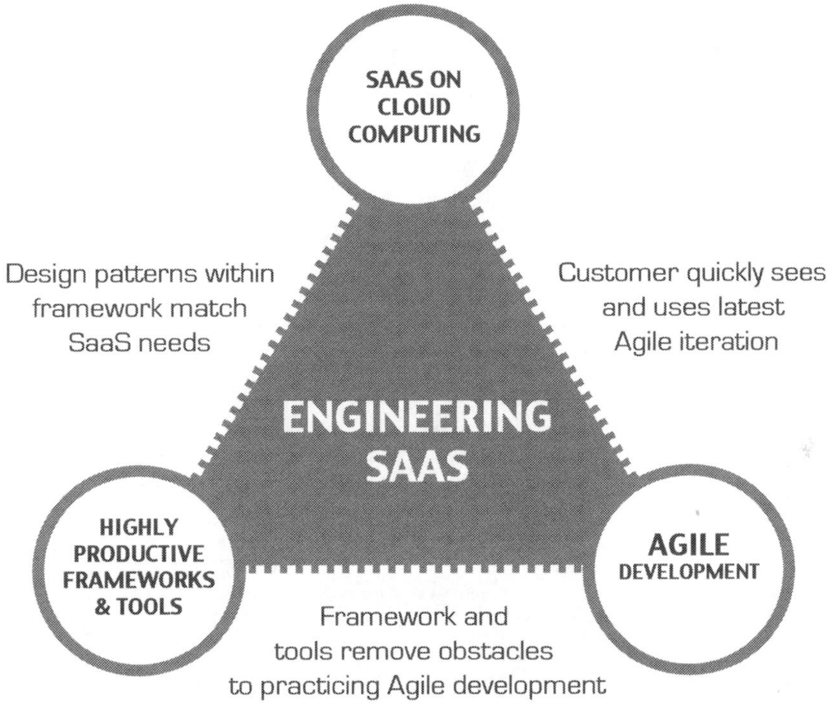

Figura 13.1. El Triángulo Virtuoso de Desarrollo SaaS lo forman las tres joyas de la corona de la ingeniería software: (1) SaaS en la nube, (2) entorno y herramientas altamente productivos y (3) desarrollo ágil.

Chapter 1	**Chapter 2 (cont.)**	**Chapter 3**
ciclo de vida	cookie HTTP	ámbito léxico
cluster	criptografía de clave pública	bloque
cobertura de pruebas	CRUD *(Create, Read, Update, Delete)*	buscar un método
código heredado	CSS *(Cascading Style Sheet)*	clase raíz
computación como servicio	dirección IP	clausura
computación en la nube	DNS *(Domain Name System)*	conversión de tipos *(casting)*
demostración automática de teoremas	entorno de aplicaciones web	*duck typing*
DRY *(Don't Repeat Yourself)*	HAML *(HTML Abstraction Markup Language)*	encadenamiento de métodos
máquina virtual	HTML *(HyperText Markup Language)*	encapsulación
métodos formales	HTTP *(HyperText Transfer Protocol)*	expresión lambda anónima
proceso de desarrollo ágil	interfaz de red	expresiones regulares
proceso de desarrollo en cascada	interpolado	gema
programación orientada a objetos	lenguaje de marcado	generador
prueba de aceptación	maestro-esclavo	idempotente
prueba de integración	método HTTP	instrumentación
prueba de regresión	middleware	iterador
prueba de sistema	modelo	metaprogramación
prueba funcional	*multi-homed*	método accesor
prueba modular	MVC *(Model-View-Controller)*	método *getter*
prueba unitaria	nombre de equipo (*hostname*)	método modificador
SaaS *(Software as a Service)*	notación de selectores	método *setter*
servicio público en la nube	número de puerto TCP	migración
SOA *(Service Oriented Arch.)*	patrón de diseño	mix-ins
validación	protocolo de petición-respuesta	modo poético
verificación	protocolo de red	pila de llamadas
verificación de modelos	protocolo sin estado	programación funcional
warehouse scale computer	push, basado en	raíz de la aplicación
Chapter 2	RDBMS *(Relational Database Management System)*	receptor
acción	ruta	reflexión
álgebra relacional	servidor de aplicaciones	regex
almacenamiento estructuredo	servidor HTTP	símbolo
arquitectura cliente-servidor	servidor web	simplificación sintáctica
arquitectura peer-to-peer	sesión	tipado dinámico
arquitectura sin compartición *(shared-nothing)*	SGML *(Standard Generalized Markup Language)*	variable de clase
balanceador de carga	sharding	variable de instancia
base de datos relacional	TCP/IP *(Transmission Control Protocol/Internet Protocol)*	variable estática
capa de lógica	URI *(Uniform Resource Identifier)*	*yield*
capa de persistencia	vista	
clave primaria	XHTML *(eXtended HyperText Markup Language)*	
consistencia de datos	XML *(eXtensible Markup Language)*	
controlador		

Figura 13.2. Términos introducidos en los tres primeros capítulos del libro.

más fácil seguir el ciclo de vida ágil. La figura 13.3 muestra nuestra iteración ágil, repetida a menudo, pero esta vez decorada con las herramientas y servicios que usamos en el libro. Estas 14 herramientas y servicios dan soporte a *ambos*, el ciclo de vida ágil y el desarrollo de aplicaciones SaaS. De forma similar, la figura 13.4 resume la relación entre las fases de los ciclos de vida clásicos y sus equivalentes ágiles, mostrando cómo las técnicas descritas en profundidad en este libro desempeñan papeles similares a las correspondientes en modelos de proceso software previos.

Rails es muy potente pero ha evolucionado mucho desde la versión 1.0, que *se extrajo* originalmente de una aplicación específica. De hecho, la propia Web ha evolucionado de detalles concretos a patrones de arquitectura más genéricos:

- de documentos estáticos en 1990 a contenido dinámico hacia 1995;
- de URI opacos a principios de la década de 1990 a REST a principios de los 2000.
- de trucos para simular una sesión (URI complejos, campos ocultos, etc.) a principios de los 90 a *cookies* y sesiones reales para mediados de los 90; y
- de instalar y administrar sus propios servidores *ad hoc* en 1990 a despliegues en plataformas en la nube en los 2000.

Los lenguajes de programación Java y Ruby ofrecen otra demostración de que las buenas ideas pueden tener una rápida acogida si son progresivas, pero que las grandes ideas más radicales requieren tiempo para ser aceptadas.

Java y Ruby tienen la misma edad, ambos aparecieron en 1995. En pocos años, Java se convirtió en uno de los lenguajes de programación más populares, mientras que Ruby vio restringido su interés a los "literatos" de los lenguajes de programación. Ruby alcanzó la popularidad una década más tarde, con el lanzamiento de Rails. Ruby y Rails demostraron que las grandes ideas en lenguajes de programación realmente pueden mejorar la productividad mediante reutilización intensiva de software. Comparando Java y su entorno con Ruby y Rails, (Stella et al. 2008) y (Ji and Sedano 2011) encontraron reducciones en factores de 3 a 5 del número de líneas de código, que es un indicador de productividad.

13.3 Mirando hacia adelante

Siempre me ha interesado más el futuro que el pasado.

Grace Murray Hopper

Con estos antecedentes de rápida evolución de las herramientas, patrones y metodologías de desarrollo, ¿qué podrían esperar los ingenieros software en los próximos años?

Una técnica de ingeniería software que esperamos que se haga popular en los próximos años es la ***depuración delta*** (Zeller 2002). Utiliza "divide y vencerás" para encontrar automáticamente el cambio más pequeño en la entrada que provoca la aparición de un error. Los depuradores suelen usar análisis de programas para detectar fallos en el código. Por el contrario, la depuración delta identifica cambios en el *estado* del programa que llevan al error. Requiere dos ejecuciones, una con el fallo y otra sin él, y comprueba las diferencias entre los conjuntos de estados. Cambiando las entradas y reejecutando el código repetidamente, aplicando una estrategia de búsqueda binaria y pruebas automáticas, la depuración delta aísla las diferencias entre las dos ejecuciones. La depuración delta descubre dependencias que

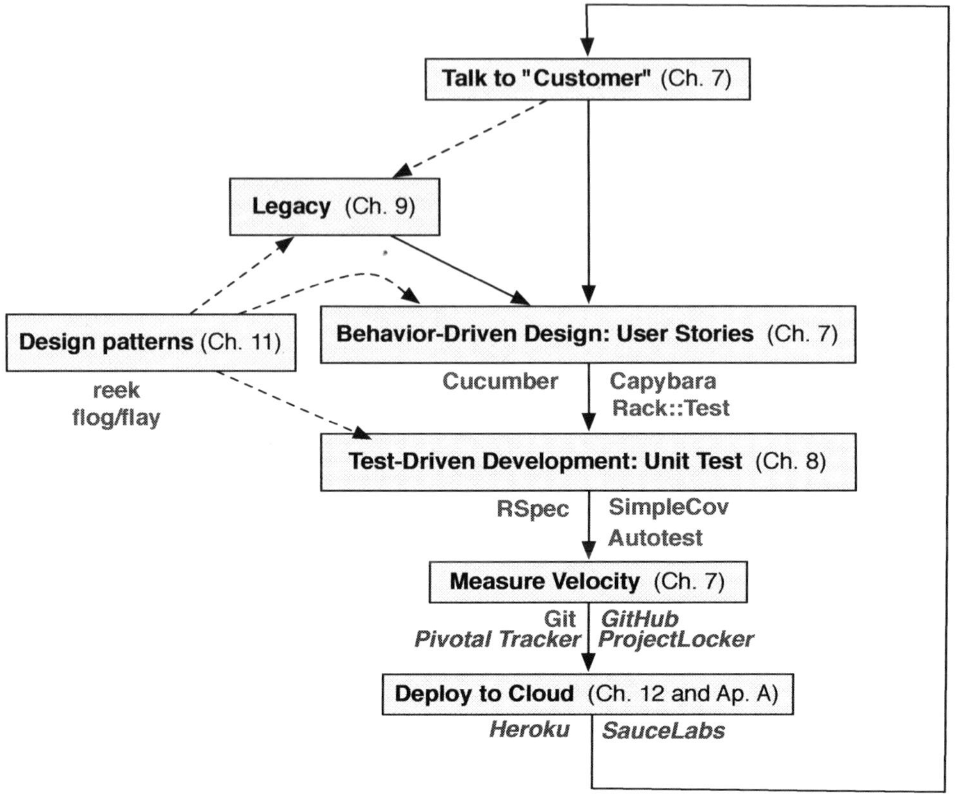

Figura 13.3. Una iteración del ciclo de vida software ágil y su relación con los capítulos del libro, con las herramientas (en letras rojas/negritas) y servicios (en letras azules/cursivas) de soporte identificados con cada etapa.

Cascada/Espiral	**Ágil**	**Capítulo**
Obtención y análisis de requisitos	BDD con iteraciones cortas de modo que el cliente participa en el diseño	7
Revisiones de código periódicas	Programación en pareja (parejas revisándose mutuamente el código constantemente)	10
Revisiones de diseño periódicas	Los *pull requests* dirigen la discusión sobre los cambios en el diseño	10
Pruebas del diseño completo después de construirlo	TDD para hacer pruebas continuamente según se diseña	8
Pruebas de integración después de la implementación	Pruebas de integración continuas	12
Lanzamientos poco frecuentes de versiones principales	Despliegue continuo	12

Figura 13.4. Aunque las metodologías ágiles no son adecuadas para todos los proyectos, el ciclo de vida ágil abarca las mismas etapas de proceso que modelos tradicionales como cascada y espiral; pero reduce cada etapa a una única iteración, de modo que puedan repetirse con frecuencia, refinando constantemente una versión funcional del producto.

forman una cadena de causa-efecto, que expande hasta que identifica el conjunto mínimo de cambios en las variables de entrada que provocan la aparición del error. Aunque requiere muchas ejecuciones del programa, este análisis se realiza a toda velocidad y sin intervención del programador, de modo que ahorra tiempo de desarrollo.

La ***síntesis de programas*** puede estar lista para un salto cualitativo. El estado del arte actual es que, dados fragmentos incompletos de programas, las herramientas de síntesis de programas pueden, a menudo, completar el código que falta. Uno de las aplicaciones más interesantes de esta tecnología se encuentra en Microsoft Office Excel 2013, la ***función Relleno Rápido***, que hace programación basada en ejemplos (Gulwani et al. 2012). Usted le da ejemplos de lo que quiere hacer a las filas o columnas y Excel intentará repetir y generalizar sus acciones. Además, usted puede corregir las tentativas de Excel para dirigirlo a lo que usted desea (Gantenbein 2012).

La brecha entre desarrollo clásico y ágil puede ahondarse con los avances para hacer más prácticos los métodos formales. El tamaño de los programas susceptibles de ser verificados formalmente crece con el tiempo, con mejoras en las herramientas, ordenadores más rápidos y mejor comprensión de cómo escribir especificaciones formales. Si el esfuerzo de preparar cuidadosamente las especificaciones antes de codificar pudiera recompensarse con no necesitar pruebas y aun así tener programas verificados rigurosamente, entonces la balanza se decantaría en función de los cambios. Para que funcionen los métodos formales, claramente el cambio tiene que ser algo excepcional. Cuando los cambios se producen de forma común y corriente, las metodologías ágiles son la respuesta, puesto que el cambio es la esencia de la filosofía ágil.

Si bien hoy en día las metodologías ágiles funcionan mejor que otras metodologías software para algunos tipos de aplicaciones, probablemente no son la respuesta definitiva. Si una nueva metodología pudiera simplificar la inclusión de una buena arquitectura software y buenos patrones de diseño, manteniendo la facilidad del cambio de la metodología ágil, podría hacerse más popular. Históricamente, surge una nueva metodología cada una o dos décadas, de modo que puede que pronto sea el momento para una nueva.

Este mismo libro se ha desarrollado en los albores del movimiento MOOC (***Massive Open Online Course***, ***curso en línea masivo abierto***), que es otra tendencia que pronosticamos que será más significativa en los próximos años. Como muchos otros avances en este mundo moderno, no tendríamos cursos MOOC sin SaaS y computación en la nube. Los elementos que lo posibilitaron fueron:

- Distribución escalable de vídeo mediante servicios como YouTube.
- Sistemas sofisticados de corrección automática en la nube que evalúan las entregas de los alumnos inmediatamente y, aun así, pueden escalar a decenas de miles de estudiantes.
- Foros de debate como solución escalable para hacer preguntas y obtener respuestas tanto de otros alumnos como de la plantilla docente.

Estos componentes se combinan para formar un maravilloso vehículo de bajo coste para alumnos de todo el mundo. Por ejemplo, seguramente mejorará la formación continua de profesionales en un campo de rápida evolución como el nuestro, permitirá a los estudiantes preuniversitarios más aventajados ir más allá de lo que sus escuelas e institutos pueden enseñar, y permitirá acceder a una buena educación a estudiantes aplicados de todo el mundo que no tienen acceso a las grandes universidades.

13.4 Últimas palabras

En última instancia, se trata de probar. Se trata de exponerse a las mejores cosas que el ser humano ha hecho y entonces intentar incorporarlas a lo que está haciendo.

Steve Jobs

El software ayudó a poner al hombre a la luna, llevó a la invención de los escáneres TAC que salvan vidas y posibilita el periodismo ciudadano. Trabajando como desarrollador software, usted se convertirá en parte de una comunidad que tiene el poder de cambiar el mundo.

Pero un gran poder conlleva una gran responsabilidad. Un software defectuoso provocó la pérdida del cohete Ariane 5[7] y de la sonda ***Mars Observer***, así como las muertes de varios pacientes por sobredosis de radiación de la ***máquina Therac-25***.

Aunque las primeras historias de los ordenadores y el software están dominadas por la "narrativa de frontera" sobre genios solitarios trabajando en garajes o *startups*, hoy en día el software es demasiado importante para dejarlo en manos de un único individuo, por mucho talento que tenga. Como dijimos en el capítulo 10, el desarrollo software ahora es un deporte de equipo.

Creemos que los conceptos de este libro aumentan las posibilidades de que sea usted un desarrollador software responsable *y* parte de un equipo ganador. No hay un manual para llegar ahí; simplemente siga escribiendo, leyendo y refactorizando para aplicar las lecciones según avanza.

Y, como dijimos en el primer capítulo, ¡esperamos que se conviertan en fervientes fans del código que vayan creando usted y su equipo!

13.5 Para saber más

D. Gantenbein. Flash fill gives Excel a smart charge, Feb 2012. URL `http://research.microsoft.com/en-us/news/features/flashfill-020613.aspx`.

S. Gulwani, W. R. Harris, and R. Singh. Spreadsheet data manipulation using examples. *Communications of the ACM*, 55(8):97–105, 2012.

F. Ji and T. Sedano. Comparing extreme programming and waterfall project results. *Conference on Software Engineering Education and Training*, pages 482–486, 2011.

L. Stella, S. Jarzabek, and B. Wadhwa. A comparative study of maintainability of web applications on J2EE, .NET and Ruby on Rails. *10th International Symposium on Web Site Evolution*, pages 93–99, October 2008.

A. Zeller. Isolating cause-effect chains from computer programs. In *Proceedings of the 10th ACM SIGSOFT symposium on Foundations of software engineering*, pages 1–10, New York, NY, USA, Nov 2002. ACM. doi: 10.1145/587051.587053. URL `http://www.st.cs.uni-saarland.de/papers/fse2002/p201-zeller.pdf`.

Notas

[1] `http://www.wired.com/threatlevel/2012/07/yahoo-breach`

[2] `http://www.opensourcerails.com/`

[3]http://github.com/ucberkeley/researchmatch
[4]http://github.com/vinsonchuong/meetinglibs
[5]http://guides.rubyonrails.org/security.html
[6]http://blog.codeclimate.com/blog/2013/03/27/rails-insecure-defaults
[7]http://en.wikipedia.org/wiki/Ariane_5_Flight_501

A Uso de la biblioteca de recursos

Frances Allen (1932–) recibió el Premio Turing en 2006 por sus contribuciones pioneras a la teoría y práctica de técnicas de optimización de compiladores que sentaron las bases de los compiladores optimizados modernos y la paralelización automática.

Todas las cosas que hago son de una pieza. Estoy explorando los bordes, encontrando formas nuevas de hacer las cosas. Me mantiene muy, muy ocupada.

Fran Allen, en su placa del Premio como Miembro del Museo Histórico de Ordenadores, 2000

Conceptos

Este libro no sólo trata de crear SaaS: también depende en gran medida de SaaS, IaaS (***Infrastructure as a Service, infraestructura como servicio***) y PaaS (***Platform as a Service, plataforma como servicio***), todos ellos modelos de ***computación en la nube***. Este apéndice describe las tecnologías en la nube que no sólo simplifican su vida como estudiante, sino que también son partes esenciales del ecosistema que va a usar cuando despliegue aplicaciones SaaS reales.

En el momento de escribir este libro, todos estos servicios en la nube ofrecen una capa de uso a coste cero que es suficiente para realizar el trabajo que se propone a lo largo del libro.

- Todo el ***software de código abierto*** que se usa en este libro se ha preinstalado en una ***imagen de máquina virtual*** —una representación virtual de todo el contenido que habría en el disco duro de un ordenador que tuviera este software preinstalado—.

- Para usar una imagen de máquina virtual, tiene que desplegarla en un ***hipervisor***. Le damos instrucciones para que la despliegue en su propio ordenador usando el hipervisor de código abierto VirtualBox[1] o usando Elastic Compute Cloud (EC2), un producto de computación en la nube en forma de ***infraestructura como servicio*** de Amazon Web Services.

- ***Secure Shell*** (intérprete de comandos seguro) es un protocolo muy utilizado que permite acceder de forma segura a servicios remotos usando una pareja de claves criptográficas en vez de una contraseña. Aquí lo usamos para acceder a muchos servicios SaaS, incluyendo GitHub y Heroku.

- GitHub[2] es un sitio SaaS que le permite tener una copia de respaldo de sus proyectos con ***control de versiones***, además de colaborar en ellos junto con otros desarrolladores.

- Heroku[3] es un proveedor de una ***plataforma como servicio*** donde puede desplegar sus aplicaciones Rails.

A.1 Guía general: leer, preguntar, buscar, *postear*

Aunque en este libro realizamos pasos que minimizan el dolor, como el hecho de usar el desarrollo orientado a pruebas (*Test-Driven Development*, TDD) (capítulo 8) para detectar problemas rápidamente y de ofrecer la imagen de máquina virtual (*Virtual Machine*, VM) con un entorno consistente, *se van* a producir errores. Puede reaccionar de una manera productiva si recuerda el acrónimo RASP: lea (*Read*), pregunte (*Ask*), busque (*Search*) y *postee* (*Post*).

Lea los mensajes de error. Los mensajes de error pueden parecer desconcertantemente largos pero, a menudo, un mensaje largo será su amigo porque le va a dar una gran pista sobre el problema. Habrá lugares donde mirar en la información en línea asociada a la clase de ese mensaje de error.

Pregunte a un compañero. Si tiene amigos en la clase, o tiene acceso a mensajería instantánea, pregunte sobre el mensaje ahí.

Busque el mensaje de error. Le va a sorprender la frecuencia con la que desarrolladores expertos abordan un error usando un motor de búsqueda como Google o algún foro de programadores como StackOverflow[4] para buscar palabras o frases clave del mensaje de error.

Postee una pregunta en algún sitio como StackOverflow[5] (¡*después* de haber buscado si se ha realizado alguna pregunta similar!), sitios que se especializan en ayudar a los desarrolladores y le permiten votar las respuestas a preguntas concretas que más útiles le han sido, para que con el tiempo escalen puestos en la lista de respuestas a la pregunta.

A.2 Visión general de la biblioteca de recursos

La biblioteca de recursos está formada por 3 partes.

La primera comprende un entorno de desarrollo uniforme precargado con todas las herramientas a las que se hace referencia en este libro. Por conveniencia y uniformidad, este entorno se ofrece a través de una ***imagen de máquina virtual***.

La segunda parte la forman un conjunto de sitios SaaS excelentes destinados a desarrolladores: GitHub[6], Heroku[7] y Pivotal Tracker[8]. **Aclaración:** En el momento de escribir este libro, las aplicaciones *gratuitas* de los sitios mencionados son suficientes para realizar el trabajo que se pide en él. Sin embargo, los proveedores de estos servicios o herramientas pueden decidir en cualquier momento empezar a cobrar por ellos, algo que queda más allá de nuestro control.

La tercera parte es material adicional relacionado con el libro, que es gratuito independientemente de si ha comprado el libro o no:

- El sitio web del libro (`http://saasbook.info`[9]) contiene la última fe de erratas de cada versión del libro, enlaces a material adicional en línea, un mecanismo para informar sobre fallos en el código por si encuentra errores, e imágenes y tablas en alta resolución en caso de que tenga algún problema al leerlas en su libro electrónico.

- Pastebin (`http://pastebin.com/u/saasbook`[10]) contiene extractos de código de cada ejemplo del libro con resaltado de sintaxis y preparados para ser copiados y pegados.

- Vimeo (`http://vimeo.com/saasbook`[11]) almacena todos los *screencasts* a los que se hace referencia en este libro.

A.3 Uso de la VM de la biblioteca de recursos

Una máquina virtual (*Virtual Machine*, VM) permite que un sólo ordenador físico pueda ejecutar uno o más ***sistemas operativos (Operating System, OS) huéspedes*** "encima" del OS real del propio ordenador, de tal manera que cada huésped cree que está ejecutándose encima de un hardware real. Estas máquinas virtuales se pueden "encender" y "apagar" a voluntad, sin interferir con el sistema operativo del equipo anfitrión (el ***OS anfitrión***). Una imagen de máquina virtual es un fichero que contiene el OS huésped y un conjunto de aplicaciones software preinstaladas. Un ***hipervisor*** es una aplicación que facilita la ejecución de las VM "instanciando" una imagen de máquina virtual. Hemos empaquetado el software necesario para realizar el trabajo que se propone en este libro en una imagen de máquina virtual cuyo OS huésped es GNU/Linux. Linux es una implementación de código abierto del ***kernel*** (funcionalidad de núcleo) de Unix , uno de los sistemas operativos más influyentes que se han creado jamás y que es además el entorno más utilizado para desarrollar y desplegar aplicaciones SaaS. GNU (un acrónimo recursivo para *GNU's Not Unix*) es una colección de implementaciones de código abierto de casi todas las aplicaciones Unix más importantes, especialmente aquellas destinadas a desarrolladores.

La imagen de máquina virtual se puede usar de una de las dos siguientes maneras:

1. En su propio equipo: el hipervisor gratuito VirtualBox[12] se desarrolló inicialmente por Sun Microsystems (ahora parte de Oracle). Puede descargar y ejecutar VirtualBox en un equipo anfitrión que tenga Linux, Windows o Mac OS X, siempre y cuando este equipo tenga un procesador compatible con Intel. Tras esto, puede descargar el fichero de la imagen de VM y desplegarlo en VirtualBox.

2. En la nube de Amazon: con este método, no necesita descargarse nada —arranque una máquina virtual en Amazon Elastic Compute Cloud (EC2) basada en el fichero de la imagen de máquina virtual de Amazon (*Amazon Machine Image*, AMI) que ya contiene los recursos de nuestra biblioteca—.

Puede encontrar las instrucciones sobre cómo desplegar la VM de ambas formas en http://www.saasbook.info/bookware-vm-instructions[13].

Si está pensando en instalar el software por sí mismo, tenga en cuenta que las explicaciones y los ejemplos de cada versión del libro se han validado para las versiones *específicas* de Ruby, Rails y otras aplicaciones incluidas en la VM. Los cambios entre versiones son significativos, así que si ejecuta los ejemplos del libro con las versiones de software equivocadas puede resultar en errores de sintaxis, comportamiento incorrecto, mensajes diferentes, fallos que queden ocultos u otros problemas. Para evitar confusiones, le recomendamos encarecidamente que use la VM hasta que esté lo bastante familiarizado con el entorno como para distinguir qué errores son los de su propio código y cuáles están causados por la incompatibilidad de versiones de las aplicaciones software.

Hemos preparado la VM ejecutando el script `vm-setup` en nuestro repositorio público[14] para introducir una imagen limpia de Ubuntu. Si intenta realizar este proceso, debe estar familiarizado con las utilidades de la línea de comandos de Unix, ya que no hay interfaz gráfica de usuario (*Graphical User Interface*, GUI).

■ ***Explicación. Software libre y de código abierto***

Linux fue desarrollado inicialmente por Linus Torvalds, un programador finlandés que quería crear una versión libre y con todas las características del sistema operativo Unix para su uso personal. El proyecto GNU lo inició Richard Stallman, creador del editor Emacs y fundador de la Fundación de Software Libre (*Free Software Foundation*, que se encargaba de administrar GNU). Stallman era un ilustre desarrollador con opiniones muy firmes sobre el papel del software de código abierto. Tanto Linux como GNU mejoran constantemente gracias a las contribuciones de miles de colaboradores a lo largo de todo el mundo; de hecho, Torvalds creó después Git para gestionar estas aportaciones a gran escala. A pesar de la aparente falta de una autoridad centralizada en su desarrollo, la robustez de GNU y Linux se compara favorablemente con el software propietario desarrollado bajo modelos tradicionales centralizados. Eric Raymond exploró este fenómeno en *The Cathedral and the Bazaar*[15] (*La catedral y el bazar*), un libro que algunos consideran el manifiesto fundamental del movimiento del software libre y de código abierto (*Free and Open Source Software*, FOOS).

A.4 Trabajando con código: editores y técnicas de supervivencia en Unix

Se ahorrará mucho sufrimiento si trabaja con un editor que tenga las funcionalidades de resaltado de sintaxis y sangría (*indentación*) para el lenguaje que esté utilizando. Puede editar ficheros directamente en la VM, o bien usar la opción de "carpetas compartidas' que proporciona VirtualBox que permite tener disponibles en su Mac o Windows PC algunos directorios de su VM, con lo que podrá ejecutar un editor de su propio Mac o PC.

Muchos ***entornos de desarrollo integrados*** (***Integrated Development Environments***, IDE) que soportan Ruby, como Aptana[16], NetBeans o RubyMine realizan resaltado de sintaxis, sangría y otras tareas útiles. Aunque estos IDEs también ofrecen una GUI para otras tareas del desarrollo como la ejecución de pruebas, en este libro se usan herramientas de línea de comandos para realizar estas tareas por tres razones. Primero, y a diferencia de los IDEs, las herramientas de línea de comandos son las mismas entre plataformas. Segundo, hacemos bastante hincapié en el libro en la automatización para evitar errores y mejorar la productividad; en una GUI, las tareas no se pueden automatizar, mientras que las herramientas de línea de comandos permiten construir *scripts*, un enfoque fundamental en la filosofía Unix. Tercero, entender qué herramientas están involucradas en cada aspecto del desarrollo ayuda a retirar la "cortina mágica" de las GUIs en los IDEs. Consideramos que esto ayuda a la hora de aprender un sistema nuevo porque si quiere encontrar el problema cuando algo va mal usando la GUI, necesita algo de conocimiento de cómo realiza realmente las tareas dicha GUI.

vim quiere decir "*vi* mejorado (*vi* improved)," porque empezó siendo una versión mucho más perfeccionada del antiguo editor ***vi*** de Unix, escrito en 1976 por una leyenda de Unix, el cofundador de Sun y alumno de Berkeley ***Bill Joy***.

Teniendo en cuenta esto, hay dos formas de editar ficheros en la VM. La primera es ejecutar un editor en la propia VM. Nosotros hemos preinstalado dos editores conocidos en la VM. Uno es `vim`, un editor ligero que se puede personalizar lo bastante como para incluir resaltado de sintaxis dependiendo del lenguaje y autosangría. Aquí hay un conjunto de enlaces[17] a tutoriales y *screencasts* sobre este famoso editor. El otro editor es ***Emacs***, el abuelo de los editores que se pueden personalizar y una de las creaciones del ilustre ***Richard Stallman***. El tutorial canónico[18] se ofrece a través de la Fundación de Software Libre, aunque existen otros muchos también disponibles. Hemos incluido soporte automático en la VM para editar aplicaciones en Ruby y Rails tanto para `vim` como para `emacs`.

La segunda manera de editar ficheros es de manera nativa en su Mac o Windos PC, lo que implica que tiene que configurar la opción de "carpetas compartidas" en su VirtualBox tal y como se explica en `http://www.saasbook.info/bookware-vm-instructions`[19]. Entre los editores gratuitos que soportan Ruby se encuentran TextWrangler[20] para Mac OS X o Notepad++[21] para Windows.

No copie y pegue código en (ni desde) un procesador de textos como Microsoft Word o Pages. Muchos procesadores de texto, para ayudarle, convierten citas regulares (") a "citas tipográficas", secuencias de guiones (`--`) a rayas (—), y otro tipo de modificaciones que harán que su código sea incorrecto, producirán errores de sintaxis y, en general, le acarrearán mucho sufrimiento. No lo haga.

A.5 Introducción al intérprete de comandos seguro (ssh)

El ***intérprete de comandos*** o ***shell*** es el programa de Unix que le permite escribir comandos y *scripts* para automatizar tareas sencillas y, antes de que se adoptaran las interfaces gráficas de usuario (GUI), el intérprete de comandos era la única manera de interactuar con un sistema Unix. Cuando nació Unix, no había Internet; los usuarios sólo podían ejecutar un intérprete de comandos entrando desde un ***terminal rudimentario*** conectado físicamente al ordenador. En 1983 Internet había llegado a muchas universidades y empresas, así que apareció una nueva herramienta llamada ***intérprete de comandos remoto*** (***Remote SHell***) o `rsh`, que permitía entrar o ejecutar comandos en un equipo remoto conectado a Internet donde el usuario tuviera una cuenta. A continuación se muestra un ejemplo de cómo usar `rsh` por línea de comandos:

`sh` fue escrito por Steve Bourne en 1977 para sustituir al intérprete original del coautor de Unix Ken Thompson. `bash` es un sustituto portable y compatible de `sh` en GNU, cuyo nombre significa ***Bourne-Again Shell***.

http://pastebin.com/eLDdcDrz

```
rsh -l fox eecs.berkeley.edu ps -ef
```

Este comando intenta conectarse al equipo `eecs.berkeley.edu` bajo el usuario `fox`, ejecuta el comando `ps -ef` (que ofrece información sobre qué aplicaciones se están ejecutando en ese equipo), e imprime la salida en el equipo local. Si se omite `ps -ef`, simplemente se establecería una sesión interactiva con el equipo remoto.

rsh apareció por primera vez en la versión 4.2 de la distribución de software de Berkeley (*Berkeley Software Distribution*, BSD), la implementación de código abierto de Unix creada en UC Berkeley.

Pero `rsh` no es seguro: acceder al equipo remoto suele requerir que transmita su clave por la red sin cifrar o "en claro", dejándola vulnerable a programas "rastreadores" que "espían" la red para extraer contraseñas. En 1995, Tatu Ylönen desarrolló en la Universidad Tecnológica de Helsinki el ***intérprete de comandos seguro*** o `ssh` (***Secure SHell***) como "sustituto" seguro de `rsh`. Como ocurre con `rsh`, una vez que se establece la conexión con el equipo remoto, puede ejecutar un intérprete interactivo o ejecutar comandos de manera arbitraria, cuya salida se muestra de forma segura en su equipo a través de una conexión cifrada; en este último caso, a veces decimos que los datos se transmiten ***a través de un túnel*** sobre `ssh`. Pero en vez de depender de una contraseña, `ssh` utiliza el intercambio de una pareja de claves empleando la misma técnica que usan algoritmos como SSL/TLS (sección 12.9), de tal manera que su clave privada nunca sale de su equipo.

OpenSSL es una biblioteca de código abierto mantenida por voluntarios que usan `ssh` y muchas implementaciones de SSL/TLS. Afortunadamente, `ssh` no usa la parte de OpenSSL que contiene el catastrófico error de software descubierto en 2014 conocido como ***Heartbleed***.

Como `ssh` es seguro, ubicuo y no requiere que revele su contraseña o cualquier otro secreto, muchos servicios confían en él para el acceso remoto, bien como método por defecto (GitHub), o como único método disponible (Heroku). Las claves privada y pública vienen en parejas, y las dos son importantes. Si pierde la clave privada asociada a una clave pública determinada, cualquier recurso que se apoye en la posesión de esa clave se convertirá en un recurso *inaccessible para siempre y de manera irrevocable.* Si pierde la clave pública ligada a una clave privada determinada, *podría* ser capaz de recuperar una copia desde algún servicio

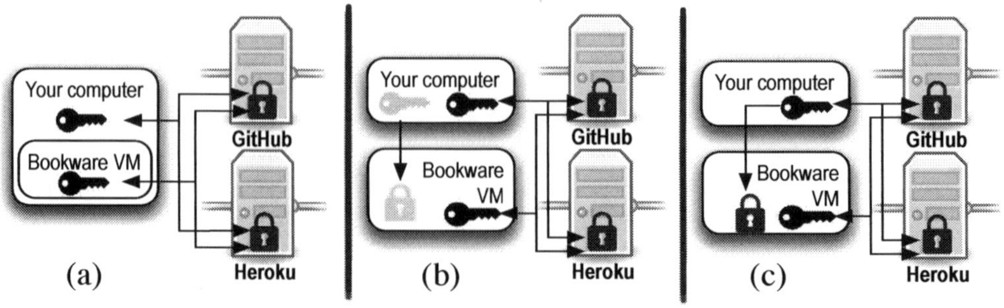

Figura A.1. Su clave pública se copia en los servicios a los que quiere acceder, mientras que su clave privada se guarda sólo en el(los) equipo(s) desde el(los) que accede. Las claves pública y privada de cada pareja aparecen del mismo color, con un candado indicando la clave pública. (a) Cuando ejecuta la VM de la biblioteca de recursos en VirtualBox, tiene que copiar la clave privada que creó en su equipo a la VM de VirtualBox. (b) Ejecutar la VM de la biblioteca de recursos en EC2 de Amazon[24] también requiere que se conecte desde su equipo a la instancia de EC2 a través de `ssh`. Una manera de hacer esto en la configuración de la instancia EC2 es que Amazon le genere una nueva pareja de claves con este fin, mostrado en gris. (c) Otra opción para hacerlo en EC2 es subir la pareja de claves que ya tenga[25] al AWS, así usa la misma clave para acceder tanto a la instancia AWS como al resto de servicios. En este escenario, las dos claves, *la pública y la privada*, terminan subidas a la VM.

al que aún tenga acceso —aunque algunos servicios ni siquiera le permiten ver las claves públicas que haya subido, para mayor seguridad—. Así que trate sus parejas de claves como un pasaporte: personal, de valor y de larga duración.

De este modo, un paso clave al preparar su entorno de trabajo es el de generar una pareja de claves (si aún no tiene una), y asegurarse de que la clave privada está en todos los equipos que use para el desarrollo, y que ha añadido la clave pública a todos los servicios que soportan acceso seguro y práctico a través de `ssh`.

Para este libro, y como muestra la figura A.1, esto significa que la clave privada se queda tanto en su equipo como en la VM, tanto si la ha desplegado localmente usando VirtualBox, como si la ha desplegado usando la EC2 de Amazon.

`ssh` viene del mundo Unix, así que se encontrará con un entorno de línea de comandos al modo Unix. Tanto Mac OS X (a través de la aplicación llamada Terminal) como Linux (a través de `xterm`) tienen este entorno, pero Windows no. Así que recomendamos el uso de Git para Windows[26], gratuito, que no sólo ofrece un servicio de asistencia de calidad para el sistema de control de versiones de Git en Windows (que veremos más adelante), sino que también ofrece una versión de `bash` para Windows, el intérprete de comandos de Unix que ofrece un entorno como el del propio Unix, soportando `ssh` y otros comandos muy utilizados. El resto de esta sección, y los tutoriales en línea y recursos a los que se refiere, asumen que los usuarios de Windows han instalado esta herramienta.

Hay gente que usa diferentes claves `ssh` para servicios distintos, evitando así jugárselo todo a una carta si alguna clave privada se ve comprometida.

Si todavía no dispone de su pareja de claves en su equipo, le recomendamos las excelentes instrucciones de GitHub[27] para generar una nueva pareja, donde se incluyen instrucciones para Mac OS, Linux y Windows (habiendo instalado Git para Windows), y que añada la clave pública a su cuenta de GitHub (cubriremos los conceptos básicos de GitHub en la sección A.7).

■ ***Explicación. ¿Qué pasa con la pareja de claves de AWS de Amazon?***

Si despliega la VM de la biblioteca de recursos en Amazon Web Services (AWS) (tal y como se describe en la página web del libro[28]), verá que la consola de configuración de AWS le pide o bien generar una nueva pareja o usar una clave pública que ya tenga. En ambos casos, AWS coloca la clave pública en la imagen de máquina virtual (*Amazon Machine Image*, AMI) antes de lanzarla, permitiéndole que se registre vía `ssh` con la clave privada correspondiente. Si usa la interfaz web de AWS para generar una pareja de claves nueva, tenga en cuenta que lo que realmente está haciendo es ejecutar `ssh-keygen`.

A.6 Introducción a Git para el control de versiones

El control de versiones, también llamado control de código fuente o gestión de configuración de software (*Software Configuration Management*, SCM), es el proceso mediante el que se hace un seguimiento del historial de cambios realizados a un conjunto de ficheros. Puede distinguir quién hizo cada cambio y cuándo, volver a una versión anterior de uno o más ficheros, o combinar cambios hechos por distintas personas de manera selectiva. Un sistema de control de versiones (*Version Control System*, VCS) es una herramienta que ayuda a gestionar este proceso. Para desarrolladores individuales, la SCM ofrece una historia anotada con fecha y hora de los cambios en un proyecto, y una manera sencilla de deshacer cambios que hayan podido introducir errores. El capítulo 10 discute los numerosos beneficios añadidos de la SCM para equipos pequeños.

¿SCM o VCS? Las abreviaciones SCM y VCS se utilizan a menudo de manera intercambiable, dando lugar a confusión.

Usaremos Git para el control de versiones. Los servicios de hospedaje Git basados en la nube, como GitHub, aunque no son obligatorios para usar Git, son muy deseables porque permiten colaborar convenientemente a equipos pequeños (como se describe en el capítulo 10) y ofrecen al desarrollador individual un sitio de respaldo donde tener su código. Esta sección abarca los conceptos básicos de Git. La siguiente sección explica las instrucciones básicas de configuración para GitHub, aunque existen también otros servicios Git basados en la nube.

Linus Torvalds inventó Git para proporcionar un control de versiones en el proyecto Linux. Debería leer esta sección aunque haya usado otros VCS como Subversion, porque el modelo conceptual de Git es muy distinto.

Como todos los sistemas de control de versiones, un concepto clave en Git es el ***repositorio*** del proyecto, abreviado como ***repo***, que guarda la historia completa de los cambios del grupo de ficheros que conforman un proyecto. Para empezar a usar Git para seguir la evolución de un proyecto, primero haga `cd` al directorio raíz de ese proyecto y use el comando `git init`, que inicializa un *repo* vacío basado en ese directorio. Los ***archivos bajo seguimiento (tracked files)*** son aquellos que forman parte permanente del *repo* y, por tanto, de los que se mantiene la información sobre sus versiones y se hace una copia de seguridad; `git add` se usa para añadir un fichero al conjunto de ficheros bajo seguimiento. No se necesita realizar seguimiento de todos los ficheros de un proyecto —por ejemplo, los ficheros intermedios creados automáticamente durante el proceso de desarrollo, como ficheros de registro (ficheros *log*), no suelen estar bajo seguimiento—.

El *screencast* A.6.1 muestra el flujo fundamental de Git. Cuando comienza un proyecto nuevo, `git init` establece el directorio raíz del proyecto como *repo* Git. A medida que va creando ficheros en su proyecto, use `git add` *nombre_fichero* por cada fichero nuevo para que sea seguido por Git. Cuando llegue a un punto donde esté satisfecho con el estado actual del proyecto, ***confirme (commit)*** los cambios: Git prepara una lista de todos los cambios que serán parte de esta confirmación, y abre esa lista en un editor para que pueda añadir un comentario descriptivo. El editor que aparecerá viene determinado por las ***opciones de configuración***, como se describe más abajo. Confirmar cambios origina una instantánea de los ficheros seguidos que se almacenará permanentemente junto con los comentarios. A esta instantánea se le asigna un ***ID de confirmación (commit ID)***, un número de 40 dígitos hexadecimales que, sorprendentemente, es único en el universo (no sólo dentro de este *repo* Git, sino único para todos los repos); un ejemplo podría ser `1623f899bda026eb9273cd93c359326b47201f62`. Este ID de confirmación es la forma canónica para referirse al estado del proyecto en ese instante temporal, pero, como veremos más tarde, Git ofrece otras maneras para referirse a una confirmación (*commit*) además de ese ID engorroso. Una manera muy común es especificando un prefijo en la confirmación que sea único dentro del *repo*, como `1623f8` para el ejemplo de arriba.

El algoritmo *SHA-1* se usa para calcular el resultado de 40 dígitos de la función *hash* de un sentido, y representa el árbol completo del proyecto en ese instante temporal.

Para especificar que Git use el editor `vim` para realizar los cambios, usted tendría que escribir `git config --global core.editor 'vim'`. No importa en qué directorio se encuentre cuando realice esta operación, porque `--global` especifica que esa opción se aplica a *todas* sus operaciones en Git y para *todos* los repositorios (la mayoría de variables de configuración de Git también se pueden establecer por cada repositorio). Otros valores útiles para esta configuración en particular son `'mate -w'` para el editor TextMate de MacOS, `'edit -w'` para TextWrangler en MacOS, y el incómodo `"'C:/Program Files/Notepad++/notepad++.exe' -multiInst -notabbar -nosession -noPlugin"` para Windows. En todos los casos, las comillas son necesarias para evitar que los espacios dividan el nombre del editor en múltiples argumentos del comando.

Al contrario que Mac OS X, el intérprete de comandos de Windows (*command prompt*) difiere de las convenciones de Unix, por lo que muchas herramientas Unix no funcionan bien. Le recomendamos que trabaje usando la VM basada en Linux en vez de en Windows.

Screencast A.6.1. Flujo básico de trabajo en Git para un solo desarrollador.
`http://vimeo.com/34754947`
En este flujo simple de trabajo, `git init` se usa para empezar a seguir un proyecto con Git, `git add` y `git commit` se usan para añadir y confirmar dos ficheros. Después se modifica un fichero y, cuando `git status` muestra que un fichero seguido tiene algún cambio, `git diff` se usa para visualizar los cambios que serán confirmados. Finalmente, `git commit` se usa otra vez para confirmar los cambios nuevos, y `git diff` se usa para mostrar las diferencias entre las dos versiones confirmadas de uno de los ficheros, mostrando que `git diff` puede comparar tanto dos confirmaciones de un fichero como el estado actual de un fichero con el estado anterior de alguna confirmación previa.

Es importante recordar que mientras `git commit` registra permanentemente una instantánea del estado del *repo* actual, que puede ser reconstruido en algún momento del futuro, *no* crea una copia de respaldo del *repo* en ningún otro lugar, ni hace que sus cambios sean accesibles al resto de desarrolladores del proyecto. La siguiente sección describe cómo usar un servicio de hospedaje para Git basado en la nube con estos propósitos.

■ ***Explicación. Añadir, confirmar (commit) y el índice de Git***

La explicación resumida anterior sobre Git omite cualquier explicación sobre el *índice (index)*, un sitio temporal que almacena los cambios que van a ser confirmados (*commit*). `git add` no sólo se usa para añadir un nuevo fichero al proyecto, sino para establecer un fichero existente como preparado para ser confirmado. Así que si Alice modifica el fichero *existente* `foo.rb`, necesitaría ejecutar `git add foo.rb` para hacer que esos cambios sean confirmados en el siguiente `git commit`. La razón de separar estos pasos es que `git add` realiza inmediatamente la instantánea de ese fichero, así que aunque el `commit` se realice más tarde, la versión que se confirmará será la del estado del fichero *en el momento del* `git add` (si realiza cambios posteriores, deberá usar `git add` otra vez para hacer que esos cambios se añadan al índice). Simplificamos la explicación usando la opción `-a` en `git commit`, que significa“confirmar *todos* los cambios actuales de los ficheros seguidos, independientemente de que se haya usado `git add` para añadirlos” (`git add` tiene que seguir usándose para añadir un nuevo fichero).

A.7 Introducción a GitHub

Existen varios servicios de hospedaje para Git basados en la nube. Aquí le recomendamos y le damos instrucciones del servicio GitHub. El plan gratuito de GitHub le ofrece tantos proyectos (*repos*) como quiera, pero todos son públicos. Los planes de pago le permiten tener *repos* privados. Si usted es estudiante o profesor, puede conseguir un número limitado de *repos* privados solicitando una cuenta educativa[29] gratuita.

Para comunicarse con la mayoría de los servicios para Git basados en la nube, tendrá que añadir su clave pública al servicio, generalmente a través de un navegador. La clave privada correspondiente del equipo donde desarrolla el proyecto le permite crear allí una copia remota del *repo* y subir cambios (*push*) desde su *repo* local. Otros desarrolladores pueden, con su permiso, subir los cambios que realicen y *bajar* los cambios (*pull*) que usted hizo y los de otros de la copia remota del *repo*.

Necesitará realizar los siguientes pasos para configurar GitHub. Esta sección asume que ya ha establecido una pareja de claves `ssh` tal y como se describió en la sección A.5; tendría que realizar estos pasos para cualquier ordenador desde el que quiera acceder y en el que esté su clave privada.

1. Usando la aplicación Terminal de Mac o Linux o el terminal Bash de Git en Windows, especifique su nombre y dirección de correo para que cada confirmación (*commit*) en un proyecto de varias personas pueda estar ligada a un confirmador:

   http://pastebin.com/24VYTKR5

```
git config --global user.name 'Andy Yao'
git config --global user.email 'yao@acm.org'
```

2. Para crear un *repo* en GitHub, que será una copia remota de su *repo* del proyecto real, rellene y envíe el formulario Nuevo Repositorio (*New Repository*)[30] y fíjese en el nombre que le da al *repo*. Una buena elección es darle el mismo nombre que el del directorio raíz de su proyecto, como por ejemplo `myrottenpotatoes`.

3. De vuelta a su equipo de trabajo, en una ventana de intérprete de comandos teclee `cd` para dirigirse al directorio raíz de su proyecto (donde previamente tecleó `git init`) y.

teclee lo siguiente, sustituyendo `myusername` con su nombre de usuario en GitHub y `myreponame` con el nombre del repositorio que ha elegido en el paso anterior:

http://pastebin.com/K8q7KiYy

```
git remote add origin git@github.com:myusername/myreponame.git
git push origin master
```

Nota: si está accediendo a GitHub desde una organización cuyo ***cortafuegos*** (***firewall***) bloquea conexiones `ssh` bajo el puerto 22 en TCP —algunos de los posibles síntomas son mensajes de error tales como "Se agotó el tiempo de espera de la conexión" o "Conexión rechazada' cuando accede a GitHub— este artículo[31] explica cómo puede realizar esas operaciones sobre HTTP y HTTPS en su lugar, que no suelen estar bloqueadas por la mayoría de cortafuegos. La desventaja es que tiene que teclear su contraseña de GitHub para cada operación, en vez de apoyarse en el intercambio de claves `ssh`. Si ve necesario usar este método alternativo, debería sustituir el primer comando de arriba por el siguiente:

http://pastebin.com/ySXXUG80

```
git remote add origin https://github.com/myusername/myreponame.git
```

El primer comando le dice a Git que está añadiendo una nueva copia remota de su *repo* que estará localizada en GitHub, y que el nombre corto `origin` será usado a partir de ahora para referirse a esa copia remota (este nombre se usa como convención entre los usuarios de Git por las razones que se explican en el capítulo 10). El segundo comando le dice a Git que *suba* o *empuje* (*push*) a la copia remota `origin` cualquier cambio de su *repo* local que no esté todavía allí.

Estos pasos de gestión de claves y de configuración de cuenta sólo se tienen que hacer una vez. El proceso de creación de un nuevo repositorio usando `git remote` para añadirlo se debe hacer por cada nuevo proyecto. Cada vez que usted usa `git push` en un repositorio en concreto, está propagando todos los cambios al *repo* desde su última subida al remoto, lo que produce el gran efecto secundario de mantener una copia actualizada de su proyecto.

La figura A.2 resume los comandos fundamentales que se han introducido en este capítulo, y que le deberían resultar suficientes como punto de partida como desarrollador individual. Cuando trabaje en equipo, necesitará usar las características y comandos adicionales de Git introducidos en el capítulo 10.

A.8 Despliegue en la nube usando Heroku

Los conceptos del capítulo 4 son fundamentales para este tema, así que lea ese capítulo primero si todavía no lo ha hecho.

Las nuevas tecnologías de computación en la nube como Heroku hacen más fácil que nunca el despliegue de aplicaciones SaaS. Cree una cuenta gratuita en Heroku[32] si no lo ha hecho todavía; la cuenta gratuita ofrece suficiente funcionalidad para realizar los proyectos de este libro. Heroku soporta aplicaciones en muchos lenguajes y entornos de trabajo (*frameworks*). Para desplegar aplicaciones en Rails, Heroku ofrece una gema llamada `heroku`, que ya viene preinstalada en la VM de la biblioteca de recursos. Una vez que haya creado una cuenta Heroku, instale Heroku Toolbelt[33], una colección de herramientas de línea de comandos que simplifica el acceso a Heroku.

Primero necesita añadir su clave pública `ssh` en Heroku para permitir realizar despliegues allí. Las instrucciones de Heroku[34] explican cómo hacer esto una vez que haya instalado Toolbelt. Sólo necesita realizar este proceso una sola vez.

Comando	Qué hace	Cuándo usarlo
`git pull`	Descarga los últimos cambios realizados por otros desarrolladores y los fusiona con los de su *repo*	Cada vez que se siente para editar ficheros de un proyecto en equipo
`git add` *fichero*	Pone bajo seguimiento el *fichero* para su posterior confirmación (*commit*)	Cuando añada un fichero nuevo que todavía no está bajo seguimiento
`git status`	Muestra qué cambios están pendientes de confirmar (*commit*) y qué ficheros no están bajo seguimiento	Antes de confirmar, para asegurarse de que no hay archivos importantes fuera de seguimiento (si es así, use `git add` para seguirlos)
`git diff` *fichero*	Muestra las diferencias entre la versión actual de un fichero y la última versión confirmada	Para ver lo que ha cambiado, en caso de que rompa algo. Este comando tiene muchas opciones, algunas de las cuales se detallan en el capítulo 10.
`git commit -a`	Confirma los cambios para *todos* (*all*, `-a`) los ficheros bajo seguimiento; se abre una ventana de editor donde puede escribir un mensaje describiendo los cambios que se van a confirmar	Cuando se encuentre en un punto estable y quiera realizar una instantánea del estado del proyecto, por si más tarde necesita volver a este estado
`git checkout` *fichero*	Modifica un fichero para que vuelva a estar como en la última confirmación (*commit*). **Aviso:** se perderá cualquier cambio que haya hecho desde esa confirmación. Este comando tiene muchas más opciones, algunas de las cuales se detallan en el capítulo 10.	Cuando necesite que uno o más ficheros "regresen" a una versión dada por buena
`git push` *nombre-remoto*	Sube los cambios de su repositorio al *repo* remoto *nombre-remoto*, que si se omite se establece al *repo* `origin` si lo configuró siguiendo las instrucciones de la sección A.7	Cuando quiera que sus últimos cambios estén disponibles para otros desarrolladores, o para dejar en la nube una copia de respaldo de sus cambios

Figura A.2. Comandos comunes de Git. Algunos de estos comandos pueden parecer hechizos arbitrarios porque son casos muy específicos de comandos mucho más generales y potentes, y algunos irán cobrando más sentido a medida que aprenda más características de Git.

Las ramas de Git se discuten en el capítulo 10.

Básicamente, Heroku se comporta como un *repo* remoto de Git (sección A.7) que sólo conoce una única rama llamada `master`, y realizar un *push* de los cambios a dicho *repo* remoto tiene el efecto secundario de desplegar su aplicación. Cuando usted realiza un *push* de los cambios, Heroku detecta qué entorno de trabajo usa su aplicación, para determinar cómo desplegarla. Para las aplicaciones que usan Rails, Heroku ejecuta `bundle` para instalar las gemas de su aplicación, compila los recursos estáticos (*assets*, descritos a continuación) y arranca la aplicación.

El capítulo 4 describe los tres entornos (de desarrollo, de producción y de pruebas) que define Rails; cuando despliega en Heroku o en cualquier otra plataforma, su aplicación desplegada se ejecutará en el entorno de producción. Hay dos cambios que debe realizar para armonizar algunas diferencias importantes entre su entorno de desarrollo y el entorno de producción de Heroku.

Primero, Heroku necesita algunas gemas adicionales para soportar estas diferencias. Heroku requiere configuraciones específicas para el entorno de producción de su aplicación, que están recogidas en una gema llamada **rails_12factor**[35]. Además, Heroku usa el gestor de base de datos PostgreSQL, en vez de SQLite. El siguiente fragmento de código muestra cómo cambiar el fichero `Gemfile` de su aplicación para reflejar estas dos diferencias. Tendrá que realizar este paso por *cada* nueva aplicación que cree y que vaya a ser desplegada en Heroku. Como siempre, no olvide ejecutar `bundle` después de cambiar su fichero Gemfile, y no olvide confirmar (*commit*) y subir (*push*) los cambios tanto de `Gemfile` como de `Gemfile.lock`.

http://pastebin.com/bfjxEq5r

```
# making your Gemfile safe for Heroku
ruby '1.9.3'   # just in case - tell Heroku which Ruby version we need
group :development, :test do
  # make sure sqlite3 gem ONLY occurs inside development & test groups
  gem 'sqlite3' # use SQLite only in development and testing
end
group :production do
  # make sure the following gems are in your production group:
  gem 'pg'              # use PostgreSQL in production (Heroku)
  gem 'rails_12factor'  # Heroku-specific production settings
end
```

Segundo, después de instalar cualquier otra gema, el siguiente paso de Heroku en cada despliegue es manejar los recursos estáticos (*assets*) de su aplicación, como los ficheros CSS (sección 2.3) y los ficheros JavaScript (capítulo 6). Desde la versión 3.1 de Rails, éste soporta el ***lenguaje Sass de hojas de estilo en cascada*** (***Sass Cascade Stylesheet Language, SCSS***) de alto nivel para crear hojas de estilo CSS y el lenguaje ***CoffeeScript*** para generar JavaScript siguiendo la directriz DRY. Como los navegadores consumen CSS y JavaScript pero no SCSS o CoffeeScript, existe una secuencia de pasos denominados en conjunto como tubería de estáticos[36] (*asset pipeline*) que realizan las siguientes tareas de generación de código:

1. Todos los ficheros CoffeeScript que hubiera en `app/assets`, si hay alguno, son convertidos a JavaScript.

2. Todos los ficheros JavaScript son concatenados en otro fichero JavaScript más grande que se ***minimiza*** para que ocupe menos espacio, para lo cual elimina espacios en blanco, comentarios y quizá cambie el nombre de variables por otros más cortos. El fichero JavaScript resultante se coloca en el directorio `public/assets`.

3. Todos los ficheros SCSS en `app/assets`, si hay alguno, se traducen a CSS.

4. Todos los ficheros CSS se concatenan en un fichero CSS más grande que se *minimiza* y se coloca en `public/assets`.

5. Rails adapta el nombre de cada uno de estos ficheros grandes para incluir una "huella digital" que identifique inequívocamente el contenido del fichero, permitiendo que los activos estáticos se puedan almacenar en la caché tanto de servidores como de navegadores (sección 12.7), siempre y cuando el contenido del fichero no varíe, algo que en el entorno de producción sólo ocurre cuando se despliega una nueva versión de la aplicación.

6. Los comportamientos de los métodos *helper* de la vista `javascript_include_tag` y `stylesheet_link_tag`, que suelen aparecer en alguna estructura como `app/views/application.html.haml` (sección 4.4), se modifican para cargar estos ficheros autogenerados desde el directorio `public`, que en algunos entornos de producción pueden redirigirse a un servidor aparte de activos estáticos o incluso a una ***red de distribución de contenidos*** (***Content Distribution Network***).

Por tanto, el segundo cambio que tiene que realizar en su aplicación es especificar con cual de las tres formas va gestionar Heroku la tubería de activos. La primera forma es *precompilando* los recursos estáticos ejecutando localmente en su equipo la tubería de recursos (*assets pipeline*), y realizando después el seguimiento de versiones de los archivos CSS y JavaScript generados en Git. La segunda forma es hacer que Heroku prepare y compile los activos estáticos en tiempo de ejecución la primera vez que se solicite cada tipo de recurso. Este método puede causar un comportamiento impredecible cuando se usa, y ni nosotros ni Heroku lo recomendamos. La tercera forma, que es la que recomendamos, es dejar que Heroku compile los ficheros estáticos una sola vez en el momento de despliegue. Este método es el que sigue la filosofía DRY más fielmente: como usted sólo almacena los ficheros originales (JavaScript y/o CoffeeScript, CSS y/o SCSS) bajo el control de versiones, sólo hay un lugar donde se puede modificar la información de los activos estáticos. También simplifica la configuración si está usando Jasmine para probar su código JavaScript o CoffeeScript.

Para hacer que Heroku precompile sus activos estáticos en el momento de despliegue, añada la siguiente línea en `config/environments/production.rb`:

http://pastebin.com/7PDq3tid

```
# in config/environments/application.rb:
config.assets.initialize_on_precompile = false
```

Esta línea evita que Heroku intente inicializar el entorno Rails antes de precompilar sus recursos: en Heroku, algunas ***variables de entorno*** en las que se apoya Rails no se inicializan hasta más tarde, y su ausencia podría causar un error durante el despliegue. Este artículo[37] contiene algunos consejos para resolver problemas relacionados con la tubería de recursos (*asset pipeline*) en el momento de despliegue, incluyendo cómo compilar la tubería en local para aislar problemas. **Cuidado:** si compila la tubería de recursos de forma local, se creará el fichero `public/assets/manifest.yml`; asegúrese de que *no* realiza el seguimiento de este fichero con Git, porque su presencia avisará a Heroku de que está precompilando sus propios activos ¡y que no quiere que Heroku lo haga por usted!

Una vez que haya realizado estos cambios, que se hacen una única vez, en su aplicación (y tras haber confirmado y subido los resultados), el despliegue de cada nueva versión de la aplicación sigue una receta simple, comenzando en el directorio raíz de su aplicación:

Local (desarrollo)	Heroku (producción)
`rails server`	`git push heroku master`
`rails console`	`heroku run console`
`rake db:migrate`	`heroku run rake db:migrate`
`more log/development.log`	`heroku logs`

Figura A.3. Cómo conseguir la funcionalidad de algunos de los comandos en el modo de desarrollo para la versión desplegada de su aplicación.

1. **Asegúrese de que su aplicación se ejecuta correctamente y que pasa las pruebas localmente.** La depuración en remoto es siempre más difícil. Antes de desplegar ¡maximice la confianza en su copia local!

2. Si ha añadido o cambiado alguna gema, asegúrese de que ejecuta `bundle` correctamente para que las dependencias entre ellas se satisfagan, y asegúrese de que ha confirmado (*commit*) y subido (*push*) cualquier cambio en `Gemfile` y `Gemfile.lock`.

3. La *primera* vez que despliega una aplicación, `heroku apps:create` *nombre_app* crea una nueva aplicación en Heroku llamada *nombre_app*; si usted omite el nombre, se preasigna un nombre raro, como `luminous-coconut-237`. En cualquier caso, su aplicación se desplegará en `http://`*nombre_app*`.herokuapp.com`. Puede cambiar el nombre de su aplicación más tarde entrando en su cuenta Heroku y seleccionando "My Apps".

4. Una vez que haya confirmado sus últimos cambios,
   `git push heroku master`
   despliega el último *commit* realizado (*head*) de la rama `master` de su *repo* local en Heroku (ver este artículo[38] para desplegar desde otra rama que no sea `master`, en caso de que esté siguiendo la metodología de una rama por lanzamiento explicada en la sección 10.5.)

5. `heroku ps`
   comprueba el estado del proceso (*process status*, `ps`) de su aplicación desplegada. La columna de estado **State** debería poner algo como "Up for 10s", lo que significa que su aplicación ha estado disponible durante 10 segundos. Puede usar también `heroku logs` para visualizar el fichero de registro de actividad (*log*) de su aplicación, una técnica útil para cuando algo que iba bien en desarrollo salga mal en producción.

6. `heroku run rake db:migrate`
   En cualquier despliegue donde haya cambiado el esquema de la base de datos (secciones 4.2 y 12.4), incluyendo el primer despliegue, este comando hace que se cree o se actualice la base de datos de la aplicación. Si no hay ninguna migración pendiente, el comando no hace nada de forma segura. Heroku tiene también instrucciones de cómo importar los datos de la base de datos de desarrollo[39] en la base de datos de producción en su primer despliegue.

La figura A.3 resume cómo algunos de los comandos más útiles que ha estado usando en el modo de desarrollo se pueden aplicar a la aplicación desplegada en Heroku.

■ *Explicación. Buenas prácticas en producción*

En esta introducción simplificada, estamos omitiendo dos buenas prácticas que Heroku recomienda[40] para "fortalecer" su aplicación en producción. Primero, nuestro despliegue en Heroku todavía usa WEBrick como capa de presentación; Heroku recomienda usar `thin`, un servidor web más eficiente, para un mejor rendimiento. Segundo, ya que las diferencias sutiles entre el funcionamiento de SQLite3 y PostgreSQL pueden ocasionar problemas relacionados con las migraciones a medida que los esquemas de su base de datos se vuelven más complejos, Heroku aconseja usar PostgreSQL tanto en desarrollo como en producción, lo que implica instalar y configurar PostgreSQL en su VM o en otro equipo donde trabaje. En general, es buena idea mantener los entornos de desarrollo y producción lo más parecidos posible, para evitar problemas difíciles de depurar, en los que algo funciona bien en el entorno de desarrollo pero falla en el entorno de producción.

A.9 Lista de verificación: creación de una nueva aplicación Rails

A lo largo de este libro recomendamos varias herramientas para desarrollar, probar, desplegar e inspeccionar la calidad del código de su aplicación. En esta sección, ponemos en una misma lista todos los pasos necesarios para crear una aplicación nueva que haga uso de todas estas herramientas. Esta sección sólo tendrá sentido después de que haya leído todas las secciones mencionadas, así que úsela como referencia y no se preocupe ahora si no entiende algunos de los pasos. Los pasos vienen anotados con el número o números de sección en los que se introduce por primera vez la herramienta o el concepto.

Configure su aplicación: (§4.1)

1. Ejecute `rails -v` para asegurarse de que está ejecutando la versión deseada de Rails. Si no es el caso, ejecute `gem install rails -v` *x.x.x* con la versión *x.x.x* que desee; 3.2.19 por ejemplo.

2. Ejecute `rails new` *nombre_app* `-T` para crear la aplicación nueva. `-T` omite la creación del subdirectorio `test`, utilizado por el conjunto de herramientas de prueba **Test::Unit**, ya que nosotros recomendamos usar RSpec en su lugar.

3. Teclee `cd` *nombre_app* para navegar hacia el directorio raíz de su aplicación. A partir de ahora, todos los comandos se deberán ejecutar desde este directorio.

4. Edite el fichero `Gemfile` para dejar cerradas las versiones de Ruby y Rails que usará la aplicación, por ejemplo:

   http://pastebin.com/6NxFRNrM

```
# in Gemfile:
ruby '1.9.3'     # Ruby version you're running
rails '3.2.19'   # Rails version for this app
```

   Si termina cambiando la(s) versión(es) que aparece(n) en el fichero `Gemfile`, ejecute `bundle install --without production` para asegurarse de que tiene versiones compatibles de Rails y otras gemas.

5. Asegúrese de que su aplicación se ejecuta adecuadamente ejecutando `rails server` y visitando `http://localhost:3000`. Debería poder ver la página de bienvenida de Rails.

6. Ejecute `git init` para configurar su directorio raíz como *repo* GitHub (§A.6, *screencast* A.6.1).

Conecte su aplicación con GitHub, CodeClimate y Heroku:

1. Cree un *repo* GitHub a través de la interfaz web de GitHub, realice la primera confirmación (*commit*) y suba (*push*) el *repo* de su nueva aplicación (§A.7).

2. Apunte CodeClimate hacia el *repo* GitHub de su aplicación (§9.5).

3. Haga los cambios necesarios para desplegar en Heroku en el modo de producción (§A.8).

4. Ejecute `bundle install --without production` si ha cambiado su fichero `Gemfile`. Confirme los cambios de `Gemfile` y `Gemfile.lock`. Para futuros cambios del fichero `Gemfile`, sólo necesitará ejecutar `bundle` sin argumentos, porque Bundler recordará la opción de saltarse las gemas de producción (§4.1).

5. Ejecute `heroku apps:create` *nombre_app* para crear su nueva aplicación en Heroku (§A.8).

6. Ejecute `git push heroku master` para asegurarse de que la aplicación se despliega correctamente. Entonces, ya podrá visitar la página Rails de su aplicación en `http://`*nombre_app*`.herokuapp.com`. Llegados a este punto, puede eliminar la página de inicio por defecto: `git rm public/index.html` (§A.8).

Configure el entorno de pruebas:

1. En su fichero `Gemfile`, añada soporte para Cucumber (§7.6), RSpec (§8.2), depuración interactiva (§4.1), SimpleCov (§8.7), Autotest (§8.2), FactoryGirl (§8.5), Jasmine si tiene pensado usar JavaScript (§6.7) y Metric-Fu para mantener un seguimiento de las métricas de su código:

   http://pastebin.com/y4MaVP72

```
# debugger is useful in development mode too
group :development, :test do
  gem 'debugger'
  gem 'jasmine-rails' # if you plan to use JavaScript/CoffeeScript
end
# setup Cucumber, RSpec, autotest support
group :test do
  gem 'rspec-rails', '2.14'
  gem 'simplecov', :require => false
  gem 'cucumber-rails', :require => false
  gem 'cucumber-rails-training-wheels' # basic imperative step defs
  gem 'database_cleaner' # required by Cucumber
  gem 'autotest-rails'
  gem 'factory_girl_rails' # if using FactoryGirl
  gem 'metric_fu'          # collect code metrics
end
```

   (ver la sección 6.7 para conocer más gemas que soportan datos *fixture* y métodos *stub* de AJAX en sus ficheros JavaScript de prueba).

2. Ejecute `bundle`, ya que ha cambiado su fichero `Gemfile`. Confirme los cambios de `Gemfile` y `Gemfile.lock`.

3. Si todo va bien, cree los subdirectorios y ficheros que usan RSpec, Cucumber y Jasmine, y si está usándolos, ejecute los pasos fundamentales de Cucumber:

   http://pastebin.com/BvJvHezi

   ```
   rails generate rspec:install
   rails generate cucumber:install
   rails generate cucumber_rails_training_wheels:install
   rails generate jasmine_rails:install
   ```

4. Si está usando SimpleCov, algo que le recomendamos, coloque las siguientes líneas al *principio* de `spec/spec_helper.rb` para activarlo:

   http://pastebin.com/G5BV1efA

   ```
   # at TOP of spec/spec_helper.rb:
   require 'simplecov'
   SimpleCov.start
   ```

5. Si está usando FactoryGirl para gestionar factorías (*factories*) (§8.5), añada este código:

   http://pastebin.com/VDnhECsQ

   ```
   # For RSpec, create this file as spec/support/factory_girl.rb
   RSpec.configure do |config|
     config.include FactoryGirl::Syntax::Methods
   end
   ```

   http://pastebin.com/Wx7veG8E

   ```
   # For Cucumber, add at the end of features/support/env.rb:
   World(FactoryGirl::Syntax::Methods)
   ```

6. Ejecute `git add` y luego realice un `commit` de cualquier fichero creado o modificado en estos pasos.

7. Asegúrese de que el despliegue en Heroku todavía funciona: `git push heroku master`

Ahora ya está preparado para crear y aplicar la primera migración (§4.2), después redespliegue a Heroku y aplique la migración en producción (`heroku run rake db:migrate`).

Añada otras gemas útiles:

Algunas de las gemas que recomendamos son:

- `railroady` dibuja diagramas de las relaciones entre sus clases, como relaciones *has-many*, *belongs-to*, etc. (§5.3).
- `omniauth` añade autenticación portable de terceros (§5.2).
- `devise` añade autoregistro en las páginas, y funciona opcionalmente con `omniauth`.

A.10 Falacias y errores comunes

⚠ ***Error.* Hacer operaciones *commit* demasiado grandes.**

Git hace que las operaciones *commit* sean rápidas y fáciles de realizar, así que debería hacerlas frecuentemente para que, si alguna confirmación introduce algún problema, no tenga que deshacer todos los cambios. Por ejemplo, si modificó dos ficheros que se ocupaban del tema A y otros tres ficheros trabajaban en el tema B, haga dos confirmaciones por separado por si se da el caso de que uno de los dos conjuntos de cambios se tenga que deshacer más tarde. De hecho, los usuarios avanzados de Git usan `git add` para seleccionar un subconjunto de los ficheros modificados a incluir en la confirmación: añada los ficheros específicos que quiera, y *omita* la opción `-a` en `git commit`.

Error. **Olvidar añadir ficheros al *repo*.**

Si crea un fichero nuevo pero olvida añadirlo al *repo*, la copia de su código funcionará pero no habrá un seguimiento de su fichero ni tendrá una copia de respaldo. Antes de realizar cualquier operación `commit` o `push`, use `git status` para ver la lista de ficheros que no se están siguiendo (*untracked files*) y, con `git add`, añada cualquier fichero de esa lista que se *debiera* estar siguiendo. Puede usar el fichero `.gitignore`[41] para evitar que Git le avise de ficheros que nunca va a querer seguir, como ficheros binarios o temporales.

Error. **Confundir confirmar (*commit*) con subir (*push*) cambios.**

`git commit` captura una instantánea de los cambios seguidos en *su* copia de un *repo*, pero nadie más verá esos cambios hasta que realice `git push` para propagarlos a otro(s) *repo* como el de origen.

Error. **Olvidar reiniciar la red de la VM cuando el equipo anfitrión se mueve.**

Recuerda que su VM se apoya en la red de su equipo anfitrión. Si su equipo anfitrión se cambia a una red nueva, por ejemplo, si lo suspende en casa y lo vuelve a encender en el trabajo, eso es como desenchufar y reconectar el cable de de red del equipo anfitrión. Por tanto, la VM debe desconectar y volver a reconectar su cable de red (virtual), algo que puede hacer usando el menú Dispositivos en VirtualBox.

Error. **Supuestos ocultos que difieren entre los entornos de desarrollo y de producción.**

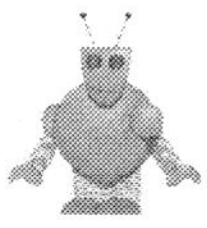

El capítulo 4 explica cómo `Bundler` y `Gemfile` gestionan automáticamente las dependencias de su aplicación con bibliotecas externas y cómo las migraciones automatizan la realización de cambios en su base de datos. Heroku se apoya en estos mecanismos para desplegar su aplicación con éxito. Si instala gemas de forma manual en vez de listarlas en su fichero `Gemfile`, Heroku no verá esas gemas o tendrá una versión incorrecta. Si cambia su base de datos a mano en vez de usar las migraciones, Heroku no será capaz de mantener el mismo esquema en la base de datos de producción que en la de desarrollo. Otras dependencias de su aplicación incluyen el tipo de base de datos (Heroku usa PostgreSQL), las versiones de Ruby y Rails, el servidor web específico usado como capa de presentación y más. Aunque entornos de trabajo como Rails y plataformas de despliegue como Heroku hacen un gran esfuerzo para proteger su aplicación de variaciones en estas áreas, usar herramientas como `Bundler` o técnicas como las migraciones que automatizan estos procesos, en lugar de hacer los cambios a mano en su entorno de trabajo, maximiza las probabilidades de que haya documentado sus dependencias para que el entorno de desarrollo y el entorno de producción se puedan mantener sincronizados. Si algo no se puede automatizar y grabar en un fichero, ¡debería!

A.11 Para saber más

- El libro de la comunidad de Git (Git Community Book)[42] es una buena referencia que se puede bajar como fichero PDF.

Notas

[1]http://virtualbox.org
[2]http://github.com
[3]http://heroku.com
[4]http://stackoverflow.com
[5]http://stackoverflow.com
[6]http://github.com
[7]http://heroku.com
[8]http://pivotaltracker.com
[9]http://saasbook.info
[10]http://pastebin.com/u/saasbook
[11]http://vimeo.com/saasbook
[12]http://virtualbox.org
[13]http://www.saasbook.info/bookware-vm-instructions
[14]http://github.com/saasbook/courseware
[15]http://catb.org/~esr/writings/homesteading/cathedral-bazaar/
[16]http://aptana.com/
[17]http://code.tutsplus.com/articles/25-vim-tutorials-screencasts-and-resources--net-14631
[18]http://www.gnu.org/software/emacs/tour/
[19]http://www.saasbook.info/bookware-vm-instructions
[20]http://www.barebones.com/products/textwrangler/
[21]http://notepad-plus-plus.org/
[22]http://www.saasbook.info/bookware-vm-instructions/ec2
[23]http://docs.aws.amazon.com/AWSEC2/latest/UserGuide/ec2-key-pairs.html#how-to-generate-your-own-key-and-import-it-to-aws
[24]http://www.saasbook.info/bookware-vm-instructions/ec2
[25]http://docs.aws.amazon.com/AWSEC2/latest/UserGuide/ec2-key-pairs.html#how-to-generate-your-own-key-and-import-it-to-aws
[26]http://msysgit.github.io/
[27]https://help.github.com/articles/generating-ssh-keys
[28]http://www.saasbook.info/bookware-vm-instructions
[29]http://github.com/edu
[30]https://github.com/repositories/new
[31]https://help.github.com/articles/which-remote-url-should-i-use
[32]http://heroku.com
[33]https://toolbelt.heroku.com/
[34]https://devcenter.heroku.com/articles/keys
[35]https://github.com/heroku/rails_12factor
[36]http://guides.rubyonrails.org/asset_pipeline.html
[37]https://devcenter.heroku.com/articles/rails-asset-pipeline
[38]https://devcenter.heroku.com/articles/git#deploying-code
[39]http://devcenter.heroku.com/articles/taps
[40]http://devcenter.heroku.com/articles/rails3
[41]http://book.git-scm.com/4_ignoring_files.html
[42]http://book.git-scm.com/

Índice

Printed in Dunstable, United Kingdom

91335488R00310